불평등한 어린 시절

Unequal Childhoods

Unequal Childhoods: Class, Race, and Family Life
by Annette Lareau

불평등한 어린 시절
부모의 사회적 지위와 불평등의 대물림

초판 1쇄 발행일 2012년 11월 30일   **초판 2쇄 발행일** 2015년 10월 15일

지은이 아네트 라루 | **옮긴이** 박상은
펴낸이 박재환 | **편집** 유은재 | **관리** 조영란
펴낸곳 에코리브르 | **주소** 서울시 마포구 동교로 15길 34 3층(121-842) | **전화** 702-2530 | **팩스** 702-2532
이메일 ecolivres@hanmail.net | **블로그** http://blog.naver.com/ecolivres
출판등록 2001년 5월 7일 제10-2147호
종이 세종페이퍼 | **인쇄·제본** 상지사

ISBN 978-89-6263-085-5 93330

책값은 뒤표지에 있습니다.   잘못된 책은 구입한 곳에서 바꿔드립니다.

불평등한 어린 시절

부모의 사회적 지위와 불평등의 대물림

아네트 라루 지음 | 박상은 옮김

에코리브르

차례

●

감사의 글

•

우선 우리를 따뜻하게 맞아주고 우리에게 자신들의 삶을 보여준 모든 아이와 가족에게 감사를 전한다. 그들이 보여준 따뜻한 마음과 미소 그리고 도움은 우리에게 많은 추억을 선사했다. 한 가지 아쉬운 점이 라면 신상 노출 문제 때문에 실명을 일일이 언급하며 고마움을 표현할 수 없다는 사실이다. 그들에 대한 고마움은 어떤 말로도 완벽하게 전할 수 없을 것이다. 그들의 도움이 없었다면 이 책은 세상에 나오지 못 했을 것이다. 우리가 방문한 학교의 선생님과 운영진, 특히 우리에게 학급 방문 연구를 허락해준 담임 선생님들에게도 감사의 말을 전한다. 또한 부모님과 코치, 댄스 교사 등 아이들을 관찰하며 만났던 모든 어 른 역시 우리의 책을 완성하는 데 밑거름이 된 고마운 분들이다.

그 누구도 혼자 힘으로 사회과학 연구를 진행할 수는 없다. 이번 연 구 역시 마찬가지였다. 여러 해에 걸쳐 수많은 가족을 대상으로 진행 한 이번 프로젝트를 성공적으로 마무리할 수 있었던 데는 누구보다 재 능 있는 보조 연구원들의 공이 컸다. 언제나 열정적인 모습으로 프로 젝트 진행에 도움을 준 우리 현장 연구원들에 대한 고마운 마음은 그 어떤 말의 그릇으로도 온전히 담을 수 없을 것이다. 여기 열두 가족의 삶 속으로 뛰어들어 현장 연구를 진행한 보조 연구원들을 소개한다. 메리 우즈(Mary Woods), 미미 켈러(Mimi Keller), 그레그 시튼(Greg Seaton), 케이틀린 하울리(Caitlin Howley), 로빈 로저스딜런(Robin RogersDillon), 길리언 존스(Gillian Johns), 웬디 스타 브라운(Wendi Starr Brown), 마크 프리먼(Mark Freeman), 크리스틴 폴(Christine Paul) 모두에게 감사를 전한다. 인터뷰 진행에 도움을 준 카리마 제퍼리스(Karima Jefferies), 라시다 토머스(Rashida Thomas), 케이트 윌슨(Kate Wilson) 그리고 연구 후반 단계에 합류한 메리 스트리커(Mary Stricker), 제니스 존슨(Janice Johnson), 제니퍼 머피(Jennifer Murphy) 역시 보조 연구원으로서 고마운 지원을 해주었다. 퍼트리셔 버하우(Patricia Berhau)에게는 그녀가 보여준 조직 능력과 뛰어난 개념적 기술에 관해 특별한 감사를 전하고 싶다. 연구 대상 아동을 섭외하고 나를 대신해 현장 연구원들과 연락을 취하는 일에서 인터뷰 데이터를 분석하는 일까지 그녀의 손을 거치지 않은 일이 없었다. 그녀는 자신의 논문에서 다룬 아동들에 관한 정보를 나와 공유하기도 했고, 내가 논문을 집필할 때에는 자상하면서도 냉철한 비평가 역할을 해주었다.

연구 자금을 지원해준 스펜서 재단(Spencer Foundation)에도 감사를 전한다. 물심양면으로 커다란 도움을 주었다. 중요한 시기에 저술 지원금을 승인해준 앨프리드 P. 슬론 재단(Alfred P. Sloan Foundation)의 캐슬린 크리스티안센(Kathleen Christiansen) 부인 역시 고마운 조력자다. 이들뿐 아니라 국가과학재단(NSF)과 템플 보조금(Temple Grant-in-Aid), 서던 일리노이 대학 보조금(Southern Illinois University Grant-in-Aid), 템플 하계 연구 장학금(Temple Summer Research Fellowship) 그리고 ASA/NSF 소액 보조금 역시 연구를 시작하고 진행하는 데 큰 힘이 되었다. 하지만 만약 이번 연구에 오류나 누락이 존재한다 하더라도 그것을 위에서 언급한 스폰서 기관들을 비평하는 근거로 사용하지 않길 바란다. 연구와 관련한 모든 책임은 온전히 나에게 있다.

나는 템플 대학에서 사회학 분야의 여러 지성인들과 학문적 교감을 나누었고 또한 그곳 운영진들에게서 다양한 지원을 받았다. 그들 모두가 고맙지만 그중에서도 특히 데이비드 엘레시(David Elesh)와 로버트 키더(Robert Kidder), 마걸리 사퍼티 라슨(Magali Sarfatti Larson), 셰리 그라스먹(Sherri Grasmuck), 니키 존슨(Nikki Johnson), 사샤 시저(Sasha Sisser), 마리아 로자리오(Maria Rosario)에게 좀더 깊은 감사의 마음을 표현하고 싶다. 수많은 테이프 속의 데이터를 글로 옮겨준 버니스 피시먼(Bernice Fischman), 에이미 어드먼(Amy Erdman), 에이비 너르(Abby Knerr), 아이린 아널드(Irene Arnold), 레베카 레일리(Rebecca Raley) 역시 빼놓을 수 없는 고마운 분들이다. 프로젝트의 초기 단계 진행을 도와준 수 톰린(Sue Tomlin), 폴 리드(Paul Reed), 사라 로즈(Sarah Rose) 그리고 발레리 존슨(Valerie Johnson)에게도 마찬가지로 깊은 고마움을 전한다.

휴 메헌(Hugh Mehan)에게는 특별한 고마움을 전하고 싶다. 그는 연구 현장 곳곳을 누비며 현명한 조언자 역할을 해주었다. 그는 나에게 '미친' 연구를 한다고 하면서도 내가 도움을 청할 때면 언제든 열정적으로 힘을 보태주었다. 아론 시쿠렐(Aaron Cicourel)은 이번 연구를 진행하는 데 많은 자극을 준 분이다. 그의 연구는 나에게 여러 가지 생각할 거리를 제공해주었다. 알리 R. 혹실드(Arlie R. Hochschild)와 배리 손(Barrie Thorne)이 이끄는 노동가정지원 센터(The Center for Working Families)는 당시 캘리포니아 대학교 버클리 캠퍼스에서 학기를 보내고 있던 나에게 지성의 보금자리 같은 존재였다. 그들과의 교류를 통해 나는 아이디어에 많은 발전을 이룰 수 있었다. 노동가정지원 센터의 많은 관계자 중에서도 특히 애니타 개리(Anita Garey)와 캐런 한슨(Karen Hansen)의 도움은 내게 큰 힘이 되었다. 도시민족학 센터(Center for Urban Ethnography)의 마르틴 산체스 야노스키(Martin Sanchez Janowski) 역시 이 기간 동안 나에게 많은 도움을 주었다.

연구 결과물에 대한 피드백을 얻는 데 도움을 준 캘리포니아 대학의 버클리 · 샌디에이고 · 데이비스 캠퍼스, 노스웨스턴 대학의 정책연구 협력 센터, 프린스턴 대학, 펜실베이니아 대학, 위스콘신 대학 메디슨 캠퍼스 그리고 연구 초반에 피드백을 제공해준 캘리포니아 대학 로스앤젤레스 캠퍼스의 모든 관계자에게도 다시 한 번 감사의 인사를 전한다. 템플 대학에서 내가 가르친 졸업반 학생들이 내 원고를 읽고 해준 제안 역시 큰 도움이 되었다. 도널드 에커트(Donald Eckert) 교수와 그의 학생들에게도 감사의 말을 전한다.

연구를 진행하며 내가 방향을 잡지 못하고 헤맬 때에도 많은 이들이 조언과 격려를 아끼지 않았다. 내가 어려움을 헤쳐나갈 수 있도록 도움을 준 마이클 부라보이(Michael Burawoy), 미셸 빙(Michelle Byng), 그레첸 콘드런(Gretchen Condran), 폴 디마지오(Paul DiMaggio), 프랭크 퍼스탠버그(Frank Ferstanberg), 플로 젤로(Flo Gelo), 알리 R. 혹실드, 트리시 훅(Trish Houck), 짐 훅(Jim Houck), 마이크 하우트(Mike Hout), 로빈 레이드너(Robin Leidner), 샘 캐플런(Sam Kaplan), 존 오그부(John Ogbu), 데이비드 밍커스(David Minkus), 아론 팔라스(Aaron Pallas), 제프 슐츠(Jeff Shultz), 데이비드 슈워츠(David Swartz), 재닛 테오파노(Janet Theophano), 배리 손, 게일 우치야마(Gale Uchiyama) 그리고 캐시 바이그런(Cathy Vigran)과 톰 바이그런(Tom Vigran) 남매에게도 깊은 감사의 인사를 전한다. 나의 교육사회학 독서 그룹이 제공한 다방면의 협력과 검토 관련 작업을 도와준 캘리포니아 대학 출판 사업부의 나오미 슈나이더(Naomi Schneider)에게도 감사를 표한다.

도널드 에커트, 애니타 개리, 데이비드 캐런(David Karen), 폴 킹스턴(Paul Kingston), 데미 커즈(Demie Kurz), 미셸 라몬트(Michele Lamont), 크리스틴 루이스(Kristine Lewis), 빈센트 루이스(Vincent Louis), 미미 켈러, 캐시 바이그런, 살바토르 사포리토(Salvatore Saporito), 웨스 슈마(Wes Shumar), 에이미 스테인버글러(Amy Steinburgler), 댄 웨인레스(Dan Weinles) 그리고 줄리아 리글리(Julia Wrigley)는 책의 초기 원고에 대해 많은 조언을 해주었다. 내 의견에 귀를 기울여주고 또한 피에르 부르디외(Pierre Bourdieu)의 후기 연구에 관한 아이디어 정립에 많은 도움을 준 엘리엇 웨이닝거(Elliot Weininger)에게도 특별한 감사의 말을 전한다. M. 캐서린 무니(M. Catherine Mooney)는 문법 교정뿐 아니라 저술 기법과 관련해 피드백과 전문적인 조언까지 아끼지 않았다. 에린 맥나마라 호벗(Erin McNamara Horvat)과 캐런 셜리(Karen Shirley)는 프로젝트를 진행하는 내내 원고를 반복해서 읽으며 신중하고 사려 깊은 조언을 해주었다. 보니 잔느 케이시(Bonnie Jeanne Casey)와 엘리자베스 프리먼 폭스(Elizabeth Freeman Fox), 요안 에린 라루(Joan Erin Lareau), 루실 라루(Lucile Lareau) 그리고 안나 바이그런(Anna Vigran)은 교정 오류를 잡아내는 데 도움을 주었다. 83세이던 내 어머니 앤 K. 라루는 내가 마감한 원고를 가장 먼저 보여드린 인물 중 한 분이다. 내 글을 진지한 마음으로 읽어주신 어머니는 그다음 날 가족의 곁을 떠났다. 마지막까지 나에게 애정을 보내준 어머니께 감사한다.

한 권의 책을 쓰는 동안 작가는 자신의 내면을 너무 파고든 나머지 주변을 둘러보지 못하는 경우가 많다. 그 때문에 많은 이들이 감사의 글 끝에 자녀와 배우자에 대한 마음을 언급하곤 한다. 나 역시 그렇게 해야 할 것 같다. 이와 관련해 내가 좋아하는 방법은 크게 두 가지다. 하나는 "끊임없는 잔소리만 없었다면 이 책을 더 빨리 끝내고 내용도 한층 더 좋았을 것이다"는 식으로 농담을 하는 것이다. 그리고 다른 하나는 "내 남편에 대해 내가 느끼는 고마움을 모든 이들과 공유하길 바라며 이 글을 쓴다"는 식으로 조금 진지하게 표현하는 방법이다. 전자는 집필 과정과 가족의 삶 사이에 발생할 수밖에 없는 갈등을 강조하는 것이다. 집필 작업에 몰두하다 보면 가정생활에 소홀할 수 있고, 반대로 가족에 대한 관심이 연구를 진척하는 데 방해가 될 수도 있다. 하지만 사실 가족은 개인적인 도움을 주는 매우 중요한 존재다.

연구를 마무리한 후 내 품에 안긴 두 아이, 딜런과 레이철 프리먼에게 고맙다는 말을 전한다. 두 천사는 내 삶에 기쁨과 행복을 주었고, 남편 새뮤얼 프리먼은 내게 언제나 버팀목 같은 존재였다. 남편은 내가 책을 집필하며 힘겨워할 때에도 웃음을 잃지 않고 곁을 지켜주었다. 생산성이라는 측면에서 가족을 중요한 지원자로 평가하기는 어려울 것이다. 하지만 계획된 일정에 맞춰 앞으로 달려 나가는 것만이 언제나 능사는 아니라고 생각한다. 누군가에게 기대어 휴식을 취하고 힘을 얻을 수 있다는 것, 지친 일상에서 미소를 지을 수 있다는 것, 그것이야말로 진정 중요한 도움 아닐까? 내 삶에 이런 행복을 안겨준 남편 새뮤얼에게 마지막 감사의 인사를 전한다.

01

집중 양육과
자연적 성장을 통한 성취

•

늦은 봄 오후, 개릿 탈링거는 교외에 있는 자신의 집 뒷마당 수영장에서 웃고 떠들며 신나게 물장구를 치고 있다. 백인인 개릿은 초등학교 4학년이고 집에는 침실이 네 개 있다. 여느 때처럼 아빠는 저녁 식사를 빨리 끝낸 다음 개릿을 차에 태우고 축구 연습장으로 간다. 축구는 개릿이 참여하고 있는 여러 가지 활동 중 하나다. 개릿의 형은 다른 곳에서 야구를 한다. 개릿의 부모는 저녁때 휴식을 취하며 와인을 즐기는 경우도 있지만 오늘 밤은 그런 날이 아니다. 부부는 외출복으로 갈아입고 아이들이 미리 예정된 활동을 할 수 있도록 서둘러 준비를 갖춰주느라 정신이 없다.

개릿의 집에서 10분 정도 떨어진 곳에서는 초등학교 4학년인 흑인[1] 남학생 알렉산더 윌리엄스가 참관 수업을 마치고 집으로 가기 위해 차를 탄다. 알렉산더의 엄마는 의자에 가죽 덮개를 씌운 베이지색 렉서스를 몰고 있다. 수요일 저녁 9시다. 윌리엄스 부인은 직장 일에 지쳐 있고 내일은 기나긴 목요일이 될 터였다. 다음 날 일 때문에 다른 도시에 가야 하는 그녀는 새벽 4시 45분에 일어나 출근한 뒤 밤 9시 이전에는 돌아오지 못할 것이다. 그리고 토요일 아침 8시 15분에 있는 알렉산더의 개인 피아노 레슨과 뒤이은 합창 연습 그리고 이어지는 축구 연습까지 아들의 운전사 노릇을 톡톡히 할 것이다. 어두운 밤에 집으로 돌아오면서 알렉산더의 엄마는 조용한 목소리로 아들에게 질문을 하는 등 대화를 나눈다.

중산층 가정에서 볼 수 있는 자녀 양육의 특징 중 하나는 부모와 아이 사이의 토론이다. 많은 중산층 부모처럼 윌리엄스 부인과 그녀의 남편도 스스로를 자녀를 '발전시키는' 사람으로 여기며 집중적으로 알렉산더의 재능을 키우려 애쓴다. 엄마와 아빠에 의해 만들어지고 통제받는 조직 활동은 개릿과 알렉산더 같은 중산층 아이들의 삶을 지배한다. 중산층 부모들은 자신의 자녀에게 이런 교육의 기회를 제공함으로써 집중 양육 과정에 참여케 한다. 이런 과정을 거치는 동안 아이들에게는 권리에 대한 확고한 의식이 뿌리를 내린다. 이와 같은 의식은 위의 예에서처럼 여러 기관을 통해 수행하는 교육 환경에서 특별히 중요한 역할을 하며, 이로써 중산층 자녀들은 비교적 동등한 위치에서 어른과 대화하는 방법을 배운다.

이곳에서 약 20분 거리에는 주로 육체노동을 하는 사람들이 거주한다. 그곳의 공영 주택가에는 앞서 소개한 아이들과 사뭇 다른 어린 시절을 보내는 아이들이 살고 있다. 노동자 계층인 백인 아빠 야넬리는 4학년인 아들 '리틀 빌리'가 방과 후 학교 프로그램을 마치면 곧바로 아이를 데리고 집으로 돌아온다. 그런 다음 야넬리 씨는 맥주 한 캔을 마시고 리틀 빌리는 텔레비전을 보다가 자전거를 타고 밖으로 놀러 나간다. 밤이 되면 둘은 이따금 집 밖 인도 위에 앉아서 카드놀이를 하기도 한다. 청소 대행업체에서 일하는 빌리의 엄마가 오후 5시 30분쯤 직장에서 돌아와 저녁을 차리면 온 가족이 모여 앉아 식사를 한다. 대가족은 이들의 삶에서 두드러진 특징 중 하나다. 야넬리 부인은 '매일 모든 가족'에게 전화를 한다. 한편, 빌리의 삼촌은 밤에 빌리의 집에 자주 들른다. 가끔은 자신의 막내아이와 함께 온다. 봄이 되면 리틀 빌리는 그 지역에 있는 야구팀에서 야구를 한다. 개릿과 알렉산더가 일주일에 적어도 네 번 학교 수업 외 활동을 하는 것과 달리 리틀 빌리에게 야구는 1년 중 학교 밖에서 하는 유일한 조직 활동이다. 같은 동네에 사는 노동자 가정의 백인 소녀 웬디 드라이버 또한 여자 사촌들과 함께 거실에서 팝콘을 먹으며 비디오를 보면서 저녁 시간을 보낸다.

여기서 더 멀리 떨어진 곳에 사는 4학년 흑인 소년 해럴드 맥앨리스터는 여름이면 저녁마다 남자 사촌 2명과 함께 자신이 살고 있는 공영주택 마당에서 놀이를 한다. 이런 모습은 자주 볼 수 있지만, 어떤 날은 농구공을 찾지 못해 텔레비전에서 하는 스포츠 중계를 보는 것으로 만족하는 경우도 있다. 날이 어둑해지면 그 애들은 물 풍선 싸움을 하러 밖으로 나간다. 해럴드는 이웃에 사는 라티파 아줌마를 맞출 기회를 호시탐탐 노린다. 사람들은 아파트 건물 사이 마당에 있는 하얀 플라스틱 접이식 의자에 앉아 있고, 음악과 텔레비전 소리가 창문과 문을 통해 희미하게 들려온다.

빌리, 웬디, 해럴드의 부모 역시 아이들에게 최상의 것을 주고 싶어 한다. 그러나 엄청난 경제적 어려움 때문에 기본적인 생계를 꾸리기도 바쁘다. 집을 마련하고, 안정되지 못한 이웃과 대화를 하고, 아이를 병원에 데려가고(종종 오지 않는 시내버스를 기다리며), 아이의 옷을 세탁하고, 아이를 재우고, 다음 날 아이가 학교에 갈 수 있도록 준비해주는 것이 고작이다. 중산층 부모와 달리 이들은 아이의 집중적인 발전, 특히 조직적인 여가 활동을 통해 이루어지는 교육이 훌륭한 양육에 필수적 요소라고 생각하지 않는다. 따라서 탈링거나 윌리엄스네와 달리 이런 가정의 부모는 집중 양육에 중점을 두지 않는다. 이들에게 부모의 중요한 책임은 자녀의 감정이나 의견, 생각을 이끌어내는 데 있지 않다. 오히려 그들은 부모와 자녀 사이의 경계를 명확히 한다. 이런 부모들은 대체로 지시를 내리는 편이다. 합리적으로 설득하기보다 그냥 아이들에게 해야 할 일을 말해준다. 부모가 계획한 조직적인 활동을 통해 꾸준히 성장하는 중산층 아이들과 달리 노동자 계층 및 빈곤층 아이들은 여가 활동에 많은 선택권을 갖는다. 이들은 보통 이웃에 사는 친구 및 친척들과 밖에서 마음껏 뛰어논다. 요컨대 이들의 부모와 보호자는 자연적 성장을 통한 성취[2]를 지향한다. 물론 이 아이들과 부모도 자녀 교육과 관련해 집중 양육 방식을 장려하는 학교 같은 사회 주요 기관들과 교류한다. 하지만 이들이 가정교육에 적용하는 자녀 양육에 대한 문화적 논리와 기관들의 기준은 일치하지 않는다. 그 결과 부모가 집중 양육 전략을 택한 아이들은 자기 권리에 대한 의식이 있는 것처럼 보이는 반면, 빌리 야넬리·웬디 드라이버·해럴드 맥앨리스터 같은 아이들은 자신이 경험한 교육 기관에서 거리감과 불신 혹은 속박 따위를 느끼는 것처럼 보인다.

미국은 기회의 땅일지 모르지만 또한 불평등의 땅이기도 하다. 이 책은 비록 눈에는 보이지 않지만 부모의 사회적 지위가 자녀의 삶에 얼마나 큰 영향을 주는지에 대해 알아볼 것이다. 또 중산층(상위 중산층을 포함해서)·노동자 계층·빈곤층을 심층 탐구하고 인터뷰한 결과, 문화의 구조에 불평등이 침투해 있음을 보여줄 것이다. 앞으로 소개할 장들에서 나는 9세와 10세 아이를 둔 열두 가정을 집중적으로 관찰·연구한 결과를 소개할 예정이다. 이 책을 통해 나는 가정생활에서 가장 중요한 요소들이 모여 자녀 양육에 대한 문화적 논리를 형성한다고 주장한다.[3] 달리 말하면, 각 가정의 차이는 의미 있는 유형으로 범주화되는 것 같다. 현재 중산층 부모들은 자녀 교육과 관련해 아이의 집중 양육을 강조하는 문화적 논리를 채택하는 경향이 있다. 반면, 노동자 계층과 빈곤층 부모들은 자연적 성장을 통한 성취를 신뢰하는 경향이 있다. 자연적 성장을 통한 성취 과정에서 아이들은 오랜 여가 시간, 자기 주도적 놀이, 어른과 아이의 뚜렷한 경계, 친척과의 일상적인 상호작용을 경험한다. 이런 아이들은 심각한 경제적 제약에도 불구하고 부모에게서 자유롭게 자신의 긴 여가 시간을 주도하며 종종 한층 '아이다운' 삶을 누린다. 반면, 중산층 아이들은 친척과의 관계를 제대로 형성하지 못하고 여가 시간을 마음껏 누리지도 못하지만 주요 교육 기관이 제공하는 이점(최소한 잠재적으로라도)을 누릴 수 있다. 집중 양육이라는 경험을 통해 이들은 미래, 즉 사회생활을 하는 시기에 유용한 기술을 배운다. 연구를 통해 나는 중산층 백인 및 흑인 아이들이 노동자 계층 아이들과 확연한 차이를 보인다는 것을 발견했다. 그러나 내가 보기에 가장 큰 차이는 사회 계층에 있는 것이 아니라 바로 그들 사이에 존재한다. 요컨대 계층의 차이 그리고 이 차이를 가정생활 및 자녀 양육에서 어떻게 규정하느냐가 아이들로 하여금 다른 세계와의 관계에서 스스로를 보는 방식을 결정한다.

문화적 레퍼토리

교사, 의사, 상담사처럼 아이들을 대상으로 일하는 전문가는 일반적으로 아이를 어떻게 양육해야 하는지에 대해 일치된 의견을 보인다. 물론 때때로 각기 다른 가정 및 아이에게 어떤 기준을 적용하는가에 따라 의견이 일치하지 않기도 한다. 예를 들어, 아이가 책을 읽다 발음이 틀릴 경우 부모가 아이의 책읽기를 멈추고 교정해야 하는지, 아니면 그냥 두어야 하는지를 놓고 교사마다 의견을 달리할지도 모른다. 상담사의 경우, 엄마가 아이를 과잉보호하는지 그렇지 않은지에 대해서도 이견을 가질 수 있다. 그러나 부모의 적절한 양육으로 아이의 교육적 성장을 촉진해야 한다는 대원칙에 대해서는 대부분의 전문가들이 동의한다.[4] 이러한 대원칙에는 아이와 대화를 하고, 교육에 대한 아이의 흥미를 높이고, 아이의 학교생활에 부모가 적극적인 역할을 하는 것 등이 포함된다. 마찬가지로 양육 지침서들은 대부분 아이를 이성적으로 설득하고, 완력보다 타협을 통해 문제를 해결하는 방법을 가르쳐주는 것이 중요하다고 강조한다. 이런 지침들은 아주 일반적으로 인정받고 있으며, 부모의 양육과 관련한 일련의 행동에 초점을 맞춘다. 그런 연유로 이러한 지침들이 모여 아이의 양육 방식에 대한 일련의 지배적인 문화적 레퍼토리를 형성한다. 아이의 양육과 관련한 대원칙에 대해 전문가들 사이에 확산된 이런 의견 일치는 우리 사회에도 널리 퍼져 있다. 그 결과 얼마 되지 않는 전문가들이 잠재적으로 대다수 부모의 양육 태도를 결정하게 된다.

아이를 키우는 최선의 방법에 대한 전문가들의 조언은 지난 2세기에 걸쳐 규칙적으로 변해왔다. 처음에는 병에 담긴 분유를 먹이며 엄격한 체벌(부모가 아이의 응석을 받아줌으로써 생길 수 있는 문제에 대한 무서운 경고와 더불어)을 동반한 양육을 강력히 권고하다가, 현대에는 모유를 수유하며 정서적 온기를 전하고 이성과 타협을 통해 양육하라는 권고를 하기에 이르렀다. 중산층 부모는 노동자 계층 또는 빈곤층 부모보다 더 빠르고 철저하게 다양한 측면에서 자신의 태도를 바꾼 것처럼 보인다.[5] 전문가들이 자신의 권고를 분유에서 모유로, 엄격한 대응에서 따뜻한 공감으로, 체벌에서 행동 제한으로 전환했을 때 가장 빠르게 반응한 부류는 중산층 부모들이었다.[6] 게다가 최근 수십 년 사이 미국의 중산층 자녀들은 중산층이 '몰락'할 것이라는 전망에 직면했다.[7] 따라서 자녀가 성공할 수 있을지 걱정하는 중산층 부모들은 더더욱 자녀의 발전에 도움이 될지도 모르는 기회를 절대 놓치지 않겠다는 결심을 하기에 이르렀다.

현대 전문가들의 조언을 따라 집중 양육 모델에 주목한 중산층 부모는 자녀의 발전을 자극하고 그들의 인지적·사회적 기술을 향상시키기 위해 계획적으로 노력한다. 반면, 자녀 양육 면에서 경제적 도전이라는 엄청난 요구에 직면한 노동자 계층과 빈곤층 부모는 편안함, 음식, 주거를 비롯해 기본적인 생활필수품 마련이라는 책무를 다하기 위해 끊임없이 노력해야 한다. 그 결과 자녀에 대한 계획적 양육이나 중산층 가정에서 이루어지는 여가 활동은 엄두도 내지 못한다. 노동자 계층과 빈곤층 가정에서는 자녀의 자연적 성장을 유지하는 것이 하나의 성취로 간주된다.[8]

자녀 양육에 대해 이토록 다른 철학과 접근 태도를 보이는 양 진영의 결과는 어떨까? 간단히 말해, 서로 다른 결과가 나타나는 것 같다. 이번 연구에 따르면, 노동자 계층 및 빈곤층 가정보다 중산층 가정에서 더 많은 대화가 이루어졌다. 이는 아이들에게 한층 나은 언어적 민

첨함과 풍부한 어휘력뿐 아니라 권위 있는 사람과의 관계에서 자신감을 부여하고 추상적 개념에 더 익숙하게끔 만든다. 중요한 것은 아이들이 기관이나 가정에서 권위 있는 인물들과 상호 작용을 할 때 태도의 차이를 보인다는 것이다. 개릿 탈링거와 알렉산더 윌리엄스 같은 중산층 아이들은 어리지만 어른과 악수를 하며 어른을 똑바로 쳐다보는 것을 배운다. 면접에 대한 연구에서, 조사원들은 고용 가능성이 있는 사람은 1분도 채 지나지 않아 좋은 인상을 심어준다는 것을 발견했다. 연구자들은 눈을 마주치고 힘차게 악수하며 면접하는 동안 면접관들에게 편안한 감정을 보여주는 것이 중요하다고 강조한다. 그러나 해럴드 맥앨리스터처럼 빈곤층 가정의 구성원들은 대화할 때 보통 서로의 눈을 쳐다보지 않는다. 게다가 엘리야 앤더슨(Elijah Anderson)이 지적한 것처럼 그들은 오랫동안 쳐다보면 위험에 처할 수도 있는 이웃들과 함께 살아간다.[9] 맥앨리스터 가정에서 배우는 유형의 사회적 능력도 분명 가치 있지만, 개릿 탈링거와 알렉산더 윌리엄스가 배운 것들이 나중에 더 유용하게 쓰일 가능성이 높다. (예를 들면 취업 면접에서.)

이번 연구에서 관찰한 중산층 흑인 및 백인 아이들은 중산층 특유의 새로운 권리에 대한 의식을 보여주었다. 이 아이들은 자신의 취향이 존중받을 권리가 있음을 아는 것처럼 행동했으며, 교육 기관에서도 여유롭고 능동적인 태도로 교류를 주도했다. 또 중산층 아이들은 자유롭게 정보를 공유하고 남의 이목을 끄는 데에도 주저함이 없었다. 개중에는 남들보다 덜 사교적인 아이도 있었지만, 중산층 자녀들은 전반적으로 자신이 원하는 것을 이루기 위해 타인과의 상호 작용을 조정하는 방법을 알고 있었다. 알렉산더 윌리엄스는 의사의 관심을 (새 디오더런트 때문에 생긴 팔 밑의 혹에) 집중시키는 방법을 알고 있었다. 엄마가 의사를 대할 때는 거리낌 없이 증상을 얘기하라고 가르치며 격려했기 때문이다. 마찬가지로 중산층 흑인 여자아이인 스테이시 마셜의 엄마 역시 딸에게 체육 선생님이 스테이시의 개인적 학습 방식을 존중해주어야 한다고 가르쳤다. 이처럼 중산층 아이들은 기관 대표자와 상호 관계를 구성하는 '게임의 규칙'에 대해 교육을 받는다. 물론 중산층 아이들이 모든 사교적 기술에 능숙한 것은 아니었다. 여름 방학이나 주말 동안 시간을 체계적으로 보내는 일이나 어른들과 떨어져 오랫동안 지내는 일, 혹은 어른들과의 관계에서 나서지 않고 복종하는 일 등에서는 꽤 서툴렀다. 하지만 중산층 아이들은 (어른들을 보고 따라 하거나 직접적인 가르침을 통해) 어떻게 해야 자신이 원하는 것을 얻는 쪽으로 인간관계가 흘러가는지 이해하고 있었다. 여기서 우리는 논리적 대화와 타협을 중시하는 가정교육이 훗날 아이가 각종 사회 기관에서 수행하게 될 협상에서도 잠재적 이점을 준다는 것을 알 수 있다. 게다가 권위 있는 어른들 역시 아이의 이런 상호 관계 설정에 긍정적인 반응을 보였다. 4학년 교실을 관찰한 결과, 중산층 아이들은 이익을 얻기 위해 자기 스스로를 대변했다. 이 아이들은 선생님이나 의사에게 자신이 원하는 것을 수용할 수 있는 방향으로 절차를 조정해달라고 개별적으로 요청했다.

이와 반대로 노동자 계층 및 빈곤층 자녀들의 경우는 각종 기관과의 상호 작용에서 스스로 제약받는다는 느낌을 의식했다. 빈곤층 자녀들은 자신의 욕구에 맞춰 상호 관계를 조정하는 경우가 드물었다. 노동 계급인 부모와 마찬가지로, 아이들은 기관 내의 권위 있는 어른에게 복종하는 모습을 보였다. (비록 이따금 은근히 반항하는 아이도 있었지만 말이다.) 노동자 계층 및 빈곤층 부모 중 몇몇은 자녀의 학교생활에 대해 잘 알지 못하는 경우도 있었다. (예를 들어, 자녀가 숙제를 잘 하지 않아도 이를 모르고 지나쳤다.) 또 학교 규칙을 불합리한 것으로 치부하는 부모도 있었다. 예를 들어, 웬디 드라이버의 엄마는 학교에서 웬디를 괴롭히는 남자아이가 있다는 말을 듣고는 그 애를 "때려버려라"고 얘기하기도 했다. 빌리 야넬리의 부모는 아들이 학교에서 정학 처분을 받았음에도 불구하고 운동장에서 다른 남자아이를 '때려눕힌' 것을 자랑스러워했다. 노동자 계층의 부모들은 또한 '학교 측'에 자신의 우려 사항을 전달하는 데에도 어려움을 겪었다. 야넬리 부인은 학교라면 "치가 떨린다"고 얘기하면서, 아들에게 학교라는 중요한 교육 기관에 대해 무력하고 절망적인 인상을 심어주었다. 스테이시 마셜 같은 중산층 아이들은 전문가에게 자신이 원하는 것을 요구하는 방법을 잘 알고 있었으며, 자신이 원하는 대로 일이 진행될 때마다 훗날 유용하게 쓰일 '문화 자본(개인이 물려받아 여러 기관을 거치면서 다양한 형태의 가치로 전환할 수 있는 기술들)'을 축적했다.[10] 그러나 노동자 계층 및 빈곤층 아이들은 기관과 직면했을 때 그 관계를 자신에게 유리한 방향으로 이끌지 못하는 경우가 많았으며, 성인이 되어 유용하게 쓸 문화 자본 역시 축적하지 못했다. 바로 이런 정당성 부여 패턴 때문에 집중 양육 방식으로 교육받은 아이들은 권리에 대한 인식이라는 이점을 선물로 받는 한편, 자연적 성장 환경에서 자란 아이들은 점차 제약에 대한 인식을 발달시키는 경향이 있었다.[11]

사회적 계층화와 개인주의

미국 사회에서는 한 사람의 성취를 그 사람의 개인적 자질 덕분이라고 생각한다. 노래 〈내 방식대로 살아온 인생(I Did It My Way)〉이나 각종 회고록, 텔레비전 토크쇼, 신문 기사들도 개인의 가치를 중시한다. 일반적으로 개인이 이루어낸 성과는 그 개인의 노력이나 재능과 결부된다. 예를 들면 특정한 'A 타입'의 인격을 지닌 사람이나 성실한 직원 또는 훌륭한 리더십을 지닌 사람 등으로 평가받는다. 이러한 신념이야말로 미국 사회의 불평등을 지탱하는 뼈대라고 할 수 있다.

미국인들은 실제로 개인이 갖는 주도권은 쉽게 인정하면서도 사회적 계급의 위력은 인정하지 못한다. 연구 결과 역시 과반수의 미국인이 자신의 성취가 개인적 노력 덕분이라고 믿고 있음을 보여준다. 전체 인구의 5분의 1도 채 안 되는 사람만이 "인종, 성별, 종교 또는 계층이 '인생에서 앞서 나가는 데' 매우 중요하다"[12]고 믿는다. 유럽인과 비교하면, 훨씬 많은 미국인이 개인의 노력에 따라 생활수준을 향상시킬 수 있다고 믿는다. 다시 말해, 아직도 많은 미국인이 '아메리칸드림'을 믿고 있다는 얘기다. "우리가 보고 들으며 자란 '아메리칸드림'은 매우 단순하면서도 강력한 이상향이다. 성실히 일하고 규칙을 지키면, 신께서 주신 재능이 허락하는 범위 안에서 사회적으로 노력한 만큼 성공할 수 있다는 믿음 말이다."[13] 각 개인은 자기 자신의 노력과 능력만큼의 성과를 이룰 수 있다는 미국식 이념은 부자와 빈자를 막론하고 과반수의 미국인들이 갖고 있는 믿음이다.

그럼에도 불구하고 미국 사회가 계층화되어 있는 것은 분명한 사실이다. 다음 장에서 설명하겠지만 부(富), 재밌으면서 세련되고 보수도 높은 직업, 좋은 교육, 개인 소유의 주택 등과 같이 가치 높은 자원은 결코 균등하게 분배되어 있지 않다. 게다가 이러한 자원은 자손에서 자손에게로 세습된다. 아이가 대학 교육을 받을 수 있을지 알아보는 가장 좋은 척도는 그 부모가 대학을 졸업했는지 알아보는 것이라는 얘기가 있을 정도다. 물론 이런 식의 상관관계가 언제나 옳은 것은 아니다. 어쩌면 전체의 3분의 2 정도만 부모의 교육 수준에 근접하고, 나머지 3분의 1은 부모와 다른 길을 걷게 될지도 모른다. 그럼에도 우리가 자원 분배에 상당히 큰 격차가 있는, 다시 말해 매우 큰 불평등이 존재하는 사회에 살고 있다는 것은 분명하다. 그러나 다음 장에서 설명하겠지만 사리 분별을 할 줄 아는 사람들은 그러한 계급적 패턴을 어떻게 개념화할 것인지에 대해 사뭇 다른 의견을 보이고 있다. 이들은 또 각기 다른 경제적 계층에 속하는 가정이 "인생의 방향이 달라질 정도의 특별한 경험"[14]을 공유한다고 생각하지도 않는다. 많은 사람이 분명하고 일관성 있으며 지속적인 경험 패턴은 정해져 있는 게 아니라고 주장한다. 이 책에서 나는 육아에 적용하는 문화적 논리의 존재와 그러한 논리가 가정의 사회 계급적 위치에 따라 달라진다는 점을 증명할 것이다. 겹겹이 짜인 이 문화적 논리들은 깔끔하게 딱 떨어지지는 않지만 어느 정도 그 존재와 형체를 알아볼 수 있다. 많은 이들이 주장하는 것과 달리, 나는 사회적 계급이 가족생활을 형성하는 데 매우 강력한 영향을 미친다고 생각한다.

연구

하루 종일 아이들을 돌보려면 부모는 많은 일을 해야 한다. 이 연구를 처음 시작할 때, 나는 무엇보다 양육에 수반되는 일에 관심을 가졌다. 조사 대상을 단순히 아이들 또는 부모로만 한정하지 않고 가정으로 넓히면서, 나는 부모와 아이가 서로 어떤 영향을 주고받는지 알아보고 싶었다. 그러려면 가정의 벽을 넘어 부모와 아이들이 아이의 생활에 밀접한 다른 어른들과의 관계에서 어떻게 합의점을 찾는지 알아야 했다.

이번 연구는 철저히 '자연주의적' 관찰 기법을 사용하고 있으며 열두 가구(백인 가정 여섯 가구, 흑인 가정 다섯 가구 그리고 다른 인종 간의 결혼으로 이뤄진 가정 한 가구)의 9세 및 10세 아동을 관찰한 결과다. 또한 이 열두 가정은 중산층, 노동자 계층, 빈곤층 출신의 어린이 88명을 대상으로 한 더 큰 규모의 연구에 포함돼 있기도 하다.[15] (이 연구를 어떻게 진행했는지 알고 싶으면, 부록 A의 방법론 부분을 참조하기 바란다.) 나는 이 연구에 참여한 아이들 대부분을 시내에 있는 로어리치먼드(Lower Richmond) 학교와 교외에 위치한 스완(Swan) 학교(두 학교에 대해서는 다음 장에서 자세히 설명할 것이다)의 3학년 교실을 방문해 만났다. 그리고 백인과 흑인으로 이루어진 연구 보조원들의 도움을 받아 이 아이들의 부모와 인터뷰를 했다. 또 전문가들이 부모에게 어떤 기대치를 갖고 있는지 알아보기 위해 아이들의 담임 선생님 및 학교 관계자와도 인터뷰를 했다.

나와 연구 보조원들은 이 아이들이 속해 있는 열두 가정을 집중적인 관찰 대상으로 선택했다.[16] 거의 모든 가정을 1개월여 동안 20회 정도 방문했다. 그리고 아이들과 부모를 따라다니며 일상생활을 영위하는 모습을 관찰했다. 이를테면 학교 활동에 참여하는 것을 지켜보고 교회에서 예배를 드리거나 행사를 할 때, 연극을 계획할 때, 친척을 방문할 때 그리고 의사와 면담할 때에도 동행했다. 한 번 방문할 때마다 보통 세 시간가량 머물렀다. 간혹 특별한 행사가 있을 경우(이를테면 다른 동네에서 열리는 장례식이나 특별한 친인척 행사, 오랜 시간이 걸린 쇼핑 등)에는 그보다 더 오래 머무르는 때도 있었다. 연구 기간 중 하룻밤 정도는 각 가정에서 가족들과 함께 보내는 것도 사전에 계획했다. 그리고 특히 우리와 제법 친해졌을 때, 가족들의 대화를 녹음하기도 했다.

우리는 실험에 참가한 가족들과 처음 만났을 때, 유명한 연구 사례를 참고해 우리를 "집에서 키우는 강아지"[17]정도로 여겨달라고 부탁했다. 다시 말해, 우리가 있다는 사실을 의식하지 않되 가족의 일부가 되어 함께 어울릴 수 있도록 해달라는 뜻이었다. 물론 실제로 관찰을 시작했을 때 가족들은 생각보다 더 우리에게 신경을 쓰는 듯했다. 하지만 그런 가운데서도 우리는 간단한 인사말 정도만 나눈 후 가능한 한 그 가정에 동화되어 부모와 아이들이 상황을 주도하도록 했다. 우리는 집 안에 있을 때는 아이들과 함께 바닥에 앉고, 가족과 함께 외출할 때는 자동차 뒷좌석에 앉기로 규칙을 정했다. 집 밖에서는 아이들과 공놀이를 하기도 했다. 하지만 아이들이 친구와 놀 때는 옆에서 지켜보기만 했다. 특히 중산층 가정의 아이들은 어른을 기다리며 보내는 시간이 많은 것으로 나타났다. 아이들이 기다리는 동안, 우리도 함께 기다렸다. 부록 A에서 설명했듯 가장 중요한 것은 아이가 아주 위험한 상황에 빠지지 않는 한 아이의 행동을 비난하거나 끼어들지 않는 것이었다. 우리는 또 실험에 참가한 가족들에게 우리를 즐겁게 해주려 노력할 필요가 없다고 알려주었다. 아이들에게도 평소 욕을 잘한다면 그렇게 해도 괜찮으며, 손님들에게 갖추는 예의를 크게 차릴 필요도 없다고 말해주었다.

우리가 가족과 함께 거실에서 텔레비전을 보고, 축구 경기를 보러 가는 자동차 뒷좌석에 동승하고, 잠옷을 입는 아이들의 모습을 지켜보고, 교회에 동행하는 것은 의문의 여지 없이 평소 가족생활의 양상을 바꾸어놓을 수밖에 없었다. 그러나 시간이 흐르면서, 가족들이 점차 우리에게 적응하고 있다는 게 느껴졌다. (예를 들어 우리와 친숙해짐에 따라 가족 간에 평소처럼 고함을 치거나 욕을 하는 일이 잦아졌다.) 많은 가족이 초기의 적응 기간 이후에는 자신들의 행동이 평소와 크게 다르지 않다고 얘기했다.

아이들 역시 이 조사에 참여하게 된 것을 즐겼다. 실험에 참가하는 게 어쩐지 "특별한 사람"이 된 것 같다고 얘기하기도 했다. 현장 연구원들이 도착하는 것을 바라보는 아이들의 표정은 즐거워 보였다. 종종 연구원들이 떠나지 않았으면 하는 아이도 있었다. 일부 부모 역시 종종 "즐거운 시간을 보냈다"고 말했다. 이처럼 연구에 대한 참여를 즐기는 반응은 노동자 계층 및 빈곤층 가정에서 더 강하게 나타났다. 아마도 이런 가정의 아이들은 친인척이나 이웃, 선생님 외에 어른들을 만날 기회가 없기 때문인 것 같았다. 이에 비해 중산층 가정의 아이들은 가정이나 학교 밖에서도 어른들과 교류할 기회가 잦았다.

지속되는 딜레마

최근 참석했던 한 세미나에서, 나는 어떤 흑인 인류학자가 다른 학자의 말에 대해 "그렇지만 그건 백인들의 관점에서 본 것 아닙니까?"라며 반박하는 것을 보았다. 이런 논리를 따를 경우 특정 인종이나 민족에 속하면 한 개인의 사고방식이 특정한 방향으로 결정된다는 결론을 내릴 수밖에 없다. 비슷한 맥락에서, 내가 백인이기 때문에 흑인 가정을 연구해서는 안 된다고 말하는 사람도 있었다. 이런 사람들은 아마도 흑인 연구 보조원이 백인 중산층 가정을 방문해서도 안 된다고 말할 것이다. 이렇게 주장하는 사람들은 게이에 대한 연구는 게이가, 여성에 대한 연구는 여성이 하는 것이 바람직하다고, 심지어는 그렇게 해야만 한다고 강변한다. 외부인이 오해할지도 모른다고 걱정하는 이들도 있고, 흑인 가정을 관찰하는 데 백인이 참가하는 것은 적절하지 않다고 여기는 이들도 있다.

논쟁의 여지가 많은 이런 주제에 대해 정해진 해답은 없다. 이번 연구에서는 주로 지역적인 기준으로 연구 대상 가족을 선정했다(자세한 내용은 부록 A 참조). 그러나 좀더 일반적인 경우, 나는 앞서 말한 세미나에서 본 젊은 여성 학자와는 철학적 견해가 다르다. 나는 애초 "백인들의 관점"[18]이라는 것이 존재하는지도 의문이다. 그 여성 학자의 비판 속에 담긴 논리를 따른다면, (우세한) 인종이나 민족의 혈통을 지닌 개인은 사회적으로 지배당하는 쪽에 있는 집단에 대한 사회적 의문점을 연구해서는 안 된다는 결론이 나오기 때문이다. 그리고 이런 접근 방식은 분명 복잡한 사회 문제를 이해하는 데 최선의 방법은 아닌 것 같다. (만약 이 논리가 옳다면, 모든 흑인 과학자는 자신이 원하는 주제에 대한 탐색을 접고 자신과 같은 흑인 집단에 대해서만 연구해야 한다는 부당한 결론도 가능하다.) 게다가 우리 주변에서 쉽게 볼 수 있는 이 '집단'들 역시 언제나 각각의 다양성을 지니고 있다. 예를 들어 같은 민족일 경우에도 구성원의 성별이 다를 수 있다. 이들의 이해를 가로막는 장벽이 다른 민족 간의 이해를 가로막는 장벽만큼 높다고 할 수 있을까? 이런 식으로 끊임없이 나누다 보면, 결국에는 진정으로 '장벽을 넘어' 연구할 수 있는 대상은 자기 자신밖에 없지 않을까? 이 책은 비록 한 집단의 일원이 아니더라도 이러한 경계를 넘어 그 집단에 대해 연구할 수 있다는 가정 아래 쓴 것이다. 또한 민족지학적 방식을 적용한 연구의 결과물을 통해 폭넓고 다양한 사회적 배경을 가진 어린이들을 이해하기 위해 노력했다. 남자아이와 여자아이, 중산층 아이와 노동자 계층 및 빈곤층 아이 그리고 백인 가정 및 흑인 가정에서 자란 모든 아이를 연구했다. 연구팀의 구성원 역시 다양한 인종 및 민족 출신으로 이루어졌고(연구원의 사회 계층적 배경 역시 다양했다), 이러한 구성은 부록 A에서도 설명했듯이 우리의 방문 결과에 영향을 미쳤다.

이 연구의 결과를 검토한 이들 중 일부는 미국 내 인종 사이의 경쟁 관계를 고려할 때 이 책에서 묘사한 행동 양식이 특정 집단에 대한 부정적 편견을 강화할 수도 있다는 우려를 나타냈다. 어떤 이들은 특히 정치적 보수파들이 이 연구의 결과물을 전체적인 맥락에서 이해하지 않고 일부만 골라내 악용할 수도 있다고 우려했다. 이 책의 원고를 미리 읽어본 독자 중 일부는 가난한 흑인 가정에 대한 이야기를 예로 들며 이들에 대한 부정적 이미지를 강화할 수 있는 실험 결과는 아예 출판하지 말라고 종용하기도 했다. 연구 결과에 흑인 가정뿐 아니라 가난한 백인 가정의 사례가 포함되어 있다는 사실도 그들의 걱정을 누그러뜨리지는 못했다. 가장 큰 문제는 이 책을 읽을 대부분의 독자가 비록 노동자 계층이나 빈곤층 출신이라 할지라도 현재는 중산층이거나 혹은 훗날 중산층이 될 대학생들이라는 것이었다. 독자들은 자신의 어린 시절이나 부모로서의 삶 혹은 부모가 될 미래를 기준으로 이 연구의 타당성을 평가할 것이다. 이러한 문화적 또는 역사적 틀이 연구 결과를 해석하는 토대가 될 수도 있다. 실제로 이 책의 초고를 읽어본 (중산층) 독자 가운데 일부는 하루 종일 텔레비전을 보는 것이 아이에게 '지루'하거나 '해로운' 영향을 줄 수도 있다고 여겼다. 그러나 이런 해석은 어린 시절에 대한 특정 신념에 뿌리를 두고 있다. 아이의 발달과 집중 양육에 대한 신념도 그중 하나다. 독자의 신념과 관련한 역사적·문화적 특성은 다양한 문화나 역사에 대한 날카로운 비교를 통해

서만 확연히 드러난다.[19]

    요약하면, 가장 큰 걱정은 일부 독자가 개인의 문화적 신념을 연구 결과에 반영하게 될지도 모른다는 것이었다. 이러한 개인적 생각을 반영하면 자신의 신념과 다른 자녀 양육 방법은 전부 적절하지 못하다고 판단할 수도 있다. 그 결과 가족생활의 복잡한 특징에 대해 열변을 토함에도 불구하고 결국에는 노동자 계층 및 빈곤층의 자녀 양육 방식이 갖고 있는 단점보다 중산층 가정의 자녀 양육 방식의 결점을 지적하느라 더 많은 시간을 보내는 경우도 종종 있다. 그럼에도 이번 연구의 결과가 왜곡되어 있거나 내가 지지하지 않는 정치적 이념의 입지를 공고히 해줄 가능성을 부정할 수는 없다. 하지만 사람들이 결과를 어떤 식으로 해석할지에 대한 두려움 때문에 결과 그 자체를 억누르는 것은 (특히 연구에 사용한 실례들이 사회생활과 관련한 '결함' 이론을 강화할 수도 있다는 우려는) 잘못이라고 생각한다. 따라서 우려를 표한 많은 이들의 의견에도 불구하고 나는 실험 결과 중 어느 것도 제외하지 않았다.

이 책의 구성

다음 장에서는 이번 연구의 대상이었던 아이들 대부분이 다니는 학교에 대해 그리고 우리가 연구를 진행하며 여러 해 동안 방문한 곳들에 대해 설명할 것이다. 또한 왜 불평등이 존재하는지 이해하기 위한 여러 가지 접근 방식을 간단히 언급할 것이다. 그리고 3장부터는 각 장마다 한 가정씩을 소개하며 사회적 계층이 일상생활의 구성, 언어 사용, 가족과 기관 사이의 상호 작용이라는 세 가지 경로를 통해 어린 아이의 삶과 가족생활에 어떤 영향을 미치는지 살펴볼 것이다. 1부에서는 백인 중산층 가정의 아이인 개릿 탈링거(3장)의 사례를 통해 체계적인 활동들로 채워진 중산층 아이들의 빡빡한 일정을 소개할 것이다. 탈링거 씨 가족이 다른 가족보다 부유한 것은 사실이지만, 이 가족에서 나타난 행동 패턴은 다른 가족에서도 공통적으로 관찰할 수 있었다. 반대로 티렉 테일러(노동자 계층 흑인 가정) 같은 아이는 친구들과 밖에서 놀며 시간을 보냈다(4장). 백인 빈곤층 가정의 여자아이 케이티 브린들의 경우에서 볼 수 있듯이 빈곤층 엄마들은 아이를 키우기 위해 엄청난 노동을 해야 하는 것으로 나타났다(5장). 탈링거 씨 가족의 아이들과 달리 티렉 테일러와 케이티 브린들은 어른들의 간섭을 받지 않고 놀았다.

2부에서는 이러한 일상생활 구성의 차이가 언어 사용과 어떤 식으로 밀접한 관계를 맺고 있는지 설명하고, 흑인 중산층 가정에서 자라는 알렉산더 윌리엄스(6장)와 빈민 가정에서 자라는 흑인 남자아이 해럴드 맥앨리스터(7장)의 사례를 통해 중산층 가정에서의 논리적 대화 방식과 노동자 계층 가정에서의 명령조 대화법에 대해 살펴볼 것이다.[20]

3부에서는 아이의 학교 교육에 개입하거나 감독하는 부모의 방식이 어떻게 다른지 설명할 것이다. 8장에서는 집 밖에서 어떻게 생활해야 하는지 세세한 것까지 엄마의 간섭을 받는 흑인 중산층 여자아이 스테이시 마셜의 사례를 소개한다. 비록 훨씬 덜 효과적이기는 하지만 백인 중산층 가정에서 자라는 여자아이 멜라니 핸드론(9장)도 이와 비슷한 경우다. 멜라니의 엄마는 딸의 생활에, 특히 숙제할 때 자주 참견을 했으며, 이 때문에 딸을 불행하게 만들고 갈등을 초래했다. 중산층 부모들과 반대로, 노동자 계층 및 빈곤층 부모들은 아이의 교육을 전문가에게 맡겨놓았다. 종종 교육 기관 전문가들이 부모에게 집중 양육 방식을 따를 것을 요구하면서 웬디 드라이버의 경우처럼 문제가 발생하기도 했다. 웬디 드라이버는 4학년 읽기 수업을 따라가지 못하고 있었다(10장). 게다가 일부 노동자 계층 부모들은 자신이 적합하다고 여기던 행동 방식이 (예를 들면 학교 운동장에서 자기 방어를 위해 다른 아이를 때려도 된다고 말하거나 아이를 올바로 양육하기 위해 때리는 행동 등) 폄하되거나 아동 학대로까지 여겨지는 것에 대해 무력감과 절망감을 느끼기도 했다. 빌리 야넬리(11장)의 사례가 이러한 갈등을 보여준다.

결론에 해당하는 12장에서는 사회적 계층이 일상생활에 미치는 영향에 대한 전반적인 의문점을 다시금 짚어볼 것이다. 특히 사회적 계층과는 별로 관계없어 보이는 단정함이나 질서, 유머 감각 같은 일상생활의 영역들에 주목할 것이다. 그러나 전체적으로는 사회적 계층이 각 가정에서 자녀 양육 방식에 대한 논리를 형성하는 몇몇 중요한 양상을 살펴보고 아이들이 자라나 사회에 편입되면서 이러한 양육 방식이 어떤 가치를 지니게 되는지에 대해서도 얘기하고자 한다. 부록 A에는 연구를 진행하는 동안 대두되었던 딜레마나 의문점에 대한 '내부 관계자'의 이야기를 실었다.

요약하면, 나는 자녀 양육에 대해 주요 교육 기관(학교나 사회 복지 단체) 관계자들의 관점을 있는 그대로 받아들이는 것은 실수라는 결론에 다다랐다. 실제로 학교라는 배경을 벗어나면 두 양육 방식 모두 일장일단이 있었다. 예를 들어, 집중 양육 방식은 바쁜 부모와 지친 아이들에게 상당한 양의 일거리를 안겨주며, 때로는 가족이라는 가치를 희생하면서까지 개인주의적 가치를 강조하는 경향이 있었다. 중산층 아이들은 부모와 논쟁을 벌이기도 하고, 부모의 무능력을 불평하기도 했으며, 부모의 의사 결정을 깎아내리는 모습을 보이기도 했다. 만약 우리가 다른 시대에 살고 있다면, 열 살짜리 아이가 의사 선생님의 말에 토를 다는 것은 부적절하고 예의 없는 짓으로 간주되어 꾸중을 들었을지도 모른다. 또한 아이가 자신이 누릴 권리가 무엇인지 아는 게 지켜야 할 제약이 무엇인지 아는 것보다 본질적으로 더 가치 있다거나 낫다고 보기도 어렵다. 미국보다 개인주의의 영향이 적고 집단을 중시하는 나라에서는 노동자 계층 및 빈곤층 아이들이 보여준 제약에 대한 의식이 바람직한 것으로 여겨질 수도 있다. 그러나 미국 사회에서는 그러한 노동자 계층 및 빈곤층 가정의 양육 방식이 폄하되거나 도움이 되지 않는, 때로는 아이들의 성공에 해가 되는 것으로 여겨지기도 한다. 중산층 아이들은 교육을 통해 상당한 이득을 축적하지만 아이들 자신도, 다른 이들도 그러한 이점을 눈치채지 못한다. 속된 말로, 중산층 아이들은 "3루에서 시작해놓고 자기가 잘해서 이긴 줄 안다". 이 책은 아이들 및 그 가족의 일상생활 속에 배어든 기쁨과 기회, 문제점 그리고 갈등에 대한 연구를 통해 그러한 보이지 않는 요소들을 눈에 보이도록 이끌어낼 것이다.

02

사회 구조와
일상생활

•

한 개인의 삶은 그를 둘러싼 환경과 제도를 고려하지 않고는 이해할 수 없다.
─C. 라이트 밀스(C. Wright Mills)

이 책에서 소개하는 가족들의 삶은 각각의 가족이 살아온 특수한 사회
적 맥락에서 형성된 것이다. 이들에게는 자신의 자녀가 학교에서 어느
교사의 지도를 받을지, 집 주변의 공원은 어떻게 관리되고 도로에 쌓
인 눈은 얼마나 신속하게 치워질지, 혹은 학교 친구나 이웃의 인종
적 · 민족적 · 사회 계층적 구성은 어떻게 이루어질지에 대한 선택권
이 없다. 공적으로 제공받는 학문적 · 기술적 교육이나 국가 경제의 성
장 속도 혹은 세계 경제에서 미국이 차지하는 지위 등 소득을 결정짓
는 요인 역시 대부분의 경우 이들이 통제할 수 없는 영역이다. 물론 이
런 요소들이 모든 가정에 동일한 영향을 미치는 것은 아니다. 그러나
모든 개인이 사회 구조의 영향을 받으며 살아가는 것만은 확실하다.
　사회 구조라는 용어는 여러 가지로 정의할 수 있지만, 그 정의들은

보통 사회적 조직이라는 형태를 띤 일정한 상호 작용의 패턴이라는 측면을 강조한다. 사회는 집단의 집합이다. (일반적으로 "개인 간의 상호 작용은 서로의 행위에 대한 공통적인 기대치를 기초로 이뤄진다"[1]고 정의할 수 있다.) 개개인은 자신이 속한 집단마다 각기 다른 위치와 지위를 담당하며, 그 집단에서 공통적으로 채택한 규범에 따라 행동한다. 그리고 시간이 지남에 따라 (관료제나 소송 절차, 행정 규칙 등의 형태를 띤) 이러한 규칙 중 일부가 모여 제도를 이룬다.[2] 결혼, 가족, 군대, 기업, 정당, 인종 차별 등은 모두 사회적 '제도'라고 할 수 있다. C. 라이트 밀스는 자신의 저서 《사회학적 상상력(Sociological Imagination)》에서 이러한 제도의 중요성을 강조했다. 책에서 그는 "인간의 삶이란 자신이 속한 특정 제도 속에서 다양한 역할을 수행하는 과정이다. 한 개인의 삶을 이해하기 위해 우리는 그가 수행해온 그리고 현재 수행하고 있는 역할의 가치와 의미를 이해할 필요가 있다. 또 이러한 역할을 이해하기 위해서는 그가 속한 제도에 대한 이해를 선행해야 한다"[3]고 설명했다. 개인이 어떤 집단에 소속될지는 임의로 결정하는 것이 아니다. 부유한 가정에서 자란 사람은 엘리트 집단과 접촉할 기회가 많을 것이며, 가난한 가정에서 자란 사람은 빈곤층과 접촉할 기회가 많을 것이다. (동물원, 퍼레이드, 특정 상점 그리고 때로는 대중교통 같은) 일부 제도는 다양한 배경을 지닌 이들을 한데 모아 뒤섞는 '평형추' 역할을 하기도 한다. 그러나 이처럼 부유층과 빈곤층이 한데 섞이는 형태는 상대적으로 드문 것이 현실이다.

간단히 말해, 아이들은 고도로 계층화된 사회 속에서 성장한다고 할 수 있다. 이번 장에서 필자는 연구에 참여한 가정과 아이들을 둘러싼 사회 구조적 맥락의 핵심 요소를 개괄할 것이다. 필자는 도심 지구에 있는 로어리치먼드 학교와 교외에 위치한 스완 학교에 연구의 초점을 두었다. 그리고 두 기관과 이를 둘러싼 주변 환경을 설명하고 우리 사회의 지속적인 불평등에 대한 사회과학자를 비롯한 전문가들의 해석 방식에 관해 논의할 것이다.

로어리치먼드 학교와 주변 환경

북동부 대도시에 있는 로어리치먼드 학교는 유치원에서 5학년까지의 학생들이 다니고 있다. 3층짜리 건물 한 채로 이뤄진 이 학교는 좁은 도로 하나와 학교를 둘러싸고 있는 높은 회색빛 체인 울타리 때문에 약간 폐쇄적으로 보인다. 베이지색으로 칠한 건물 외벽은 낡고 더러운데다 곳곳에 페인트를 덧씌운 자국과 낙서가 눈에 띤다. 창문이라곤 몇 개가 고작이다. 건물 옆과 뒤에는 아스팔트 운동장과 작은 농구 코트가 있고, 정면에는 나무 몇 그루와 작은 잔디밭이 있다. 그러나 일과 시간 중 이곳에서 노는 학생들은 거의 없다. 유치원생들은 별도의 운동장을 이용한다. 이 운동장 역시 아스팔트로 포장했지만, 아이들이 직접 그린 그림으로 주변의 벽을 장식했다는 점에서 조금은 발랄한 느낌을 준다. 학교 입구에 들어서면 가장 먼저 데스크에 앉아 있는 안전 요원과 마주친다. 한 교사에 따르면 로어리치먼드는 전반적으로 "매우 훌륭한 곳"이라고 한다. 그 교사는 "이 지역의 다른 학교에는 맥주병과 깨진 유리가 곳곳에 버려져 있는데, 우리 학교는 안전하고 아름답습니다. 학교를 한 바퀴 돌아보면 나무와 잔디, 주차장 그리고 깨끗한 건물을 볼 수 있을 것입니다"라고 학교를 소개했다.

　로어리치먼드 학교 주변은 인종별로 거주 구역이 형성되어 있다. 많은 학생들은 10분 거리에 있는 흑인 주택 단지에서 버스를 타고 등교한다. 학교는 노동자 계층 백인들이 주로 거주하는, 작은 규모에 임대료가 싼 집이 대부분인 동네에 위치하고 있다. (자세한 인구 구성 및 상황을 알려면 부록 C의 표 C2를 참조하기 바란다.) 동네에는 아파트 단지도 몇 개 있는데, 그중 몇 채는 정부 지원금을 받는 가정에 임대를 해준 것이다 (8단지). 이 단지의 가구들은 복잡한 인종 구성을 띠고 있다. 이와 달리 로어리치먼드의 학생 분포는 절반가량이 백인 학생이고, 나머지 절반은 흑인 학생이며, 아시아 계통과 히스패닉계의 비율은 5퍼센트 미만이다. 학교의 교장을 포함해 교사 대부분은 백인이지만, 필자가 관찰 연구를 진행한 3학년 학급의 담임 교사나 상담 교사, 읽기 자료 교사 그리고 음악 교사 등 일부 교사는 흑인이었다. 또한 비서나 경비, 수위, 버스 운전사 등 학교의 보조 인력들은 대부분 미국계 흑인이며 학생 대부분은 무료 점심 급식 대상자였다.

학교에서 몇 블록 떨어진 곳에는 주유소, 피자 가게, (하절기에만 영업하는) 아이스크림 가게, 세븐일레븐 편의점, 철물점 등이 입주한 작은 쇼핑 단지가 있다. 주변의 다른 도심 지역들과 달리 이곳의 상업 단지나 임대 주택 단지는 모두 인구 밀도가 높아 빈 곳을 좀처럼 보기 힘들다. 이곳은 완전한 노동자 계층 지역이다. 좁은 거리와 낡았지만 비교적 상태가 좋은 2층짜리 붉은 벽돌 건물들이 특징이다. 소비자와 노동자들로 언제나 붐빈다. 곳곳에 꽃과 나무가 있어 콘크리트로 덮인 인도와 건물의 단조로움을 상쇄하고 계절의 변화를 느끼게끔 해준다. 건물이 빽빽하게 들어찼지만 대형 상점은 드물다. 슈퍼마켓은 띄엄띄엄 있고, 타깃(Target)이나 월마트(Wal-Mart) 같은 할인점은 한 곳도 없다. 그 때문에 값싼 상품을 구매하고 싶은 주민은 차를 몰고 교외까지 나가야만 한다.

로어리치먼드 주변 지역의 교통은 매우 복잡하다. 시내버스는 한 시간에 몇 차례씩 거리를 오가고, 자가용들이 교차로를 내달린다. 경적 소리가 사방에서 들리고, 주민들은 높은 인구 밀도와 그에 비해 턱없이 부족한 주차 공간 문제로 항상 골치를 썩는다. 세차나 수리 같은 간단한 문제부터 눈 속에 묻힌 자동차를 꺼내는 문제까지 거리 곳곳에서 자동차와 관련한 여러 가지 사건 사고를 목격할 수 있다. 또한 미국의 도심 지역 대부분과 마찬가지로, 로어리치먼드에서도 범죄는 주요 골칫거리 중 하나다. 이곳의 범죄는 주로 낙서나 절도, 좀도둑질 등이다. (거리나 지역 상점에서 일어나는) 무장 강도 사건은 빈번하지 않지만 이따금씩 발생해 주민들이 불안에 떨곤 한다.

지난 몇 년간 로어리치먼드 학교는 학부모와 학생 그리고 교육자들로부터 좋은 평가를 받았다. 4학년 교사인 번스테인은 로어리치먼드를 다른 도시 학교들과 비교하며 "슈크림 빵"이라는 표현을 사용했다. 로어리치먼드는 제도적으로 학생들에게 다양한 기회를 제공한다. 컴퓨터, 미술, 음악, 체육 과목 전문 교사가 있으며 컴퓨터 실험실과 도서관 그리고 기술 관련 교육을 집중적으로 지원하는 과학 프로그램도 갖추었다. 학교는 또한 합창단과 밴드의 활동을 지원하기도 하는데, 이들은 학교 내 공연뿐 아니라 해당 지구나 지역 행사에도 참여한다.[4] 로어리치먼드는 또 매년 개최하는 봄 축제로 널리 알려져 있다.

그럼에도 이 학교는 몇 가지 문제점을 안고 있다. 종이나 미술 재료 등 교육에 필요한 물자가 부족하고 교사의 수도 부족하다. 비효율적인 행정 구조도 교육의 질을 떨어뜨리는 요인으로 작용한다. 일반적으로 도시 내 학교는 교외 학교에 비해 많은 어려움이 따르지만, 교사들의 봉급(그리고 학생 1인당 지출)은 오히려 교외 지역의 학교가 더 높은 것으로 알려져 있다. 이런 이유로 검증된 교사진을 지속적으로 확보하는 데 어려움이 있다. 로어리치먼드의 일부 학생은 교사 부족 현상을 매우 개인적인 수준에서 경험한다. 예를 들어 한 3학년 학급의 경우, 1년 내내 대체 교사들이 수업을 진행하기도 했다. 지역 법령은 학년 시작 이전에 학급 담당자 구성을 완료할 것을 의무화하지 않고 있다. 그 때문에 10월 말이 되어서야 새로운 교사가 배정되는 경우도 있다. (때로 지구 행정부는 인력이나 예산 문제를 이유로 학급 전체를 재편성하기도 한다.) 다른 측면에서는 지역 행정부의 규칙이 불편을 초래하기도 한다. 한 교사가 설명한 것처럼 얼핏 봐도 간단할 것 같은 학부모들의 요청조차 번거롭고 오랜 시간이 걸리는 절차를 거쳐야 하는 경우도 있다.

> 한 할머니가 전화를 걸어 (방과 후 프로그램에 관한) 정보를 문의했습니다. 그러나 정보를 서면으로 제공하기 위해서는, 학부모의 서면 동의와 (요청 기관의) 전용 용지 그리고 상담 교사와 교장의 승인이 필요하지요.[5]

학업 문제에 관한 지자체의 가이드라인에 혼란스러워하고 당황하는 것은 학부모뿐만 아니라 교육자들도 마찬가지다. 예를 들어 종일 특수 교육 프로그램은 두 단계의 의뢰 전 중재(pre-referral intervention)〔각 단계는 전임 중재(full-time intervention)에 의존하지 않고 상황을 개선하는 데 목적이 있다〕 과정을 거친 뒤 학생에 대한 특수 교육 지원을 공식적으로 승인하는 방식으로 진행된다. 그러나 이들 두 단계는 각각 60일이 소요되기 때문에, 이에 대한 공식 결정이 이뤄지기 전에 해당 학년이 끝나버리는 상황이 발생하기도 한다. (한 학년은 180일 단위로 구성된다.) 이 책

후반부에서 설명하겠지만, 이런 형태의 관료주의는 때로 주된 교육 문제를 해결하지 못한 채 학생들의 '주의력만 떨어뜨리는' 결과를 낳기도 한다.

연구를 진행한 몇 해 동안 지역 정치인들은 해당 지구의 교육 당국이 학생 교육을 제대로 못하고 있다며 공개적으로 비판하기도 했다. 이 지구의 성공적인 교육 기관 중 한 곳인 로어리치먼드에서조차 학생의 약 절반가량이 학년 수준에 미달하는 읽기 성적을 나타냈고, 4학년의 경우 3분의 1가량의 학생이 두 학년 낮은 학업 성취도를 기록했다. 그 때문에 이들 지구에는 매년 시험 성적 향상이라는 압박이 가해졌다. 하지만 한정된 예산 때문에 문제를 해결하는 데 어려움을 겪었다. 교외와 달리 도심지 학교에는 금전적 지원을 할 만큼 여력 있는 고소득층 학부모 모임이 구성되어 있지 않은 게 현실이다. 로어리치먼드에도 사친회(師親會)가 있기는 하지만, 여기에 참가하는 학부모는 거의 없다. 회의에는 대부분 3~4명의 회원들만 참석하고, 그마저도 대부분 학교 관계자였다. 교사들의 내부 관계에도 우려할 만한 부분이 있었다. 로어리치먼드는 겉보기엔 화기애애한 분위기를 가진 학교지만, 좀 더 깊숙이 관찰하면 그 속에서 흐르는 긴장감을 엿볼 수 있다. 일부 흑인 교사들은 백인 교사들이 흑인 학생을 불공정하게 대우한다고 느끼고 있었다. 3학년 학급의 담임을 맡고 있는 한 흑인 교사는 공격적인 태도로 이를 비판하기도 했다.

모든 학생을 동등하게 대하지 않는 교사도 더러 있어요. 만일 평판 나쁜 흑인 학생이 잘못을 저지르면 그 아이는 다른 학교로 쫓겨나겠죠. 그러나 백인 학생은 그보다 심각한 문제를 저지른다 해도 방과 후 학습이나 부모님 소환 또는 정학이 전부일 거예요.

물론 교장을 비롯한 백인 교사들은 이런 의견에 동의하지 않지만, 흑인 교사들을 중심으로 염려하는 목소리가 확산되고 있는 상황이다.

학생들 사이에서도 때로 갈등이 생겨나곤 한다. 안전에 심각한 문제가 생길 정도는 아니지만,[6] 운동장에서 학생끼리 몸싸움하는 장면을 목격하는 것은 그리 어려운 일이 아니다. 교사들은 학생 가정의 약 절반가량이 심각한 문제(편부모, 혹은 적절한 부양 능력 없는 부모와 관련한 문제)를 겪고 있다고 파악한다. 학교의 상담 교사는 방치되거나(예를 들면 한겨울에도 외투를 입지 않고 등교하는 학생 등) 학대받는 학생들을 대상으로 정기적인 아동 보호 서비스(Child Protective Service)를 진행하고 있다. 어느 학급에서나 '심각한 문제'를 겪는 아이들을 만나는 것은 어렵지 않다. 티어 선생이 맡은 4학년 학급의 경우 문제를 겪고 있는 백인 학생으로는 어머니가 가출해 현재 "언제나 술에 찌들어 있는 아버지"와 살고 있는 여학생 리사, 어느 날 사라졌다가 결국 돌아오긴 했지만 아들에게 아무런 도움도 주지 않는 어머니와 살고 있는 토머스, "코카인 중독자이자 편집증 환자로 올해에만 벌써 두 차례 체포된 경력이 있는" 아버지와 사는 숀 등이 있다. 그리고 흑인 학생으로는 수업에 필요한 기본적인 학용품(책가방 등)조차 갖추지 못한 타니샤, "언제나 친구들과 싸움을 벌이지만 (딸을 질책하는 대신) 이런 문제가 자기 딸의 잘못이 아니라는 것을 설명하기 바쁜 어머니와 살고 있는" 토야, "모든 가족의 이력이 약물 남용과 폭력으로 점철된" 줄리우스 등이 있다. 로어리치먼드의 교사들은 이러한 문제로 인해 아이들이 정서적 어려움을 겪을 뿐만 아니라 교육 과정에도 지장을 준다고 염려한다. 모든 교사는 자기가 가르치는 학생들이 '제대로 된 옷을 입고', '배울 준비가 된 상태'에서 등교하길 바란다. 또한 학생들의 부모가 자녀의 학업에 참여하길 바란다. 한 4학년 학급 담임의 표현을 빌리면, 교사들은 학생의 부모가 "긍정적인 태도로" 자녀의 "숙제를 도와주고 검사해주기를" 바라고 있다.

물론 모든 학생이 이런 문제를 겪고 있는 것은 아니다. 백인이든 흑인이든 상관없이 정기적인 소득이 있고 사회에 적극적으로 참여하는 부모를 둔 학생도 있다. 티어 선생 학급에 있는 3명의 흑인 학생이 좋은 사례이다. 먼저 이사야는 어머니가 없지만 대신 매우 헌신적인 아버지의 보살핌을 받으며 자랐다. 또 머렐의 어머니는 "선생님이 되려고 대학에 입학해 만학의 꿈을 펼치고 있다". 그리고 대니얼의 어머니는 '조스 스테이크스(Joe's Steaks)'에서 일하며 대니얼을 부양한다. 이런 사례는 물론 백인 학생들에게서도 발견할 수 있는데, 티어 선생은 이들 학생의 부모를 가리켜 "상승 지향적 유형"이라고 이름 붙였다.

전체적으로 로어리치먼드 학교는 특히 지역의 다른 학교들과 비교할 때 긍정적인 측면을 많이 갖고 있다. 하지만 도심 지역 학교의 주된 고민거리인 교사 부족이나 교사의 낮은 봉급 문제, 시설 부족 문제, 복잡한 운영 체계 문제 등에서 결코 자유롭지 못했다. 학부모는 경제적으로나 정치적으로 학교에 이렇다 할 영향력을 행사하지 못하고 있으며, 학생은 오래전 인종적 배경에 따라 분리된 주택 단지 형태나 이전 세대의 구매력 부족이 초래한 대형 상가에 대한 접근권 박탈 등 때문에 자존감에 문제를 겪고 있었다. 작고 빽빽하게 들어선 주택과 도로를 가득 메운 자동차 그리고 빈번한 사건 사고로 특징지을 수 있는 주변 환경 때문에 로어리치먼드 학교는 (다음에 설명할) 스완 학교 같은 교외 학교와 비교할 때 여러 측면에서 많이 뒤처져 있다고 평가할 수밖에 없다.

스완 학교와 주변 지역 사회

로어리치먼드 학교와 마찬가지로 스완 학교 역시 유치원생부터 5학년 생까지의 아이들을 가르친다. 스완 학교는 로어리치먼드 학교가 있는 거대한 북동쪽 도시를 둘러싼 교외의 주택 단지 중 하나에 자리 잡고 있다. 다른 교외 학교와 마찬가지로 스완 학교 역시 부지가 매우 넓다. 학교는 운동장을 따라 길게 뻗은 1층짜리 건물로 이루어져 있고, 각 교실의 벽 한쪽에는 커다란 창문이 있다. 창문을 전부 열어놓아도 가을과 봄에는 교실이 매우 덥다. (에어컨이 설치되어 있지 않기 때문이다.) 학교 바깥에는 잔디로 뒤덮이고 경사가 완만한 언덕이 펼쳐져 있는데, 아이들이 동시에 여러 가지 놀이를 하기에 적합해 보였다. 로어리치먼드 학교와 달리 스완 학교 운동장에는 그네와 철봉 등이 잘 갖추어져 있고, 철봉 밑에는 아이들이 떨어져도 다치지 않도록 얇게 깎은 붉은 나무껍질을 깔아놓았다. 스완 학교에는 울타리가 없다. 따라서 학교 전체가 개방되어 있으며 방문자들을 환영한다는 인상을 준다.

학교는 중산층 소가족이 주로 사는 1층짜리 집들이 밀집한 조용한 주거 지역에 위치해 있다. 각각의 주택 앞뜰은 짧게 자른 푸른 잔디로 뒤덮여 있다. 이곳의 주택은 로어리치먼드 구역에 있는 집들보다 두 배가량 비싸다(자세한 자료는 부록 C의 표 C2 참조).[7] 또 집들이 옹기종기 모여 있지 않아 한적하고 주차 공간 역시 도시보다 여유롭다. 학교의 특별한 행사 때문에 부모들이 몰려오는 경우를 제외하면 학교 주변의 주차 공간도 충분하다. 학교 부지 및 주변 거주 구역은 조경이 잘되어 있다. 나무가 우거지고 관목들에는 꽃이 피어 있다. 계절이 바뀔 때면 이 꽃들 때문에 자연을 피부로 느낄 수 있다. 가을이 되면 갈색으로 물든 잎사귀가 길에 쌓이고, 봄에는 수선화가 한 무더기씩 피어나며 그 위로 하얀색과 분홍색을 띤 층층나무가 고개를 내민다.

스완 학교나 그 주변 동네에서 도보로 갈 수 있는 거리에는 상가가 하나도 없다. 이 지역의 쇼핑센터는 큰 도로를 따라 입점해 있다. 대부분 규모가 크고 도로에서 조금 떨어진 곳에 넓은 주차장을 갖추었다. 고객들은 여기서 다양한 소매 상점을 둘러볼 수 있고, 개중에는 할인 매장도 몇 개 있다. 매장에 들여놓은 상품도 도시에 있는 상가보다 다양하고 가격대도 합리적이다. 쇼핑센터의 규모가 아주 크기 때문에 이곳에 들른 가족들은 몇 블록씩 떨어진 상점을 차를 타고 왔다 갔다 하며 쇼핑을 한다. 부모는 학교 밖에서 이런저런 활동을 하는 아이들을 차로 태워다주기도 하고, 아이가 친구들을 만나러 갈 때도 차로 데려다준다. (간혹 친구 집에 자전거를 타고 가도 된다고 허락받는 아이들도 있다.) 교외에서 생활하려면 이처럼 자동차가 반드시 필요하다. 하지만 교통 체증 때문에 애를 먹는 일은 거의 없으며, 운전자도 도시에서보다 좀더 조심스럽게 차를 모는 편이다. 교외의 차도는 로어리치먼드 학교 근방의 차도와 비교할 때 놀랍도록 상태가 좋다. 도로가 파인 곳도 훨씬 적고 제설 작업도 눈이 내린 후 24시간 이내에 신속하게 이루어지는 편이다. 그래서 지난 1월 로어리치먼드 학교의 주차장은 며칠 동안 얼음과 눈으로 뒤덮여 위험했지만 스완 학교 주차장은 깨끗했다.

우리가 인터뷰한 성인 중 일부는 도시가 얼마나 "위험한지" 언급하며 도시에서는 가능한 한 살고 싶지 않다고 말했다. 그러나 범죄나 자녀들의 안전에 대한 부모의 우려와 달리 교외에 사는 사람들은 자전거나 야구 장갑 또는 야구 방망이 같은 물건을 정원에 아무렇게나 놓아두었다. 스완 학교 근처 거주지에서는 빈집털이나 소액 절도 사건이 거의 일어나지 않는다. 무장 강도 사건은 한 번도 없었다. 전체적으로 볼 때 교외는 도시 지역보다 범죄에 대한 걱정이 적은 듯했다.

스완 학교 근처 주택 단지에는 대부분 백인 가족이 거주한다. 하지만 흑인이 아예 살지 않는 것은 아니며 스완 학교 전교생 중 약 10퍼센트가 흑인 학생이다. (아시아계와 히스패닉계 학생은 5퍼센트 미만이다.) 학교에서는 '다문화'를 강조하며 이와 관련한 퀼트나 포스터를 만들기도 한다. 다문화를 주제로 학생 모임을 갖거나 관련 커리큘럼을 제공하기도 한다. 그러나 로어리치먼드 학교와 달리 거의 대부분의 학생, 교사, 운영진 및 직원이 백인인 스완 학교에서 다문화주의에 대한 이러한 관심은 그저 상징적인 제스처일 뿐이다.

학부모와 교육 관계자는 자신들의 교육 지구와 학교에 매우 긍정적인 인식을 갖고 있다. 학교가 개학한 첫날밤, 스완 학교 교육 지구 부교육감은 스완 학교의 이런 "특별한 감정"을 강조하며 학부모와 의사소통을 하고 싶다는 의지를 분명히 밝혔다. 부교육감은 학부모들에게 자신의 전화번호를 알려주며 필요한 경우 언제든 연락하라고 말하기도 했다. 스완 학교의 교사들은 로어리치먼드 학교의 교사들보다 수업 자료를 손쉽게 구할 수 있다. 교사 전용 복사기와 충분한 종이, 미술 도구 등이 마련되어 있기 때문이다. 스완 학교에서는 특수 교육 과정에 자녀를 위탁하는 경우가 드물 뿐 아니라 그 과정에서 요식적인 절차를 훨씬 덜 밟아도 된다. 아이의 학습 능력 문제를 알아보기 위해서는 부모가 공식적으로 (허가서에 서명함으로써) 동의해야 하지만, 서류 작업은 몇 달씩 기다릴 필요 없이 몇 주 안에 끝난다. 상대적으로 학습 능력이 떨어지는 아이들을 포함해도 스완 학교에 다니는 대부분의 4학년 학생은 전국 4학년들의 평균 학습 수준을 뛰어넘는다. 읽기 수업에서는 많은 학생이 평균 수준보다 2~3학년가량 앞서는 경우도 있다. 로어리치먼드 학교와 스완 학교 모두 컴퓨터 수업, 미술, 음악, 합창단, 체육 활동 등을 지원한다. 하지만 수업의 특성이나 수업 자료 그리고 교사들의 지도 등에서는 스완 학교가 앞선다. 예를 들어 로어리치먼드 학생들은 아이스캔디 막대로 미술 작업을 하는 반면, 스완 학교 학생들은 하얀 천 조각과 검정색 잉크로 일본어를 새긴 현수막 만드는 작업을 수행한다. 로어리치먼드 학교의 합창단은 연습에 출석할 수 있는 학생이라면 누구나 참가하고 지역의 양로원에서 공연을 하는 반면, 스완 학교 합창단은 단원을 '선발'한다. 요컨대 합창단에 들어가려면 원하는 포지션에 따라 오디션을 봐야 한다. 활발한 모금 활동 덕분에 스완 학교 합창단은 중서부 지방에서 열리는 합창 대회에 참가하기도 하고, 학기 중에 음악 교사가 미리 주선해놓은 레코딩 스튜디오를 방문하기도 한다. 마지막으로 스완 학교 학부모는 로어리치먼드 학교의 학부모보다 훨씬 더 학교 행사에 활발히 참여한다. 규모 면에서 비슷함에도 불구하고 스완 학교 사친회의 참가자 수는 로어리치먼드 사친회 참가자 수의 열 배에 달하며, 모금액 (그리고 지출액) 역시 열 배 가까이 많다. 예를 들어 스완 학교의 사친회는 매년 약 3000달러를 투자해 추가적인 학생 모임을 지원한다. 스완 학교 사친회는 또 '전속 아티스트' 프로그램을 비롯해 인형극, 연극 등 다양한 전문 공연 활동을 지원한다. 또한 매년 열리는 학교 축제도 지원하는데, 이 축제는 로어리치먼드 학교에서 열리는 축제보다 훨씬 더 질이 높다.

그럼에도 불구하고, 스완 학교의 학부모 및 교사 역시 불만을 갖고 있다. 로어리치먼드 학교 학부모나 교사의 불만과는 사뭇 다른 것들이지만 말이다. 스완 학교에서 경제적인 안정은 문제가 되지 않는다. 대부분의 학생은 양친 모두 직업을 갖고 있는 집안의 자녀들이며, 많은 부모가 변호사나 사회복지사 · 회계사 · 회사 경영인 · 교사 · 보험 회사 간부 등 전문직 종사자들이다. 스완 학교 학생의 엄마 중 상당수는 하루 종일 일터에 나가 있는 경우가 많기 때문에, 교사들은 바쁜 부모를 둔 학생이 집에서 충분한 관심과 격려를 받지 못할까봐 걱정한다. 네틀스 선생은 개학 후 처음 몇 주 동안 자신이 맡은 반 아이 26명 중 10명이 숙제를 해오지 않는 것을 두고 다음과 같이 말했다.

스완 학교에서 7년째 근무 중인데, 이런 현상이 갈수록 심해지는 것 같아요. 가족생활에 변화가 생기고 있는 거죠. 양친 모두가 일을 나가는 가정과 편부모 가정이 늘어나고, 퇴근해서 집으로 돌아온 부모는 너무 피곤하기 때문에 아이 숙제를 돌봐주거나 숙제를 하도록 지도할 여력이 없다고나 할까요.

부모는 또한 자녀들의 성취를 과장해서 생각하는 경향이 있다. 예를 들어 많은 부모들이 자신의 자녀가 학교 공부를 "너무 쉬워서 지루해 한다"고 생각한다. 하지만 교사가 보기에 이런 아이들은 그저 수업 내용을 이해하지 못할 뿐이다. 게다가 학부모는 교사들을 쉽게 비판하기도 한다. 3학년 담임을 맡고 있는 한 교사에 따르면, 성적이 좋지 않은 한 학생의 엄마는 딸의 성적을 공개했다는 사실에 분노하기도 했다.

하루는 클로에의 어머니가 찾아와서는 내가 클로에의 점수(86점)를 다른 학생들 앞에서 얘기했기 때문에 딸애가 굴욕을 당했다고 화를 냈습니다. 클로에가 86점을 받을 리 없다는 것이었죠.

이 교사는 클로에의 엄마가 딸의 학습 능력에 대해 정확히 알지 못한다고 느꼈다.

클로에는 매우 똑똑한 학생입니다. 그러나 덧셈과 뺄셈 과목 예비 시험에서 58점을 받았습니다. 클로에의 어머니는 나에게 자기 딸이 항상 수업 시간을 지루해한다고 말했습니다. 그래서 저는 "클로에는 수업 내용을 이미 배웠고 다 알고 있어요"라고 말하는 어머니에게 58점짜리 시험지를 보여주었죠. 물론 클로에 어머니는 큰 충격을 받았습니다.

스완 학교 학부모는 교사들을 주의 깊게 지켜보다가 필요하다 싶으면 얼른 아이를 대신해 개입한다. 어느 3학년 담임 교사는 이렇게 중언했다. "엄마들은 사친회의 영향을 받습니다. 교장 선생님도 사친회가 문제라고 여기고 있어요. 결속력 강한 소규모 그룹이 어떤지 뻔하지 않습니까." 교사는 자기 권리에 대한 부모들의 확고한 의식을 분명하게 느낀다. 이 담임 교사는 이렇게 말했다.

전부는 아니지만 상당수 부모가 매우 자기중심적인 태도를 보입니다. 이런 태도가 아이들에게까지 영향을 미치고 있죠. 마치 "당신은 나한테 빚진 게 있잖아. 날 위해 뭘 해줄 수 있지?"라거나 "당신이 우리 아이한테 뭘 가르치는지 나에게 설명을 해줘야 해"라는 태도 말예요. 그래서 가끔씩은 스스로를 변호해야 한다는 생각이 들기도 하죠.

학부모와 교사 사이의 갈등은 흔히 일어난다. 예를 들어 합창단 지도 교사는 합창단원들이 노래하는 동안 교실 뒤에서 떠드는 학부모들이 무례하다고 생각했다. 그래서 프로그램 내용에 낮 공연을 관람할 경우 부모들이 지켜야 할 에티켓을 언급했다. 그러자 학부모들이 불만을 표시했고, 교장은 이를 프로그램에서 빼버렸다. 또한 영재 교육 프로그램에 참가할 자격(스완 학교의 영재 교육에 참여하려면 IQ가 125 이상 되어야 한다)이 없는 자녀를 둔 부모가 사설 기관에서 자녀의 IQ를 검사한 후 점수가 높게 나왔다며 학교의 영재 프로그램에 참여하게 해달라고 조르는 일도 빈번하다. 이 문제를 해결하기 위해 교장은(학부모들은 교장 선생이 종종 지나치게 교사들 편을 든다고 생각한다) 각 가정에 편지를 보내 다음 학기에는 아이를 특정 수업에 등록시키는 일과 관련해 교사들의 전문적인 판단을 존중해달라고 요구하는 등 선제공격을 펼치기도 했다.

교장 선생님은 학부모들에게 보내는 편지에서 분명하게 얘기했어요. 학생들의 학급 배정에 모든 요소를 다 고려하고 있으니, 내년에는 이 문제에 대해 제발 교장 선생님 자신과 교사들의 판단을 존중해달라는 내용이었죠. 학부모의 요구가 감당할 수 없는 지경에 이를 수도 있거든요.

스완 학교 학부모의 학교 행사 참여도는 로어리치먼드 학부모보다 훨씬 높지만, 정작 학교 활동을 열심히 하는 부모는 '아빠와 도넛 만들기' 행사나 해마다 3학년을 대상으로 진행하는 '엄마와의 점심 식사' 행사, 학부모가 준비한 '교사들을 위한 점심 식사' 행사 그리고 전교생

봄 축제를 비롯한 각종 학교 행사에 자진해서 나서는 사람은 찾기 힘들다고 불평한다.[8]

사정이 이렇기 때문에 스완 학교의 하루하루가 무난하게 흘러가는 것만은 아니다. 학부모는 교사에 대해, 교사는 학부모에 대해 불평을 한다. 수많은 학교 행사를 도와줄 학부모 자원봉사자를 구하는 것 역시 고된 일이다. 그럼에도 불구하고 스완 학교는 로어리치먼드 학교가 누리지 못하는 다양한 사회 구조적 자원의 혜택을 받고 있다고 할 수 있다. 교사들의 월급도 높다. 교사들의 수도 부족하지 않으며, 수업에 필요한 자료도 풍부하다. 교사들은 자유롭게 교육 자료를 복사할 수 있다. 이것만으로도 이미 로어리치먼드 학교보다 훨씬 많은 자원을 누리는 셈이다. 게다가 사친회의 든든한 뒷받침 덕분에 이러한 교육 자원은 더욱 풍부해진다. 사친회는 수천 달러에 달하는 돈을 모금함으로써 학교에서 전문적인 미술 및 음악 프로그램을 제공할 수 있도록 돕는다.

요약하면, 연구 대상으로 선정한 두 학교는 물리적인 시설, 학습용 재료, 교사의 월급, 충분한 기금 조성 및 학부모의 자원 봉사와 지원 활동 등 구조적 자원 측면에서 중요한 차이를 보였다.[9] 사회 계급이라는 요소가 정말로 전혀 중요하지 않다면, 이러한 차이는 그저 우연에 의해 생겨난 것이라고 볼 수도 있을 것이다. 그러나 현실은 그렇지 않다. 전 미국을 통틀어 학부모의 평균적인 사회 계급이 높은 지역일수록 더 나은 공교육 시스템을 갖추고 있기 때문이다.[10]

기존에 확립된 교육 방식과 교육 기관이 내세우는 기준

각 학교에는 저마다 특성이 있지만 공통점도 있다. 미국 초등학교들은 공통적인 요소가 아주 많은데, 수업 일수 구성을 그 예로 들 수 있다. 로어리치먼드 학교와 스완 학교의 교사들 역시 학생에게 어떤 활동이 적합하고 바람직한 경험이 될지에 대해 공통된 견해를 가지고 있는 듯하다. 특히 두 학교 교사 모두 학생들의 학업 성취도를 높이는 과정에서 가족의 적절한 역할이 중요한 영향을 미친다는 사실에 동의했다. 이와 같은 전제는 교육자들의 단순한 개인적 의견이 아니다. 요컨대 이러한 교육 방법론은 이미 전문가 집단에서 널리 인정받고 있다.[11]

이번 연구에 참여한 교사들은 대부분 집중 양육 방식을 지지했다. 그들은 조직적인 외부 활동을 통한 아이의 발달, 추론과 독서를 통한 어휘력 증진 그리고 학교나 다른 교육 기관 등에 대한 부모의 능동적 개입이 중요하다고 여겼다. 교사들은 학교에서 가르칠 때 학생을 선택적으로 칭찬하는 경향이 있었다. 또 수업 참관 중 연구 보조원 및 나와 사적인 대화를 나누며 학부모에게 감사하는 말과 불평하는 말을 털어놓기도 했다. 교사들은 또한 특정 양육 방식을 채택하고 있는 기존의 학교 및 교육 지구의 교육 방침을 따르는 경향을 보이기도 했으며, 본인들의 자녀를 양육하는 데에도 집중 양육 방식을 채택했다. 다음 단락에서 볼 수 있듯 제한적인 표본 내에서이긴 하지만 로어리치먼드 학교와 스완 학교 교사들은 놀라울 정도의 의견 일치를 보여주었다.

집중 양육 방식의 가치

교육자들은 학교 밖 활동으로 자녀의 재능과 능력을 고양하려는 부모의 노력에 긍정적인 태도를 보였다. 인터뷰에서, 두 학교 교사들은 모두 조직적인 학교 밖 활동이 학생에게 도움이 될 것이라고 응답했다.

학생들에게는 어느 정도의 체육 활동이 필요해요. 체육 활동이 정신적인 측면에도 도움이 되거든요. 그리고 음악 활동은 집중력 향상에 도움이 됩니다. 이런 이유로 나는 학생들의 외부 활동을 긍정적으로 평가하죠. 이 세상에는 정말 다양한 가능성이 산재해 있어요. 그래서 아이들은 다양한 경험에 노출될수록 좋지요. 그중 누군가가 나중에 훌륭한 극작가가 될지 알 수 없잖아요. 설령 직업으로 삼지 않는다 해도 아이들이 즐겁게 참여할 수 있는 일을 마련해주어야 하죠. 아이들은 다양한 종류의 재능과 직업에 대해 알고 이야기할 수 있어야 합니다.

교사들은 학생과 교류하는 과정에서도 학교 밖 활동에 대한 긍정적 태도를 드러냈다. 한 4학년 학급의 예를 살펴보자.

부활절 다음 주 월요일, 교실에 들어온 네틀스 선생님은 아이들에게 지난주 무엇을 했는지 물었다. 개릿 탈링거가 손을 들고 "우리 축구팀이 대회에서 우승했어요"라고 말했다. "이번 주말에 있었던 축구 대회에서 우승을 한 거니?"라는 네틀스 선생의 물음에 개릿은 고개를 끄덕였다. 네틀스 선생은 "정말 자랑스러웠겠구나!"라고 말했다.

두 학교 모두에서, 학생들의 학교 밖 활동은 학교생활에도 영향을 미치는 것으로 나타났다. 네틀스 선생은 학생들에게 일기 쓰기를 시키고 있는데, 많은 학생이 학교 밖 활동을 일기 주제로 삼고 있다. 네틀스 선생이 10월 11일 작성한 메모를 살펴보자.

5명의 남학생 모두가 축구 이야기를 했다. 한 명은 "게임에 져서 너무

화가 났다"고 쓰기도 했다. 여학생의 경우는 4명 중 2명이 축구에 관해 썼다.

로어리치먼드 학교의 웬디 드라이버는 쉬는 시간에 3학년 담임인 그린 선생에게 자신의 댄스 발표회에 대해 자랑스럽게 이야기했다. 웬디는 발표회에서 받은 트로피를 가져와 그린 선생과 친구들에게 보여주기까지 했다. 어른들은 공놀이나 텔레비전 시청 같은 일반적인 활동보다 축구 대회나 댄스 발표회같이 조직적인 외부 활동을 좀더 중시하는 경향이 있다. 교사는 아이들이 텔레비전을 본 얘기나 사촌과 게임한 얘기를 할 때보다 조직적인 외부 활동에 참여했다는 얘기를 할 때 더 많은 칭찬과 관심을 보여주었다.

교사들은 자신의 자녀를 양육할 때에도 조직적인 외부 활동으로 이루어진 바쁜 일정을 세우는 등 집중 양육 방식을 택하는 것으로 나타났다. 로어리치먼드 학교의 교사 스탠턴의 딸은 스완 학교 근처 교외에 있는 학교의 4학년에 재학 중이다. 스탠턴 선생의 딸은 이번 연구에서 소개한 중산층 자녀들과 비슷한 교외 활동에 참여하고 있었다. 이 아이는 매주 미술 학원, 댄스 학원, 음악 학원, 주일 학교, 교회의 청소년 성가대, 승마 등의 활동에 참여한다. 또 다른 3학년 교사의 자녀들은 가톨릭 기본 교리(CCD)와 스카우트 활동, 어린이 야구단, 피아노 강습 그리고 수영팀에 참여하고 있다고 말했다. 가정에서의 자녀 양육 방식 역시 교사들이 집중 양육을 신뢰하고 있음을 보여준다.

그럼에도 불구하고 교사들은 과도한 집중 양육이 학생을 지치게 만들고 때로는 결석을 하는 원인이 되는 등 부작용이 있다며 불만을 토로하기도 했다.

학부모와 아이들은 종종 축구를 숙제보다 중시하는 듯한 모습을 보여줍니다. 아이들은 주말이면 다른 지역으로 여행을 가기도 하고, 축구 경기를 하면서 늦은 시간까지 잠자리에 들지 않지요. 그러고는 피곤한 몸으로 학교에 옵니다. 물론 나 역시 운동이 바람직한 활동이라고 생각합니다. 그러나 학교 밖 활동이 아이들의 학업에 방해를 줄 정도라면 재고해볼 필요가 있지 않을까요?

부모를 상대로 싸우는 건 어려운 일입니다. 부모는 "우리 애를 우리 마음대로 가르치겠다는 데 뭐가 문제인가?"라는 태도를 고집하거든요. 토미 대니얼은 올해에만 세 번이나 가족들과 일주일짜리 휴가를 다녀왔습니다. 그런데 이 학생의 어머니는 나에게 아이의 수학 성적이 오르지 않는다고 하소연을 했습니다. 성적이 오르려면 일단 아이를 학교에 보내야 할 것 아닙니까!

교사들은 또한 자녀의 어휘력을 향상시키기 위해 노력하는 부모에게 지지를 보낸다. 교사들은 자녀를 서점에 데려가 책을 사주거나 도서관에 데려가도록 권장하고, 가정에서 독서 환경을 조성하거나 부모가 직접 책을 읽어주도록 장려한다. 로어리치먼드의 4학년 교사 번스테인은 학생들에게 매일 밤 10분 이상 책을 읽도록 하는 과제를 내준다. 마찬가지로 4학년 학급을 맡고 있는 스탠턴 선생은 "자녀에게 도움이 되는 권장 크리스마스 선물 목록"을 작성해 학부모에게 보냈는데, 여기에는 몇 권의 책도 포함되어 있다. 스완 학교의 네틀스 선생은 자신의 학생들이 수업 시간 외에 읽은 책 목록을 게시판 형식으로 제작해 걸어두기도 했다.

교사들은 부모와 자녀 사이에 일어나는 논리적 대화의 중요성에 대해서는 (아이에게 단순히 명령을 내리는 것에 비해) 상대적으로 덜 강조하는 태도를 보였다. 그럼에도 불구하고 로어리치먼드 학교와 스완 학교 교사들 모두 일방적 명령보다는 상호간의 논리적 대화를 지향하는 것으로 드러났다. 미국의 다른 모든 학교와 마찬가지로 이들 학교의 교사 역시 학교에서 아이들과의 상호 관계에, 특히 수업 시간에 논리를 기초로 한 토론 방식을 애용했다. 아이들의 질문에 질문으로 대답함으로써,[12] 교사들은 학생의 사고 능력을 키워주려 한다. 덧붙여 전부는 아니지만 대다수 교사들이 가정에서 '타임아웃(time-out)'을 사용해 아이를 훈육하는 것을 긍정적으로 생각했다.

부모의 학교 교육 참여

교사들은 학부모가 자녀의 학교생활에 적극적으로 참여해주기를, 특히 자녀의 숙제를 감독해주길 원했다. 스완 학교 학생들은 학습장을 매일매일 부모님께 검사받도록 되어 있다. 또한 이 학교 교사들은 사친회에 참석하지 않는 학부모는 자녀의 학교생활에 관심이 없는 것으로 간주하기도 했다. 로어리치먼드 학교에서는 사친회 일정을 수립하는 데 제대로 된 공지를 하거나 학부모의 의견을 묻는 절차를 생략하는 경우가 많았지만 말이다. 연구에 참여한 모든 교사가 교육 과정에서 부모의 참여를 중시한 것은 어찌 보면 교사로서 당연한 행동이다.[13] 그러나 어떤 식의 참여를 기대하는지에 대해서는 호불호가 뚜렷했다. 로어리치먼드의 4학년 교사는 다음과 같이 지적했다.

일부 학부모는 교사를 신뢰하지 못하고 우리에게 비협조적인 태도를 취하기도 합니다. 나 역시 이런 학부모를 경험해본 적이 있는데, 이 경우 교사로서 임무를 제대로 해내기란 거의 불가능에 가깝지요. 자녀가 학교에서 문제를 일으켰는데 부모가 교사나 학교에 협조하지 않으면 아이도 곧 그 태도를 배워 선생님한테 대들기 시작합니다. 학부모와 아이가 합심해서 교사와 대치하고, 시종일관 "당신이 뭔데 이래라저래라 하느냐"는 태도를 갖게 되는 거죠.

스완 학교의 한 3학년 교사도 이와 놀랍도록 유사한 이야기를 한다.

부모가 교사에게 협조하지 않고 딴죽을 걸기 시작하면, 아이들은 이 태도를 금세 보고 배웁니다. 그러고는 교실에서 이와 똑같은 태도를 취합니다. 모든 아이가 그런 것은 아니지만, 이런 학생은 분명 존재합니다. 어떤 아이들은 정말 무례한 행동을 하기도 해요. 모두 부모에게 배운 것이죠.

교사들은 학부모에게 학교 교육에 대해 긍정적인 지지를 원하면서도 한편으로는 학교에 자신의 필요를 강력히 요청하기를 원했다. 번스테인 선생은 실제로 가정에서 아이들에게 책을 읽어주는 부모가 얼마 없다며 안타까워했다.

부모들은 모두 아이가 학교에서 공부를 잘하길 원합니다. 또 자녀가 숙제를 꼬박꼬박 해야 한다고 생각하죠. 항상 말은 그렇게 하면서 정작 어떻게 해야 숙제도, 공부도 잘하는 아이로 키울 수 있는지는 모르는 것 같아요. 아이가 모범생이길 바라지만, 매일 밤 아이를 앉혀놓고 책을 읽어주는 부모가 몇이나 될까요? 물론 부모들이 악의를 가지고 그런 행동을 하는 건 아니겠지만 말이죠.

두 학교의 교사들은 학부모가 자녀의 교육 문제 해결에 주도적 역할을 해야 한다는 데 의견을 같이했다. 또한 자녀의 문제를 '진지하게' 받아들이고 교사에게 상담을 요청하지 않는 학부모에 대해서는 우려를 표했다. 쉽게 말해 교사들은 학부모가 상반된 두 가지 태도를 겸비하길 기대하고 있었다. 요컨대 한편으로는 교사에게 예의 바르고 협조적인 태도를 보여주기 바라고, 다른 한편으로는 자녀의 교육 문제 해결에 적극적인 리더십을 발휘해주기를 바랐다.

교사에게는 또한 부모가 주(州)에서 제정한 자녀 양육 관련법을 어겼다고 여겨질 경우 이 문제에 개입해야 할 의무가 있다. 가정 내 아동 체벌처럼 이전부터 일반적으로 행해져온 아동 훈육 방식이 지금은 처벌의 대상이 되었다. 예를 들어 한 학생이 부모의 체벌로 몸에 멍이 든 채 학교에 등교했다면, 교사는 체벌의 이유와 상관없이 아이를 관련 기관에 맡겨야 한다. 다음 장에서 설명하겠지만, 이러한 법적 의무 때문에 이번 연구에 참여한 많은 노동자 계층 및 빈곤층 가정들은 학교 관계자가 가정교육에 개입하는 것을 용인할 수밖에 없었다.

요약하자면, 학생이나 그 학생의 가정을 대하는 교육 기관의 태도에는 일부 역설적인 측면이 존재한다. 각 교육 기관에서 제공하는 교육의 질에는 분명한 차이가 존재하지만, 그러한 교육의 질적 차이에 관계없이 이들 교육 기관은 하나같이 집중 양육 방식을 수용하고 장려하고 있는 것이다. 그래서 교사들은 하나같이 조직적인 학교 밖 활동을 통한 아이의 재능 개발, 어휘력 학습 과정에 대한 부모의 개입 그리고 학교 활동에 책임감 있고 긍정적인 태도로 참여하는 부모의 노력 등을 강조한다. 그리고 앞으로 설명하겠지만, 이러한 양육 방식에 대한 선호도는 노동자 계층 및 빈곤층 가정보다는 중산층 가족에게 더 이롭게 작용한다. 교육 방식에서 우위를 점한 중산층 가정의 부모와 자녀들은 이를 통해 자신이 바라는 것을 좀더 쉽고 편리하게 이룰 수 있다.

불평등

로어리치먼드와 스완 두 학교의 환경에서 발견할 수 있는 질적 차이는 사회적 불평등의 일반적인 구조를 압축적으로 보여준다. 사회의 자산은 상대적으로 소수에게 편중된다. 이는 개인적 차원에서뿐만 아니라 학교 같은 기관에도 해당하는 사실이다. 가족이라는 단위에서도 마찬가지다. 부모의 재산과 소득, 교육 수준 혹은 부모가 담당하는 업무의 성격에 따라 각 가정에 분배되는 사회의 주요 자산은 큰 편차를 보인다. 만약 미국이 정말 모두가 생각하는 것처럼 평등한 사회라면, 모두가 갈망하는 이런 자원을 좀더 균등한 방식으로 배분할 것이다.

우리 사회에서, 소득 및 재산 수준 상위 10퍼센트에 속하는 가구가 보유한 부동산(주택과는 별개의 개념이다)은 전체의 80퍼센트에 달한다. 이들은 또한 전체 유가증권(주식 및 채권)의 90퍼센트와 은행 예금의 60퍼센트를 소유하고 있기도 하다.[14] 소득 불균형을 측정하는 대표적인 지표로 아동 빈곤율(child poverty rate)을 들 수 있다. 아동 빈곤율은 사회 정책과 높은 관련성을 보여주는 지표로서 서부 유럽 국가에 비해 빈곤층 아동의 비율이 높은 미국에서 한층 적극적으로 활용된다.[15] 미국에서 빈곤 수준 이하의 삶을 살고 있는 아동은 전체의 5분의 1가량이다.

그러나 흑인 집단에서 이 지표는 두 배 이상 높은 수치를 나타낸다.[16] 소득과 부의 분배가 소수에게 집중하는 경향은 1990년대에 들어 급격히 심화되었다.[17] 연구를 진행한 최근까지도, 연소득 5만 달러가 넘는 미국계 흑인은 전체 인구의 7분의 1에 불과했다.[18]

교육적 성취에서도 이러한 불평등을 발견할 수 있다. 현재 미국에서 학사 학위를 받는 비율은 전체 성인의 약 25퍼센트 수준이다. 20대에서는 학사 학위 취득 비율이 이보다 다소 낮은 것으로 조사되었다. 또한 자의적·타의적 요인으로 고등학교를 마치지 못하는 학생의 비율 역시 10퍼센트를 상회했다.[19] 젊은 세대일수록 대학 교육에 대한 접근성은 증가했지만, 대학을 졸업하는 비율은 눈에 띄게 감소했다. (3분의 2에서 4분의 3가량의 대학 진학생이 졸업을 못하는 것으로 조사되었다.)[20] 부모의 사회적 위치를 고려해 진행한 몇몇 연구에서는 좀더 높은 수준의 교육을 받고자 하는 욕구가 백인 자녀들에 비해 흑인 자녀들에게서 높게 나타났지만, 전반적인 학업 결과물에서는 백인 자녀들이 훨씬 높은 성취도를 보여준다는 사실이 밝혀졌다.[21] 계층화는 커뮤니티 칼리지(community college)나 상위권 대학 같은 고등 교육 기관에서도 심각하게 나타났다. 소득 수준에 따른 학업 성취도 격차는 고등 교육 기관으로 올라갈수록 심화되는 경향을 보였다.[22]

그뿐만 아니라 미국을 포함한 전 세계에서 직업 구조의 근본적인 변화가 일어나기 시작했다. 과거 안정적이고 높은 소득과 연금 및 의료 혜택을 제공받던 이른바 '좋은 직장'은 줄어들고, 대신 상대적으로 적은 연봉을 받고 승진이나 보험 등의 혜택도 제대로 누리지 못하는 '나쁜 직장'이 늘어났다.[23] 대부분 사람들의 삶에서 이와 같은 개별적인 요소(어떤 교육을 받고, 어떤 직장을 얻어 얼마의 소득을 올리는지 등의 요소)들은 서로 긴밀하게 얽혀 있다. 그리고 이렇게 다양한 요소들이 모여 사회적 위치나 사회 구조에서 부모가 차지하는 계층을 형성한다.

자녀의 삶에 제공되는 기회가 부모 세대가 형성해온 사회 구조적 위치와 깊은 연관이 있다는 사실은 이미 많은 연구를 통해 입증된 바 있다. 간단한 예로 유치원 입학 전 시기를 살펴보면, 교육 수준이 높은 부모를 둔 아동은 그렇지 못한 아동에 비해 글자를 읽거나 색깔을 구분하는 능력, 혹은 20 이상의 숫자를 세거나 자신의 성을 쓸 줄 아는 등 이른바 '선행 학습'을 경험할 기회가 많은 것으로 드러났다.[24] 물론 학교에 입학한 이후에는 학생들 간의 학업 능력 격차가 어느 정도 좁혀지기도 한다. 하지만 이는 학기 중에만 적용되는 현상이다. 방학 기간에 진행되는 학교 밖 교육은 서로 다른 계층의 학생들 사이에 또다시 차이를 만들어낸다. 어머니의 교육 수준이 높은 학생은 재학 기간 전반에 걸쳐 그렇지 못한 학생보다 높은 학업 성취도를 기록한다. 이러한 격차는 대학입학시험인 SAT에서 특히 극심하게 드러난다. (평균 점수가 500점대인 이 시험에서) 석사 학위자 자녀와 고등학교 중퇴자 자녀 간의 평균 성적 격차는 150점에 달했다.[25] 부모의 사회적 위치에 따른 자녀의 학교 내 성취도 차이는 이 밖에도 다양한 측면에서 발생한다.[26] 또한 학업 성취가 이후의 직업적 성공에도 중요한 역할을 한다는 것 역시 이미 다수의 연구를 통해 증명되었다. 즉, 부모의 사회적 위치는 자녀의 학업에 그리고 궁극적으로는 자녀의 인생 전체에 영향을 미친다.[27]

불평등의 이해

많은 미국인은 미국 사회에 기회의 문이 열려 있다는 생각을 갖고 있다. 그들은 누구나 재능 있고 노력을 한다면 자신만의 인생을 개척할 수 있다고 믿는다. 아이들 역시 마찬가지다. 미국의 모든 아이들에게 거의 동등한 기회가 주어진다고 여긴다. 혹 아이들에게 서로 다른 기회가 주어진다면, 그것은 그 아이에게 재능이나 동기·열정 또는 노력이 부족하기 때문에 생겨난 결과라고 생각한다. 이런 시각을 가진 이들에게 가족의 사회 구조적 위치가 아이들이 살아가며 경험하는 내용과 그들이 만들어내는 결과물의 형태를 결정짓는다는 식의 이론은 묵살당하기 일쑤다. 미국인들의 생각 속에서 개인이 살아가며 일궈내는 결과물이란 자기 스스로가 창조하는 것이기 때문이다.

이와 달리 일부 사회과학자들은 사회 불평등을 형성하는 기본 토대를 인정한다. 이 학자들은 부모의 교육 수준, 종사하는 직종, 소득 등 수많은 요소를 적절히 고려 대상에 포함한다. 이러한 시각을 보여주는 대표적인 사회과학자로 폴 킹스턴을 들 수 있는데, 그는 자신의 저서 《계급 없는 사회(The Classless Society)》를 통해 이와 같은 유형의 불평등은 일련의 개별적인 패턴으로 이해해야 할 필요가 있다고 주장한 바 있다. 이는 바꿔 말하면 '단계적 접근법(gradational approach)'이라고 표현할 수 있을 것이다. 그들은 사회에 존재하는 차이를 '정도의 문제'로 이해한다. 칼질하듯 재단된 사회 계층은 '삶을 결정짓는' 가정 내 경험을 이해하는 데 도움을 주지 못한다는 것이 그들의 주장이다. 그들은 각 계층 사이에 동일한 수준의 단계적 차이가 존재한다는 주장에도 반대한다. 대신 그들은 단 하나의 명확하고 결정적인 패턴은 없으며, 임의적인 패턴들이 다양한 결과로 이어진다는 주장을 지지한다.[28] 비슷한 경제적 계급에 속하는 이들의 '계급의식'이나 '계급 인식' 부족을 강조하는 이들 역시 킹스턴의 생각에 동조한다. 이 사회과학자들은 "계급과 계급 하위문화 그리고 환경의 공동체적 측면은 오래전에 소멸되었다"[29]는 역사적 관점을 견지한다. 간단히 말해서, 그들은 사회 계층 간에 인식 가능하고 분류 가능한 차이점이 존재한다는 관점에 동의하지 않는다.

그러나 그들의 논리에는 하나의 맹점이 있다. 그들이 논거로 삼는 것은 제한적인 의문에만 정확한 해답을 제시할 수 있는 지나치게 특수화된 학설로서 이미 그 효력을 잃어가고 있다. 연구자들은 다양한 사례를 끌어와 일반적인 연결 고리를 찾으려 애쓰지만, 이러한 시도는 곳곳에서 빈틈을 드러내고 있다. 연구의 타당성은 일반화된 논리에 기초한다. 만일 누군가가 사회 계층이 아동의 삶에 얼마나 큰 영향을 어떤 방식으로 미치는지, 혹은 삶의 어떤 영역이 계층적 영향에서 자유롭게 형성되는지를 이해하고자 한다면, 그는 우리 사회의 다양한 삶의 방식을 폭넓게 연구해봐야 할 것이다. 간단히 말해, 우리는 가정과 사회 계층이라는 두 영역 사이에 존재하는 연결 고리와 독자적 특성 모두를 정확히 파악하기 위해 전체적인 시각을 확보해야 할 필요가 있는 것이다. 또한 연구를 진행하는 과정에서 매 순간 수립한 가정에 오류가 존재할 수도 있음을 인정하려는 태도 역시 필요하다.

나를 비롯해 이번 연구에 참여한 연구자들은 몇몇 가족 집단을 집중적으로 관찰하며 그들의 일상적인 생활을 좀더 가까이에서 느껴보려고 노력했다. 이렇게 수집한 데이터에 기초해 나는 사회 내부에서의 일반적인 경제적 위치〔이는 '사회 계층 소속(social class membership)'이라는 이름으로 정의할 수 있을 것이다〕가 자녀 양육과 관련한 문화적 논리를 형성하는 데 큰 역할을 한다는 결론을 도출했다. 이미 확립된 서유럽의 전통적 분류 기준에 의거해 나는 연구 대상으로 삼은 가족을 중산층,

표 1 **아동 양육의 유형 분류**

	아동 양육 방식	
	집중 양육 방식	자연적 성장을 통한 성취
주요 특징	자녀의 재능과 의견 및 능력을 평가하고 지원하려는 부모의 능동적인 노력	자녀의 성장에 관심을 갖고 노력을 기울임
하루 일과 구성	아이들이 어른의 관리를 받으며 다양한 활동에 참여	아이들이 주도하는 '놀이', 주로 가족들 간에 이루어짐
사용하는 언어	설득/지시 어른의 발언에 대한 아이들의 능동적 대응 어른과 아이들 간의 장기적인 의견 조율	지시 어른의 발언에 대한 질문이나 대응을 거의 하지 않음 어른의 지시를 자연스럽게 받아들임
학교 교육 참여	아이의 상황을 대변한 비평과 개입 이러한 역할을 아동에게 위임하기도 함	의존적 태도 불만과 무기력 가정과 학교에서 이루어지는 아동 양육 방식의 차이에서 비롯된 갈등
결론	아동의 권리 의식 향상	제약에 대한 의식 발달

노동자 계층, 빈곤층으로 나누고 그에 따른 분석을 진행했다[30](연구에 적용된 분류 기준에 대한 세부 내용은 부록 C의 표 C1 참조). 나는 이와 같은 방법론이 미국 학계에서 종종 채택하는 단계적 분석에 비해 한층 많은 효용을 가져다줄 것이라 판단했다.[31] 또한 이러한 방법론을 통해 가족이라는 구조를 계층적으로 구분하는 것이 각기 다른 독립적 영역들에도 영향을 미친다는 사실을 발견할 수 있었다. 사회과학 분야에서 이들 영역에 대한 종합적인 분석은 그동안 활발하게 이루어지지 않았다.

이번 연구는 특히 중산층 가정의 집중 양육 방식이 보여주는 패턴과 노동자 계층 및 빈곤층 가정의 자연적 성장을 통한 성취 방식이 보여주는 패턴을 설명하는 데 많은 부분을 할애할 것이다. 표 1은 이 책의 핵심을 전반적으로 개괄한 것이다. 이 표를 통해 우리는 언어 개발이나 추론 같은 가정 내부의 정형화된 행동 양식 그리고 학교 활동에 대한 적극적 개입 등 집중 양육 방식이 강조하는 특성을 확인할 수 있다. 이러한 패턴 속에서 우리는 사회 계층이 일상생활에 영향을 미치는 메커니즘을 발견할 수 있을 것이다. 이와 같은 중요한 문제를 다루면서 나는 피에르 부르디외의 작업을 다수 참고했다. (그의 이론은 부록 B에서 간략하게 설명했다.)[32]

　이처럼 서로 다른 사회 구조적 경험들 외에도 좋아하는 방송 프로그램이라든지 맥도날드 같은 패스트푸드에 대한 선호, 좋아하는 인형이나 장난감 종류, 또는 핼러윈이나 가족 행사 참여 등 아동의 삶을 정의할 수 있는 일부 요소는 그가 속한 계층과 무관하게 형성되기도 한다. 그뿐만 아니라 부모 집단 역시 아이를 깨우고, 옷을 입히고, 밥을 먹여 학교로 데려가거나 병원 진료를 받게 하는 등의 일과 관련해 (그들의 계층과 무관하게) 유사한 고민을 안고 있다. 그렇지만 가족과 개인적 삶의 많은 부분은 여전히 그들의 사회 계층적 차이에서 영향을 받는다. 다음 장에서 우리는 개릿 탈링거 가족의 삶을 통해 중산층 부모들이 어떤 방식으로 여가 시간을 구성하고 자녀의 재능을 개발하기 위해 어떤 노력을 하고 있는지 살펴볼 것이다.

1부

일상생활 속 활동

．
．
．

사회 계층적 차이는 아이의 일상생활 중 세세한 부분에서 드러난다. 우리 연구에서도 중산층 가정의 삶은 노동자 계층이나 빈곤층 가정의 삶과 다른 양상을 보여주었다. 중산층 가정의 삶은 빽빽하게 짜인 일정에 따라 돌아갔다. 부모들은 이런저런 활동으로 정신이 없고, 특히 둘 이상의 자녀를 둔 부모는 아이들 각자의 활동이 겹치면서 발생하는 갈등을 중재하느라 더욱 바쁜 시간을 보냈다. 이들 가정은 식료품이나 의류를 구매하고 자가용과 주택을 유지하는 데 드는 비용 그리고 자녀를 양육하는 등의 일상 활동에 필요한 돈이 부족하지는 않았다. 물론 이들도 경제적 문제로 고민하는 경우는 있었지만, 이는 어디까지나 원하는 곳으로 여름휴가를 떠나지 못할 수도 있다는 수준의 걱정이었다. 내가 관찰한 바에 따르면 이들 가정에서 자녀들의 활동을 지원하기 위해 수백수천 달러를 쓰는 것은 이례적인 일이 아니었다. 중산층 부모는 아이들에게 많은 활동을 하게끔 했고, 이러한 활동에 커다란 중요성을 부여했다.

이들 가정에서 모든 스케줄은 아이들 중심으로 짜였다. 형제자매들은 (자의로든 타의로든) 언제나 붙어 다녔고, 부모에게 여가 시간이란 아이들의 활동을 지켜보는 게 전부였다. 아이들은 대부분의 시간을 어른의 공간에서 어른의 지도를 받으며 보냈다. 아이들에게 주어지는 자유로운 여가는 연이어 잡혀 있는 일정 사이에 틈틈이 끼어 있는 자투리 시간이 고작이었다. 중산층 가정의 일상은 자녀의 흥미와 학교 밖 활동을 중심으로 구성되었다.

노동자 계층과 빈곤층 가정의 하루는 중산층 가정과 사뭇 다르다. 우선 그들은 중산층 가족이 느끼지 못하는 경제적 문제로 고민한다. 특히 빈곤층 가정의 하루는 일로 시작해서 일로 끝난다. 엄마는 오르지 않는 월급으로 하루가 다르게 커가는 아이들을 먹여 살릴 걱정을 하느라 밤을 지새우고, 오지 않는 버스를 기다리거나 아이들의 빨래거리를 공용 세탁소까지 들고 가느라 길에서 많은 시간을 보내기도 한다. 엄마의 아침은 막내를 깨워 밥을 먹이고 씻겨 학교에 보내느라 순식간에 지나간다. 아이들 역시 부모의 경제적 사정을 눈치채고 있다. 돈 문제로 언성을 높이는 것은 흔히 있는 일이다.

이들 가정의 경제 사정은 좋지 않지만 아이들의 삶은 비교적 안정적이다. 무엇보다 이 아이들의 삶은 중산층 아이들에 비해 여유 있게 흘러간다. 밖으로 나가 다른 아이들과 뛰어놀 수 있으며, 친척을 만나 노는 경우도 자주 있다. 일부 아이들은 학교 밖 활동에 참여하기도 하지만, 중산층 가정의 자녀만큼은 아니다. 학교 밖 활동에 참여하고 싶어 하는 아이들도 있지만, 경제적 사정이나 교통 불편 등의 문제로 어려움이 따른다. 아이들이 종종 집에서 이런저런 활동으로 자신의 재능을 뽐내더라도, 어른은 그 재능을 대수롭지 않게 여긴다. 또한 자녀를 학교 밖 활동을 하는 장소까지 자동차로 태워다주거나 조직 활동을 지도해주는 경우도 드물다. 노동자 계층과 빈곤층의 자녀는 전반적으로 그들 부모에게 예속되지 않은 생활을 하고 있다. 노동자 계층과 빈곤층 아이들은 이웃의 또래 친구와 어울려 놀거나 텔레비전을 시청하는 등 자유 시간을 스스로 채워나간다. 그리고 이를 통해 어른들 세계와 아이들 세계 사이의 구분은 더욱 명확해진다.

요약하면, 사회 계층 간 차이는 아이가 참여하는 학교 밖 활동의 수나 가족생활의 흐름, 가족의 경제적 고민, 자유롭게 놀며 보내는 일상의 시간, 자녀의 활동에 대한 부모의 관심, 부모의 삶에서 자녀의 활동이 차지하는 비중 그리고 부모에 대한 자녀의 예속 정도 등의 측면에서 두드러진다. 물론 이러한 차이가 단순히 사회 계층적 요인에 의해서만 발생하는 것은 아니다. 성별의 차이 역시 많은 영향을 미친다. 예를 들어 여자아이들은 남자아이들에 비해 한층 정적인 놀이를 즐기며, 집에서 먼 곳까지 가서 노는 경우도 적다. 인종적 차이 역시 중요한 고려 요인이다. 특히 인종에 따라 나뉘는 주거 단지 구성은 아이들이 자연스럽게 같은 인종의 친구만 사귀도록 만든다. (그러나 인종과 상관없이 아이들이 좋아하는 놀이의 종류는 비슷했다.)

나는 서로 다른 세 가족의 삶을 통해 이러한 문제에 대한 이야기를 진행할 것이다. 우선 백인 소년 개릿 탈링거의 사례는 우리에게 중산층 가정의 삶을 보여준다. (이 백인 소년의 가족을 중산층 가정의 삶을 설명하는 대표적 사례로 삼은 것은 임의적인 결정이었다. 반드시 백인 남자아이가 아니더라도, 이번 장에서 다른 흑인 소년이나 소녀의 중산층 가족을 소개할 수도 있었다.) 이어서 중산층 가정의 아이들 삶에서 발견한 것들이 노동자 계층이나 빈곤층 아이들과 어떻게 다른지에 관해 논의할 것이다. 물론 노동자 계층 자녀와 빈곤층 자녀 사이의 차이점이나 남자아이와 여자아이 사이의 차이점에 관한 논의도 동시에 진행할 것이다. 특히 나는 개릿의 삶을 노동자 계층 가정의 흑인 소년 티렉 테일러와 빈곤층 가정의 백인 소녀 케이티 브린들의 삶과 비교하는 데 집중할 예정이다. 앞으로 이어질 각 장은 이 세 아이와 관련한 기본적인 정보를 소개하는 동시에 이 아이들의 삶에서 발견되는 차이를 사회 계층적 측면에서 조명해볼 것이다. 4장에서는 자유롭게 놀이를 즐기며 약간의 학교 밖 활동에 참여하는 등 한층 여유로운 삶의 모습(티렉 테일러의 사례)을 소개하고, 5장에서는 경제적 여건 때문에 자녀의 활동에 충분한 관심을 쏟지 못하는 상황(케이티 브린들의 사례)을 다룰 것이다. 4장과 5장의 사례를 통해 나는 자율적인 생활을 영위하는 자녀들의 모습을 강조할 예정이다. 그리고 특정 가정의 사례를 집중적으로 조명한 이 두 개의 장과 달리 부록 C에서는 우리가 방문한 열두 가정에서 이뤄지고 있는 자녀의 학교 밖 활동 현황과 우리가 인터뷰한 88명의 아이들에 관한 개략적인 정보를 소개할 것이다.

03

빽빽한 일정으로 이루어진
집중 양육 방식

•

개릿 탈링거의 사례

(5월의 어느 수요일, 돈 탈링거 씨는 일을 마치고 집으로 돌아왔다. 시계는 이미 오후 10시를 가리키고 있었다.) 탈링거 씨는 전화기 주변을 서성이다 달력 앞에 멈춰 거기에 쓰인 글씨를 읽었다. 내일 오후 칸에는 '메리(담당 현장 연구원의 이름)'라는 글자만 적혀 있었다. 탈링거 씨는 대회에서 우승한 역도 선수처럼 주먹을 꽉 쥔 채 두 팔을 가슴 위로 (살짝) 들어 올려 권투 선수처럼 어퍼컷 자세를 취했다. (그의 얼굴에서 옅은 미소가 번졌다.)

약속 없는 저녁 시간에 기뻐하는 탈링거 씨의 모습에서 우리는 그의 가족이 얼마나 바쁜 일정 속에 살아가고 있는지 확인할 수 있다. 자신의 여가 시간을 자녀의 집중 양육을 지원하는 데 투자하는 고충은 비단 탈링거 씨만의 문제는 아니다. 돈 탈링거 씨와 그의 아내 루이스 탈링거 부인은 모두 여행용품 업체에서 일하고 있다. 이들 부부 사이에는 4학년인 개릿과 2학년인 스펜서 그리고 아직 취학 전인 막내 샘이 있다. 세 아이들은 각각 다양한 활동을 하고 있는데, 주중 저녁이나 주말 낮에는 언제나 이들 중 한두 명, 때로는 세 명 모두에게 일정이 있다. 세 자녀가 참여하는 활동은 서로 다른 시간에 도시 곳곳에서 이뤄진다. 이 가족에게 가장 중요한 활동은 학교 밖에서 이루어지는 체육이다. 우리는 세 소년이 상쾌한 가을날 앞마당에 서 있는 모습을 담은 탈링거 가족의 크리스마스카드에서도 이들에게 체육 활동이 얼마나 중요한 일인지 확인할 수 있다. 카드 속에서 개릿과 스펜서 그리고 샘은 모두 파란색과 흰색이 섞인 축구 유니폼을 입고 자신의 축구공에 한 발을 얹고 있다. 세 소년의 얼굴은 미소로 가득하다.

이번 장은 탈링거 가족의 일상을 통해 중산층 가정의 삶이 어떻게 구성되는지 보여줄 것이다. 이 가족의 바쁜 스케줄에는 특별한 점이 없다. 우리가 관찰한 중산층 가족은 모두 다양한 형태로 정신없는 삶을 살고 있었다.[1] 탈링거 부부를 비롯한 중산층 부모는 자녀들이 각자에게 어울리는 모습으로 성장할 수 있도록 지원해주었다. 그리고 때로는 그 과정에서 가족 전체의 시간이나 원하는 것들을 희생하기도 했다. 중산층 부모는 그들의 자녀가 집에서 시간을 보내는 대신 외부 활동에 참여하며 축구나 야구, 피아노 등을 배우도록 장려했다. 이렇게 탄생한 운동 꿈나무와 음악 영재들은 앞으로 자신을 빛나게 해줄 기술과 자질을 배운다. 이런 활동 덕분에 아이들은 자신이 원하는 지원을 어른들에게서 받을 수 있는 특별한 존재라는 생각을 갖고 성장한다. 또한 이들은 활동의 우선순위를 정하거나 일정을 관리하는 법, 또는 낯선 이와 악수하는 법이나 팀 활동에 참여하는 법 등 훗날 화이트칼라 세계로 편입되는 과정에 도움을 줄 기술 역시 자연스레 습득한다. 그러나 이 모든 건 공짜로 주어진 것이 아니다.

노동자 계층이나 빈곤층 또래 아이들과 비교할 때, 우리가 관찰한 중산층 가정의 자녀는 그들의 형제자매에게 적대적인 태도를 취하거나 상대방을 경쟁 상대로 여기는 경향을 한층 많이 보여주었다. 또한 이들 가정에서 구성원 간의 유대 관계는 매우 느슨했다. 아이러니하게도, 참여하는 활동의 수가 많은 아동일수록 가족과의 소통 능력이 떨어졌다. 탈링거 가족의 사례에서도, 함께 식사하는 시간을 제외하고는 (그마저도 일주일에 몇 번 안 됐지만) 온 가족이 한 공간에 모여 있는 모습을 보기가 어려웠다. 아이들을 이곳저곳 데려다주는 과정에서도 두 부부가 함께하는 경우는 드물었다. 탈링거 부부에게는 모두 각자의 직업이 있었기 때문이다. 아이들에게 강습이나 경기 일정이 있을 때에도 탈링거 가족은 함께 움직이기보다 부모 각각의 자동차에 한 명이나 2명의 아이가 따로 타고 각기 다른 목적지로 향하는 경우가 많았다. 아이들은 언제나 축구장을 가로지르거나 농구 코트를 누볐다. 특히 탈링거 가족의 형제들은 나이 차이 때문에 더욱더 단절된 생활을 했다. 세 형제가 한 팀으로 활동한 적은 한 번도 없었다.

탈링거 가족은 침실 네 개와 욕실 세 개를 갖춘 흰색 2층집에 살고 있는데, 지은 지 40년 된 이 주택은 북동부의 한 대도시 교외의 골목에 자리 잡고 있다. 주변의 주택들 역시 깔끔하게 관리되고 있으며, 25만 달러 선에서 거래된다. 이 집의 대형 창으로는 거리와 값비싼 녹색 잔디가 한눈에 들어온다. 앞마당 한가운데는 커다란 나무가 있고, 나뭇가지에는 굵은 흰색 밧줄로 만든 그네가 매달려 있다. 대문에서 차고까지는 아스팔트길이 나 있으며 그 옆에는 백보드에 NBA 로고를 새긴 농구 골대가 있다. 골대 바로 뒤에 설치한 2미터 길이의 검정색 망은 잘못 던진 공이 이웃집 덤불 속으로 들어가는 것을 막아준다. 뒷마당과 수영장은 커다란 펜스와 나무문으로 분리되어 있다. 이 모든 것은 교외 지역에서 흔히 볼 수 있는 풍경이다.

집 내부로 들어가면 나무로 만든 마룻바닥과 예쁜 벽지를 바른 방이 있다. 집에서는 강아지 팔리와 거북이 이반 그리고 물고기 몇 마리를 키운다. 거실에 깔린 두꺼운 러그 위에는 작은 그랜드 피아노가 놓여 있다. 피아노는 다른 가구들(앤티크한 테이블과 안락의자)과 조화를 이루며 거실의 분위기를 한층 돋보이게 한다. 그러나 가족이 주로 활동하는 공간은 주방이나 (텔레비전이 있는) 서재, 뒷마당과 수영장을 내다볼 수 있는 큰 창문이 달린 현관 등이다. 정기적으로 가정부가 방문하기는 하지만 침구류 정리나 애완동물 먹이주기, 재활용 쓰레기 분리수거 등의 집안일은 아이들 몫이다. 집 주변 관리는 아빠 탈링거 씨가 맡는다. 탈링거 씨는 정기적으로 잔디 깎는 기사를 불러 마당을 관리하고, 약품으로 수영장을 청소하거나 가스 그릴을 점검한다. 부인이 출근한 사이 아이들을 돌보는 것 역시 탈링거 씨 몫이다. 그는 여느 아빠들에 비해 가정적이고 활동적이다.

탈링거 부부 역시 운동, 특히 골프를 즐긴다. 그들은 가입 요건이 까다롭기로 소문난 모 컨트리클럽의 회원으로 등록했으며 골프를 즐길 때면 언제나 이곳을 방문한다. 부부 모두 40대이고 결혼한 지 12년이 지났다. 탈링거 부인의 표현을 빌리면, 두 사람은 "새로운 삶"을 살고 있다. 둘은 만나기 전 이미 결혼과 이혼을 경험했다. (둘 모두 이전 배우자 사이에서 낳은 자녀는 없다.) 탈링거 부인은 멋지게 자른 짧은 금발 머리와 날씬하고 건강한 몸을 유지하고 있다. 성격은 매우 차분하며, 화를 내는 경우는 좀처럼 보기 힘들다.

부인은 세련된 옷을 자주 입었다. 어느 날 퇴근 후 집에 돌아온 부인을 만났을 때, 그녀는 자홍색 울 크롭트 재킷과 무릎 중간까지 내려오는 흑백 헤링본 패턴 무늬가 있는 밝은 색 울 치마를 입고 있었다. 치마 아래에는 흰색 스타킹과 5센티미터 높이의 검정색 힐을 신었다.

탈링거 씨는 180센티미터가 넘는 장신에 어깨가 넓고, 붉은 빛이 감도는 금발 머리의 숱이 조금씩 줄어들고 있었다. 직장에 출근하는 주중에는 값비싼 슈트를 주로 입었지만, 주말이면 골프 셔츠와 카키색 긴 바지로 편안한 차림을 했다. 탈링거 씨는 건조하지만 위트 있는 말솜씨를 지녔고, 풍자에도 약간의 재능이 있었다. 누군가가 자신에게 "요즘 어떠십니까?"라고 물으면 보일 듯 말 듯 미소를 지으며 "그런대로 괜찮은 것 같습니다"라고 대답하는 것을 좋아했다.

탈링거 부부는 같은 아이비리그 대학에서 학사 학위를 받았고, 둘 모두 운동부 활동에 참여했다. 우리의 연구가 끝나기 직전까지 두 사람은 같은 직장에서 모두 컨설턴트로 활동했는데(탈링거 씨는 기금 모금 업무를, 탈링거 부인은 인사 업무를 담당했다), 부부의 연봉을 합치면 약 17만 5000달러 정도였다. 탈링거 부부는 자녀들의 학교에서 행사가 있을 때면 꽤 자유롭게 시간을 내 참석했다. 하지만 그 대신 저녁이나 주말에 근무를 하는 경우도 종종 있었다. 연구를 진행하는 동안 부부는 각자 업무 때문에 출장을 다녀오기도 했다. 탈링거 씨는 일주일에 3일가량 외근을 했고, 오후 9시 30분 이전에 귀가하는 경우는 드물었다. 탈링거 부인은 출장을 가더라도 잠은 가능한 한 집에서 자려고 노력했다. 그 때문에 한 달에 서너 번은 새벽 일찍(오전 4시 30분) 일어나 비행기를 타고 다른 주로 가서 업무를 처리한 다음 저녁 시간이 지나서야 집에 들어오곤 했다. 부부는 막내아들을 집에서 5분 거리에 있는 종일제 유치원에 보내고, 나머지 두 아들은 방과 후 프로그램에 등록했다.

탈링거 가족의 세 아들 개릿과 스펜서, 샘은 각각 열 살, 일곱 살, 네 살이다. 막내 샘은 금발에 몸이 튼튼한 유치원생이다. 높은 음역의 목소리로 깔깔대는 웃음은 한 번만 들어도 기억에 남는다. 2학년에 재학 중인 스펜서는 외향적이고 이야기하는 걸 좋아한다. 그리고 이번 연구의 '대상 아동'인 개릿은 4학년으로, 키가 크고 말랐으며 진지한 성격의 금발 소년이다. 탈링거 씨는 자신의 첫째 아들을 이렇게 묘사한다.

> 개릿은 처음 만나는 사람한테도 붙임성 있게 다가가는 아이지만, 사실은 조용하고 부끄럼이 많습니다. 누군가를 기쁘게 하려고 부단히 노력하지요. 그 때문에 정해진 규칙을 어긴다거나 하는 일도 없습니다. 그렇지만 한편으로는 경쟁심도 강해요. 이기는 걸 정말 좋아합니다. 부모에게 별다른 걱정을 끼치지 않는 아이죠.

쉴 새 없이 이야기하는 동생 스펜서와 달리 개릿은 말은 아끼는 성격이다. 공놀이를 할 때도 별다른 말이 없고, 텔레비전을 볼 때도 광고나 프로그램에 대해 자기 의견을 표현하는 경우가 드물다. 하지만 개릿은 부모님이 없을 때 이따금 활달한 모습을 보여주곤 했다. 혼자만의 놀이를 즐기기도 한다. 저녁 8시에 야구 경기가 끝나면 타코 벨(Taco Bell) 앞에서 줄을 서 기다리곤 하는데, 그때마다 우스꽝스러운 표정을 지으며 거울에 자신의 모습을 비춰본다. 가족과 함께 있는 자리에서 조용히 숨 오래 참기에 도전하기도 했다. 얼굴이 새빨개지도록 숨을 참지만, 개릿이 뭘 하는지 알아채는 가족은 아무도 없었다.

관찰이나 인터뷰에서 드러난 개릿의 모습은 학생으로서도, 운동선수로서도 상당히 모범적이었다. 사친회에서 담임 교사는 개릿을 "자신의 역할을 정확히 아는" 학생이라고 평가했다. 다른 이들과 관계를 맺는 과정에서 개릿은 침착하고 세심한 태도를 보여주었다. 어른들과 만나는 자리에서도 자연스럽게 악수를 하고 상대방의 눈을 마주볼 줄 알았다. 체육 활동에 참여할 때에도 또래 아이들에 비해 뛰어난 기량을 발휘했다. 인터카운티 축구팀(Intercounty soccer team) 연습에 참여한 개릿의 모습을 기록한 노트가 그의 성격을 잘 설명해준다.

어린 소년들이 두 팀으로 나뉘어 연습 경기를 벌였다. 개릿은 자기 포지션에서 벗어나지 않고 달려오는 상대 팀을 완벽하게 차단했다. 개릿은 침착하게 공격을 펼치는 스타일이다. 특별히 위협적인 모습을 보여주거나 다른 선수를 압도하는 힘을 가지고 있진 않지만, 경기의 흐름을 완벽하게 장악했다.

개릿은 부모님을 닮아 운동을 좋아한다. 침실에 놓인 진열장은 트로피로 가득 차 있다. 트로피 대부분은 축구를 해서 받은 것이다. 방 한쪽에는 다른 팀과의 경기에서 교환한 팀 엠블럼도 꽤 많이 쌓여 있다. 학교에서도 개릿은 학급 최고의 운동선수로 유명하다. 쉬는 시간에도 다른 소년들과 (때론 몇몇 여자아이들과 함께) 공을 차며 쉬는 시간이 끝날 때까지 잔디밭을 누빈다.

동네에서나 학교에서나 그리고 체육 활동을 할 때도 개릿은 백인 친구들과 어울려 논다. 막내 샘을 돌보러 오는 베이비시터 역시 10대 백인 청년이고, 이따금씩 방문하는 잔디 깎는 아저씨 역시 백인이다. 개릿이 다니는 학교의 4학년 두 학급을 통틀어 흑인 학생은 3명이고, 아시아인은 한 명뿐이다. 학교 전체적으로는 약 90퍼센트의 재학생이 백인이다. 개릿의 피아노 선생님 역시 백인이다. 한 번은 피아노 선생님이 학생들을 모아 리사이틀을 열었는데, 여기에 참가한 아이들조차 전부 백인이었다. 개릿이 활동하는 수영팀에도 흑인 학생은 전혀 없다.

탈링거 가족을 따라 수영 강습이 열리는 컨트리클럽을 방문한 우리 연구원들은 그곳에 있는 학생과 학부모 그리고 직원이 모두 백인이라는 사실을 알 수 있었다. (흑인 수영 강사가 한 명 있긴 했다.) 개릿이 속한 농구팀 역시 모두 백인이었다. 따라서 흑인 선수와 농구를 할 기회는 상대팀에 흑인 선수가 있을 때뿐이었다.

개릿 탈링거의 재능 개발을 위해 고안한 일상생활 속 활동

탈링거 씨 가정에서 가족 구성원이 살아가는 방식을 결정짓는 가장 중요한 요소는 개릿과 스펜서의 스케줄이다. 퇴근 후 아이들을 각자가 활동하는 곳까지 데려다주기 위해 바쁜 탈링거 부부에게 여유란 없다. 개릿의 부모는 집으로 달려와 먼저 우편함을 확인하고 간식을 준비한 다음 편한 옷으로 갈아입는다. 그리고 아이들이 옷은 잘 챙겨 입었는지, 빠뜨린 준비물은 없는지 확인한다. 이어 강아지를 마당으로 내보낸 뒤 아이들과 준비물을 자동차에 싣고 집을 나선다. 개릿은 스펜서보다 많은 활동에 참여한다. 탈링거 부부가 몇 시에 어디에 있는지 알려면 두 아이, 특히 개릿의 스케줄만 확인해도 알 수 있을 정도다. 부부뿐 아니라 샘의 생활까지도 개릿의 학교 밖 활동 스케줄의 영향을 받는다. 몇 시에 어떤 저녁을 먹을지 같은 문제뿐 아니라 여름휴가를 어디로 떠날지 결정하는 등의 문제까지 가족의 모든 일상이 개릿을 중심으로 이뤄진다.

표 2는 5월 한 달 동안 개릿이 참여한 활동들을 보여준다. 이 기간 동안 개릿은 축구팀 두 개〔포레스트 축구(Forest soccer)는 사립 팀이고, 인터카운티 축구는 교육 지구 대표에서 선발한 우수 학생들로 구성한 일종의 올스타 팀이

다)와 농구팀 그리고 수영팀의 연습, 피아노와 색소폰 레슨에 참여했다. 그중 색소폰 레슨만이 학교에서 진행하는 활동이고, 나머지는 개릿의 의사를 반영해 부모님이 등록해준 과외 활동이다. 이 표에는 스펜서의 활동이나 탈링거 부부의 업무 스케줄은 반영하지 않았다. 5월 셋째 주에 개릿이 정기적으로 참여한 활동으로는 야구팀과 축구팀 그리고 수영팀의 연습이었다. 월요일 오후 탈링거 씨는 청소년 축구 경기의 심판을 보기로 했고, 스펜서는 화요일의 야구 경기와 목요일의 컵 스카우트(Cub Scouts: 보이스카우트 가운데 초등학교 학생을 대상으로 한 조직―옮긴이) 모임 일정이 잡혀 있었다. 주말에는 온 가족이 차를 타고 네 시간을 달려 다른 주에서 열린 축구 토너먼트에 참석했다. 그리고 금요일, 토요일, 일요일을 그곳에서 보낸 다음 월요일이 되어서야 집으로 돌아왔다. 화요일에 개릿은 수영팀 연습과 축구 시험 그리고 인터카운티 축구팀 연습에 참가했다. 수요일에는 (자전거를 타고) 수영팀 연습에 참가한 다음 농구 게임 일정까지 소화했다. 목요일에는 수영팀과 포레스트 축구팀의 연습에 참여했다. 이날 스펜서는 5시 45분에 열린 농구 게임에도 참가했다. 그리고 토요일에는 스펜서가 먼저 오전 9시 15분에 열린 야구 경기에 참가했고, 개릿이 오전 10시 15분과 오후 3시에 열린 두 개의 축구 경기에 참가했다. 물론 모든 중산층 가정이 탈링거 가족처럼 스포츠에 열광하는 (그리고 바쁜) 삶을 살아가는 것은 아니다. 그러나 많은 중산층 가정의 자녀들이 이처럼 나름대로 바쁜 활동 스케줄을 소화하는 것은 분명한 사실이었다. 중산층 자녀들은 분명 노동자 계층의 자녀나 빈곤층의 자녀들에 비해 많은 활동에 참여했다(부록 C의 표 C4 참조). 또한 이 아이들이 참여하는 활동에서는 성별에 따른 차이도 발견되었다. 일반적으로 남자아이들은 여자아이들에 비해 많

표 2 개릿 탈링거의 활동 스케줄[1]

일	월	화	수	목	금	토
수집한 자료 없음	5월 9일, 연구팀 관찰 시작	야구	피아노 레슨	축구 1[2]		야구팀 사진 촬영, 모금 행사
축구, 피아노 리사이틀	5월 16일	야구	축구 1			학교 축제 (1박 2일)
야구, 축구, 축구 1	5월 23일	야구, 축구	수영, 축구, 봄 콘서트		다른 주에서 열린 축구 1 경기	다른 주에서 열린 축구 경기
다른 주에서 열린 축구 경기	5월 30일, 다른 주에서 열리는 축구 경기에 참석하기 위해 여행	수영, 축구 오디션, 축구 1 경기	수영, 야구	수영, 축구 1	수영, 야구	축구 1 원정 경기
축구 1 토너먼트, 수영, 축구	6월 6일, 수영	수영, 야구, 축구 1 연습	수영, 야구	수영, 축구 1 연습	수영, 여름 방학 농구 교실	야구

1) 이 표에는 사전에 계획한 활동들만 나타나 있으며, 개릿은 이 밖에도 많은 일정을 소화했다. 또 이 표에는 다른 가족의 일정은 나타나 있지 않다.
2) 축구 1=인터카운티 축구팀, 축구=포레스트 축구팀.

은 수의 체육 활동에 참여하고 있었다(부록 C의 표 C5와 C6 참조).

연구를 진행한 5월에 탈링거 부부는 외부 출장 스케줄이 잡혀 있기도 했다. 탈링거 씨의 경우엔 5월 첫째 주에 서부 해안 지역으로 가는 단기 출장 일정이 잡혀 있었다. 그는 수요일 새벽 비행기를 타고 서부로 떠난 뒤 목요일 아침 집으로 돌아와 몇 시간 눈을 붙이고는 곧바로 사무실로 향했다. 그리고 그날 밤 탈링거 씨는 첫째 아들 개릿을 축구 연습장에 데려다주기 위해 차를 몰아야 했다. 셋째 주 화요일에도 탈링거 씨는 출장을 떠나 수요일 오후 10시가 되어서야 집에 돌아왔다. 다음 날인 5월 26일, 탈링거 씨는 또다시 새벽 6시 30분에 비행기를 타고 다른 주로 떠났다가 오후 8시가 되어서야 집으로 돌아왔다. 그다음 주에도 비슷한 패턴이 반복됐다. 탈링거 씨는 화요일 밤이 늦어서야 귀가했고, 다음 날인 수요일에는 아내 탈링거 부인이 이른 아침 다른 주로 출장을 떠났다.

이런 다양한 활동은 그 수만으로도 일정이 겹치거나 그로 인해 갈등을 초래할 소지가 다분했다. 따라서 어린 샘의 외출을 포함한 모든 활동을 사전에 빈틈없이 계획하는 것이 중요하다.

우편함을 확인한 탈링거 부인은 문 앞에서 소리쳤다. "샘, 편지가 왔네!" 탈링거 부인이 봉투를 뜯어보는 동안, 어느새 샘이 종종걸음으로 엄마 옆에 와 있었다. 부인은 샘에게 편지를 건네줬다. 그 안에는 공룡처럼 생긴 동물 그림을 그린 생일 파티 초대장이 들어 있었다. 초대장을 바라보는 꼬마 샘의 얼굴에 미소가 번졌다.

샘은 네 살밖에 안 됐지만 가족에게 달력이 그리고 거기 적힌 큰형의 일정이 얼마나 중요한지 잘 알고 있었다.

탈링거 부인은 막내아들에게 "11일에도 어딜 가야 할지 모르겠구나. 하지만 아침 시간이라면, 파티에 참석할 수 있을 거야"라고 말하며 달력을 넘겨 6월의 일정을 확인했다. 그러곤 잠시 동안 달력을 바라봤다. 샘은 기대와 걱정이 섞인 목소리로 "갈 수 있어요, 엄마?" 하고 물었다. "운이 좋은걸. 그날 아침엔 시간이 되겠구나." 탈링거 부인이 말했다.

어떤 측면에서는 어린 샘이 두 형들보다 많은 자율성을 누린다고 할 수 있다. 샘의 일과표는 형들보다 여유가 많았다. 개릿이나 스펜서의 경우 가만히 앉아 자신의 생활을 돌아보고 계획할 여유가 없었다. 모든 생활이 사전에 계획한 활동을 중심으로 돌아가기 때문에 개릿과 스펜서는 자신의 과외 활동을 보고 오늘이 무슨 요일이며 몇 시인지 추측하기도 했다. 두 아이는 계획한 일정을 시작하기 전이나 일정 도중, 혹은 일과를 마친 후에도 다른 일정을 짜느라 바빴다. 또한 우리가 관찰한 다른 중산층 아이들과 마찬가지로, 두 소년은 다음 일정을 기다리는 데 많은 시간을 할애했다. (학교 수업을 포함해서) 이 아이들이 참여하는 활동 대부분은 어른들이 자동차로 태워다줘야 가능한 일이었으며, 또 부모가 짠 시간표에 의해 시작되고 끝났다. 예를 들어 개릿이 참여하는 야구나 축구 등의 체육 활동은 모두 어른이 작성한 일정표에 따라 진행되었다. 노동자 계층과 빈곤층 가정의 또래처럼 자기가 원하는 아이들끼리 모여 소프트볼이나 농구 등의 운동을 '골라서' 즐기는 방식은 개릿의 삶에서 찾아볼 수 없었다.

물론 하루의 모든 순간이 어른들에 의해 통제되는 것은 아니다. 탈링거 씨의 아이들도 때로는 버스를 타고 귀가하거나 스스로 간식을 차려 먹고 부모님이 오시기 전까지 한 시간 정도 텔레비전을 시청하기도 한다. 개릿과 스펜서 그리고 샘은 집 밖에서 자유롭게 놀이를 즐기기도 한다. 학교 밖 활동을 하기 전이나 후에 세 형제는 마당에서 (테니스 공으로) 야구를 하거나 자전거를 타고 바람을 쐬러 나간다. 그러나 탈링거 형제들이 함께 어울리는 빈도는 빈곤층 가정의 아이들만큼 잦지 않다. 탈링거 가족의 이웃집들에는 어린 아이들이 별로 없다. 특히 세 형제 또래의 아이들은 한 명도 없다. 때로 친구들이 자전거를 타고 놀러오는 경우도 있지만, 그보다는 친구의 부모님들이 '놀이 모임'을 위해 자녀를 자동차로 태워 오는 경우가 더 많다.

탈링거 형제들은 운동만큼이나 말장난도 좋아한다. 하루는 부모가 식탁에 앉기 전 서로 수수께끼를 내며 놀던 형제들이 우리 현장 연구원에게 질문을 던졌다.

스펜서가 웃으며 이런저런 수수께끼를 내기 시작했다. "메리 아줌마, 수탉이 외양간 지붕에 알을 낳으면 그 알은 어느 쪽으로 굴러 떨어질까요?" 나는 웃으며 잠시 고민하다 스펜스가 날 놀리고 있다는 사실을 알아채고는 대답했다. "음, 언제부터 수탉이 알을 낳았지?"

농담은 저녁을 먹는 동안에도 계속됐다. 스펜서가 엄마에게 미술관 현장 학습 동의서에 관한 이야기를 꺼내자, 형 개릿이 지식을 뽐내듯 동생에게 반 고흐에 대해 질문을 던졌다. 그리고 이런 상황이 탈링거 씨의 장난기를 발동시킨 모양이다.

개릿이 스펜서에게 "너 반 고흐가 무슨 일을 한 사람인지 알아?"라고 묻자, 스펜서는 "응, 자기 귀를 잘라 친구한테 보낸 사람이잖아"라고 대답했다. 형제의 대화를 듣고 있던 탈링거 씨가 나지막이 말했다. "그럼 그 사람이 항공 우편(air mail: 'ear mail'과 발음이 비슷하다―옮긴이)을 처음 시작한 모양이구나!" 아버지의 말장난에 모두가 자지러지게 웃었다.

탈링거 부인 역시 아이들과 잘 놀아준다. 아래의 예를 살펴보자.

개릿이 엄마와 함께 방 안에 서 있었다. 개릿과 탈링거 부인은 서로 눈을 바라보며 손바닥을 마주쳐 누가 먼저 넘어지는지 겨뤘다. 엄마는 이런 개릿의 장난을 거절하지 않고 잘 받아주었다. 엄마는 이렇게 세 번이나 장난을 받아주고는 웃음을 터뜨렸다.

이 장난은 곧 눈싸움으로 이어졌다.

"서로 눈을 보면서 누가 먼저 깜박이는지 겨루는 거예요?" 개릿이 묻자 탈링거 부인은 그렇다고 대답했다. 두 모자는 그렇게 손바닥을 마주대고 서서 서로를 바라봤다. 탈링거 부인이 먼저 눈을 깜박이고는 몇 걸음 뒤로 물러났다. 두 사람 모두 즐겁게 웃었다. "한 번 더 할래요?" 하고 개릿이 묻자 부인은 다시 한 번 눈싸움에 응했다. 15초쯤 서로의 눈을 바라보다 이번에도 탈링거 부인이 먼저 눈을 감았다. 개릿은 조용하면서도 기쁜 얼굴로 웃고, 엄마도 미소를 지었다.

가족끼리 조용히 서로의 애정을 확인하는 순간도 있다. 예를 들어 어느 이른 아침, 잠에서 덜 깬 개릿이 부모의 침실 방문 앞에서 아빠의 허리에 두 팔을 두르고 껴안는다. 파란색과 하얀색이 섞인 가운을 입은 탈링거 씨는 아들의 어깨에 팔을 두른다. 그렇게 두 사람은 잠시 동안 평화로운 시간을 갖는다.

그러나 가족 간에 이렇게 장난을 치거나 고요한 애정 표현을 나누는 순간은 아주 가끔 찾아올 뿐이다. 탈링거 씨 자녀들의 생활은 사전에 계획한 학교 밖 활동을 위주로 돌아간다. 이런 활동이야말로 가족생활의 핵심이다. 부모뿐 아니라 집을 방문하는 다른 어른이나 친척과의 만남에서도 피아노, 축구, 야구, 농구 등이 대화의 주제다. 천성적으로 말수가 적은 개릿은 학교 밖 활동에 대한 대화 역시 길게 잇지 못한다. 인터카운티 축구팀의 첫 연습을 마친 후, 탈링거 씨와 개릿이 새 시즌에 대해 나눈 대화를 살펴보자.

탈링거 씨: 머니 코치님은 어떠시니?

개릿: 좋은 분이세요.

탈링거 씨: 코치님이랑 얘기는 많이 하니? 아니면 그냥 연습만 하니?

개릿: 연습만 해요.

탈링거 씨: 네가 무슨 포지션을 맡게 될지 언급은 안 하셨고?

개릿: 안 하셨어요.

여기에 덧붙여 탈링거 씨가 팀에서 누가 가장 공 욕심이 많은지 물어보긴 했지만, 이후 집에 도착할 때까지 15분 동안 아빠와 아들 사이에는 이렇다 할 다른 대화가 없었다.

개릿은 마음만 먹으면 엄마 아빠 모두와 다정하고 친밀한 대화를 나눌 수 있는 아이지만, 그런 대화를 자주 하지는 않았다. 대부분의 경우 위에서 묘사한 탈링거 씨와의 대화나, 아래에서 소개할 탈링거 부인과의 대화처럼 짤막한 이야기가 전부였다. 개릿과 탈링거 부인은 분명 대화를 통해 정서적 교류를 하고 있다. 하지만 두 사람의 대화 주제가 개릿의 과외 활동에 국한된다는 사실에 주목하며 다음 사례를 읽어보자.

(탈링거 부인은 개릿의 침대 모서리에 앉아 한쪽 팔을 개릿의 가슴팍에 얹고 있다. 현장 연구원이 집에서 하룻밤 묵기로 해 스펜서는 자기 방을 내주고 형의 방에서 자기로 했다. 방 안은 어두웠지만 복도에서 전등 빛이 비쳐들었다. 두

모자는 그날 저녁 개릿이 봄 콘서트에서 부른 노래에 대해 이야기했다.)

탈링거 부인: 그거 아니? 엄마는 오늘 네가 부른 〈내가 바라본 세상(From Where I Stand)〉과 〈한 발짝 물러서서 보면(From a Distance)〉을 헷갈렸지 뭐니. 〈한 발짝 물러서서 보면〉은 베트 미들러(Bette Midler)가 부른 노랜데 말이야.

개릿: 그 노래는 어떻게 부르는데요?

탈링거 부인: (노래를 부른다.) 한 걸음 물러서서 보면…… (여기까지 부르다 멈추고 웃음을 터뜨린다. 다시금 노래를 시작해보지만 가사가 생각나지 않는다.) 가사가 생각이 안 나는구나. 엄마가 이런 건 잘 기억 못하잖니!

스펜서: (엄마를 놀리며) 한 걸음 물러나서 생각이 안 나나봐요.

탈링거 부인: 어쨌든 정말 좋은 노래야.

탈링거 부인과 개릿은 콘서트에 참여한 선생님과 참여하지 않은 선생님에 대해 잠시 더 이야기를 나누다 잠자리에 들었다.

집중 양육 방식: 자녀 사랑에 뒤따르는 노동의 양

아이들의 학교 밖 활동은 부모에게도 일거리를 안겨준다. 아이들을 학교 밖 활동에 등록하고, 그에 따르는 비용을 지불하고, 카풀을 하기 위해 다른 부모들과 약속을 잡고, 유니폼을 빨고, 행사가 있을 때마다 아이들을 차로 태워다주고, 아이들이 먹을 간식도 준비해야 한다. 그리고 탈링거 씨 가족의 경우 어떤 아이가 어떤 학교 밖 활동에 참여하는지에 따라 이러한 노동의 양이 두 배로 늘어나기도 한다. 필요한 준비물을 챙기고, 아이들을 준비시키고, 차에 시동을 거는 등 계획된 활동에 참석하기 위한 단순한 준비 과정부터 만만치가 않다.

어른의 경우 아이들의 학교 밖 활동을 준비하는 것 외에도, 아이들이 활동에 참가하는 동안 거기서 기다리며 지켜봐야 한다. 5월의 어느 쌀쌀한 밤, 그 전날 자정 무렵 야간 비행기 편으로 집에 돌아와 아침까지 일을 한 다음 두 시간 정도 낮잠을 자고 일어나 아들의 축구 연습을 보러온 탈링거 씨는 잠시 편의점에 들러 커피를 한 잔 사오겠다며 자리를 떴다.

저녁 7시 5분, 탈링거 씨는 커피를 한 잔 사오겠다며 일어났다. 그리고 함께 축구 연습을 관전 중이던 톰(다른 학생을 따라온 학부형)에게 커피를 마시겠냐고 물었다. 톰은 고개를 가로저었다. 그러자 탈링거 씨는 내게도 같은 질문을 했다. 나는 커피를 사러 가는 길에 동행해도 괜찮겠냐고 물었다. 편의점으로 가는 동안 탈링거 씨는 자신의 속마음을 털어놓았다. "사실 커피를 마시고 싶은 게 아닙니다. 지루했을 뿐이에요. 예전에는 아들이 하는 연습이나 경기에 빠짐없이 참석하곤 했는데, 지금은 너무 많은 학교 밖 활동을 하고 있어 일일이 참석할 수가 없습니다. 오늘은 첫 연습이라서 온 거예요."

탈링거 씨는 축구 경기가 끝나기를 간절히 바랐다.

커피를 사가지고 돌아갔을 때 마침 아이들은 휴식 시간이었다. 탈링거 씨는 "벌써 끝난 거야? 순순히 끝내줄 리가 없는데"라며 의아해했다.

자녀들의 학교 밖 활동은 부모의 시간뿐 아니라 인내심 역시 시험에 들게 한다. 예를 들어 여름 방학이 막 시작된 6월의 어느 날 오후, 탈링거 씨는 개릿을 축구 연습장에 데려다주기 위해 일을 마치고 집으로 돌아왔다. 그러나 개릿은 아직 나갈 준비를 마치지 못했고, 느릿느릿 행동해 아빠의 심기를 건드리고 말았다.

"준비물 챙겨라, 축구 연습 가야지!" 탈링거 씨가 말했다. 개릿은 기다란 초록빛 축구 셔츠 밑에 하얀 축구 양말을 신은 채 방으로 들어왔다. 개릿의 등번호는 16번이다. 텔레비전과 대각선으로 놓인 안락의자에 앉더니 월드컵 중계방송을 지켜보았다. 그러다 아주 느리고 멍한 태도로 정강이 보호대와 긴 양말을 신었다. 그러는 동안에도 눈은 계속 텔레비전만 보았다. 탈링거 씨가 들어와 다른 물건들도 챙기라고 재촉했다. 개릿이 바지를 못 찾겠다고 하자, 탈링거 씨는 "서랍 속은 잘 뒤져봤니?"라고 물었다. 개릿은 고개를 끄덕였다. 그러곤 자리에서 일어나 여기저기 바지를 찾으러 다니다 몇 분 후 다시 방 안으로 들어왔다. 내가 "찾았니?"라고 묻자 개릿은 고개를 가로저었다. 탈링거 씨는 집 안 곳곳을 분주히 돌아다니다 개릿에게 와 물었다. "개릿, 신발은 안 신을 거니?" (그리고 방에서 나갔다가 잠시 후 돌아왔다) "이제 정말 가야 돼! 얼른 준비 좀 해라. 늦겠다!" 탈링거 씨는 짧고 단호하게 외쳤다. 몇 분 후 다시 돌아온 탈링거 씨는 개릿의 무릎 위에 반짝반짝 빛나는 녹색 반바지를 아무 말 없이 내려놓고 나갔다.

축구용 반바지를 찾아 온 집 안을 헤매는 것과 같은 일은 탈링거 씨 집에서 흔히 일어난다. 그리고 이런 문제가 생겼을 때 아이를 재촉하면서도 결국 그 물건을 찾아내는 건 부모다. 게다가 이런 눈코 뜰 새

없이 바쁜 일정은 다음 날에도 계속되거나 더 심해진다.

> 탈링거 씨: (토요일 일정을 생각하며) 내일도 장난이 아니겠군. 축구 연습,
> 야구 연습에다 그게 끝나면 또 축구 연습이 있으니…….

탈링거 씨 가족의 이러한 집중 양육 방식은 이따금씩 겹치는 축구 활동 일정 때문에 또 다른 문제를 일으키곤 한다. 예를 들어 개릿은 사립 포레스트 축구팀의 원정 A팀과 타운십 축구팀 그리고 인터카운티 축구팀 등 여러 개의 축구 활동을 하고 있다. 일요일인 5월 22일, 개릿과 같은 축구팀에 있는 한 친구가 인터카운티 축구팀의 첫 연습장으로 가기 위해 차 안에서 기다리고 있다. 탈링거 씨와 개릿의 친구 아버지(빌)가 겹치는 일정에 대해 논의한다.

탈링거 씨가 "축구 연습과 선수 선발이 겹치는군요"라고 덧붙였다. 그러자 빌은 "그동안 연습을 많이 못했으니 인터카운티 축구 연습이 더 급해 보이기는 해요"라고 말했다. "그건 그렇지만, 선발전을 거치지 않으면 축구팀에 입단조차 안 되는 게 문제죠"라고 탈링거 씨가 대답했다. 그러자 빌은 "그러네요. 제가 선발전 코치님께 말씀드려볼게요"라고 말했다. 빌은 뒤돌아서 걸음을 옮기다 말고 탈링거 씨를 돌아보며 한쪽 눈을 찡긋했다. "어쩌면 코치님이 우리한테 특별 혜택을 줄지도 모르겠네요." 빌이 웃으며 하는 말에 탈링거 씨도 미소로 답했다.

가끔은 과외 활동 시간이 겹치는 문제를 해결하기 위해 부모가 출근 일정을 조정하기도 한다. 그러나 부모라고 해서 이런 일을 마냥 기쁜

마음으로 하는 건 아닌 듯했다. 이런 속내는 탈링거 씨의 말에서도 잘 나타난다. "이 축구팀은 소속 선수를 배려하지 않는 구석이 있어요. 부모가 시간이 남아돌거나 쉽게 직장에 결근하고 아이들을 데려다줄 수 있다고 여기는 것 같아요. 시간제 급여를 받는 부모는 어떻게 하라는 건지 모르겠습니다." 때로는 개릿이 한 일정에 참석하기 위해 부득이 다른 활동에 불참하는 경우도 있었다. 예를 들어 봄 콘서트가 있던 날 밤에는 시간이 없어 축구 연습은 빠지고 수영 연습에만 참석했다. 컨트리클럽에서 열린 '어버이날 기념 아버지와의 골프 토너먼트'에도 개릿은 참가하지 못했다. "그날 축구 경기만 두 개에 야구 경기도 하나 있었거든요"라고 개릿은 말했다. 그렇지만 둘째 스펜서는 아버지와 함께 토너먼트에 참석했다. 이처럼 어버이날마저도 이들 가족은 각자 떨어져서 하루를 보냈다.

이런 일이 탈링거 씨 같은 중산층 가정에서 아무리 흔한 일이라 해도, 이로 인한 불안감이나 불만이 줄어드는 것은 아니다. 아이들의 일정이 서로 겹치거나 날씨 사정으로 인한 휴교령, 또는 갑작스레 생긴 탈링거 부부의 업무 등으로 인한 일정 변경은 때때로 가족의 전체 계획 자체를 무너뜨릴 수 있다. 예를 들어 5월 18일 개릿은 인터카운티 축구팀의 경기가 다가오는 일요일에 열릴 계획이라는 통보를 받았다. 그날은 탈링거 씨 부부 모두 집을 비우고, 고등학교 남학생 한 명만이 집에 와 막내를 돌봐주기로 되어 있었다. 탈링거 씨는 9시 30분에 일을 마치고 귀가했다. 탈링거 부인은 남편보다 10분 늦게 도착해 베이비시터 남학생을 집에 데려다줄 준비를 했다. 탈링거 씨는 부엌에서 아내에게 개릿의 축구 경기 얘기를 꺼냈다.

"22일 날 경기가 있대." 탈링거 씨는 축구 일정이 적힌 달력을 아내에게 내밀었다. "계획에 없던 경기잖아." 탈링거 부인이 대꾸하자 "알아. 일정을 바꿨나봐"라고 탈링거 씨가 약간 화난 듯 대답했다. 탈링거 부인은 수화기 옆 벽에 걸린 주방 달력 쪽으로 걸어갔다. "경기가 정확히 몇시래?" 탈링거 씨가 종이를 보지도 않고 "4시"라고 대답하자 부인은 "그럼 갈 수 있겠네"라고 대꾸했다. 이에 탈링거 씨는 내가 들은 것 중 가장 불만 가득한 목소리로 베이비시터 남학생에게 말했다. "우리 애는 하루에 축구 경기만 두 개, 야구 경기 하나, 게다가 졸업식 파티까지 가야 한단다." 탈링거 부인은 축구 경기가 열리는 장소를 보더니 "너무 먼 곳에서 경기를 하네"라고 말했다.

이런 문제가 발생할 때마다 아이들을 먹이고, 집 안을 정리하고, 여러 일정의 날짜를 맞추려는 부모의 '보이지 않는 노동'은 증가한다. 직장에 다니는 여성의 수가 증가함에 따라 부모, 특히 엄마들이 져야 하는 책임의 무게도 늘어나고 있다. 알리 R. 혹실드 교수는 가정에서 여성이 하는 노동을 일컬어 "교대 근무(the second shift)"라고 표현했다. 혹실드를 비롯한 많은 학자들은 남성이 가사 노동과 육아에 할애하는 시간이 늘어난 것은 사실이지만, 아직까지도 남성의 가사 노동은 주로 힘을 써야 하는 일(잔디를 깎거나, 집에 페인트를 칠하거나, 보수 공사를 하는 등)에 국한돼 있다고 지적한다. 탈링거 씨는 가사 노동에 적극 동참하는 남편이었으며 아이들과도 자주 야외에서 놀아주곤 했다. 그러나 다른 많은 가정에서처럼 집에 있을 경우 요리나 빨래, 육아 등을 주로 담당하는 쪽은 부인이었으며 탈링거 씨는 그런 부인을 보조하는 역할에 그쳤다.

반면 여성의 가사 노동은 예전과 다름없이 주로 집 안에서 하는 일과 정해진 마감 시간이 있는 일이다(식사 준비나 아이를 학교에 보내는 일, 또는 아이를 잠자리에 들게 하는 일 등). 비록 많은 학자들이 가정에서 일어나는 '보이지 않는 노동'의 다양한 측면에 대해 연구 결과를 내놓았지만, 자녀의 학교 밖 활동이 직장과 가정에서 "교대 근무"를 해야 하는 여성의 생활에 어떤 영향을 미치는지에 주목한 연구 결과는 없었다. 식사나 취침 시간과 다르게, 아이들의 학교 밖 활동은 대부분 확실하게 정해진 시작 시간과 마치는 시간이 있다. 그렇기 때문에 부모는 그 시간에 맞춰 아이들을 데려다주고 데려와야 한다. 그리고 아이의 안전에 대한 걱정 때문에라도 부모는 이 시간을 정확히 지키려고 애쓴다. 우리의 연구에서도 부모는 과외 활동이 끝나는 시간에 맞춰 늦어도 1~2분 안에 아이를 데리러 왔다. 부모의 일정을 고려하지 않고 임의로 정한 시간을 꼬박꼬박 맞추는 것은 육체뿐 아니라 감정적으로도 힘든 일이 아닐 수 없다.

탈링거 씨 부부는 가정생활을 해내는 속도에서도 차이를 보였다. 주중 어느 날 저녁 5시 40분, 탈링거 씨는 서둘러 주차를 하고 차에서 내리며 열쇠를 찾았다. 그리고 문을 열면서 동시에 아이들에게 숙제를 하라고 말했다. 반면 6시쯤 도착한 탈링거 부인은 남편보다 좀더 여유 있는 모습이었다. 아이들의 이런저런 질문과 바쁜 일정에 쫓기고 있음이 분명함에도 불구하고, 탈링거 부인은 대개 아이들과 있을 때 남편보다 안정된 모습을 보여주었다.

부부가 가정생활에 대해 느끼는 압박의 정도도 달랐다. 비록 아이들 일에 적극적으로 관여하는 아빠이기는 해도 탈링거 씨는 일주일에 2~3일가량은 일 때문에 집에 들어오지 못했다. 반면 탈링거 부인은 풀타임으로 일하면서도 아이들을 곁에서 지켜보고, 밥을 먹이고, 일상 생활을 해나갈 수 있도록 도왔다. 물론 탈링거 씨도 보기 드물게 능력 있는 아빠로서 아내가 일 때문에 집을 비울 때는 적극적으로 아이들을 돌봤다.

가족의 일정이 겹칠 경우 자신의 계획을 조정하는 것도 탈링거 부인이다. 우리의 연구가 끝나갈 무렵, 탈링거 부인은 자기 일을 그만두기로 결심했다. 집 근처에서 일하며 아이들에게 '닻'이 돼주기 위해 부인은 결국 출장 갈 일이 거의 없는, 인근 지역의 비영리 단체 고위 경영직을 맡기로 했다. 탈링거 부인은 자신의 이런 결정을 가리켜 "일을 잠시 책장에 꽂아두는 것"이라고 비유했다.

그러나 어떤 부분에서 탈링거 씨는 우리가 관찰한 다른 중산층 가정의 어떤 아빠들보다 훨씬 많이 가사 노동에 참여했다. 아내가 일찍 출근해야 하거나 멀리 외근을 나가는 날 아침이면 매우 능숙하게 아이들을 학교에 데려다주었다. 부인이 일찍 출근한 어느 날 아침, 탈링거 씨는 아이들을 학교에 데려다주고 사친회에서 지원하는 '아빠와 함께 도넛을'이라는 행사에 참석했다. 그날 세 아들은 지하실에서 속이 꽉 찬 베개를 셔츠 밑에 집어넣어 하키 선수처럼 몸집을 부풀린 채 놀았다.

탈링거 씨는 지하실에 있는 아들들을 향해 반쯤 화난 목소리로 물었다. "스펜서, 너 이반하고 팔리한테 먹이는 준 거야? 개릿은 물고기 밥 줬고?" 스펜서가 "이반한테는 밥 줬어요"라고 대답했다. 스펜서와 개릿 모두 베개를 셔츠 속에 넣은 채 재빨리 위층으로 올라갔다. 아이들이 위층으로 올라가고 있는데 다시 아빠의 목소리가 들렸다. "팔리한테도 밥 줘. 개릿도 물고기한테 밥 주고." 나는 아이들을 따라 위층으로 올라갔다. 개릿은 방으로 들어가 물고기에게 먹이를 주었다.

물고기에게 먹이를 준 개릿은 (여전히 베개를 셔츠 밑에 넣은 채) 주방으로 가 식탁 옆에 섰다. 아빠는 서류를 정리하는 중이다. 라디오에서는 24시간 뉴스 방송이 큰 소리로 흘러나오고 있었다. 탈링거 씨는 (베개에 대해서는 아무 언급도 하지 않은 채) 남은 하루 일정을 이야기하기 시작했다.

"버스 탈 거니?" 탈링거 씨가 묻자 "네" 하고 개릿이 대답했다. "……버스가 몇 시에 오더라? ……열쇠는 있니?" 개릿은 고개를 끄덕이며 가방을 확인했다. 탈링거 씨는 고개를 끄덕이고는 "버스 놓치지 마"라고 말했다.

아들과 대화하는 동안, 탈링거 씨는 여러 가지 일을 기억해내느라 매우 바쁘고 성마른 듯 보였다. 샘과 스펜서는 문 앞에 서서 아빠가 학교에 데려다주길 기다리며 징징거렸다. 탈링거 씨는 복도를 걸어가며 샘을 나무랐다. "샘! 그만해라."

우리가 관찰한 다른 아버지 중 탈링거 씨만큼 아이들 양육에 대해 잘 알거나 깊이 관여하는 아버지는 없었다. 그러나 그런 탈링거 씨조차 집에서 아이들을 돌보는 일에 부인과 자신이 똑같은 몫을 부담해야 한다고 생각하지는 않는 듯했다. 두 부부가 모두 집에 있을 경우 대부분의 집안일은 탈링거 부인 몫이었다. 피아노 리사이틀이 있던 날 아들의 바지를 찾아 다림질한 것도 부인이고 리사이틀 때 먹을 간식(딸기와 양귀비 씨앗이 들어간 머핀)을 만든 것도, 아이들의 선생님에게 드릴 크리스마스와 신년 선물을 사는 것도 그리고 한 해 동안의 수고에 대해 감사 편지를 써서 부친 것도 모두 부인이다. 중요한 것은 아이들이나 교직원 역시 이런 식의 정해진 남녀 성 역할을 당연하게 받아들인다는 사실이다. 요컨대 자녀가 부모의 허락이 필요한 일에 참여할 때 허가서에 사인을 하는 것도, 또 일상생활을 영위할 수 있도록 곁에서 돕는 것도 아빠보다는 엄마의 역할이라고 인식했다.

집중 양육으로 이루어진 유년 시절: 개릿의 관점

개릿이 다른 아이들에 비해 특별히 자신의 속내를 드러내는 아이라곤 할 수 없지만 학교 밖에서의 활동, 특히 운동과 관련한 활동을 좋아한다는 것은 누가 봐도 알 수 있다. 그리고 개릿은 그런 활동이 없었다면 삶이 훨씬 지루할 거라고 생각했다. 다음 장에서 설명할 노동자 계층 남자아이 티렉 테일러와 달리 개릿은 운동 연습이나 경기 참여에 대해 불평하지 않았다. 어쩌다 경기를 놓치는 경우 눈에 띄게 실망하는 모습을 보이기도 했다. 우리와의 인터뷰에서 개릿은 특히 경쟁이 치열한 경기를 좋아한다고 말했다. 농구를 예로 들면, 개릿은 "수비를 맡는 게 좋아요. ……상대편 선수들을 몸으로 밀어붙이는 거죠"라고 말했다. 그런 까닭에 개릿은 선수들의 수준이 높고 훨씬 '넓은 무대와 높은 목표'가 주어지는 포레스트 원정 축구팀이나 인터카운티 축구팀을 자신의 활동 중에서도 가장 우선시했다. 반대로 학교 체육 시간에 하는 축구는 "얼마 지나지 않아 지루해진다"고 말했다. 인터뷰에서 개릿은 축구 경기가 두 게임, 야구 경기가 한 게임 있는 날이나 활동이 세 개 이상 되는 날은 솔직히 "지친다"고 인정했다. 그러나 "제가 하는 학교 밖활동이 너무 많다고 생각해본 적은 없어요"라고 말했다. 그리고 잠시 생각을 하더니 덧붙였다. "저는 너무 힘들다고 생각해본 적 없어요. 그렇지만 아빠는 어떨지 모르겠네요. 항상 저를 데려다주고 경기를 지켜봐야 하니까요. 저 때문에 왔다 갔다 하려면 힘들 것 같아요."

특히 개릿은 토너먼트를 위해 다른 주로 원정 경기를 가는 것 같은 특별한 축구 행사를 무척이나 고대했다. 어느 수요일 밤, 주말에 원정 경기를 가기로 한 개릿은 잠자리에 들 때 잘 자라고 인사하는 엄마에게 신이 난 목소리로 "이제 이틀 남았어요!"라고 말했다. 마찬가지로 개릿은 인터카운티 축구팀의 새 유니폼을 받았을 때도 무척 신 나 보였다. 유니폼에는 '선발팀(SELECT)'이라는 글자가 선명히 새겨져 있었다. 개릿은 연습이 끝난 후 차에 타자마자 새 유니폼을 이리저리 살펴보기 시작했다.

탈링거 씨와 개릿은 안전벨트를 맸다. 개릿은 곧바로 봉투를 열고 유니폼을 살펴봤다. 초록빛 나일론 재킷에 '선발팀'이라는 글자를 새긴 유니폼을 꺼냈다. "이걸 입게 될 거예요"라고 개릿이 말했다. 탈링거 씨는 "유니폼이니까 당연히 입어야지"라고 대답했다. 개릿은 새 유니폼 때문에 신이 난 표정이었다. 봉투(갈색 종이봉투) 안을 흘끔 들여다보고는 셔츠 두 개와 바지 한 벌(밝은 초록색 바지) 그리고 양말 두 켤레가 들어 있다고 말했다. 개릿은 기쁨에 겨워 봉투에 들어 있는 것들을 하나하나 큰 소리로 열거했다.

집에 오자마자 개릿은 엄마와 동생들에게 유니폼을 보여주었다. 교외 활동에 대해 개릿이 보여주는 이런 열의는 순수한 것이지만, 선택적인 측면도 있다. 예를 들어 개릿은 야구 올스타 팀에도 소속돼 있지만 "야구팀에 들어간 것은 포레스트 원정 팀이나 인터카운티에 들어갔을 때만큼 기쁘지 않았어요"라고 말했다. 또 "야구는 내 우선순위에서 네 번째"라고 말하기도 했다. 개릿이 활동하는 축구팀 두 개와 농구 다음이라는 얘기였다. 참여하는 운동 팀의 숫자가 많다 보니 각 활동이 갖는 의미가 상대적으로 줄어드는 듯했다. 예를 들어 개릿은 자신이 트리오로 색소폰을 연주하기로 한 봄 콘서트에 대해서는 이렇다 할 열의를 보이지 않았다. 우리가 관찰한 노동자 계층 가정에서는 봄 콘서트 같은 행사가 가족 간의 중요한 대화 주제이자 고대하는 일이었다. 마찬가지로 노동자 계층 및 빈곤층 아이들이라면 매우 기뻐했을 활동(피자를 먹거나, 케이크를 굽거나, 친척들과 함께 파티를 여는 등)도 개릿에게는 큰 의미가 없는 듯했다.

하루는 개릿이 아주 지치고 우울해 보였다.

개릿은 기분이 아주 안 좋은 듯했다. 저녁 8시 20분, 브라이언의 아버지가 개릿을 집 앞에 내려주었다. 집 안으로 들어간 개릿은 아무에게도 인사를 건네지 않고, 내가 그 애의 바뀐 머리 스타일에 대해 이야기해도 아무런 반응을 보이지 않았다. 혼자 조용히 있고 싶은 것 같았다. 개릿은 그렇게 그날 밤 아무 말도 하지 않았다. 9시 30분, 집에 돌아온 탈링거 씨가 (베이비시터에게) "안녕, 프랭크. 잘 있었니?"라고 인사를 건넸다. 그러자 프랭크는 자리에서 일어나 탈링거 씨와 가볍게 악수를 나누었다. 하지만 아빠가 "안녕, 개릿" 하고 인사를 건네도 개릿은 대답하지 않았다. "안녕, 개릿." 탈링거 씨가 한 번 더 인사를 하자, 그제야 아빠를 쳐다보며 "오셨어요"라고 대답했다. 탈링거 씨가 아들에게 "오늘 하루 잘 지냈니?"라고 묻자 개릿은 "그냥 그랬어요"라고 말했다. 탈링거 씨는 돌아서서 주방으로 갔다.

우리는 이런 피곤을 다른 중산층 아이들에게서도 발견할 수 있었다. 흑인 중산층 가정의 남자아이 알렉산더 윌리엄스는 방과 후 활동과 금요일 밤 합창단 연습까지 다녀온 후 거의 녹초가 된 듯했다. 또 흑인 중산층 여자아이 스테이시 마셜은 토요일 오후에 헤어드라이어로 머리를 만지는 동안 졸기도 했다. 반면 노동자 계층 및 빈곤층 아이들에게서는 이런 피곤의 흔적을 찾아보기 어려웠다. 오히려 빈곤층 어른들은 자녀의 사그라들 줄 모르는 에너지 때문에 못살겠다고 얘기하기도 했다.

집중 양육으로 이루어진 유년 시절: 스펜서와 샘의 관점

자녀들의 학교 밖 활동을 중심으로 돌아가는 중산층 가정의 삶은 때때로 활동에 참여하지 않는 다른 가족 구성원의 하루까지 결정하기도 한다. 무엇보다 형제자매들이 그러하다. 스펜서와 샘(특히 막내인 샘의 경우)은 많은 여가 시간을 형 개릿의 과외 활동을 따라 함께 이동하거나 그 활동을 지켜보는 데 (또는 얼른 끝나기를 기다리는 데) 할애한다. 샘은 오후 시간 대부분을 형의 스케줄을 쫓아다니며 보내야 한다. 보육 시설에서 돌아온 샘은 간식을 먹은 다음 부모의 차를 타고 개릿의 활동을 따라다닌다. 개릿의 운동 경기 장소에 도착하면 샘은 주로 여기저기 돌아다니거나, 간식을 달라고 보채거나, 또래 아이들과 어울려 놀다가 간식을 더 달라고 투정을 부리고, 형의 경기가 얼른 끝나기를 기다린다. 아직 어린 샘의 인내심과 흥미가 개릿의 활동이 끝나기 한참

전에 바닥날 것이란 건 누구나 예측할 수 있다. 샘은 일주일에 네다섯 번은 울고 보채고 불평을 한다. (이런 투정은 배가 고프거나 피곤하면 더욱 심해진다.)

가끔은 샘의 투정이 극에 달해 탈링거 부인의 표현에 따르면 "통제 불능"에 이르기도 한다. 샘은 큰 소리로 떼를 쓰고 계속해서 방해를 하며, 상황이 마음에 들지 않으면 발로 차고 소리를 지르고 울음을 터뜨린다. 개릿이 학교의 봄 콘서트에서 공연하던 날 밤, 샘은 30분 정도 얌전히 자리를 지키다 결국 폭발하고 말았다. 한 번 심통이 난 샘은 제자리에 가만히 앉아 있지 않고 엄마의 인내심을 시험했다. 또 다리를 쭉 뻗어 바로 앞자리에 앉은 여자 관객의 등을 찰 뻔했다.

탈링거 부인은 샘의 팔을 붙잡고 (화가 난 표정으로) "발을 조심해야지. 저분을 거의 찰 뻔했잖니! 얌전히 앉아 있어!"라고 말했다. 샘은 아주 잠깐 동안 앉아 있더니 다시 발을 걸어찼다. 탈링거 부인은 이번에도 샘의 팔을 붙잡고는 "얌전히 있어!"라고 속삭였다.

이렇듯 샘은 한 달에 한두 차례 통제 불능 상태에 빠진다. 탈링거 씨는 이런 샘에게 "그만하라"고 직설적으로 얘기하는 반면, 탈링거 부인은 샘의 투정을 온정과 인내로 보듬으려 애쓰는 동시에 다른 자녀들에게도 "너희가 이해하라"고 부탁한다. (그렇지만 이런 부탁은 그다지 성공적이지 못하다.)

이제 네 살인 샘은 보육원에 가는 것 말고는 참여하는 활동이 거의 없다. 스펜서의 경우는 피아노, 컵 스카우트, 축구, 야구 등의 활동을 한다. 그렇지만 스펜서 역시 상당한 시간을 자신의 의지와 상관없이 형의 경기를 관전하는 데 보낸다. 스펜서는 샘처럼 통제 불능 상태에 빠지지는 않지만, 이따금 불만을 털어놓는다. 탈링거 씨는 "스펜서는 항상 개릿의 경기를 쫓아다녀야 하는 일에 그다지 화를 내지 않는다"고 말했다. 사실 개릿의 활동을 지켜보는 것은 스펜서에게 중요한 일상생활이다. 학교에서 개최한 '아빠와 함께 도넛을'이라는 행사 때, 스펜서는 아빠를 자기가 그린 그림이 있는 쪽으로 이끌었다. 스펜서의 그림에는 축구장에서 경기하는 아이들과 곁에서 지켜보는 아이들이 그려져 있었다. 스펜서는 이 그림이 자신과 가족을 그린 것이라고 설명했다. 그림의 제목은 '축구 경기 관람'이었다. 탈링거 씨는 아들의 머리를 다정하게 쓰다듬으며 "그래, 우린 정말 축구를 자주 보지"라고 말했다.

축구 경기를 관전하지 않을 때, 스펜서는 직접 게임을 하기도 한다. 게임을 할 때는 형 개릿이 먼저 세워놓은 기대치를 충족시켜야 한다는 부담을 갖고 있다. 스펜서 역시 야구와 축구를 하긴 하지만, 형만큼 운동을 좋아하지는 (그리고 운동에 재능이 있지는) 않는 것 같다. 탈링거 씨부부는 이런 스펜서가 걱정이다. 두 부부는 몇 번이나 따로 있는 자리에서 스펜서가 운동에 흥미를 갖지 못하는 것을 우려했다.

> 탈링거 씨: 스펜서가 운동을 좋아하지 않는 것 같아 걱정입니다. 아내와 내가 볼 때, 스펜서는 운동에 특출 난 재능이 없어요. 아이들이 "이제 뭘 할까요?"라고 물으면 나는 주로 밖에 나가서 공을 던지며 놀라고 말합니다. 난 거미를 기르는 것 같은, 스펜서가 좋아하는 일을 하는 타입이 아니거든요. 반면 스펜서는 과학에 흥미를 느끼는 듯합니다. 난 애들을 키우면서 그런 쪽에 대해선 생각도 해본 적이 없는데 말입니다.

현장 연구원: 힘든 일이겠군요.

탈링거 씨: 운동은 우리에게 자연스러운 일상이거든요.

현장 연구원: 스펜서가 개릿한테 경쟁심을 보이진 않나요?

탈링거 씨: 스펜서도 개릿이 자기보다 운동을 훨씬 잘한다는 걸 압니다. 경쟁이 안 된다는 사실을 아는 거죠.

스펜서 자신도 부모님이 운동에 흥미가 부족한 자신을 걱정하고 있다는 것을 알고 이에 대해 신경을 쓰는 듯했다. 다음의 현장 관찰 기록을 살펴보자.

탈링거 씨가 스펜서에게 (지나가는 듯한 말투로. 그러나 매우 큰 관심을 갖고) 궁금하다는 듯 물었다. "스펜서, 수영팀에 들어가지 않을래?" 이 질문에 스펜서는 약간 긴장한 눈초리를 하고 입술을 깨물며 대답했다. "싫어요." 탈링거 씨는 잠시 멈칫하다가 용인하는 듯한 태도로 (그러나 약간의 실망감을 감추지 못한 채) "그렇구나"라고 대답했다. 스펜서는 주방으로 가서 자신의 책가방 옆에 앉아 있는 아빠에게 말했다. "저도 들어가고 싶어요. 하지만 팔을 어떻게 휘둘러야 하는지 몰라서 그래요." 그러자 탈링거 씨는 "그러니까 수영팀에 들어가는 거지. 수영팀에 들어가면 어떻게 팔을 휘둘러야 하는지 알려주니까"라고 대답했다.

1분도 채 안 되는 대화였지만, 스펜서는 상당히 큰 긴장감을 느낀 게 분명해 보였다.

형제간의 경쟁과 갈등

스펜서가 운동에 상대적으로 재능이 없다는 사실은 스펜서와 개릿의 관계에도 큰 영향을 미친다. 스펜서는 이따금 뜬금없이 형이 그다지 잘하지 못하는 일을 지적하곤 했다. 예를 들어 어느 날 오후, 개릿이 집 주차장에서 우리 현장 연구원과 농구를 하고 있을 때 스펜서는 다음과 같은 얘기를 했다.

"개릿 형은 농구를 잘 못해요. 형, 진짜 못한다." 그 말을 들은 개릿이 바로 맞받아쳤다. "그래도 너보단 잘해." 스펜서는 형의 말에 개의치 않는 듯했다. 개릿의 말에 아무런 대꾸도 없이 스펜서는 자기 말만 했다. "형은 농구에는 소질이 없어요. 경기 때도 눈에 띄지 않아요." 개릿은 스펜서의 말에 기분이 상한 것 같았지만 침착하게 이야기했다. "아, 그래? 너 내가 저번 경기에서 리바운드를 몇 개 잡았는지 알고 하는 말이야? 내가 팀에서 1등이었는데?" 그러자 스펜서는 시큰둥하게 말했다. "내 말은 그냥 농구가 형이 제일 잘하는 운동은 아니라는 거야."

스펜서는 기회가 있을 때마다 자신이 학교의 영재 프로그램에 참가하고 있다는 것을 뽐낸다. 반면 형 개릿은 프로그램의 IQ 기준인 125를 넘지 못해(개릿의 IQ는 119이다) 두 번이나 선발 과정에서 탈락한 경험이 있다. 스펜서가 통과했다는 소식을 들었을 때, 개릿은 자존감에 상처를 입었는지 눈시울을 붉히기도 했다. 개릿은 이따금 자신이 잘하는 일을 강조하는 데 집착하는 모습을 보이기도 했다. 예를 들어 피아노 레슨 도중 일부러 스펜서가 다음 피아노 리사이틀 때 연주할 곡을 연습하기도 했다. 개릿은 자신이 동생보다 그 곡을 더 잘 연주한다는 사실을 그리고 스펜서가 자신의 연주를 들을 것이란 사실을 알고 있었다.

개릿: 나도 연주할 수 있어…….
피아노 선생님: 그만하렴. (개릿은 연주를 계속한다.) 그 곡은 그만 연주하렴. 스펜서는 너처럼 빨리 연주하지 못하잖니. 동생 기분을 상하게 할 거야? (개릿은 연주를 멈추지 않고 오히려 활짝 웃는다.) 개릿, 자꾸 그러면 스펜서가 기분 나쁠 거야. (개릿은 여전히 곡을 연주한다.) 얘, 이젠 정말 그만했으면 좋겠구나! (개릿은 연주를 멈춘다.)

이런 경쟁이 일어나긴 하지만, 스펜서와 개릿 사이는 전반적으로 친밀한 편이다. 개릿이 동생에게 도움을 주는 경우도 많다.

개릿이 문제집을 펼쳐놓고 수학 문제를 풀고 있었다. 스펜서가 문제 하나를 가지고 다가와 말했다. "형, 나 이 문제 어떻게 푸는지 모르겠어." 개릿이 조용히 대답했다. "이것 말이야?" 그러더니 동생에게 새로운 문제를 하나 냈다. "75 더하기 99는 뭐지?" "내가 어떻게 알아! 이걸 어떻게 더해!" 스펜서가 잠시 눈알을 굴리더니 대답했다. 형이 왜 이런 걸 묻는지 모르겠다는 듯 말투에 살짝 짜증이 담겨 있었다. 개릿은 종이를 동생이 잘 볼 수 있는 테이블 구석으로 가져가 천천히 설명했다. "우선 9랑 5를 더하면?" "음, 9 더하기 5는 14! 맞아, 14야!" 개릿은 그 숫자를 종이에 적어 동생에게 보여주며 말했다. "맞아. 그러면 십의 자리에 더할 숫자가 하나 늘었지? 이제 1이랑 7이랑 9를 더하면?" 잠시 고민하던 스펜서가 "17"이라고 말하자 개릿은 그 숫자를 받아 적었다. 개릿이 동생에게 종이를 보여주는 동안 주방에서 걸어 나온 아빠가 물었다. "우리 꼬마들 뭘 그리 열심히 하고 있니?" "그냥 뭐 좀 알려주고 있었어요." 개릿이 재빨리 대답했다.

맏형 개릿과 달리 스펜서가 동생 샘을 챙겨주는 경우는 거의 없었다. 이 두 형제에게는 서로 투덜거리는 것이 일상이다. 때론 그 다툼이 조금 과한 경우도 있었다.

거실에 있던 스펜서가 갑자기 소리를 질렀다. "그만! 그만해! 저리 가!" 동생 샘이 울기 시작했다. 위층에서 문 닫히는 소리가 쾅하고 들리더니 탈링거 부인이 허겁지겁 계단을 내려왔다. 거실로 걸어온 엄마가 무슨 일이냐고 묻자 스펜서는 "얘가 자꾸 날 따라다니잖아요!"라고 대답했다. 탈링거 부인은 화가 난 목소리로 "동생이 좀 따라다닐 수도 있지. 너도 샘 나이 때에는 개릿을 따라다녔어! 그렇다고 동생을 울리면 어떡하니. 그러지 좀 마라" 하며 스펜서를 꾸짖었다.

이런 다툼은 두 형제 사이에 흔히 일어나는 일이며, 부모 중 한 명이 개입해 둘을 떼어놓기 전까지 끝나지 않는 경우가 많다.

여느 중산층 아이들과 마찬가지로 탈링거 가족의 세 아들 역시 형제들에 관한 자기감정을 숨기지 않고 드러낸다. 가족 중 누군가를 '싫다'고 표현하는 것은 흔히 있는 일이며, 여기에 대해 부모나 형제들은 별다른 반응을 보이지 않는다. 하루는 스펜서와 샘 그리고 베이비시터 프랭크와 우리 연구원이 앞마당에서 소프트볼을 즐기고 있었다.

스펜서가 샘에게 가장 싫어하는 사람이 누군지 물었다. 샘이 "개릿 형"

이라고 대답하자, 스펜서는 동생에게 "(방망이를 건네며) 이걸로 공을 개릿 형 머리라 생각하고 쳐봐"라고 말했다. 옆에서 듣고 있던 프랭크가 "샘, 너 전에는 스펜서가 제일 싫다며?"라고 물었다. 스펜서는 다시 한 번 "개릿 형의 머리라고 생각하고 말이야"라고 말했다.

중산층 가정 아이들이 형제에 대한 적대감을 공개적으로 드러내는 것과 달리 노동자 계층이나 빈곤층 아이들은 그런 경우가 거의 없다. 물론 이들 가정에서도 형제자매간에 불만을 갖고 있다. 하지만 중산층 가정의 또래처럼 솔직하고 일상적으로 그런 불만을 표시하지 않았다. 마찬가지로 노동자 계층과 빈곤층에서는 부모가 자녀들 사이의 시끄러운 다툼을 중재하는 경우 역시 드물다. 이들 가정에서 갈등은 조용하게 일어나고, 그마저도 부모와 함께 있는 자리에서는 자제하는 편이다.

우선순위에서 밀려난 친척과의 관계

탈링거 가족의 삶에서는 자녀의 활동이나 부부의 일이 친척과 관계를 맺는 것보다 큰 비중을 차지했다. 친척 간의 유대라는 측면에서도 이들 가정의 삶은 우리가 관찰한 노동자 계층이나 빈곤층 가정과 많은 차이를 보였다. 노동자 계층과 빈곤층 가족은 가계 구성원과 매우 긴밀한 관계를 형성하고 있었다. 자녀들은 부모가 삼촌이나 고모, 할머니 할아버지와 매일 대화하는 모습을 보며 자란다. 사촌들끼리 어울려 노는 모습도 흔한 풍경이다. 반면 탈링거 가족은 몇 분 거리에 사는 외할머니 댁에는 일주일에 한 번씩 방문하지만, 자동차로 한 시간 조금 넘게 걸리는 친할머니 댁에는 명절 때에만 찾아가는 것이 고작이다.

〔탈링거 씨는 개인적으로 그보다 자주(한 달에 한 번꼴로) 어머니를 뵈러 간다. 직장이 어머니가 사는 곳에서 멀지 않기 때문이다.〕

또한 1년에 몇 번밖에 없는 친척 모임에도 개릿이나 스펜서는 예정된 과외 활동을 이유로 참석하지 않는 경우가 있다. 이런 문제로 갈등이 발생하기도 한다. 탈링거 부인은 이 경우 어디서 시간을 보낼지에 대한 '선택권'을 아이들에게 준다고 말했다. 탈링거 씨가 조카의 대학 졸업을 축하하기 위해 모든 가족(탈링거 씨의 어머니, 여동생, 누나 그리고 조카들)을 초대해 파티를 열기로 했을 때도 개릿은 참석하지 않을 생각이었다.

탈링거 부인이 우리 현장 연구원에게 말했다. "개릿은 30분 정도 야구 연습에 참석할 거예요. 그다음엔 히스 가족을 따라 축구 경기에 갈 거고요. 그리고 다시 히스 씨 가족을 따라 인터카운티 축구팀의 경기에 참가할 거예요." 그러자 탈링거 씨는 깊은 한숨을 내쉬며 불만스러운 목소리로 덧붙였다. "아내나 나는 개릿이 참여하는 경기에 함께 가지 않을 겁니다." 현장 연구원이 "야구와 축구 중 선택하는 기준은 뭐죠?"라고 묻자 탈링거 씨가 대답했다. "축구가 야구보다 우선입니다. 그렇지, 개릿?" 주방 한가운데 서 있던 개릿이 동의한다는 표시로 고개를 끄덕였다.

개릿에게는 축구가 친척과 시간을 보내는 것보다 우선이다. 그렇다고 탈링거 가족이 친척과의 유대에 전혀 신경을 쓰지 않는 것은 아니다. 탈링거 부인은 일주일에 적어도 세 번은 친정어머니와 통화한다. 탈링거 부인의 어머니 나나는 손자들의 학교 행사에도 종종 참석하며,

탈링거 가족이 사는 집의 열쇠를 갖고 있기도 하다. 탈링거 씨 역시 앞서 언급했듯 어머니 집에 정기적으로 방문하며, 중요한 명절에는 온 식구와 함께 시간을 보낸다. 탈링거 부인은 (고작해야 명절 때가 전부지만) 개릿이 사촌들을 만날 때면 언제나 "즐거운" 시간을 보낸다고 현장 연구원에게 설명했다. 탈링거 가족 역시 친척과 함께하는 시간을 가치 있게 생각한다. 다만 운동이 더 중요할 뿐이다.

돈: 중요하지만 자녀 앞에서는 언급하지 않는 문제

탈링거 가족은 자녀들의 체육 활동에 막대한 시간뿐 아니라 상당한 돈을 투자한다. 가장 많은 돈이 들어가는 것은 역시 개릿의 활동이다. 축구팀의 경우 수강료는 월 15달러이지만, 이 금액보다 훨씬 많은 돈이 추가 비용으로 들어간다. 예를 들면 포레스트 축구팀의 새 연습복 세트와 양말, 경기복 상의를 마련하는 데 100달러가 소요되는 식이다. 세 자녀 모두 참여하고 있는 피아노 레슨의 경우 한 아이당 매주 23달러가 들어간다. 테니스 클리닉의 경우는 50달러가 들고 겨울철 농구는 30달러를 내야 한다. 다른 주에서 토너먼트가 있을 때 필요한 교통비와 숙박비 역시 계산에 넣어야 한다. 개릿이 참가하는 여름 방학 캠프들의 경우 일부는 일주일 참가비가 200달러에 이르기도 했다. 우리의 질문에 탈링거 부인은 개릿에게 투자하는 과외 활동 등록비와 유니폼, 장비 비용, 캠프 참가비, 숙박비 등을 모두 합치면 4000달러는 족히 넘을 것이라고 대답했다. 그러나 이는 중산층 가정에서 일반적인 수준의 지출 규모다.[2]

그러나 개릿과 스펜서, 샘 앞에서는 돈 이야기를 하지 않는다. 사실 탈링거 씨 가정에서 돈과 관련한 문제는 거의 거론하는 경우가 없다. 개릿의 야구 트레이딩 카드(trading card) 구매 신청서에 사인을 할 때에도 탈링거 씨가 물어본 것은 개릿의 현재 키와 몸무게가 어떻게 되는지 그리고 야구부에서 어떤 포지션과 등번호를 받았는지가 전부였다. 탈링거 씨는 원래 아홉 장을 주문하려 했지만, 개릿이 "작년엔 열두 장 있었는데……"라고 말하자 곧바로 양식을 수정해주었다. 11달러의 비용이 추가로 들어갔지만, 이에 관해서는 한마디 언급도 하지 않았다.

연구가 끝날 무렵, 탈링거 가족에게 심각한 경제적 어려움이 닥쳤다. 부부가 근무하는 기업에서 현금 흐름에 문제가 발생해 급료 지급에 어려움을 겪게 된 것이다. 이로 인해 부부는 융자 상환을 연기해야 했다. 탈링거 부인은 인터뷰에서 이렇게 말했다.

> 융자 연체로 7000달러의 위약금을 내게 되었어요. 모든 게 회사가 월급을 제때 지급하지 못해 벌어진 일이죠.[3]

경제적 어려움은 부부 모두에게 큰 고민을 안겨주었다. 탈링거 씨는 불면증을 앓기 시작했다. 그러나 자녀들에겐 여전히 이런 사실을 알리지 않았다. 탈링거 부인은 자신이 어렸을 때 어머니와 별거 중이던 아버지가 양육비를 늦게 보내줘 (때로는 전혀 보내주지 않아) 어려움을 겪었다며 아들들에게는 그런 일을 겪게 하고 싶지 않다고 말했다. 부인은 아이들에게 이번 방학엔 디즈니랜드로 놀러갈 계획이라 돈이 많이 들 것 같아 미리 절약할 필요가 있다는 말로 집안의 문제를 감추었다. 그러나 체육 활동에 등록할 때나 이미 예약을 한 치과 진료를 받으러 갈 때, 혹은 다른 주에서 열리는 축구 토너먼트에 참석할 때, 또는 밖으로 나가 어떤 패스트푸드를 먹을지 결정하는 문제까지 이들 부부는 금전적 문제에서 완전히 자유로울 수 없었다. 이렇듯 재정적 어려움을 자녀들에게 털어놓지 않는 중산층 가정의 양육 방식은 아이들에게 일종의 권리 의식을 심어준다. 그 덕분에 개릿이나 주변 친구들은 비용 때문에 자신이 원하는 활동에 참가할지 여부를 고민하는 경우가 전혀 없었다. 반면 다음 장에서 소개할 노동자 계층과 빈곤층 가정의 환경은 완전히 달랐다. 이들 가족은 경제적 문제에 대해 끊임없이 (그리고 직설적으로) 이야기했고, 아이들은 부모가 자신에게 얼마의 돈을 투자할 수 있는지 (혹은 없는지) 잘 알고 있었다.

물론 중산층 가정의 아이들에게도 경제적 차이에 대한 개념이 없는 것은 아니다. 탈링거 부인은 아들들이 같은 축구팀에 속한 몇몇 아이의 크고 호화로운 집을 부러워한다는 사실을 알고 있었다.

숨길 게 뭐 있겠어요. 친구 집에만 놀러가도 차이가 훤히 드러나는걸요. (웃음) 개릿의 친구 중에 제닝이라는 아이가 있어요. 우리 아이들은 그 애의 집을 좋아하죠. 우리보다 큰 집과 큰 텔레비전을요. 내가 말하고 싶은 것은, 아이들도 우리와 다른 삶을 사는 이들이 있다는 것을 안다는 사실이에요. 제닝의 집 말고 다른 집에 놀러간다면 거기서 또 다른 차이를 발견하겠죠.

개릿이 상대적 박탈감을 느끼는 일이 하나 더 있다. 사립학교에 다니는 대부분의 축구팀 친구와 달리 개릿은 1년간 사립학교를 다닌 뒤 지역의 공립학교로 전학을 갔다. 세 형제를 모두 사립학교에 보내는 것은 탈링거 부부에겐 부담스러운 일이었기 때문이다. 연구를 끝마치면서 우리는 개릿과 인터뷰를 진행했다. 가족에게 무엇이 바뀌었으면 좋겠느냐고 묻자 개릿은 "가능하다면 부모님이 돈을 더 많이 벌어 절 옛날 학교로 보내줬으면 좋겠어요"라고 대답했다.

개릿은 수영장이 딸린 25만 달러짜리 집에서 자신에게 수천 달러를 투자하는 연봉 15만 5000달러의 부모와 살고 있지만, 주변의 부유한 친구들로부터 상대적 박탈감을 느끼고 있었다. 개릿이 생각하기에 부모의 경제적 능력은 충분하지 못했다. 자신의 소원인 사립학교 생활을 지원해주지 못하기 때문이다. 부모가 자신과 동생들을 위해 쓰는 옷값이나 식료품, 외식비, 진료비 그리고 활동 등록 비용은 개릿에게 당연한 일이다. 개릿은 의사 선생님이 진료 후 주는 공짜 칫솔도 거절하는 소년이다. 자신이 누리는 부모의 지원은 개릿에게 당연한 삶의 일부이고, 개릿은 이를 일종의 생득적인 권리로 인식했다. 개릿은 자신에게 주어진 이 모든 기회가 노동자 계층과 빈곤층의 또래 아이들이 볼 때는 (손에 쥘 수 없는) 특권으로 비춰진다는 사실을 모르고 있었다. (혹은 알려고 하지 않았다.)

서서히 익혀가는 삶의 기술

중산층 자녀들은 다양한 활동에 참여하는 것을 당연한 '권리'로 여긴다. 반면 부모는 이러한 활동이 자녀에게 어떤 영향을 미칠지 고민한다. 탈링거 부부는 운동이 인생을 살아가면서 꼭 필요한 교훈을 아이들에게 가르쳐줄 것이라고 생각한다. 탈링거 부인은 체육 활동이 아이들에게 "연습해야 할 때와 실전에 임해야 하는 때"를 알려준다고 말했고, 탈링거 씨 역시 "경쟁 심리를 갖는 것은 바람직한 일"이라며 이렇게 덧붙였다.

> 진부한 얘기라고 생각하셔도 좋습니다. 그렇지만 운동 경기에서 영웅이 된 아이는 자신이 바랄 수 있는 최고의 만족을 얻게 되지요. 반대로 패배자가 될 경우 빠른 시간 안에 자기 곁에 남아줄 진정한 친구가 누구인지 식별할 수 있지요. ……운동 경기만큼 이를 피부로 와 닿게 느낄 수 있는 활동은 없다고 생각합니다.

어릴 때부터 운동을 시작한 아이들은 일찍 성숙한다.

> 운동은 아이들의 정신력을 강화시킵니다. 아이들이 난관에 봉착할 때, 이를 피하지 않고 앞장서서 문제를 해결하고 깊이 탐구하는 능력을 기를 수 있습니다. 궁색한 핑곗거리를 내세우지도 않고요.

운동은 아이들에게 또한 협동심도 가르친다.

> 체육이 주는 또 다른 교훈 중 하나는 타인과의 협력입니다. 아이들은 집단의 일원으로서 제 역할을 다하는 방법이 무엇인지 배웁니다. 그런 면에서 우리 애들의 축구 코치님은 훌륭한 분입니다. 코치님은 선수들에게 "누군가가 골을 넣으면, 그건 우리 팀 모두가 골을 넣은 것이다. 골키퍼나 수비수가 골을 허용했더라도, 그 골은 누구 한 사람의 잘못이 아닌 우리 모두의 실수로 허용한 것이다"고 이야기합니다. 아이들은 이것을 이해하고 협동하는 태도를 몸에 익히게 되죠.

마지막으로, 체육 활동은 9~10세 아이들이 낯선 사람을 포함해 많은 어른 앞에서 자신의 능력을 드러낼 수 있는 좋은 기회다.[4] 아이들은 자기 자신과 동료의 역량을 확인하며 성과에 기초한 평가 구조에 익숙해지는 연습을 한다. 경기를 통해 청중의 평가를 받기 때문이다. 연습경기의 경우 관중 대부분은 엄마들이고 경기를 보고 있으면서도 수다를 떠느라 바빠 아이들을 주의 깊게 관찰하지 않지만, 실제 경기가 벌어지면 분위기가 달라진다. 부모들은 자기 아들이 경기를 어떻게 하는지 확인하는 데 열을 올리고 조언(과 비평) 섞인 응원을 하기도 한다. 이런 상황은 인터카운티 축구팀 경기를 녹음한 자료에 잘 드러나 있다. (자료에 등장하는 목소리의 주인공은 탈링거 씨와 다른 두 아빠들이다.)

　　—개릿, 공을 잡아!

　　—바로 그거야, 톰!

　　—개릿! 뒤를 잘 봐!!

　　—개릿, 뭐하는 거야! 자리를 지켜야지!

　　—막아, 개릿!

　　—그래, 바로 그거야! 뛰어, 개릿! 뛰어!

　　—발 조심해! 발 조심!

　　—폴, 힘들면 휴식 시간을 달라고 얘기해!

　　—잘했어, 짐!

　개릿이 참여하는 축구팀처럼 정해진 훈련과 공개적인 경기로 이루어지는 조직적인 체육 활동은 학교에서 이루어지는 평가를 대비하는데에도 도움을 준다. 예를 들어 탈링거 형제들이 다니는 학교에서 합창단에 들어가려면 오디션을 거쳐야 한다. 이런 경우 아이들이 운동장에서 배우는 '게임의 규칙'이 학교생활에 도움을 줄 수 있다. 탈링거 씨는 인터뷰에서 개릿에게 있었던 일을 이렇게 소개했다.

지난주였는지 그 전주였는지, 개릿이 눈물을 글썽이며 아래층으로 내려와서는 숙제가 너무 어렵다고 투정을 부리더군요. 그래서 나는 "개릿, 이건 축구 게임 같은 거야. 축구 경기장에서는 어떻게 하니? 울면서 못하겠다고 말해? 아니지. 경기가 어려울수록 더 열심히 하면 되는 거야"라고 말했죠. 녀석은 다시 자기 방으로 올라가 숙제를 끝마쳤습니다.

학부모나 아이들 모두 잘 인식하지 못하는 경향이 있지만, 이렇듯 학교 밖 활동을 통해 얻은 자질은 이들 청소년 혹은 청년들이 첫 직장에 들어갔을 때 진가를 발휘한다. 구성 방식 측면에서 볼 때, 중산층 아이들이 참여하는 수많은 학교 밖 활동은 직장과 닮은 점이 많다. 참여하는 활동마다 새로운 어른을 만나 효과적으로 협력하는 법을 배우는 개릿 같은 아이들은 만나는 사람들과의 부드러운 관계 유지라는 기초적인 업무 기술을 익히고 있는 셈이다.[5] 반대로 노동자 계층 및 빈곤층 아이들은 대부분 이런 경험 없이 일터로 나간다. 빈곤층 아이들이 학교 밖에서 마주하는 어른이란 부모나 친척이 전부이기 때문이다. 일부 노동자 계층 및 빈곤층 아동은 이웃에 사는 어른과 교류하기도 하지만, 이 아이들이 학교 밖의 조직적인 환경에서 어른과 어울릴 기회는 거의 없다고 봐야 한다.

게다가 탈링거 씨도 언급했듯이 팀 스포츠에 참가하며 개릿이 배우는 조직 생활은 패스트푸드점에서 아르바이트를 하든, 첨단 기술 디자인 프로젝트를 맡아 일을 하게 되든 상관없이 모든 직업군에서 가장 중요한 자질이다. 이번에도 역시 중산층 아이들은 단체 생활에 대한 기술을 익힐 수 있는 지속적인 기회를 갖는다. 반면 빈곤층 아이들은 그렇지 못하다. 중산층 학생들은 보통 자신에게 주어진 여러 가지 활동 기회 중에서 중요한 몇 가지를 선택해야 한다.[6] 이 과정에서 아이들은 중요한 것과 중요하지 않은 것 사이에 우선순위를 정하는 연습을 한다. 일의 중요성을 판별해 우선순위를 정하는 능력은 기업에서 전도 유망한 인재를 가려내기 위해 애타게 찾는 자질이기도 하다.

중산층 아이들은 그 밖에도 성인의 세계에서 쓸 수 있는 주목할 만한 여러 가지 자질을 익힌다. 우리가 관찰한 다른 노동자 계층 및 빈곤층 아이들과 달리 개릿이나 주변 친구들 앞에는 더 넓은 지평이 열려 있었으며 실제 어른들의 삶을 미리 체험할 기회가 많았다. 이를테면 자신의 사진을 부착한 신분증을 소지하는 경험 등이 그랬다. 아이들은 자신의 신분증에 직접 서명하며 어른이 된 것 같은 흥분과 권리 의식을 맛보았다.

개릿은 아이들 중 네 번째로 서명을 했다. (아이들의 사진이 붙은 신분증을 관리하는) 남자가 개릿을 불렀다. "개릿, 네 차례다." 남자는 '선수 서명'이라고 쓰인 곳을 가리키며 거기다 서명하라고 말했다. 다른 아이들은 개릿의 주변에 삼삼오오 모여 개릿이 서명하는 것을 구경했다. 그중 한 명이 개릿에게 "도널드라고 서명해"라고 제안했지만(개릿의 원래 성명은 아버지 이름을 딴 '도널드 개릿 탈링거'이다), 개릿은 친구 말을 듣지 않고 "개릿 탈링거"라고 서명했다.

인터카운티 축구팀은 다른 주에서 열리는 토너먼트에 원정 경기를 간다. 선수들은 호텔에 머물며 좋은 식당에서 식사를 하고 경기장에서 한 번도 만나본 적 없는 또래 아이들을 상대로 경쟁을 펼친다. 개릿의 학교 친구나 동급생도 마찬가지로 여행을 자주 간다. 학교 대표 합창단은 중서부에서 열리는 합창 대회에 참가하고, 중학교 미술부 단원들은 유럽으로 현장 학습을 가며, 여름 방학에는 민간 항공사의 비행기를 타고 다른 지역에서 열리는 캠프에 참석한다. 열 살인 개릿과 친구들은 노동자 가정의 또래 아이들보다 훨씬 먼 거리를 더 자주 여행했다.

개릿을 비롯한 아이들이 외부 활동에서 얻은 경험과 교훈의 효과는 부모가 가정에서 실행하는 양육 방식에 의해 더욱 견고해진다. 개릿의 부모는 아들들에게 어른과 처음 만날 때는 악수를 하는 거라고 가르친다. 샘에게는 악수하는 동안 상대의 눈을 바라봐야 한다고까지 얘기한다. 부부 역시 아이들과 얘기할 때는 최대한 눈을 마주치려 하며, 아이들 또한 그렇게 행동하기를 바란다. 탈링거 씨와 부인은 책임감에 대해서도 교육한다. 개릿이 색소폰을 그만둘까 고민하자, 탈링거 씨는 만일 색소폰을 그만둘 경우 나머지 밴드 단원들이 개릿의 몫까지 짊어져야 하는데 그래도 괜찮은지 생각해보라고 조언했다. 결국 개릿은 색소폰을 그만두지 않기로 마음먹었다.

탈링거 씨 부부는 또한 아이들에게 좋은 본보기가 되려고 노력한다. 두 부부는 모두 활자 매체를 가까이한다. 신문을 꾸준히 읽는 것은 물론이고(탁자 위에는 항상 신문이 펼쳐져 있다), 탈링거 부인의 경우 특히 항상 소설을 읽는다. 두 사람 모두 이성적인 사고를 사회생활의 통제 수단으로 삼고 있다.[7] 그 때문에 상대방의 질문에 더 많은 질문으로 대답하는 경우가 많으며, 아이들에게 단순히 지시하기보다는 함께 상황을 해결해나가려고 애쓴다.

아이들의 학교 밖 활동과 마찬가지로, 이런 가정교육은 직장이나 다른 기관에서 매우 유용한 여러 가지 기술을 자연스럽게 학습하게끔 한다. 따라서 중산층 가정 아이들은 일상생활 속에서 자연스럽게 중요한 삶의 기술을 배울 뿐 아니라 그것들을 연습할 기회를 갖는다. 반면 노동자 계층 및 빈곤층 자녀들은 학교 밖 활동에 참여하지도 않고, 그렇다고 사회생활에서 필수적인 자질과 꼭 맞아떨어지는 가정교육을 받는 것도 아니다.

정신없이 돌아가는 가족의 일상

19세기의 가족들은 벽난로 주변에 모여 담소를 나누었다. 그러나 오늘날 중산층 가정의 생활 중심은 달력이다. 우리가 방문한 중산층 가정은 대부분 주방에 매우 크고 하얀 달력을 걸어놓고 있었다. 달력에는 사전에 계획한 일정, 부모의 업무 스케줄, 아이들의 학교 밖 활동 일정 등이 날짜 칸마다 (경우에 따라서는 갖가지 색깔의 펜으로 강조까지 해가며) 빼곡하게 채워져 있다. 아이들은 언제나 운동, 음악, 스카우트 활동이나 또래 아이들과의 단체 놀이(play groups: 아이들이 자발적으로 모여 노는 게 아니라 부모끼리 사전에 연락해 일정을 잡은 후 각자 아이들을 데려와 함께 놀도록 하는 것. 주로 어린 아기들이 참여함—옮긴이)에 참석하느라 바쁘다. 때때로 중산층 가족에게 집이란 단순히 다양한 활동 중간 잠깐씩 비는 시간에 식구들을 함께 수용하는 공간이 아닌가 싶은 생각마저 들었다.

우리가 관찰한 탈링거 가족처럼 자녀들을 다양한 학교 밖 활동에 참여시키고 이런 활동에 맞춰 가족의 일상생활이 이뤄지는 현대 중산층 가정의 삶은 기존의 사회학적 방법론의 시각에서 볼 때 전형적인 사례라고 할 수 없다. 지금까지 사회과학자들은 소득이나 교육 수준 같은 단일 변수가 아동의 삶을 결정짓는 핵심적인 요인이라는 가정을 수립하고, 이를 증명하는 방향으로 연구를 진행해왔다. 그러나 우리는 좀 더 일상적인 영역에 관심을 갖고 이번 연구에 임했다. 이렇게 열두 가정의 생활을 가까이 관찰하며, 우리는 계층 문화와 다양한 방식으로 연관된 행동 양식과 전략을 발견할 수 있었다. 중산층 가정을 예로 들면 아이들이 소화하는 바쁜 활동 스케줄은 부모의 직업이나 소득, 교육 수준, 가족 규모, 가족 내 성비, 부모의 여가 활동 혹은 이웃 가정의 유형 같은 그들의 삶을 둘러싼 다양한 요인 중 특정한 하나의 관점만으로는 이해할 수 없었다. 또한 적어도 탈링거 씨 가족의 사례 하나만을 놓고 봤을 때, 학교 밖 활동을 강조하는 경향이 반드시 자신들의 성장기 경험을 자식도 경험하게 하려는 부모의 노력은 아니라는 사실을 확인할 수 있었다. 탈링거 씨는 네 살 때 아버지를 여의고 어린 시절부터 이웃의 또래 친구들과 집 밖에서 놀이를 즐기며 자랐다. 탈링거 부인 역시 편부모 가정에서 자랐다. 부인 역시 어린 시절에는 학교 밖 활동과 거리가 먼 삶을 살았다.

그뿐만 아니라 중산층 부모는 (내가 집중 양육이라고 이름 붙인) 이런 전략이 어떤 가치와 손실을 가져다주는지 완벽하게 이해하지 못했다. 즉, 그들은 아이들을 축구 경기나 피아노 리사이틀에 참가시키는 일이 훗날 성인이 된 자녀의 사회생활에 어떤 영향을 미칠지 정확히 알고 그런 행동을 하는 것은 아니었다. 이와 유사하게 아이들 역시 자신에게 이따금씩 주어지는 자유 시간을 활용하거나 형제자매들과 깊고 긍정적인 관계를 맺는 일에 어려움을 느끼고 있었다. 이런 상황은 집중 양육 방식 때문에 발생한 손실이라고 평가할 수 있을 것이다. 한 자녀의 스케줄로 가족 전체의 시간을, 특히 그보다 어린 나머지 동생들의 시간을 희생하는 것은 분명 지나치다 싶은 측면이 있다. 물론 때로 부모가 자녀의 스케줄이 너무 빡빡하다며, 자신들은 어렸을 때 부모에게 이런 부담을 안겨주지 않았다고 불평하기도 했다. 그럼에도 중산층 부모는 학교 밖 활동 등으로 자녀의 재능을 개발해주는 것을 자신의 당연한 의무로 여기며 이를 멈추지 않았다.

당사자들은 그 효과를 정확히 인식하지 못했지만, 중산층 가정에서 채택하는 아동 양육 방식은 분명 우리 사회를 주도하는 이데올로기와 일맥상통하는 구석이 있다. 그 때문에 사람들은 중산층 가정의 양육 방식을 표준적인, 혹은 최선의 방식이라고 주저 없이 판단한다. 하지만 다음 장에서 소개할 노동자 계층의 아동 양육 방식 역시 분명 나름의 장점을 지니고 있다.

04

자녀의 페이스에 맞추는
교육 방식

•

티렉 테일러의 사례

(축구 연습이 있다는 사실을) 갑자기 떠올린 건지, 아이들 중 누군가가 찾아서 데려오거나 돌아오라고 부른 건지, 녀석이 집으로 뛰어 들어왔어요. 이어서 녀석의 친구들도 따라서 뛰어왔죠. 지금 당장 연습장으로 출발해야 한다고 아무리 말해도 녀석들을 떼어내기란 여간 어려운 일이 아니에요. 내가 "티렉, 이러다 늦겠다"고 타이르면 녀석은 "네, 가요!" 하고 대답은 곧잘 하지만 친구들과 떠드는 것을 멈추지는 않죠. (테일러 부인과의 인터뷰)

아홉 살 티렉 테일러에게 학교 밖 활동은 귀찮은 일이다. 개릿 탈링거와 달리 티렉의 생활은 이웃에 사는 흑인 노동자 계층 아이들과의 놀이를 중심으로 돌아간다. 학교 수업과 여름 캠프를 제외하면, 티렉이 참여하는 정규 활동은 일요일마다 참가하는 주일 학교와 여름 방학에 열리는 성경 학교 두 개뿐이다. 4학년이 된 티렉은 친구가 얘기해준 지역 축구팀에 등록시켜달라고 엄마를 졸랐다. 그리고 엄마 테일러 부인은 아들이 그 팀에 들어가는 것을 허락했다. 일단 아들의 부탁을 허락한 다음 테일러 부인은 그 활동에 얼마의 시간과 돈이 들어가는지 확인했다. 그리고 얼마 지나지 않아 (위의 인용문에서도 드러나듯이) 그것이 꽤나 부담스러운 활동임을 깨달았다. 부인은 지금 "다시는 이런 일이 없기를" 바라고 있다.

이번 장에서 나는 티렉 테일러 가족의 일상을 중심으로 내가 "자연적 성장을 통한 성취"라고 이름 붙인 노동자 계층과 빈곤층 가정의 자녀 양육 방식에 관해 논의할 것이다. 노동자 계층과 빈곤층 가정에서는 자녀들에게 먹을 것이나 옷을 사주고, 좋은 주거 환경과 편리한 교통수단을 제공하는 데 경제적 어려움 때문에 여러 가지 제약을 받았다. 이들 가정에서 부모의 지원은 아이들을 안전하게 보살피거나 훈육하고, 필요할 경우 아이들의 행동을 제재하는 데 집중되어 있었다. 노동자 계층과 빈곤층 가정의 자녀들은 부모가 만든 이러한 틀 속에서 성장한다. 또한 이 아이들은 어떤 활동을 어떤 친구와 함께할지 그리고 그 활동에 얼마나 적극적으로 (혹은 소극적으로) 참여할지 등의 여부를 자율적으로 결정할 수 있다. 다시 말해 중산층 자녀들의 삶을 주어진 행로와 목적지가 정해진 기찻길에 비유한다면, 노동자 계층과 빈곤층 자녀들의 삶은 행동 양식에 대한 기본적인 틀을 부여받고 그 안에서 나름의 목적지를 향해 가는 자동차 도로에 비유할 수 있다.

노동자 계층과 빈곤층 가정에서는 연대 의식을 강조한다. 이들의 자녀는 중산층 가정의 자녀에 비해 가족 구성원과 많은 소통을 하고, 친척과 필요한 물자나 도움을 주고받는 데에도 익숙하다. 또한 형제자매 관계에서도 (이따금씩 서로 다투기는 하지만) 노동자 계층과 빈곤층 가정의 아이들은 중산층 가정의 아이들에 비해 서로를 돕고 우애를 나누는 모습을 많이 보여주었다. "자연적 성장을 통한 성취"에 담긴 문화적 논리는 어른의 세계와 구별되는 아이들만의 자율적인 세계를 그리고 그 세계 속에서 아이들 스스로 자유롭게 새로운 경험을 추구하고 사회적으로 중요한 경쟁력을 개발하는 과정을 인정하는 데 있다. 티렉을 비롯한 노동자 계층과 빈곤층 가정의 아이들은 또래 집단과 어울리는 법과 자기 시간을 관리하고 계획을 짜는 방법을 스스로 터득한다. 또한 아이들, 특히 남자아이들은 놀이 중 발생하는 갈등에 대처하는 법(자기 몸을 물리적으로 방어하는 방법을 포함해서) 역시 스스로 깨우친다. 여자아이들에 비해 남자아이들에겐 집 주변으로부터 더 멀리 떨어진 곳에서 놀 수 있는 자유가 주어지기도 한다.

이 아이들이 습득하는 사회적 경쟁력은 또래 중산층 아이들이 배우는 것들에 비해 실질적이다. 이처럼 서로 다른 계층의 아이들이 축적하는 각자의 경쟁력은 그 성격뿐 아니라 그들이 접하는 (혹은 접하게 될) 제도적인 세계(학교, 의료 기관, 상점, 직장 등)에서 매겨지는 가치라는 측면에서도 차이를 보여준다. 개릿 탈링거와 달리 티렉과 친구들은 제도적인 사회에서 큰 가치 있는 역량을 개발할 기회를 제공받지 못한다. 노동자 계층과 빈곤층 아이들에겐 여행 일정표나 서명 식별 카드를 읽는 방법이나 모순된 사회 규칙 가운데 하나를 선택하는 일, 혹은 다른 주로 떠나는 여행이나 정해진 규칙에 따라 어른의 지도 아래 일을 진행하는 방법 등을 배울 기회가 주어지지 않는 것이다. 또한 이 아이들은 개릿을 비롯한 중산층 자녀들처럼 부모에게서 집중적인 관심과 보호를 받는 것 역시 기대하기 어렵다. 노동자 계층과 빈곤층 아이들은 그저 어른들 말을 잘 따르도록 교육받는다.[1]

이와 같은 중요한 계층적 차이는 노동자 계층과 빈곤층 가정의 자녀들을 중산층 가정의 자녀들과 구분 짓기도 하지만, 한편으론 노동자 계층 아이들과 빈곤층 아이들의 삶 사이에도 차이를 만든다. 빈곤층 가정의 아이들에 비해 노동자 계층 자녀들의 삶은 한결 안정되어 있다. 특히 이 아이들은 식비나 교통비, 용돈 같은 경제적 제약을 약간 덜 느꼈다. 인종과 성별도 이런 차이를 만드는데, 노동자 계층이나 빈곤충 가정의 아이들이 일상에서 참여하는 활동은 대체로 동일(혹은 유사)하지만 서로 다른 인종의 아이들끼리 함께 활동하는 경우는 드물었다. 이런 경향은 불과 몇 블록 떨어진 거리에 사는 아이들 사이에서도 그리고 같은 학교, 같은 교실에서 함께 수업을 듣는 아이들 사이에서도 발견할 수 있다. 또한 (이미 여러 연구를 통해 증명된 사실이지만) 우리는 성별 역시 아이들의 일상과 그 구성에 커다란 차이를 만든다는 사실 또한 확인할 수 있었다. 활동적인 놀이를 할 때도 있지만, 여자아이들은 대체로 남자아이들보다 얌전했으며 집 근처에서 노는 일이 잦고 서로의 몸을 치장해주는 놀이를 자주 했다. 그렇지만 아이들의 삶을 결정짓는 가장 큰 요인은 역시 계층적 차이였다. 미리 정해진 바쁜 일정에 따라 움직이는 중산층이나 중상류층 아이들의 삶과 어른의 과도한 개입 없이 스스로 결정한 방식에 따라 하루를 보내는 노동자 계층 및 빈곤층 아이들의 삶에는 우리가 지금까지 생각했던 것보다 더욱 큰 차이가 있었다. 우리는 이와 같은 차이점의 주요 측면들을 티렉 테일러의 축구팀 활동이 가족의 삶에 얼마나 큰 영향을 주는지 관찰하며 확인할 수 있었다.

테일러 가족

티렉 테일러와 엄마 셀레스트 그리고 누나 아니샤(13세)와 배다른 형 맬컴(18세)은 침실이 네 개 딸린 임대 주택에 살고 있다. 테일러 가족의 집은 많은 버스 노선이 지나는 작고 조용한 흑인 노동자 계층 거주 지역에 있다. 주변 지역의 주택 시세는 5만 달러 수준이다. 테일러 부인은 가족이 살고 있는 주변 지역을 "꽤 조용하지만 여기저기서 범죄가 발생해 주의가 필요한 곳"이라고 설명했다. 테일러 가족의 이웃들은 모두 미국계 흑인이다. 하지만 그곳에서 조금만 걸어가면 대규모 백인 거주 단지가 조성되어 있다. 티렉과 친구들은 용돈이 생기면 이 백인 거주 지역으로 놀러가 아이스크림이나 음료수를 사오곤 한다. 티렉의 삶은 흑인 저소득층 거주 단지보다 이웃의 백인 거주 지역과 밀접한 연관을 갖고 있다.

티렉의 집은 좁고 가파른 계단이 있는 3층짜리 건물이다. 3층에는 식구들의 침실과 화장실이 있고 벽에는 어두운 색의 벽지를 발랐다. 한쪽 벽면에는 이국적인 형태의 환풍기와 금색의 나비 장식이 나란히 걸려 있다. 1층에는 거실과 식사 공간 및 주방이 있다. 주방은 꽤 넓은데, 여기에는 철제 캐비닛과 꽃 모양 전구 그리고 조리를 하는 데 쓰이는 낮은 테이블이 있으며, 거실은 언제나 깔끔하게 정리되어 있다. 바닥에는 여러 색깔의 긴 털로 짠 러그가 깔려 있고, 한쪽에는 꽃무늬를 새긴 진청색 벨루어 소재 소파를 놓았다. 구석에는 대형 텔레비전이 비스듬히 놓여 있다. 거실에는 책장도 하나 있는데, 여기에는 나무로 만든 기린 인형이나 시계, 아이들의 어린 시절 사진을 담은 액자 등을 채워 넣었다. 테이블 한가운데에는 바닥에 예쁜 조약돌들을 넣고 커다란 연분홍빛 조화 몇 송이를 꽂은 둥그런 유리 화분이 있다. 집 안 곳곳의 장식은 세심하게 신경 쓴 흔적이 역력하다. 그러나 테일러 부인은 집이 너무 낡아 이곳저곳 손봐야 할 곳이 많다며 불평했다. 실제로 칸막이 문에는 몇 군데 찢어진 곳이 있고, 그 밖의 문에도 마감을 잘하지 않은 목재가 그대로 드러나 있었다.

티렉의 부모는 15년의 연애와 9년의 결혼생활을 끝으로 4년 전부터 별거 중이다. 아버지는 티렉의 집에서 15분 거리에 위치한 도심 중심부의 아파트에 살고 있다. 테일러 부인은 그 지역을 별로 좋아하지 않는다. 부인은 그곳을 '빈민가(ghetto)'라고 부른다. 하지만 사실 테일러 씨가 거주하는 흑인 지구는 작은 마당이 딸린 오래된 집과 북적이는 상점들이 모여 있는, 도심의 가난한 흑인 가족들에게는 일종의 현실적인 선망의 대상이었다. 테일러 씨는 몸이 말랐지만 강단 있는 남자였다. 진지하고 꼼꼼한 성격이며, 자녀들에게 거의 매일 전화를 걸어 안부를 묻고 일주일에 한 번은 아이들을 보러 오기 위해 노력했다. 한때 약물 중독 증세를 보이기도 했지만 이제는 자신이 중독에서 완전히 벗어났다는 사실을 자랑스럽게 여겼다. 테일러 씨는 어린 시절 학교를 중퇴해 글을 잘 읽지 못한다. 하지만 사회적 이슈에 많은 관심을 갖고 있다. 들어주는 사람만 있다면, 언제라도 세계적으로 벌어지는 상황에 대한 자신의 의견을 자유롭게 이야기할 것이다. 아이들이 무언가를 못하겠다고 말할 때면, 언제나 "아냐, 할 수 있어"라고 말한다. 자녀들과 관련한 결정에도 관심을 갖고 참여한다. 예를 들어 안전 문제를 이유로 티렉이 축구팀에 가입하는 것을 반대하기도 했다. (물론 그의 의견은 무시되었다.) 예전에는 약물 관련 상담을 진행하는 등 사회복지사로 활동했지만 현재는 무직 상태다.

고등학교를 졸업한 테일러 부인은 현재 비서로 일하고 있다. 회사 차량을 관리하는 업무를 맡고 있는데, 담당자가 자리를 비우는 점심시간에는 전화 응대를 보조하기도 한다. 테일러 부인은 보통 키에 언제나 생기가 넘치는 여성이다. 곱슬머리를 늘어뜨린 얼굴엔 언제나 미소가 가득하지만, 피로에 지친 모습 역시 자주 볼 수 있었다. 표준 체중을 조금 넘긴 몸매인데도 언제나 자신이 뚱뚱하다고 걱정한다. 내가 "귀여운 재킷이네요!"라고 칭찬했을 때도 "고마워요. 그런데 저 너무 살찌지 않았나요? 이 몸에 귀여운 옷이 무슨 소용이에요"라고 대답했다. 한 연구원은 부인을 다음과 같이 묘사했다.

> 테일러 부인은 6시 45분쯤 귀가한다. 조금은 통통한 몸매에 귀여운 인상이다. 웃고 있는 모습 또한 자주 볼 수 있다. 집으로 들어온 부인은 식탁에 앉아 벽에 걸린 거울을 보며 (이따금씩 머리를 만지기도 하며) 혼잣말을 한다. 입술에는 아직 붉은 립스틱이 남아 있고, 손톱에는 (연한) 붉은색 매니큐어를 칠했다. 머리칼 때문에 잘 보이진 않지만 큰 귀걸이를 걸고 있고, 손목에도 굵은 은색 팔찌가 빛난다. 집에 들어온 부인은 "피곤하지만 오늘도 무사히 하루를 마쳤어"라고 말하듯 작은 한숨을 내쉬곤 한다.

테일러 부인은 자동차로 출퇴근하지만 (자동차가 자주 고장 나) 버스를 타고 출퇴근하는 경우도 종종 있다. 직장은 의료 보험을 지원하는 등 괜찮은 복지 수준을 갖추고 있지만 그보다 큰 문제는 봉급이다. 테일러 부인이 받는 연봉 약 2만 달러로는 가족을 먹여 살리기에도 빠듯하다. 매월 650달러의 월세를 내고 일주일에 한 번가량 동네 식당에서 그리고 한 달에 한 번쯤 큰마음 먹고 '시즐러' 같은 레스토랑에서 외식을 하고 나면, 남는 돈은 걸핏하면 고장 나는 자동차를 수리할 정도가 고작이다. 여름이면 테일러 가족은 해변으로 일주일 정도 휴가를 떠나는데, 그럴 때면 부인은 며칠 전부터 야근을 하며 잔업 수당을 모으곤 한다. (이런 경우를 제외하면 테일러 부인이 야근을 하는 경우는 거의 없다.) 테일러 가족이 돈과 관련한 이야기를 나누는 것은 흔한 일이다. 경제적 어려움이 아이들의 삶에서 많은 것을 빼앗았다. 테일러 씨가 티렉과 누나 아니샤에게 옷을 사줄 때도 있지만(작년에 두 자녀에게 70달러짜리 운동화를 한 켤레씩 사준 적이 있다), 양육비를 지원해주지는 않는다. 티렉은 비디오 게임을 좋아한다. 하지만 엄마에게는 "그것을 사줄 여력이 없다". 그 때문에 티렉에게 비디오 게임은 생일날 할머니에게나 받을 수 있는 '큰 선물'이다. 어려운 형편이지만 테일러 부인은 50달러를 들여 티렉을 축구팀에 등록했다. 그리고 활동에 필요한 운동화나 보호 장구들도 흔쾌히 사주었다. 부인은 아들의 학교 밖 활동에 "이것저것 따져봐도 생각보다 많은 돈이 들지는 않는다"고 말했다. 부인에게 부담을 준 것은 따로 있었다. 그녀는 "돈이 문제가 아니었어요. 티렉의 축구 연습 때문에 조용히 쉴 시간이 없어졌다니까요"라고 불평했다.

티렉의 누나 아니샤는 열세 살이다. 엄마가 직장에 간 사이 동생 티렉을 돌보고 티렉에게 설거지 같은 집안일을 시키는 등 '엄마' 역할을 대신한다. 아니샤는 사교성이 풍부하다. 특히 여름이면 하루도 빼놓지 않고 밖으로 나가 이웃의 친구들과 시간을 보내다 들어오곤 한다. 열여덟 살인 맬컴은 고등학교 졸업을 앞두고 현재 풀타임으로 일을 하고 있다. 졸업 후 무엇을 할지 결정하지는 못했지만, 일단 올가을엔 커뮤니티 칼리지에서 몇 개의 수업을 들을 생각이다.

이제 곧 열 살이 되는 티렉은 작고 마른 장난꾸러기 소년이다. 주변 어른들은 티렉이 어릴 적 아빠 모습을 쏙 빼닮았다고 이야기하곤 한다. 로어리치먼드 초등학교에 다니며 매번 숙제를 빼먹지 않고 해간다. 성적은 대부분 B나 C를 받는다. 학교에서는 규칙을 잘 지키는 성실한 학생이지만, 동네 친구들 사이에서는 적극적인 아이로도 알려져 있다. 한 연구원은 이렇게 기록했다.

친구들은 티렉에게 중요한 존재다. 티렉은 [집에 (특히 어머니 함께) 있을 때보다] 친구들과 함께 있을 때 훨씬 활달하고 즐거워한다. (우는 경우도 없다.) 이곳 아이들은 또래 친구들과 대화를 나누고 게임을 하거나 이곳 저곳 돌아다니면서 그들만의 세계를 구축한다.

물론 티렉이 어머니를 비롯한 어른들 앞에서 얌전하기만 한 것은 아니다. 하루는 일요일을 맞아 버거킹으로 늦은 점심을 먹으러 간 테일러 가족에게 재밌는 일이 벌어졌다. 티렉이 빈 테이블에 흰색 장난감 원반과 반쯤 남은 음료수를 올려놓고 잠시 자리를 비운 사이, 낡은 옷을 입은 한 백인 남성이 티렉의 테이블 쪽으로 걸어갔다. 그 모습을 발견한 티렉이 큰 소리로 "아저씨! 그거 내 거예요!"라고 외치자, 그 남자는 발길을 돌려 자리를 떠났다. 그 모습을 본 테일러 부인이 웃기 시작했다. 아니샤와 나도 티렉을 보며 웃었다.

테일러 부인은 자녀들이 집 안팎에서 지켜야 할 나름의 규칙을 정하고 이를 분명하게 설명했다. 부인은 특히 어른을 존경하는 태도를 중시한다. 덕분에 티렉과 티렉의 형 그리고 누나는 자연스레 모든 어른에게(처음 만나는 어른에게도) 예의를 지키는 습관을 들였다. 아이들은 엄마나 다른 사람이 지켜보지 않더라도 여자 어른에게 늘 '미스'라는 호칭(예를 들면 "안녕하세요, 미스 조"라는 식으로)을 사용했다. (이런 태도는 다른 흑인 노동자 계층이나 빈곤층 자녀들에게서도 볼 수 있었다.)[2] 테일러 부인은 아이들에게 욕을 하지 말도록 그리고 자신이 부를 때에는 곧장 집으로 돌아오도록 교육했다. 또한 아이들이 집 주변에서 얼마나 먼 곳까지 놀러갈 수 있으며 어떤 놀이를 즐겨도 되는지[공공 수영장까지 걸어가 수영을 하는 것이나 길에서(도로에는 자동차가 자주 다니지 않기 때문에) 자전거를 타거나 공놀이를 하는 것 등은 허용했다) 혹은 어떤 것을 하면 안 되는지(동네 밖을 나가거나 약속보다 늦게 집에 돌아오는 것, 술을 마시거나 약물을 먹는 것 등은 금지했다)를 정해주었다. 물론 숙제를 끝마치지 않고 놀러 나가는 것 역시 허락하지 않았다. 티렉은 이런 규칙들을 어겨 혼나는 일이 종종 있다. 특히 정한 시간을 넘겨 집으로 돌아오는 것은 티렉의 특기 중 하나였다. 하루는 여름 성경 학교에 참가한 티렉이 그곳의 규칙을 어겨 귀가 조치당한 적도 있었다. 집에서 티렉은 마음에 들지 않는 일이 있을 때면 짜증을 부리거나 징징거리고, 때로는 눈물까지 보이며 자기감정을 표현하곤 한다. 그럴 때면 테일러 부인은 외출을 금지하는 등의 방식으로 벌을 준다. 하지만 때로는 (정한 귀가 시간을 넘기면서까지 친구들과 어울려 놀 때 등) 티렉의 규칙 위반을 눈감아주는 경우도 있다. 부인은 티렉이 이런저런 말썽을 부리는 이유가 자신이 아들에게 체벌을 하지 않기 때문이라고 생각한다. 그녀는 체벌이 경우에 따라서는 효과적이라고 믿는다.

테일러 부인은 티렉이 너무 '산만하다'고 불평하지만, 말과 달리 몸으로는 언제나 아들에 대한 애정을 보여주었다. 연구가 진행되는 동안, 테일러 부인이나 테일러 씨가 티렉의 머리를 쓰다듬고 껴안아주는 모습을 쉽게 볼 수 있었다. 어느 날 저녁, 티렉이 영화(이소룡의 〈사망유희〉)에서 액션 신을 찾으려고 빨리 감기 버튼을 누를 때에는 이런 일도 있었다.

11시 15분경 테일러 씨가 집을 방문했다. 티렉은 일어나 부모님이 있는 주방으로 갔다. 테일러 씨는 들어오는 아들을 안고 30초 정도 앞뒤로 흔들었다. "또 무슨 바보 같은 걸 보고 있었냐!" 아빠의 장난에 티렉이

"바보 같은 거 아니에요!"라고 말하자 테일러 씨는 "아니긴, 진짜 사망 유희를 보여줄까!"라고 되받았다.

이처럼 조금 거친 애정 표현은 우리가 관찰한 흑인 및 백인 노동자 계층의 아버지와 아들 사이에서 종종 목격할 수 있었다.

티렉의 부모는 최근 부부 관계를 회복하기 위해 '데이트'를 시작했다.[3] 현재 별거 중인 이 부부는 다시 함께하길 희망했지만, 마음과 달리 두 사람의 만남은 충돌로 이어지는 경우가 많았다. 그들 가족의 일상에서는 종종 불꽃 튀는 장면이 연출되곤 했다. 어느 일요일, 여름 성경 학교를 마치고 돌아온 테일러 가족은 두 번의 싸움을 치렀다.

"티렉, 아빠한테 맥도날드에 데려다줄 수 있는지 좀 물어봐. 벌써 점심 시간이구나." 테일러 부인이 말했다. 그 소리를 들은 테일러 씨는 (조용하지만 화난 듯한 목소리로 부인의 눈을 쳐다보며) "나 좀 내버려둬"라고 말했다. 테일러 부인은 일어서서 그를 내려다봤다. "애들한테 그런 말 좀 하지 말고, 날 내버려둬!" 테일러 씨가 다시 한 번 말했다. 테일러 부인은 아무 대꾸도 하지 않고 주방을 나갔다.

결국 테일러 씨는 가족을 자신의 아파트 근처에 있는 버거킹으로 데려갔다. 그런데 그의 이런 결정이 테일러 부인을 또다시 화나게 했다. 부인은 밀빌 근처에서 식사하길 원했다. (밀빌은 백인 거주 지구에 있지만 여러 곳에서 다양한 인종의 사람들이 찾아오는 대형 쇼핑센터다.)

테일러 부인: 이 사람이야 어차피 자기가 사는 빈민가로 돌아가야겠지만

…… 우리는 이 말라비틀어진 감자튀김하며…….

테일러 씨: 난 밀빌이 싫다고. 난 여기가 편해. 여기가 좋다고!

테일러 부인: (다른 차를 타고 따라온 연구원에게) 우린 밀빌에 가고 싶었는데, 이 사람이 여기로 와버렸네요.

테일러 부부 사이에서는 이런 말다툼과 갈등을 흔히 볼 수 있다. 물론 때론 친밀하고 편안한 분위기 속에서 웃음이 오가는 경우도 있지만 그건 정말 가끔일 뿐이다.

일과의 구성: 자유롭게 흘러가는 시간

노동자 계층 및 빈곤층 가정의 삶은 중산층 가정의 삶과는 사뭇 다르게 구성된다. 이들 가족의 삶에서 자녀들의 학교 밖 활동은 그다지 큰 비중을 차지하지 않는다. 한두 개의 일정만 잡힌 주말을 '한가하다'고 여기는 탈링거 가족과 달리, 테일러 가족에게는 큰 일정이 하나라도 잡힌 주말은 아침부터 바쁘게 흘러간다. 사전에 계획한 일정은 테일러 가족에게 언제나 특별한 일이며, 달력에 무언가를 써넣거나 이를 확인하는 경우 역시 드물다. 아이들은 방과 후 시간을 자유롭게 그리고 (개릿 탈링거와 달리) 어른과 떨어져 독립적으로 보낸다. 티렉과 아니샤가 어렸을 때는 외할머니가 오셔서 테일러 부인이 퇴근하기 전까지 아이들을 돌봤다. 하지만 이제는 할머니 보살핌 없이 자기들끼리 시간을 보낸다. 자신들의 일정을 계획하고 무엇을 하며 시간을 보낼지 결정하는 것은 아이들의 몫이다.

때때로 티렉은 집 안에서 놀기도 한다. 7월의 어느 날 오후, 주간 캠프에서 돌아온 티렉과 친구 클레이튼 그리고 나는 거실 바닥에 누워 시간을 보내기도 했다.

티렉은 바닥에 누워 만화를 보고 있었다. (나도 티렉 옆에 누워 있었다.) 클레이튼은 소파에 웅크리고 앉아 (몇 블록 떨어진 공공 수영장으로) 수영을 하러 가자며 티렉을 꼬드겼다. 하지만 클레이튼 역시 그다지 적극적으로 티렉을 부추기지는 않았다. 그저 손가락만 앞뒤로 까딱거릴 뿐이었다. 그 애 역시 나른한 오후를 즐기고 있었다. 아이들은 낮은 소리로 대화를 나눴고, 티렉의 목소리가 잘 들리지 않는지 클레이튼도 이내 소파에서 미끄러져 내려와 소파와 커피 테이블 사이의 공간에 몸을 기댔다. 우리 셋은 커피 테이블을 중심으로 모여 앉아 시간을 보냈다. (특별할 것 없는 시간이었다. 아무도 농담을 하지 않았고, 그저 바닥에 엉덩이만 붙이고 있을 뿐이었다.)

어떤 활동으로 얼마의 시간을 보낼지 결정하는 것 역시 아이들 몫이다. 아이들의 놀이란 대개 텔레비전을 보거나 비디오 게임을 즐기는 등의 실내 활동이지만, 때론 밖에서 놀며 하루를 보내는 경우도 많다. 시간을 보내는 데 계획이란 없다. 친구들끼리 미리 약속을 잡거나 전화를 거는 경우도 없고, 부모들 역시 특별히 간섭하거나 (자동차로 아이들을 데려다주는 등의) 도움을 주지 않는다. 하루는 아니샤와 티렉이 집 건너편의 작고 좁은 골목길 모퉁이에서 공놀이를 하고 있었다. 놀이가 시작되고 얼마 지나지 않아 친구들이 함께하기 시작했다.

(이웃 남자아이 2명이 걸어왔다.) 아니샤는 옆 건물의 담벼락에 공을 튕기

고 있었는데, 곧 티렉도 공놀이에 참여했다. 남매가 공을 튕기는 모습을 본 이웃의 두 소년이 놀이를 제안했다. 놀이는 이런 식이다. "조니 크로우, 조니 크로우……. (벽에 공을 튕긴다.) 무릎을 만져라. (튕김.) 발가락을 만져라. (튕김.) 땅을 짚어라. (튕김.) 이번엔 정강이. (튕김.) 한 바퀴 돌아라. (튕김.)" 아니샤와 티렉은 이 놀이를 네 번이나 했다.

때론 예상치 않은 재미있는 상황이 벌어지기도 한다.

아니샤가 던진 공이 땅바닥에서 튕기더니 티렉의 머리를 때렸다. 아이들은 박장대소했고, 티렉은 공을 집어 들고 누나 아니샤를 쫓아다녔다. 이 우스운 추격전에 서로를 마주보며 낄낄대고 웃는 아이들. 정말 즐거운 순간이었다.

곧이어 다른 게임이 시작되었다. 하지만 티렉은 여기에 참여하지 않았다. 엄마가 집에 들어가는 모습을 얼핏 보았기 때문이다. 사실 오늘 티렉은 하루 종일 집을 지키기로 약속했다. 하지만 집으로 뛰어간 티렉은 자신이 잘못 보았음을 확인하자, 이내 친구들이 있는 곳으로 돌아왔다. 이때부터 아이들은 '낚시 놀이'를 시작했다.

아이들은 티렉에게 "너희 엄마 오신다"며 놀려댔고, 티렉은 집으로 쪼르르 달려가 아무도 없음을 확인하고는 창문으로 친구들을 노려보았다. 여섯 번이나 속아 넘어간 티렉은 이 놀이에 질렸는지 다시 아니샤를 쫓아다니며 공을 빼앗으려 했다. 얼마 지나지 않아 누나 아니샤가 "그만 들어가는 게 좋겠다"고 말했지만, 티렉은 무시했다. 하지만 시간은 이미 6시 50분이었다. (티렉의 친구) 켄이 "너희 엄마야!"라고 외치는 소리를 듣고서야 티렉은 집으로 달려갔다. 현관문에서 티렉이 말했다. "맙소사! 아니, 진짜 엄마네……."

티렉과 친구들에게 자유롭고 즉흥적인 놀이는 흔하다. 4~5명, 많을 때는 10명까지 모이는 이 또래 소년들은 함께 공놀이를 하거나 군것질을 하러 상점을 기웃거린다. 물론 별다른 활동을 하지 않고 동네를 돌아다니며 수다를 떨거나 각자의 집에서 텔레비전을 보는 경우도 있다.[4] 어느 날 오후, 티렉과 친구들은 길가에 주차된 자동차 옆에 둘러 앉아 있었다. 소년들은 머리를 맞대고 뭔가 흥미로운 이야기를 나누었다.

대화의 첫 번째 주제는 이상한 손가락 기술이었다. 숀은 친구들에게 가운뎃손가락을 손등까지 구부리고 그 위에 새끼손가락을 걸 수 있는 한 여자아이에 관해 이야기했다. 그리고 어느새 대화 주제는 건강과 아기에 관한 이야기로 넘어갔다. 켄이 친구들에게 "너희가 뭘 먹고, 또 아이들에게 뭘 먹이는지가 중요해. 그게 아이가 어떻게 자라는지를 결정하는 거야. 건강한 아이를 만들려면 건강한 음식을 먹여야 해"라고 말하자, 티렉이 "우리 아기한텐 피자를 먹여야지"라고 말했다. "바보야, 건강한 음식을 먹여야 된다니까. 예를 들면 과일이나……." "당근?" "아니! 과일 말이야!" 불쑥 끼어든 숀에게 켄은 조금 짜증을 부리다 다시 말을 이었다. "부인이 임신을 하면, 부인에게도 건강한 음식을 먹여야 돼." 대화는 건강과 운동 사이의 관계에 대한 것으로 넘어갔다. 그리고 누구네 누나가 어느 형이랑 데이트를 했는지에 관한 이야기로 이어졌다. 이야기를 나누던 중 켄이 잠깐 가게에 들러야겠다고 말했다. 숀도 따라가겠다며 티렉에게 같이 갈 거냐고 물었다. 티렉은 엄마한테 물어보고 오겠다며 집으로 들어갔다.

티렉과 친구들의 활동에는 성별이라는 요인 역시 중요하게 작용했다. 여자아이들과 비교할 때 소년들은 좀더 활동적인 놀이를 즐겼고, 또한 좀더 자유롭게 먼 곳까지 놀러 가거나 늦게까지 밖에서 시간을 보낼 수 있었다. 남자아이들이 즐기는 활동에는 속도나 재주, 운동 능력, 힘, 용기 등 남성적 역량을 한층 직접적으로 사용하고 과시하는 경향이 드러나기도 했다. 때로 아이들은 서로가 어떤 물건을 얼마나 세게 멀리 던지는지, 혹은 무언가를 얼마나 강하게 부수는지 뽐내고 서로를 평가하기도 했다. 싸우는 척하거나 서로를 쫓고 위협하는, 혹은 진짜로 싸움을 벌이는 일은 이들 사이에서 흔히 일어났다.

(티렉과 아니샤는 파란색 막대 아이스크림을 먹으며 텔레비전을 보고 있었다. 간식을 다 먹은 남매는 밖으로 나갔다.) 그런데 갑자기 어디선가 예닐곱 살 정도 되어 보이는 꼬마애가 달려오더니 티렉을 위협하기 시작했다. "야, 맞을래? 어딜 갈겨줄까!" 티렉도 싸우는 자세를 취했다. "먼저 때려봐, 꼬맹아!" 하지만 아이는 폴짝폴짝 뛰며 티렉의 약만 올릴 뿐이었다. 이윽고 티렉이 꼬마 뒤를 쫓아가자, 꼬마는 웃으며 도망갔다. 꼬마는 이 게임을 즐기는 듯했다. 티렉은 그다지 신이 나 보이진 않았지만, 그래도 열심히 꼬마를 뒤쫓았다.

그러던 중 길 저편에서 아이스크림 트럭이 다가오자 둘은 잠시 휴전했다. 그리고 트럭이 떠나자 놀이를 다시 시작했다.

티렉이 막대기를 집어 들고 던지는 자세를 취하며 위협하는데도 꼬마는 웃음을 멈추지 않고 티렉 주위를 뛰어다녔다. 다른 친구와 이야기를 나누던 아니샤가 그 모습을 보고는 "티렉! 던지면 안 돼"라고 말했지만 이미 막대기는 티렉의 손을 떠난 뒤였다. 떨어진 막대기를 주운 쪽은 꼬마였다. 꼬마가 티렉을 쫓기 시작했고, 추격전은 한동안 계속되었다.

아니샤가 저쪽에서 엄마가 친구랑 걸어오고 있다고 겁을 줬지만, 티렉은 그 소리를 듣고도 아무런 대답도 하지 않았다.

이웃집 자동차에 걸터앉아 이 추격전을 지켜보던 열두 살짜리 이웃 소년이 "그 막대기를 던지면 이 펜스를 뽑아서 던져버릴 거야"라고 농담을 했다. 이 농담에 화가 났는지 꼬마는 (웃음기 없는 얼굴로 티렉을 노려보더니) 티렉에게 침을 뱉고 도망갔다.

그들은 또다시 길을 따라 달려가 아니샤와 친구가 대화를 나누고 있는 블록 끝까지 왔다.

티렉은 한껏 침을 모아 꼬마에게 뱉었다. 꼬마의 셔츠가 티렉이 방금 먹은 아이스크림의 색소로 파랗게 얼룩졌다. 이 모습을 본 아니샤가 큰 소리로 꾸짖었지만, 티렉은 이미 골목 반대편 끝으로 몸을 피한 뒤였다. 아니샤는 "티렉! 침을 왜 뱉어! 이 구역질 나는 놈아! 엄마 오면 다 말할 거야! 듣고 있는 거야?"라고 외쳤다.

이런 사례는 동갑내기끼리 주로 어울리는 경향이 있는 중산층 아이들과 달리(학교 밖 활동은 나이를 기준으로 조직되는 경우가 많다) 다양한 또래 연령 집단과 관계를 맺는 데 자연스러운 노동자 계층과 빈곤층 아이들의 특성을 보여준다. 티렉의 경우, 자기보다 나이 많은 아이들과도 편하게 어울리곤 했다.

골목 어귀 근처에서 티렉이 사라졌다. 나는 골목 어귀에 서서 주위를 살펴봤다. 길가의 계단과 벤치에는 9명쯤 되는 아이들이 앉아 있었다. 그중 셋은 10대 청소년이거나 혹은 좀더 나이 많은 청년으로 보였다.

전반적으로 노동자 계층과 빈곤층 아이들의 하루는 중산층 및 중상류층 아이들의 하루에 비해 느린 속도로 그리고 정형화되지 않은 형태로 흘러간다. 노동자 계층과 빈곤층의 부모는 아이들의 활동에 관심을 가질 시간이 별로 없다. 그 때문에 아이들에게 무언가를 시키기보다는 아이들이 자신의 결정에 따라 자유롭게 시간을 보내고 삶을 살아가도록 한다. 물론 티렉이나 그 친구들에게 주어지는 자율권에 아무런 제약이 없는 것은 아니다. 부모들은 안전을 위한 규칙을 정해주고 심부름을 시킨다. 그리고 식사 시간에는 늦지 않게 집에 들어오라고 교육하기도 한다. 친척을 방문하는 일 역시 부모가 중시하는 활동이다. 티렉을 비롯한 노동자 계층과 빈곤층 아이들의 삶에서 친척과의 관계(주말이면 온 가족이 모이는 행사에 참석하고 주중에도 일상적으로 친척 집을 방문하는 등)는 중요한 부분을 차지한다. 티렉의 경우, 증조할머니와 고모 몇 명, 이모들, 사촌들 그리고 친할머니와 외할머니가 이웃에 살고 있다. (사촌 3명은 '골목 어귀를 돌면 나오는 바로 옆 블록'에 살고 있다.) 티렉 또래의 다른 두 사촌은 티렉의 집에서 자주 밤을 보내기도 한다. 주말이면 티렉은 증조할머니 댁을 방문해 집안일을 돕고, 꼭 주말이 아니더라도 할머니가 부를 때면 친구들과 놀다가도 할머니를 뵈러 간다.

하지만 노동자 계층과 빈곤층 아이들의 삶을 목가적이라고 평가하기는 어려울 것이다. 아이들은 대부분 가족의 불안정한 재정 상황이나 경제적 어려움을 인식하고 있었다. 아이들은 어른에게 경제적 문제에 관한 이야기를 들으며 자라고, 또 그들 스스로도 "물건 가격이 얼마다"라든지 "돈이 부족하다" 혹은 "돈이 더 많이 필요하다"는 이야기를 자주 했다.

형제자매: 서로 의지하는 관계

누나와 배다른 형은 티렉의 삶에서 중요한 사람들이다. 티렉은 누나 아니샤를 (때론 너무 어른인 양 행동할 때도 있지만) 가까운 친구라고 생각한다. 엄마가 화를 내는 등의 상황이 벌어지면, 이 남매는 서로를 돕고 서로에게 의지한다. 둘은 집 안에서나 밖에서나 많은 시간을 함께 보낸다. 함께 텔레비전을 보거나 비디오 게임을 즐기며 웃고 떠든다. 물론 다툼이 일어나는 경우도 종종 있다.

티렉은 바닥에 앉아 〈코스비 쇼〉를 보고 있었다. 얼마 후, 아니샤가 돌아와 내 반대편 소파 끝에 털썩 앉으며 말했다. "티렉, 이 그릇 좀 치워. 떨어지겠다. 주방에 좀 갖다놔." 하지만 티렉은 들은 척도 하지 않았다. 잘 들리지는 않았지만 아마 뭐라고 불평한 것 같았다. 주방까지 다녀오는 게 귀찮았던 모양이다. 티렉은 바닥에 누워 옆에 있던 쿠션을 공중에 던졌다 받았다 하며 딴청을 피웠다. 동생이 1분 넘게 쿠션을 갖고 장난을 치자 아니샤가 다시 말했다. "그만해, 티렉. 그 쿠션 나한테 줘." 그러자 티렉은 쿠션 두 개를 누나에게 던졌다. 아니샤는 '난 네 누나야.

엄마 노릇은 지겹다고!'라고 말하는 듯한 눈빛으로 쿠션을 받아 소파 옆에 놓고 말했다. "이 멍청아!" 〈코스비 쇼〉의 두 번째 에피소드가 방영되는 동안 두 아이는 아무 말도 하지 않았다.

이처럼 아니샤는 동생 티렉을 종종 꾸짖지만, 사실 그들의 관계는 중산층 흑인 또는 백인 가정의 형제자매들 사이의 험악한 관계에 비하면 훨씬 다정하다고 할 수 있다.

"난 꿈이 있어요": 공식적인 활동에 참여하기

중산층 어머니들은 자녀에게 학교 밖 활동에 참여해보라고 심심찮게 권한다. 반대로 노동자 계층과 빈곤층 가정에서는 자녀가 특별히 요구하지 않는 한 아이들을 학교 밖 활동에 등록시켜주는 일이 드물다. 티렉은 엄마에게 축구팀에 가입시켜달라고 여러 번 졸랐다. 하지만 엄마는 축구가 위험할 수도 있다고 한 아버지의 조언 등 이런저런 이유를 들어 티렉이 3학년이 될 때까지 부탁을 거절했다. 그리고 결국 3학년을 마친 여름이 되어서야 아들의 부탁을 들어주었다.

그 애는 작년부터 축구팀에 들어가길 원했어요. 그런데 우리는 그 부탁을 들어주지 않았죠. 우린 티렉이 아직 어리고 철이 없다고 생각했거든요. 녀석이 축구를 하고 싶다고 할 때도 그저 어느 친구가 연습에 가는 걸 보고 자기도 등록해달라고 하는 줄 알았죠. 그래서 당연히 "아직은 안 된다"라고 했어요. 그런데 가만히 지켜보니 녀석이 정말 원하는 것 같더군요. 축구공을 손에 들고 운동장을 뛰어다니는 꿈도 꿨대요.

결국 테일러 부인은 손을 들었다.

하지만 얼마 지나지 않아 티렉에게 새로운 고민이 생겼다. 축구 연습을 가게 되면 학교를 마치고 친구들과 놀 시간이 없어지는 것 아닐까? 이 두 개의 유혹 사이에서 티렉은 결국 친구들을 선택했다.

팀에 등록하고 연습을 세 번 정도 마친 뒤였어요. 녀석이 그만두겠다고 하더군요. 수업이 끝난 뒤에도 연습장에 가느라 친구들과 못 노는 게 속상했나봐요. 하지만 전 안 된다고 했죠. 너무 하고 싶어 하기에 무리를 해서 등록해줬는데, 이게 뭔 고생인지 모르겠어요. 뭐 저도 예전엔 이런저런 핑계를 대며 축구를 하지 말라고 말리긴 했지만, 이미 시작한 일이잖아요. 등록도 마쳤고. 어떻게든 이겨내고 끝까지 시킬 겁니다. 물론 앞으로 이런 활동에 등록해주는 일은 없을 테지만요.

직장 생활을 하며 홀로 자녀들을 키우는 테일러 부인에게 티렉의 축구팀 활동에 필요한 모든 지원을 제공하기란 매우 어려운 일이었다. 빨라야 저녁 6시에나 집으로 돌아오는 테일러 부인은 티렉을 준비시켜 연습장에 데려다주고 연습을 지켜보느라 식사 시간도 조정해야 했다.

축구팀에 처음 등록했을 땐 방학 중이기 때문에 일주일에 네 번이나 연습이 잡혀 있었어요. 방학은 8월에나 끝나죠. ……난 직장에서 4시쯤 집에 전화를 걸어 티렉한테 필요한 것들을 챙겨두라고 말하죠. 하지만 녀석이 미리 준비를 해놓는 경우는 한 번도 없었어요. 결국 난 집에 오자마자 준비물을 챙겨 녀석의 손에 쥐어주고 입에 간식거리를 쑤셔 넣어준 후 다시 집을 나서야 했죠. 여름엔 연습이 끝난 뒤에야 겨우 뭐든 먹는 경우도 있었어요.

티렉의 엄마는 돈을 모으는 데도 시간을 투자한다. 치즈 케이크를 만들어 직장 동료와 친척, 이웃들에게 판다. 한 판에 10달러인 케이크를 테일러 부인은 20판 넘게 팔았다.

9월이 되면 연습이 조금 뜸해지지만, 그럼에도 축구팀 활동은 이들 가족에게 여전히 부담스러운 일정이다. 축구 경기는 토요일 오전 8시 30분이나 9시에 열린다. 티렉과 테일러 부인이 이 시간에 늦지 않게 도착하기 위해서는 늦어도 7시에 일어나야 한다. 시간이 빠듯한 날엔 경기가 끝난 뒤에나 늦은 아침을 먹는다. 그럴 때면 오후 3~5시가 되어서야 집에 돌아오곤 한다. 스케줄이 변경되는 경우도 종종 있다. 연습이 생각보다 일찍 끝나거나 경기 일정이 바뀌는 등 예고 없이 찾아오는 변화는 테일러 부인의 진을 빠지게 만든다. 축구팀 시즌 일정이 반도 지나지 않았지만, 부인은 벌써부터 지친 상태다.

8월까지는 정말 지쳐 있었어요. 뭐랄까, 너무한다는 생각이 들었어요. 그리고 학기가 시작되고 훈련이 네 번에서 두 번으로 줄어들 것이라는 얘기를 들었을 땐, 이제 좀 나아지려나 싶었죠. 하지만 아니었어요. 상황은 오히려 더욱 고달파졌죠. 연습 시간이 6시 30분으로 앞당겨졌거든요. 일정에 맞추려면 30분 안에 모든 일을 끝내야 했죠. 집으로 달려와 티렉한테 저녁을 먹이고 다시 자동차에 태워 연습장까지 데려가는 모든 일을 말이에요. 훈련이 끝나면, 티렉은 숙제도 해야 했어요.

이런 어려움에도 불구하고 테일러 부인은 티렉의 훈련을 빠지지 않고 참관했다. 부인은 아들의 훈련을 지켜보는 것을 매우 중요하게 생각했다.

> 그 애는 아직 엄마가 지켜보고 돌봐줘야 해요. 그래서 연습에 직접 데려다주고, 또 연습하는 모습을 지켜보죠. 전 티렉이 내가 자기를 소홀히 여긴다는 인상을 갖지 않았으면 해요. 물론 가끔은 연습에 함께하지 못할 때도 있어요. 하지만 그건 어쩔 수 없는 예외적인 경우예요. 보통은 그곳에 함께 있어주죠.

테일러 부인은 축구팀 활동이 아들에게 긍정적인 영향을 줄 것이라고 생각한다. 티렉이 그것을 "좋아한다"며 체육 활동이 아들의 남성성, 특히 운동 능력을 향상시켜줄 것이라고 강조했다.

> 티렉은 타고난 남자애예요. 운동 능력이며 협동심이며, 어디 내놓아도 빠지는 구석이 없죠. 그 애는 자기가 뭘 할 수 있는지 알고 있어요. 자신이 이런 일들을 해낼 수 있다는 걸 스스로 증명하고 싶어 하죠. 그리고 그 과정을 즐기죠. 녀석 주변엔 매일 축구공을 차고 다니는 아이들이 엄청 많죠. (웃음) 저쪽 밖 길거리에서요.

티렉의 축구팀 가입과 관련해 특별히 긍정적으로 평가하는 부분이 무엇인지 묻는 우리의 질문에 테일러 부인은 "독립심을 길러주고, 또 독립심을 발휘할 기회를 제공한다"는 점을 꼽았다. 그리고 독립심이 무엇을 의미하는지 다시 한 번 묻자 이렇게 설명했다.

새로운 곳에서 새로운 아이들과 팀을 이뤄 함께 무언가를 하는 것은 용기가 필요한 일이에요. 전 그 애가 그런 일을 하고 있다는 사실이 기쁩니다. 저 같은 경우는 어려운 어린 시절을 보내서 그런 것을 경험할 기회가 없었거든요.

하지만 중산층 부모와 달리 테일러 부인은 축구 같은 학교 밖 활동이 자녀의 성장에 핵심적인 역할을 한다고 생각하지 않았다. "축구가 티렉의 삶에서 다른 부분에 도움을 주는 측면이 있다고 생각하세요? 조금이라도요"라고 묻는 연구원의 질문에 부인은 "특별히 도움이 되는지는 잘 모르겠어요"라고 대답했다. 요컨대 부인은 아이에게 긍정적 영향을 미치려는 의도를 갖고 티렉을 학교 밖 활동에 참여시킨 게 아니었다. "그렇다면 체육 활동에 참여하는 동안 티렉의 생활에서 의도치 않게라도 변화한 부분이 있나요?"라는 질문에 대해서는 좀더 구체적인 답변이 돌아왔다.

글쎄요, 책임감이라는 표현이 적당할까요? 축구를 시작하면서 티렉은 자기가 지금 뭘 해야 하고, 또 다음에는 뭘 해야 할지 생각하게 된 것 같아요. 자기만의 규칙이 생긴 거죠. 언제 축구 연습에 가고 언제 숙제를 하고 또 밥은 언제 먹을지 같은 문제 말이에요. 좋은 일이라고 생각해요.

하지만 이 시즌을 끝으로 티렉은 더 이상 축구팀에 등록하지 않았다.[5] 테일러 부인은 아들 티렉이 축구팀에 즐겁게 참여했다는 사실은 인정했지만, 그것만으론 아들을 다시 축구팀에 등록시킬 충분한 이유가 되지 못했다. 부인은 사랑으로 티렉을 돌보며 티렉이 행복해지기를 바란다. 그리고 문 밖으로 나가 이웃 친구들과 자유롭게 놀이를 즐기는 것이 티렉에게 더욱 큰 즐거움을 준다는 사실을 잘 안다. 따라서 아들을 축구팀에 등록시키지 않는 것이 좀더 합리적인 선택이었을 것이다. 여느 노동자 계층이나 빈곤층 가정의 어머니와 마찬가지로 테일러 부인 역시 자녀의 다양한 흥미를 개발해주는 것을 좋은 엄마의 필수적인 요건으로 생각하지는 않았다. 특히 이런 지원이 엄마 자신의 삶에 급격한 변화를 가져오는 경우에는 더욱 그러했다.

삶에 필요한 기술 습득

티렉은 매일 거의 같은 친구들과 어울린다. 또한 이 아이들의 일상은 어른과 떨어져 독립적으로 이루어지기 때문에 친구 관계를 맺거나 유지하고, 친구들 사이에서 일어나는 갈등을 중재하는 역할은 순전히 아이들 몫으로 남는다. 이와 달리 개릿은 새로운 시즌이 시작되고 새로운 활동에 참여함에 따라 매번 새로운 친구를 만난다. 또한 각각의 활동에는 아이들을 지도하는 어른의 참여가 뒤따른다. 이 어른(지도 교사)들은 아이의 역할을 정하고 그 역할에 맞는 행동 양식을 가르쳐준다. 심지어 어떤 교사는 아이들의 이름 대신 맡은 역할로 그 아이를 기억하기도 한다.

티렉과 친구들이 즐기는 놀이 대부분은 야외에서 이뤄진다. 시간이나 장소 역시 아이들 스스로 결정하는 경우가 대부분이다. 아이들은 종종 스스로 새로운 게임을 만들어 즐긴다. 규칙과 진행 방식 역시 그들 스스로 정한다. 일상생활에서 즐기는 이러한 놀이를 통해 티렉은 친구들과의 관계를 조정하고, 갈등을 관리하고, 전략을 수립하고, 자신의 행동에 책임지는 방법을 배운다. 티렉이 숀, 켄, 레기, 클레이튼 네 친구와 게임을 즐기는 상황을 기록한 아래의 글은 이 아이들이 어떻게 사회적 경쟁력을 학습하는지 잘 보여준다.

게임은 배구와 유사하지만 그보다는 훨씬 복잡하다. 아이들은 원형으로 대충 둘러서서 다른 친구들의 머리 위로 공을 쳐 올린다. 공을 쳐 올린 사람은 공이 다른 사람 손에 닿기 전에 점프를 한 번 해야 한다. 점프를 하지 못한 사람은 탈락하고, 한 명을 탈락시킨 사람은 '목숨'을 하나 더 얻는다. 그 때문에 아이들은 서로의 손과 발을 예의 주시하며 게임에 임한다.

누가 점프를 했는지 하지 않았는지 여부를 놓고 논쟁이 일어나는 경우도 종종 있다.

"야, 그게 아니지. 너 방금 이렇게 했잖아." (숀이 이렇게 말하며 점프를 했다. 그러나 발이 바닥에서 거의 떨어지지 않았다.) "이것도 점프라고 해야 하는 거야?" 켄은 아무런 반박도 하지 않았다. "알았어. 내가 빠질게." 켄이 빠지고 게임은 계속되었다. 하지만 2분 정도 지나자 또다시 언쟁이 벌어졌다.

의견 차이가 쉽게 해소되지 않으면, 소년들은 새로운 방식으로 갈등을 해결하려고 시도한다. 이번에는 옆 블록에 사는 다른 친구에게 중재자 역할을 맡겼다.

손이 레기에게 물어보자고 제안했다. 레기는 티렉네 옆 블록에 사는 친구다. 아이들은 공을 내려놓고 레기가 사는 구역 끝으로 달려가 (레기의 집 쪽에 대고) 소리쳤다. "레기, 레기!" "이리 나와봐!" "레기 없냐?" 잠시 후, 레기가 집에서 나왔다. 그리고 모든 아이들이 자신의 이야기를 하기 시작했다. 레기가 소리쳤다. "그만! 한 명씩 말해. 켄, 너 먼저 말해봐." 켄이 자기 생각을 말했고, 이어서 티렉이 그리고 손이 말했다. 레기는 손의 손을 들어주었다. 켄은 탈락했다. 켄은 아무런 항의도 하지 않고 레기의 판결을 따랐다. 그러곤 주차된 자동차 덕분에 생긴 그늘에 앉아 나머지 아이들의 게임을 구경했다. 이젠 레기와 클레이튼까지 게임에 참여했다.

새로운 선수들이 합류하고 게임이 재개되었다가 다시 언쟁이 발생하기를 반복하며 30분이 지났다. 공놀이를 끝낸 아이들은 세 블록 떨어진 공공건물의 잔디밭까지 달리기 경주를 했다. 그리고 그곳에서 또다시 ('스크램 볼(Scram Ball)'이라는 이름의) 새로운 게임을 시작했다. 한여름의 더운 햇살도 아랑곳하지 않는 아이들의 놀이는 밤까지 계속되었다.

매일같이 새로운 놀이를 즐기는 티렉과 친구들은 정말 신 나고 기쁘게 하루를 보낸다. (때론 갈등이 생기기도 하지만 말이다.) 중산층 아이들과 달리 노동자 계층과 빈곤층 아이들의 입에서 '지겹다'는 말이 나오는 경우는 거의 없다. 우리는 티렉을 관찰하며 그 애가 여러 가지 이유(집 안에서 놀지 못하게 한다는 등)로 투덜대는 것은 자주 목격했지만, (중산층 아이들과 달리) 할 일이 없다고 불평하는 경우는 한 번도 보지 못했다. 학교 밖 활동에 참여하지 않아도 티렉은 하루를 보내는 데 아무런 문제가 없었다. 티렉에겐 언제나 무엇을 할지에 관한 생각과 계획이 있었다. 그리고 그 활동을 함께할 친구도 있었다. 중산층 가정의 또래 아이들과 달리 티렉은 자기가 원하는 활동을 하는 데 어른의 지원이 필요한 경우는 거의 없었다. 티렉은 부모에게 자신을 친구네 집까지 태워다주거나 자기 활동을 위해 집 밖에서 함께 하루를 보내도록 하는, 혹은 자신을 가게까지 데려가는 부담을 지우지 않았다.

요약하면, 티렉은 자유로운 일상생활을 통해 개릿과는 다른 측면에서 삶에 필요한 중요한 기술을 배우고 있었다. 티렉과 친구들은 다양한 즐길 거리를 스스로 찾아다니며 창조성과 독립심을 키웠다. 이는 분명 삶에서 중요한 가치를 지닌 역량이다. 그리고 이는 개릿이 자신의 삶을 채우고 있는 학교 밖 활동을 통해 배우는, 좀더 체계적인 경험과는 매우 다른 역량이기도 하다. 또한 티렉을 비롯한 노동자 계층 및 빈곤층 가정의 아이들은 조직적인 규칙에 따라 행동하거나 (이 책 뒷부분에서 설명하겠지만) 누군가에게 자신이 원하는 바를 직접적으로 요구하는 데 익숙하지 않았다. 이 역시 중산층 가정의 아이들과 다른 점이다. 간단히 말해, 집중 양육 방식에 포함되는 '놀이 활동'은 자연적 성장을 통한 성취 방식의 '자발적 놀이'에 비해 조직 사회에서 좀더 큰 가치가 있다고 할 수 있다.

티렉과 친구들은 여가 시간에 필요한 요소의 부족을 느끼지 못한다. 특히 이 아이들은 자신의 놀이에 어른의 참여나 지원을 원하지도, 기대하지도 않는다. 반면 중산층 가정의 아이들은 언제나 자신의 활동을 바라보는 부모나 다른 어른의 시선에 익숙하다. 중산층 아이들은 자신의 놀이가 어른의 관심과 지원을 '얻어냈다'고 여긴다. 다음 장에서는 백인 빈곤층 소녀 케이티 브린들의 일상과 놀이 활동을 살펴봄으로써 이러한 계층적 차이를 좀더 명확히 증명할 것이다.

05

아이들을 위한
아이들만의 놀이

•

케이티 브린들의 사례

케이티는 전화 통화를 하며 신이 난 목소리로 말했다. "전 인형 집을 만들고 있어요! 할머니가 상자 몇 개를 줘서 그걸로 만들고 있는 거예요!" 그러나 내가 케이티의 집에 도착해 인형 집에 관해 물어보자, 케이티는 실망한 표정으로 어깨를 으쓱하더니 "어떻게 만드는지 모르겠어요"라고 말했다.

케이티는 (주방의) 수납장에서 상자를 꺼내 거실로 가져오더니 바닥에 깔린 러그에 툭하고 던졌다. "엄마, 저 좀 도와주실래요?" 그러나 엄마는 "아니"라고 대답했다. 케이티는 아무 말도 하지 않았지만 꽤나 실망한 눈치였다.

중산층 가정에서 아이들의 활동은 부모의 관심 대상이다. 아이들이 도움을 요청하면 부모가 이를 거절하는 경우는 드물다. 이들 가정에서 부모는 자녀의 활동에 헌신적인 태도를 보이며, 아이들이 중요하다고 생각하는 문제는 부모에게도 중요한 가치를 지닌다. 아이들의 성공이 부모에겐 중요한 문제이기 때문이다. (탈링거 씨가 축구 경기 중인 개릿을 '응원하기' 위해 소리치던 모습을 떠올려보라.) 중산층 부모는 자녀들을 학교 밖 활동에 등록시키거나 즉흥적인 장난을 받아주며, 또 식사 후 뒷마당에서 함께 공놀이를 즐기거나 단어 퍼즐을 맞히며 아이들의 관심사와 소질을 지원한다. 부모는 이런 생활을 즐기고, 또 어떤 면에서는 이를 아이들을 위한 일종의 '의무'로 여긴다. 집중 양육이라는 이름의 아동 양육 전략에서 부모의 참여는 중요한 요인이다. 그 결과 중산층 가정의 아이들은 생활의 세세한 부분에서 부모의 특별한 관심을 받으며 성장한다.

우리가 관찰한 노동자 계층과 빈곤층 가정의 아이들은 대부분 아직 부모의 관심이 필요한 나이(9~10세)였다. 때로 이 아이들은 부모에게 관심을 가져주기를, 혹은 자신을 도와달라고 요청하기도 했다. 그러나 앞서 인용한 케이티의 사례에서도 나타나듯 부모는 이런 자녀의 요청을 자주(매번은 아니지만) 거절한다. 그리고 아이들은 별말 없이 부모의 거절을 받아들이는 데 익숙하다. 이들 가정에서 자녀가 부모에게 자신들이 바라는 것을 들어주도록 부담을 지우는 경우는 없었다. 노동자 계층과 빈곤층 가정의 부모는 그들 자녀의 삶을 특별하다거나 중요하게 바라보지 않았다. 또한 이런 시각은 자녀들에게까지 이어진다. 아이들은 자기 자신을 특별히 여기는 것에, 또한 자신의 삶이 부모의 관심을 받을 만한 가치를 지닌다는 식의 사고방식에 익숙하지 않다. 중산층 가정의 자녀들이 특권 의식을 느끼며 삶을 살아간다면, 노동자 계층과 빈곤층 가정의 자녀들은 제약에 익숙해지며 성장한다.

물론 이 아이들의 삶과 일상을 '제약'이라는 용어만으로 정의하기는 어려울 것이다. 아동 양육 전략 중 자연적 성장을 통한 성취의 특징은 양육 문제에 관해서는 관리와 통제가 이뤄지지만, 놀이에 관해서는 아이들에게 자율성을 부여한다는 데 있다. 부모의 관심과 개입에서 자유롭게 여러 가지 활동을 즐기는 노동자 계층과 빈곤층 가정의 아이들은 순수하게 그리고 적극적으로 즐거움을 찾아 나선다. 우리가 관찰한 아이들은 학교 밖 활동에 참여하는 중산층 아이들에 비해 창조적이고 자율적일 뿐만 아니라 능동적으로 자신의 여가 시간을 채워나갔다.

물론 노동자 계층과 빈곤층 가정의 부모가 자녀의 놀이 활동에 신경을 덜 쓴다는 말은 아이들의 즐거움에 무관심하다는 뜻이 아니다. 그보다는 (티렉 테일러의 사례에서처럼) 이들 가정의 부모는 자녀가 기뻐하는 모습에서 "우리 아이에게 이런 활동을 정기적으로 제공해줘야지" 라는 식의 부담을 느끼지 않는다고 이해하는 게 좀더 적합할 것이다. 노동자 계층과 빈곤층 가정의 부모는 자녀의 활동에 함께 참석해야 한다든가 아이들을 따라다녀야 한다는 부담감 역시 상대적으로 적게 느꼈다. 일반적으로 아이들의 활동은 어른의 세계와 무관하며 어른에게는 별로 중요하지 않은, 아이들만의 즐거움으로 여겼다. 대신 이런 계층의 부모는 자녀를 깨워 씻기고 밥을 먹이고 옷을 입혀(여벌의 외투도 잊지 않고) 학교에 보낸 다음 오후에 다시 자녀가 안전하게 돌아온 것을 확인한 뒤 저녁을 먹이고 숙제를 봐주고 늦지 않게 잠자리에 들도록 하는 등 자녀의 일상을 챙겨주는 데 좀더 많은 노력을 기울였다.

이러한 일과는 중산층 부모보다 오히려 노동자 계층과 빈곤층 부모에게 한층 많은 시간과 노력을 요구하고 또한 그들을 피곤하게 만들었다. 이들 가정의 부모는 공공 지원을 원했지만 이를 위해 처리해야 할 수많은 절차 앞에서 막막해했고, 대부분 자가용이 없거나 혹은 있더라도 자주 문제를 일으켜 장을 보러가는 등의 일상 활동에는 언제나 버스를 기다리는 시간이 포함되었다. 병원에 예약하거나 진료를 위해 병원을 방문할 경우에도 번거롭기는 마찬가지였다. 이 밖에도 많은 어려움이 그들의 생활 곳곳에 파고들어 있었다. 세탁기가 고장 나거나 급료 지불이 연기되는, 어찌 보면 사소한 문제가 이들 가정에 여러 가지 심각한 어려움을 초래하곤 했다. 노동자 계층 가정의 자녀들도 가계 사정의 어려움을 느끼고 이해하긴 했지만, 이로 인해 더욱 직접적이고 심각한 압력을 받는 쪽은 역시 빈곤층 가정의 아이들이었다.

한 가지 더 짚고 넘어가야 할 점은 동일한 혹은 거의 동일한 경제적 상황에 대한 각 개인의 대응 방식이 서로 다르다는 사실이다. 또한 경제적 상황과 무관하게 여러 가족(과 각 가족의 구성원)은 각자 나름대로 다양한 한계(와 기회)를 마주한다. 라이트 밀스가 지적했듯이 사회 구조와 개인의 삶 사이에는 어떤 연관성이 있다.[1] 우리는 이번 장에서 소개할 사례를 통해 밀스의 말이 지닌 의미를 확인할 수 있었다. 브린들 가족은 성적 학대와 우울증, HIV 보균 등의 문제를 겪고 있었다. 이는 계층적 차이에서 기인한 요인이 아니며, 어떤 계층의 사람이라도 심각한 고통을 안겨줄 수 있는 문제다. 하지만 만일 그들에게 정상적인 경제적 기반이 주어졌다면, 혹은 주위의 사회 복지 기관이 이 가족에게 기본적인 생활에 필요한 최소한의 지원이라도 제공했다면, 삶에 대한 좀더 넓은 선택권을 보장받고 궁극적으로는 이와 같은 절망적인 상황에서 벗어날 수 있지 않을까? 다르게 표현하면, 이 가족의 사회 구조적 위치가 이들이 일반적인 문제 해결을 위해 선택할 수 있는 자원을 제한했다는 설명이 가능할 것이다. 물론 동일한 사회 계층에 속하는 사람들에게 동일한 문제가 닥치더라도 각자의 선택에 따라 결과가 달라질 수 있지만 말이다.

브린들 가족

아홉 살짜리 백인 소녀 케이티 브린들은 방이 세 개 딸린 작은 아파트에서 어머니 씨씨와 이제 18개월 된 의붓남동생 멜빈(별명은 '멜멜'이다)과 함께 살고 있다. 의붓언니 제나도 6주 된 새끼 핏불(pit bull) 강아지 '로데오'를 키우며 가족과 함께 산다. 브린들 가족이 사는 낡은 건물의 입주민은 대부분 백인 노동자 계층이다. 이곳에서 5분 정도 걸어가면 아이스크림 가게와 24시간 편의점, 철물점, 주유소 등이 있는 작은 상업 지구가 나온다. 케이티는 집에서 몇 블록 떨어지지 않은 로어리치먼드 초등학교에 재학 중이다.[2] 이들 가족이 사는 곳에서 대형 식료품점까지는 버스로 20분이 걸린다.

브린들 가족의 아파트는 관리가 엉망이다. 거실 천장에서는 물이 새고(이 때문에 브린들 부인은 수시로 물이 떨어지지 않는 곳으로 가구를 옮겨야 한다), 화장실도 배수가 잘 안 되고, 현관에 깔린 낡은 겨자색 양탄자에는 곳곳에 얼룩이 졌다. 집에는 바퀴벌레도 살고 있었다. 밤에 화장실에 가려고 전등을 켜면 바퀴벌레들이 놀라서 흰 타일 위로 흩어지곤 했다. 물론 낮에도 벽 위를 기어 다니는 벌레들을 심심치 않게 볼 수 있다. 이 해충들을 보며 브린들 부인은 자신의 집을 "바퀴 모텔"이라고 표현했다. 브린들 가족의 아파트 벽에는 아무것도 걸려 있지 않다. 주방의 조리대나 거실의 커피 테이블에도 장식적 요소는 찾아볼 수 없다. 집 어디에도 잡동사니 같은 게 없다. 이런 단순함 때문에 집 안의 낡고 망가진 부분이 더욱 두드러졌다. 브린들 부인은 케이티에게 가방이나 외투 등을 아무 데나 어질러놓지 말라고 강조했다. 케이티는 집에 들어오자마자 자신의 물건을 제자리에 놓았다. 덕분에 집 안 어디에서도 어질러진 흔적을 발견할 수 없었다. 이따금씩 표백제 냄새가 집 안을 채우기도 했다. 이 집에서 유일한 장식적 요소는 주방 조리대에 있었다. 브린들 부인은 이곳에 자신의 고졸학력인증서(GED)를 전시해두었다. 부인은 GED를 취득했다는 사실을 매우 자랑스러워했다. 크리스마스 시즌에는 이 집도 활기를 띤다. 거실에는 (브린들 부인이 생활비를 아껴가며 구입한) 크리스마스트리가 세워지고 주방에는 조명이,

문에는 은박지로 장식한 산타클로스 사진이 걸린다.

37세인 브린들 부인은 깡마른 몸매에 언제나 수척한 모습이었다. 과거 약물과 알코올 중독을 겪었지만, 현재는 완치된 상태다. 열여섯에 잠깐 결혼생활을 한 이후 지금까지 독신으로 살고 있다. 부인의 세 자녀는 모두 아버지가 다르다. (브린들 부인은 그들 중 누구와도 결혼한 적이 없다.) 첫째 아이 '페니'(제나의 아버지 사이에서 태어났다)는 영아돌연사증후군(SIDS)으로 사망했다. 페니가 세상을 떠난 지 20년이 다 되어가지만, 브린들 부인은 지금도 종종 그 아이의 이름을 입에 올린다. 제나는 브린들 부인이 19세 때 낳은 딸이다. 제나의 아버지는 현재 수천 킬로미터 떨어진 플로리다에 살고 있어 제나의 삶에서 거의 의미 없는 존재로 여겨졌다. 케이티의 아버지는 아주 짧은 시간 브린들 부인을 스쳐 지나간 남자였다. 그는 케이티가 태어났을 때 자신이 아이의 친부가 아니라고 주장하기도 했다. 브린들 부인은 이 때문에 친자 감정을 의뢰하기도 했다. 그는 현재 보건사회복지부(Department of Human Services)에 아동 양육비를 납부하고 있다. 복지부에서는 이 돈을 사회 보조금 형식으로 케이티네 가정에 지급한다. 그는 자신의 딸 케이티를 만날 생각이 전혀 없다. 브린들 부인은 이따금씩 케이티 아버지의 부모님에게 전화를 건다. 그러면 그는 케이티에게 선물을 보내기도 한다. 케이티는 자기 아빠가 2년 전 크리스마스 선물로 보낸 비디오 두 개를 보물처럼 간직하고 있다. 하지만 연구를 진행하던 기간 중 끼어 있던 휴일이나 케이티의 생일에 아버지는 아무런 선물도 보내지 않았다. 막내아들 멜멜의 아버지는 브린들 가족의 일에 가장 활발하게 개입한다. 한 달에 몇 번씩 자기 아들을 보러 이 집을 방문하곤 한다. 브린들 부인은 현재 무직 상태다. 이들 가족은 공공 부조와 의료 부조 그리고 푸드 스탬프(food stamp: 일종의 식료품 교환 쿠폰—옮긴이)에 의지해 생활하고 있다. 브린들 부인은 아이들에게 크리스마스 선물을, 특히 케이티에게 인형이나 겨울 코트를 사주기 위해 연휴 기간 동안 "조금이나마 돈을 모아야겠다"고 말했다.

케이티는 작지만 활기 넘치는 초등학교 4학년 여학생이다. 옅은 갈색에 가까운 금발을 어깨까지 길렀다. 머리카락은 곧고 가늘다. 단단한 체구이긴 하지만 스스로 걱정하는 것만큼 뚱뚱하진 않다. 뚱뚱하기는커녕 통통한 체격이라고 하기도 어렵다. 집에서는 케이티의 외모에 대한 이야기를 스스럼없이 나눈다. 예를 들어 엄마가 제나에게 케이티는 "나중에 크면 죽여주게 예쁜 엉덩이를 갖게 될 것"이라고 말하기도 했다. 또 친척과 둘러앉아 텔레비전을 볼 때면 머리색이나 길이, 헤어 스타일, 네일 아트, 매니큐어, 옷차림, 체중 감량 등에 대한 이야기가 심심찮게 오간다. 케이티 자신도 (다른 또래 아이들처럼) 외모에 신경을 많이 쓴다. 케이티는 자신을 열다섯 살쯤 되는 사춘기 소녀로 여기는 듯하다. 크리스마스 때 찍은 사진을 보면 케이티가 매혹적이고 요염한 여자로 보이고 싶어 한다는 사실을 알 수 있다. 사진 속에서 케이티는 산뜻한 흰색 긴팔 블라우스와 매끈한 검정색 풀 스커트를 입고, 흰 스타킹에 캔버스 플랫 슈즈를 신고 있다. (성인 여성에게 더 어울릴 법한) 프렌치 스타일로 높게 올림머리를 한 채 립스틱까지 발랐다.

어떤 면에서 보면 케이티는 정말로 15세 소녀만큼이나 성숙하게 행동한다. 예를 들어 학교에 다녀온 케이티는 엄마가 챙겨주지 않아도 스스로 간식을 찾아 먹는다. 간식은 보통 캠벨 토마토 수프 따위다. 캔을 따서 수프를 알루미늄 그릇에 담고 데우는 모습은 이미 여러 번 해본 듯 안정적이고 자신감 넘친다. 이 과정에서 케이티는 어른의 도움을 요청하지도, 받지도 않는다. 그러나 또래 아이들과 함께 놀 때면, 특히 동갑내기 사촌인 에이미와 놀 때면 본래 나이인 아홉 살짜리 여자아이로 돌아온다. 우리 연구팀이 관찰한 다른 아이들과 마찬가지로, 케이티도 집에서보다는 밖에서 (즉 엄마의 통제 없이) 놀 때 더욱 활기차고 큰 소리로 떠들며 활발한 리더십을 보여주었다. 주말이면 케이티와 에이미는 할머니 댁에서 몇 시간씩 함께 논다. 케이티는 연극 놀이에 재능이 있어 "타고난" 배우의 면모를 보여주곤 한다. 두 소녀는 자기들 스스로 고른 치마를 걸쳐보며 즐거운 시간을 보내기도 한다. 이번 연구에 등장하는 티렉 테일러를 비롯한 남자아이들과 비교할 때, 케이티의 놀이에는 확실히 성별이 큰 영향을 미친다. 활동 측면에서도 케이티는 남자아이들보다 제약이 많았다. 케이티는 주로 자신이 사는 아파트 주변에서 동네 아이들과 자전거를 타거나 술래잡기를 하며 놀았다. 티렉이나 다른 남자아이처럼 집에서 몇 블록씩 떨어진 곳까지 가서 노는 경우는 없었다. 또 케이티가 하는 놀이는 남자아이들보다 훨씬 덜 활동적이고 여성성을 강조하는 놀이가 많았다. 집에서는 (열다섯 개나 되는) 바비 인형을 가지고 놀고, 동네 여자아이들과는 자기 자신을 아름답게 꾸미는 놀이에 오랜 시간을 보냈다. (연구에 참여한 남자아이들에게서는 이런 모습을 한 번도 볼 수 없었다.) 케이티와 친구들은 바비에게 옷을 입히거나 서로의 머리를 땋아주었다. 또 텔레비전을 보거나 닌텐도를 하며 시간을 보내기도 했다. 케이티 역시 엄마가 아닌 자기 의지로 두 개의 학교 밖 활동에 참여했다. 일주일에 한 번 방과 후 한 시간가량 진행하는 합창단 연습에 참여하고, 금요일 저녁에는 이웃 아이들과 함께 차를 타고 교회에서 진행하는 청소년 프로그램에 참가해 찬송가를 부르거나 성경 이야기를 공부하고 게임을 하기도 했다.

그러나 이런 케이티 역시 자신만의 고민거리를 안고 있었다. 가끔씩 외롭고 버려진 것 같은 기분이 든다고 털어놓았다. 브린들 부인은 (심층 인터뷰 도중) 케이티가 1학년 때 성추행을 당한 경험이 있다고 털어놓았다.[3] 작년에 케이티는 3학년이 되었는데도 학교에 자주 결석했다. 자학 행위를 해서 병원 치료 프로그램에 다녀야 했기 때문이다.

브린들 부인의 가족(부인의 어머니 태미와 성인이 된 남자 형제 존과 라이언 그리고 라이언의 딸 에이미)은 모두 가까운 곳에 살고 있다.[4] 라이언과 에이미의 엄마는 이혼한 상태다. 에이미는 주중에는 엄마와 함께 살다가 주말이 되면 아빠와 할머니네 집으로 온다. 케이티는 혼자 버스를 타고 '할머니' 댁에 가곤 한다. 할머니 댁은 바로 근처에 있어 10분이면 갈 수 있다. 케이티는 거의 주말마다 할머니를 뵈러 간다. 에이미 역시 주말이면 대부분 아빠(브린들 부인의 형제인 라이언)를 보기 위해 할머니 댁에 온다. 브린들 부인은 자신의 가족을 일컬어 전혀 거리낌 없이 "콩가루 집안"이라고 표현했지만, 그래도 부인 자신이나 자녀들의 일상생활에서 친척들이 차지하는 비중은 상당히 컸다. 할머니는 주말이면 케이티를 돌봐주었다. 또 할머니와 라이언은 이따금 브린들 부인과 아이들을 차에 태워주기도 했다. (브린들 가족에겐 차가 없다.) 사촌인 에이미는 케이티의 가장 친한 친구이고, 브린들 부인은 (정신분열 증세를 보이는 오빠 존과 이혼한) 올케 메리와 절친한 사이다. 브린들 부인과 메리는 주중에도 자주 만나고 매일같이 전화 통화를 했다. 이제 10대 후반인 메리의 딸들도 브린들 가족의 아파트에 자주 찾아왔다.

케이티 주변의 인종 간 통합 정도도 경우에 따라 다양하다. 브린들 가족이 사는 아파트 근처의 가게는 직원도, 손님도 거의 백인이었다. 같은 아파트에 사는 주민 중에는 흑인 가정도 몇 가구 있지만, 전체적으로는 백인이 동네 주민의 대다수를 차지했다. 브린들 일가로서는 도시에 존재하는 인종 분리(racial segregation) 양상의 덕을 보는 셈이었다.[5] 인종 분리 양상 덕분에 브린들 가족은 대다수 거주민이 빈곤층인 공영주택에 사는 대신, 같은 인종(이 경우 백인)에 속하지만 상이한 경제적 위치를 차지하는 가족이 모여 사는 동네에서 살 수 있게 되었다. 그럼에도 케이티가 일상생활에서 마주치는 사람은 양쪽 인종 모두가 다양하게 포함되었다. 예를 들어 케이티네 반은 절반이 흑인, 절반이 백인 학생이었다. 쉬는 시간에 케이티는 두 인종의 학생들 모두와 어울려 놀았다. 케이티가 아파트 근처에서 함께 노는 친구 중에도 흑인 아이들이 어느 정도 섞여 있다. 케이티는 종종 그 애들에게 자전거를 빌려주기도 했다. 케이티는 또 사회적 배경에서도 흑인 어른들을 만날 기회가 종종 있었다. 예를 들면 엄마가 아프리카계 미국인 남성과 데이트할 때 그랬다.

경제적 궁핍은 브린들 가족의 삶을 모든 면에서 중산층(혹은 노동자계층) 가정보다 더욱 복잡하고 힘겹게 만들었다. 이따금 단순히 음식을 구하는 일마저도 힘들 때가 있었다. 푸드 스탬프는 14~19일마다 한 번씩 교부된다. 그러나 푸드 스탬프를 새로 교부받기 전에 음식이 바닥나는 경우가 잦았다. 푸드 스탬프를 받으러 가는 일은 여간 힘들지 않다. 오랜 시간 버스를 타야 하는 것은 물론, 배급소에서는 그보다 더 오랜 시간을 기다려야 한다. 버스는 느린 데다 정시에 도착하지 않는 경우가 많다. 여름이면 브린들 부인은 버스를 타지 않고 걸어간다. 배급소까지는 걸어서 한 시간 남짓 걸린다. 브린들 부인은 푸드 스탬프를 받을 때는 가능한 한 멜멜을 데려가고 싶지 않지만, 아이를 봐줄 사람이 없어 그것도 여의치 않다. 멜멜을 데리고 버스를 탈 때면 브린들 부인은 도착할 때까지 아들을 무릎에 앉혀놓는다.

가정에서 이루어지는 통상적인 부모의 노동

사회적 계층에 관계없이, 우리가 방문한 가정의 부모들은 하나같이 아이를 돌보는 역할을 맡고 있었다. 가족들이 먹을 음식을 마련하고, 아이들을 씻기거나 옷을 세탁하고, 자녀들에게 잘 어울리는 옷을 입히고, 아이를 제 시간에 재워 충분한 수면을 취하게 하는 것 모두 부모의 역할이다. 아이들이 아플 때 돌보는 것도, 학교나 기타 활동에 자녀를 등록시키는 것도, 치과나 병원에 자녀를 데려가는 것도 모두 부모가 하는 일이다. 어느 가정에나 존재하는 이러한 일상생활의 무게는 중산층 부모라 해도 예외가 아니다. 아이들 역시 언제나 사랑스럽기만 한 것은 아니다. 사회적 계층을 막론하고 부모는 자녀들이 꾸물거리거나 물건을 잃어버리고, 음식을 거부하고, 말을 듣지 않고, 부모에게 반항하는 등 인내심을 시험할 때마다 이를 견뎌야 한다.

브린들 가족 중에서는 케이티의 엄마가 자녀 양육을 도맡았다. 브린들 부인은 보기 드물게 체계적인 성격을 지녔다. 종이며 온갖 장난감이나 옷 등을 깔끔하게 제자리에 정리해야 직성이 풀렸다. 케이티의 옷장에는 서로 어울리는 옷이 쌍을 이루어 옷걸이에 걸려 있다. 예를 들어 한 옷걸이에는 스웨트팬츠와 여기에 어울리는 티셔츠가 함께 걸려 있고, 스웨터는 스웨터끼리 한데 정리되어 있다. 다른 옷걸이에도 옷들이 비슷한 방식으로 걸려 있다. 브린들 부인은 옷을 세탁해올 때마다 어울리는 것끼리 따로 분류해 정리한다. 또 케이티에게 할 일을, 특히 숙제를 미루지 말라고 얘기하곤 한다. 그래서 딸이 집에 오자마자 숙제를 하라고 권하는 편이다. 가끔씩 케이티가 '잊어버리고' 숙제를 하지 않으면, 잠자리에 들기 전까지 숙제를 마쳐야 한다. 그때까지 끝내지 못한 숙제는 아침에 등교하기 전 거실이나 식탁에서 마쳐야 한다. 케이티의 방에는 책상이 없기 때문이다. 아래의 관찰 기록에 나타나 있듯 이 경우 케이티와 브린들 부인 모두 잠잘 시간이 줄어들고 더 많은 일을 할 수밖에 없다.

> (케이티와 엄마는 아침 7시가 되기 전에 일어났다. 엄마는 케이티에게 코코아를 타주었다.) 케이티는 2인용 안락의자에 비스듬히 기대어 앉아 있었다. 분홍색 잠옷을 입은 케이티의 머리카락이 마구 헝클어졌다. 케이티는 파란색 공책을 무릎 위에 펼쳐놓고 연필을 입에 문 채 영어 단어 목록을 살펴보았다.
>
> 케이티의 숙제는 단어 목록을 알파벳 순서로 재배열하는 것이었다. 단어는 전부 열여섯 개였다. ……7시 10분쯤 됐을 때, 케이티가 "이제 열 개 했어요. 여섯 개만 더 하면 돼요"라고 말하자 엄마는 "많이 했구나"라고 대답했다.

케이티는 숙제를 하다 모르는 게 생기면 엄마에게 도움을 청한다. 부모가 단계적으로 개입해 힌트를 제시하고 아이들 스스로 올바른 답을 얻어내도록 유도하는 중산층 가정의 교육 방식과 달리, 케이티의 엄마는 직접적으로 해답을 제시해준다. 이번 경우에도 부인은 케이티가 모르는 단어를 몇 번에 연결시켜야 하는지 구체적으로 지목했다.

케이티가 단어 목록을 엄마에게 넘겨주며 "어떻게 해야 돼요?"라고 물었다. 여전히 잠옷 차림인 케이티는 한쪽 다리는 의자 위에 올리고 다른 쪽 다리를 바닥에 닿지 않게 내린 채 흔들거렸다. 엄마는 딸의 숙제를 보고 잠시 혼란스러운 표정을 지었다. 케이티는 조용히 앉아 하품을 몇 차례 하며 기다렸다. 엄마는 딸의 숙제를 해결해주려고 골몰했다. 잠시 후, 케이티에게 종이를 건네며 엄마는 "이건 10번, 10번은 11번, 11번은 12번, 12번은 13번으로 바꿔"라고 얘기했다. 케이티는 적혀 있는 숫자들을 지웠다.

케이티가 단어 숙제를 마치는 약 20분 동안 엄마는 계속해서 아침 먹고 학교 갈 준비를 하라고 재촉한다. 케이티는 엄마 말을 건성으로 듣지 않는다. 엄마가 시키는 대로 하지만 등교 준비를 하는 속도는 느리기만 하다.

얼른 도넛을 먹으라는 엄마의 말에 케이티는 도넛을 집어 들고 천천히 먹기 시작했다. 엄마는 "옷도 입어야지" 하며 딸을 재촉했다. 그러고는 "뭐 입을래? 오늘은 옷이 별로 없어. 대부분 할머니 댁에 놓고 왔잖니" 하며 딸이 원하는 옷이 뭔지 물었다. "분홍색 스웨트슈트(상하의가 한 벌로 된 트레이닝복—옮긴이) 입을래?" 엄마가 묻자 케이티는 "싫어요. 그거 입으면 뚱뚱해 보여서"라고 대답했다. 엄마가 "너 안 뚱뚱해"라고 말했지만 케이티는 아무 대답도 하지 않았다.

케이티는 마침내 영어 단어 숙제를 끝마친다. 하지만 숙제를 다른 곳에 옮겨 적어야 한다고 말한다. 브린들 부인은 케이티가 쓴 답을 확인하거나 숙제에 대해 더 이상 언급하지 않는다. 케이티가 옷을 입을 기색이 없자, 다시금 차분한 목소리로 학교 갈 준비를 해야 한다고 말한다. 그러고 나서 텔레비전 채널을 〈굿모닝 아메리카(Good Morning America)〉로 돌린다. 그러자 케이티는 숙제를 옮겨 적기는커녕 텔레비전에 푹 빠진다. 하지만 브린들 부인은 아무런 말도 하지 않는다. 아이들의 텔레비전 시청에 대해서는 어떤 규칙도 정해놓은 게 없기 때문이다.

케이티는 계속해서 하품을 했다. 이어 바닥에 깔린 카펫 위에 영어 단어 숙제를 올려놓고 공책을 무릎에 받친 채 숙제를 옮겨 적기 시작했다. 이 모든 행동은 반쯤 잠에 취한 듯 비몽사몽 상태에서 진행되었다. "자동 연필깎이를 하나 사야지 안 되겠다. 칼로 직접 연필 깎는 건 더 이상 못하겠어"라고 엄마가 불평했다. 케이티의 시선은 텔레비전과 숙제 사이를 번갈아 오갔다. 꾸물거리는 바람에 숙제를 옮겨 적는 속도가 아주 느렸다. 7시 44분, 케이티는 드디어 "다 끝났어요" 하며 기지개를 켜고 하품을 했다. 엄마가 "이제 옷 입어야지"라고 말했지만 케이티는 꿈쩍하지 않았다. 엄마는 1분 정도 더 기다리다 옷장으로 걸어가 옷이 걸려 있는 옷걸이 두 개를 꺼냈다. 그러고는 양손에 옷걸이를 하나씩 들고 케이티에게 물었다. "(한쪽 옷걸이를 치켜들며) 이걸 입을래, 아니면 (다른 쪽 옷걸이를 보여주며) 이걸 입을래?" 케이티는 옷걸이 하나를 가리키며 "이거요" 하고 대답했다.

케이티는 계속해서 〈굿모닝 아메리카〉에 집중한다. 엄마가 좀더 엄격한 목소리로 한 번 더 재촉하고 나서야 텔레비전을 보며 옷을 입기 시작한다. 엄마는 소파에 앉아 담배를 피우고 있다. 시간은 8시. 케이티는 옷을 다 입었지만 아직 머리 손질이 남아 있다. 머리 손질은 브린들 부인의 몫이다. 부인은 케이티의 머리를 빗어준다. 그리고 딸에게 어떤 머리 모양을 하고 싶으냐고 귓속말로 물어본 다음, 머리를 올려 반쯤 포니테일로 묶어준다. 부인은 우리 연구원에게 "케이티는 이 머리를 싫어하지만, 저는 하나로 깔끔하게 묶는 걸 좋아하거든요"라고 말했다.

이제 거의 등교할 시간이 되었다. 텔레비전 앞에서 물러난 케이티는 주방을 한 번 둘러보더니 제 방으로 달려간다. 그리고 잠시 후 주방으로 돌아온다.

주방으로 돌아온 케이티는 엄마 바로 앞에 서서 (엄마의 텔레비전 시청을 방해하며) 물었다. "엄마, 내 책가방 어디 있어요?" 엄마는 지쳤다는 표정으로 눈썹을 찌푸리고는 깊은 한숨을 내쉬었다. 그리고 "그놈의 책가방이 항상 말썽이군" 하며 언성을 높였다.

이윽고 브린들 부인도 케이티의 책가방 찾기에 동참한다. 열려 있는 케이티의 방문 앞에 선 부인은 짜증난 표정으로 방 안쪽을 가리킨다. 케이티는 머쓱한 웃음을 지으며 책가방을 방에서 꺼내온다. 바깥 기온이 섭씨 영하 7도쯤 되기 때문에 케이티는 온몸을 옷으로 꽁꽁 싸매고 엄마에게 인사한다.

엄마는 케이티의 코트 지퍼를 올려주었다. 그렇지만 후드까지 씌우지는 않았다. 케이티는 장갑을 끼지 않았다. 엄마가 현관 쪽으로 달려가 문을 열었다. 케이티가 먼저 밖으로 나갔다. 엄마는 허리를 숙여 딸에게 입을 맞추고는 애정 어린 목소리로 "잘 다녀와, 이 말썽쟁이"라고 말했다.

　위의 등교 준비 과정은 총 90분이 걸렸다. 케이티와 브린들 부인은 이런 힘겨운 노동을 (경우에 따라 조금씩 변화는 있지만) 등교하는 평일과 (역시 때에 따라 조금씩 다르긴 하지만) 대부분의 주말마다 해야 한다. 여기서 소개한 날 아침에는 그나마 멜멜이 잠들어 있었다. 하지만 대부분의 경우 브린들 부인은 케이티의 등교 준비를 돕는 동시에 〔기저귀를 갈고, 옷을 입히고, 우유병을 물려주거나 '하이-씨(Hi-C)' 오렌지 주스를 먹이는 등〕 멜멜도 함께 돌봐야 했다. 어린 자녀를 둔 편부모 가정이 으레 그러하듯 브린들 부인 역시 혼자서 막중한 책임을 져야 한다. 여기엔 별다른 선택권이 없다. 브린들 부인의 아이들은 엄마가 돌봐주지 않으면 일상생활을 할 수 없기 때문이다.

빈곤층 가정: 자녀 사랑에 뒤따르는 노동

부모라면 누구나 자녀를 양육하기 위해 여러 가지 노동을 한다. 그러나 빈곤층 가정의 경우 양육을 하는 데 중산층 가정이나 노동자 계층 가정보다 더 많은 어려움을 겪는다. (비록 개개인마다 사회적 능력 차이가 있는 것은 사실이지만) 빈곤이 초래하는 부가적인 노동은 개개인의 능력과는 별개의 문제로 봐야 한다. 이런 어려움은 오히려 구조적 자원의 불균등한 분배에 의해 초래된다. 미성년 자녀가 있는 모든 가정에 보조금을 지급하는 서유럽 국가와 달리, 미국에서는 재정적 안정을 이루는 것을 전적으로 개인의 책임이라 여긴다. 따라서 정부의 공공 부조라고 해봐야 자녀 양육에 드는 최소한의 비용도 충족하지 못하는 경우가 태반이다. 게다가 빈곤층이 이용할 수 있는 사회적 자원이라는 것도 부족하기 짝이 없다. 여기에는 관료주의적 요소가 남아 있는 데다 절차도 느릴뿐더러 사회적인 낙인마저 감수해야 한다.

브린들 부인은 현재 실직 상태지만, 과거에는 일을 했었다. 부인은 그 사실을 자랑스럽게 생각하는 듯했다. (예를 들어 부인은 예전에 맥도날드에서 일했을 때를 이야기하며 "나도 거기선 꽤 쓸 만했어요"라고 말했다.) 부인은 멜멜이 학교에 입학하면 다시 일을 시작하려 한다. 그때까지는 공공 부조에 의지해 살아야겠지만 말이다. 한 달에 두 번 브린들 부인은 직접 푸드 스탬프와 보조금을 받으러 가야 한다. 대부분의 경우 아이를 돌봐줄 사람이 없기 때문에 부인은 멜멜을 데려간다. 그러나 연구팀이 동행했던 날은 멜멜의 누나 제나가 동생을 봐주기로 했다. 푸드 스탬프를 받으러 가는 것은 부인이 가장 "싫어하는" 일이다. 오랫동안 버스를 타야 하고, 배급소의 칙칙한 분위기도 마음에 들지 않을뿐더러 푸드 스탬프를 나눠주는 날이면 지친 표정의 여인들이 아이를 데리고 좀처럼 줄어들지 않는 줄에 서서(남자는 거의 없고 여자들이 스탬프를 받으러 온다) 기다리는 모습을 봐야 하기 때문이다. 스탬프를 받기 위한 줄은 배급소가 문을 열기 전부터 길게 늘어선다. 우리가 배급소를 찾은 날은 안으로 들어가는 데만 15분이 걸렸다. 작고 먼지 쌓인 건물 안에는 약 75명이 줄을 서 있었다. 배급소에는 기다리는 사람을 위한 공중 화장실이나 식수대조차 없었다. 그곳에서 약 30분을 더 기다렸다. 출납원들은 느린 속도로 일을 처리했다. 모두 지루하고 무관심한 표정이었다. 9시 5분, 드디어 스탬프를 받았지만 우리는 오랜 시간 동안 기다리느라 몹시 지친 상태였다.

배급소에서 기다리는 동안 브린들 부인은 걱정스럽고 조금은 절망적인 목소리로 "집에 먹을 게 하나도 없어요. 우유나 달걀, 빵, 아무것도요"라고 털어놓았다. 푸드 스탬프를 받은 직후 우리는 식료품점으로 향했다. 케이티의 엄마는 시리얼 네 상자와 하얀 빵 한 덩어리, 우유 1갤런(1갤런은 약 3.8리터—옮긴이), 볼로냐소시지, 아메리칸 치즈, 달걀 그리고 케이크 믹스와 프로스팅 재료를 구입했다. 케이티의 생일이기 때문이다. 그런데 케이크 믹스로 케이크를 만들려면 식물성 기름이 있어야 한다. 식물성 기름은 평소에는 쓸 일이 없는 재료인 데다 계획에 없는 지출이다. 번들거리는 노란색 기름병을 바라보는 브린들 부인의 표정이 어두웠다. 부인은 깊은 한숨을 내쉬며 "음식이 공짜라면 얼마나 좋을까"라고 중얼거렸다.[6]

식료품 가게에서 나온 우리는 집으로 향했다. 이 모든 과정이 약 두 시간 정도 걸렸다.

이처럼 식료품 예산에 여유가 전혀 없을 경우, 예상치 못한 지출이 조금만 생겨도 큰 문제가 발생할 수 있다. 하루는 푸드 스탬프를 받아 집으로 돌아온(이날은 부인 혼자 배급소에 다녀왔다) 부인이 푸드 스탬프를 덜 받은 것 같다며 화를 내기 시작했다.

부인은 주방 테이블에 앉아 딸 제나를 바라보며 슬픈 목소리로 말했다. "아무래도 40달러가 모자란 것 같아. 뒤에서 기다리는 사람들이 하도 빨리 하라고 성화를 하는 바람에 제대로 못 세어봤거든."
부인은 자리에 앉아 푸드 스탬프를 세기 시작했다. 푸드 스탬프를 세는 엄마 옆에서 케이티가 (별로 크지 않은 목소리로) 흥얼거리는 소리를 냈다. 부인은 화난 목소리로 "조용히 해! 아까도 시끄러워서 세는 데 집중을 못했단 말이야. 어찌나 소리를 질러대던지." 그러곤 제나를 바라보며 "이건 말도 안 돼. 우리한테 금액이 적은 푸드 스탬프를 줬단 말이야. 우리 가족은 금액이 큰 스탬프를 받기로 돼 있는데……"라고 하소연했다. 엄마의 꾸지람을 들은 케이티는 아무 말도 하지 않고 조용히 소파에 앉아 있었다.

딸 제나가 엄마를 안심시키기 위해 "괜찮아요. 난 집에서 밥 안 먹어도 돼요"라고 말했다. 그러자 이제 겨우 아홉 살이지만 집안의 어려운 형편을 잘 알고 있는 케이티가 제나의 말을 반박하며 "어쨌든 40달러 손해 본 거잖아"라고 말했다.

중산층 가정에서는 지루하긴 해도 단순한 작업이라 할 수 있는 세탁조차 브린들 부인에게는 번거로울 뿐만 아니라 비용이 많이 들고 어려운 일이다. 특히 25센트짜리 동전은 항상 부족하다. 은행에서도 자기들 고객이 아니면 지폐를 25센트짜리 동전으로 바꿔주는 걸 꺼려하는데, 브린들 부인에게는 은행 계좌조차 없다. (계좌가 필요할 경우에는 우편환을 이용한다.) 식료품점에서 25센트짜리 동전을 바꿔주기는 하지만, 버스로 20분이나 걸리는 거리에 있다. 그러나 더 큰 문제는 아파트에 있는 세탁기 세 대와 건조기 두 대가 수시로 고장 난다는 것이다.

부인은 (안락의자 옆에 쌓인 빨랫감 무더기를 바라보며) "자동차가 있었으면 좋겠어요. 입을 옷도 이제 거의 없거든요"라고 하소연했다. 내가 "세탁기가 고장 났나요?" 하고 묻자, 부인이 말했다. "세탁기를 쓰러 내려갔다가 기겁했어요. 세탁기에서 물이 흘러넘치고 있지 뭐예요. 그런데 아직까지 고치지를 않아 물이 꽉 차 있어요. 그래서 오늘은 다른 동에 있는 세탁기를 쓰러 갔죠. 거기도 잠겨 있기에 아, 여기 세탁기도 고장이 났나보구나 싶었죠. 정말 말도 안 되는 상황이죠. 난방이 안 돼서 파이프가 터진 거예요. 날씨가 춥긴 추운가봐요."

자주는 아니지만 세탁기가 고장 나는 바람에 케이티가 학교에 결석하는 일도 발생한다. 세탁을 못해 입을 옷이 전혀 없을 경우, 옷을 세탁할 수 있을 때까지 학교에 못 가고 집에 있어야 하는 것이다.

아이들을 데리고 대중교통을 이용하는 것 역시 브린들 가족이 겪는 어려움 중 하나다. 어린 아기를 품에 안고 기저귀 가방과 짐을 든 상태라면 버스 기사에게 차비를 건네는 것조차 어려울 수 있다. 마찬가지로 버스에 자리가 있어 앉는다 해도 긴 시간 동안 아이들을 지켜봐야 하기 때문에 여간 신경 쓰이는 일이 아니다. 게다가 버스는 정시에 도착하지 않는 일이 잦고 아예 오지 않는 경우도 있다. 무엇보다 승용차를 타고 가는 것보다 훨씬 느리다는 단점이 있다. 때로는 대중교통을 이용하는 게 위험하기까지 하다. 엄마들은 자녀를 데리고 여름에는 뙤약볕 아래서, 겨울에는 추운 날씨에 그리고 비가 오는 날에는 폭풍우를 맞으며 길거리에 서 있어야 한다. 버스는 보통 자동차가 많은 도로로 다니기 때문에 버스 정류장에서 기다릴 때는 아이들이 차도로 나가지 않도록 주의를 기울여야 한다. 멜멜은 버스를 좋아한다. 버스가 움직일 때의 느낌을 즐기는 듯하다. 그래서 브린들 부인은 이따금 버스에서 아들과 둘만의 오붓한 시간을 보내기도 한다. 예를 들어 (퇴거 명령에 항의하기 위해) 버스를 타고 지방 법원으로 가던 중 브린들 부인은 미소를 지으며 아들에게 "멜멜, 엄만 널 정말 사랑해!"라고 말하기도 했다.[7] 그러나 할 수만 있다면 버스보다는 자가용을 타는 것이 낫다. 브린들 부인의 경우는 자가용을 빌려 타는 것도 어렵다. 남동생의 차가 자주 고장 나는 데다 설령 고장 나지 않았다 해도 동생과 일정을 맞춰 차를 빌리기가 쉽지 않기 때문이다. 어머니의 차를 빌려 탈 때도 마찬가지다. 게다가 아이를 차에 태우려면 법적으로 어린이용 카시트를 사용해야 한다. 그런데 이 카시트가 비쌀뿐더러 무겁기도 하고 이 차에서 저 차로 옮기기도 어렵다. 그래서 카시트가 없는 할머니의 자동차에 멜멜을 태울 때면 할머니는 혹시나 경찰한테 걸리지 않을까 전전긍긍한다. 그러다 경찰이 나타나면 손자의 머리를 창문 밑으로 숙이게 해 경찰의 눈을 피한다. 할머니는 이런 행동에 대해 자신이 마치 "범죄자가 된 것 같은 기분"이라고 말했다. 그렇지만 경찰의 검문에 걸릴 수는 없다. "벌금이 1000달러가 넘는걸요!"

불편한 교통수단뿐 아니라 빈곤층 가정은 살 곳을 정하는 데에도 선택권이 없다. 그래서 케이티의 가족은 바퀴벌레가 나오고 시설이 낙후된 아파트에 살면서도 참고 견뎌야 한다. 겨울에는 제설이 안 돼 눈과 얼음이 그대로 남아 있고, 편의 시설은 만성적으로 고장 나 있으며, 하수도는 물이 줄줄 새는데도 말이다. 그래도 아직까지는 "운 좋게도" 이웃 때문에 문제를 겪은 적은 없다. 즉, 주변에 거주하는 위험인물 때문에 아파트 내에서 사고가 난 적은 없었다는 뜻이다. 하지만 브린들 부인의 올케이자 절친한 친구인 메리의 경우는 그런 '행운'을 누리지 못했다. 마약 밀매상이 메리가 사는 아파트로 이사를 왔기 때문이다.

수많은 문제점이 있긴 하지만 브린들 가족이 거주하는 아파트에서는 적어도 독립적이고 사생활을 보장받는 생활 공간 정도는 누릴 수 있다. 그러나 연구가 중반쯤 이르렀을 무렵엔 그마저도 위협을 받았다. 브린들 부인이 집세를 밀리기 시작하면서부터였다. 처음 아파트에 입주할 때, 부인은 제나와 한 달에 600달러가량 하는 집세를 나눠 낼 생각이었다. 그러나 몸이 아파 병원을 찾은 제나가 HIV 양성 판정을 받으면서, 결국 집세를 나눠 낼 수 없게 되었다. 브린들 부인은 혼자 집세를 감당하기가 벅찼다. 공영 주택 입주는 대기자가 너무 많아 몇 년을 기다려야 하고, 케이티의 할머니네 집에 들어가 사는 것도 한 가지 방법일 수는 있지만 그건 최후의 수단으로 남겨둘 생각이었다. 브린들 부인의 형제인 (정신분열증 환자) 존과 라이언이 이미 그 집에서 살고 있기 때문이다. 만약 할머니네로 들어간다면, 브린들 가족은 그 집 지하실에서 살아야 할 것이다. 게다가 할머니는 목재를 사용하는 스토브와 석유난로로 난방을 하기 때문에 제나의 알레르기가 더 심해질 우려도 있었다. 하지만 가장 큰 문제는 제나와 할머니 사이가 그다지 좋지 않다는 사실이었다. 이 둘 사이의 갈등은 수년간 지속되었는데, 제나가 열 살 때 할머니가 그 애를 "걸레 같은 년"이라고 부른 적이 있을 정도다.

문제를 해결할 방법도, 앞으로 어떻게 살아야 할지도 알 수 없게 된 브린들 부인은 그저 하릴없이 시간만 보냈다. 그러던 중 집세가 밀리자 집주인은 그들을 내쫓는 수순을 밟기 시작했다. 결국 2월의 어느 추운 날, 브린들 부인과 멜멜 그리고 우리 현장 연구원 한 명은 지방 법원을 방문했다. 몇 시간을 기다린 끝에야 겨우 판사 앞에 설 수 있었다. 판사는 브린들 부인에게 30일의 시간을 줄 테니 이사를 하라는 판결을 내렸다. 그러나 그다음 주 부인은 법원에서 '불참' 통보를 받았다. 법원 기록에 따르면, 브린들 부인은 정한 시간에 법원에 나타나지 않았고, 따라서 임대인은 브린들 가족을 당장이라도 쫓아낼 권리가 있다는 것이었다. 사실 브린들 부인은 절망적인 심정으로 법원에 여러 번 연락을 했었다.

　법원에서 알려준 번호로 전화를 했는데 계속 "다시 전화하라"고만 하지 뭐예요. 전화만 자꾸 해봤자 해결이 안 될 것 같아서 책임자가 누구냐고 물었어요. 정말이지 전화 거는 건 지긋지긋해요. 그런데 우편으로 이게 온 거예요. 그러니 화가 날 수밖에요.

　한편, 제나는 북동부 지역의 매서운 겨울을 피해 플로리다에 있는 아빠와 함께 살기로 결정했다. 그러나 플로리다에 도착한 뒤 일이 뜻대로 되지 않았다. 제나의 아빠가 생각처럼 도움을 주지 않은 데다 미리 생각해두었던 일도 무산이 되고, 건강까지 나빠졌다. 그 바람에 잠시 동안이지만 병원 신세까지 졌다. 제나가 도움을 청하자 걱정이 앞선 브린들 부인은 플로리다에 가기로 결정했다. 플로리다까지 갈 자금을 마련하기 위해 거실과 침실의 가구들을 팔았다. 그러나 침실 가구를 구매한 사람이 지불을 미루면서 여행이 늦어졌다. 부인은 기다리는 게 고통스러울 뿐만 아니라 결국은 계약이 무산되어 플로리다에 못 갈지도 모른다며 걱정했다.

　브린들 부인은 이렇게 말했다. "침실 가구들을 어떻게든 팔아야 해요. 지금쯤이면 원래 다 팔렸어야 하는데, 눈 때문에 구매자들이 가구를 가지러 올 수 없는 거예요. 그리고 계약 당시에는 돈이 있다고 했지만, 지금쯤 그 돈을 어디다 써버렸을지 누가 알아요? 플로리다에 갈 차비가 필요해요. 내일 당장 표를 사러 가야 한다고요. (이야기를 하는 동안 부인의 목소리는 걱정으로 인해 높아졌다.) 일단 가구 값으로 50달러를 받으면 차비는 충분할 거예요. 나머지 돈은 거기서 쓸 여행 경비고요."

이미 한 아이를 잃은 경험이 있는 브린들 부인은 제나가 아프다는 소식에 이성을 잃고 필사적으로 플로리다에 가려 했다. 제나가 처음 에이즈 판정을 받은 가을, 브린들 부인은 자살을 시도했다. 절망감에 빠져 알약 수십 개를 술과 함께 삼킨 것이다. (자녀들은 엄마와 다른 방에 있었다고 했다.) 결국 병원으로 호송돼 위세척을 받고 살아난 부인은 그때부터 반드시 제나를 돌봐주리라고 마음먹었다. 하지만 지금 플로리다까지 가는 여행 경비가 앞길을 가로막고 있었다. 브린들 부인은 학기가 끝날 때까지 케이티를 할머니 댁에 맡길 생각이었다. 그래서 케이티에게 넌지시 6월까지만 할머니와 지내면 어떻겠냐고 물어보았다. 하지만 케이티는 "싫어요. 나도 갈래요" 하며 단호히 거절했다. 그뿐 아니라 엄마가 플로리다에 있는 동안 메리 아줌마와 함께 지내는 건 어떻겠냐는 제안도 거절했다.

"여기 있어도 되지 않니?" 부인은 애걸하듯 묻고, 약 1분 정도 정적이 흐른 뒤 다시금 "메리 아줌마가 잘 돌봐주실 거야"라고 이야기를 꺼냈다. 주방으로 걸어가다 이 이야기를 들은 메리는 "안 될걸. 케이티가 나랑 지내면, 내가 쟤를 때릴지도 몰라" 하고는 케이티를 바라보며 "네 엄마는 네가 다칠까봐 널 못 때리지만, 난 네가 말을 안 들으면 널 때려서라도 버릇을 고칠 수 있어"라고 경고했다.
이 얘기를 들은 브린들 부인은 "그건 그러네" 하고 중얼거렸다. 케이티는 아무 말도 하지 않았다.

메리 아줌마는 자진해서 "내가 케이티를 맡아 기르면 우리 아버지가 날 두들겨 팼듯이 앨 때리게 될 거야"라며 자신의 가정사를 늘어놓았다. 메리의 아버지가 너무 심하게 때린 나머지 피까지 흘렸지만, 결국은 자신의 못된 행동을 고치게 되었다는 얘기였다.

케이티는 엄마에게 "엄마도 내 얼굴을 때린 적이 있잖아요"라고 말했다. 엄마가 "네가 말을 안 들으니까 뺨을 때린 거지. 과장하지 마"라고 해명하자 케이티는 "어쨌든 눈에 멍이 든 채 학교에 가야 했어요"라고 토를 달았다.

그날 오후는 매우 느리게 지나갔다. 가족들은 대부분의 시간을 연속극이나 〈오프라 윈프리 쇼〉를 보며 보냈다. 엄마와 숙모가 바로 옆에 있는데도, 케이티는 자기 스스로를 때리기 시작했다. 어른들도 분명이 소리를 들었지만 아무도 아는 체하지 않았다.

케이티가 주먹으로 자기 이마를 때리기 시작했다. 침대에 앉은 채 오른손 주먹으로 이마를 때리며 계속해서 뒤로 쓰러졌다. 이런 자해 행위는 약 3분간 지속되었다. 내게는 아주 긴 시간처럼 느껴졌다.

엎친 데 덮친 격으로 이제는 멜멜마저 누나를 따라 했다.

멜멜이 침대 위로 기어 올라와 나와 케이티 사이에 앉았다. 그러더니이내 케이티의 행동을 따라 했다. 아이들이 약 10분간 이런 행동을 지속했음에도 부인과 메리는 아무런 말도 하지 않은 채 바라보기만 했다.

케이티는 내게 "이것 때문에 내가 병원을 다닌 거예요"라고 가르쳐주었다. 내가 "무엇 때문에?"라고 되묻자 "자해를 해서요"라고 대답했다. 나는 다시 물었다. "병원에 가서 어떤 치료를 받았니?" 케이티는 "절대 방 안에 가둬놓더라고요"라고 시큰둥하게 말했다. 내가 "그다음엔 어떻게 했니?"라고 묻자, "나한테 자존감에 대해 가르쳐주고 자해를 하지 말라고 얘기했어요"라고 중얼거렸다. 부인과 메리는 여전히 〈오프라 윈프리 쇼〉를 보고 있었다.

할머니 댁이 됐든, 메리 아줌마네가 됐든 케이티가 엄마 없이 혼자 남고 싶지 않다는 것은 분명해 보였다. 케이티가 연기에 재능이 있다는 걸 알고 있는 브린들 부인은 어쩌면 딸이 의도적으로 자기감정을 부풀려 표현하는 거라고 생각해 그런 행동을 무시한 것일 수도 있다. 그게 아니라면, 어쩌면 브린들 부인은 막내딸의 감정이 얼마나 정당하든 그걸 인정할 여유가 없는 것일 수도 있다. 브린들 부인은 과거 우울증을 겪은 적이 있으며, 항상 첫 아이의 죽음이라는 유령에 홀린 듯하다. 그래서 제나를 돌보기 위해 플로리다로 가야만 한다고 느꼈다. 그리고 케이티를 다른 사람에게 맡기면 그 일이 훨씬 쉬울 터였다. (그러나 결국 브린들 부인은 멜멜과 케이티를 모두 데리고 플로리다로 떠났다.)

이번 연구에 참여한 모든 가족은 자신만의 골칫거리를 떠안고 있었다. 이들의 차이점은 각 가정이 겪는 문제의 종류나 어려움의 정도, 개개인의 성격에 따라 그 문제에 대응하는 방식 그리고 가족에게 주어진 구조적 자원에서 드러났다. 브린들 가족은 우리가 방문한 다른 빈곤층 가정보다 다양하고 심각한 정신질환 문제를 겪고 있었다. 그러나 브린들 가족이 겪는 생활 측면의 문제는 다른 빈곤층 가정에서도 흔히 볼 수 있는 것이었으며 문제의 근원도 같았다. 바로 아이들을 양육하고 필요를 충족하는 자원이 부족했다는 점이다. 브린들 부인에게 주어진 일(예를 들어 푸드 스탬프를 받으러 가는 일이나 제대로 작동하는 세탁기를 찾는 일, 집주인이나 이웃의 위험인물들과 실랑이를 벌이는 일 그리고 막강한 관료주의의 허점을 상대하는 일 등)은 어느 빈곤층 가정에서나 볼 수 있는 일상적인 문제였다.

빈곤층 가정에서 흔히 겪는 이러한 일상적 딜레마야말로 '사회 구조적 문제'라는 정의에 꼭 들어맞는다. 사회 구조가 조직되는 방식에 따라 생겨나는 딜레마이기 때문이다. 그리고 이런 사회 구조적 문제에 가족 구성원의 개인적 문제가 뒤섞인다. 실제 가족의 일상생활에서 우리가 목격한 것은 사회 구조적 문제와 개인의 문제가 끊임없이 '상호 작용'해 만들어낸 상황이라고 할 수 있다. 빈곤층 및 노동자 계층 가정의 경우 이 '상호 작용' 중에서도 특히 사회 구조적 요소가 가장 큰 문제를 초래했다. 부족한 자원 때문에 가난한 가족은 거주 환경이나 부모의 직업(혹은 실직 상태), 이동 수단 그리고 부모의 양육 방식 및 양육 수단을 선택하는 데 상당한 제약을 받았다.

이런 맥락에서 보면, 이들 빈곤층 가정의 우선순위에서 아이들의 여가 활동이 우위를 차지하지 못하는 것은 놀라운 일도 아니다. 그러나 다음 장에서 설명하겠지만, 빈곤층 (및 노동자 계층) 부모가 상대적으로 아이들의 놀이에 덜 관여하거나 아이들이 음악·미술·연극 또는 운동 등에 갖는 흥미를 무시하고 관련 활동에 등록해주지 않는 것은 단순히 그들이 느끼는 생활의 무게가 무겁기 때문만은 아니다. 중산층 부모 사이에서 당연시하는 자녀 교육에 대한 '의무감'도 빈곤층 및 노동자 계층 부모에게서는 좀처럼 찾아보기 힘들다. 마찬가지로 중산층 아이들은 어른의 관심을 자신의 당연한 권리라고 느끼는 반면 빈곤층 및 노동자 계층 아이들은 그런 것을 당연한 권리로 주장하지 못한다.

아이들의 놀이는 아이들 몫으로 남겨두는 빈곤층 부모

중산층 부모들은 보통 매우 바쁘며, 집에서까지 일을 하는 경우도 잦다. 따라서 아이가 자신의 재능을 뽐낸다 해도, 예를 들어 피아노를 연주하고 촌극을 하거나 혹은 춤 솜씨를 드러낸다 해도 그걸 항상 지켜볼 수는 없다. 그렇지만 아이의 재능을 개발해줘야 한다는 일종의 의무감을 갖고 있기 때문에 되도록이면 아이들의 활동을 지켜보고 평가하고 응원해주려고 노력한다.[8] 때로는 부모가 자원해서 아이들의 활동에 참여해 함께 보드 게임이나 단어 게임을 하고, 뒷마당에서 함께 운동을 하거나 아이들이 학교에서 하는 프로젝트를 도와준다.

노동자 계층 및 빈곤층 부모 역시 때로는 아이들 놀이에 함께하기도 한다. 예를 들어 백인 노동자 계층인 야넬리 가족(11장 참조)의 경우, 빌리(야넬리의 형제들 중 우리가 주의 깊게 관찰한 아이)와 아빠는 집 앞 인도에 앉아 함께 카드놀이를 하기도 했다. 케이티의 집에서도 어른들이 아예 아이들 활동에 참여하지 않는 것은 아니다. 브린들 부인도 이따금 케이티와 사촌 에이미의 촌극을 봐주곤 했다. 그리고 엄마가 케이티와 함께 '모노폴리(Monopoly)' 게임을 하는 일도 없지 않았다.

우리가 관찰한 대부분의 가정에서, 아이들 활동에 어쩌다 한 번씩 적극적으로 참여하는 어른은 많았다. 그러나 노동자 계층 및 빈곤층 가정 부모는 중산층 부모의 개입 정도와 비교할 때 아이들의 여가 활동에 훨씬 덜 관여하고 있는 게 분명했다. 노동자 계층 및 빈곤층 부모는 대부분 자녀의 학교 밖 활동이 중요하지 않다고 여기거나, 좀더 정확히 말하면, 어른이 시간을 투자해 신경 써줄 필요가 없는 활동이라고 생각했다. 그들이 볼 때, 아이들의 여가 활동은 아이들끼리 하는 일이지 어른의 개입이 필요한 일은 아니기 때문이다. 이런 이유로 노동자 계층 및 빈곤층 가정에서는 어른과 아이들의 세계에 분명한 구분이 있으며, 함께 놀아달라는 아이들의 요구는 불필요하거나 심지어 성가신 일로 치부되었다.

에이미가 다소 뜬금없는 이야기를 했다. "케이티는 죽는 걸 잘해요. 죽는 거랑 우는 거요." 그러자 케이티가 우리에게 "날 쏘는 시늉을 해봐요"라고 말했다. 큰 관심도, 열의도 없는 태도로 할머니가 손가락을 들어 케이티의 가슴팍에 대고 (무척 지루한 목소리로) "빵!" 하고 외쳤다. 케이티가 한 걸음 비틀거리며 물러났다. 그러더니 죽는 장면을 아주 느릿느릿하면서도 극적으로 연기하기 시작했다. 죽는 연기를 하는 케이티는 양손으로 심장을 움켜쥐고 두 다리를 쭉 편 채 뒤로 쓰러지며 소파에 드러누웠다. 그러곤 천천히 소파에서 굴러 떨어지더니 (마지막 한 방을 날리려는 듯) 힘없이 왼쪽으로 고개를 떨어뜨렸다. 시체 연기를 하는 동안 케이티는 꼼짝도 하지 않았다.

신이 난 에이미는 펄쩍펄쩍 뛰어다녔다. 나는 웃으며 "아주 잘하는데"라고 얘기해주었다. 그러나 할머니는 아무 말도 하지 않았다. 얼굴에는 지루한 표정이 역력했다. 자리에서 일어난 케이티가 총을 또 쏴보라고 했다. 이번엔 내가 오른손으로 케이티를 쏘는 시늉을 했다. 케이티는 같은 연기를 한 번 더 반복했다. 할머니는 (케이티의 연기에는 아무런 관심도 보이지 않은 채) 텔레비전만 바라보았다.

케이티가 세 번째로 총을 쏴달라고 부탁하자, 할머니의 얼굴에 귀찮아하는 표정이 스쳤다. 하지만 할머니는 아무런 말도 하지 않았다. 케이티는 더 이상 부탁하지 않았다. 아이들 놀이가 으레 그렇듯 케이티와 에이미도 놀이 주제를 바꿨기 때문이다. 두 아이는 주방에 들어가더니 성탄절 촌극을 하겠다며 거실로 나왔다. 중산층 가정 부모들은 아이의 이런 창의성에 칭찬을 아끼지 않는다. 그러나 할머니는 케이티의 촌극을 완벽하게 무시했다.

"내가 산타 할아버지고, (케이티에게) 넌 버릇없는 어린애야." 에이미가 역할을 정했다. 에이미와 케이티는 각자 역할에 맞는 모자를 썼다. 에이미가 소리쳤다. "우리가 하는 걸 봐요! 연극할 거예요! 내가 산타고 넌 어린애야. 원래는 말썽꾸러기였는데, 나중에는 착해지는 거야."
내가 아이들의 촌극을 보는 동안, 가족 중 누구도 나와 함께 아이들을 지켜보지 않았다. 할머니는 텔레비전만 보았다. (할머니는 시선조차 돌리지 않았다. 에이미의 아버지도 있었지만, 아이들의 촌극을 무시했다. 존 삼촌도 소파에 앉아 있었는데, 주위에 있는 모든 사물의 존재를 잊은 듯한 모습이었다.)[9]

아이들이 연극을 봐달라고 아우성을 피우자 할머니가 알았다며 시선을 돌리긴 했지만, 여전히 그다지 큰 열의는 없었다.

케이티가 산타클로스(에이미)에게 다가갔다. 에이미는 의자에 앉아 케이티를 맞이했다. 할머니는 아이들에게 집중하지 않고 (텔레비전에서 상영 중인) 〈로잔느〉를 보고 있었다. 에이미가 화를 내며 텔레비전을 끄더니 "할머니! 우리를 봐줘야죠!" 하고 소리쳤다. 할머니는 아무 말도 하지 않고 잠깐 동안 아이들의 연극에 집중했다.[10] 케이티는 에이미 바로 옆에서 깡충깡충 뛰어다녔다. 에이미가 연극 대사를 읊었다. "(밝은 빨간색 털이 복슬복슬한 크리스마스 양말을 치켜들며) 이 요정은 석탄을 많이 받았기 때문에 돌로 가득한 양말을 가지고 있단다." (에이미가 양말 속에서 돌을 꺼내 하나하나 바닥에 놓았다.) 그러더니 에이미와 케이티는 갑자기 옆방으로 들어가 함께 웅크리고 앉았다. 할머니는 이 모든 것에 전혀 관심을 보이지 않았다.

잠시 후, 거실로 돌아온 아이들이 아까보다 더 크고 연극적인 말투로 "1막을 시작하겠습니다"라고 선언했다. 그러곤 머리에 크리스마스 양말을 쓴 다음 짤막한 성탄절 촌극을 공연하기 시작했다. 케이티는 "저는 고아 역할입니다. (잠시 멈췄다가) 우리 부모님은 모두 돌아가셨습니다"라고 말했다. 고아 역을 맡은 케이티는 간절한 태도로 산타(에이미) 할아버지에게 다가갔다. 그러나 촌극을 막 시작할 무렵 에이미의 아빠가 거실로 들어왔다.

라이언은 아이들 놀이에는 관심도 보이지 않은 채 오래된 진공청소기를 꺼냈다. 청소기 코드를 꽂은 다음 아이들이 서 있는 크리스마스트리 밑을 청소하다 그만 크리스마스 장식을 청소기로 빨아들이고 말았다. 라이언은 개의치 않고 고개도 들지 않은 채 묵묵히 청소기만 돌렸다. 에이미는 청소하는 아빠를 피해 계단 위로 올라갔다. 에이미와 케이티는 라이언의 이런 방해에도 아랑곳하지 않았다.

다시금 관객들(이 시점에서 연극을 지켜보는 이는 나뿐이었지만)에게 고개를 돌린 에이미가 단호한 목소리로 "1막이 끝났습니다"라고 선언했다. 나는 웃으며 "잘했어!"라고 말했다. 두 아이는 아까와 마찬가지로 주방에서 2막을 기획하고, 거실로 돌아와 연극을 했다. 그러나 이번에도 할머니는 아이들에게 거의 아무런 관심도 보이지 않았고, 라이언 역시 조카딸과 딸의 연극을 완벽히 모른 체했다.

청소기가 계속해서 시끄러운 소음을 냈다. 라이언은 "고장이 났나" 하며 청소기를 끌어당겨 출입구(아이들이 연극을 하는 곳)에 내려놓고 쭈그리고 앉아 이리저리 살폈다. 아이들을 계속 무시하던 할머니도 무릎을 꿇고 앉아 청소기를 살펴보았다.

에이미와 케이티는 관객들에게 인사를 한 후 3막을 기획하기 위해 물러났다. 나는 라이언과 할머니를 따라 청소기를 살펴보았다. 청소기 솔에 크리스마스 장식이 뒤엉켜 롤러를 단단히 감싸고 있었다. 나는 할머니를 도와 크리스마스 장식을 빼내기 위해 애썼다. 그사이 3막 기획을 마친 아이들이 돌아왔다. 아이들은 할머니 바로 곁에 서서 촌극을 시작했다. 그나마 나마저 청소기를 고치느라 바닥에 앉아 있으니, 아이들의 연극을 봐주는 이는 아무도 없었다.

비록 직접적으로 봐달라고 하거나 관심을 바라며 머뭇거리지는 않았지만, 에이미는 커다란 연극 톤으로 "3막 시작!"이라고 외쳤다. 3막에는 약간의 춤 동작까지 포함되었다. ……아이들은 이리저리 통통 뛰어다니고 다리를 앞뒤로 흔들며 산타 할아버지와 요정들이 어떻게 집을 찾아오는지 이야기했다.

할머니는 상당히 성가신 표정이었다. 아이들이 바로 앞에서 서성대는 데다 할머니 근처에서 이리저리 발길질을 하며 춤을 추었기 때문이다. 게다가 아이들은 큰 목소리로 열의에 차서 노래까지 불렀다. 할머니는 눈살을 찌푸리긴 했지만 그만하라고 하지는 않았다. 그저 고장 난 청소기를 고치는 데 더 집중할 뿐이었다.[11]

그렇다고 케이티가 언제나 무시만 당하는 건 아니다. 예를 들어 브린들 부인은 지난 초가을 케이티가 3개월간 전일 출석으로 상을 받은 학교 활동을 집에서 재연할 때면 기분 좋게 미소를 지으며 봐주었다. 부인은 또한 케이티가 자원해서 일주일에 한 번 방과 후 한 시간씩 참여하기로 한 (무료) 합창단 활동도 지지하는 듯했다. (이 활동에 참여하기 위해 케이티는 일주일에 한 번 학교까지 걸어서 오가야 한다.) 심층 인터뷰에서 부인은 케이티의 합창단 활동을 찬성하는 이유를 이렇게 밝혔다.

> 그냥 뭐랄까, 아이한테 할 일이 있으면 좋을 것 같아요. 친구도 생기니까 집에서 하릴없이 있는 것보다 낫겠죠. ……아시다시피 케이티가 합창단 활동을 아주 좋아해요. 할 일이 생긴 거니까요. 반대할 이유가 없죠.

부인은 단순히 말로만 케이티의 활동을 응원하는 것이 아니었다. 돈 들어갈 다른 곳이 많음에도 딸이 합창단 연휴 공연 때 입을 어두운 빛깔의 치마를 사기 위해 비용을 지불하고, 옷가게까지 하지 않아도 될 걸음을 했다.[12] 그러나 브린들 부인과 달리 중산층 엄마들이 놓치지 않고 알아채는 점이 있다면, 딸의 노래에 대한 흥미를 여러 가지 다른 방법으로 잘 살려 흥미에 그치지 않고 훌륭한 재능으로 발전시켜줄 수 있다는 사실이다. 브린들 부인의 경우, 연극에 대한 케이티의 관심에 대해 진지하게 이야기를 나누는 일도 없으며, 케이티의 재능을 집중적으로 개발해줄 경제적 여력이 없다는 사실을 유감스럽게 느끼지도 않는다. 부인은 케이티의 재능이나 관심을 딸의 성격의 일부라고 볼 뿐이다. 노래나 연기는 케이티를 케이티답게 하는 정체성의 일부라는 식이다. 브린들 부인은 딸이 엄마에게 보여주는 연극을 그저 "귀여운 재롱"쯤으로 생각하고 "엄마의 관심을 끌려는 행동"으로만 여긴다. 부인역시 딸이 다른 사람들에게 연기 실력을 칭찬받으면 자신감을 갖는 데도움이 될 거라고 생각하지만, 그렇다고 해서 케이티의 재능을 개발해주는 것이 엄마로서의 책무라고 여기지는 않는다.

그렇기 때문에 브린들 부인은 케이티가 집에서 연극 놀이를 해도 딸의 창의성을 고취하기 위한 물질적 지원을 해주는 것은 그다지 중요하지 않다고 생각했다. 특히 빈곤층이 주로 거주하는 동네 아이들은 갖고 있는 물건이 별로 없어 놀이를 할 때도 임시변통으로 필요한 준비물을 만드는 경우가 다반사다. 예를 들어 케이티와 에이미는 연극할때 사용하려고 만든 의상을 할머니 댁에 맡겨두었다. 케이티의 집에는 연극 의상이 하나도 없다. 중산층 가정에는 아이들이 실컷 사용하고도 남을 만큼의 종이와 크레용·마커·스티커 등 공예 준비물을 구비하고 있지만, 브린들 가족의 집에는 그런 것들이 말 그대로 하나도 없었다. 심지어 자나 마커 펜 같은 것도 없었다. 종이 역시 종류를 막론하고 언제나 부족했다. 아파트 단지의 쓰레기통에서 깨끗한 판지를 찾아낸 케이티가 그것으로 하얀 눈꽃을 만들어 선물하자, 엄마는 그걸 받으면서도 "겨울도 곧 끝날 텐데 뭘 이런 걸 만드니"라며 핀잔을 주었다. 딸의 재치나 창의성에 대한 칭찬은 전혀 하지 않았다. 브린들 부인은 케이티의 이런 창의적 시도가 케이티 자신의 일이지 엄마의 책임은 아니라고 생각했다. 그렇기 때문에 케이티가 판지 상자로 인형 집을 만드는 걸 도와달라고 했을 때에도 별다른 미안한 감정 없이 딸의 요구를 거절할 수 있었다.

마찬가지로 부인은 멜멜 역시 별다른 교육이나 장난감이 필요 없다고 생각했다. 부인은 멜멜이 커피 테이블을 쾅쾅 내려치는 것이나 바닥을 데굴데굴 굴러다니는 것, 또는 제나의 강아지를 손으로 찌르는 행동과 "아이의 발달 과정을 도와주기 위해 특수 제작한" 장난감을 가지고 노는 것 사이에 큰 차이가 있다고 생각하지 않았다. 어차피 그런 장난감들은 특별한 경우를 제외하고는 옷장 속에 고이 모셔놓고 사용하지 않았다.

당면한 생활고 때문에 케이티의 취미 활동에 대한 브린들 부인의 관심이 줄어들 수밖에 없었던 것은 분명한 사실이다. 부인은 막중한 경제적 부담감에 시달렸으며 큰딸 제나의 병치레로 더욱 절망적인 상황이 되었다. 그러나 이런 경제적 문제가 부인의 자녀 양육 방식에 미치는 영향은 부분적일 뿐이다. 설령 걱정거리가 지금보다 적다 해도, 케이티의 엄마가 딸의 재능을 바라보는 시선은 크게 다르지 않을 것이며 어른들의 관심을 끌려는 케이티의 노력에 대해서도 지금과 비슷한 태도를 유지했을 것이다. 브린들 부인은 아이들의 기본적인 필요를 충족해주기 위해 최선을 다한다. 몸이 아픈 장녀를 돌보기 위해서라면 가지고 있는 가구를 팔아 수천 킬로미터 떨어진 곳까지도 갈 수 있는 엄마였다. 케이티가 사촌과 어울려 노는 모습을 볼 때마다 흐뭇해했으며, 버스의 흔들거림에 기뻐하는 멜멜을 보며 함께 행복해하기도 했다. 그러나 아이의 창의성 개발이라는 영역은 부인이 볼 때 자신의 책임 밖 일이었다. 즉, 아이들 놀이는 결국 아이들 놀이일 뿐이라고 생각했다.

토의

연구 대상 가족들을 관찰하며, 우리는 경제적 자원이 제한된 가정일수록 단순한 생활 차원의 문제조차 해결하기 힘들다는 사실을 알게 되었다. 그렇기 때문에 빈곤층 가정 엄마들은 노동자 계층의 엄마들보다 더욱 심각한 생활고를 겪어야 했다. 두 계층 모두에서, 자녀들은 부모의 어려운 경제 상황을 잘 알고 있었다. 케이티는 모자란 푸드 스탬프에 대해 걱정했다. 배가 고픈 상태임에도, 아이는 할머니 댁에서 음식을 달라는 말을 꺼낼 때 조심스러운 태도를 보였다. 또 브린들 가족에게는 한 달에 한두 번씩 냉장고가 텅텅 비는 경우 역시 흔했다. 노동자 계층과 빈곤층 가정 모두 상당한 경제적 어려움을 겪긴 했지만, 후자의 경우가 더욱 심각했다. 빈곤층 중에서도 브린들 가족처럼 특히 더 심각한 어려움을 겪는 가정이 있었다. 마찬가지로 성추행 피해 경험이 있는 케이티 같은 아이는 다른 아이들보다 심리적으로 극복해야 할 더 큰 어려움을 지니고 있었다.[13] 따라서 넓게는 같은 사회 계층에 속한다 해도 개개인의 사정에 따라 느끼는 어려움에는 각기 차이가 있었다.

처음 이 연구를 시작했을 땐 빈곤층 가정과 노동자 계층 사이의 자녀 양육 방식에 상당한 차이가 있을 거라고 예상했다. 그러나 실제로 겪어본 결과 그것은 사실이 아니었다. 티렉 테일러와 마찬가지로, 케이티 브린들의 생활 역시 친구들과의 놀이로 가득 차 있었다. 케이티는 주차장이나 아파트 단지에서 만난 친구들과 어울려 놀았으며, 할머니 댁에 가면 사촌인 에이미와 놀이를 했다. 노동자 계층과 빈곤층 부모 모두 자녀 양육에 따르는 노동 때문에 정신이 없었으며, 경제적 자원이 부족해 초래될 결과를 걱정했다. 이와 조금 다른 맥락에서, 이 사회 계층에 속한 어른들은 단단하고 뿌리 깊은 가족 간 유대가 가져다주는 기쁨과 의무에 많은 관심을 쏟았다. 이와 같은 요소들 때문에 부모는 자신이 받는 제약에 대해 잘 알고, 자녀의 삶에도 알게 모르게 그러한 제약을 두었다. 그러나 이런 제약에도 불구하고, 빈곤층 및 노동자 계층 자녀들에게는 (특히 중산층 아이들과 비교했을 때) 상당한 자율성이 주어졌다. 이 사회 계층의 부모들은 특별한 장난감이나 수업을 듣게 해주지 않아도 아이들이란 알아서 잘 성장하는 것이라고 믿었다. 보조적인 교습을 통해 아이들이 더 행복해질 수는 있겠지만, 그런 수업이 아이에게 없어서는 안 될 필수불가결한 것이라고는 생각하지 않는다는 뜻이다. 그 결과 이 사회 계층에서는 어른과 아이들의 영역이 분명하게 나뉘었다.

이런 자녀 양육 방식에도 장점은 있다. 부모 편에서 보면, 자연적인 성장을 통한 양육 방식은 부모에게 지우는 노동의 양을 줄여준다. 그리고 이들의 삶은 중산층 가정보다 한결 여유 있는 속도로 흘러간다. 또 부모의 삶이 아이의 학교 밖 활동을 중심으로 돌아가는 일도 없다. 중산층 가정에서처럼 주중 저녁 시간과 주말을 아이의 학교 밖 활동만 쫓아다닐 필요도 없고, 부족한 자원을 아이의 학교 밖 활동 등록에 쏟아 붓지 않아도 된다. 아이들에게도 역시 이점이 있다. 빈곤층 및 노동자 계층 자녀들은 상대적으로 더 안정되고 활기차며, 과외 활동에 지친 모습은 볼 수 없었다. 그렇다고 해서 특별히 더 재미없거나 지루해하는 것도 아니다. 아이들은 친구와 노는 과정에 매우 깊이 관여하며,

그런 놀이를 통해 진심으로 즐거워한다. 게다가 자기가 바라는 활동을 원하는 방식대로 할 수 있으므로, 원하기만 하면 언제든 다른 활동을 할 수 있다. 실제로도 우리는 그런 모습을 관찰할 수 있었다. 또 다음 장에서 다룰 알렉산더 윌리엄스의 사례에서 볼 수 있듯이 중산층 부모들은 집에서까지 마치 학교처럼 아이를 교육시키려 하지만, 노동자 계층 및 빈곤층 가정에서 이런 일은 없었다.

2부

언어 사용

．
．
．

언어란 인간 생활의 일부이자 핵심이기도 하다. 그러나 언어 사용의
사회적 패턴에서는 특기할 만한 차이점이 존재한다. 일부 학자들은,
특히 셜리 브라이스 히스(Shirley Brice Heath) 같은 학자들은 (아직 말을 배
우지 않은) 어린 아이들을 잠재적 대화 상대로 대하는 부모와 그렇지 않
은 부모가 있다고 지적한다. 어떤 엄마들은 아직 말을 못하는 아기에
게 마치 대화를 걸 듯 이야기를 한다. "자, 이제 기분이 좀 좋아졌니?"
침묵. "우리 아가, 잘 준비됐어?" 침묵. 엄마의 말에 실제로 대답할 수
는 없지만, 엄마가 끊임없이 말을 걸어준 아기는 나중에 말을 배우면
서 자신을 어른의 동등한 대화 상대로 여긴다. 반면 자기들끼리는 자
녀에 대한 대화를 나누지만, 어린 아기나 아동을 어른의 대화 상대라
고 생각하지 않는 부모도 있다. 히스는 이러한 사회언어학적 양육 방
식의 차이가 아이의 교육에서도 중요한 의미를 갖는다고 지적했다.[1]

　이번 연구를 진행하며, 나는 각 가정에서 저마다 다른 방법으로 아
이들에게 언어 사용 방법을 가르치고 있다는 사실을 알았다. 이번 장
에서는 그 결과에 대해 다룰 것이다. 우리가 만난 가족 중 일부, 특히
알렉산더 윌리엄스가 속한 흑인 중산층 가정은 (부유함에도 불구하고) 언

어를 언어 그 자체로 사용했다. 이들 가족은 언어를 언어 그 자체로 즐기며, 언어 사용 자체에서 본질적 즐거움을 찾았다. 단어의 여러 가지 의미를 토론하기도 했고, 부모는 언어를 자녀 훈육의 주요 메커니즘으로 삼기도 했다. 이러한 양육 방식은 보통 광범위한 토론과 협상 그리고 일상생활 속의 잦은 투덜거림으로 이어졌다. 그러나 부모의 이런 양육 방식 덕분에 알렉산더는 풍부한 어휘력과 함께 능숙한 언어 소통 능력도 함께 얻었다. 반면 다른 가정들에서, 특히 해럴드 맥앨리스터가 속한 흑인 빈곤층 가정에서 언어는 기능적인 역할만 담당했다. 가족은 언어를 통해 자신이 원하는 바를 매우 분명하게 전달했다. 아빠와 장을 보러간 해럴드가 살구색 목욕 타월을 단호히 거절한 것을 그 예로 들 수 있다. 그러나 이 가정에서는 의사 표현을 위해 적은 수의 단어만을 사용한다는 차이점이 있었다. 부모와 자녀간의 광범위한 협상 대신 부모는 주로 아이들에게 일방적인 명령을 내리는 편이고, 때로는 명령과 함께 체벌에 대한 위협을 활용하기도 했다. 그 결과 아이들은 어른의 말에 말대답을 거의 하지 않고 복종하는 모습을 보였다. 중산층 가정의 아이들이 부모에게 칭얼대는 모습은 심심찮게 목격할 수 있었지만, 노동자 계층 및 빈곤층 가정에선 그런 모습을 거의 볼 수 없었다. 그러나 언어적 의사소통이야말로 아이의 어휘력 및 독해 능력을 기르는 중요한 수단이기 때문에 가정에서의 언어 사용이 아이의 학습 능력에도 중요한 영향을 미친다. 이는 또한 미래의 사회생활에서도 중요한 능력이다. 그럼에도 불구하고 노동자 계층 및 빈곤층 아이들은 상대적으로 어른과 협상하는 경험을 쌓을 기회가 적었다.

06

자녀
개발

•

알렉산더 윌리엄스의 사례

자동차가 파크 레인에 들어서자, 부인이 아들에게 말했다. "알렉스, 의사 선생님께 할 질문을 생각해둬. 궁금한 건 무엇이든 물어봐도 돼. 쑥스러워할 것 없단다. 뭐든지 대답해주실 거야." 알렉산더는 잠시 생각에 잠긴 듯하더니 "디오더런트 때문에 팔 밑에 뭐가 났어요"라고 대답했다. "그래? 새로 산 디오더런트 때문이니?" 엄마가 되물었다. "네" 하고 알렉산더가 대답했다. "음, 이따 선생님께 여쭤보는 게 좋겠다."

알렉산더 윌리엄스는 어느 북동부 대도시의 한가로운 중산층 흑인 거주 단지에 살고 있다. 알렉산더네 집은 값비싼 현관과 넓은 잔디밭으로 꾸민 크고 오래된 벽돌집이다. 집에는 침실이 여섯 개 있다. 알렉산더는 중산층 미국계 흑인 부부 크리스티나 나일과 테리 윌리엄스의 외동아들이다. 이들 부부는 대부분의 학생이 백인인 서부의 작은 신학교에서 처음 만나 결혼했다. 그리고 결혼 10년 만에 알렉산더를 낳았다. 알렉산더의 엄마는 직장에서는 결혼 전 이름인 크리스티나 나일을 사용하지만, 교회에서는 윌리엄스 부인으로 불린다. 윌리엄스 부인은 훤칠한 키에 주근깨는 조금 있지만 피부가 좋으며 검은색 곱슬머리를 길게 길렀다. 언제나 긍정적이며 쾌활하고 에너지가 넘친다. 어느 명문대의 인문학 석사 학위를 보유하고 있으며, 지금은 대기업에서 고위직

매니저로 활동한다. 도시가 한눈에 내려다보이는 고층 사무실에서 개인 비서를 두고 기업의 비즈니스 전반을 총괄하는 업무를 맡고 있다. "서부 해안 지역이 활기를 띠고 있는" 요즘 부인이 6시 정각에 퇴근하는 경우는 드물다. 그래서 알렉산더 때문에 자신의 업무에 제약을 받는다고 느낀다. 아들을 위해 장기 출장은 되도록 가지 않으려 애쓰지만, 한 달에 한 번 정도는 출장을 가서 집에 들어오지 못한다.

알렉산더의 아빠 테리 윌리엄스는 키가 크고 날씬하며 진지한 성격이다. 격식을 차린 짙은 색 양복에 잘 다린 흰 셔츠 그리고 차분한 넥타이를 즐겨 착용한다. 물론 때때로 사람들과 대화를 나누기도 하고 우스운 농담을 던지기도 하며 알렉스(알렉산더의 애칭)를 '멋쟁이'라 부르며 머리칼을 헝클어뜨리기도 한다. 하지만 가족끼리 자동차를 타고 여행을 갈 때나 아들 알렉산더의 일정을 기다리는 시간에는 거의 신문에 빠져든다. 윌리엄스 씨는 유명 사립대학에서 법학 전문 석사 학위를 취득했다. 현재는 작은 로펌에서 변호사로 활동하고 있으며, 주로 의료 분쟁 관련 소송을 담당한다. 소송 준비를 위해 한 달에 절반 정도는 5시에 일어나 밤늦게까지 업무를 처리한다. 다시 말해 정시에 퇴근하는 날은 한 달에 절반 정도에 불과하다.

윌리엄스 씨의 말을 빌리면, 이들 가족에게 '의식주'와 관련한 불편함은 없다. 윌리엄스 부부의 연봉을 합치면 20만 달러 수준이다. 이들 부부는 아들 앞에서 돈에 대한 이야기를 나누는 경우가 거의 없다. 연구를 진행하는 동안 이들의 입에서 무언가가 '너무 비싸다'는 따위의 말이 나온 적은 한 번도 없었다. 윌리엄스 가족이 현재 살고 있는 크고 안락한 주택은 1995년에 15만 달러를 주고 구입한 것이다. 그들은 신형 렉서스를 타며 각자 개인용 컴퓨터와 휴대폰을 갖고 있다. 아들 알렉산더는 사립학교에 다닌다. 윌리엄스 가족의 집은 말끔하게 정돈되어 있고 값비싼 가구들로 가득하다. 식당에는 동양풍의 기다란 원목 식탁과 등받이가 높은 의자를 놓았다. 식당 바닥에는 동양풍 러그를 깔았다. 또 그 옆에는 손님들을 초대했을 때 사용하는 뷔페형 테이블도 있다. 거실 역시 언제나 깨끗했다. 하지만 피아노를 연주할 때를 제외하곤 거실에서 지내는 경우가 거의 없다. 이들 가족이 가장 많은 시간을 보내는 공간은 주방이다. 때론 '시골'을 주제로 꾸민 위층의 별실에서 시간을 보내기도 한다. 이곳은 푸른색과 흰색 체크무늬로 덮인 팔걸이의자와 안락의자, 나무로 만든 고양이 장식과 화분 몇 개, 장식장 그리고 아프리카나 미국계 흑인 문화를 그린 그림 등으로 장식했다. 텔레비전도 있다. 이곳에서 윌리엄스 씨는 야구 경기를 시청하기도 하고, 때론 온 가족이 함께 〈코스비 쇼〉나 〈스타트렉〉을 보며 이야기를 나누기도 한다.

알렉산더 역시 아버지를 닮아 키가 크고 마른 편이다. 성격도 아버지를 닮아 언제나 멋진 미소와 매력적인 태도로 사람들을 대한다. 하지만 한편으로는 활달하고 호기심 많은 소년이기도 하다. 어느 토요일 오후, 어른들이 대화를 나누는 동안 알렉산더는 무슨 이야기가 오가는지 궁금해 축구 유니폼 상의를 바지 속에 넣은 채 두 손을 배 위에 가지런히 얹고 주방을 서성였다. 또 엄마가 자신을 내려주고 자동차를 주차할 때면, 폴짝폴짝 뛰며 창문으로 집 안에 무슨 일은 없는지 살피곤 했다. 알렉산더는 대화를 할 때도 활발한 태도를 보여주었다. 농담을 즐기고 부모님에게도 곧잘 재밌는 이야기를 들려주곤 했다. 아이들이 다양한 경험을 해야 한다고 생각하는 알렉산더의 엄마는 이런 아들의 모습을 긍정적으로 바라보았다.

알렉산더는 하늘이 내게 준 선물이에요. 이 아이를 바라보고 있노라면 어떤 걱정도 사라지죠. 알렉산더는 활력이 넘치고 호기심 많고 사랑스럽고 누구에게나 다정한, 또 뭐랄까 …… 적극적이고 사람들과 어울리기 좋아하고 모험과 독서를 좋아하는 …… 한마디로 많은 매력을 가진 아이예요.

알렉산더가 다니는 사립학교는 윌리엄스 부인의 직장 근처에 있다. 알렉산더는 이곳에서 정규 수업뿐 아니라 방과 후 프로그램에도 참여한다.[1] 윌리엄스 부인은 (때론 윌리엄스 씨와 함께) 오후 6시에 알렉산더를 데리러 온다. 학교에서 알렉산더는 "누구와도 잘 어울리는" 학생으로 알려져 있다. 알렉산더는 학교 밖 활동으로도 바쁜 시간을 보낸다. 주중 오후, 특히 학기 말에는 오후 9시 이전에 귀가하는 경우가 거의 없다. 알렉산더는 피아노 레슨과 일요 학교, 대학 성가대 연습, 교회 성가대 그리고 축구 및 야구 훈련과 경기에 참여한다. 학교 연극과 콘서트 리허설에도 종종 참여한다. 겨울이면 농구와 실내 테니스를 즐기고, 여름에는 특별 스포츠 캠프를 다녀오기도 한다.

집중 양육

윌리엄스 부부는 알렉산더의 학교 밖 활동 참여에 전폭적인 지지를 보낸다. 다른 중산층 부모와 마찬가지로, 이들 부부 역시 자녀의 스케줄에 맞춰 자신들의 스케줄을 조정하는 생활을 했다. 그들의 자녀 양육 전략 역시 우리의 집중 양육 방식 범주에 포함시킬 수 있을 것이다. 부부는 알렉산더가 참여하는 다양한 활동이 아들의 성장에 중요한 역할을 할 것이라 여겼다. 이러한 집중 양육 방식은 알렉산더의 일과뿐 아니라 언어 사용 습관 형성에도 영향을 미쳤다. 언어를 협상 수단으로 폭넓게 사용하는 모습은 우리가 관찰한 중산층 가정의 자녀들에게서 쉽게 발견할 수 있었다. 이번 장에서는 이러한 언어 사용 양식과 관련해 깊이 있는 논의를 진행할 것이다. 알렉산더의 가족을 비롯한 중산층 가정에서, 대화는 지속적으로 이어진다. (이는 침묵 사이사이에 대화가 끼어드는 노동자 계층 및 빈곤층 가정의 모습과 대조적이다.) 대화는 아이들이 지식을 쌓고 의견을 개발하는 역할을 한다. 앞서 소개한 대화에서 의사 선생님께 질문할 내용을 알렉산더에게 준비시키는 윌리엄스 부인의 사례처럼 중산층 가정의 자녀들은 자신의 관점을 표현하는 방법을 습득한다. 논리적인 대화 역시 중산층 가정에서 중시하는 원칙 중 하나다. 논리적인 대화를 강조하는 가정교육 전략은 자녀들에게 다양한 효과가 있다. 부모와 자식 간 대화는 자녀의 어휘력이나 상황 판단력 그리고 아이들이 학교에서 학습하는 내용에 대한 심도 있는 이해 능력을 개발해준다. 그리고 자녀들에게 학교를 비롯한 사회 기관에서 어른과 언어적 상호 작용을 진행하는 기본적인 패턴을 배우도록 해준다.[2]

집중 양육 전략에서 발견할 수 있는 이러한 특성은 학업 능력 향상이라는 측면에서만 효과가 있는 것은 아니다. 학교는 학생들이 다른 아이와 논리적으로 관계를 맺는 방법을 이해하길 기대하며, 의사들의 경우에는 자신의 건강 상태에 대해 잘 아는 환자를 선호한다.[3] 알렉산더를 비롯한 중산층 가정 아이들은 주변의 어른들에게서 그들과 동등하고 성숙한 존재로 대우받으며 그들에게 자기 의견을 자연스레 내보이곤 한다. 그리고 어른들 역시 아이들의 이런 의사 표현을 무례하다고 여기는 대신 귀엽게 바라보는 태도를 보여준다. 중산층 가정의 아이들은 자신이 특별한 존재이며 자기 의견 역시 관심을 받아야 한다고 인식한다. 그리고 주위의 어른을 자기 요구를 위해 상황을 조정해주어야 하는 존재로 인식한다. 이런 측면에서도 언어적 기술은 특별한 가치를 지닌다. 이는 아이들이 힘을 가진 어른에게 무언가를 요구하는 데 필요한 기술이기 때문이다. 이번 장에서는 알렉산더가 어른들(부모나 의사 선생님 등)에게 논리적으로 자기 생각을 전달하며 원하는 바를 얻어내는 방식을 사례와 함께 소개할 것이다.[4] 하지만 이와 같은 기술이 가족생활을 지치게 만들 수도 있다. 아이들이 언제나 부모에게 논리적으로 도전하려 하기 때문이다. 부모가 자녀들에게 가르친 언어적 기술이 오히려 부모의 권위에 도전하거나, 심지어는 이를 거부하는 데 이용되기도 하는 것이다.

일상적인 대화를 진행하는 매 순간에도 윌리엄스 부인은 교육적인 부분을 이끌어내려고 애쓴다. 나중에 소개할 사례를 통해서도 알 수 있지만, 부인은 가게 앞에 주차된 남편의 자동차를 찾으면서도 아들에게 가르쳐줄 수학적 교훈을 얻기 위해 노력하는 모습을 보였다. 부모의 이런 노력 덕분에 알렉산더는 언어를 능숙하게 사용하는 법을 배우고 있다. 어휘 구사나 추론, 협상 기술 등의 언어 사용 능력은 원하는 목적을 달성하는 측면에서 가치를 발휘한다. 바로 이것이 계층 간 차이를 만들어내는 핵심 요소다. 알렉산더를 비롯한 중산층 자녀들은 특정 상황에 '적절한' 언어를 구사하는 방법을 자연스레 익힐뿐더러 그것을 통해 이득을 얻는다.

알렉산더의 발달 과정

윌리엄스 가족의 일과는 알렉산더의 스케줄에 따라 그 속도와 흐름이 좌우된다. 그러나 알렉산더나 부모 모두 알렉산더가 서로 다른 여러 가지 활동에 참여하는 것을 문제라고 생각하지 않는다. 윌리엄스 부부는 그런 활동이 아들의 재능과 능력을 개발하는 수단이라고 생각한다. 그리고 알렉산더는 그것을 지루한 일상에서 벗어나게 해주는 즐거운 기회로 여긴다. 그래서 어떤 활동에 참여하고 싶은지 부모에게 요구하기도 하고, 그곳에서 사귄 친구들을 집으로 초대하기도 한다. 이처럼 다양한 형태의 여러 활동에 참여하고 있지만 알렉산더의 '모든' 시간이 이런 활동들로만 채워지는 것은 아니다. 하지만 분명한 사실은 알렉산더의 삶이 서로 다른 여러 스케줄로 가득 차 있으며 이런 활동은 또래 아이들이 아닌 어른에 의해 조직되고 관리된다는 점이다.

일과의 구성

주중에도, 주말에도 알렉산더에게는 여러 가지 일정이 잡혀 있다. 토요일 오전을 예로 들면, 아침 일찍부터 자동차로 20분을 달려가 사설 피아노 레슨을 받는다.

> 8시 15분에 시작되는 이 수업은 나에겐 일종의 거래였어요. 난 토요일 아침에 방송하는 텔레비전 프로그램을 왜 보는지 전혀 이해할 수 없거든요. 그것들이 대체 무슨 도움을 주겠어요? 그래서 음, 토요일 아침부터 집에 앉아 그 우스꽝스러운 방송을 보느니 밖으로 나가 좀더 건설적인 일을 하는 게 옳다고 생각해요. 8시 15분의 수업이 하루의 시작인 동시에 우리에게 뭔가 할 일을 주는 거죠. 우리의 토요일은 꽤 바빠요. 아

시다시피 피아노 레슨이 끝나면 곧바로 차를 몰아 성가대 연습장으로 가 그곳에서 몇 시간을 더 보내잖아요. 적어도 알렉스가 멍청한 텔레비전에 정신을 팔 시간은 없죠.

윌리엄스 부인은 텔레비전이 알렉산더의 성장과 발전에 전혀 도움이 되지 않는다고 생각한다. 텔레비전이 인간을 수동적으로 만들며 "특히 토요일 아침에 방송하는 것들은 우리의 지성에 아무런 양식도 제공하지 못한다"고 생각한다. 그래서 이 시간에 아들을 집 밖으로 데려나가 재능을 개발하도록 돕는 것을 자신의 의무로 여긴다.

때로 알렉산더는 "우리 엄마는 나한테 모든 걸 시켜요!"라고 불평하기도 한다. 그러나 보통은 알렉산더 역시 자신이 참여하는 활동들을 즐긴다. 이런 활동이 자신을 "특별하게" 만들어주며, 그것들을 하지 않으면 "지루할" 것이라고 말한다. 알렉산더의 시간은 철저하게 학교 밖 활동을 중심으로 돌아간다. 그 때문에 스케줄이 없는 시간에는 혼란스러워하는 모습을 보이기도 했다. 이와 같은 불편한 감정은 신학기가 시작되고 얼마 되지 않은 어느 날 밤, 집으로 돌아가는 가족의 모습을 기록한 연구 노트를 통해서도 확인할 수 있다. 다음 날, 윌리엄스 부인은 업무를 처리하기 위해 기차로 왕복 네 시간을 달려 외부 현장을 방문한 다음 밤이 늦어서야 집에 돌아올 예정이었다. 알렉산더는 엄마의 이런 이야기를 듣고 뾰로통해졌다. 자신에겐 다음 날 아무런 스케줄도 잡혀 있지 않았기 때문이다. 알렉산더는 친구의 집에 놀러가고 싶었지만, 윌리엄스 부인은 아들의 바람을 들어주지 않았다. 급기야 알렉산더는 큰 소리로 내일은 할 일이 없다며 투정을 부리기 시작했다. 윌리엄스 부인은 아들한테 따끔하게 말했다.

"피아노와 기타도 있잖아. 너에겐 자유 시간이 있어. 뭐든 할 수 있다고." 알렉산더는 아무런 대답도 하지 않았다. 화가 많이 난 듯했다. 집으로 돌아가는 내내 이들 모자는 아무런 대화도 나누지 않았다.

윌리엄스 부부는 알렉산더가 참여하는 여러 가지 활동이 아들의 성장에 중요한 영향을 미칠 것이라고 생각한다. 그들이 생각하는 이득은 다양하다. 알렉산더의 피아노 레슨에 대해 이야기하며 윌리엄스 씨는 스즈키 교습법(Suzuki method)[5] 덕분에 알렉산더가 벌써 악보를 읽을 수 있게 되었다고 자랑했다. 윌리엄스 씨는 음악 교습이 매우 유용하다고 생각했다.

난 바로크가 뭐고 고전주의가 뭔지 잘 모릅니다. 하지만 우리 아들은 그런 걸 알고 있죠. 이것들이 나중에 아이의 인생에 어떤 식으로든 유용하지 않을까요? 난 풍부한 경험을 통해 우리 아이가 좀더 나은 인간으로, 더 나은 시민으로, 더 나은 남편으로, 더 나은 아빠로 그리고 무엇보다 더 나은 학생으로 성장할 거라고 생각합니다.

윌리엄스 부인은 음악이 아들에게 "자신감"과 "침착함"을 길러줄 거라고 생각한다. 인터뷰나 대화를 통해 부인은 "노출"이라는 단어를 자주 강조하곤 했다. 앞서 소개한 탈링거 부부가 개릿에게 했던 것과 마찬가지로, 부인 역시 알렉산더의 시야를 넓혀주는 걸 자신의 의무로 여겼다. 윌리엄스 부인은 아동기의 경험이 삶의 중요한 기술을 학습하기 위한 토대라고 생각했다.

스포츠는 경쟁에 대해 배울 수 있는 좋은 기회를 제공해요. 패배를 인정하고 승리에 당당하게 기뻐할 수 있는, 일종의 품위라고 표현할 수도 있겠죠. 또 운동을 통해 아이들은 리더로서 다른 사람을 이끄는 자질을 배울 수도 있고, 팀의 일원으로서 자기 역할을 수행하는 방법을 배울 수도 있을 거예요. 스포츠 활동에 참여하면서 삶에 필요한 경험들에 노출되는 거죠.

알렉산더가 참여하는 활동은 시즌마다 달라진다. 시즌에 따라 새로운 활동에 등록하고 그동안 배우던 활동을 그만둔다. 체육 활동의 경우, 새 시즌이 시작되고 나서야 훈련과 경기 일정이 잡히기 때문에 미리 계획을 세우는 것은 사실상 불가능하다. 또한 알렉산더가 참여하는 활동 중 중요하지 않은 게 없기 때문에 때론 일정이 겹치는 것을 피하기 어렵다. 어떤 단기적인 활동으로 인해 많은 시간을 소모하는 경우도 있다. 예를 들어 학교 연극의 경우, 공연을 하기 일주일 전에 세 번이나 리허설을 하기도 했다. 부모가 업무 스케줄을 조정하지 못해 알렉산더가 활동에 참여하지 못하는 경우도 있었다. 축구팀 활동이 그런 경우 중 하나였다. 알렉산더는 원정 축구팀에 참가할 정도로 뛰어난 선수다. 하지만 아빠 윌리엄스 씨가 아침 일찍 아들을 다른 고장에서 열리는 경기에 데려다주고 직장에 출근하기엔 시간이 빠듯해 여기에 등록하는 것을 포기해야 했다.

중산층 가정의 자녀들에게 조직적인 체육 활동에 참여하는 것은 에너지를 분출하고 신체 능력을 개발하는 것 이상의 가치를 제공한다. 알렉산더가 사는 지역의 축구팀은 대개 3~4학년 아이들로 구성되어 있지만, 나이가 어리더라도 능력만 있으면 언제라도 훈련과 경기에 참가할 수 있다. 이 지역의 팀은 'A팀'과 'B팀' 그리고 '올스타 팀'으로 나뉜다. 그리고 아이들의 운동 능력 역시 본인이 경기에서 어떤 활약을 했는지뿐만 아니라 어떤 팀에 속해 있는지에 따라 평가되기도 한다. 우리가 연구한 다른 중산층 가정의 아이들과 마찬가지로 알렉산더 역시 자신의 재능을 뽐내는 것을 불편해하지 않았다. 운동장을 뛰어다닐 때나 모차르트를 연주할 때나 항상 당당한 태도를 취했다. 자신의 재능을 펼치는 것을 즐거워했다. 200명이 넘는 관객 앞에서 독주를 한 뒤에도 "모든 사람이 집중했다는 사실에 만족하고 기뻐하는" 모습을 보여주었다.

사회적 유대

윌리엄스 부부는 자신들을 가정적이라고 생각한다. 윌리엄스 부인은 장관직을 역임한 아버지와 전업 주부인 어머니 사이에서 태어났다. 미국 서부에서 성장했으며 집안의 여덟 형제 모두 대학을 졸업했다. 윌리엄스 부인은 현재 이들과 멀리 떨어져 생활하고 있지만, 언제나 가족들을 애틋하게 생각한다고 말했다. 매일 어머니에게 전화를 걸어 안부를 묻고 1년에 서너 번은 부모님 댁에 다녀온다. 그리고 매번은 아니지만 부모님을 뵈러 갈 때는 알렉산더 역시 동행한다. 윌리엄스 씨는 서부의 작은 도시에서 아홉 형제의 첫째로 태어났다. 윌리엄스 씨의 어머니는 가사 도우미로 일하다 요리사로 활동하기도 했고, 현재는 은퇴했다. 아버지와 양아버지(현재는 모두 돌아가셨다)는 각각 학교 문법 교사와 노동자로 생활했다. 윌리엄스 씨는 일주일에 한 번 정도 어머니에게 전화를 하고, 1년에 두 번 직접 찾아뵌다. 어머니에게 매달 500달러의 생활비를 보내드리고 있으며, 한 조카딸의 대학 학자금을 지원해주고 있기도 하다.

알렉산더에게는 가까운 곳에 사는 사촌들이 없다. 그 때문에 사촌들과 자주 어울리지 못한다. 사촌뿐 아니라 이웃집 아이들과 어울릴 기회도 별로 없다. 알렉산더가 사는 마을의 저택에는 대부분 자녀를 두지 않은 부부들이 살고 있기 때문이다. 알렉산더가 어울리는 친구는 학교 동급생이나 학교 밖 활동을 함께하는 아이가 대부분이다. 참여하는 학교 활동이나 교회 생활, 축구, 성가대, 피아노, 야구 등이 거의 대부분 나이(그리고 때로는 성별)에 따라 조직되기 때문에 알렉산더가 만날수 있는 친구 역시 대개 또래 남자아이들로 한정될 수밖에 없다.

가족의 삶에 미치는 영향

알렉산더의 여러 활동 때문에 윌리엄스 부부의 삶은 한층 바쁘게 흘러간다. 엄마 윌리엄스 부인은 자신의 사회적 활동과 아들의 스케줄을 유연하게 조정한다. 그러나 윌리엄스 씨는 이따금 아들의 활동에 들어가는 시간 때문에 불만을 드러내기도 한다. 그는 잠깐이라도 알렉산더를 기다려야 하는 상황이 생기면 신문을 꺼내 읽는다. 아들과 함께 차를 타고 갈 때에도 뒷자리에 앉아 신문을 읽고(알렉산더는 조수석에 탄다), 알렉산더가 축구 연습을 할 때에는 업무 메일을 정리하기도 한다. 이와 같은 부부간의 차이, 즉 아버지에 비해 자녀의 활동에 한층 적극적인 엄마의 모습은 우리가 관찰한 모든 가정에서 일반적으로 발견할 수 있는 현상이었다. 엄마들은 또한 자녀에게 부수적인 지원을 해주는 데에도 좀더 적극적이었다. 윌리엄스 부인의 경우 알렉산더의 교회 아동 성가대 '학부모 그룹'에도 참여하고 있는데, 부인 외에도 여기에 참가하는 '학부모'는 모두 엄마들이었다.

장시간의 근무로 윌리엄스 씨는 주말에도 피곤한 모습을 보이곤 했다. 그런 상황에서 이곳저곳 예정된 알렉산더의 스케줄이 그를 한층 더 지치게 하는 것 같았다. 어느 일요일, 윌리엄스 가족은 교회에서의 일정을 마친 뒤 야구 연습에 참가했다가 다시 알렉산더의 연극 공연 시간에 맞추기 위해 서둘러 차에 올라탔다. 뒷좌석에 앉은 윌리엄스 씨가 연극 초대장을 보더니 씁쓸한 미소를 지으며 말했다. "일요일 오후의 편안한 휴식이라……. 내 팔자엔 없는 얘기군."

　알렉산더의 활동은 윌리엄스 부부에게 피로를 안겨줄 뿐 아니라 가사 노동을 분담하는 문제와 관련해 갈등을 유발하기도 한다. 부부는 개별적으로 진행한 인터뷰에서 이 문제에 관한 각자의 생각을 이야기했다. 우선 윌리엄스 씨의 경우에는 자신과 아내가 알렉산더를 돌보는 것과 관련해 육체적 노동을 균등하게 분담한다고 생각했다. 반면 아내 윌리엄스 부인은 남편이 육체적 노동의 40퍼센트 정도를, 정신적 노동의 15퍼센트 정도만을 분담한다고 말했다. 또한 윌리엄스 씨는 알렉산더의 활동이 아내의 직장 생활에 어떤 영향도 미치지 않는다고 생각했다. 하지만 윌리엄스 부인의 생각은 달랐다. 자신이 의식적으로 아들의 활동에 '우선권'을 부여한다고 설명했다. 부인은 이런 결정이 가치 있는 것이라고 여겼지만, 이로 인해 자신의 커리어가 "희생당하는" 부분 역시 있다는 사실을 부인하지 않았다. 또한 이들 부부는 때로 알렉산더의 선호를 인정하는 정도에 대해서도 의견을 달리하곤 했다. 한 예로 7월의 어느 날 오후, 윌리엄스 가족은 자동차를 타고 집을 나섰다. 가족은 알렉산더의 머리를 깎은 다음 주유를 하고 마트에 들러 일주일치 장을 본 후 중국 식당에서 저녁거리를 구입해 집으로 돌아올 예정이었다. 알렉산더가 자신이 좋아하는 노래가 들어 있는 테이프

⟨⟨미국 송어 낚시⟩⟩를 꺼내 플레이어에 넣었다. 테이프에서 흘러나온 ⟨익힌 아욱과 시금치⟩라는 곡에서 가수는 이런 것들을 먹느니 '코딱지'를 먹겠다는 가사를 읊조렸다. 알렉산더가 노래를 따라 불렀다. 알렉산더와 윌리엄스 부인 그리고 우리 연구원은 웃음을 터뜨렸다. 윌리엄스 씨만 웃지 않았다. 그가 꺼낸 말이라곤 "노래 가사가 뭐 그러냐"는 게 전부였다. 좀더 듣고 있던 윌리엄스 씨는 이제 피곤하니 노래는 그만 듣자고 말했다. 하지만 윌리엄스 부인은 "곧 적응될 거예요"라고 말하며 남편의 제안을 거절했다. 윌리엄스 씨는 다시 신문에 빠져들었고, 그 후 아무 말도 하지 않았다.

윌리엄스 부부는 종종 알렉산더의 스케줄을 놓고도 의견이 갈렸다. 최종 인터뷰에서 윌리엄스 씨는 알렉산더가 합창단 활동을 두 개나 하고 있다는 것에 불만을 표했다. 그는 합창단 활동이 아들의 남성성을 발달시키는 데 방해가 될까봐 우려하는 듯했다. 결국 알렉산더는 두 개의 합창단 활동 중 하나를 그만두었다. (그리고 합창단을 그만둔 직후 금요일 밤마다 연습을 하는 농구팀에 들어갔다.) 대부분의 경우, 윌리엄스 씨는 부인보다 더 피곤하고 지친 모습이었다. 부인과 비교할 때, 아들의 학교 밖 활동에서 상대적으로 즐거움을 덜 느끼는 듯했다. 그렇지만 두 부부 모두 아들이 다양한 경험을 할 필요가 있다는 점에는 동의했다. 또 윌리엄스 부부는 자신들이 상당한 시간을 아들의 과외 활동에 투자하고 있다는 점을 인식했지만, 동시에 알렉산더가 참여하지 않는 활동 (예를 들어 원정 축구 경기 등) 덕분에 자신들이 시간을 아낄 수 있다는 점을 강조하기도 했다. 알렉산더의 과외 활동에는 분명 다른 중산층 아이들이 참여하는 것처럼 먼 거리를 여행해야 하는 활동이 별로 없었다. 앞서 소개한 개릿 탈링거의 경우는 자동차로 (편도) 90분 거리에서 열리는 원정 축구 경기에 참여하는 일이 잦았다.

언어 사용의 중요성을 인식하며 자녀와 대화하는 중산층 부모

윌리엄스 가족은 거리낌 없이 서로 대화를 나누고, 함께 웃으며 애정을 확인한다. 우리가 관찰한 바에 따르면, 부모가 알렉산더에게 엄격하게 말하는 경우는 있어도 소리를 지르거나 체벌을 가하는 일은 전무했다. 대신 윌리엄스 부부는 반복적이고 체계적으로 말로 협상하는 법을 가르쳤다. 그리고 이러한 기술이 훗날 알렉산더가 인생을 살아가며 맞닥뜨리게 될 문제를 해결하는 데 도움이 될 거라고 확신했다. 바실 번스테인(Basil Bernstein)이 지적했듯이 중산층 부모는 상대적으로 우월한 지위(이 경우 부모로서의 위치)에서 비롯된 권위를 이용하기보다는 협상이라는 수단을 통해 아이의 인격을 존중하며 소통하는 방법을 선호하는 것으로 나타났다.[6] 중산층 부모들은 논리적인 대화를 통해 아이가 바람직한 행동을 하도록 이끌었으며, 아이에게 무언가를 시킬 때에는 "왜 그렇게 해야 하는지"를 설명해주었다.

윌리엄스 부부는 대화를 통해 아들의 논리력과 협상 기술을 향상시키려는 모습을 자주 보여주었다. (여름 캠프가 끝나고 집으로 가는 차 안에서 알렉산더와 엄마가 나눈 대화가 담긴) 현장 연구원의 기록 일부를 살펴보면, 윌리엄스 부인이 이런 목적을 갖고 알렉산더에게 여러 가지 질문을 던지는 것을 확인할 수 있다.

부인은 운전을 하며 알렉산더에게 "캠프는 어땠니?" 하고 물었다. "나쁘지 않았어요. 오늘은 핫도그를 먹었는데, 글쎄, 소시지가 까맣게 탄거 있죠! 새까맣게요!" 알렉산더가 대답했다. "저런! 그런 건 먹으면 안 되는 거 알지?" 부인이 충고하자, 알렉산더는 "근데 전부 다 까만 건 아니고, 절반 정도만 그랬어요. 나머진 멀쩡하더라고요"라고 말했다. "그랬구나. 오늘 아침에 했던 그 게임은 뭐니?" 엄마가 다시 질문을 던졌다. "'뭐하고 있니?'라는 게임이에요." 아들의 대답에 엄마는 다시 한 번 설명을 이끌어내기 위해 이렇게 물었다. "어떻게 하는 게임인데?"

이 대화에서 윌리엄스 부인은 단순히 아들에게 질문하는 것을 넘어 이를 요약하고, 중요한 부분을 강조하고, 부연 설명을 하는 등 의사소통 기술을 습득할 기회를 주고 있었다.

이렇듯 부모가 아이의 활동에 관심을 보이다 보면, 집에서 일어나는 사소한 일들을 결정할 때도 아이의 의사를 존중해 협상이라는 수단을 사용하게 된다. 예를 들어 위에서 언급한 엄마와 알렉산더의 대화에서, 엄마는 알렉산더의 의사를 존중하기 위해 그날 저녁 메뉴를 아들과 상의했다. 중산층 엄마들이라도 윌리엄스 부인처럼 자녀의 의사를 존중하기 위해 열심히 노력하는 경우는 흔치 않으며, 특히 모든 일에서 아이와 타협하려는 엄마는 없었다. 그렇지만 중산층 가정의 대화는 대부분 논리적이고 서로의 의견을 조율했다. 노동자 계층 및 빈곤층 아이들의 경우 좋아하는 음식을 해달라고 조르거나 가족의 저녁 식사 메뉴를 스스로 고르는 일이 거의 없었던 반면, 중산층 아이들에게는 그런 선택권이 자주 주어졌다.

윌리엄스 가족은 종종 어떤 결정을 내릴 때 민주적인 방법을 사용하기도 했다. 예를 들어 우리의 연구 대상 가정으로 참여하는 일에 대해서도 윌리엄스 씨는 부인과 아들과의 투표에서 2대 1로 졌다고 했다.

한 번은 윌리엄스 씨가 가족을 상대로 교통 체증을 피하려면 어떤 길로 가는 게 가장 좋을지 투표에 부친 적도 있다. 그러나 건강이나 안전에 관한 문제에 대해서는 이들 부부도 협상의 여지를 남기기보다 단호하게 지시를 내리는 편이었다. 이 경우 부모는 알렉산더에게 어떤 식으로 행동해야 할지 분명하게 얘기해준다. 현장 연구원의 아래 기록을 살펴보자.

윌리엄스 부인은 가족의 접시 위에 샐러드를 덜어주었다. 엄마와 알렉산더 사이에 완두콩을 놓고 말다툼이 벌어졌다. "엄마, 나 완두콩 싫어요. 역겹단 말예요!" 그러자 엄마는 날카롭고 엄격한 목소리로 "그래서 조금만 덜어주잖아! 대신 다 먹어야 해"라고 대답했다. 아빠는 이 논쟁에 참여하지 않은 채 스스로 접시에 음식을 담았다. 알렉산더는 투덜거리며 "그럼 네 개만 줘요. 그 이상은 못 먹겠으니까"라며 협상을 시도했다. 엄마는 아무 대답도 하지 않고 완두콩 여섯 개를 아들 접시에 담았다.

윌리엄스 씨의 경우는 아들의 스포츠 경기가 건강이나 안전 문제만큼이나 중요하다. 겨울에 열린 아들의 농구 경기를 관전하며 윌리엄스 씨는 쉬지 않고 알렉산더에게 소리쳤다.

"알렉스, 놓치지 말고 따라붙어." "손을 더 높이 들어, 알렉스!" "슛을 해! 그냥 서 있지 말고!" "알렉스, 빈틈을 노려야지!" 사실 알렉산더의 농구 실력은 중간 정도다. 아빠가 소리 지르는 모습을 본 알렉산더는 더욱 긴장해서 어쩔 줄 모른다. 결국 알렉산더는 4점을 기록하고 상대

편 득점을 두 번 막아냈다. 최종 스코어는 34대 8이었다.[7]

알렉산더와 같은 팀에서 뛰는 다른 아이를 집에 데려다주면서, 윌리엄스 씨는 아이들에게 충고를 늘어놓았다.

윌리엄스 씨는 계속해서 백미러로 아이들을 흘끗거리며 충고했다. "데니, 너랑 알렉산더는 좀더 용기를 내서 슛을 할 필요가 있어. 몇 번이나 기회가 있었는데도 골대 밑까지 갔다가 공을 빼앗겼잖아. 난 너희가 슛을 해서 득점하는 걸 무서워하는 건 아닐까 하는 생각마저 들더라."

알렉산더가 아빠의 말을 자르며 자기 생각을 얘기하려 했지만, 아빠는 이를 귀담아듣지 않았다.

"그래도 실점을 두 번이나 막아냈어요" 하고 알렉산더가 자랑했다. 윌리엄스 씨는 "하지만 기회가 있을 때마다 망설이지 않고 슛을 했으면 더 많은 득점을 했을 거야"라고 대답했다. 알렉산더는 실망한 눈초리로 자동차 뒷좌석에 몸을 파묻었다. 아빠의 잔소리는 계속되었다. "아빠가 젊었을 땐 말이다, 너희와는 딴판이었어. 모든 선수가 전부 영웅이 되지 못해서 안달이었지. 다들 하나같이 득점을 하려고 달려들어서 문제였는데, 너희는 꼭 득점하는 게 무서운 것처럼 경기를 하더구나."

노동자 계층 및 빈곤층 부모들과 달리, 윌리엄스 부부는 아들에게 지시를 내릴 때에도 반드시 그에 대한 설명을 덧붙였다. 아래는 윌리엄스 부인이 아들에게 선생님의 지시를 잘 따르라고 종용하며 나눈 대화다.

"필름을 현상할 때는 스콧 선생님 지시를 잘 따랐으면 좋겠구나. 필름 현상에 쓰이는 화학 약품은 아주 위험하단다. 그러니까 그럴 때는 교실에서 장난을 좀 자제해. 자칫하면 화학 약품이 다른 사람 눈에 들어갈 수도 있거든. 그런 화학 약품은 삼키면 죽을 수도 있어."

알렉산더는 그러나 그런 말에 수긍하는 대신 엄마가 잘못 알고 있는 것을 설명하려 했다.

알렉산더는 엄마의 말에 토를 달며 "스콧 선생님이 그러는데, 삼켜도 죽지는 않는데요. 대신 몸에 해롭기 때문에 병원에 가서 위세척을 해야 할 거라고 하셨어요"라고 말했다. 엄마는 아들과 계속 논쟁하는 대신 그저 조심하라는 말을 반복했다.

아마도 안전에 대한 문제였기 때문이겠지만, 다른 때 같았으면 좀더 이야기를 나누었을 윌리엄스 부인은 아들에게 더 자세한 대화를 이끌어내지 않고 조심하라는 말만 강조하며 엄마 말대로 하라고 했다.
때로는 가족 모두가 서로 다른 의견을 보일 때도 있었다.

아빠가 알렉산더에게 웃으며 "너, 채소 안 먹으면 프리츠랑 싸워서 못 이긴다?" 하고 겁을 주었다. 이에 알렉산더는 고개를 가로젓고 포크로 완두콩을 집으며 "걔랑 안 싸울 건데요!"라고 대답했다. 알렉산더의 반응에 아빠는 짓궂게 웃으며 "그럼 프리츠가 널 괴롭혀도 당하고만 있을

거야?"라고 받아쳤다. 아빠와 채소가 담긴 접시를 번갈아보던 알렉산
더는 "선택의 여지가 없다면 싸워야겠지만, 먼저 선생님한테 일러서 걔
가 벌을 받도록 만들 거예요"라고 말했다.

윌리엄스 부인은 만족스레 웃으며 아들에게 말했다. "그래, 맞아. 네가
싸울 필요는 없단다. 싸우지 않고도 갈등을 해결할 수 있는 방법은 아
주 많으니까. 만약 누가 널 괴롭히면, 선생님께 꼭 말씀드리렴."

그러나 아빠는 여전히 태도를 굽히지 않은 채 "살다 보면 도망갈 수 없
을 때도 있어. 그럴 땐 남자답게 맞서 싸워 스스로를 지킬 줄 알아야 하
는 거야"라고 아들에게 말했다.

윌리엄스 씨 가족을 포함해 대다수 중산층 부모는 대화를 많이 할
뿐 아니라 대화를 통해 즐거움을 얻고 교육적 효과까지 기대한다. 그
리고 아이들도 이를 닮는다. 예를 들어 1월의 어느 날 저녁, 알렉산더
는 수수께끼 다섯 개를 만들어오라는 숙제로 골머리를 앓고 있었다.
알렉산더는 엄마 및 현장 연구원과 함께 부엌 테이블에 앉았다. 윌리
엄스 씨는 등을 돌린 채 싱크대 앞에 서서 저녁 설거지를 했다. 아빠는
뒤도 돌아보지 않은 채 알렉산더에게 "3층에 올라가서 책을 뒤져보지
그러니? 괜찮은 수수께끼를 찾을 수 있을지도 모르잖아"라고 말했다.

그러자 알렉산더는 웃으며 "좋은 생각이에요! 위층에 있는 책에서 베
껴야겠어요"라고 대답했다. 그제야 아빠는 닦던 접시를 든 채 돌아서서
"농담이었어. 베끼는 건 전혀 좋은 생각이 아니야. 남의 것을 함부로 베
껴선 안 되는 거야"라고 바로잡았다. 그러곤 미소를 지으며 돌아서서
설거지를 계속했다. 윌리엄스 부인은 아들을 바라보며 "네가 하려는 건

표절이라는 거야"라고 잘라 말했다. 아빠는 (뒤를 돌아보지 않은 채) "표절을 하면 고소를 당할 수도 있는데, 알고 있니?"라고 물었다. 그러자 알렉산더는 "그렇지만 그건 저작권이 걸려 있을 때뿐이에요"라고 대답했다. 가족 간의 토론으로 순식간에 주방이 소란스러워졌다.[8]

이를테면 알렉산더는 책을 참고하라는 아빠의 말을 의도적으로 오해하는 척하며 자신이 저작권의 개념에 대해 모른다고 생각하게끔 함으로써 부모에게 장난을 친 것이다. 물론 윌리엄스 씨는 순순히 그 미끼를 물었다. 윌리엄스 부인의 경우 아들에게 '표절'이라는 새 단어를 알려줌으로써 단순히 장난으로 그칠 법한 상황에서 아이의 어휘력을 넓혀주었고, 아빠는 더 나아가 그 어휘를 '표절에 따르는 법적인 책임'이라는 개념으로까지 연결시켰다. 그리고 알렉산더는 그런 부모에게 보기 좋게 한 방 먹인다. 저작권 얘기를 꺼냄으로써 자신이 이미 표절이라는 개념은 물론 저작권의 개념까지도 이해하고 있다는 것을 보여준 것이다.

윌리엄스 가족은 일상 대화에서 자연스레 과학적 또는 의학적 용어를 사용하기도 했다. 하루는 알렉산더의 축구 연습에 한 현장 연구원이 동행하며 알렉산더가 기침하는 것을 언급했다. 그러자 알렉산더는 "제가 풀이랑 부엽토에 알레르기가 있어서요"라며 전문 용어를 사용해 대답했다. 알렉산더의 부모는 또 아들에게 정치에 대한 기본적인 관심을 일깨워주는 것 역시 중요하다고 믿는다. 이들 가족이 다니는 아프리카계 미국인 침례교회에서는 예배 시간에 국가 부채나 복지 정책, 빈곤층 구제 프로그램 등 중요한 사회적·정치적 이슈를 종종 언급한다. 윌리엄스 가족은 저녁 식사 시간에도 아들과 함께 정치적 이슈에 대해 대화를 나누는데, 보통은 남부의 한 아프리카계 미국인 교회에 누군가가 불을 질렀다는 뉴스 등 주로 전국 방송에서 방영한 내용이 주제다.

마지막으로, 우리는 알렉산더네 가족이나 다른 중산층 가정에서 논리와 협상을 통해 특정 목표를 달성하는 모습을 볼 수 있었다. 예를 들면 중산층 가정에서는 아이들에게 지시를 내리거나 억지로 뭔가를 시키는 대신 선택을 하도록 한다. 그러면서 동시에 부모가 보기에 더 나은 선택이라고 생각되는 것을 고르도록 넌지시 아이들을 유도한다. 어떤 패스트푸드를 먹을 것인지 또는 방학 동안 읽을 책을 고르는 일 등에서, 윌리엄스 부인은 아들이 원하는 것을 물어보면서도 자신이 생각하기에 좋은 것들을 두세 개 정도 제시한다. 알렉산더는 비록 자기 스스로 의사 결정을 내린 거라고 여기지만, 사실은 엄마의 충고를 따르는 셈이다.

전반적으로 봤을 때, 집중 양육은 분명 부모에게 육체적으로나 감정적으로 상당한 노동을 안겨주는 방식임에 분명했다. 그럼에도 불구하고 대다수 중산층 부모는 이러한 집중 양육 방식을 포기하고 싶은 마음이 없어 보였다. 윌리엄스 부부에게는 의식적인 노력을 통해 아들이 사회인으로서 자신의 잠재 능력을 마음껏 발휘할 수 있도록 해주는 것이 최고의 우선순위였다. 그리고 이런 점은 앞서 소개한 개릿 탈링거의 부모를 포함해 모든 중산층 가정 부모와 다를 바 없다. 그러나 미국 사회에서 살아가는 흑인 중산층 부모로서 윌리엄스 부부는 알렉산더에게 흑인 남성으로 사는 것에 대해 알려주는 것 역시 매우 중요하다고 여겼다. 이제부터는 윌리엄스 부부의 양육에서 인종 문제가 차지하는 부분에 대해 이야기해보자.

윌리엄스 가족의 양육에서 인종이 차지하는 역할

윌리엄스 씨와 부인 모두 인종이 알렉산더의 삶에 미칠 영향에 각별히 신경을 쓴다. 그래서 부부는 아들이 일상생활에서 마주하게 될 인종 문제에 대해 촉각을 곤두세우는 편이다. 이런 행동은 실험에 참여한 흑인 중산층 가정에서 공통적으로 나타났다.[9] 윌리엄스 씨는 부인과 자신이 아들을 양육하는 방식을 다음과 같이 설명했다.

> 우리가 알렉스에게 가르치려는 것은 이런 겁니다. "불행한 일이지만, 이 나라에서 살려면 인종 문제가 가장 중요하지 않을 수 없다. 사람들이 너를 대할 때 가장 먼저 보게 되는 것은 피부색이기 때문이다. 그렇지만 그것으로 모든 게 결정되는 것은 아니다"라고요. 알렉스는 인종 차별을 이겨내고 성공할 겁니다. 그 아이의 행동을 보면 알 수 있어요. 인종을 떠나 놀랍도록 훌륭한 아이죠. 알렉스 곁에는 사람들이 끊이질 않아요. 쉽게 친구를 사귀는 매력을 지녔죠. 그 점은 정말 다행이라고 생각합니다.

윌리엄스 부부는 그러나 인종이 "성공하지 못한 것에 대한 핑계"가 될 수는 없다고 강조했다.

> 우리는 인종이 변호사로서 제 인생에 미치는 영향에 대해 종종 대화를 나눕니다. 그리고 아이의 삶에 인종이 어떤 영향을 미칠지에 대해서도 이야기를 나누죠. 알렉스는 이런 대화를 통해 절대로 사회적 약자의 위치가 최선을 다하지 않은 것에 대한 핑계가 될 수는 없다는 것을 배우죠.

윌리엄스 부인은 알렉산더의 학교 밖 활동에 대해 결정을 내릴 때도 인종 문제를 고려한다고 얘기했다. 요컨대 등록하기 전에 활동에 참가하는 학생들의 인종 구성을 살펴본다는 것이다.

알렉스 혼자만 흑인 아이일 경우 그 활동에는 등록시키지 않으려 해왔습니다. 그 점에 아주 신경을 썼어요. 아이를 그런 상황에 처하게 하는 것은 불공평한 일이기도 하지만, 한편으론 아이가 그 집단과 잘 융화할 수 있도록 하고 싶었습니다. 특히 뭐랄까 …… 제가 이런 얘길 하게 될 줄은 몰랐지만, 저희 아버지가 즐겨 사용하던 표현을 빌리면 '교육받은' 부모 밑에서 자란 백인 아이들과 어울리길 바랍니다. 아시다시피, 그런 아이들은 다양한 종류의 사람과 만나며 개개인의 차이를 긍정적으로 받아들일 줄 아니까요.

여기서 우리는 윌리엄스 부인이 두 가지에 신경 쓰고 있음을 알 수 있다. 우선 부인은 알렉산더가 어느 집단에 속하던지 거기서 유일한 흑인 아이가 되는 것을 원치 않았다. 부부는 이 부분에 대해서는 상당한 성공을 거둔 듯했다. 우리가 관찰한 알렉산더의 과외 활동(피아노, 축구, 기타, 합창단, 야구, 농구, 학교 연극 활동 등)에는 언제나 알렉산더를 포함한 몇몇 흑인 아동이 참여했고, 알렉스 혼자 흑인 학생인 경우는 없었다. 학교에서도 알렉산더의 학년에는 약 10퍼센트 정도가 흑인이고, 알렉산더의 친구 역시 두 인종을 모두 포함했다. 윌리엄스 가족이 다니는 침례교회는 대부분 흑인 중산층 가정이 오는 교회였다. 그러나 아들이 '교육받은' 가정에서 자란 백인 아이들과 어울리길 바란다는 부인의 두 번째 바람은 첫 번째 바람보다 다소 이루기 어려워 보였다.

그렇지만 부인은 여전히 이를 중요하게 여겼다. 부인은 우리와의 인터뷰에서 몇 년 전 일어났던 "잊고 싶은 일"에 대해 이야기했다.

어느 날 알렉산더는 부모가 잘 알지 못하는 아이의 생일 파티에 간 적이 있었다. 알렉산더의 베이비시터인 로즈가 초대한 파티였다. 때때로 알렉산더는 로즈가 돌봐주는 다른 아이들의 집에 로즈를 따라가곤 했는데, 그 아이들 중 하나가 알렉산더를 몹시 좋아했다.

> 그 애는 알렉스를 굉장히 좋아했어요. 아마 알렉스는 그 애가 두 살이나 세 살 되던 해 생일 파티에 갔을 거예요. 파티에 갔는데 …… 음 …… 그 애 할아버지가 와 계셨어요. (파티 내내) 아이 할아버지는 알렉스를 보고 "저 애는 굉장히 까맣구나"라고 했어요. (웃음) 그러고는 "저 애는 누구냐?"라고 물어보는 거예요. 물론 내가 나서기 전에 로즈가 전부 해결했지만 말이에요. (웃음)

이 일 때문에 윌리엄스 부인은 알렉산더가 참여하는 활동에 "더더욱 주의를 기울이게" 되었다고 한다.

> 우린 절대로 아이를 아무 데나 내려놓고 나 몰라라 하는 그런 부모는 되고 싶지 않아요. 아이가 어딜 가든 함께 가려 했고, 지금도 아침에 학교에 데려다줄 때면, 매일은 아니지만 종종 들러서 아이가 학교에서 어떻게 지내는지 살펴보곤 하죠.

부부는 대체적으로 아들의 학교생활에 만족하는 편이지만, 학기 초에는 학생의 인종 비율에 대해 불만을 가졌다.[10] 이에 대해 윌리엄스 씨는 다음과 같이 말했다.

무슨 이유에선지, 올해 알렉스의 학급에 흑인 아이가 알렉스 하나밖에 없더군요. 이런 반 편성이 말도 안 된다고 생각한 이유는 다른 5학년 반에는 흑인 아이가 다섯이나 있었기 때문입니다. 말도 안 되는 상황이죠. 이 일로 내가 학교에 가서 한바탕 난리를 피웠습니다.

윌리엄스 부부가 아들의 일에 이토록 적극적으로 개입할 수 있는 것은 그들이 학교 사정에 밝기 때문이다. 학교에서 다문화를 강조하는 것을 긍정적으로 평가하긴 하지만, 그래도 부부는 학교의 커리큘럼 및 아들의 학교생활을 주의 깊게 살핀다. 윌리엄스 부인의 부모 역시 딸의 학교생활에 이와 비슷한 관심을 보였다고 한다. 부인은 학생 전원이 흑인인 남부의 중간 규모 초등학교에 다녔다. 따라서 부인의 부모는 주로 학업적인 면에 관심을 보였다.

제 부모님도 꽤 자주 학교에 오셨어요. 거의 항상 말이죠. 자식들이 꼭 필요한 교육을 받지 못할까봐 걱정하신 거예요. 우리 남매들은 아주 훌륭한 선생님 밑에서 교육받았지요. 저는 그걸 지금도 똑똑히 기억하고 있습니다.

고등학교에 입학하면서, 부인은 백인 아이들과 함께 학교를 다니게 되었다. 그러자 부인의 부모는 인종적인 문제까지 신경을 써야 했다.

학교가 인종적으로 통합된 이후부터는 그게 더 큰 걱정거리가 됐죠. 부모님은 꼭 학교에 오셔서 우리가 괴롭힘을 당하진 않는지, 누가 머리카락을 잡아당기거나 우리를 해치려 하지는 않는지 확인하고 싶어 하셨어요. 그 당시엔 그런 일이 실제로 종종 일어났으니까요. 아시다시피 인종 차별이 매우 공공연하게 벌어졌죠.

이와 달리 알렉산더는 그처럼 노골적인 인종 차별을 겪는 일은 없다. 윌리엄스 부인 역시 이를 인정한다.

물론 지금은 그런 차별 행위가 거의 없어요. 손가락으로 꼽을 정도죠. 알렉스가 1학년 때인가, 2학년 때였어요. 학교에서 한 백인 아이가 알렉스와 다른 흑인 아이에게 "너네는 커봤자 청소부밖에 될 수 없어"라고 말했다더군요. (웃음) 알렉스는 그 애에게 "글쎄, 난 잘 모르겠는데? 우리 아빠 변호사시거든"이라고 대답해줬고요. (웃음) 그러니까 알렉스는 그런 인종 차별적인 발언에 조금도 당황하지 않은 거죠.

윌리엄스 부인과 남편 모두 인종 문제의 중요성에 대해서는 공감하지만, 아이에게 문화적 다양성에 관해 가르치는 방법이나 적절한 시기에 대해서는 이견을 보였다. 윌리엄스 씨는 부인의 지나치게 '보호적인' 접근 방식에 다소 불만을 가진 듯했다. 인종 문제를 드러내놓고 얘기하는 방식을 선호하기 때문이다. 윌리엄스 씨는 아들에게 인종 문제가 초래할 수 있는 문제점에 대해 '경고'해주면서도, 의도한 것보다는 '피상적인' 방식으로 이런 문제를 논의한다. 윌리엄스 부부는 또 향후 미국 내 인종 관계에 대해서도 다른 전망을 갖고 있다. 윌리엄스 씨보다는 부인이 미래를 더 희망적으로 보는 편이었다.

윌리엄스 부인은 특정 상황에 처했을 때 거기에 '인종'을 개입시켜 생각하는 경향이 비교적 적었다.[11] 아래에 소개할 예시에서처럼 부인은 소규모 가족 운영 하드웨어 가게에서 일어난 어쩌면 모욕적이라고 생각할 수도 있는 사건을 차분하게 그리고 불쾌감을 드러내지 않으며 해결했다. 이곳에 동행했던 아프리카계 미국인 현장 연구원은 자신은 부인처럼 행동하지 못했을 거라고 말하기도 했다.

(가게 안에는 약 10여 명의 사람이 줄을 서서 기다렸고, 무척 붐비는 편이었다.) 윌리엄스 부인은 카운터에서 수표책에 막 서명을 하려던 참이었다. 그때 나이 지긋한 여자 점원이 부인을 제지하며 말했다. "수표는 이제 안 받아요. 신용카드 없으세요?" 우리 뒤에는 많은 사람이 줄을 서서 기다리고 있었다. 다른 손님들도 계속해서 가게 안으로 들어오는 중이었다. (나는 이쯤에서 윌리엄스 부인이 '물러설' 거라고 생각했다. 나라면 분명 그렇게 했을 테니까.)

그러나 부인은 차분하게 대처했다. 종업원의 눈을 바라보며 아무렇지 않은 음성으로 "네, 있어요. 그렇지만 지난번에 왔을 땐 수표를 받으시던데요?"라고 물었다. 그러자 종업원 역시 태평한 목소리로 "그게 사실, 요즘은 연휴 기간이라 수표는 일정 한도만큼만 받는 게 우리 가게 정책이라서요"라고 대답했다.

뒤에서 기다리는 사람들이 헛기침을 하기 시작했다. 그러나 부인은 그런 것에 신경 쓰지 않았다. "엄마!" (알렉산더가 고개를 저으며 말했다.) "신용카드는 안 돼요. 저랑 신용카드는 사용 안 하기로 약속했잖아요." 부인은 수표책을 가방에 집어넣고 지갑에서 신용카드를 찾았다. 알렉산더가 다시 한 번 엄마를 말렸다. "그러지 말고 아빠 카드를 써요." 그러자 부인은 아들을 보며 미소를 지었다. 그러곤 카드를 다시금 지갑에 넣고 "잠깐만 이 썰매를 맡아주실래요?"라고 부탁했다. 우리가 문을 열고 나가려는데, 뒤에서 종업원이 "언제 오실 건데요?"라고 물었다. 부인은 바깥에 주차된 차를 가리키며 "차에 가서 남편 신용카드를 가져오려고 그래요"라고 말하곤 미소를 지으며 돌아섰다. (나는 부인을 이해할 수 없었다. 종업원이 부인을 깔보고 있는 게 분명했기 때문이다.)

가게 밖으로 나가며, 윌리엄스 부인과 현장 연구원은 인종에 대한 언급 없이 방금 일어난 일이 인종 차별과 관계가 있는지 대화를 나누기 시작했다.

우리는 가게 밖으로 걸어 나왔다. 내가 부인에게 "대체 왜 저런 거죠? 왜 수표를 못 받겠단 것인지 이해가 안 되네요"라고 말하자, 길 건너편에 주차된 남편의 차를 찾던 부인은 아무렇지 않은 말투로 "별다른 뜻이 있어서라고 생각하진 않아요. 수표를 받을 수 없다는 상황이 이해되거든요. 내 친구 중에는 손님이 1만 5000달러를 수표로 낸 경우도 있었대요"라고 대답했다. 이에 알렉산더가 놀라서 "얼마라고요? 1500달러요?"라고 되묻자, 부인은 계속 남편을 찾으며 "1만 5000달러 말이야. 1500달러의 열 배나 되는 돈이지"라고 대답했다.[12] (이런 대화를 하는 동안, 윌리엄스 씨가 가게 앞에 차를 세웠다. 알렉산더가 아빠의 신용카드를 받아왔다. 알렉산더와 부인 그리고 나는 다시금 가게에 들어가 값을 치렀다.)[13]

현장 연구원이 언급했듯이 보통 사람이라면 위와 같은 상황을 인종 차별적인 행동이라 여기고 모욕을 당했다고 생각했을 것이다.[14] 그러나 윌리엄스 부인은 달랐다. 게다가 부인은 아들의 주의를 다른 곳으로 돌리기 위해 친구 이야기를 꺼내기도 했다. 그 덕분에 알렉산더는 이 일을 그저 단순히 가게에서 썰매를 구입하다 문제가 생겨 지연된 사건 정도로만 기억하고 넘어갈 수 있었다. 다음 글에서 볼 수 있듯이 윌리엄스 부인은 인종 문제에 신경 쓰는 만큼이나 아들이 경험하는 다른 일에 대해서도 주의를 기울인다. 윌리엄스 씨 역시 부인만큼 조심스러운 접근은 아니지만 알렉산더를 '성장'시키는 데 능동적인 역할을 맡고 있다.

권리 의식 심어주기

다른 중산층 부모와 마찬가지로 윌리엄스 부부 역시 전문가들과의 소통에서 안정되고 활발한 대화를 나누었다. 그리고 이들 부부는 알렉산더 역시 그런 어른으로 성장하길 바라며 아들에게 적극적이고 박학한 고객이 되는 법을 가르친다. 어느 더운 여름날 오후, 윌리엄스 부인은 의사 선생님과의 면담을 통해 알렉산더에게 이런 것을 가르치려 했다. 병원으로 가는 자동차 안에서, 윌리엄스 부인은 알렉산더에게 적극적인 태도로 의사 선생님을 대하라고 말했다. 다음은 현장 연구원의 기록 일부다.

자동차가 파크 레인에 들어서자, 부인이 아들에게 말했다. "알렉스, 의사 선생님께 할 질문을 생각해둬. 궁금한 건 무엇이든 물어봐도 돼. 쑥스러워할 것 없단다. 뭐든지 대답해주실 거야." 알렉산더는 잠시 생각에 잠긴 듯하더니 "디오더런트 때문에 팔 밑에 뭐가 났어요"라고 대답했다. "그래? 새로 산 디오더런트 때문이니?" 엄마가 되물었다. "네" 하고 알렉산더가 대답했다. "음, 이따 선생님께 여쭤보는 게 좋겠다."

이 상황에서, 부인은 알렉산더에게 하고 싶은 말은 당당히 해도 된다고 가르쳤다. (예를 들면 "쑥스러워하지 말라"거나 "무엇이든 물어봐도 괜찮다"고 알려주는 식으로.) 무엇보다 부인은 아들에게 권위 있는 중요한 사람을 만나기 전에는 생각을 정리해 무슨 이야기를 할 것인지 미리 알아야 한다고 가르쳤다. 이런 준비 덕분에 부인과 알렉산더 모두 의사와의 면담에서 미리 준비한 질문 및 궁금증을 물어볼 수 있었다.

의사는 아주 쾌활한 성격으로 30대 후반에서 40대 초반 정도 되어 보이는 백인 남성이었다. 진료실에 들어서자 그는 "늘 하는 질문"부터 하겠다고 말했다. 그러곤 알렉산더의 키에 대해 "95퍼센트 이내"라고 얘기하자 알렉산더가 끼어들어 질문했다.

알렉산더: 제 키가 어떻다고요?

의사: 95퍼센트 이내라는 것은 네가 또래의 열 살짜리 아이들 95퍼센트보다 키가 크다는 의미란다.

알렉산더: 전 아직 열 살이 안 됐는데요.

의사: 그래프 상으론 열 살로 표시되는구나. 정확히 말하면 너는 아홉 살하고도 10개월이지만, 그래프에서는 이걸 열 살로 반올림한단다.

권위 있는 인물의 말을 가로채는 행동은 권리 의식의 표출이다. 이는 또한 중산층 가정의 자녀 양육 방식에서 볼 수 있는 특징이기도 하다. 아이의 자존감을 고취하고 자기 생각을 어른들에게 표현할 수 있

도록 연습시키기 위해 상대방의 말을 가로막는 무례도 용인하는 것이
다. 알렉산더가 자연스럽게 의사의 말에 반박하는 모습(자신이 아직 열
살이 안 됐다고 정정하는 모습)은 이 아이가 자신의 권리를 분명히 의식하
고 있음을 보여준다. 이런 권리 의식은 나중에 의사가 전화로 눈을 다
친 아이에 대한 처방을 내리는 것을 들은 알렉산더가 "내 눈엔 손대지
말아요!"라고 장난스럽게 말한 것에서도 드러났다.

전문가를 대하면서도 어려워하지 않는 것은 대화 주제가 알렉산더의
식단으로 넘어가면서 더욱 분명하게 드러났다. 윌리엄스 부인은 집에
서 항상 의사의 권고대로 식단을 따르지는 않는다고 순순히 인정했다.

> 의사: 과일과 채소도 충분히 섭취하고 있니?
>
> 알렉산더: 그럼요.
>
> 부인: 글쎄, 과연 그럴까……?
>
> 의사: (웃으며) 엄마는 아니라고 생각하시는 것 같은데?
>
> 알렉산더: (목소리를 높이며) 엄마가 매일 도시락에 바나나 과일을 넣어
> 주잖아요. 어제 저녁엔 양배추도 먹었고요.
>
> 의사: 하루에 적어도 한두 개 정도의 채소와 과일을 먹고 있니?
>
> 부인: 거의 대부분의 경우엔 채소나 과일도 잘 먹어요.
>
> 의사: 그 정도면 괜찮을 것 같네요.

알렉산더가 보여주는 이런 솔직함은 일종의 자산이라 할 수 있는데,
아이의 솔직한 고백으로 의사가 (애매하거나 부족하지 않은) 정확한 자료
를 얻을 수 있기 때문이다.[15] 윌리엄스 부인이 알렉산더에게 약을 먹이
는 것을 어느 정도 "포기했다"고 이야기하는 부분에서도 중산층 가정

의 특징이 잘 드러났다. 의사는 부인에게 경쾌하지만 분명한 태도로 투약을 계속하는 것이 좋을 거라고 말했다. 그러나 부인을 설득하는 과정에서 의사는 단순히 지시만 내린 것이 아니라 마치 부인과 이 주제를 놓고 '토론하는 듯한' 태도를 취함으로써 부인의 권위를 존중해 주었다. 윌리엄스 부인 역시 의사가 말한 약의 장점을 인정하고 처방 전대로 아들에게 약을 먹이겠다고 응답했다.

엄마와 마찬가지로 알렉산더 역시 의사와 능숙하게 의견을 주고받았다. 알렉산더는 또한 의사와의 면담 시간을 최대한 활용하려고 노력했다. 요컨대 미리 준비한, 팔 밑에 난 두드러기에 대한 질문을 던짐으로써 의사의 관심을 끄는 데 성공했으며, 자신이 꺼낸 이야기가 대화의 적절한 주제이자 중요한 문제라는 인정을 받았다.

의사: 이제 가장 중요한 걸 물어볼 차례구나. 신체검사를 하기 전에 선생님한테 물어보고 싶은 건 없니?

알렉산더: 음⋯⋯. 하나 있어요. 얼마 전부터 팔에 두드러기가 나고 있어요. (팔 아래쪽을 가리키며) 바로 여기요.

의사: 아랫부분에 말이니?

알렉산더: 네.

의사: 알겠다. 신체검사를 할 때 그것도 한 번 살펴봐야겠구나. 보고 나서 왜 그런지, 어떻게 해야 할지도 알려주고 말이야. 혹시 아프거나 가렵진 않니?

알렉산더: 아뇨, 그렇지는 않아요.

의사: 좋아, 그럼 두드러기가 난 팔을 한 번 보자꾸나.

진료가 거의 끝날 무렵, 의사는 알렉산더의 엄마에게도 "부인께선 질문하실 거나 걱정되시는 점은 없나요?"라고 물었다. 윌리엄스 부인은 "아니요. 알렉스는 아주 잘 자라고 있어요"라고 대답했다.[16] 마치 알렉산더가 잘 진행되고 있는 프로젝트인 것 같은 말투였다. 부인과 의사 사이의 이런 대화는 두 사람이 동등한 관계임을 나타낸다. 두 사람은 마치 (아이를 함께 돌보는) 동료라도 된 듯한 태도로 대화에 임했다. 이들의 대화에서 권위를 가진 전문가와 그보다 낮은 지위에 있는 사람의 대화를 보는 듯한 느낌은 전혀 들지 않았다.

병원에 있는 동안 내내 알렉산더는 자신의 의사소통 기술을 마음껏 발휘했다. 그리고 사전에 준비한 질문을 잘 활용함으로써 의사의 관심을 자신이 선택한 주제로 돌리는 데 성공했다. 그리고 이는 알렉산더가 의사와의 관계에서 주도권을 자신에게로 돌렸다는 의미이기도 하다. 이러한 주도권 이전 과정은 매우 자연스럽게 이루어졌다. 알렉산더는 어른들에게 존중받는 데 익숙한 아이다. 따라서 스스로 어른의 관심과 흥미를 받을 자격이 있는 특별한 아이라고 생각한다. 집중 양육 전략에는 몇 가지 중요한 특징이 있다. 신체검사를 받는 동안 알렉산더는 자신의 특별함을 '자랑하려' 하지 않았다. 그냥 부모와 같이 있을 때와 똑같이 행동했을 뿐이다. 논리를 사용하고 협상하고 농담을 던지는 식으로 말이다. 하지만 이런 방법에도 (적어도 부모 편에서 볼 때는) 단점은 있다. 요컨대 중산층 아이들은 부모에게 배운 대화의 기술을 사용해 부모의 가르침을 거스르려는 경향을 보인다는 것이다.

언어를 통한 훈육

우리가 관찰한 중산층 가정의 자녀는 종종 자신들이 습득한 언어적 기술을 활용해 부모와 논쟁을 벌이는 모습을 보여주었다. 노동자 계층과 빈곤층 가정의 아이들과 달리 중산층 가정의 아이들은 부모의 지시를 순종적으로 따르는 대신, 논리적 대화를 통해 부모와 협상하고 부모에게서 자신이 원하는 바를 얻어내려 시도했다. 예를 들어 윌리엄스 가족은 야구 경기를 끝마치고 알렉산더가 솔로 파트를 맡은 학교 연극에 참여하기 위해 차를 타고 가고 있었다. 차 안에서 가족은 연기 선생님이 공연 전에는 식사를 자제해야 한다고 말한 것에 관해 이야기를 나눴다. 알렉산더는 싸온 샌드위치를 공연이 끝난 후 먹기로 약속했지만, 조금 출출했는지 감자 칩을 하나씩 꺼내 먹고 있었다. 윌리엄스 부인이 이제 그만 먹는 게 어떠냐고 이야기하자, 알렉산더는 한 조각만 더 먹으면 안 되냐고 말했다.

알렉산더가 가방에서 감자 칩을 꺼내 먹기 시작했다. 윌리엄스 씨는 "먹으면 안 된다"라고 말했다. 알렉산더는 한 조각을 더 꺼낸 뒤 가방을 닫았다. 그러나 결심은 오래가지 못했고, 알렉산더는 다시 가방을 열었다. 그러곤 감자 칩 다섯 조각을 꺼내 먹고는 "아빠 말이 맞아요. 하나만 먹으면 안 되는 거였어요"라고 말했다. 아들의 말을 듣고 있던 윌리엄스 부인이 "알렉스, 이제 많이 먹었다. 그만 집어넣을까?"라고 말했다. "하나만 더 먹으면 안 돼요?" 알렉산더의 부탁에 윌리엄스 부인은 "그래, 딱 하나만이야"라고 대답했다. 알렉산더는 제일 큰 조각을 집어 들고 다시 가방을 닫았다.

알렉산더는 부모의 말이 자신의 생각과 다를 때에는 자연스럽게 자기 의견을 말했고, 때로는 부모의 말을 지적하기도 했다.

창밖의 빈곤층 거주 단지를 보며 알렉산더가 "세상은 옛날이 더 안전했어요"라고 말하자 엄마 윌리엄스 부인이 "옛날엔 무시무시한 공룡들이 살았는걸!" 하며 장난을 쳤다. 그러자 알렉산더는 "공룡이 인간이랑 같은 시대에 산 적은 없어요. 옛날이 더 안전했던 게 맞아요"라고 대꾸했다. "음 그렇구나. 그렇다면······." "옛날, 그러니까 총을 발명하기 전엔 이 세상이 훨씬 안전했어요!" 알렉산더는 엄마의 말을 끊고 다시 한 번 자신의 생각을 말했다. 결국 윌리엄스 부인도 아들의 생각에 동의했다.

중산층 가정의 아이들은 다양한 방식으로 부모의 명령에 저항하기도 한다. 친구들 앞에서 생일 선물을 뜯어본 알렉산더가 이어지는 엄마의 말에 어떻게 대응했는지 확인해보자.

마지막 선물까지 모두 뜯어본 알렉산더가 엄마 옆으로 쪼르르 달려갔다. "이럴 땐 뭐라고 말해야 하지?"라는 엄마의 질문에 알렉산더는 큰 목소리로 "고마워!"라고 외쳤다. 하지만 목소리에는 약간의 망설임과 짜증이 묻어 있어 마치 "'고마워!'라고 우리 엄마가 말하래!"라고 하는 듯했다.

때로 알렉산더는 자리를 피함으로써 부모의 명령을 거부하기도 했다.

윌리엄스 부인은 아들의 목과 가슴을 끌어안은 다음 귀에 대고 "'내 생일 파티에 와줘서 고마워'라고 말해야지"라고 속삭인 뒤 놓아주었다. 하지만 알렉산더는 위층으로 올라가 초대받은 아이들과 부모님들이 모두 돌아갈 때까지 내려오지 않았다.

한 흑인 부인이 자기 아들과 함께 윌리엄스 부인에게 다가오며 아들에게 속삭였다. "아주머니께 감사하다고 말씀드려야지." "감사합니다, 아주머니." 아들 뒤에 있던 부인 역시 말했다. "초대해주셔서 고마웠어요." "뭘요, 와주셔서 제가 감사하죠. 알렉스를 불러올게요, 잠시만 기다리세요." 손님들이 떠나려 하자 윌리엄스 부인은 위층에 대고 큰 소리로 외쳤다. "알렉스!" 하지만 아무 대답도 들려오지 않았다. "알렉스! 손님들이 가시잖니. 내려와서 인사드려!" 알렉산더는 내려오지 않았고 부인은 조금 전보다 더 큰 소리로 외쳤다. "알렉스!" 그러는 사이 두 손님이 자리를 떠났다.

이 생일 파티에는 남자아이 6명(흑인 아이 2명, 아시아계 아이 한 명 그리고 백인 아이 3명)과 여자아이 한 명(백인)이 참석했다. 아이들은 오후부터 오락실에서 비디오 게임을 즐긴 뒤, 저녁으로 피자를 먹고 케이크와 아이스크림을 먹은 다음 알렉산더의 집으로 온 터였다. 시간은 이미 늦었고, 일곱 아이의 부모들에게 알렉산더가 마지막 선물을 풀어보기 전까지 모든 시간은 기다림의 연속이었다. 그리고 알렉산더를 위한 일정이 모두 마무리되자, 그들은 지체 없이 집을 떠났다. 알렉산더가 위층으로 올라가고 90초 만에 일곱 아이 중 여섯 아이가 자신의 부모와 함께 각자의 집으로 돌아갔다. 그리고 알렉산더는 아무와도 인사를 하지 않은 채 위층에 머물러 있었다. 설령 부인이 알렉산더에게 아래층으로 내려와 인사하라고 소리를 질렀다고는 해도, 그건 단순히 아들이 목소리를 듣지 못할까봐 큰 소리를 낸 것이지 화를 낸 것은 아니었다. 우리가 관찰한 다른 모든 중산층 가정에서는 양육에 지친 부모가 자녀들에게 큰 소리를 내는 경우를 종종 볼 수 있었지만, 윌리엄스 가족만은 예외였다. 또한 윌리엄스 부부가 아들을 체벌하는 모습 역시 목격할 수 없었다. 대신 이들 부부는 아들의 행동을 교정하는 데 언어적 수단을 활용했다.

또한 다른 가정에서는 곤란한 상황으로 여기거나 처벌로 이어지는 문제 역시 윌리엄스 가족은 중요하게 다루지 않았다. 예를 들어 노동자 계층이나 빈곤층 가정에서는 도서관에서 빌린 책을 잃어버리는 건 큰 문제다. 알렉산더도 학기말쯤에 도서관에서 빌린 책을 잃어버린 적이 있었다. (서점에 다녀오느라) 늦은 밤이 되어서야 집에 돌아온 윌리엄스 부인과 우리 연구원 그리고 알렉산더는 잃어버린 책을 찾기 시작했다. 책을 찾는다고 했지만, 알렉산더가 한 일이라곤 거실을 뱅글뱅글 돌거나 엄마 등 위를 폴짝 뛰어넘는 것이 고작이었다. 5분 정도 집 안을 뒤지던 윌리엄스 부인은 "아무래도 하나 사서 반납해야겠구나"라고 말하며 책 찾기를 포기했다. 부인은 알렉산더를 꾸짖지 않았다. 이처럼 다른 가정에서는 어른에게 무례하다는 이유로 처벌의 대상이 되는 행동도 윌리엄스 가족에게선 그저 웃어넘길 일로 여겨졌다. 윌리엄스 부부는 집중 양육 방식의 효과를 굳게 믿고 이를 실천하고 있었다. 그들은 알렉산더가 성장하는 모습을 바라보는 데에서 행복을 찾았고, 아이가 부모에게서 배운 기술을 활용해 때때로 자신들의 권위에 도전하는 것에 크게 개의치 않는 듯했다. 그들에게 집중 양육 방식은 실보다 득이 많은 방법이었다. 이들 부부 외에도 많은 중산층 부모들이 언어 교육의 장점과 단점 사이에서 균형을 유지하는 데 어려움을 겪었다. 이어지는 단락에서는 집중 양육 방식이 초래하는 잠재적 폐해를 좀더 상세하게 다룰 것이다.

득과 실

기초적인 학교 교육은 모든 아이에게 동등하게 제공되지만, 그 속에서도 알렉산더 같은 중산층 가정의 아이들은 한층 유리한 위치를 차지한다. 학교에서 강조하는 어휘나 상식, 논리적 사고력 등의 자질을 이 아이들은 일상생활에서 자연스레 터득하기 때문이다. 아들에게 신문 기사를 소개하고, 여기서 배운 정보를 공유하도록 하는 윌리엄스 부인의 사례를 살펴보자.

농구 경기장으로 가는 길에 윌리엄스 부인은 운전석 옆 포켓에서 〈타임〉지를 꺼냈다. 기사를 훑어보던 부인은 공룡에 관한 글이 실려 있는 것을 보고는 아들에게 말했다. "알렉스, 여기 공룡에 관한 기사가 올라왔구나. 한 번 읽어볼래?" 알렉산더는 엄마가 건네준 기사를 읽기 시작했다. 10분 정도 지나자 알렉산더가 다시 잡지를 엄마에게 건네줬다. 그리고 우리 지구가 몇 살이나 되었는지에 관해 이야기를 시작하더니, 공룡이 진화해 오늘날의 포유류가 되었다는 사실까지 엄마에게 설명해 주었다.

이와 같은 일상적인 정보 학습과 공유는 아이들에게 많은 가치를 제공한다. 부모와의 소통은 아이들에게 자신의 생각이 다른 이들에게 가치 있는 것이며 흥미롭고 중요한 것이 될 수 있다는 사실을 알려주는 역할을 한다. 중산층 가정의 부모는 언제나 아이의 이야기와 그들이 공유하는 정보에 관심을 갖는다.

중산층 아이들은 또한 학교 밖에서도 끊임없이 틀린 문법을 교정받는다.

"선생님이 뭐라고 안 하시던? 그동안 연습 많이 못했잖아." 윌리엄스 부인이 물었다. "네. 그래서 이번 주 내내 연습해야 한대요. 이게 뭐야! 나는 톰이랑은 숙제도 못하고 연습했는데!" 알렉산더가 대답하자, 운전을 하며 아들의 말을 듣던 윌리엄스 부인이 정정해주었다. "그럴 땐 '톰이랑 나'라고 해야 하는 거야, 알렉스." 물론 꾸짖는 말투는 아니었다. "음, 네. 톰이랑 나는 숙제도 못하고 연습을 했는데 말이에요!" 알렉산더는 엄마의 지적대로 표현을 고쳐 다시 말했다.

자기 의견을 뒷받침할 근거를 모으는 능력 역시 중산층 가정 부모들이 강조하는 자질 중 하나다. 특히 변호사의 아들인 알렉산더의 경우에는 아무리 사소한 문제라도 자기 의견을 뒷받침할 근거를 설명하는 과정을 자연스레 터득하고 있었다. 교회에서 돌아오는 차 안에서 일어난 아래의 대화를 살펴보자.

알렉산더와 윌리엄스 씨는 (만화책에 나오는) 엑스맨의 캐릭터 중 누가 가장 강력한지 토론을 벌이고 있었다. 윌리엄스 씨는 아들에게 엑스맨 캐릭터 중 가장 강한 한 명을 선택하고 그 이유를 설명해보라고 제안했다. 윌리엄스 씨는 알렉산더에게 "무슨 뜻이지?", "어느 에피소드에서 그런 일이 있었지?", "그런 내용은 어디서 본 거니?" 같은 질문을 던졌다. 요컨대 논거를 수립하고 정확한 근거를 제시하는 과정을 강조했다. 알렉산더는 자신의 《마블 엑스맨의 비밀(Secrets of the Marvel X-men)》을 꺼내 울버린의 몸에서 '티타늄 합금'으로 이뤄진 부분은 손톱뿐이라는 내용을 찾기 시작했다.

알렉산더가 책의 내용을 읽으면 부모는 귀를 기울여 듣는다. 그리고 선생님처럼 아들의 말에서 중요한 부분을 강조하거나 코멘트를 던지고, 또 발음이 잘못되었을 경우 교정해준다.

"앞부분부터 다시 한 번 읽어볼래? 한 단어의 발음을 잘못한 것 같구나." 윌리엄스 부인이 말했다. 알렉산더는 다시 읽었고, 이번에도 발음을 실수했다. "그 단어는 리드(lead)라고 읽어야지. 리더(leader)를 발음할 때처럼." 부인의 설명에 윌리엄스 씨도 거들었다. "좀 까다로운 발음이긴 하지. 단어를 발음할 때는 문맥도 함께 보는 게 좋아."

윌리엄스 씨가 알렉산더에게 자기 주장을 피력해보라고 요구한 다른 상황을 한 번 더 살펴보자. 좋아하는 자동차에 관해 이야기하던 알렉산더가 모순된 내용을 말하자 윌리엄스 씨는 그 점을 지적하며 아들에게 왜 생각이 변했는지 설명해보라고 말했다.

"예전에 했던 얘기랑 말이 다른데? 예전엔 미아타랑 메르세데스, 부가티가 좋다고 했잖아. 대체 어떤 자동차를 좋아한다는 거니?"[17] 아버지의 질문에 알렉산더는 (목소리를 높이며) "난 그런 말 안 했어요. 셋 다 내가 좋아하는 거란 말이에요!"라고 말했다. 부자의 대화를 듣고 있던 윌리엄스 부인이 "괜찮아, 우리 왕자님. 생각은 언제든 변할 수 있는 거란다" 하며 알렉산더를 달랬다. 알렉산더는 아빠를 한 번 쳐다보더니 명랑한 목소리로 "여긴 미국이에요. 누구든 원할 때는 언제든 마음을 바꿀 수 있다고요"라고 말했다.

알렉산더의 가족에게서 좀더 자주 목격하긴 했지만, 사실 이와 같은 자녀와 부모 사이의 언쟁, 혹은 토론은 우리가 관찰한 모든 중산층 가정에서 드물지 않게 일어났다. 알렉산더와 비슷한 연령적·계층적 배경을 가진 아이들은 어른에게 어떤 정보나 자기 의견을 말하는 데 불편함을 느끼지 않았다. 한 번은 알렉산더가 우리의 연구원 중 한 명에게 롤러 블레이드를 타보도록 권유한 적도 있었다. "아이스 스케이트를 타보셨으면 롤러 블레이드도 탈 수 있을 거예요." 알렉산더는 능숙하게 어른을 설득했다. 또한 알렉산더는 다른 중산층 가정의 아이들처럼 때로는 어른에게 (장난스러운 방식으로) 지시를 내리기도 했다. 부인 및 연구원과 함께 알렉산더의 학교 행사를 관람하러 간 윌리엄스 씨는 아들이 전곡(全曲)을 부른 뮤지컬이 끝나자 "이런 연극을 서너 편 보면 1년은 늙어버리겠다"고 불평하며 웃음을 터뜨렸다. (그는 뮤지컬을 '우스꽝스러운' 놀이라고 평가했다.) 그러곤 연구원에게 지난 밤 공연에서 있었던 일을 이야기해주었다. 그는 지루한 공연장을 몰래 빠져 나오려 했다. 하지만 마침 복도에 나와 있던 알렉산더와 마주쳐 다시 자리로 돌아와야 했다. 건물을 나서던 윌리엄스 씨는 뒷문 근처 한 곳을 가리키며 그곳에서 아들에게 붙잡혔다고 말했다.

윌리엄스 씨: (웃으며) 슬쩍 빠져 나오려다 이곳에서 알렉산더와 마주쳤

지 뭡니까. 녀석이 극장을 가리키며 "자리로 돌아가세요"라고 말하더군요.

그래서 윌리엄스 씨는 극장으로 돌아가 남은 공연을 끝까지 관람해야 했다고 한다.

이 사례에서 윌리엄스 씨는 아들의 행동을 즐기는 듯했다. 하지만 때론 이와 같은 언어 사용과 논리적 사고를 강조하는 부모들의 교육이 자녀의 행동 양식에 부정적인 영향을 미치기도 한다. 예를 들어 아이들은 부모가 정작 그들은 따르지 않는 규칙을 자신에게 강요할 때 부모의 일관적이지 못한 모습을 직접적으로 지적하기도 한다. 어느 날 오후, 윌리엄스 부인과 알렉산더 그리고 우리 연구원이 볼일을 보러 상점에 나간 적이 있었다. 셋은 주차장에 차를 세웠다. 그런데 주차장에서 상점으로 이어지는 길 곳곳에 물이 고여 있어 셋은 매우 조심해서 걸음을 옮겨야 했다. 상점에 들렀다 자동차로 돌아온 윌리엄스 부인이 화단을 밟은 알렉산더의 행동을 지적하자, 아이는 엄마의 말을 반박했다.

알렉산더는 화단을 밟고 자동차 안으로 들어왔다. 윌리엄스 부인과 난 계단을 밟고 들어왔다. "알렉스, 앞으로 그러면 안 돼." 엄마의 지적에 알렉산더는 "왜요? 길이 지저분해서 그리로 온 건데"라고 말했다. "그래. 하지만 넌 꽃을 밟았잖니. 그건 다른 문제야." 윌리엄스 부인은 힘없이 말했다.

또한 집중 양육은 가정 안에서 자녀의 주도권을 과도하게 키워줌으로써 때로 역할의 혼란을 초래하기도 한다. 윌리엄스 가족의 경우, 알렉산더가 차지하는 지위는 수시로 급격하게 변화한다. 알렉산더는 때로 어른과 동등한 대우를 받는다. 부모는 아들에게 의견을 물어보고, 가족의 일을 결정할 때에는 '투표권'을 부여하기도 한다. 하지만 다른 상황에서 알렉산더는 여전히 어린애로 취급받기도 한다. 예배에 참석하러 가는 가족의 모습을 담은 아래의 기록을 살펴보자.

알렉산더는 아버지에게 몸을 기대고 있었다. 윌리엄스 씨는 아들을 껴안아줬다. 알렉산더는 더욱 깊이 아버지 품속으로 파고들었다. 윌리엄스 씨는 아들을 재킷으로 감싸고 콧노래를 흥얼거렸다. 윌리엄스 부인이 다정한 말투로 말했다. "우리 알렉스가 어디 있을까?" 부인은 아버지의 재킷 속에 숨은 알렉산더를 콕 찌르며 "우리 아기 어디 있니? 알렉스야~" 하며 장난을 치다 "여기 있었구나, 우리 아기!"라고 나지막이 외쳤다. 엄마의 장난에 알렉산더는 웃었다. 교회 문 앞에 도착해 예배 소리가 들리기 시작해서야 윌리엄스 부부와 아들 알렉산더의 장난은 끝났다.[18]

알렉산더가 이런 순간에 행복해한다는 것은 분명했다. 그러나 알렉산더나 다른 중산층 아이들이 언제나 이와 같은 부모의 '어린애 대우'를 받아들이는 것은 아니었다. 부모가 자신들을 어린애로 대할 때면 이 아이들은 부모에게서 배운 언어적 기술을 사용해 자신의 권리를 주장하고, 이마저 묵살당할 경우에는 부모에게 떼를 쓰곤 했다.[19]

결론

중산층 아이들을 둘러싼 언어의 세계는 그들에게 다양한 가치를 그리고 일부 중요한 손실을 가져다준다. 우리가 관찰한 노동자 계층과 빈곤층 가정의 아이들과 비교했을 때, 알렉산더는 한층 효율적으로 사회적 관계(특히 어른과의 관계)를 맺어나갈 준비를 갖추고 있었다. 가정에서 알렉산더는 다양한 언어적 기술(자신을 변호하는 방법이나 어른의 표현 방식을 배우는 등)을 습득했다. 그리고 이는 자신에게 유리한 방향으로 상황을 조정해 원하는 것을 최대한 얻어내는 도구로 작용했다. 또한 이런 경험을 통해 알렉산더는 자신이 관심을 갖는 주제(공룡이나 사진 현상에 쓰는 화학 약품 등)에 대한 폭넓은 지식을 쌓을 수 있었다. 언어적 기술은 이외에도 자신의 주장에 타당한 논거를 제시하는 법(가장 강력한 엑스맨 캐릭터를 꼽는 등)이나 협상을 진행하는 법(더 많은 감자 칩을 먹도록 허락받는 등) 역시 알렉산더에게 가르쳐주었다.

하지만 집중 양육은 (매우 많은) 시간을 소모하는 과정이기도 하다. 알렉산더의 부모는 아들의 활동을 지원하는 데 자신들의 거의 모든 여가 시간을 투자했다. 이들 부부는 알렉산더와 대화를 나누는 데도 많은 시간을 들였다. 그들은 알렉산더에게 새로운 어휘를 가르치고, 아이가 관심을 가질 만한 기사를 찾기 위해 잡지를 뒤지는 데 그리고 어떤 사건에 대한 아들의 의견을 묻고 들어주며 그 사실 속에서 근거를 찾게 하고 모순되거나 잘못된 부분이 있을 땐 이를 지적해주는 데 많은 노력을 기울였다. 그리고 알렉산더 역시 어른들의 세계에서 일어나는 활동에 참여하는 데 자신의 모든 자유 시간을 투자했다.

알렉산더는 부모의 가르침을 모두 받아들일 수 있는 모범적인 학생이다. 또한 부모에게서 배운 것들을 자신이 관계 맺은 사회 환경 속에서 적용하는 방법도 이해하고 있었다. 알렉산더는 사회 속에서 자신의 위치가 무엇인지를 자연스럽게 학습했고, 특히 다른 이들을 자신이 원하는 대로 행동하도록 요구하고 설득하는 데 능숙했다. 알렉산더는 이러한 기술을 통해 자기 주변의 사회적 관계(특히 어른과의 관계)를 조정할 수 있다고 믿었다.

미국계 흑인, 남성, 어린 아이라는 특성 역시 알렉산더의 삶에 중요한 영향을 끼쳤다. 알렉산더는 흑인 교회를 다녔고 다른 흑인 아이들과 주로 어울렸다. 알렉산더의 부모 역시 아들에게 적절한 사회적 환경을 조성해주려고 애썼다. 윌리엄스 부인은 언제나 아들에게 '잘 교육받은' 아이들과 어울릴 것을 강조했다.

알렉산더의 부모는 인종과 관련한 문제를 아들에게 특별히 가르치지는 않았지만, 그들의 인종적·문화적 특성은 자연스레 그들 자신과 아들 알렉산더의 삶에 뿌리를 내리고 있었다. 이들 부부는 알렉산더가 인종적 차별에 노출될 잠재적 위험을 안고 있다는 사실을 알고 있었고, 이러한 인종적 (혹은 다른 어떤 형태의) 불평등에서 아들을 지켜주길 바랐다. 하지만 알렉산더의 가정을 포함한 어떤 가정에서도 인종적 배경이 자녀 양육 방식을 결정하는 핵심적인 요인으로 작용하지는 않았다. 또한 연구에 참여한 모든 중산층 가정의 부모는 자녀에게 질문을 던짐으로써 생각할 기회를 제공하고, 아이들이 제시하는 해답에 귀를 기울이고, 아이들이 논리적 사고력을 키워나갈 수 있도록 적극 노력했다.

알렉산더를 비롯한 중산층 가정의 아이들은 이런 교육을 통해 특별한 기술을 습득한다. 그리고 자기 의견을 주장하고 원하는 것을 요구할 수 있는 그리고 어른의 관심과 지원을 받을 수 있는 존재라는 사실을 자연스레 받아들이며 성장한다. 자녀들의 말에 진지하게 관심을 기울이는 부모의 태도는 역사적으로도 중요한 연구 가치를 지닌다. 과거 식민 시대의 미국에서, 아동의 행동은 대부분 제약의 대상으로 여겨졌다. 그 때문에 특정 계층이 집중 양육 전략을 통해 좀더 많은 가치를 획득하는 경우는 드물었다. 그러나 오늘날의 미국 사회에서 이런 전략이 제공하는 가치는 좀더 직접적으로 드러난다. 적극적이고 개인적인 인물형이 한층 높은 가치를 지니고, 이는 논리적 대화와 협상을 통해 평가되기 때문이다.

07

언어는 사회생활을 위한
매개체

●

해럴드 맥앨리스터의 사례

내가 5학년 담임 선생님에 대해 묻자 해럴드는 짜증을 내며 대답했다. "5학년 선생님은 저를 못살게 굴고 만날 거짓말만 해요." 이때, 설거지를 하면서 말없이 듣고 있던 맥앨리스터 부인이 해럴드에게 물었다. "그 남자 선생님 이름이 뭐라고 했지?" 그러자 해럴드가 되물었다. "린제이 선생님 말이에요?" 맥앨리스터 부인이 고개를 저으며 대답했다. "아니, 다른 선생님." "아, 테린 선생님." 그러자 맥앨리스터 부인은 미소를 지으며 이렇게 말했다. "그래, 나는 그 선생님이 참 좋더라."

북적거리는 상업 단지에서 몇 블록 떨어진 곳에 로어리치먼드 공영 주택 단지가 자리 잡고 있다. 이 주택 단지는 막다른 길에 자리한 데다 자가용을 소유한 가정이 별로 없는 탓에 거리는 한산했다. 몇몇 사람이 길을 헤매다 실수로 들어오는 경우가 간혹 있긴 하지만 말이다. 근처에 백인 노동자들이 모여 사는 주거 단지가 있긴 하다. 하지만 로어리치먼드는 할렘의 가장 끝자락에 있기 때문에 이곳에 사는 거주자나 주변 지역에 사는 사람은 대부분 흑인이다. 이곳은 피자 가게도 배달을 거부할 정도로 지역 상인들 사이에서 위험한 곳으로 알려져 있다.

동네 한구석에는 벽돌로 지은 2~3층짜리 건물이 줄지어 선 구역이 있고 그곳 가장자리에 2층짜리 임대 주택 다섯 동이 있는데, 맥앨리스터 가족은 그중 하나에 살고 있었다. 집은 방마다 아주 작은 창문이 하나씩밖에 나 있지 않아 낮에도 불을 켜야 할 정도로 늘 어두웠다. 각 집에는 콘크리트와 나무로 만든 담장을 설치한 작은 뜰이 하나씩 딸려 있는데, 맥앨리스터네 집 뜰에는 무성한 잎사귀 덕분에 여름에 고마운 그늘을 드리우는 커다란 나무가 한 그루 있다. 주택 사이에는 콘크리트로 포장한 넓은 인도가 있고 어두워지면 각 건물의 모퉁이에 가로등을 환하게 밝힌다. 포장하지 않은 황량한 공터에는 종이나 비닐, 유리 조각 따위가 나뒹군다.

주민들은 삼삼오오 모여 접이식 의자나 현관 입구에 앉아 맥주를 마시거나 이야기를 나누고 더러는 놀고 있는 아이들을 지켜보곤 한다. 여름이면 늘 창문을 열어놓는데, 통풍을 하기 위해서이지만 덕분에 이웃집을 엿볼 수도 있다.

맥앨리스터 가족이 살고 있는 집 1층에는 거실과 부엌만 있다. 청록색 소파와 안락의자, 나무로 만든 탁자에 커다란 성경책만 펼쳐놓은 거실은 아주 단출했다. 부엌에는 식탁과 건조 기능 없는 세탁기가 약간 떨어진 곳에 놓여 있다. 부엌에는 언제나 바퀴벌레가 들끓었는데, 아무리 약을 뿌려도 없앨 수 없었다. 그래서 절대로 음식을 밖에 내놓지 않았다. 하지만 냉장고는 고장 난 상태였다. 건물 관리인이 새 냉장고로 바꾸어주겠다고 약속했지만, 우리 연구원들이 방문한 3주 동안 그 약속은 지켜지지 않았다. 맥앨리스터 부인은 궁여지책으로 이웃집인 라티파네 냉장고와 얼음을 넣은 아이스박스에 음식을 보관했다.

2층에는 방이 네 개 있었다. 그중 두 개는 더블 침대가 들어갈 만한 크기였지만, 나머지 방 두 개는 싱글 침대를 놓아야 할 만큼 작았다. 방마다 침대·서랍장·옷장이 하나씩 있는데, 옷장에는 문이 하나도 달려 있지 않았다. 집을 지을 때 돈을 아끼려고 달지 않은 것이다. 벽은 아무런 장식이 없어 휑해 보였다. 또 방 한 곳에만 창문형 에어컨을 설치해 여름이면 무척 더웠다. 화장실도 하나였다. 한편 텔레비전은 제인의 방에 놓인 것까지 총 세 대나 구비했는데, 그중 한 대는 항상 켜져 있었다. 앞서 소개한 알렉산더 윌리엄스 가족과 달리 맥앨리스터 부인은 아이들의 텔레비전 시청 시간을 제한하지 않았다. 오히려 자신이 텔레비전을 좋아해 "텔레비전을 밤새 틀어놓곤 해요. 텔레비전을 켜놓아야 잠을 자거든요"라고 설명할 정도다. 해럴드가 4학년일 때까지만 해도 집에 전화가 있었지만 형편이 좋지 않아 없앴다고 했다. 학교와 통화할 일이 있으면 이모인 라비나나 이웃한 라티파네 집 전화를 이용했다.

가족

이 가족의 가장인 제인 맥앨리스터 부인은 키가 크고 활발한 33세의 여성이다. 유머 감각이 풍부하고 목소리에 활기가 넘쳤다. 우리가 방문한 기간 내내 짧은 반바지와 티셔츠를 입고 있었는데, 고등학교 시절 운동선수로 활동할 때 입던 옷이라고 했다. 제인은 생활 보호 대상자로 국가에서 경제적 도움을 받았지만 일을 하고 싶어 했다. 제인에게는 아이가 넷 있다. 해럴드(10세)와 여동생 알렉시스(9세)는 이곳에서 엄마와 함께 살고, 형 레니(17세)와 누나 로리(16세)는 버스로 몇 분밖에 걸리지 않는 외할머니 댁에서 지냈다. 하지만 레니와 로리는 주중에도 엄마와 동생들이 있는 집에 자주 들렀고, 특히 주말에는 자고 가는 경우도 많았다.

제인은 좋은 이모였다. 조카들까지 도맡아 기르다시피 했다. 조카는 사내아이들로 그중 형인 루나코는 11세, 동생 귀온은 9세였다. 두 아이의 엄마이자 제인의 동생인 다라는 얼마 전 집을 잃고 친구인 카르메인의 집에 얹혀살고 있었다. 제인은 조카들이 엄마의 친구인 카르메인을 별로 좋아하지 않는 데다 카르메인이 아이들과 함께 사는 것을 불편해하는 걸 알고 아이들을 맡았다고 했다. 조카들은 일주일에 적어도 4일은 제인네 집에 와서 밥을 먹고, 샤워를 하고, 해럴드의 침대에서 함께 잤다. 덕분에 그렇지 않아도 빠듯한 살림살이가 더욱 팍팍해졌다.

이 집에는 제인의 쌍둥이 자매인 질도 함께 살고 있었다. 질은 코카인 중독자였는데, 현관문 열쇠는 없었지만 종종 창문으로 들어와 소파에서 잠을 자곤 했다. 질에게도 딸이 둘 있었는데, 첫째는 할리마(3세)고, 둘째는 이제 생후 10개월 된 모니크였다. 질의 가족이 함께 살기 시작한 건 해럴드가 3학년 때부터였다고 한다. 그런데 얼마 지나지 않아 질이 아동 방임 혐의로 양육권을 빼앗기자 이모인 라비나가 아이들을 키웠다. (라비나는 버스로 약 15분 거리에 살고 있었다.) 라비나는 장애가 있었지만 동거 중인 남자 친구의 도움으로 그럭저럭 아이들을 보살폈다. 제인은 정기적으로 라비나와 질의 아이들을 보러 갔지만, 엄마인 질은 감독관이 있을 때에만 아이들을 만나는 게 허락되었다. 하지만 할리마의 세 번째 생일 파티에도 참석하지 않을 정도로 질은 아이들을 멀리했다.

맥앨리스터 가족에는 제인과 사실혼 관계에 있는 키이스도 포함된다. 키이스는 장거리 트럭을 운전하기 때문에 며칠씩 집을 자주 비웠다. 일이 끝날 때마다 집에 와서 아이들, 그중에서도 해럴드와 농구를 즐기지만 전반적으로 아빠 역할을 제대로 하려 하지는 않는다. 마지막으로 해럴드와 알렉시스의 아빠인 행크가 있다. 57세로 제인보다 나이가 훨씬 많다. (행크에게는 제인보다 나이 많은 딸들이 있었다.) 정비공으로 일하는 행크는 제인과 결혼한 적도 없고 이젠 애정도 식어버렸지만, 일이 끝나면 불쑥 찾아와 잠을 자다 가곤 한다. 제인은 웃으면서 이렇게 말했다. "제가 방을 수시로 드나들어도 행크는 잘만 잔답니다."

　주말이면 해럴드는 버스를 타고 행크를 보러 가기도 한다. 행크는 어머니 그리고 두 형제와 함께 살고 있다. 이곳에 갈 때면 해럴드는 대개 하룻밤을 자고 오지만, 미리 일정을 잡고 방문하는 경우는 없다. 해럴드는 "그저 불쑥 나타나곤" 한다.[1] 해럴드의 방문에 알렉시스는 동행하지 않는다. 하지만 때로 행크의 다른 딸들(알렉시스의 이복 언니들)이 데리러 올 때면 알렉시스도 해럴드를 따라나선다. 행크는 정기적으로 가계에 보탬이 되려고 노력한다. 예를 들면 금요일 저녁에는 아이들을 위해 피자를 사오기도 하고, 아이들에게 옷을 사 입히라며 제인에게 돈을 주기도 한다. 또한 아들 해럴드가 성실히 학교에 다닌다는 사실을 자랑스러워하고 해럴드에게 중요한 행사(5학년 졸업식 등)가 있을 때면 자리를 함께하기도 한다. 하지만 행크는 해럴드의 일상생활에 적극 개입하거나 아이를 훈육하려 하지는 않는다.

　표 3은 제인의 집에 사는, 혹은 이곳을 정기적으로 방문하는 인물을 정리한 자료다. 보통 이 집에서 잠을 자는 이들은 5~7명 정도이고, 질과 키이스가 방문할 때는 9명까지 늘어나기도 한다.[2] 아이들은 정해진 침대에서만 잠을 자지 않는다. 때로 잠을 잘 곳이 없다며 도움을 청하기도 한다.

　　루나코: 제인 이모, 저는 잘 데가 없어요. 해럴드가 침대를 다 차지했거

든요.

　제인: 해럴드의 엉덩이를 조금 밀어봐. 아직 깊이 잠든 것 같진 않으니
비켜달라고 하면 말을 들을 거야.

　중산층 가정에서와 달리 맥앨리스터 가족은 개인 공간을 엄격히 따
지지 않는다.

　이들 가족은 심각한 경제적 어려움을 겪고 있다. 맥앨리스터 부인은
해럴드와 알렉시스 앞으로 나오는 양육 보조금을 지원받고 있으며, 의
료 서비스 카드(medical card)를 통해 무상 의료 지원 또한 받고 있다.[3]
푸드 스탬프 역시 제공받지만, 이것만으로 그 많은 식구의 식비를 충
당하기엔 부족하다. 이 집 아이들은 음식을 먹기 전엔 언제나 허락을
받아야 한다. 연구를 진행하는 동안 우리는 아이들이 음식을 마음껏
먹는 모습을 한 번도 볼 수 없었다. 그럼에도 음식은 언제나 순식간에
동이 났다. 먹는 입이 한둘이 아니었기 때문이다. 예를 들어 어느 날
오후, 맥앨리스터 부인이 사온 크래커 한 상자와 잼이 30분 만에 바닥
나기도 했다. 해럴드와 알렉시스, 루나코, 귀온 그리고 이웃집의 세 살
짜리 꼬마와 나 그리고 맥앨리스터 부인 모두의 배를 채우기에 크래커
한 상자는 턱없이 모자랐다.

　그러나 특별한 행사가 있을 때는 음식을 충분히 마련한다. 질의 딸
할리마의 생일 파티 때에는 핫도그와 번, 머스터드소스, 쿨에이드(Kool-
Aid) 그리고 치즈이츠(Cheese-Its)를 푸짐하게 차려 모두가 즐거운 시간
을 보낼 수 있었다. 어느 금요일 저녁에는 행크가 사온 피자 두 판을
행크와 맥앨리스터 부인, 해럴드, 알렉시스, 로리 그리고 질이 나눠먹
었다. 후다닥 한 조각을 먹어치운 해럴드가 하나 더 먹으면 안 되느냐

표 3 **맥앨리스터 가족의 구성**

이름	나이	해럴드와의 관계	거주지
제인	33	엄마	맥앨리스터네
레니	16	형	할머니 댁. 맥앨리스터네 집에서 자주 머무른다
로리	14	누나	할머니 댁. 맥앨리스터네 집에서 자주 머무른다
해럴드	10	연구 대상 아동	맥앨리스터네
알렉시스	8	여동생	맥앨리스터네
다라 (루나코와 귀온의 엄마)	30대	이모 (제인의 여동생)	같은 주택 단지의 친구네 집
루나코	11	사촌	맥앨리스터네. 이따금 엄마를 보러 간다
귀온	9	사촌	맥앨리스터네. 이따금 엄마를 보러 간다
질 (할리마와 모니크의 엄마. 양육권을 박탈당했다)	33	이모 (제인의 쌍둥이 자매)	한때 맥앨리스터네 집에서 살았다
행크	56	아버지	다른 동네에서 (형제들과 함께 엄마를 모시며) 산다. 맥앨리스터네 집을 자주 방문한다
키이스	30대	제인의 실질적인 남편	맥앨리스터네. 장거리 트럭 운전 때문에 자주 집을 비운다

고 물었지만, 맥앨리스터 부인은 그 대신 청량음료를 더 먹는 게 좋겠다고 말했다. 어느 날 저녁 시간엔 아이들에게 미트볼 한 조각씩과 얌(yam: 고구마 비슷한 맛이 나는 마의 일종—옮긴이) 통조림, 시금치 통조림을 나누어주었다. 이들 가족의 식사에 음식을 넉넉히 마련하는 경우는 거의 없었다.

돈 문제는 매순간 이들 가족을 괴롭힌다. 이들은 치과 치료를 받거나 예쁜 옷을 사거나 혹은 머리를 새로 하는 등 일상생활의 많은 혜택을 포기하고 있다.[4] 교통비 같은 부분에서는 다른 사람의 도움을 받기도 한다. 맥앨리스터 부인은 가족과 외출할 때면 동생 다라에게서 버스 패스를 빌리기도 하고, 가끔은 친구들에게 자동차를 빌리기도 한다. 아이들에게 돈은 원하는 것을 살 수 있는 그 무엇이다. 한 번은 맏형 레니가 몇 달러쯤 되는 돈뭉치를 들고 와 아이들 눈앞에서 흔들어댄 적이 있었다. 형의 자랑에 아이들은 집이 떠나갈 듯 소리를 질러댔다. 아이들은 특별한 것을 바라지 않았다. 우리 연구원이 "100만 달러가 생긴다면 뭘 할 거니?"라고 묻자 알렉시스는 이렇게 대답했다.

우와! 그럼 오빠랑 언니랑 삼촌이랑 이모랑, 아, 질 이모네 아기들한테 또 사촌들이랑 할머니 할아버지랑 엄마랑 아빠랑 친구들이랑, 아니, 제일 친한 친구 몇 명한테만, 어쨌든 모두에게 예쁜 옷이랑 신발을 사줄 거고 맛있는 음식도 쏠 거예요! 엄마한테는 제일 맛있는 걸 사줄 거고 오빠랑 언니한테는 최고로 좋은 생일 선물을 사줄 거예요.

하지만 해럴드나 알렉시스가 부모에게 뭔가를 사달라고 요구하는 경우는 없었다.

옷가게에 들어선 행크가 마음에 드는 옷을 발견하고는 가격표를 확인했다. 해럴드도 옆에서 보고 있었다. 조심스러운 눈치였다. 그리고 아버지가 자리를 뜨자 곧바로 따라 나섰다. 옷가게 이외에도 과자 가게와 비디오 가게, 서점, 운동복 가게 등 여러 곳을 지나쳤지만 그동안 해럴드의 입에서 "저 이거 갖고 싶어요"라는 말이 나온 적은 한 번도 없었다.

이 기록에서 확인할 수 있듯이 해럴드는 또래 노동자 계층과 중산층 가정의 아이들에게서 일반적으로 볼 수 있는 모습과 달리 부모에게 무언가를 사달라고 조르는 일이 없었다.

하지만 해럴드가 모든 면에서 궁핍한 생활만 하는 건 아니었다. 맥앨리스터 부인은 아이들의 기본적인 욕구를 충족시켜주기 위해 노력했고, 또 가능하다면 언제나 아이들에게 '여분의 것'을 제공해주고 싶어 했다. 한 번은 부인이 아이들에게 가게에 가서 음료수나 과자를 사먹으라며 용돈을 준 적이 있었다. 이런 행동이 자신을 능력 있는 엄마로 만들어준다고 생각하는 듯했다. 아이들에게 성공과 행복을 주고자 하는 그 마음은 앞서 소개한 중산층 가정의 엄마인 윌리엄스 부인의 그것과 별반 다르지 않았다. (이웃의 약물 중독자 엄마들과 달리) 맥앨리스터 부인은 아이들의 삶에 긍정적인 영향을 주기 위해 노력했다. 하지만 그녀가 생각하는 부모로서의 역할은 윌리엄스 부인이 생각하는 것과 큰 차이가 있었다. 맥앨리스터 가족을 비롯한 빈곤층 및 노동자 계층 가정에서 중시하는 부모의 역할은 아이들을 돌보고 생존에 필요한 의식주를 마련해주는 것 그리고 옳은 것과 그른 것을 가르쳐주고 편안한 환경을 조성해주는 데 집중되어 있다. 이런 과정 속에서 이들은 언어를 실용적인 목적으로 사용하게 된다. 윌리엄스 부인과 달리 맥앨리스터 부인은 해럴드의 어휘력 향상이나 언어적 (또는 육체적) 재능 개발을 위해 특별한 노력을 기울이지 않았다. 또한 아들의 행동을 특정 방향으로 유도하기 위해 설득하는 모습 역시 발견할 수 없었다. 이번 장 서두에 소개한 사례를 다시 한 번 살펴보면, 한 선생님이 '거짓말'을 한다는 해럴드의 불평에 맥앨리스터 부인은 귀를 기울이고 아들에게 자기가 마음에 들어 하는 선생님이 누구인지 이야기했지만, 이런 대응 방식은 윌리엄스 부인의 그것만큼 결코 세심하고 정교하다고 할 수 없다. 맥앨리스터 부인은 아이들에게 주로 짧고 분명한 지시를 내렸고, 아이들은 여기에 즉각적이고 순종적으로 따라야 했다. 이런 환경에서 자란 해럴드는 어른들의 지시를 따르는 데 익숙한 모습을 보여주었다. 요컨대 부모의 말에 대꾸하거나 협상을 하려고 하지 않았다. 맥앨리스터 부인은 어른과 아이 사이에 분명한 경계를 설정하고 행동했지만, 해럴드의 활동에 크게 개입하지는 않았다. 해럴드와 형제들은 부모의 간섭을 받지 않고 자유롭게 놀거나 텔레비전을 시청하고 이웃 친구들과 어울려 다녔다. 중산층 가정의 아이들과 달리 이 아이들은 주변의 또래들과 밀접한 관계를 맺고, 또한 가족 구성원과도 깊은 유대를 보여주었다.

이런 양육 방식의 차이, 특히 언어 사용 측면에서의 차이는 가정 안팎에서 아이들의 삶에 영향을 미친다. 예를 들어 진료를 받으러 간 알렉산더 윌리엄스가 자신의 언어적 기술을 활용해 의사 선생님이 자신을 좀더 잘 이해할 수 있도록 한 사례에서 우리는 중산층 가정 자녀들이 개발하고 있는 사회적 역량을 확인할 수 있었다. 알렉산더는 어른들을 대하는 데 불편함을 느끼지 않았다. 알렉산더에게는 의사 같은 전문가 혹은 낯선 인물을 만나는 게 일상적인 생활이었고, 또 그들에게 자신의 정보를 제공하고 질문을 던지는 것과 그들의 답변을 수용하는 것 역시 익숙한 일이었기 때문이다. 해럴드의 경우는 이와 달랐다. 해럴드 역시 성경 캠프에 참여하기 위해 건강 검진을 받으러 간 적이 있었다. 그러나 해럴드는 이런 만남에 익숙하지 않았고, 의사가 진행하는 검사나 시술에 일종의 불신을 갖고 있기도 했다. 더군다나 아들에게 아무 말도 하지 못하게 하는 엄마의 태도는 해럴드를 더욱 주눅들게 했다. 요컨대 해럴드는 알렉산더가 가정에서 자연스레 습득한 어휘력이나 대화 기술을 배울 기회가 없었다. 해럴드는 질문하는 데 익숙하지 않았고, 권위를 가진 사람에게 자신이 원하는 것을 요구해본 적도 없었다. 해럴드는 제약에 길들여져 있었다. 친구들과의 사교성이나 새로운 놀이를 생각해내는 능력, 자신에게 주어진 시간을 자율적으로 관리하는 능력, 어른에 대한 공경, 가족과의 친밀한 유대 관계 등 해럴드가 갖고 있는 긍정적인 특성은 장차 그 아이가 살아가게 될 '현실' 사회에서 그다지 큰 효용성이 없는 것들이었다. 교사나 의사, 고용주 같은 사회적 인물들은 논리적인 대화 능력이나 협상 기술, 풍부한 어휘력, 유창한 대화 능력, 낯선 사람과의 조화 능력, 시간 관리 기술 등을 좀더 긍정적으로 평가하고 장려하기 때문이다. 그리고 이와 같은 것은 알렉산더 윌리엄스 같은 아이들에겐 일상생활에서 자연스럽게 체득하는 역량이다. 해럴드의 삶 일부를 (특히 언어의 역할이라는 측면에 집중해) 살펴봄으로써 우리는 사회 기관들이 택하는 아동기 개발 방식에 대한 선호의 차이가 향후 조직 사회에서 서로 다른 환경 아래 성장한 아이들 사이에 불평등을 초래한다는 사실을 확인할 수 있었다. 특정 환경의 아이들이 개발하지 못한 역량이 향후 그 아이들에게 결점으로 남게 되는 것이다.

'변함없는' 해럴드: 자연적 성장을 통한 성취

연구 대상 아동 해럴드 맥앨리스터는 로어리치먼드 초등학교의 4학년 학생이다. 넓은 어깨와 다부진 체격은 미식축구 선수를 연상케 한다. 동생 알렉시스는 오빠를 이렇게 묘사하기도 했다.

해럴드 오빠는 그냥 해럴드예요. 하나도 안 변해요. 만날 똑같은 것만
해요. 라디오 듣고 농구하고 라디오 듣고 텔레비전 보고 퍼질러 자다
또 텔레비전 보고 라디오 듣고 텔레비전 보고 농구하고 그게 전부예요.
하나도 재미없어요.

해럴드에게는 '매일 매일 반복되는 똑같은 활동'이 즐거움을 준다.
해럴드는 운동을 좋아하고 특히 (가장 좋아하는 운동인) 농구나 미식축구
는 시간이 날 때마다 즐긴다. 프로 스포츠에도 관심이 많다. 오후 시간
대부분을 텔레비전으로 스포츠 중계를 보거나 밖에 나가 직접 공을 던
지며 보낸다. 해럴드와 알렉산더 윌리엄스가 즐기는 놀이에서 발견할
수 있는 가장 큰 차이라면, 해럴드는 언제나 누군가와 함께 놀이를 즐
긴다는 사실일 것이다. 해럴드의 집이 위치한 주택 단지에는 40여 명의
초등학생이 살고 있다. 이 많은 아이들 중 해럴드는 원하는 또래 친구
들을 선택해 만날 수 있다. 하지만 해럴드의 교우 관계는 여기에 국한
되지 않는다. (또래) 사촌들뿐 아니라 훨씬 나이 많은 형, 누나 그리고
어린 꼬마들과도 잘 어울려 논다.

가족 간 유대

알렉산더 윌리엄스나 개릿 탈링거와 달리 해럴드는 언제든 친척들과
어울릴 수 있다. 사촌 루나코와 귀온은 거의 동거나 다름없는 생활을
하고, 이모들 역시 가까운 곳에 살고 있다. 그러나 가족과 가깝게 지내
는 것은 단순한 지리적 접근성 외에 다른 장점도 있다. 해럴드에게 사
촌과 이모, 할머니 그리고 아빠까지 모든 식구는 생활과 밀접한 관련
을 갖고 있는 중요한 인물들이다. 해럴드는 루나코와 한 침대에서 잠

들고, 귀온과 함께 농구를 하고, 이모들의 심부름을 하고, 혼자 버스를 타고 할머니나 아버지 댁을 방문하는 것에 익숙하다.

해럴드는 생일 같은 특별한 날에도 친척과 함께한다. 이는 앞서 소개한 중산층 가정의 자녀 알렉산더와는 다른 모습이다. 알렉산더는 학교나 과외 활동을 통해 사귄 친구들을 초대해 파티를 즐겼다. 대신 맥앨리스터 가족은 함께 생일 파티에 필요한 것을 준비해 흥겹게 생일을 축하해주었다. 어른들은 케이크와 특별한 음식을 준비했다. (하지만 선물을 주는 경우는 드물었다.) 이와 같은 가족 행사가 있을 때면 어른은 어른끼리 어울려 대화를 나누고, 아이들은 좀더 나이 많은 형제나 사촌의 주도 아래 놀이를 즐겼다.

일과의 구성

알렉산더 윌리엄스와 개릿 탈링거에겐 학교 밖 활동이 일상이라고 할 수 있지만 해럴드의 일상에는 과외 활동이 없다.[5] 해럴드는 대신 친구나 친척과 축구공을 차거나 길가 전신주에 걸려 있는 녹슨 농구 골대에 공을 던지며 하루를 보냈다. 운동을 즐기는 해럴드에게 유일한 제약은 필요한 장비가 부족하다는 것이다. 버려진 농구공을 찾아다니는 것도 해럴드의 일상 중 하나였다. 어느 덥고 습한 6월 오후, 해럴드와 사촌 귀온 그리고 우리 연구원 한 명은 농구공을 찾아 한 시간 동안 주택 단지를 누비기도 했다. 한동안 동네를 헤맨 세 사람은 잠시 노래를 들으며 야구 카드를 구경하다가 다른 아이들과 물장난을 즐겼다. 아이들은 웃고 떠들며 이 놀이를 즐겼고, (의도치 않게) 문 옆에 서 있던 이웃 아저씨의 몸을 흠뻑 적시기도 했다.

해럴드는 알렉산더 윌리엄스나 개릿 탈링거 못지않게 바쁜 하루를 보냈다. 하지만 해럴드가 지친 모습을 보이는 경우는 거의 없었다. 해럴드는 어른들의 간섭 없이 스스로 즐거운 놀이를 찾아다녔고 주어진 시간을 자율적으로 관리했다. 해럴드는 또 스스로 운동 능력을 길렀고, 필요한 운동 장비나 함께할 친구를 찾는 데도 능숙했다. 자신보다 어리거나 나이 많은 아이들과도 잘 어울렸다. 하지만 종종 어른들의 지원이 필요해도 적절한 도움을 받지 못했고, 중산층 아이들처럼 학교 밖 활동에 참여하며 사회 활동에 필요한 기술을 습득하는 혜택도 누리지 못했다.

밖에서 놀이를 즐길 때, 해럴드의 태도는 집 안에서와 매우 달랐다. 집 안에서는 조용하고 차분한 소년이었다. 큰 소리로 말하는 경우도 거의 없고 뛰어다니지도 않았다. 자기 의견을 말하는 데에도 조심스러웠다. 가족과 논쟁을 벌이는 경우는 한 번도 없었다. 하지만 집 밖에서, 특히 운동을 즐길 때 해럴드는 어른들 앞에서 보여주던 공손하고 차분한 모습을 벗어던진 채 활발하고 적극적인 태도를 취했다. (이러한 변화는 나중에 소개할 농구 경기를 즐기는 해럴드의 모습을 묘사한 글에서 잘 나타난다.) 때로 불안하거나 화가 났을 때 해럴드는 말을 더듬기도 한다. 맥앨리스터 부인은 이렇게 말했다.

> 녀석은 3년 정도 말하기 수업을 듣고 있는데, 하나도 연습을 안 하는 것 같아요. 연습을 좀 해야 하는데 말이에요. 특히 웃거나 울 땐 뭔 말을 하는지 하나도 못 알아듣겠어요. 좀 진정이 된 다음에 다시 물어봐야 하죠.

그래도 해럴드는 우는 경우보다 웃는 일이 많다. 맥앨리스터 가족은 언제나 활력이 넘친다. 가족이 모이면 웃음과 농담이 끊이지 않는다.

우리의 연구에 참여하면서도 그들은 유머를 잃지 않았다. 한 번은 우리 연구원이 토요일 방문 일정을 잡기 위해 해럴드에게 몇 시에 일어나는지 물어본 적이 있다. 해럴드는 7시에 일어난다고 대답했고, 연구원은 자신이 그보다 조금 일찍, 아마 6시 30분쯤 올 것 같다고 말했다. 그때 대화를 듣고 있던 루나코가 "맙소사, 여호와의 증인보다 더 심하잖아요!"라고 말하자 그 자리에 있던 모두가 자지러졌다. 해럴드의 엄마가 특히 즐거워했다. 부인은 무표정한 얼굴로 농담을 던지는 데 귀재였다. 한 번은 내가 맥앨리스터 부인을 따라 약 200여 명이 참석한 모임에 간 적이 있었다. 그곳에는 우리 연구원 중 한 명이 이미 도착해 기다리고 있었다.

> 제인: (연구원에게) 안네트(이 책의 저자. 백인이다—옮긴이)도 왔어요.
>
> 연구원: (주위를 둘러보며) 어디요?
>
> 제인: 여긴 하얀 얼굴이 하나밖에 없는데(그 모임에 참석한 사람은 모두 흑인이므로—옮긴이) 왜 못 찾아요? (웃음)

인종이라는 요인의 역할

한 번은 맥앨리스터 부인을 따라 다라를 만나고 돌아오는 길에 이 구역에는 백인이 정말 드물다는 사실을 확인하고 새삼 놀란 적이 있었다. 당시 시간은 오후 10시경이었다. 돌아오는 도중에 맥앨리스터 부인은 낡은 흰색 트럭에 앉아 술을 마시고 있는 친구 몇 명과 마주쳐 잠시 대화를 나눴다. 맥앨리스터 부인은 그들에게 "여긴 내 친구 안네트, 우리 아들에 대한 책을 쓰는 분이야"라고 나를 소개했다. 그들과 헤어지고 돌아오는 길에 부인은 왜 나를 그렇게 소개했는지 설명해주었다.

제인: 이렇게 흑인과 함께 돌아다니는 백인을 보면 여기 사람들은 마약을 구하는 거라고 생각해요.

연구원: (웃음)

제인: 진짜예요. 내가 그런 말을 안 했으면 당신한테 "요!"(약 살래?) 하고 말을 걸었을 거예요.

연구원: 낮에 동네를 걷고 있으면 DHS(보건사회복지부) 직원으로 보던데요.

제인: 하하, 그것 봐요.[6]

공영 거주지를 벗어나도 인종은 크게 다양하지 않다. 미국의 여느 도시와 마찬가지로 이곳의 인종 분리 역시 '심각한' 수준이다.[7] 해럴드의 집에서 몇 분 거리에 있는 상업 지구에는 그래도 몇몇 인종들이 섞여 있다. 해럴드가 어른들의 심부름 때문에 (그리고 이따금 자신의 군것질거리를 사러) 가는 마리아 편의점에는 흑인뿐 아니라 백인과 아시아인 직원들이 있다. 또 백인 노동자 계층 거주 구역 역시 집에서 걸어갈 수 있는 거리에 있지만, 해럴드가 거기서 노는 경우는 없다. 그렇지만 핼러윈데이에는 맥앨리스터 부인이 친구들과 아이들을 데리고 사탕을 받으러 백인 거주 지구로 가기도 했다. 부인은 자신들이 매년 같은 집을 방문하기 때문에 "그 집 가족이 우리를 알아본다"고 말했다. 여기에서 문제가 발생하기도 한다. 어떤 집은 흑인 아이들이 오는 것을 보면 불을 꺼버리기도 하기 때문이다. 맥앨리스터 부인은 이런 행동이 정말 역겹다고 화를 내며 그들을 "멍청한 부모"라고 비난했다.

학교에서의 인종 구성은 좀 다르다. 앞서 설명했듯이 대형 도심 지구에 위치한 로어리치먼드 학교에는 다양한 인종이 함께 섞여 있다.

대부분의 교사와 절반가량의 학생은 백인이고, 학교 운영진과 생활 지도 교사, 카페테리아 관리인 역시 백인이다. 반면 버스 운전기사 등 보조 인력은 대부분 흑인이다. 해럴드의 3학년 담임 교사 역시 흑인 여성이다. 작년의 담임은 백인 남성이었다.

맥앨리스터 부인은 연구 초반 어떤 흑인 연구원과의 인터뷰에서, 해럴드의 학교에서 인종 때문에 차별을 받는 아이는 없을 거라고 말했다. 윌리엄스 부부와 달리 맥앨리스터 부인은 "멍청하게 행동하는" 아이만 있을 뿐 인종이라는 요인이 아이들의 삶에 영향을 끼치지 않는다는 생각을 갖고 있었다. 대신 부인은 일상에서 아이들을 제대로 돌봐주어야 한다고 강조하며 아이들을 위해 "아무것도 하지 않는" 부모를 비난했다.

자연적 성장의 보조자

아이들을 돌봐주는 부모의 역할에 대해서는 윌리엄스 부인과 맥앨리스터 부인의 의견이 같았다. 하지만 윌리엄스 부인과 달리 맥앨리스터 부인은 이를 자연적 성장이라는 틀 안에서 해석했다. 다시 말해, 자녀들에게 의식주를 제공하고 그들의 행동을 통제하는 부모의 역할을 강조했다. 부인은 거주 구역의 부녀회장으로서 더운 여름날 주민들이 이용하는 주변 소화전의 스프링클러를 관리하고 있었는데, 부모들은 아이들이 안전하게 놀 수 있을 만큼만 마개를 풀어주어야 한다는 것이 그녀의 지론이었다. 이 얘기를 하면서 맥앨리스터 부인은 아이들을 대하는 다른 부모의 태도를 비난했다.

이 동네엔 소화전이 다섯 개 있어요. 그런데 저쪽 소화전을 좀 보세요. 시끄럽죠? 어제는 아예 마개를 끝까지 풀어놨지 뭐예요. 아이들 생각은 하나도 안 하는 부모들이에요. 저 사람들은 아이가 아침 9시에 나가 낮 4시까지 놀다 와도 뭘 했는지 물어보지도 않는 인간들이에요. (그러곤 한심하다는 듯 고개를 저었다.)

맥앨리스터 부인은 아이들의 일상에 적극 개입하지는 않지만, 자신이 생각하는 부모의 의무를 다하기 위해 많은 신경을 쓰고 있었다. 버스를 타고서라도 사친회에 꼬박꼬박 참석했다. 또한 개인적으로는 의사들을 별로 좋아하지 않았지만, 아들 해럴드가 성경 캠프를 위해 검진을 받아야 한다고 했을 땐 망설임 없이 아이를 데리고 병원에 갔다. 부인은 어려운 형편임에도 자녀와 조카들이 배를 곯지 않게 하려고 애쓴다. 어느 날 오후에는 저녁 준비를 하며 해럴드의 아빠에게 해럴드한테 캠프에 입고 갈 새 옷을 한 벌 사주면 안 되냐고 물어보기도 했다. 맥앨리스터 부인은 이따금 밖에 나가 아이들이 농구하는 것을 구경하거나 아이들과 농담을 주고받으며 시간을 때우기도 한다.

맥앨리스터 부인은 자신이 여름이면 특별히 "돗자리를 들고 소풍을 간다"는 사실을 자랑했다. 그건 밸런타인데이 때도 마찬가지다.

우리 식구는 밸런타인데이엔 항상 동물원에 가요. 애들이 좋아하거든요. 꼭 밸런타인데이가 아니더라도 여름엔 네다섯 번씩 가곤 하죠. 특히 수요일 저녁때 가면 사람들이 별로 없어서 더 좋아요.

맥앨리스터 부인은 아이들을 위해 어려운 결정을 내리기도 했다.

(연구를 시작하기 전의 일이다.) 쌍둥이 동생 질이 코카인 중독 때문에 자신의 두 자녀 할리마와 모니크를 제대로 돌보기 어려운 상황에 처하자 동생을 DHS에 신고한 것이다. 부인은 인터뷰에서 이렇게 설명했다.

> 연구원: 누가 DHS에 연락했죠?
>
> 제인: 내가 했어요. 어쩔 수 없었죠. 할리마가 천식을 앓고 있는데도 질은 네 시간 동안 집을 비우고 나갔어요. 정말 지긋지긋했죠. 그날에만 여섯 번인가 일곱 번 DHS에 전화를 했던 것 같아요. 우리 아이들에게 자기보다 어린 동생들을 돌보게 하는 게 정말 미안했어요. 레니와 로리, 해럴드, 알렉시스, 귀온, 루나코 모두에게 말이에요. 그 애들도 (부인은 잠시 멈추었다가 말을 계속했다) 자기만의 어린 시절을 누릴 수 있어야 하잖아요. 질은 우리 가족을 너무 힘들게 했어요.

맥앨리스터 부인은 아이들의 안전에도 신경을 쓴다. 예를 들어 핼러윈데이 때 사탕을 받으러 외출하는 아이들에게 포장된 과자만 먹으라고 신신당부하곤 했다. 아이들에게 "그냥 통에 담긴 사탕이나 쿠키는 받아먹지 마. 오렌지나 사과도"라고 이야기했다. 또한 이번 장 뒷부분에서 설명하겠지만, 부인은 아이들이 "문제 있는" 어른들이 사는 집 근처를 지나다니는 것도 금지했고, 특히 이제 막 사춘기에 접어든 로리에게는 "못된" 아이들과 놀지 못하도록 당부하기도 했다. 우리 연구원들의 안전에도 신경을 썼다. 부인은 우리의 안전을 염려하며 다음과 같이 말했다.

동네에 있는 마약 중독자들한테 "저분들은 해럴드에 관해 연구하고 계

서. 연구원들에게 허튼짓을 했다간 가만 안 둘 줄 알아"라고 미리 일러 뒀으니 걱정 말아요.[8]

맥앨리스터 부인은 자신이 고등학교를 졸업했다는 사실을 자랑스럽게 여기고 있었다. 그리고 아이들에게도 학교 공부를 열심히 하라고 강조하곤 했다. 다음은 알렉시스의 말이다.

집으로 성적표가 왔는데, 그걸 보기도 전에 엄마가 글쎄 "성적이 나빠서 다음 학년으로 못 올라가면, 여름 방학 내내 벌 받을 줄 알아!"라고 말씀하시는 거예요. 내 눈이 이만~큼 휘둥그레졌죠. (그러곤 눈을 크게 떴다.) 무서워서 엄마한테 성적표를 보여줄 수 없었어요. 그때 엄마가 내 손에서 성적표를 빼앗아 보시더니 "성적이 안 좋군"이라고 하는 거예요. 그래서 내가 "어디 봐요!" 하며 소리를 치고 확인했더니 사실은 성적이 나쁘지 않았어요. 엄마가 날 놀린 거죠.

알렉시스는 엄마의 다른 장점에 대해서도 자랑했다.

우리 가족은 아주 깨끗해요. 한 번은 어떤 사람이 길거리에 빈 유리병을 버린 적이 있어요. 그런데 그 유리병이 자동차 밑에 들어가 바퀴가 펑크 날 뻔했어요. 그때 우리 엄마가 나보고 유리병을 치우랬어요. 내가 병을 치웠더니 유리병을 버린 사람이 "저 애 좀 봐. 청소를 하네. 유리병을 치우고 있어"라고 했어요. 우리 엄마는 그 정도로 깔끔한 사람이에요.

마찬가지로 해럴드는 엄마가 동네 소화전 스프링클러 마개의 열쇠를 갖고 있다는 사실을 자랑스러워했다. 이처럼 맥앨리스터 부인은 여러 가지로 가족과 이웃에게 좋은 엄마이자 훌륭한 시민으로 여겨졌다.

일상생활 속의 짧고 간결한 언어 사용

우리가 관찰한 다른 노동자 계층 및 빈곤층 가정과 마찬가지로 맥앨리스터 가족의 삶에서 대화는 그리 큰 비중을 차지하지 않았다. 대화가 생활 속에서 차지하는 비중은 각 가정 별로 차이를 보였지만, 전반적으로 이들 가정에서 이뤄지는 대화는 중산층 가정의 수준에 크게 못 미쳤다.[9] 이들 가족은 짧은 문장과 쉬운 단어를 사용했으며, 대화를 통해 의견을 타협하는 일도 거의 없었다. 탈링거나 윌리엄스 가족처럼 단어 놀이를 즐기는 모습도 거의 목격할 수 없었다.[10] 그렇다고 해서 노동자 계층이나 빈곤층 가정에서 대화가 중요하지 않다는 뜻은 아니다. 맥앨리스터 가족은 친척이나 친구에 관해 대화를 나누고 농담을 주고받았다. 텔레비전을 보며 의견을 나누기도 했다. 그러나 그 빈도는 중산층 가정과 확연한 차이를 보였다. 대화라기보다는 편안한 침묵 사이에 이따금씩 짧은 이야기가 끼어들었다고 표현하는 게 적합할 것이다. 때론 대화 전체가 고갯짓이나 미소, 눈 마주침 등의 신체 언어로 대체되는 경우도 있었다. 맥앨리스터 부인은 간결하고 직접적인 방식으로 자기 생각을 표현했고, 어떤 문제에 관해 아이들의 의견을 묻는 경우는 거의 없었다. 아이들은 언제나 자유롭게 이야기했지만, 특별히 누군가의 권유로 그렇게 하는 것은 아니었다. 이들 가족의 삶에서 언어란 논리적 대화 기술이나 감정과 생각을 표현하는 법을 배우기 위한

학습 수단이 아니라 실용적인 의사 전달 수단의 역할만 하고 있었다.[11]

아이들은 빈번하게 돈에 대한 대화를 나눴다. 이를테면 신문 광고를 보며 어떤 물건이 얼마인지에 관해 이야기하거나 누가 자신들에게 돈을 줬는지(몸이 불편한 자신을 ATM까지 부축해 데려다준 루나코에게 5달러를 준 이웃 아주머니 이야기 등)를 자랑하곤 했다. 아이들뿐 아니라 모든 가족 구성원이 물건의 가격이나 할인 정보에 예민했다. 물론 심각한 재정적 어려움 때문이다.

> 맥앨리스터 부인이 해럴드와 알렉시스에게 캐러멜 콘을 한 봉지씩 쥐어주었다. 아이들은 그 자리에서 봉지를 뜯어 과자를 먹기 시작했다. "누가 벌써 먹으래?" 엄마의 꾸지람에 두 아이는 아무 대꾸도 하지 않았다. 그러다 캐러멜 콘의 가격에 관한 이야기가 나왔다. 부인은 언덕 위쪽 주유소에서 세일을 하는데, 원래 한 봉지에 59센트 하는 캐러멜 콘을 두 봉지에 1달러에 팔기에 얼른 사왔다고 말했다.[12]

위의 사례에서는 짧고 간결하게 지시를 내리는 부모의 모습을 확인할 수 있다. 아이들은 무엇을 해야 하는지(샤워, 쓰레기 버리기 등) 또는 무엇을 하면 안 되는지(욕, 뒷말 등)에 관한 어른의 지시를 일상적으로 들으며 자라난다. 집에 하나뿐인 욕실을 사용하는 문제를 조정할 때에도 맥앨리스터 부인은 한마디로 상황을 정리한다. 이 집에는 거의 언제나 4명의 아이와 맥앨리스터 부인 그리고 다른 어른을 합쳐 7명 이상의 사람이 있기 때문에 욕실 문제로 혼란이 초래되기도 한다. 그럴 때면 맥앨리스터 부인은 한 아이를 지목해 "욕실"이라고 말하며 그 아이 손에 갈아입을 옷을 쥐어준다. 그리고 지목받은 아이는 아무 말 없이 욕실로 들어가 샤워를 한다.

아이들은 대체적으로 어른의 지시를 잘 따른다. 한 번은 로리에게 다라 이모의 친구 카르메인의 네 살짜리 딸의 머리를 땋아주는 일을 맡긴 적이 있었다. 이는 한 시간이나 걸리는 귀찮은 일이지만, 로리의 입에선 한마디 불평도 나오지 않았다.

> 누군가가 로리에게 "티네샤의 머리 좀 예쁘게 해줘라. 이번에 캠프에 간다는구나"라고 말했다. 로리는 아무 말 없이 일어나 방에서 꼬마 숙녀를 데리고 나왔다. 두 소녀는 텔레비전 근처 소파에 자리를 잡았다. 로리는 티네샤를 바닥에 앉히고 소파 위로 올라가 머리를 만지기 시작했다. 티네샤는 언니에게 머리를 맡긴 채 한 시간 동안 얌전히 앉아 있었다. 로리는 신중하게 티네샤의 머리를 여러 가닥으로 땋아주었다.

이처럼 어른의 지시에 순종하는 태도는 로리뿐 아니라 다른 아이들에게서도 일반적으로 발견할 수 있다. 어느 날 저녁, 식탁에 앉은 해럴드가 자신은 시금치를 싫어한다며 투정을 부리자 맥앨리스터 부인은 어쨌거나 차린 음식은 다 먹어야 한다고 말했다.

> 엄마가 큰 소리로 해럴드에게 명령했다. "그 시금치 다 먹지 않으면 못 일어날 줄 알아!" 해럴드는 아무 대답 없이 고개를 숙인 채 꾸물거렸다. 귀온과 루나코, 알렉시스는 모두 식사를 마치고 자리를 떴다. 나는 끝까지 해럴드와 함께 앉아 있었다. 해럴드는 겨우 시금치를 다 먹었지만, 대신 얌은 남겼다.

특별한 설명을 덧붙이지 않아도 말을 잘 따르기 때문인지, 빈곤층 가정 어른은 아이들에게 지시를 내리면서도 그것에 대한 설명을 생략하는 경우가 많다. 그렇지만 때로는 부모가 내리는 지시 그 자체에 이유가 담겨 있기도 하다.

제인과 루나코가 내 앞에서 걷고 있었다. 얼마 후 난 두 사람 사이에 끼게 되었다. 그런데 루나코가 조금 방향을 틀어 내 앞을 가로막았다. "루나코! 똑바로 걸어. 방해하면 안 돼!" 이모의 말에 루나코는 다시 내 옆으로 왔다. 잠시 뒤, 루나코는 친구들도 자기가 똑바로 못 걷는 것을 지적한다는 이야기를 하며 즐거워했다. 이야기를 하는 동안 루나코는 어느새 다시 내 앞을 가로막았다. 이번엔 제인이 손을 들었다. "루나코, 똑바로 걸으라니까!" 이모의 말에 루나코는 깜짝 놀란 듯했다. (루나코는 눈썹을 치켜 올리며 죄송하다는 듯 미소를 지었다.)

루나코가 일부러 이모의 말을 듣지 않은 것은 아니다. 그냥 대화에 정신이 팔린 것뿐이었다. 하지만 때로는 이 아이들도 고의적으로 어른의 지시에 어긋나는 행동을 한다. 예를 들어 해럴드는 강하게 자기주장을 내세울 때면 목소리가 커지곤 했다. 언성을 높이는 것은 아니지만 자기 생각을 분명하게 전달했다. 윌리엄스 가정에서라면 몇 분간 지속될 논쟁도 맥앨리스터 가정에서는 순식간에 끝나버린다. 성경 캠프에 가져갈 물건을 사러간 해럴드와 아빠 행크의 모습을 담은 기록을 살펴보자.

해럴드가 아래쪽 선반에서 파란색 비치 타월을 꺼내 들더니 꼭 움켜쥐었다. "무늬 없는 게 좋아?" 아빠의 물음에 해럴드는 고개를 끄덕였다. 행크는 그 파란색 타월을 받아 들고 카트에 넣었다. 잠시 더 이런저런 타월을 구경하던 행크는 하얀 새틴 오리를 수놓은 복숭아색 타월을 집어 들었다. "크기는 작은데 대신 세트로 나오는구먼." (행크는 이 타월이 더 낫다고 생각하는 것처럼 보였다.)

하지만 해럴드는 이 복숭아색 타월 세트를 완강히 거부했다.

해럴드는 통로에서 몇 걸음 물러나더니 아빠가 고른 타월 세트를 바라보며 고개를 저었다. "그건 여자애들 색깔이에요." 행크는 그 타월 세트를 좀더 높게 들어 올려 살짝 흔들었다. 그것을 사는 게 더 좋겠다는 뜻이었다. 그러곤 타월과 해럴드를 번갈아보다 (아무 말 없이) 미소로 해럴드를 설득했다. 해럴드에겐 이 상황이 전혀 즐겁지 않았다. 해럴드는 다시 한 번 고개를 저으며 "여자애들 색이에요"라고 똑바로 말했다. 아빠는 그저 웃었다. 어떻게 해야 할지 모르겠다는 눈치였다. 행크는 잠시 서성이다 카트 안을 들여다보더니 파란색 타월을 꺼내 펼치려 했다. 나도 옆에서 거들었다. 완전히 펼친 타월의 길이는 약 1.5미터 정도 되었다. 그러자 해럴드가 고개를 저으며 말했다. "그게 크잖아요."

아빠와 쇼핑을 하는 동안 해럴드의 입에서는 열 단어도 채 나오지 않았다. 행크의 경우 조금 더 많은 말을 하긴 했지만, 알렉산더의 의견을 묻기 위해 말을 거는 윌리엄스 부부의 노력에는 크게 못 미쳤다.

해럴드는 복숭아색 타월이 싫다는 의견만 내비쳤을 뿐 아버지와 논쟁을 벌이진 않았다. 그리고 자신의 의견을 되풀이하기만 했다. 우리가 이들 가정에서 어른과 아이 사이에 적극적인 논쟁이 발생하는 모습을 목격한 것은 단 한 번뿐이었다. 논쟁의 주제가 음식이었기에 아이도 어른도 고집을 꺾지 않은 것인지 모른다.

우리는 할리마의 세 번째 생일 파티에 참석하기 위해 라비나의 집으로 가는 버스를 타러 가고 있었다. 버스 정류장 앞 신호등을 건너던 맥앨리스터 부인이 모두에게 외쳤다. "오늘 저녁은 라비나네서 먹고 올 거야. 다들 배부르게 먹어야 해. 오늘 저녁엔 요리 안 할 거니까!"

그날 밤 10시경 가족은 집으로 돌아와 농구 플레이오프를 보다 잠자리에 들 준비를 했다. 알렉시스는 이미 엄마 방 침대로 올라가 벽을 등지고 누웠다. 그 옆엔 루나코가 역시 벽을 등진 채 발을 침대 밖으로 뻗고 앉았다. 집 안은 더웠지만, 가족은 에어컨을 켜지 않았다.

낮에 맥앨리스터 부인의 얘기를 듣지 못한 루나코가 먹을 것을 달라고 말했다. 맥앨리스터 부인은 당연히 루나코가 자기 얘기를 들었음에도 무리한 요구를 한다고 생각했다. 반면 루나코는 이모의 오해를 풀어줄 생각은 하지 못한 채 자신이 핫도그를 싫어하며, 그걸 절대 먹지 않는다는 얘기만 되풀이했다.

루나코: 이모, 저 뭐 좀 먹어도 돼요?
제인: (큰 목소리로 놀란 듯이) 뭘 먹어? 라비나네서 배 채워오라고 한 말 못 들었니?
루나코: 내가 싫어하는 것만 줬단 말이에요.
제인: 먹을 게 없어. 아까 말했잖아.

루나코: 망할 핫도그!

제인: (화난 목소리로) 뭐라고 했니?

루나코: 난 핫도그 싫어요! (더 크고 방어적인 목소리로) 난 핫도그 안 먹어요! 우리 엄마한테 물어봐요. 난 진짜 핫도그 안 먹는데!

제인: (화난 목소리로) 그럼 핫도그를 만들기 전에 네 엄마가 미리 애기를 했어야지. 똑똑히 말하는데, 지금은 요리 못해준다. 알겠니?[13]

옆에 있던 알레시스가 몸을 꼼지락거렸다. 싱글 사이즈 침대 위에 루나코와 알렉시스, 맥앨리스터 부인까지 셋이 앉아 있었기 때문이다.

루나코: (알렉시스에게) 저리 좀 가! 너 혼자 자리를 다 차지하냐?

맥앨리스터 부인은 이 말을 듣고 딸인 알렉시스가 욕을 했다고 착각했다.

제인: (알렉시스의 다리를 신문지로 때리며) 그런 말 쓰면 엄마가 혼난댔어, 안 혼난댔어?

알렉시스: 내가 욕한 거 아네요, 엄마!

제인: 변명하지 마. 해도 되는 일이 있고 안 되는 일이 있는 것쯤은 알잖아. 한 번만 더 욕하면 엄마한테 아주 혼날 줄 알아.

아주 드물게도, 이번엔 맥앨리스터 부인이 루나코에게 불만이 무엇인지 얘기해보라고 했다. 부인과 나 그리고 해럴드가 같은 버스를 탔고, 루나코는 알렉시스를 비롯해 다른 아이들과 함께 다른 버스를 타고 왔다. 그래서 버스에서 혹시 부인이 모르는 무슨 일이 일어나 루나코가 심술을 부리는 게 아닌가 싶었던 것이다.

제인: 루나코, 버스를 타고 올 때 무슨 일 있었니? 아니면 생일 파티에서라도?

루나코: (웅얼거리며) 그런 거 아녜요.

제인: 그런데 왜 그러는 거야?

루나코: 쟤(알렉시스)가 날 성가시게 하잖아요.

제인: 루나코, 네가 다른 사람들을 성가시게 할 때도 있지만, 그래도 사람들이 너한테 욕을 하진 않잖아. 안 그래?

(잠시 침묵이 흐른다. 텔레비전에서는 농구 경기를 중계하고 있다.)

제인: (아이들 모두에게) 라비나네 집에 가서 실컷 먹고 와야 한다고 내가 얘기했니, 안 했니?

알렉시스: 했어요.

맥앨리스터 가족의 기준에서 봤을 때, 이와 같은 대화는 상당히 예외적이다. 평소보다 상당히 긴 대화일뿐더러 (비록 간접적인 방식이긴 하지만) 아이가 어른에게 말대꾸를 하고, 맥앨리스터 부인이 아이들을 통해 정보를 얻으려 하기 때문이다.

맥앨리스터 부인이 아이들을 위험에서 보호하거나 가르치기 위해 지시를 내리는 것은 중산층 가정 기준에서 봤을 땐 상당히 퉁명스러운 모습으로 비칠 수도 있다. 예를 들어 알렉시스와 루나코에게 이웃에 사는 문제 있는 사람들을 피하라고 얘기할 때 부인의 태도는 매우 간결하고 직접적이지만 그렇다고 불친절하지는 않다.

제인: 누구? 립 말이야? 립은 알코올 중독자야. 엄마가 얘기했잖아. (잠시 틈을 두었다가) 오늘 보니까 낮 3시도 안 됐는데 술에 취해 있더라.

알렉시스: 립은 지프를 몰고 다녀요. 저번엔 제롬을 여기까지 태워다주기도 했어요.

루나코: 그 사람이 무슨 짓을 했는데?

알렉시스: 나한테 욕을 했다고.

제인: 립에 관해서 엄마가 하는 말 똑똑히 들어. (소리를 지르며) 그 사람하고 가까이 지내지 마. 알았지! 문제가 많은 사람이란 말이야.

말수가 적다고 해서, 또는 고함을 치거나 간략하게 얘기한다고 해서 이들 가족 간의 관계가 껄끄럽거나 약한 것은 아니다. 도리어 우리가 볼 때는 맥앨리스터 가족의 어른과 아이들 사이에 말없이 오가는 애정이 탈링거 가족처럼 서로 많은 대화를 하는 가정의 유대감보다 더욱 뚜렷해 보였다. 아래의 사례는 맥앨리스터 가족이 얼마나 주기적으로 능숙하게 '말없이' 대화하는지를 보여준다.

해럴드는 한쪽 손에는 핫도그와 감자튀김이 담긴 종이 접시를, 한 손에는 탄산음료 캔을 들고 서 있었다. 그러곤 오른손으로 탄산음료 캔을 따려고 애를 썼다. 그때 갑자기 손이 미끄러지며 캔에서 음료수가 분출되어 해럴드의 손과 의자를 적셨다. 몇 발짝 떨어져 서 있던 엄마가 이 모습을 보았다. 두 사람은 말없이 한바탕 웃었다. 해럴드의 실수에 대한 모자 사이의 다정하고 친근감 있는 모습이었다. 이윽고 엄마는 핫도그 접시를 그릴로 옮기고, 해럴드는 손에 묻은 음료수를 닦아냈다.

맥앨리스터 가족은 모두 농담을 좋아했으며, 부인의 경우에는 어떤 상황에서도 유머를 찾아내는 듯했다. 그렇지만 어른과 아이들 사이의 경계는 분명히 나뉘어져 있었다. 특히 중요한 것은 자신보다 나이 많은 사람을 존중하는 것이었다. 아이들은 어른, 그중에서도 여자 어른에게 '제인 이모'나 '라티파 아줌마' 등 존칭을 쓰는 데 익숙했다. 덧붙여 맥앨리스터 부인은 아이들이 욕을 하는 것도 허용하지 않았다.[14]

또래들 간의 언어 사용

빈곤층 (또는 노동자 계층) 가정에서 어른과 아이들 사이에 일어나는 지시 위주의 대화와 달리, 이 계층의 또래 아이들끼리는 좀더 자유롭게 의사소통을 한다. 그 때문에 아이들끼리만 있을 때는 서로 살갑게 농담을 주고받는 모습을 볼 수 있었다. 특히 남자아이들의 경우 서로 장난스러운 잘난 척을 하며 어울렸다. 농구 코트에 설 때 해럴드는 평소와 사뭇 다르다. 언어 사용을 포함해 해럴드의 전체적인 인격이 변하는 듯했다. 농구에 재능이 있는 해럴드는 코트에 설 때면 (땅딸막한 체격에 비해) 놀랍도록 민첩하고 (집에 있을 때와 달리) 공격적인 모습을 보여주었다.

농구 경기를 하던 중 해럴드는 제러드가 '더블(더블 드리블)' 반칙을 했다고 지적했다. 제러드는 해럴드에게 공을 던져주면서 항의했다. (일단 상대편 선수가 반칙을 지적하면 공을 넘기는 것이 규칙이다.) 제러드는 화를 내며 "야, 내가 무슨 더블을 했다고 그래? 너 눈깔이 삐었냐, 이 깜둥이야?"라고 소리쳤다. 해럴드는 공을 바닥에 튕기다 말고 제러드 쪽으로 걸어갔다. 그러곤 소리를 지르며 "너 반칙했잖아. 이렇게 말이야. (해럴드는 드리블을 하기 시작했다. 그 자리에서 한 바퀴를 돈 다음 슛을 할 것 같은 동작을 취하다가 다시 드리블을 했다. 더블 드리블을 과장되게 표현한 것이다.) 내가 반칙하는 걸 봤는데 딴소리냐!" 해럴드나 제러드 모두 다른 선수들에게 의견을 묻지도 않았고, 다른 선수들 역시 이 장면을 지켜보기만 했다. 해럴드는 다시금 공을 잡고 경기에 집중했다. (보통은 반칙에 대해 의견이 갈릴 경우, 경기를 다시 시작한다. 그러나 이번엔 아니었다. 해럴드가 계속해서 공을 잡았다.) 이번엔 해럴드가 '워킹(공을 잡은 채 드리블하지 않고 세 걸음 이상 옮기는 반칙)'을 했다는 지적을 받았다. 해럴드는 항의하며 말했다. "워킹이라고? 내가? 야, 미쳤냐? 어디 네가 한 번 공을 뺏어보던가. 아니지, 경기를 다시 시작해야겠다. 난 규칙은 지킬 거니까." 해럴드가 계속해서 공을 잡았다. 항의하는 사람은 아무도 없었다.

해럴드와 친구들은 중산층 아이들에 비해 더 많은 자율을 누린다. 어른들이 집에 없거나, 있더라도 아이들의 놀이에 크게 참견하지 않기 때문이다. 이는 해럴드와 양아버지인 키이스가 농구하는 모습을 담은 현장 연구원의 기록에도 잘 드러난다.

두 사람 다 매우 느긋한 태도였다. 리바운드를 잡으려 애쓰지도 않았고, 드리블 기술을 뽐내지도 않았다. 해럴드는 상당히 많은 득점을 한 반면, 키이스의 실력은 그다지 뛰어나지 않은 듯했다.

두 사람이 여유롭게 놀고 있는 동안, 약 10명의 아이들이 합류했다. 이들의 나이는 일곱 살에서 열다섯 살까지 다양했다.

다른 아이들이 끼자(10명 모두 한꺼번에 참여한 듯하다), 게임의 양상이 달라지기 시작했다. 아까보다 훨씬 더 경쟁적이고 과시적인 성격이 강한 경기가 이어졌다. 실제로 점수를 매기며 경기를 한 것은 아니지만, 공격과 수비 전략이 뚜렷하게 존재했다. 예를 들어 해럴드는 경기 도중 친구들을 도발하며 "와서 빼앗아보시지"라고 말하는 경우도 종종 있었다. 이런 도발은 친구들에게 득점을 막기 위한 동기를 부여했다. 해럴드는 농구에 아주 재능이 있는 듯했다.

해럴드는 다시 한 번 친구들을 도발함으로써 경쟁심을 한층 부추겼다.

"어디 한 번 덤벼봐. 발목을 부러뜨려줄 테니."[15] 이는 특정한 나이나 대상에 상관없이 하는 도발이었다. (경기에 참여한) 나이 많은 아이들 중 하나가 해럴드를 따라 소리쳤다. "제러드! 남자답게 나서봐. 해럴드 말에 겁먹지 말고." (이들의 대화를 잘 살펴보면, 사회적으로 인정받기 위해서는 터프하거나 남자다워야 한다는 전제가 깔려 있다는 것을 알 수 있다.) 제러드도 지지 않고 (팔을 흔드는 경멸적인 제스처를 하며) "해럴드 자식은 입만 살아가지고"라고 응수했다. 그러곤 해럴드 쪽으로 다가가 방어 자세를 취했다. (해럴드 바로 앞을 막아서며 팔을 뻗어 수비를 펼쳤다.) 제러드는 해럴드와 공을 번갈아 노려보았다.

코트 위에서 다른 공으로 슛을 연습하던 다른 선수들도 동작을 잠시 멈추고 이 광경을 바라보았다.

모든 사람이 해럴드와 제러드를 바라보는 가운데 기분이 몹시 고조된 해럴드는 (세차게 공을 튕기며) 자레드를 위협했다. "발목 부러질 각오는 했냐? 너희들, 잘 봐둬." (그렇게 말하지 않아도 이미 다들 이 광경을 주목하고 있었다.)

해럴드는 아무런 경고 없이 골대를 향해 전진했다. 제러드가 공을 가로채려 했지만, 해럴드를 잡지는 못했다. 해럴드가 제러드를 놀렸다. "내가 순순히 공을 갖다 바칠 줄 알았냐, 멍청아?"[16] 제러드는 공을 뺏기 위해 고군분투했다. 하지만 팔을 휘두를 때마다 해럴드는 잽싸게 공을 빼돌렸다. 누가 봐도 제러드는 해럴드의 상대가 되지 않는다는 것을 알 수 있었다. 키이스를 비롯해 경기를 지켜보던 몇몇 어른들은 서로 눈길을 교환하며 미소를 지었다. 해럴드는 골대 쪽으로 1.2미터가량 다가갔다. 그러곤 다리 사이로 공을 드리블하다 등 뒤로 돌리더니, 그 자리에서 몸을 한 바퀴 돌린 다음 두 걸음 정도 더 드리블하고 슛을 했다. 공은 들어가지 않았다.

비록 골을 넣지는 못했지만, 해럴드는 사람들로부터 찬사와 인정을 한 몸에 받았다.[17] 주위의 이러한 인정은 미소나 하이파이브, 열의가 담긴 코멘트("우와, 저거 봤냐? 대단했어!" 하는 감탄이나 "제러드, 저 입만 산 놈. 농구도 못하는 게 깝죽대기는!" 등의 비난)에서 드러났다. 의기양양한 해럴드는 거들먹거리며 "그래, 봤냐? 나랑 대적할 사람은 아무나 나오라고 해! 내가 제러드 놈 코를 납작하게 해줬다니까. 아주 매운맛을 보여줬어!"라고 말했다.

정말이지 해럴드가 매운맛을 보여준 것은 사실이었다. 드리블이나 패스, 슛을 잘하는 것 외에도 해럴드는 경기 전략을 세우는 데 매우 뛰어났다. 경기의 언어를 이해했고, 무엇보다 언제 어떻게 공격하고 상대편을 도발해야 하는지 잘 알고 있었다. 전반적으로 봤을 때, 코트에선 해럴드는 언제나 준비 태세가 되어 있으며 자신감 넘치는 선수였다. 경기 도중 해럴드가 나누는 대화는 매우 구체적이고 풍부했다. 그러나 해럴드가 부모나 교사와 나누는 대화는 이와 다른 양상을 띠었다. 게다가 위에서 묘사한 것과 같은 상황에서는 농구에 대한 해럴드의 재능이 매우 중요한 것이 사실이지만, 교사나 고용주 또는 의료 전문가를 대하는 상황에서는 농구에 대한 재능보다 중산층 아이들이 학교 밖 활동을 통해 익힌 대인관계 기술이 더 유용하게 쓰인다. 그래서인지 농구 코트를 벗어나 어른들과 함께 있는 해럴드는 다시 자신의 '본래 모습'으로 돌아가 훨씬 더 예의 바르고 조용한 학생이 되었다.

빈곤층 및 노동자 계층에서 자녀 양육에 사용하는 언어

빈곤층 및 노동자 계층 자녀들은 대체로 부모의 지시라면 무엇이든 (샤워를 하라는 것이든, 쓰레기를 버리라는 것이든, 머리를 땋거나 채소를 먹으라는 것이든) 관계없이 즉시 그리고 군말 없이 순종하는 경향이 있었다. 이는 언어를 통한 훈육을 할 때에도, 설령 체벌에 대한 위협을 한다 해도 마찬가지였다. 아래의 사례는 라비나 이모가 알렉시스를 꾸짖는 상황이다. 알렉시스는 이모의 꾸중에 아무런 반박도 하지 않는다. 그저 이모가 대답을 요구할 때 딱 한 번 말없이 고개를 끄덕임으로써 응답할 뿐이다. 알렉시스를 꾸짖는 내내 라비나 이모는 부엌 테이블 근처에서 나무의자에 손을 짚고 서 있었다. 그녀는 알렉시스의 엄마와 아무런 상의도 없이 질문을 던지고 훈계를 했다. 누가 봐도 화가 난 듯한 모습이다. 반면 혼나는 처지의 알렉시스는 꽤나 부끄러운 듯했다.

라비나: 얘, 너 오늘 학교에서 안 좋은 일 있었다던데 무슨 일이니?

(루나코는 알렉시스가 학교에서 문제를 일으켰다며 놀리기 시작한다.)

라비나: 조용히 해, 루나코. (알렉시스를 향해 돌아서며) 대체 뭐가 문제니? 분명 넌 뭔가 문제가 있어. 수업 시간에 계속 춤을 추며 여기저기 돌아다니고 흥분해서 날뛰었다며? 안 그랬니?

(알렉시스는 고개를 숙인 채 아무 말도 하지 않는다.)

라비나: 전에도 이 문제를 가지고 충분히 타이르지 않았니?

(알렉시스는 여전히 대답이 없다.)

라비나: 알렉시스, 학교에서는 얌전히 굴어야 해. 이제 겨우 초등학교에 다니는데 그렇게 자기 행동을 자제 못하면 안 되는 거야. 그렇게 말썽 부리다 나중에 어른이 돼서 직장에 들어가면 어떡하려고 그래, 응?

(알렉시스는 대답하지 않는다.)

라비나: (루나코에게 몇 가지를 얘기하더니 다시 알렉시스에게 돌아서서는) 이모가 이 문제로 벌써 두 달째 너랑 씨름을 하고 있잖아. 넌 늘 똑같은 변명만 하고. 대체 왜 그렇게 말썽을 부리니, 응?

(방 안이 조용하다. 라비나는 알렉시스를 바라보고, 알렉시스는 의자만 뚫어져라 쳐다본다.)

라비나: (했던 말을 반복하며) 이제 정말 너랑 씨름하는 것도 지겹단 말이야. 왜 이렇게 말썽을 피우니?

(알렉시스는 여전히 아무 말이 없다. 루나코가 쿨에이드에 설탕을 타려고 주방을 들락거린다.)

라비나: 이제 학기도 얼마 남지 않았는데, 제발 학교에서 전화 오지 않게

좀 잘해라, 응?

(알렉시스가 고개를 끄덕인다.)

라비나: 이모도 널 때리는 건 싫어. 그건 진짜 최후의 방법이니까.

다른 상황에서와 마찬가지로, 빈곤층 가정 어른들이 아이를 꾸짖을 때 어른은 말하는 역할, 아이는 일방적으로 듣는 역할을 맡는다. 이 아이들은 중산층 아이들처럼 어른에게 대들거나, 논쟁을 벌이거나, 질문을 던짐으로써 어른의 인내심을 시험하는 일이 없다. 이로 인해, 빈곤층 및 노동자 계층 아이들은 중산층 아이들이 획득하는 언어적 기술을 익히지 못하는 의도치 않은 결과가 발생한다. 이 계층의 아이들에게는 어른과 협상할 기회가 거의 없고, 자신의 생각이나 의견 또는 자신이 한 행동에 대한 나름의 이유를 요약하고 설명할 기회도 없다. 어른에게 반문을 던지지 못하는 분위기에서 자란 아이들은 가정에서 새 어휘를 배울 기회 역시 박탈당한다.

체벌

위의 사례에서 라비나는 알렉시스에게 지시를 내리며 이를 '체벌'에 대한 위협으로 뒷받침한다. 실제로 이는 빈곤층 및 노동자 계층 가정에서 자주 나타나는 양육 방식이다. 맥앨리스터 부인도 이와 비슷한 방법으로 아이들을 양육하는데, 체벌로 위협하는 모습은 특히 아이의 행동이 부인을 화나게 만들었을 때 더욱 두드러지게 나타났다. 열여섯 살인 로리도 예외는 아니다.

제인은 매우 화가 나 있었다. (로리에게 다가가 바로 앞에 선다. 화가 난 제인의 목소리가 커진다.) "한 번만 더 그 흑인 놈들 자동차에 같이 탄 걸 보기만 해봐. 아주 싸대기를 맞을 줄 알아. 농담 아니야."

라비나 이모와 마찬가지로, 맥앨리스터 부인 역시 체벌이 아이들을 훈육하는 데 매우 효과적이고 적절한 방법이라고 생각했다. 필요하다고 판단할 경우 조카들을 때려서 훈육하는 것도 주저하지 않았다. 아래의 가족 모임 피크닉에서 일어난 일을 살펴보자.

귀온이 벤치에 앉아 울고 있었다. (음악 소리가 너무 커서) 바로 곁에 있어도 울음소리를 들을 수 없었지만, 아이의 얼굴 위로 흐르는 눈물은 볼 수 있었다. 지나가다 아이가 우는 것을 본 제인이 루나코가 앉아 있는 쪽으로 몸을 굽히더니 주먹을 쥐고 조카의 가슴팍을 쳤다. 그리고 (음악 소리보다 크게) 소리를 질렀다. "동생 때리지 마!"

실제로 이들 가정에서는 체벌이 너무나 빈번해 아이들은 어른 중 누가 가장 엄격하게 벌을 내리는지에 대해 열띤 토론을 벌일 정도다. 어느 날 저녁 식사 때, 맥앨리스터 부인이 거실에 있는 동안 식탁에 둘러앉은 아이들은 나팔바지와 샌들을 신은 이모의 사진에 대해 이야기를 나누다 이내 체벌에 관한 이야기를 하기 시작했다.

맥앨리스터 부인은 샌들을 좋아하지 않는다며 그 이유로 자신의 엄마가 샌들로 이마를 때릴 때마다 멍이 들었다고 얘기했다. 귀온이 할머니와 할아버지 중 누가 더 심하게 때렸느냐고 물었다. 곧이어 할아버지할머니의 다양한 체벌 방법에 대한 이야기가 오갔다. 귀온과 루나코,

해럴드와 알렉시스가 한편이 되어 자신들의 체벌 경험을 공유하며 논쟁을 벌였다. 맥앨리스터 부인은 아이들의 말을 대부분 듣고만 있었다. (부인은 아이들의 의견에 반대하거나 어른 주장을 변호하려고도 하지 않았다.) 아이들은 이마나 신체 다른 부위에 남은 체벌의 흔적에 대해서도 이야기했다.

3대에 걸친 체벌에 대한 위의 사례에서 알 수 있듯 이들 가정의 아이들은 모두 공통적으로 체벌을 경험한다. 맥앨리스터 부인 역시 생활 속에서 일어나는 문제를 해결하는 데 체벌이나 체벌 위협을 적극 활용한다. 어느 날 저녁(해럴드가 캠프 가기 전날 밤), 맥앨리스터 부인은 쌍둥이 자매인 질 때문에 인내심이 극에 달했다. 행크가 해럴드에게 사준 티셔츠를 질이 가져가 팔아버린 것을 알았기 때문이다. 질은 또 에어컨 코드를 잘라 작동을 못하게 만들어버렸다. 화가 머리끝까지 난 맥앨리스터 부인은 질에게 마구 욕설을 퍼부었다. 로리와 해럴드, 알렉시스 그리고 현장 연구원은 두 사람의 싸움을 처음부터 지켜보았다. 싸움 도중 레니가 들어왔다. 현장 연구원은 당시의 팽팽한 긴장감과 금방이라도 폭력 사태가 벌어질 듯한 분위기를 다음과 같이 기록했다.

(아래층에서 제인과 질이 약 10분간 서로에게 소리를 지르며 싸우고 있다.)
제인: 이 미친년아, 훔칠 게 없어서 이젠 해럴드 옷까지 훔치냐, 응?
질: 시끄러워.
제인: 우리 집에 너 말고 애 옷 훔칠 사람이 또 있냐? 손모가지를 잘라버려도 시원치 않지!
질: 내가 안 훔쳤다고. 죄 없는 사람 좀 잡지 마!

제인: 진짜 너 같은 걸 동생이라고 데리고 있는 것도 지긋지긋하다. 당
　　장 우리 집에서 안 나가면 다리몽둥이를 분질러버릴 줄 알아!

질: 네가 뭔데 날 내쫓는다는 거야!

　한참 싸우고 있는데, 화장실에 있던 알렉시스가 휴지가 떨어졌다며
소리를 질렀다. 맥앨리스터 부인은 자리를 뜨더니 옆집으로 가서 화장
실 휴지를 빌려왔다. 돌아온 부인의 손에는 진짜로 나무 몽둥이가 들
려 있었다.

　제인: 봤지. 안 나가면 진짜로 다리몽둥이 부러진다! 알아들었냐?

　(질은 대답이 없다.)

　제인: (소리를 지르며) 당장 꺼지라고!

　제인이 해럴드의 다른 티셔츠를 찾는 사이 싸움은 잠시 소강상태에
접어들었다. (나는 로리 방 쪽에서 고함 소리가 나는 것을 듣고 조심스레 아래층
에 내려와 있었다.) 거실 난간 벽 쪽에 서 있는 나에게 로리가 말했다. "정
말 변명의 여지가 없어요." 로리는 고개를 푹 숙였다. 마치 금방 울음
이라도 터뜨릴 듯 슬픈 표정이었다. 알렉시스는 계단 두 번째 칸에 서
서 "항상 저렇게 싸워요. 엄마랑 이모가 싸우면 솔직히 무서워요"[18]라
고 말했다. 알렉시스의 얼굴 역시 슬퍼 보였다.

　공영 주택 지구의 집들은 서로 다닥다닥 붙어 있기 때문에 집 안에
서 일어나는 다툼이나 여러 사람의 모임 역시 이웃에서 다 들을 수 있
다. 키이스가 집에 도착하자 언쟁은 극에 달했다. 키이스와 질이 한바
탕 몸싸움을 했다. 그러나 이때 우리 현장 연구원은 이미 아이들을 데

리고 농구 코트로 나가 있었다. 잠시 후 돌아온 현장 연구원과 아이들에게 맥앨리스터 부인은 바닥을 치우라고 지시했다. 현장 연구원과 아이들은 깨진 유리와 망가진 가구들을 주워 밖에 내다놓았다.[19]

이런 싸움은 모든 사람에게 힘든 경험이다. 맥앨리스터 부인은 현장 연구원에게 싸우는 모습을 보여줘서 부끄러운 눈치였다. 부인 역시 이런 싸움이 괴롭다며 되도록이면 다툼을 피하려 했다.[20] 그러나 며칠 후 우리 현장 연구원에게 설명했듯이 맥앨리스터 부인에게는 별다른 선택권이 없었다. 아이들에게 단순한 "집"이 아니라 "가정"을 안겨주려면, 질을 내쫓을 수밖에 없다고 했다.

"그럼 이제 질은 나가서 살게 되는 건가요?" 내가 묻자 부인은 단호히 "그래야죠"라고 대답했다. "쉽지 않은 결정이었을 텐데요……"라고 말하자 이번엔 "아이들에게 단순한 집이 아니라 안락한 가정을 안겨주고 싶어요"라고 대답했다.

나는 "그럼 질은 어디서 지내게 되나요?"라고 물었다. 맥앨리스터 부인은 고개를 가로저었다. (모르겠다는 의미였다). 그러고는 "질이 우리 집에 있으면 아이들이 집에 오려고 하질 않아요"라고 덧붙였다. "당신도 관찰하면서 느끼지 않았나요?" 나는 천천히 고개를 끄덕였다. 제인은 다시금 강조했다. "아이들에게 단순한 집이 아닌, 편안한 가정을 만들어주고 싶어요."

갈수록 제약을 의식하는 아이들

다른 빈곤층 및 노동자 계층 가족처럼 맥앨리스터 가족 역시 주요 기관에서 근무하는 권위적인 인물들을 경계하는 태도를 보이고, 때로는 불신을 드러내기까지 했다. 이런 태도 때문에 빈곤층 가족 구성원과 기관 대표자들 사이의 관계는 중산층 가족의 그것과 상이한 양상을 보인다.

예를 들어 사친회 모임에 참석한 맥앨리스터 부인은 (자신이 고졸 학력이기 때문인지) 상당히 주눅 든 모습이었다. 이런 자리에서는 부인이 평소 집에서 보여주곤 하는 사교적이고 활발한 성격이 드러나지 않는다. 부인은 의자에 등을 대고 앉은 채 재킷의 지퍼만 만지작거린다. 말수도 거의 없다. 담임이 해럴드가 숙제를 제출하지 않는다고 얘기하자, 부인은 놀란 기색이 역력하면서도 "집에서는 숙제를 하던데요?"라고 대꾸했다. 부인은 교사와의 대화에 적극적으로 참여하지도, 해럴드를 대신해 교사에게 설명을 해주지도 못한다. 부인이 보기에 해럴드의 교육은 전적으로 교사 몫이기 때문이다. 교육은 교사의 일이지 부인의 일이 아니었다. 그래서 이번 장 맨 앞에서 소개했듯 해럴드가 교사에 대해 불평을 할 때에도 선생님에 대해 자세히 물어보지 않았던 것이다. 해럴드가 새로운 (5학년) 담임 선생이 자신을 "못살게 군다"고 얘기했을 때에도 부인의 머릿속에는 자신이 만난 좀더 마음에 들었던 선생님이 떠올랐을 뿐이다.

마찬가지로 맥앨리스터 부인과 해럴드가 캠프 참석 전 신체검사를 받기 위해 지역 병원에 들렀을 때도 윌리엄스 가족과는 대조적인 모습을 보였다. 여기에서도 역시 평소 활기 넘치던 부인은 매우 조용했다. 어떤 때는 무슨 말을 하는지 목소리가 거의 들리지 않을 정도였다. 부인은 의사의 질문에도 대답을 잘하지 못했다. 어떤 질문은 아예 이해하지 못했고(예를 들어 부인은 "파상풍 접종이 뭐죠?"라고 되물었다), 어떤 질문에 대해서는 어렴풋하게만 이해했다.

> 의사: 아이가 매일 고기나 생선, 달걀을 섭취하고 있나요?
>
> 제인: (아주 낮은 목소리) 네.
>
> 의사: (눈을 맞추고 대화하려 하지만 부인이 뚫어지게 종이만 쳐다보고 있어 실패한다.) 황색 채소는요?
>
> 제인: (여전히 시선을 피한 채) 먹어요.
>
> 의사: 녹색 채소도 먹습니까?
>
> 제인: (의사를 바라보며) 가끔씩 먹어요.[21]
>
> 의사: 그렇군요. 과일이나 주스는요?
>
> 제인: (낮은 목소리로, 거의 눈을 맞추지 않으며 의사가 종이 위에 쓴 글씨를 바라본다.) 네, 마시죠.
>
> 의사: 우유는 매일 마시고요?
>
> 제인: (갑작스레 목소리가 커지며) 네, 마셔요.
>
> 의사: 시리얼, 빵, 쌀 종류, 감자 같은 탄수화물 종류도 섭취하고요?
>
> 제인: (고개를 가로젓고는 의사를 바라본다.) 네, 당연하죠.

해럴드 역시 조용했다. 의사가 "넌 몇 학년이니?"라고 묻자 해럴드는 낮고 조용한 목소리로 "4학년이요"라고 대답했다. 그러다 대화 주제가 운동으로 옮겨가자 해럴드의 목소리가 커진다. 운동에 대해 이야기하는 해럴드는 자신감에 차 매우 열성적이었다. 풋볼에서 모든 포지션을 다 맡을 수 있다는 해럴드의 얘기에 의사가 짐짓 놀란 척 믿지 못하겠다고 하자, 해럴드는 자기 말이 사실임을 강조했다. 의사가 풋볼 경기 포지션을 나열하며 "테일백(tailback), 라인맨(lineman)까지 다 할 수 있단 얘기니?"라고 확인하자, 해럴드는 말을 가로채며 "모든 포지션을 다 맡을 수 있다니까요"라고 거듭 반복했다.

맥앨리스터 부인 역시 방문 내내 수동적이고 조용한 모습만 보여준 것은 아니다. 예를 들어 의사가 대기실로 들어와 해럴드의 이름을 불렀을 때, 루나코에게 따라오라고 얘기했다가 한 번 더 생각해본 후 조카와 함께 들어가도 되느냐고 의사에게 물었다. 또 맥앨리스터 부인은 해럴드의 청력과 체중을 검사해달라고 요청하기도 했다. 하지만 의사를 전적으로 신뢰하지 못했는지, 루나코를 보내 해럴드가 체중을 잘 재고 있는지 확인하게 한 다음 자신한테 얘기해달라고 하기도 했다.

그렇지만 의사를 대하는 맥앨리스터 가족의 태도와 윌리엄스 가족의 태도에는 상당히 차이가 있었다. 해럴드와 제인은 가정에서 끊임없이 의사소통 교육을 받는 알렉산더만큼 편안해 보이지 않았다. 맥앨리스터 가족과 달리 알렉산더는 질문에 답하는 것만큼이나 질문을 던지는 데도 자신감이 넘쳤다. 반면 가정에서 어른의 지시에 따르거나 질문에 답하는 데만 익숙한 해럴드는 의사의 질문에는 곧잘 대답했지만 궁금한 점에 대해 직접 질문하는 일은 없었다. 윌리엄스 부인과 달리 맥앨리스터 부인은 아들에게 권위 있는 인물을 상대할 때 적극적인 태도를 취하라고도, 의사와의 만남에 앞서 물어보고 싶은 질문을 미리 생각해놓으라고 지도해주지도 않았기 때문이다. 마지막으로 이 두 가정의 의사에 대한 신뢰도도 각기 달랐다. 두 가정이 보여준 전문가에 대한 신뢰도 차이와 그들에게 제공된 정보의 양적 및 질적 차이는 결국 양육 방식에서 개개인이 누리는 이득의 차이를 결정한다. 전문가들은 올바른 양육이란 아이에게 적극성과 자신감을 부여하고 소극적이며 수동적인 태도를 배제하는 것이라고 정의하기 때문이다.[22]

빈곤층 및 노동자 계층 가정 언어 교육의 장단점

해럴드 맥앨리스터를 비롯해 빈곤층 및 노동자 계층 아이들의 언어 사용에는 단점뿐 아니라 장점도 있었다. 중산층 가정 아이들과 비교할 때, 해럴드는 어른에게 좀더 예의 바른 모습을 보여주었다. 그런 의미에서 이들 가정에는 어른과 아이들 사이에 명확한 경계가 존재한다고 할 수 있다. 어른은 아이들에게 지시를 내리는 것을 당연시하고, 아이들은 어른의 지시를 잘 따른다. 어른이 자녀에게 내리는 지시 중에는 다른 가족 구성원과의 관계에 대한 것이 상당 부분을 차지했다. (예를 들어 맥앨리스터 부인이 가족 모임에서 "귀온을 때리지 말라"고 한 것이나, "캠프에 가야 하니까 머리를 손질해주라"고 지시한 것 등).[23] 그 결과 가끔 말다툼을 하는 일은 있어도 해럴드와 여동생의 관계는 중산층 아이들의 남매 관계보다 훨씬 돈독했다. 가족 모임에서 해럴드는 생후 16개월 된 조카를 자신이 돌보겠다고 자원하기도 했다. 전체적으로 빈곤층 가정에서는 아이들과 부모 사이의 의사소통 횟수나 양 자체가 적었다. 그러나 여름 캠프에 가져갈 타월을 고르는 대화에서 알 수 있듯 말을 적게 한다고 해서(단순히 "그건 여자애들 색깔이에요"라고 표현한다고 해서) 의사 전달에 문제가 생기는 것은 아니다. 또 해럴드의 언어 생활이 모두 일방적인 명령문이나 무조건적인 복종으로만 이루어지는 것도 아니다. 예를 들어 친구들과 농구 '코트'에서 어울릴 때 해럴드는 훨씬 구체적인 화법을 구사함으로써 집에서와는 확연히 다른 언어 사용을 보여주었다. 덧붙여 노동자 계층 및 빈곤층 가정의 언어 사용과 알렉산더 윌리엄스 가족의 언어 사용에서 가장 큰 차이점은 바로 맥앨리스터 부인이 아이들에게 이유를 설명하거나 어른의 결정에 대해 이해시킬 필요 없이 지시를 내릴 수 있다는 것이다. 부모 편에서 보면 이는 분명 양육을 수월하게 하는 이점이다.

맥앨리스터 가정의 또 다른 장점이라면, 중산층 아이들에 비해 해럴드가 일상생활에서 의사 결정을 할 때 훨씬 많은 자율성을 누린다는 것이다. 해럴드는 아직 어리지만 자신의 여가 시간을 어떻게 쓸지 스스로 결정할 수 있었다. 해럴드가 참여하는 농구 게임은 대개 즉흥적으로 시작되고, 해럴드로 하여금 중요한 대인관계 기술이나 자질을 발달시키는 수단이 된다. 해럴드는 매우 전략적이며 비슷한 또래인 알렉산더보다 덜 피곤한 모습이다. 게다가 해럴드는 자유롭게 또래들과 길거리에서 어울리며 "거리의 규칙"[24] 등 사회생활의 중요한 기술을 익혔다. 맥앨리스터 부인은 자녀 양육에서 이런 규칙을 가르치는 것이 중요하다고 생각하며, 해럴드나 알렉시스에게 동네에서 마주치는 취객이나 마약 거래상에게 "관심을 주지도, 신경을 쓰지도 말라"고 지시했다.

그렇지만 교육 기관이나 의료 기관 또는 기타 전문 기관에서는 해럴드가 집에서 배운 이런 기술보다는 윌리엄스 일가나 중산층 가정에서 가르치는 기술이 상대적으로 높은 효용성을 지니는 것이 사실이다. 알렉산더 윌리엄스와 비교할 때, 해럴드는 가정교육을 통해 어휘력을 확장시킬 기회도, 과학이나 정치에 대한 상식을 넓힐 기회도 얻지 못했다. 또 해럴드는 가정 외의 환경에서 상황을 자신한테 유리하게 만드는 기술이나 증거를 들어 자기주장을 뒷받침하는 법도 깊이 있게 배우지 못했다. 또한 해럴드의 가정에서는 훗날 SAT 등에서 평가될 해럴드의 언어 구사 능력에도 큰 주의를 기울이지 않았다. 학교에서 사촌을 지켜주려고 해럴드가 취한 행동은 결국 그 애를 정학 위기에 처하도록 했을 뿐이다. 해럴드네 가족에게는 끈끈한 유대감이 있긴 하지만, 탈링거 가족과 달리 서로 대화할 때 눈을 마주보고 이야기하는 것을 꺼려했다. 훗날 구직을 위해 면접을 볼 경우, 면접관들은 해럴드네 가족이 지닌 *끈끈한* 유대보다는 가정 안에서 눈을 마주보고 대화하는 법을 배운 아이들을 높이 평가할 가능성이 높다. 그러나 이런 측면에서 해럴드가 불리함을 겪는 것이 꼭 맥앨리스터 가족의 양육 방식이나 가정에서 사용하는 명령문 때문이라고 할 수는 없다. 보는 사람에 따라서는 자녀를 예의 바르고 어른을 잘 따르며 투정부리거나 떼를 쓰지 않는 아이로 기르는 것이야말로 칭찬받을 만한 훌륭한 양육 방식이라고 생각할 수도 있기 때문이다. 친척과 깊고 지속적인 유대를 나누는 것 역시 보는 사람에 따라서는 매우 중요한 가치가 될 수 있음은 말할 것도 없다.[25] 그럼에도 불구하고 사회생활에서 중산층 아이들이 어느 정도 상대적인 이점을 누리는 것은 각종 (교육) 기관들이 작동하는 방식 때문이다. 이 기관들은 아이들의 교육에 부모가 참여하는 것을 허락할 뿐 아니라 때로는 부모의 참여를 꼭 필요한 것으로 여겨 요구하기도 한다. 이런 측면에서도 중산층 아이들은 다른 계층 아이들보다 상대적으로 이점을 얻는다. 다음 장에서 소개할 스테이시 마셜의 사례 연구를 통해 이를 살펴보자.

3부

가정생활과 공공 기관

.
.
.

아이들은 성장 과정에서 가정의 품을 벗어나 점차 외부 세계로 나아간다. 아이들은 법적으로 의무 교육을 받기 때문에 학교는 아이들의 삶에 꽤 중요한 영향을 미치는 기관이라고 할 수 있다. 이미 살펴보았듯이 많은 아이들은 어른이 정해준 빡빡한 일정을 소화해내야 한다. 반면 사촌들과 어울려 놀거나 텔레비전을 보기도 하고, 밖에서 자유롭게 뛰어노는 등 좀더 자유롭고 자율적으로 생활하는 아이들도 있다. 아이들의 활동 반경이 가정으로부터 외부로 넓어지는 과정에서, 부모가 아이를 생각하는 마음이나 사랑은 사회 계층에 관계없이 한결같았다. 3부의 사례 연구를 통해 나는 노동자 계층 및 빈곤층 엄마들 역시 자녀의 학교생활에 상당한 관심을 갖고 걱정한다는 것을 보여주려 한다. 일례로 웬디 드라이버가 1학년 때부터 4학년이 될 때까지 글을 잘 읽지 못하는 것에 대해 엄마가 보여준 우려를 들 수 있다. 마찬가지로 마셜 부인 역시 딸이 스쿨버스 운전기사 '아트'에 대해 불평하는 것을 주의 깊게 들어주었다.

그러나 교육 기관에 대한 자녀의 불만에 부모, 그중에서도 특히 엄마들의 대응 방식은 사회 계층에 따라 차이를 보였다. 중산층 가정의 엄마들은 적극적으로 아이가 겪는 문제 상황에 개입하려는 모습을 보였다. 부모의 이런 개입이 좋은 결과를 불러올 때도, 그렇지 못할 때도 있다. 그렇지만 이 부모들은 그런 시도 자체만으로도 자녀에게 "거절에 굴복하지 않고" 교육 기관의 요직에 앉아 있는 인물에게 압력을 행사해 원하는 것을 성취하는 방법을 직접적으로 가르치고 있는 셈이다. 반면 노동자 계층 및 빈곤층 부모들은 주로 교사나 전문가에게 자녀 교육의 주도권을 전적으로 넘겨주는 경향이 있었다. 이러한 주도권 포기는 그러나 이 계층의 부모들이 자녀의 교육 문제에 대해서만 보이는 특징적인 현상으로, 다른 일에 대해서는 이들도 쉽사리 주도권을 포기하지는 않았다. 예를 들어 드라이버 부인은 스스로 "화끈한 성격"이라고 얘기했으며, 임대인과의 말싸움에서도 결코 지지 않았다. 하지만 학교와 관련한 문제에서는 평소보다 훨씬 수동적인 태도를 취했다. 학교 자체가 집중 양육 방식을 중심으로 고안된 교육 기관이며 교사들 역시 이에 따라 부모가 자녀의 학습에 적극 개입해주길 바라기 때문에, 드라이버 부인 같은 수동적 태도는 아이의 학업 성취를 방해하는 요소로 작용하기도 한다.

그러나 문화적 자산이 언제나 이점으로 작용하는 것만은 아니다. 예를 들어 백인 중산층 가정의 여자아이 멜라니의 엄마 핸드론 부인은 딸의 학교 공부를 돕기 위해 부단히 노력함에도 불구하고, 그 결과는 가정에서도 학교에서도 크게 효과적이지 않았다. 또한 이 문제를 단순히 개인적 성격 차이로만 바라볼 게 아니라 사회적 패턴과 구조 사이의 관계로 넓혀서 볼 필요도 있다. 친근한 공간이라는 일반적 통념과 달리 학교는 아동 학대나 방치가 의심될 경우 부모를 관련 기관에 넘길 법적 의무가 있다. 이런 측면에서 학교는 정부의 팔 역할을 한다고 볼 수 있다. 앞에서 설명했듯이 노동자 계층 및 빈곤층 부모일수록 아이를 훈육할 때 논리적 대화보다는 체벌을 사용하는 경우가 많다. 리틀 빌리 야넬리의 사례에서 확인할 수 있는 것처럼 벨트로 아이를 폭행하는 것은 분명 사회적 기준에서 볼 때 선을 넘었다고 할 만한 행동이다. 또한 아이가 학교에서 무력으로 자신을 보호할 수 있어야 한다는 빌리네 부모의 생각 역시 교칙과 충돌할 수밖에 없다. 그 결과 야넬리 부부는 교육 기관을 상대하며 때로는 반항심을, 때로는 두려움을 그리고 어떤 때는 무력감을 번갈아가며 느꼈다. 야넬리 부부는 아들에게 필요할 경우 폭력을 사용하라고 부추겼으며, 가정에서도 필요할 경우 벨트를 사용해 아이를 체벌했다. 그러나 이들 부부를 비롯해 많은 노동자 계층 및 빈곤층 부모들의 가슴 한구석에는 언제나 '학교' 측에서 예고 없이 자신들을 아동학대로 고소할지도 모르며 "아이를 자신들에게서 격리할지도 모른다"는 불안감이 자리 잡고 있다. 따라서 교육 기관에서 권장하는 집중 양육 방식을 따르는 중산층 부모와 아이들은 이를 통해 당장 피부로 느낄 수는 없다 해도 상당한 이점을 얻고 있는 셈이다.

사회 속에서의
집중 양육

•

스테이시 마셜의 사례

(체조) 수업에 참여한 첫날 스테이시가 한 것은, 그러니까, 음…… 뭔가를 하긴 했죠. 발을 이쪽으로 옮기고, 음……, 또 손은 저쪽으로, 이런 거요. 그게 전부였어요. 분위기가 좋지는 않았어요. 사실 좀 나빴죠. 물론 선생님은 제대로 가르치고 계셨겠죠. 티나였나요, 그분 성함이? 어쨌든 그분은 (스테이시의) 모든 것을 바꿔놓으려 했어요. 지켜보는 동안 솔직히 좀 화가 나더군요. ……티나 선생님이 문 쪽으로 왔을 때 제가 다가가서 말했죠. "우리 애한테 무슨 문제가 있나요?" (마셜 부인과의 인터뷰)

각각의 가족 구성원은 서로 다른 여러 기관과 관계를 맺고 있다. 중산층 가정의 엄마들에게 가정과 외부 기관 사이의 경계는 유동적으로 변화한다. 엄마들은 이곳저곳을 오가며 아이의 삶에 개입한다. 중산층 혹인 가정의 엄마 로리 마셜은 열 살 난 딸 스테이시가 처음 참석한 사설 체조 프로그램에 불만을 느끼는 것을 확인했다. 그리고 한 치의 망설임도 없이 여기에 개입했다. 딸의 프로그램은 곧 엄마의 프로그램이다. 마셜 부인은 스테이시가 참여하는 활동이 아이에게 긍정적인 자아 확인의 기회를 제공할 수 있도록 하는 것이 부모로서 자신의 의무라고 생각한다. 우리가 관찰한 다른 중산층 가정의 엄마들과 마찬가지로 마셜 부인 역시 마치 수호천사처럼 딸 스테이시 곁을 맴돌았다. 마셜 부인은 스테이시의 모든 일과를 지켜보며 아이에게 무슨 일이 생길 경우 언제든 개입할 준비가 되어 있었다. 개입은 교실이나 병원 진료실, 주간 캠프 등 모든 사회 기관에서 이루어졌다. 딸 스테이시는 이런 엄마의 개입을 부담스러워할 때도 있지만, 대개 엄마의 이런 노력을 반겼다.

자녀의 활동에 개입하는 중산층 가정 부모의 행동에는 이중적인 효과가 있다. 일차적으로는 부모의 이러한 개입으로 자녀가 교사나 의사, 캠프 감독관에게 좀더 개인적인, 다시 말해 자신에게 알맞은 도움을 받는다는 효과가 있을 것이다. 여기에서 그치지 않고 부모의 개입은 아이들이 이러한 '개별화'를 당연한 것으로 받아들이게끔 하는 역할도 한다. 이를 통해 아이들은 훗날 자기 스스로 사회 기관에서 자신에게 필요한 것을 효율적으로 획득할 수 있을 것이다. 마셜 가족의 자녀들에게는 외부 세계에서 협상을 진행하는 방법을 배울 다양한 기회가 주어졌다. 그들에게 엄마는 외부 세계와 효과적인 상호 작용을 가능케 하는 기술을 가르쳐주는 최고의 롤 모델이었다. 마셜 가족의 모습을 특수한 사례라 볼 수는 없을 것이다. 정도의 차이는 있지만, 우리가 관찰한 다른 중산층 가정의 부모들 역시 이와 같은 '수호천사' 역할을 수행했다. 예를 들면 자기 자녀를 특정 교사의 학급에 배치해줄 것을 학교 측에 요구하는 모습은 중산층 가정의 부모에게서만 두드러지게 관찰할 수 있는 행동이었다(부록 C의 표 C7).[1]

마셜 가족

로리 마셜과 로니 마셜 부부는 각각 12세와 10세인 편과 스테이시(연구 대상 아동)라는 딸 2명을 두고 있다. 부부는 모두 40대다. 마셜 부인은 큰 키에 날씬한 몸매를 지닌 매력적인 여성이다. 나이보다 어려 보인다는 이야기를 자주 듣는다. 갈색 머리칼은 약간 곱슬곱슬하고 피부는 연한 갈색이다. 집에 있을 때는 잘 다린 셔츠와 반바지 차림에 편한 샌들을 신고 있다. 나지막한 목소리로 대화를 나누고, 이야기 도중 무언가를 기억할 때에는 잠시 눈을 감고 생각에 잠기기도 한다. 학사 학위와 수학 석사 학위를 보유했고, 대학 시절 가입한 (흑인) 여학생 클럽의 친구들과도 여전히 종종 어울린다. 컴퓨터 관련 업체에서 일하며 일주일에 하루는 재택근무를 한다. 사무실로 출근하는 나머지 날에는 왕복 80여 킬로미터를 차 안에서 보낸다.

마셜 씨 역시 키가 훤칠하고 몸매가 날씬하다. 마치 코미디언처럼 수시로 내뱉는 농담이 집 안에 활기를 불어넣는다. 나를 만난 지 5분만에 농담을 건네기도 했다. 내 이력을 읽다 말고 갑자기 "음, 좋아. 합격이야!"라고 외쳐 집 안을 웃음바다로 만들었다. 스테이시와 편 역시 이런 아빠의 모습을 좋아한다. 학사 학위를 보유했고, 부인과 마찬가지로 학창 시절 사교 클럽에서 적극적으로 활동했다. 공무원인 그는 주로 야간 근무를 하며 일주일에 6일을 근무하는 경우도 잦다. 대신 출장을 가는 일은 없다. 새벽 2시 30분에 출근해 이른 오후에 퇴근한다. 퇴근 후엔 보통 낮잠을 한숨 즐기지만 어떤 땐 저녁 무렵에 눈을 붙이기도 한다. 하지만 대부분의 저녁 시간엔 스포츠 경기에 빠져 산다. 열렬한 운동광인 마셜 씨는 편의 농구팀 코치로 활동하며 다른 지역으로 원정 경기를 갈 땐 아이들을 인솔하기도 한다. 스테이시가 농구에 흥미가 없다는 사실을 알고 매우 낙담한 적도 있다.

마셜 부부는 모두 서부 출신이다. 마셜 부인의 부모님은 집에서 네 시간 정도 떨어진 거리에 살고 있다. 부인은 1년에 서너 번 부모님 댁을 방문하며, 전화는 매주 드린다. 마셜 부인에겐 자매도 둘 있다. 자매들과는 한 달에 한 번 정도 전화 통화를 한다. 세 자매는 날짜를 정해 함께 부모님을 뵈러 가기도 한다. 마셜 씨의 아버지는 20년 전에 돌아가셨다. 전직 교사인 어머니는 1년에 두 번 정도 마셜 가족을 방문한다. 그리고 마셜 씨도 1년에 두세 번 어머니 댁을 방문한다. 부부의 양가 부모님은 펀과 스테이시의 삶에서 그다지 중요한 역할을 차지하지 않는 것 같다.[2]

마셜 가족의 두 딸은 15개월 터울이다. 부모를 닮아 펀과 스테이시도 키가 크고 날씬하다. 펀은 농구를 좋아하고 스테이시는 체조에 더 많은 흥미를 느낀다. 우리 연구원은 스테이시를 이렇게 묘사했다.

스테이시는 진한 밤색 피부에 가는 테 안경을 썼다. 앞머리를 조금 자른 포니테일 스타일이고, 코알라 캐릭터를 그린 흰색 티셔츠에 흰색 반바지를 입었다. 웃을 때 보조개가 매력적인 소녀다.

마셜 부인의 표현처럼 스테이시는 활발한 아빠보다 얌전한 자신을 더 닮은 "매력적인" 아이다. 스테이시는 체조뿐 아니라 춤에도 소질이 있다. 집에 있을 땐 주로 방에서 혼자 시간을 보내거나 텔레비전을 보며 조용히 놀지만, 친구들과 어울릴 땐 활발하게 놀이를 즐긴다. 여름 캠프에 참여했을 때 또래 친구들과 웃고 떠드는 모습을 자주 목격할 수 있었다.

집 안에서는 대개 조용하지만 언니 펀과 함께 있을 땐 종종 서로 부딪히기도 한다. 자매는 때를 가리지 않고 서로의 신경을 긁는다. 어느 날 오후, 스테이시는 자기 방에 연결된 수화기로 전화를 받았다. 전화는 펀에게 온 것이었다. 스테이시는 언니에게 전화를 받으라고 소리쳤다. 펀이 전화를 받았다. 하지만 스테이시는 수화기를 내려놓지 않고 언니의 통화를 엿들었다. 이 사실을 눈치챈 펀이 화를 내며 스테이시 방으로 들어왔다. 그러곤 아무 말 없이 스테이시의 방에 연결된 전화선을 낚아채더니 거칠게 뽑았다. 스테이시는 말없이 언니의 행동을 바라봤다. 그러나 언니가 다시 전화를 받으러 가자, 선을 다시 연결해 엿듣기를 계속했다. 마셜 자매 사이에 이 같은 상황은 수시로 발생한다. 어느 날은 자동차 안에서 싸움이 벌어지기도 했다. 자매는 한 시간 반 정도 차를 타고 이동할 예정이었다. 처음에는 장난스럽게 다투기 시작했다. 그러나 곧 싸움은 크게 번졌고, 서로 때리며 심한 말을 하다 마지막에는 상대방 머리를 쥐어뜯기까지 했다. 마셜 부부는 딸들 사이의 이런 다툼을 일반적인 자매들의 라이벌 관계에서 비롯된 것이라고 여긴다. 부부는 보통 말로 두 딸을 달래 싸움을 진정시키려 한다. 어떤 경우엔 아이들 사이의 갈등에 개입하지 않고 그저 한숨만 쉬기도 한다. 위에서 소개한 자동차 안에서의 상황같이 심한 다툼이 발생할 때는 두 아이를 서로 떼어놓는 방법을 취하기도 한다. 물론 두 자매가 우애를 나누는 경우도 많다. 스테이시는 언니 펀에게 예쁜 옷을 골라달라고 부탁하기도 하고, 생일날 받은 용돈으로 언니에게 초콜릿을 사주기도 했다. 우리 연구원에게 "펀 언니는 보는 눈이 좀 있어요"라고 말한 적도 있다.

　마셜 부부와 두 소녀(그리고 스크래치와 타이너라는 이름의 기니피그 두 마리)는 20만 달러 정도 하는 2층 주택에서 살고 있다. 조용한 외곽 지역에 위치한 마셜 가족의 집 앞에는 곡선 도로가 나 있다. 마셜 가족의 이웃은 모두 중산층 가정인데, 여기에는 흑인뿐 아니라 백인 가족도 살고 있다. 베이지색 페인트로 칠한 마셜 가족의 집 앞과 뒤에는 잔디밭을 꾸며놓았다. 뒤뜰의 잔디밭이 좀더 넓은데, 여기엔 예쁜 꽃들도 심어져 있다. (편과 스테이시는 이곳에 수영장을 만들어달라며 부모님을 조르는 중이다.) 집에는 자동차 두 대(볼보와 세이블 대형 승합차)가 있고, 주차장으로 이어지는 진입로에는 농구 골대도 갖췄다. 편은 친구들을 불러 이곳에서 농구를 즐긴다. 때론 아빠 마셜 씨도 놀이에 함께하곤 한다. 집 안에는 침실 네 개와 욕실 두 개 그리고 세면실 한 개가 있다. 아프리카 미술품들로 벽을 장식한 거실에는 피아노가 놓여 있다. 또 주방과 식당에서 이어진 문을 열고 들어가면 '연회실'도 있다. 밝고 통풍이 잘되는 곳에 마련한 가족 공간에는 텔레비전과 접이식 의자 그리고 황갈색 코듀로이 소파를 놓았고 소파 위에는 자매들의 것으로 보이는 책과 워크맨 따위가 놓여 있다. 여기엔 스테이시를 위한 평균대도 있는데, 가족은 방으로 들어가기 위해 이것을 넘어 다녀야 했다.

편과 스테이시는 방을 따로 썼다. 각자의 방에는 텔레비전과 전화기가 한 대씩 있고 또 CD나 워크맨, 라디오 등 각자의 취향에 맞는 전자 기기들도 한편에 자리를 잡고 있다. 집에는 마셜 부인이 업무 용도로 사용하는 컴퓨터도 있다. 부부의 소득은 10만 달러 수준이지만, 마셜 부인은 종종 돈 문제로 고민을 했다. 구입하고자 하는 물건의 가격에 관한 이야기를 자주 했고 때론 자신이 몸담고 있는 컴퓨터 산업은 조금만 방심해도 도태되는 곳이라며 하소연하기도 했다. 마셜 부인의 회사는 몇 해 전 구조 조정을 시행한 적이 있다. 다행히 부인은 자리를 지킬 수 있었지만, 산업의 특성상 언제까지 마음을 놓을 수는 없는 듯했다.

마셜 가족이 사는 교외 지역은 부유하고 인종적 통합도 꽤 잘되었다. 도시 구조에서 일종의 완충 역할을 수행하는 구역이라고 할 수 있다. 요컨대 도심 지역과 대규모 중산층 흑인 거주 단지 그리고 백인 거주 단지의 경계에 위치하고 있었다. 스테이시와 펀이 다니는 지역 공립학교는 좋은 학군에 속한다. 이 학교의 학생은 대부분 백인이고, 4분의 1가량의 흑인 학생과 소수의 아시아 및 히스패닉 계통 학생이 다녔다. 자매(와 마셜 부부)가 어울리는 인종적 구성 역시 상황에 따라 바뀌었다. 하지만 주된 만남은 역시 흑인들 사이에서 이루어졌다. 마셜 부인은 아이들이 지금보다 어렸을 땐 백인 친구들과 더 많이 어울렸지만 성장함에 따라 자매를 둘러싼 인종의 벽이 점점 더 높아졌다고 설명한다. 조금 더 덧붙이면 펀의 경우에는 중학교에 입학하면서 인종적 구분이 한층 가시화되었고, 스테이시의 경우는 이와 같은 타 인종 학생들과의 단절이 점차 시작되는 상황이라고 할 수 있다. 이제 아이들의 사회적 관계는 주변, 혹은 몇 분 거리의 주택에 사는 흑인 소녀들로 좁혀지고 있었다. 자매를 따라 토요일에 미용실을 가거나 일요일에 교회를 갈 때마다 우리 연구원 외에는 백인이 한 명도 없다는 사실에 놀라곤 했다. 마셜 가족이 사적으로 어울리는 가까운 친구들 역시 마셜 씨가 도시 곳곳에서 친분을 맺은 흑인 가족에 한정되었다. 하지만 마셜 가족이 백인과 전혀 어울리지 않는 것은 아니다. 가게에 장을 보러가거나 과외 활동과 여름 캠프, 학교 영재 프로그램 등에 참여할 때 이들 가족은 백인들과도 자연스럽게 어울렸다.

탈링거 가족이나 윌리엄스 가족과 마찬가지로 마셜 가족 역시 바쁜 삶을 살고 있다. 일반적으로 성별 요인은 아이들이 참여하는 활동을 결정하는 데 중요한 역할을 한다. 하지만 중산층 가정에서는 이와 같은 성별에 따른 구분이 많이 무너지고 있는 모습을 발견할 수 있다. 스테이시는 체조를 배우고 펀은 농구에 적극적이다. 두 자매는 모두 일요 학교에 참가한다. 특히 동생 스테이시는 성가대에도 속해 있어 매주 금요일마다 연습에 참여하고 매월 셋째 주 일요일엔 공연도 한다. 교회에서 마셜 자매는 '리틀 어셔'라는 별명도 갖고 있다. 학기 중에 펀은 피아노 레슨도 받는다. 스테이시 역시 최근까지 피아노 레슨을 받았다. 여름 방학이 시작되면 자매는 여러 캠프(체조 캠프, 농구 캠프, 승마 캠프 등)를 옮겨 다니는 생활을 한다.

윌리엄스 부부처럼 마셜 부부도 자녀들에게 직접적인 지시를 내리기보다 논리적 대화로 설득하려 애쓴다. 물론 때로 아이들의 말썽 때문에 표정이 굳어지는 경우도 있다. 하지만 이들 부부가 두 딸에게 소리를 지르거나 매를 드는, 혹은 매를 드는 시늉이라도 하는 경우는 한 번도 볼 수 없었다. 부부는 아이들을 특별한 재능을 지닌 특별한 인간으로 성장시키는 데 헌신적이었다. 스테이시와 펀의 생각과 행동을 제한하려 하지도 않았다. 아이들이 누군가를 때리거나 다른 어른에게 무례하게 굴 때도 마찬가지였다. 한 번은 마셜 부인과 내가 두 소녀를 데리고 부인의 친한 친구네 집을 방문한 적이 있었다. 이날은 자매가 사촌오빠처럼 여기는 이 집의 아들 마크의 스무 번째 생일이었다. (현재 캘리포니아에서 살고 있는 마크는 생일을 즈음해 잠시 고향에 내려와 있었다.)

마크가 펀과 스테이시에게 교회에 대해 물었다. 아이들은 신 나서 재잘댔다. 그때 마크의 아버지 톰이 아이들에게 말했다. "자, 모두들 아이스크림이랑 케이크 먹을까?" 로리와 나는 이제 그만 가봐야 할 것 같다고 말했다. 그러자 의자에 앉아 장난감을 가지고 놀던 스테이시가 말했다. "엄마, 잘 가." 스테이시는 남아서 더 놀고 싶은 눈치였다.

마셜 부인과 나를 자리에 좀더 붙잡아두기 위한 말들이 오갔고, 우리는 조금 더 파티를 즐기기로 했다.

> 그때 스테이시가 말했다. "그냥 먼저 가, 엄마. 난 엄마 신경 못 써줘."
> 그러자 펀이 끼어들었다. "입 좀 다물어, 바보야." 펀의 말에 분위기는
> 더 이상해졌다. 전화를 받으러 가던 마크가 어이없다는 표정으로 자매
> 를 쳐다봤다. 마셜 부인은 어찌할 줄 모르고 한숨을 쉬다 마크를 바라보
> 며 이렇게 말했다. "마크, 네가 얘네 좀 데려다 키울래?" 모두가 웃었다.
> 스테이시가 또 끼어들었다. "응. 나 캘리포니아 갈래. 디즈니랜드!"[3]

마셜 부인 역시 딸의 말에 당황하고 경악했겠지만, 겉으로는 특별히
내색하지 않았다. 아이들에게 일상적으로 지시를 내리는 노동자 계층
및 빈곤층 가정의 부모와 달리 마셜 부부는 아이들의 감정 표현을 막
는 경우가 없었다. 설령 그것이 다른 어른을 당혹케 하는 행동일지라
도 말이다. 또한 마셜 부인은 펀과 스테이시에게 어른과 상호 작용하
는 전략을 가르치기도 했다. 나아가 두 딸을 대하는 다른 어른들의 태
도를 변화시키기 위해 노력하는 경우도 있었다. 이와 관련한 사례는
뒷부분에서 다룰 것이다.

아이들의 성향에 맞춰 선택하는 여가 활동

대부분의 중산층 부모는 자녀의 흥미를 파악하고 여기에 부합하는 활
동에 아이를 참여시키기 위해 많은 노력을 기울였다. 이러한 활동은
대부분 시즌 단위로 조직되고 일부는 주 단위로 일정을 짜기도 했다.
특히 여름이 되면 아이들의 시간도 늘어나고, 아이들이 선택할 수 있

는 활동의 폭도 확대된다. 가능한 활동을 알아보고 그중 아이들의 적성에 맞는 활동을 선택하는 그리고 기한에 맞춰 등록을 마치고 활동 장소까지 아이들을 데려다주는 모든 과정은 부모에게 새로운 일거리다. 대부분의 가정에서 이런 역할은 엄마들이 담당한다. 엄마가 직장에 다닐 경우에도 마찬가지다. 마셜 가족도 예외는 아니었다. 여름 방학이 시작되어 두 딸을 여러 여름 캠프에 등록시키고, 스케줄을 조정하는 모든 과정을 마셜 부인이 맡았다. 펀과 스테이시가 각각 참여하는 여러 캠프는 모두 다른 장소에서 진행되었고, 등록 일자나 필요한 서류 양식 또한 모두 달랐다. 캠프에서 요구하는 등록 요건(신체 조건이나 경험 등) 역시 일정하지 않았다. 아이들을 자동차로 데려다주는 일 등은 마셜 씨가 분담하기도 했지만, 그 역시 아이들의 생활과 활동을 신경 쓰는 데에는 부인이 훨씬 큰 역할을 한다는 사실을 인정했다. 활동을 힘들어하는 펀과 스테이시의 투정을 받아주는 것 역시 마셜 부인의 몫이었다.

  마셜 부인뿐 아니라 다른 대부분의 중산층 부모 역시 자녀의 학교 밖 활동을 지원하기 위해 많은 노력을 기울인다. 스테이시가 처음 체조를 시작한 것은 엄마의 권유 때문이었다.

  스테이시가 3학년이 되었을 때 들어갈 만한 걸스카우트가 없었어요. 그전까지는 브라우니단(7~10세 소녀들을 대상으로 하는 걸스카우트 모임—옮긴이)에서 4년 동안 활동했는데 말이에요. 펀은 걸스카우트에 가입했지만, 스테이시는 나이가 조금 모자랐어요. 그 덕분에 한동안 한가로운 저녁 시간을 보낼 수 있었죠. (웃음) 하지만 전 스테이시가 뭔가를 해야 한다고 생각했어요. 아이가 멍하니 텔레비전 앞에 앉아 있는 모습은 보기 싫었거든요.

　이렇게 해서 시작한 것이 체조였다. 엄마의 권유 때문에 시작했지만 스테이시 역시 체조를 즐겼고, 마셜 부인은 딸의 새로운 재능을 발견한 것에 만족했다. 체조 강사 역시 스테이시에게 재능이 있으니 잘 개발하면 훌륭한 선수가 될 것이라고 칭찬했다. 이 이야기를 들은 마셜 부인은 곧바로 스테이시에게 좀더 좋은 환경을 제공하기 위해 정보를 찾아다니기 시작했다. 체조 강사가 몇 가지 조언을 해주었지만 마셜 부인은 여기에 만족하지 않고 자신만의 방법으로 스테이시를 위한 프로그램을 찾아냈다.

　　체조 강습소에서 다른 부모들과 어울리며 뭐 좋은 정보는 없는지 알아봤죠. 몇몇 학부모가 이렇게 말하더군요. "아이가 정말 체조를 좋아한다면 라이츠(Wright's) 교습소가 좋을 거예요."

　이 경우처럼 마셜 부인은 스테이시의 여가 활동뿐 아니라 교육 문제 해결에도 적극적이다. (스테이시는 학교의 영재 교육 프로그램에 기준 미달로 합격 못한 적도 있었다.) 우리가 연구한 다른 중산층 가정의 부모와 마찬가지로 마셜 부인은 교사나 심리학자, 변호사, 의사 등 여러 친구 및 지인과 관계를 맺고 있었고, 이들과의 관계를 적극 활용했다(부록 C의 표 C8 참조). 중산층 가정의 부모에겐 노동자 계층이나 빈곤층 가정의 부모에 비해 전문가에게 정보나 조언을 얻는 비공식적 통로가 더욱 넓게 열려 있었다.

　좋은 프로그램을 찾아내고 스테이시가 여기에 흥미를 느끼는지 확인하는 그리고 조건이 충족될 경우 여기에 등록하는 모든 과정에서 마셜 부인의 노력은 끊임없이 계속되었다. 자율적으로 일과를 꾸려나가는 노동자 계층 및 빈곤층 가정의 자녀와 달리 스테이시를 비롯한 중산층 가정의 아이들은 부모, 특히 엄마의 관리를 받으며 성장한다.

스테이시의 활동에 어떤 문제가 발생하면 마셜 부인은 자신의 전문 지식과 경험을 동원해 이를 해결하기 위해 나섰다. 적극적이고 공격적인 자세로, 때론 약간의 억지를 부려가며 해당 기관과 담당자에게 스테이시의 개인적인 요구를 전달하려고 노력했다. 마셜 부인의 이런 적극적인 태도에는 딸의 요구가 충족되지 않을 경우 여기에 개입하는 것을 자신의 의무로 여기는 인식이 반영되어 있다고 할 수 있다. 여기에서 부인이 생각하는 의무란 딸의 개별적인 활동이 아닌, 삶 전반에 걸쳐 적용하는 인식이다. 굳이 비중을 따지자면, 편과 스테이시 두 딸에 대한 부인의 개입은 여가 활동보다 아이들이 참여하는 학교나 교회, 병원 등 좀더 공식적인 활동에서 한층 활발하게 이뤄졌다. 지역 체조 수업에 만족하지 않고 스테이시를 라이츠 사설 체조 프로그램에 등록시킨 것 역시 이런 맥락에서 이해할 수 있다.

마셜 부인은 사설 체조 프로그램에서의 첫날을 험난한 과정이었다고 설명했다.

> 아이들의 분위기가 별로 좋지 않았어요. 거기엔 스테이시보다 어린 여덟아홉 살짜리 애들뿐이었거든요. 아이들은 처음 본 스테이시를 반겨주지 않았어요. 서로 은근히 눈치만 보고 있었죠. "너 이거 할 수 있어? 이건 할 수 있어?" 이런 식으로요.

그보다 불만스러운 것은 선생님의 태도였다. 선생님은 스테이시를 무뚝뚝하고 쌀쌀맞게 대하며 아이의 행동을 지적했다. 창밖에 있던 마셜 부인은 정확히 무슨 대화가 오가는지 듣지 못했지만, 둘 사이의 분위기는 확실히 알 수 있었다. 가장 큰 문제는 스테이시의 이전 선생님이 전문적인 체조 용어를 사용하지 않았다는 데 있었다. 스테이시는 새로운 선생님이 말하는 용어를 알아듣지 못했던 것이다. 수업이 끝나자마자 스테이시는 강습실을 빠져나왔다. 화가 난 눈치였다. 딸의 모습을 본 마셜 부인의 반응은 다른 중산층 부모들과 다르지 않았다. 부인은 딸에게 인생에는 적응이 필요한 순간도 있으며 더 열심히 노력하면 된다는, 혹은 이런 상황은 어쩔 수 없는 것이라는 등의 이야기를 하지 않았다. 대신 티나 선생님에게 공격의 화살을 돌렸다.

우리는 자동차에 앉아 있었다. "스테이시, 엄마 좀 봐." 마셜 부인이 말했다. "난, 난……." 스테이시는 울고 있었다. "잠깐 여기 있으렴." 부인은 차 밖으로 나가 건물을 나서는 티나 선생님에게 다가갔다. "선생님, 우리 아이한테 무슨 문제라도 있나요?" "음, 아니요. 다 좋아요. 몇 가지만 고치면 될 것 같아요." 둘 사이에 몇 마디 말이 더 오갔다. "딸이 화가 많이 났던데요. 아이 말로는 당신, 아니 선생님이, 죄송해요, 모든 걸 지적한다고 얘기하네요." "글쎄요, 스테이시가 잘하고는 있지만 제대로 된 체조 용어를 배워야 하는 것 아닐까요?" 마셜 부인의 말에 티나 선생님도 지지 않고 반박했다.

마셜 부인도 스테이시가 체조 기술 용어를 모른다는 사실을 알고 있었지만, 딸을 대변하는 것을 멈추지는 않았다.

(연구원에게) 그 선생님한테 이렇게 말했어요. "선생님, 모든 학생이 똑같지는 않답니다." 그리고 그대로 자리를 떠났죠. 사실 맞는 말 아니에요? 배우고, 가르치는 건 쌍방 소통 아닌가요? 난 그렇게 생각해요. 가끔 어떤 선생님들은 아이가 뭘 필요로 하는지 이해할 생각을 전혀 하지 않아요. 그 선생님 스타일은 스테이시랑 안 맞는 것 같아요.

이 사례에서 마셜 부인은 선생님에게 스테이시가 특별한 방식으로 지도받을 필요가 있음을 주장했다. 포괄적인 질문을 던졌지만("우리 아이한테 무슨 문제라도 있나요?"), 사실 마셜 부인의 진짜 목적은 선생님이 자신의 딸에게 부정적인 영향을 주었다는 사실을 알리는 데 있었다. ("딸이 화가 많이 났던데요.") 그리고 우회적으로 선생님을 비난했다. ("모든 학생이 똑같지는 않답니다.") 하지만 이를 통해 자신과 자신의 딸은 다른 방식으로 대우받길 원한다는 사실을 분명하게 전달했다. 스테이시는 엄마가 선생님에게 한 말을 듣지 못했다. 그러나 자신의 바람과 감정이 선생님께 전달되었다는 사실을 그리고 자기 자신은 그런 일을 할 수 없다는 사실을 알고 있었다.

문제 해결을 위한 노력은 가정에서도 이뤄졌다. 다음 날 이른 아침, 마셜 부인은 체조 교습소에 전화를 걸어 그곳의 원장과 통화했다. (우선 스테이시의 의사를 물어본 다음) 딸을 초·중급반으로 옮겨줄 수 있는지 물어봤다. 하지만 그 반은 이미 등록을 마감한 상태였다. 일반적인 상황이었다면 스테이시는 중급반에 머물러야 했지만, 원장은 초·중급반을 하나 더 개설해 스테이시가 등록할 수 있도록 해주었다. 요컨대 기관과의 적극적인 상호 작용을 통해 스테이시는 많은 혜택을 받을 수 있었다. 이제 스테이시는 자신의 능력과 경험에 좀더 잘 맞는 체조 수업을 듣게 되었다. 그뿐만 아니라 스테이시는 엄마의 모습을 지켜보며 기관에 자신의 요구를 설명하고 거기에 맞춰 상황을 조정해달라고 요구하는 게 합리적인 행동이라는 것을 배웠다. 나중에 소개하겠지만, 스테이시가 새로운 프로그램에 참여한 뒤에도 딸에게 기관과의 효율적인 상호 작용 방법을 가르치려는 마셜 부인의 노력은 계속되었다.

기술의 전달

마셜 부인은 자신이 스테이시의 롤 모델이 되어야 한다고 생각했다. 그래서 딸에게 조직 활동을 관리하는 기술을 가르치는 데 많은 노력을 기울였다. 물론 부인이 가르친 내용, 즉 조직 내의 중요한 인물과 관계를 맺는 방법 등의 기술을 스테이시가 얼마나 습득하고 또 그것을 어떻게 활용할지 정확하게 측정하긴 어렵다. 하지만 이런 기술은 분명 스테이시가 삶을 살아가는 데 많은 도움을 줄 것이다.[4]

하지만 집중 양육 전략이 아동에게 이런 유형의 자산을 제공해준다고 해서 이것을 '최선'의 방식이라고 생각해서는 안 된다. 각각의 양육법은 나름대로 특성과 장점을 지니며, 이들의 위상은 시대의 변화에 따라 달라지기 때문이다. 집중 양육은 '올바른', '단 하나의' 양육 방식이 아니다. 하지만 현재로서는 이 방식이 아동 개발 전문가 같은 집단에서 가장 적절하고 유용한 양육법으로 인정받는 것은 사실이다. 중산층 가정의 집중 양육에 대한 선호 역시 학계의 이러한 지지를 형성하는 데 중요한 역할을 했다. 앞서 살펴본 사례에서, 마셜 부인은 스테이시와 티나 선생님 사이에서 '다리' 역할을 했다. 요컨대 단순히 티나 선생님의 의견을 수용하는 데 머무르지 않고 선생님에게 수업 내용에 대한 스테이시의 평가를 전달하는 역할도 맡은 것이다.

제가 티나 선생님께 물었죠. "우리 아이가 요즘은 어떤가요?" "네, 아주 좋아요." "음, 제가 보기엔 요즘 스테이시가 기운이 좀 없어 보여서요." 그러자 티나 선생님이 그러더군요. "아, 그랬군요. 사실 스테이시가 좀 …… 아니에요. 잘하고 있어요. 앞으로도 잘할 거고요." 선생님은 말끝을 흐렸지만 나중에 아이한테 들어보니 티나 선생님이 수업이 끝나고 이렇게 말했다더군요. "스테이시, 기분 나쁘게 들리겠지만, 네가 우리 수업에서 이걸 못하는 유일한 아이야." (헛웃음)

마셜 부인은 딸 스테이시에게 티나 선생님이 어떤 말을 했는지 그리고 선생님의 행동이나 말 중 어떤 것이 잘못되었는지 설명해주었다. 마셜 부인은 "(스테이시에게) 네가 우리 수업에서 이걸 못하는 유일한 아이"라고 말한 티나 선생님을 "프로답지 못한" 사람이라고 생각했다. 또한 이런 대우에는 적극적으로 대응하는 것이 당연하다고 여겼다.

스테이시에게 이렇게 물어봤어요. "엄마한테 뭐 할 말 없니?" 그리고 아시겠지만, 아니, 사실 우리 아이도 알고 그쪽 사람들도 알고 있었겠죠. 내가 전화를 하거나 찾아가서 따질 거라는 것을요. 하지만 난 스테이시에게 결정을 맡겼어요. 스테이시는 이렇게 말하더군요. "안 돼요. 전화하지 마세요. 엄마가 그렇게 하고, 내가 또 수업에 가면 선생님은 '네 엄마가 전화해서 뭐라고 하시더구나' 하며 날 혼낸단 말이에요."

며칠 뒤, 우려하던 사건이 발생했다. 아빠의 차를 타고 체조 교습소에서 돌아온 스테이시가 말했다. "선생님이 나보고 게으르대요." 이 말을 들은 마셜 부인은 스테이시를 클럽의 엘리트 체조팀에 등록시키는 게 어떻겠냐는 교습소의 제안을 거절하기로 결정했다. 그리고 스테이시에게 이런 상황에서는 제안을 거절하는 게 옳다고 말했다. 부인은 여기서 그치지 않고 자신의 선택을 논리적으로 설명하는 방법에 관해서도 교육했다. 마셜 부인은 또한 자신의 전문 지식까지 동원해 선생님이나 친구들이 왜 엘리트 팀에 등록하지 않기로 했는지 물어보면 어떤 대답해야 할지 조언하기도 했다.

스테이시가 다음 수업을 하러가기 전에 이렇게 질문했어요. "사람들이 물어보면 뭐라고 대답할래?" "음……." 스테이시는 아무 말도 못했죠. 그래서 내가 말했죠. "스테이시, 여기 앉아서 찬찬히 생각해보자. 분명 물어볼 테니 말이야." 분명 물어볼 사람들이고, 스테이시가 당황하면 안 되잖아요. 그래서 얘기해준 거예요. "그럴 땐 그냥 '아직 준비가 안 됐어요'라고 하면 돼." 이렇게 말하고 등록 안 하면 되는 것 아니겠어요?

스테이시가 준비해간 대답에 대한 선생님의 반응은 마셜 부인을 또 한 번 화나게 했다.

수업을 마치고 온 스테이시는 잘 대답했다고 하더니, 이내 울음을 터뜨렸어요. "엄마 얘기처럼 선생님이 물어봤어요." "그랬구나. 그래서 뭐라고 대답했니?" "엄마 말대로 아직 준비가 안 된 것 같다고 했어요." "그래, 잘했어. 그랬더니 뭐라고 하시든?" 내가 묻자 스테이시가 이렇게 말하더군요. "티나 선생님이 그냥 (무시하는 듯한 태도로 거만하게)

'음'이라고 한마디 하더니 가버렸어요"라고요. 참 나, 나만의 생각일 수도 있지만, 그래도 이렇게 하면 안 되는 거 아닌가요?

마셜 부인은 티나 선생님의 태도에 분개했다. 스테이시에게 좋지 않은 영향을 주었을지도 모른다고 생각했기 때문이다. 그리고 부인은 또다시 자신이 나서야 할 필요가 있다고 판단했다.

스테이시는 따뜻한 배려가 필요한 아이예요. 쉽게 부정적인 생각에 빠져버리곤 하거든요. (한숨) 그런데 그런 아이가 나한테 "티나 선생님이 이렇게 말했어요"라고 하는 거예요. 물론 아이 편만 들어선 안 되겠죠. 그래도 그렇게 말한 건 사실 아니겠어요? 그런 말을 한 건 옳지 못한 행동이 맞고요. 선생님이 너무 이기적이라고 생각해요. 난 아이한테 용기를 주기 위해서라도 한 번 더 나서야 했어요.

이런 문제 때문에 마셜 부인은 라이츠 교습소를 아예 그만두고 새 프로그램을 알아보기 시작했다. (사실 이전부터 집과 교습소 사이의 거리가 너무 멀어 옮기는 것을 고민하고 있었다.) 부인은 여러 프로그램에 전화를 걸었고(한 곳의 교사에게는 불만을 토로하는 전화를 걸기도 했다), 그중 두 곳을 직접 방문했다. 또 이전에 등록했다 그만둔 한 프로그램(강습 시작 직후 공사에 들어가 임의로 강습 장소를 축소하고 아이들에게 위험한 환경을 조성해 학부모의 불만을 샀던 곳이다)의 학부모 모임에도 두 번 참석했다. 이 모든 노력을 하는 가운데 우리는 마셜 부인이 고민하는 모습을 여러 번 목격할 수 있었다. 스테이시의 체조 수업과 관련한 문제는 마셜 부인에게 가장 많은 일거리를 안겨주었다. 직장 업무를 처리하고, 가사를 돌보고, 아이들을 이곳저곳 데려다주는 등 여러 일과에 시달리는 중에도 부인은 스테이시의 체조 수업과 관련한 여러 가지 대안을 검토하고 아이를 위해 최선의 결정을 내리려는 노력을 게을리 하지 않았다.

스테이시는 자신에게 적절한 프로그램을 찾기 위해 백방으로 수소문하는 엄마의 노고를 옆에서 지켜보았다. 그 결과 스테이시는 프로그램을 평가하는 기준을 배울 수 있었고, 또 자기 의견을 표현하기 위해 적절한 용어를 구사하는 방법을 습득할 수 있었다. 한 번은 스테이시가 엄마와 함께 YMCA 체조 프로그램에 상담을 받으러 간 적이 있었다. 스테이시는 어른들이 강습실의 도움닫기 거리에 관해 이야기하는 중간 끼어들었다. 그리고 열 살밖에 안 된 어린 아이지만, 자기 생각을 분명히 말했다.

"도움닫기 거리는 예전에 다니던 곳보다 2미터 정도 짧은 것 같아요. 그래도 저 끝에서부터 뛰면 될 거예요. 그러면 오히려 거리가 더 멀어지니까요."

며칠 뒤, 프로그램 코치와 상담할 때 스테이시의 기술과 수준에 대해 설명한 것은 마셜 부인이 아닌 스테이시 본인이었다. 스테이시는 수준 별 강의 구성에 관해 어른들이 나누는 대화에 참여해 자기 의견을 적극적으로 설명했다.

자동차 안에서 마셜 부인이 스테이시의 생각을 물었다. 스테이시는 "좋은 것 같아요. 토요일에 오면 체육관 전체를 둘러볼 수 있을 거예요"라고 대답했다.

스테이시를 어느 활동에 등록시킬지 최종적으로 결정하는 것은 마셜 부인 몫이지만, 그 과정에서 스테이시의 의견 역시 고려했다. 요컨대 부인은 스테이시에게 의견을 표현하도록 권유했고, 그 의견을 (결정적 요소는 아니더라도) 중요한 요소로 반영했다.

신속하면서도 잦은 학교생활 개입

집주인 같은 인물에게는 자기주장을 강력하게 전달하면서도 학교 교사의 말에 대해서는 전적으로 수긍하는 태도를 보이는 노동자 계층 및 빈곤층 가정의 부모와 달리 마셜 부인은 자신의 두 딸과 관련된 여러 기관과 그 기관의 인물들에게 언제나 조용하지만 적극적인 태도를 취했다. 스테이시와 펀이 다니는 학교는 학생들을 선발해 좀더 어려운 고급 교육을 수행하는 영재 프로그램을 운영하고 있었다. 마셜 부인은 이 프로그램이 딸들에게 도움이 될 것이라고 생각해 선발 시험에 주저 없이 응시했다. 하지만 두 딸 모두 아쉽게 IQ 테스트를 통과하지 못하자(스테이시의 아이큐는 선발 기준에서 2점이 모자라는 128이었다), 마셜 부인은 즉각적인 대응에 들어갔다.[5] 부인은 이를 위해 다른 지구에서 교사로 재직하는 친구의 조언이나 가족의 경제력 그리고 부인 자신의 투지 등 가능한 모든 자산을 활용했다. 그리고 프로그램 합격 가이드라인을 꼼꼼하게 살펴 딸들에게 도움이 될 만한 내용을 찾아냈다. 마침내 부인은 두 딸을 (1인당 200달러의 응시료를 받는) 사설 IQ 테스트에 응시하도록 했고, 결국 두 아이 모두를 영재 프로그램에 등록시킬 수 있었다.

스테이시의 사설 체조 프로그램과 관련한 문제와 더불어 이 영재 프로그램도 마셜 부인에게 많은 일거리를 안겨주었다. 마셜 부인은 영재 프로그램의 고문 교사와 가까운 관계를 유지했고, 아이들의 학급에 어느 교사가 배정되는지 꼼꼼히 살폈다. 또 수학 선생님이 스테이시가 'C'를 받을 위험이 있다는 사실을 알려주지 않았다며 항의하기도 했다. (이를 알려주는 것은 규정상 금지되어 있다.) 그뿐만 아니라 교사들에게 스테이시는 신중하고 천천히 그리고 체계적으로 공부하는 스타일이라는 사실을 알려주는 데에도 노력을 기울였다. 이런 습관 때문에 스테이시는 정해진 시간에 문제나 과제를 해결하는 데 미숙했다. 특히 시험에서 실력 발휘를 못하는 경우가 많았다. (스테이시는 수학 시험 때에도 문제의 절반밖에 풀지 못했다.) 하지만 마셜 부인은 딸에게 좀더 빨리 문제를 풀라거나 공부법을 바꾸라고 강요하지 않았다. 그 대신 교사들에게 딸의 이런 성향을 이해시키는 데 집중했다. 교사들이 스테이시의 학습 스타일을 이해하면 그에 맞춰 아이에 대한 요구와 기대를 조정해줄 것이라고 생각했기 때문이다.

다른 중산층 부모(특히 엄마)들과 마찬가지로 마셜 부인 역시 자녀의 학교생활에 개입하는 것을 자신의 권리이자 의무로 여겼다. 우리가 학급 관찰 연구를 수행한 (백인 중산층 가정의 자녀들이 주로 재학하는) 스완 학교에서 교사들은 사소한 문제로 학교 문을 박차고 들어와 불만을 늘어놓는 학부모가 너무 많다며 고충을 털어놓기도 했다. 예를 들어 스케줄 문제로 3학년 학급의 학급 대항 촌극 공연 일정이 취소되었다. 그러자 다음 날 아침 일찍 세 학부모가 찾아와 이 조치 때문에 자신과 자녀들이 얼마나 실망했는지를 이야기하며, 다른 학급에게 주어지는 기회가 왜 자기 자녀 학급에는 주어지지 않는지 설명해달라고 요구하기도 했다. 또 스완 학교의 학부모들은 교사가 계획한 일정이나 독후감 과제, 숙제 수준, 혹은 학급 배치 등의 문제에도 거리낌 없이 비판을 제기했다. 일부 학부모는 마셜 부인보다 공격적인 태도를 보여주었다. 한 예로 캐플런 부부는 다문화 기념일 프로그램에서 공연할 예정인 한 노래에 "모두 이 순간 엎드려 그분께 경배드리세"라는 가사가 들어간 것을 문제 삼아 번갈아가며 탄원서를 제출하기도 했다. 캐플런 부부는 담당자에게 쓴 편지에서 "이 가사는 정교 분리의 원칙을 어긴 것"이라고 주장했다. (합창단 담당 교사의 반대에도 불구하고 결국 이 가사는 삭제되었다. 그리고 학교는 이런 문제에 대해 정책적으로 주의를 기울이기 시작했다.) 이처럼 방식의 차이는 있지만, 중산층 가정의 부모는 집중 양육이라는 이름으로 자녀의 외부 활동과 경험을 가까운 거리에서 감시하며 개입하는 것을 당연시했다.

끊임없는 걱정거리지만 간헐적인 개입만 가능한 인종 문제

어린 시절을 인종적으로 분리된 지역에서 보낸 마셜 부인은 인종 차별은 어느 상황에서나 자신과 자녀들에게 영향을 미치는 미묘한 문제라는 사실을 인식하고 있었다. 그 때문에 자녀들이 교육 기관에서 어려움을 겪을 때면 자연스레 그것이 인종과 관련된 문제이거나, 혹은 인종 차별로 인해 초래된 문제가 아닌지 걱정했다.

> 난 언제나 이 문제를 고민해요. 내가 서부에서 자랐기 때문에 더 그런 것인지도 모르겠어요. 난 이런 경험이 어떤지 알고 있어요. 차별 말이에요. 이건 미묘한 문제죠. 직접적이진 않더라도 차별은 여전히 존재해요. 우리 아이들에게 문제가 발생하면 어떤 경우라도, 그러니까 스포츠 팀이라든가 아니면 교실에서도 말이에요, 난 이런 고민을 안 할 수가 없

어요. '우리 아이가 흑인이어서 그런가?' 인간에게 딱지를 붙이고 피부색이라는 기준으로 분류하는 일은 곳곳에서 여전히 일어나고 있어요. 아니라고 하는 사람들도 있지만 적어도 난 그렇게 생각해요. 저번에 같이 들은 이야기 있잖아요. (라이츠 교습소를 나올 때) 티나 선생님이 아이에게 했다는 이야기 말이에요. 그때도 '그 사람이 왜 스테이시에게 그런 말을 했을까?' 하는 생각을 하지 않을 수 없었어요.

아이들이 겪는 부정적인 경험을 인종 문제와 결부해 생각할지, 혹은 여기에 어떤 식으로 개입할지 고민하는 것은 쉽지 않은 과정이다. 인종 차별 가능성은 언제나 잠재해 있지만 직접적으로 드러나는 문제인 것은 아니기에 이것만으로 특정 상황을 해석하는 데에는 어려움이 있기 때문이다. 이런 맥락에서 마셜 부인은 스테이시가 라이츠 교습소에서 겪은 일을 복잡한 문제로 인식했으며 이에 관해 많은 고민을 했다.

(내 생각에는) 그게 인종 차별적인 태도라고 생각했어요. 그 선생님(티나)은 스테이시가 흑인이기 때문에 그런 말을 한 거라고 생각했죠. 스테이시가 흑인이기 때문에, 절대로 뛰어난 체조 선수가 될 수 없을 거라고 여겼을 거예요. 그렇지만 신문에 나온 걸 보면, 그 교습소 출신 유색인종 아이들 중 상당수가 정상급 체조 선수 자리를 차지했더라고요. 그렇기 때문에 이건 체조팀 전체가 백인이냐 아니냐 하는 문제가 아니었던 것 같아요. 만약 스테이시가 정말 실력이 뛰어났다면, 그 교습소에서도 스테이시를 받아들였을 거라고 생각해요. 어쨌거나 운동 팀의 첫번째 목표는 경기에서 이기는 것이니까요. 피부색이 까맣든, 빨갛든, 노랗든 이기기 위해서라면 상관없이 실력 있는 아이를 받아들였겠죠.

편이 농구 캠프에서 친구들과 잘 어울리지 못할 때에도(이곳에 등록한 학생은 100명이지만 그중 흑인은 편 하나뿐이었다) 마셜 부인은 어떤 방법이 최선의 대응책인지 고민했다.

집에 돌아온 편에게 동생 스테이시가 말했다. "언니, 오늘 재밌었어?" 동생의 물음에 편은 "응"이라고 대답한 뒤 잠시 망설이다 "점심땐 빼고"라고 덧붙였다. "누구랑 먹었는데?" "혼자." (자매의 이야기를 듣고 있던 마셜 부인은 깊은 한숨을 쉬었다.)

편은 이미 인종 문제를 인식하고 있었다.

"저기요." 편이 내게 먼저 말을 걸었다. "그래, 얘기는 대충 들었어. 애들이랑 얘기는 해봤니?" "네." 편의 이야기는 이러했다. 편과 아이들은 누가 게임에서 골을 넣었고, 누구는 뭘 했는지 등의 이야기를 나누었다. 하지만 점심시간이 되자 아이들은 삼삼오오 몰려갔고, 편의 테이블엔 그 애 혼자만 남게 되었다. 캠프 관리는 고등학생 농구 팀원들이 맡고 있었다. 상황을 조정해줄, 다시 말해 편을 다른 테이블에 데려다 앉힐 어른은 한 명도 없었던 것이다. "그랬구나. 다른 할 말은 없고?" 상황을 모두 들은 내가 물었지만 편은 "없어요"라고 말하곤 입을 닫았다. 일주일만 참자는 마음인 듯했다. (이 캠프는 일주일 일정이었다.)

마셜 부인은 편을 캠프에 보내기 전 담당자와 전화를 한 통 했을 뿐이다. 그 때문에 캠프 담당자와 "충분한 유대 관계"를 맺지 못했다고 생각했다. 만일 그와 친밀한 관계를 쌓아두었다면, 분명 캠프에서 편이 다른 아이들과 "대화를 나눌 수 있는" 환경을 조성해주었을 것이라고 생각한 것이다. 부인은 잠시 고민했지만, 결국 캠프 담당자에게 연락하지 않기로 했다.[6]

물론 마셜 부인이 인종과 관련해 아이들이 경험하는 문제에 전혀 개입하지 않는 것은 아니다. 그러나 이러한 개입은 언제나 신중한 고민 끝에 이뤄진다. 부인은 아이들의 스쿨버스 운전기사와 관련한 이야기를 해주었다.

> 작년에 펀이 나에게 이런 말을 했어요. "아트 아저씨(스쿨버스 운전기사)는 인종주의자예요. 아저씨는 흑인 애들은 모두 맨 뒤로 몰아넣고, 또 우리한테는 소리도 막 질러요." 이 얘기를 듣고도 난 한 번 더 고민했어요. '우리 애가 너무 예민하게 상황을 받아들인 건 아닐까?' 하고요.

인종과 관련한 문제를 일상적으로 이야기하는 열두 살짜리 펀과 달리 스테이시가 자신의 피부색을 신경 쓴다거나 이에 관한 이야기를 꺼내는 것은 거의 목격할 수 없었다. 하지만 아트에 관해서는 스테이시 역시 불만을 갖고 있었다.

> 올해부터는 스테이시도 스쿨버스를 타게 됐어요. 그런데 이 아이도 같은 말을 하더군요. "아트 아저씨는 우리한테만 뭐라고 해요. 우리는 창문도 못 열게 해요"라고요.

딸의 걱정을 알고 있었지만, 마셜 부인은 곧장 상황에 개입하거나 학교 측에 연락을 취하지는 않았다. 대신 부인은 상황을 계속해서 예의 주시하기로 했다.

난 절대 아이들을 스쿨버스 정류장까지 데려다주고 그냥 돌아오지 않아요. 버스가 아침마다 저쪽 코너 끝에 정차하면, 차 안에 앉아서 아이들이 타는 걸 지켜봅니다. 아이들이 별일 없이 버스에 잘 타는지 지켜보는 거죠.

이 버스 기사는 유색 인종 아이들이 앉는 자리를 규제할 뿐 아니라 아이들을 차에 태우는 데에도 상식 밖의 변덕스러운 기준을 적용했다.

(버스 기사는) 아이들의 인종에 따라 규정을 다르게 적용했다. 하루는 한 백인 소년이 친구를 데리고 버스에 탑승하려 했다. 규정대로라면 (부모가 작성한) 일종의 동의서가 필요했다. 하지만 기사는 괜찮다며 두 소년 모두를 태워주었다. 며칠 뒤에는 다른 흑인 소녀가 친구를 데리고 귀가 버스에 탑승하려 했다. 하지만 그 친구는 버스에 탈 수 없었다.

학년 말이 다 되어서야 학교에서 이 문제를 논의했다. 편뿐 아니라 다른 아이들(백인 아이들을 포함해)도 버스 기사 아트의 문제를 토로했다. "맞아, 아트 아저씨는 애들을 차별해." 한 백인 학생의 말에 마셜 부인은 좀더 편하게 이 문제를 논의할 수 있었다. 부인은 지구 행정 사무국에 전화를 걸어 이 문제를 이야기했고 교통 서비스 담당자와도 대화를 나누었다. 결국 마셜 부인은 해당 담당자로부터 "그런 문제가 있는 줄 몰랐습니다. 저희가 큰 잘못을 저질렀네요. 죄송합니다"라는 사과를 받을 수 있었다.

하지만 마셜 부인은 사과를 받는 것보다 기관 수준에서 해결책을 마련하는 것이 더욱 중요한 문제라고 생각했다.

담당자의 태도는 내가 기대했던 것과 조금 달랐어요. 나에게 "조금 더 일찍 알았더라면 버스에 카메라를 설치했을 겁니다"라고 말하더군요. 그래서 이야기해줬죠. "버스에 카메라를 설치하는 게 문제가 아니잖아요. 내가 하고 싶은 말은 그 버스 운전기사도 자신의 태도에 문제가 있다는 것을 느껴야 하고, 또 아이들에게서 그런 말을 전해 듣고 마음 아파하는 학부모들이 있다는 사실도 알아야 한다는 거예요." 하지만 우리 학교는 버스 업체와 하청 계약을 맺고 있다더군요. (이 경우 담당자가 해당 기사에게 직접 의견을 전달하는 것은 어렵다.) 그래서 말했죠. (좀 더 격양된 목소리로) "그럼 학교 측 감독관이 버스에 동승하면 되겠네요"라고 말이에요.

마셜 부인은 가을이 되어 학교가 스쿨버스 업체와 계약하기 전에 교통 행정 담당자에게 전화를 걸 계획이다. 하지만 이처럼 적극적인 부인 역시 자신의 두 딸 편과 스테이시에게 이번 문제를 이야기하는 데에는 어려움을 느끼는 것 같았다. 부인은 그저 아이들에게 세상을 살아가며 "사람을 있는 그대로 바라보라"고 강조할 뿐이었다.

집중 양육의 핵심: 기관 감독

피에르 부르디외의 이론에 따르면, 흑인과 백인 중산층 가정의 부모, 특히 엄마는 끊임없이 자신이 보유한 사회적·문화적 자산을 활용해 자녀들에게 기회를 제공해줄 방법을 모색한다.[7] 학교뿐 아니라 각종 공공 및 사설 프로그램에서 진행하는 활동에 세부적으로 개입함으로써 부모는 아이에게 좀더 많은 혜택이 돌아갈 수 있도록 한다. 이러한 지원이 제공하는 가치는 아이들을 '최고'의 학급에 등록시키고 '최고'의 체조 프로그램을 찾아주는 등 단기적 효용에 그치지 않는다. 중산층 가정의 아이들은 자신이 원하는 것을 요구하는 부모의 모습을 통해 훗날 성인으로 성장했을 때 귀중한 자산이 될 기술을 습득한다. 이는 계층에 기초한 가치다. 다음 장에서 소개하겠지만, 노동자 계층이나 빈곤층 가정의 부모와 자녀들이 외부 기관과 형성하는 관계는 중산층 가정의 태도와 큰 차이를 보였다.

중산층 가정의 부모들에게 인종이라는 요인은 자녀의 외부 생활에 대한 개입 여부나 방법을 결정하는 문제가 아니라 매 순간 눈을 떼어서는 안 되는 잠재적 문제로 여겨졌다. 흑인 중산층 부모는 자신들이 겪는 인종 차별적 문제뿐 아니라, 대부분의 시간을 백인이 과반수가 넘는 환경에서 보내는 자녀에게도 인종 차별적인 상황이 벌어졌을 때 이를 반드시 인종 문제로만 결부시켜 생각하지 않도록 교육했다. 마셜 부인을 비롯한 흑인 가정의 부모는 그러나 자녀들이 백인 사회(체조 활동이나 수학 수업 등)에서 경시받을지 모른다고 걱정했다. 이러한 노력, 좀더 구체적으로 설명하면 자녀에게 인종과 관련한 문제를 어느 정도 교육시키고 또 어느 정도 무감각하게 할지 고민하는 그리고 이런 문제에 대한 적절한 대응 방법을 알려주는 노력은 흑인 중산층 가정의 부모(특히 엄마)들이 부담해야 하는 또 다른 역할 중 하나였다. 이런 역할은 같은 계층의 백인 부모에 비해 흑인 부모를 한층 더 힘들게 하는 요인으로 작용했다. 때론 자녀와 부모가 함께 어렵고 고통스러운 상황을 마주하기도 했다. 이를테면 스쿨버스를 이용하면서 마셜 가족의 두 딸이 겪은 차별을 그 예로 들 수 있다. 아이들이 겪는 어려움을 목격하면서도 인종 통합 사회에 대한 희망을 버릴 수 없는 상황이 마셜 부인을 비롯한 흑인 중산층 가정의 부모를 지속적으로 힘들게 했다.

자녀의 외부 활동을 지켜보고 평가하는 그리고 여기에 개입하는 일련의 집중 양육 전략은 중산층 가정의 아이들에게 중요한 가치, 혹은 이익을 제공해주었다. 엄마의 이런 노력이 없었다면 스테이시는 학교의 영재 프로그램에 합격하지도, 또 자기 수준에 적합한 체조 초·중급반에 들어가지도 못했을 것이다. 지역 최고의 체조 학원과 승마 캠프를 찾아낸 것도 엄마였다. 스테이시는 엄마가 자신을 위해 무슨 일을 하는지 잘 알지 못했지만, 이런 노력 덕분에 자신의 생활이 더욱 편리해진다는 사실을 분명히 이해했고 또 여기에 고마움을 느꼈다. 실제로 마셜 부인의 개입으로 스테이시는 외부 활동에서 겪을 수도 있는 여러 장애물을 피해가고 있었다. 하지만 이처럼 부모의 개입으로 아이에게 긍정적인 가치를 전달하는 과정이 모든 가정에서 공통된 것은 아니다. 다음 장에서 소개할, 숙제와 씨름하는 핸드론 가족의 모습은 자녀의 외부 활동에 개입하는 부모의 노력이 다른 결과로 이어질 수도 있음을 보여준다.

09

빛나간
집중 양육 방식

•

멜라니 핸드론의 사례

"만약 숙제라는 게 없어진다면, 사는 게 더 쉬워질 것 같다는 생각이 들어요." (핸드론 부인)

중산층 가정에서는 아이들의 학교 밖 활동이 생활 깊숙이 파고들면서 갈등의 소지가 되는 일이 다분하다. 핸드론 가족의 경우 아이의 숙제 문제가 가정의 평화를 위협하는 가장 큰 요인이다. 우리 현장 연구원이 방문할 때마다 이들 가정에서는 말 그대로 한 번도 빼놓지 않고 숙제를 둘러싼 갈등이 일어났다. 아이의 숙제 문제만 없다면 사는 게 훨씬 수월해질 것 같다는 핸드론 부인의 말을 통해 우리는 이 문제가 이들 가족에게 얼마나 큰 영향을 미치는지 알 수 있었다.

  탈링거 가족이나 마셜 가족 및 윌리엄스 가족과 마찬가지로 핸드론 가족 역시 사회적·경제적·문화적으로 매우 요긴한 자원을 지니고 있었다. 핸드론 부부는 자녀가 교육 기관에서 겪는 일에 적극적으로 개입했다. 이들 부부가 추구하는 자녀 교육은 대개 전형적인 집중 양육 방식에 속하는 것들이다. 예를 들어 마셜 부인이 그랬듯이 핸드론 부인도 자녀의 학교생활에 개입함으로써 아이의 학업 성취를 돕고자 했다. 그러나 핸드론 부인은 학교 교직원과 간간이 연락을 취했을 뿐이며, 아이의 학업 성취를 부분적으로밖에 이루지 못했다는 점에서 마셜 부인과 차이가 있었다. 그러나 핸드론 가정의 양육 방식에서 가장 특기할 만한 점은 이들이 주로 가정 내에서 교육에 집중했다는 것이다. 핸드론 부인은 특히 자녀의 숙제에 지속적이고 지대한 관심을 보였다. 주중 오후 시간이면 부인은 딸 멜라니가 숙제를 마칠 수 있도록 막대한 시간과 노력을 들여 도와주었다. 그런데 역설적이게도 이런 교육 방식에는 부정적 결과가 더 많이 따랐다. 엄마의 지나친 간섭 때문에 모녀 사이는 멀어졌고, 두 사람 다 감정적으로 지쳐갔으며, 실제로 멜라니의 학업 성취도가 크게 높아진 것도 아니기 때문이다.

핸드론 가족

준 핸드론 씨는 마른 체격에 붉은 곱슬머리를 한 중년 여성으로서 전체적으로 차분해 보이는 인상이다. 남편인 해럴드 핸드론 씨는 키가 훤칠하고 소년 같은 미소가 눈에 띄는 친절한 남성이다. 골프를 무척 즐기는 편이지만 표준 체중에서 20킬로그램이나 벗어난 비만이다. 신용 및 재무 관리 석사 학위를 지니고 있으며 한 대기업에서 신용 관리자로 일하고 있다. 핸드론 부인은 2년제 대학을 졸업한 후, 실반(Sylvan) 장로교회에 비서로 취직해 일주일에 30시간을 일한다.

핸드론 가정에는 3명의 자녀가 있다. 근처 중학교에 다니는 8학년 해리와 6학년 토미 그리고 우리 연구의 집중 관찰 대상인 초등학교 4학년 멜라니가 그들이다(미국의 학제는 초-중-고 각각 5년-3년-4년이다—옮긴이). 해리는 키가 크고 마른 체격에 언제나 야구 모자를 뒤로 뒤집어쓴다. 항상 모자로 긴 갈색 머리를 감추는 아이다. 컨트리 음악과 스트리트 하키(빙판 대신 길 위에서 하는 하키 경기—옮긴이) 그리고 무엇보다 자동차 경주를 좋아한다. 토미의 경우 영화와 운동 경기를 즐긴다. 하지만 막내 멜라니는 오빠들과 사뭇 다르다. 우리 현장 연구원의 관찰 기록은 멜라니를 다음과 같이 묘사했다.

벨을 누르자 멜라니가 쑥스러운 미소를 지으며 문을 열어주었다. 멜라니는 아직 어린 아이로 키는 약 130센티미터가량이다. 긴 금발을 플라스틱 머리띠로 고정하고 얼굴은 통통한 편이었다. 살이 오른 볼 때문에 눈은 원래보다 작고 가늘어 보였다. 몸에 딱 맞는 보라색 터틀넥 스웨터와 니트 바지를 입고 있어 볼록 튀어나온 올챙이배가 두드러졌다.

학교에서 멜라니는 적극적인 모습보다는 주저하고 머뭇거리는 경우가 많다. 친구들 사이에서 인기가 많은 것은 아니지만, 그렇다고 친구가 아주 없는 왕따도 아니다. 몸이 조금만 아파도(목이나 발이 아파서, 또는 감기 때문에) 학교를 빠지는 경우가 많다. (그러나 우리와 인터뷰에서 멜라니는 자신이 때때로 학교에 가기 싫어 꾀병을 부릴 때도 있다고 털어놓았다). 교사 한 명은 멜라니가 오빠들의 '그늘'에 가려 소극적으로 변하는 것 같다고 우려했다. 실제로 핸드론 가족의 저녁 식사 시간을 지켜보면 끊임없이 재잘대는 오빠들 때문에 멜라니는 대화에 참여할 수 없을 때가 많았다.

그러나 이따금 멜라니도 매우 사교적이고 거리낌 없는 모습을 보여주곤 했다. 예를 들어 학교에서 생일 축하 노래를 에스파냐어로 부르는 것을 배운 멜라니는 계속해서 그 노래를 흥얼거렸다. 집에 오는 자동차 안에서도, 숙제를 하면서도, 저녁 식사를 하면서도 노래를 불렀다. 사실 저녁 내내 불렀다고 할 수 있다. 가족이 멜라니의 노래에 큰 관심을 갖지 않는다는 사실도 멜라니의 흥을 꺾지는 못했다. 멜라니는 또 아빠와 장난치는 것도 좋아해서 종이비행기를 접어 아빠의 배를 향해 던지기도 한다. 이처럼 엄밀히 말하면 멜라니는 내성적인 성격이라고 해야겠지만, 상황에 따라 얼마든지 외향적인 모습을 보일 수 있는 아이이기도 했다.

핸드론 가정에서는 부인이 대부분의 가사 노동을 비롯해 가족의 스케줄을 계획하고 활동 장소나 약속이 있는 곳까지 아이들을 태워다주는 등 거의 모든 일을 도맡았다. 핸드론 씨는 비교적 출퇴근 시간이 일정한 직장에 다님에도 불구하고(매일 아침 7시 30분에 출근해 저녁 6시경 퇴근한다), 아이들 양육에는 거의 관여하지 않는다. 아이들이 교회 가장행렬에 참여할 때 이를 비디오카메라에 담거나 크리스마스트리를 함께 꾸미는 것 정도로 아빠 역할은 끝이라고 생각하는 듯했다.

핸드론 가족의 생활 환경

핸드론 가족, 그중에서도 특히 멜라니는 백인이 주류인 커뮤니티에 속해 있다. 멜라니가 다니는 초등학교 4학년 학생 60여 명 중 5명만이 유색 인종이다. 마찬가지로, 멜라니의 걸스카우트 그룹이나 가족이 나가는 교회 역시 대다수 구성원이 백인이다. 핸드론 가족이 속한 커뮤니티뿐 아니라 물리적 생활공간 자체도 백인이 주류를 이룬다. 이들 가족이 생활하는 침실 네 개짜리 집(1940년대 말에 지은 2층짜리 붉은 벽돌집으로 시세는 약 24만 5000달러이다)도 거의 백인만 거주하는 교외의 한 동네에 위치하고 있기 때문이다.

핸드론 가족의 연간 수입은 8만 5000~9만 5000달러 사이로 누가 봐도 중산층에 속한다. 그리고 중산층이라는 지위에서 비롯된 많은 장점들을 당연한 듯 누렸다. 예를 들어 다양한 전자 기기를 소유했고(여러 대의 텔레비전, 스테레오, VCR, 전자 키보드 등), 부부는 각자 따로 자가용을 갖고 있었다. 3명의 자녀 모두 적어도 한두 개 정도의 학교 밖 활동에 참가했으며, 이런 활동을 위한 비용을 '최소한'의 교육비로 간주하는 것을 볼 때 큰 부담이 되지는 않는 듯했다. 당연한 말이겠지만, 이들 가족은 '돈 한 푼에 벌벌 떨' 필요를 느끼지 못했다. 넘치는 물질적 풍요 속에서 살기 때문이다. 우리 연구원들이 방문했을 때, 핸드론 부인은 조금 부끄러운 듯 사과하는 말투로 "제가 집안일에는 별로 소질이 없어서요"라고 얘기했다. 부인의 말처럼 부엌 테이블은 쿠폰이며 양말, 설거지하지 않은 컵, 종이 뭉치 그리고 세탁은 했지만 개어놓지 않은 빨래 등으로 정신없이 어질러져 있었다. 설거지거리가 싱크대에 쌓여 있는 것은 예사고 어떤 때는 아예 식탁에서 접시를 치우지도 않았다. 거실 소파에는 크리스마스 장식에 쓸 장식품을 담은 상자들이 일주일 넘도록 반쯤 열린 채 방치되어 있었다. 대부분의 중산층 가정에서는 이처럼 정돈되지 않은 모습을 목격하기 힘든 것이 사실이다. 하지만 정작 핸드론 가족은 이런 것에 대해 별로 신경 쓰지 않았다.

다른 중산층 가정과 달리 핸드론 가족은 친척과 가까운 거리에 살고 있다. 멜라니의 부모는 자신들이 친척과 감정적으로 매우 가까운 사이라고 설명했다. 이들은 적어도 일주일에 한 번 친척 집을 방문하고, 추

수감사절을 포함해 굵직굵직한 휴일도 친척들과 함께 보낸다고 했다. 따라서 휴일에는 20명가량의 가족이 한자리에 모인다. 핸드론 가족이 보여준 친척과의 잦은 교류는 분명 중산층 가정으로는 이례적인 일이었지만, 그렇다고 노동자 계층이나 빈곤층 가정이 친척과 나누는 유대와 같은 성격이라고는 할 수 없다. 앞서 살펴보았듯이 후자의 경우에는 사촌들과의 놀이나 친척 집 방문 등이 일주일에 몇 회로 제한된 것이 아니라 일상적으로 시도 때도 없이 일어나는 생활의 일부였기 때문이다.

여가 시간과 학교 밖 활동: 대립하는 두 가지 가치

다른 중산층 아이들과 비교할 때 멜라니의 스케줄은 비교적 덜 '빡빡한' 편이지만, 그렇다고 마냥 놀 수 있는 것도 아니었다. 12월 한 달 동안, 멜라니는 휴일마다 갖가지 활동에 참가해야 했다. 일요일이면 아침 일찍 교회 예배와 주일 학교에 나갔으며, 어린이 합창단 연습에도 참석했다. 매주 월요일에는 피아노 레슨이 잡혀 있고, 목요일은 걸스카우트 활동을 하는 날이다. 이런 중요한 일정 외에도 멜라니는 월요일 밤에는 걸스카우트에서 주최하는 '불우 이웃과 쿠키 나누기' 행사에 참가하고, 화요일 저녁에는 학교에서 열리는 악기 연습을 하러 갔다. 일주일에 두 번 치과에 들러 교정 치료를 받고, 일주일에 다섯 번은 교회의 크리스마스 가장 행렬을 연습하러 가는 사이사이 크리스마스 선물을 사기 위해 쇼핑도 했다.

그러나 이런 스케줄에 대해 멜라니 자신도, 또 부모도 불평하거나 너무 과하다고 생각하지 않았다. 오히려 핸드론 부인은 자녀들이 동네에 사는 다른 아이들보다 학교 밖 활동에 적게 참여한다고 생각했다. 핸드론 부부는 아이들에게도 학교 밖 활동 외의 자유 시간이 필요하다고 여겼다. 핸드론 씨는 아이들에게 '과도한' 스케줄을 정해주는 부모를 드러내놓고 비판하기도 했다. 그럼에도 불구하고 멜라니의 엄마와 아빠는 봄이 되면 딸이 수영팀에 들어가길 바랐다. 지난해 선수 선발에 참가했지만 뽑히지 못했기 때문이다. 핸드론 부부는 크리스마스 때를 비롯해 틈만 나면 수영팀 참가를 화제에 올린다. 두 부부의 바람에 따라 멜라니가 수영팀에 들어갈 경우 이는 분명 아이에게 '과도한 스케줄'을 지우면 안 된다는 두 사람의 생각에 어긋나는 일일 것이다. 그리고 이 경우 둘 사이에 타협점을 찾기란 쉽지 않을 것이다. 중산층 부모(특히 엄마)는 자녀가 과외 활동에 참가하지 않을 경우 방과 후나 방학 동안 함께 놀 친구를 사귀지 못할까봐 걱정한다. 핸드론 부부 역시 이런 점을 우려하는 듯했다. 핸드론 부부는 멜라니가 수영 외에 소프트볼도 한 번 시도해봤으면 하는 바람을 갖고 있다. 어느 겨울 저녁, 가족끼리 텔레비전을 보던 중 부인은 소프트볼에 대한 언급을 세 번이나 했다. 비록 소프트볼을 하겠다는 걸 멜라니 스스로 내린 결정인 것처럼 포장하긴 했지만, 핸드론 부인은 딸에게 그것을 계속 강조했으며 딸이 다른 아이들과 멀어지지 않을까 하는 우려를 직접적으로 드러내기도 했다. 결국 멜라니가 "좋아요. 한 번 해볼게요"라고 대답하고 나서야 부인은 소프트볼 이야기를 끝냈다.

이처럼 핸드론 부부는 멜라니가 자원하지 않은 활동을 딸에게 권유했는데, 이로 인해 의도하지 않은 결과가 나타났다. 활동을 시작한 지 얼마 되지 않아 멜라니가 자주 "엄마, 이 활동은 지루해요!"라고 불평하기 시작한 것이다. 역설적이게도 이 연구에 참가한, 매우 바쁜 스케줄에 따라 생활하는 중산층 아이들의 경우 자신이 참여하는 활동에 지루함을 호소하는 경우가 잦았다. 하지만 비교적 여유로운 일정을 따르는 노동자 계층 및 빈곤층 아이들은 자신의 일정을 지겹다고 느끼는 일이 거의 없었다.

자녀의 학업 성취를 돕기 위한 학교생활 개입

여느 중산층 엄마들과 마찬가지로 핸드론 부인 역시 딸 멜라니의 학교생활을 관찰하고, 필요할 경우 비판의 목소리를 내기도 하며 적극적으로 개입한다. 그 때문에 핸드론 부인은 멜라니의 선생님들과도 가까운 관계를 유지했다. 예를 들어 학기 초반일 경우 부인은 몸이 아픈 멜라니를 잠깐 동안만이라도 학교에 데려가 선생님을 만날 수 있도록 했다. 그리고 멜라니의 몸이 나을 때쯤이면 선생님에게 그동안 딸이 놓친 수업 내용은 무엇인지, 무엇을 이해하지 못했는지 묻고 딸이 4학년으로 진급할 수 있도록 노력했다.

> 아파서 학교에 빠지는 동안 아이들은 이미 상당히 진도를 나간 상태이고, 멜라니는 수업 내용을 따라가지 못해 헤맸어요. 결국 내가 아침마다 들러서 선생님을 만나 이것저것 얘기하고 질문을 해야 했죠.[1]

멜라니는 자주 몸 여기저기가 아프다고 호소했다. 그럴 때마다 엄마의 일도 늘어났다. 멜라니가 학교에서 뒤처지지 않길 바라는 마음에, 핸드론 부인은 선생님들에게 미리 스펠링 목록을 집으로 보내달라고 요청하기까지 했다. 부인은 그 스펠링 목록을 복사해 단어장을 만들었다. 그리고 사소한 일을 보러 멜라니와 함께 밖에 나갈 때도 꼭 단어장을 들고 다녔다. 자동차를 타고 이동하는 도중에도 단어장을 넘기며 철자를 외웠다. 멜라니의 성적은 반에서 하위권에 속했는데, 핸드론 부부는 이 때문에 과외 선생님까지 고용했다. 그러나 핸드론 부인이 진짜 우려하는 것은 딸이 학교를 "위협적인" 곳으로 인식하고 이에 대해 "부정적인" 인상을 갖는 것이었다. 부인이 보기에 딸 멜라니는 자신감이 부족한 아이였다. 그래서 "자신감을 북돋아줄 무언가가 필요하다"고 여겼다. 선생님과 만나는 자리에서도 이런 생각을 분명하게 전달했다. 사친회에서 네틀스 선생님과 만난 핸드론 부인은 사회 과목 선생님이 학생들의 시험을 채점할 때 너무 부정적인 쪽으로만 치우치는 것에 노골적으로 불만을 드러냈다.

> 딸이 가져온 사회 시험지에 큼지막하게 N자(Needs Improvement: '더욱 노력해야 한다'는 뜻. '부정적(Negative)'이라는 단어와 첫 번째 철자가 같다—옮긴이)가 찍혀 있더군요. 나는 시험지를 받아들고 딸이 맞힌 문제들을 전부 다 세어본 후 "이것 봐, 멜라니. 지난번 사회 시험과 비교할 때, 이번엔 열여덟 개나 맞혔잖아. 지난번 시험에 비해 훨씬 잘했으니 발전이 있는 거야"라고 말해줬죠. 그래도 아이의 눈엔 낙인처럼 찍힌 N자만 보일 뿐이죠. 난 딸이 스스로의 발전에 자신감을 갖게 해주고 싶을 뿐이에요.

핸드론 부인이 사친회에서 취한 행동으로 볼 때, 부인은 선생님이 멜라니를 가르치는 데 부족한 점이 있을 경우 엄마로서 이를 지적할 권리가 있다고 생각하는 게 분명했다. 이런 생각은 중산층 부모, 특히 핸드론 부인이 멜라니를 학교에 데려다주며 마주치는 중산층 엄마들 사이에 널리 퍼져 있는 관점이었다. 더구나 핸드론 부인은 지역 걸스카우트 리더를 맡고 있어 각종 학교 행사나 교육 기회에 대한 정보를 다른 엄마들과 교환할 기회가 많았다.[2] 핸드론 부인은 많은 엄마들 역시 나름의 불만 사항을 갖고 있으며 자녀를 위해 여러 가지 특별한 노력을 기울인다는 것을 알고 있었다.

중산층 엄마들로 이뤄진 사회적 관계망 안에 속하면서, 핸드론 부인은 딸 멜라니의 교육에 대해 엄마로서의 권리 및 의무를 의식하게 되었다.[3] 핸드론 부인을 비롯해 많은 엄마들이 당연하다는 듯 자녀의 학교 교육에 대한 모든 측면을 평가했다. 선생님의 교습 방식에서부터 교실 뒤쪽 게시판에 붙은 글의 내용에 이르기까지 모든 게 비평의 대상이 되었다.

이키즈 선생님(멜라니의 4학년 사회 담당 교사) 말이에요. 다른 학부형들한테 이 선생님에 대해 안 좋은 말을 많이 들었어요. 선생님의 교습 방식에 다들 불만이 많았죠. 성격도 무척 무뚝뚝했고요. 호텐스 선생님(멜라니의 3학년 때 교사)에 대해서도 다들 불만이 많았어요. 교습법이 아주 구식인 데다 자신의 방법을 바꾸려 하지도 않거든요. 그래서 호텐스 선생님 수업은 무척 지루했어요. 수업 분위기를 띄우거나 재밌게 만들기 위한 노력을 전혀 하지 않았죠. 학급 게시판에 실린 내용도 전혀 흥미롭지 않고, 공부에 대한 관심을 유발할 만한 내용도 없었어요. 학기 초에는 나도 호텐스 선생님에 대해 나쁜 감정이 별로 없었지만, 멜라니가 잘한 일 수십 가지는 아는 체도 하지 않고 틀린 것만 지적하니 마음이 돌아설 수밖에요.

핸드론 부인이 다른 학부모들과 교류하면서 얻는 정보는 이뿐만이 아니다. 다른 부모들이 자녀의 학교 관련 문제(예를 들어 어떻게 하면 자녀의 숙제를 제 시간에, 제대로 끝낼 수 있는지 등)를 해결하기 위해 어떤 단계를 거치는지에 대한 정보 역시 얻는다. 핸드론 부인은 다른 엄마들과 대화하면서 교사와의 관계를 형성하는 노하우를 얻기도 한다.

> (우리 엄마들끼리 모이면) 앞으로 있을 사친회에 대해 대화를 나누곤 하죠. 어떤 주제에 대해 이야기할지, 어떤 것을 중점적으로 다룰지 같은 것에 대해서요. 특히 부모들의 가장 큰 걱정거리는 역시 학교에서 내주는 숙제의 양이죠. 밤이면 밤마다 주말까지도 아이의 숙제와 전쟁을 벌여야 하니까요.

그러나 멜라니의 숙제가 너무 과하다는 불평이나 다른 학부모들의 걱정에도 불구하고, 핸드론 부인은 선생님이나 학교 관계자에게 직접 숙제의 양에 대한 문제를 제기하지 않았다. 앞으로 계속 설명하겠지만, 부인은 학교 측에 불평하는 대신 방과 후 매일 멜라니를 붙잡아놓고 직접 숙제를 지도해주는 쪽을 선택했다.

학업 성취 함양: 가정의 개입

개별적으로 진행한 인터뷰에서, 핸드론 부부는 모두 숙제를 가족의 중요한 고민거리 중 하나로 꼽았다. 인터뷰에서 핸드론 부인은 솔직하고 명료하게 말했다. "숙제가 가장 골치 아픈 문제예요." 핸드론 씨는 숙제의 양이 과도하게 많은 게 특히 불만이라고 말했다. 그는 멜라

니가 매일 밤 두세 시간을 숙제에 투자한다며 가족의 일상을 이렇게
소개했다.

> 밤에 하는 일이라곤 숙제가 전부예요. 학교에서 돌아와 간식을 조금 먹
> 은 다음 바로 숙제를 시작하는 거죠. 그리고 제가 퇴근해 집에 돌아올
> 때까지 숙제는 끝날 줄 모릅니다. 정말 너무 많아요. 내가 대학교 다닐
> 때도 그렇게 많은 숙제를 하지는 않았을 겁니다.

핸드론 부인의 상황도 크게 다르지 않았다. 자동차에 앉아 멜라니가
수업을 마치고 나오기를 기다리던 부인은 우리 연구원에게 다음과 같
이 말했다.

> 일요일에는 남편이 멜라니의 숙제를 도와주곤 해요. 보통 네 시간이 걸
> 리죠. 오후 3시부터 7시까지요. 주말에 이렇게 많은 숙제를 내주는 교
> 사들은 도대체 무슨 생각을 하는 걸까요? 아이들에겐 아이다운 삶도
> 필요한 것 아닌가요?

하지만 이들 부부가 멜라니의 숙제를 완전히 '나쁜 것'이라고 평가
하는 것은 아니다. 이들 역시 기본적으로는 여느 중산층 부모와 마찬
가지로 숙제가 학업 성취에 중요한 역할을 한다는 사실을 지지했다.
핸드론 부부의 불만은 숙제의 양에 있었다. 그들이 보기에 숙제의 양
은 과도할뿐더러 쓸모없는 내용도 많았다. 그리고 이는 아이에게서 그
리고 아이를 돌보는 부모에게서 많은 시간을 빼앗았다. 그뿐만 아니라
가족의 일상에 지속적으로 긴장과 갈등을 불러일으키는 요인이 되기

도 했다. 숙제는 길고 긴 괴로운 싸움의 씨앗이었다. 핸드론 부인과 멜라니는 엄마가 딸의 숙제를 어떤 위치에서 어떤 방법으로 얼마나 도와줘야 하는지를 놓고 의견을 달리했다.

멜라니는 자신의 숙제가 엄마의 도움을 받아도 끝마치는 데 어려움이 있다고 주장했다. 하지만 핸드론 부인은 멜라니가 좀더 집중하면 충분히 숙제를 할 수 있다고 생각했다. 특히 수학 숙제를 할 때는 멜라니가 차근차근 문제를 풀 수 있도록 도움을 주었다. 이런 방법 때문에 수학 숙제는 난이도가 높지 않을 경우에도 오랜 시간이 걸렸다. 핸드론 부인은 아무리 시간이 촉박하더라도 멜라니가 한 문제를 완전히 이해한 뒤 다음 문제로 넘어가도록 했다. 결국 모녀의 숙제 시간은 한층 더 험난한 과정이 되었다.

멜라니나 엄마 중 누구도 숙제 시간을 기다리지 않는 것은 당연했다. 때로 멜라니는 자신이 먼저 숙제 이야기를 꺼내 엄마의 눈을 속이려 했다. 다음과 같은 연구원의 기록이 그중 한 상황을 잘 보여준다. 학교를 마친 후 마중 나온 엄마의 차에 올라타자마자 멜라니는 숙제가 있다는 사실을 이야기했다. 핸드론 부인은 특별할 것 없다는 반응을 보였다.

핸드론 부인: (반가운 목소리로) 수업은 잘 받았니?

멜라니: 네. 오늘은 수학 숙제만 있어요.

핸드론 부인: 몇 문제?

멜라니: 열 개, 아니 스무 개 정도요.

핸드론 부인: 나쁘지 않네. 수학 말고 다른 과목은?

멜라니: 없어요.

하지만 엄마의 눈을 피할 수는 없었다. 딸의 눈치를 살피던 핸드론 부인은 오늘 수업을 들은 다른 과목에 대해 물었다. 멜라니는 마지못해 다른 과목에도 숙제가 있다고 털어놓았다.

핸드론 부인: 사회 숙제는 없니?
멜라니: 조금 있어요.
핸드론 부인: 철자 숙제는?
멜라니: 있어요. 내일 받아쓰기 시험을 볼 거래요.

집에 돌아온 멜라니는 숙제를 하기 전 간식을 먹고 잠깐 쉬었다. 숙제를 시작하자는 엄마의 말에 멜라니는 노래를 들으며 해도 되겠냐고 물었고, 엄마가 고개를 끄덕이자 신이 나서 〈호두까기 인형〉을 틀고 볼륨을 높였다. 엄마와 딸은 식탁에 앉았다. 숙제 시간이 시작된 것이다.

멜라니: 이게 뭘 하라는 거예요?

핸드론 부인은 지시문을 큰 소리로 읽어주고, 다시 한 번 멜라니와 함께 문제를 살펴봤다.

핸드론 부인: 남은 물건들을 옮겨 박스에 담는 거야.
멜라니: 아, 그렇구나.

모녀는 두 번째 문제로 넘어갔다. 핸드론 부인은 멜라니가 스스로 문제를 풀 수 있도록 옆에서 도와주었다.

핸드론 부인: 좋아, 이번 문제는 뭐지? 52를 7로 나누면 나머지는 얼마일 까? 7 곱하기 5는 뭐지?

멜라니: 35요.

핸드론 부인: 그래, 그건 너무 작지? 그럼 7 곱하기 6이랑 7 곱하기 7은?

멜라니: 42랑, 49요.

핸드론 부인: 잘하네! 그럼 나머지를 계산해볼까? 여기에다 숫자를 적어 보자. 그래. 그리고 나머지는 여기 박스에. 이 문제를 어떻게 풀었는지 한 번 설명해볼래?

하지만 다음 문제로 넘어가자 멜라니는 엄마에게 짜증을 부렸다.

핸드론 부인: 이건 쉬운 문제네.

멜라니: 어려워요.

핸드론 부인: 이건 5단이야. 5단 외울 줄 알지?

멜라니: 1단도 알고, 5단도 알고, 10단도 다 알아요.

핸드론 부인: 좋아, 그럼 한 번 외워보자.

(멜라니가 구구단 5단을 외운다.)

핸드론 부인: 잘했어. 그럼 몫은?

(멜라니가 답을 쓴다.)

핸드론 부인: 정답! 그걸 어디에 적어야 하지?

(멜라니가 엉뚱한 곳에 답을 적자 핸드론 부인이 지우개로 그것을 지운다.)

핸드론 부인: 거기가 아니지.

(멜라니가 다시 적는다.)

핸드론 부인: 잘했어. 그럼 나머지는?

(멜라니가 답을 말한다.)

핸드론 부인: 아니지. 다시 한 번.

(멜라니가 다른 답을 내놓는다.)

핸드론 부인: 잘했어. 그건 여기에 적고. 다음 문제 풀어볼까?

멜라니와 엄마는 15분 더 이런 방식으로 숙제를 해나갔다. 하지만 어느새 멜라니는 연필을 내려놓았다. 멜라니에게는 숙제가 너무 어렵고, 옆에서 자신을 부추기는 엄마가 야속했던 모양이다. 멜라니는 숙제를 그만하고 싶어 했다. 표정은 시무룩해졌고 문제도 계속 틀리기 시작했다. 이에 대한 핸드론 부인의 대응은 즉각적이었다.

멜라니: 이건 어려워요.

핸드론 부인: 멜라니, 엄마가 보기엔 열심히 하면 충분히 풀 수 있는 문제야. 학교에선 어떻게 하니?

멜라니: 큐브를 가지고 해요.

핸드론 부인: 답은 어떻게 냈고?

멜라니: 애들이랑 같이 풀었어요.

핸드론 부인: 애들 누구랑?

멜라니: 에밀리랑 한 조였는데, 문제는 반 애들 전체가 같이 풀어요.

핸드론 부인: (새로운 방식을 제안하며) 동전을 가지고 풀면 좀더 쉬울까?

멜라니가 고개를 끄덕이자 핸드론 부인은 서랍장으로 가 지갑을 꺼내왔다. 그러곤 동전 한 움큼을 꺼내 테이블에 올려놓았다. 멜라니는 동전을 두 줄로 나란히 정렬하기 시작했다. 동전을 정리하기 위해 멜라니는 자리에서 일어나 테이블 옆쪽으로 몸을 조금 옮겼다. 지갑을 다시 서랍장에 넣고 테이블로 돌아온 핸드론 부인은 딸 옆으로 다가가 "뭐하니?"라고 물었다. 하지만 멜라니가 대답도 하기 전에 딸이 정렬한 동전을 헤쳐놓았다. 멜라니는 화를 냈다.

멜라니: 안 돼요! 학교에서는 이렇게 한단 말이에요!

핸드론 부인: 그래? 그럼 어디 한 번 보여주렴.

(멜라니는 동전 42개를 두 줄로 정렬한 다음 네 묶음으로 나눴다. 핸드론 부인은 또다시 간섭했다.)

핸드론 부인: 멜라니, 뭘 하는 건지 설명해줄래?

(멜라니는 동전을 옮기기만 할 뿐 아무런 대답도 하지 않았다. 이윽고 동전 정리를 끝마쳤다.)

핸드론 부인: 그다음엔?

멜라니: 이제 한 묶음에 몇 개씩인지 세면 돼요.

핸드론 부인: 네가 일곱 개씩 나눴잖아.

멜라니: 힝…….

핸드론 부인: 그래서 뭘 하느냐고 물었던 거야.

(멜라니는 동전을 일곱 묶음으로 다시 정렬한 다음 두 문제를 더 풀었다. 이어서 멜라니가 27을 6으로 나누는 문제를 풀려 하자 핸드론 부인이 또 한 번 개입했다. 핸드론 부인은 동전을 여섯 묶음으로 나누었다.)

핸드론 부인: 6 곱하기 1은?

멜라니: 6이요.

핸드론 부인: (한 묶음을 더 가져오며) 6 곱하기 2는?

멜라니: 12죠.

핸드론 부인: (또다시 한 묶음을 가져오며) 6 곱하기 3은?

멜라니: (동전들을 센 다음) 18이요.

핸드론 부인: (또 한 묶음을 가져오며) 6 곱하기 4는?

멜라니: (또다시 동전들을 센 다음) 24요.

핸드론 부인: 좋아, 그럼 정답은?

멜라니: 24예요.

핸드론 부인: 아니지. 그건 네가 곱해서 나온 수잖아. 다시 생각해봐.

멜라니: 4인가?

핸드론 부인: 그래. 그럼 나머지는?

멜라니: 3이요.

핸드론 부인: 잘했어.

모녀는 계속해서 천천히 문제를 풀어나갔다. 둘 사이엔 긴장이 흘렀다. 멜라니는 점점 불편한 기색을 드러내기 시작했다. 얼굴은 붉어졌고, 금세라도 눈물을 쏟을 것 같은 표정을 지었다. 수학 숙제를 시작한 지 45분이 넘었다. 핸드론 부인은 잠시 쉬면서 크리스마스트리를 장식하면 어떻겠냐고 제안했다. 하지만 멜라니는 '쉬는 시간'을 원치 않았다. 멜라니는 얼른 엄마 입에서 '숙제 끝'이라는 말이 나오길 그리고 엄마와 함께 쿠키를 구우며 남은 저녁 시간을 보내길 바랐다. 하지만 핸드론 부인은 잠시 쉬었다 계속해야 한다고 재차 말했다. 멜라니도 고집을 꺾지 않고 쿠키를 굽자며 엄마를 졸랐다. 핸드론 부인은 테이블 위에 다시 동전을 펼쳐놓고 다음 문제를 풀도록 함으로써 이 교착 상태를 빠져나갔다. 5분 정도가 더 흘렀다. 멜라니의 기분은 조금 나아진 듯했다. 핸드론 부인이 잠시 자리를 비운 동안에도 멜라니는 문제 풀기를 멈추지 않았다. 멜라니는 1분도 안 되는 시간 동안 스스로 두 문제나 풀었다.

> 핸드론 부인: 봐봐, 잘할 수 있잖아. 노력을 안 해서 못하는 거야.
>
> 멜라니: 이건 좀 어려워요.

긴장과 갈등 속에서 흘러가는 멜라니와 핸드론 부인의 숙제 시간은 모녀에게 피로와 짜증을 안겨주었다. 멜라니가 '반드시' 숙제를 해야 하며, 숙제하는 과정(특히 수학 숙제)에 자신의 도움이 꼭 필요하다고 생각하는 핸드론 부인의 태도는 거의 매일 오후 집 안 분위기를 냉랭하게 만들었다.[4] 때로 핸드론 부인은 이런 원인을 숙제를 내준 선생님들에게 돌리기도 한다.

> 개중에는 제대로 일을 못하는 선생님들도 있어요. 아이들에게 뭔가를 설명해줄 자질이 부족한 거죠. 멜라니의 숙제를 살펴보면 이따금 선생님이 뭘 물어보려 하는 건지 아리송할 때가 있어요. 나도 이해 못하는 걸 아이들이 이해할 수 있겠어요?

핸드론 부인은 교사들이 스스로 가르칠 수 없는 것을 숙제로 안겨줘 집으로 보내는 통에 멜라니의 학업 부담만 더욱 늘어난다고 말했다. 물론 교사들의 생각은 이와 달랐다. 그들은 멜라니가 느끼는 학업에서의 어려움을 다른 측면에서 바라보았다.

부모의 개입이 초래하는 문제

가을 학기에 멜라니가 수학과 사회에서 최저 점수를 받자, 멜라니의 담임인 네틀스 선생님은 핸드론 부인만큼이나 속상한 것 같았다. 핸드론 부인을 대하는 네틀스 선생님은 시종일관 친절하고 밝은 모습이었다. 선생님은 영어 단어 철자 목록을 미리 보내달라는 핸드론 부인의 요구에도 무척 협조적이었다. 부인이 원한 대로 영어 단어 목록 5주치를 미리 만들어 멜라니 편에 집으로 보내기도 했다. 그런 식의 특별대우가 반 아이들에 비해 멜라니에게 상대적인 이점을 안겨주는 것일 수 있음에도 개의치 않았으며, 영어 단어 목록을 만들기 위해 늘어난 일에 대해서도 불평하지 않았다. 네틀스 선생님은 또한 멜라니의 과외 선생님에게 수학 문제 샘플을 보내달라는 핸드론 부인의 요구도 받아들였다. 게다가 멜라니가 몸이 아파 학교를 며칠씩 빠질 때면, 집에서 풀 수 있는 공부거리를 챙겨주기도 했다.

그렇다면 학교에서는 네틀스 선생님을 비롯한 교직원들이, 집에서는 엄마가 그토록 공부에 신경을 쓰는데 왜 멜라니의 성적은 오르지 않는 걸까? 각 과목의 선생님과 자료 교사들은 멜라니의 숙제가 너무 많으며 선생님이 멜라니가 못하는 것들만 강조하기 때문에 딸의 자신감이 떨어졌다는 핸드론 부인의 주장에 단호히 반대했다. 네틀스 선생님은 자신이 아이들에게 내주는 숙제는 대개 30~45분이면 끝낼 수 있는 것이라고 말했다. 실제로 멜라니와 같은 반인 개릿 탈링거는 (부모 도움 없이도) 선생님이 말한 시간보다 더 빨리 숙제를 마치곤 했다. 교사들은 멜라니가 학교생활에 "겁을 먹거나", "버거워하는" 인상은 받지 못했다. 네틀스 선생님 역시 멜라니가 학업에서 다른 아이들보다 "뒤처지며" 학습 장애가 있을 가능성을 인정하긴 했지만, 학교에서 고통

받고 있다는 핸드론 부인의 관점에는 동의하지 않았다.

멜라니가 학교에서 힘든 시간을 보낸다는 건 말도 안 됩니다. 직접 아이가 학교에서 생활하는 걸 보시면 알겠지만, 멜라니는 학교생활에 아주 만족해하는 것 같습니다. 멜라니가 학교생활에서 고통을 받고 있다니, 조금이라도 학교 사정을 잘 아는 사람이라면 "대체 그게 무슨 말이에요?"라고 되물을 겁니다.

멜라니의 선생님들은 핸드론 부인이 보편적이고 요식적인 학교 규칙에 좀더 일관성 있게 따라준다면 멜라니의 성적도 나아질 것이라 보았다. 특히 네틀스 선생님은 멜라니가 학교에 습관적으로 지각하는 것에 상당한 불만을 갖고 있었다. 사친회 모임에서 선생님은 예외적일 정도로 직접 핸드론 부인에게 이 점을 당부했다.

멜라니는 학교에 너무 늦게 와요. 반에서 가장 늦어요. 이제는 출석을 부르다 멜라니가 없어도 곧 오겠지, 하는 생각에 결석 표시도 하지 않죠. 그런데 문제는, 어떤 아이들은 등교 시간보다 10분씩 일찍 온다는 거예요. 만약 멜라니가 10분을 늦으면, 다른 아이들은 멜라니보다 20분을 앞선다는 뜻이죠. 그러니 멜라니를 학교에 조금만 더 일찍 데려다주시면 큰 도움이 될 것 같아요.

마찬가지로 네틀스 선생님은 핸드론 부인이 멜라니의 학습 장애 검사에 필요한 서류 작업을 제대로 해주지 않는 것에 대해서도 불만을 가졌다. 사친회가 끝난 후 연구원과 대화하면서 네틀스 선생님은 다음과 같이 털어놓았다.

저는 핸드론 부인에게 멜라니를 검사해보자고 강력히 말씀드렸습니다. 왜냐하면 멜라니는 여러 가지 학습 장애를 갖고 있을 확률이 높아 보이기 때문이에요. 그러기 위해서는 검사에 필요한 서류를 부인이 작성해 줘야 하는데, 벌써 한 달 전에 부탁을 드렸음에도 아직까지 서류를 받지 못했습니다.

멜라니가 다니는 초등학교에는 아이들에게 전문적으로 책을 읽어 주는 자료 교사가 있다. 멜라니네 반에도 일주일에 세 번씩 들러 책을 읽어준다. 네틀스 선생님은 핸드론 부인이 이 선생님을 한 번도 만나지 않았다는 사실에 놀라움을 금치 못했다.

대부분의 사람은 자녀에게 책을 읽어주는 선생님이 따로 있다면, 그 선생님을 만나 대화를 나눠보려 할 겁니다. 니타(책 읽어주는 자료 교사)는 다양한 학년의 학생을 지도하는 만큼 학부형과 만남의 자리도 자주 갖는 편이고요. 그런데 핸드론 부인께서는 선생님을 만나볼 생각을 한 번도 하지 않은 것 같았습니다. 2년 동안이나 멜라니를 가르쳐준 선생님인데 말이죠. 부모라면 선생님을 만나 자녀의 학교생활에 대해 조언을 얻고 싶어 하지 않을까요?

네틀스 선생님은 핸드론 부인이 니타 선생님의 존재를 분명 알고 있으리라 확신했다. 멜라니의 결석 일수가 늘어나면, 핸드론 부인은 으레 딸이 복습해야 할 읽기 자료를 달라고 요청했기 때문이다. 네틀스 선생님은 읽기 선생님과 만나는 것은 핸드론 부인의 의무라고 여겼다. 그리고 그런 선생님과의 만남에 더 적극적인 태도를 보여야 하는 것은 교사보다 학부모인 핸드론 부인 쪽이라고 말했다.

이처럼 교사들의 기대를 충족시키지 못하는 것 외에도, 핸드론 부인은 이따금 가정과 학교 사이의 긴밀한 관계를 형성하는 데 실패하기도 했다. 교직원들이 부인의 행동을 잘못된 것, 또는 무의미한 것으로 여겼기 때문이다. 예를 들어 네틀스 선생님은 핸드론 부인이 학기 첫날 멜라니와 함께 학교에 들러 딸에게 새 선생님을 소개하는 행동을 이해할 수 없었다. 교사들은 또한 멜라니의 잦은 결석에 대해서도 의문을 제기했다.

네틀스 선생님은 핸드론 부인에 대해 "방어적"이며 선생님들이 아이의 자존감을 충분히 살려주었는지에만 지나치게 관심을 쏟는다고 설명했다. 이런 걱정 때문에 핸드론 부인은 아마도 다른 더 중요한 문제(예를 들면 멜라니의 학습 장애 검사 등)에 신경을 쓰지 못한다는 것이었다. 사친회가 끝난 후, 네틀스 선생님은 우리 연구원에게 "멜라니 어머니께서 제 말을 제대로 들으신 것 같지는 않네요"라고 얘기했다. 네틀스 선생님이 보기에 멜라니의 문제는 대부분 핸드론 부인의 과보호에서 비롯되었다.

멜라니 어머니는 학기 첫날부터 이런저런 일들을 미루고 거기에 대한 변명만 늘어놓으셨어요. 작년에는 심지어 아프다는 이유로 아이를 30일 넘게 결석시켰고요. 멜라니에게 현재 가장 중요한 것은 학교에 잘 나오는 거라고 봅니다. 그런데 핸드론 부인께서는 이를 부인하는 것 같아요. 실제로 멜라니는 학교에서 매우 즐겁게 생활하고 있습니다. 아주 행복해하고 있고요. 그렇기 때문에 저는 멜라니 문제는 엄마 때문에 비롯된 거라고 생각합니다.

마지막으로, 멜라니의 선생님들은 핸드론 부인이 얼마나 열심히 그리고 또 자주 딸의 숙제를 도와주기 위해 애쓰고 있는지 잘 모르고 있었다. 매일 오후 멜라니와 엄마가 학교 숙제를 해결하기 위해 얼마나 고군분투하는지 전혀 모르고 있었던 것이다.[5]

중산층 가정의 자원을 활용함에도 학업 성취를 이루지 못하는 이유

중산층으로서 단단한 기반을 갖춘 핸드론 가족은 집중 양육 방식을 채택하고 있었다. 핸드론 씨는 석사 학위를 받은 인물이며 회사에서도 경영진에 속했다. 부인 역시 2년제 대학을 졸업했다. 그리고 자녀들 또한 다양한 학교 밖 활동에 참가했다. 엄밀히 말하면, 핸드론 부인 역시 아이들에게 명령문을 사용해 일방적인 지시를 내릴 때도 있었다. 특히 멜라니의 숙제를 도와주다 지치면 더욱 그랬다. 그러나 비록 이번 장에서는 부모와 자녀 사이의 상호 관계에 대해 자세히 서술하지 않았지만, 대부분의 경우 핸드론 부부는 알렉산더 윌리엄스의 가정에서처럼 논리적 대화와 타협을 통해 아이들을 교육하려 애썼다.[6] 마셜 부인이 그랬듯이 핸드론 부인 역시 학교 일에 대해 상당한 정보를 꿰고 있었다. 핸드론 부인은 딸이 집 밖에서 겪는 일들에 대해 자신이 부모로서 관여할 권리가 있다고 여겼으며, 앞서 살펴보았듯 학교 측이 하는 일에 많은 비판을 하기도 했다. 중산층 가정이 으레 갖춘 여러 가지 자원에도 불구하고 핸드론 부인은 자신이 가장 걱정하는 부분, 즉 멜라니의 학교 성적과 숙제라는 측면에서 상대적 이점을 취하지 못했다. 그렇지만 부인은 멜라니의 교육과 관련해 몇 가지 측면을 딸한테 알맞게 조정하는 데 성공했다. 네틀스 선생님에게 부탁해 영어 단어 철자 목록을 미리 보내달라고 한 것이나, 과외 선생님에게 줄 공부 자료를 요구하기도 했다. 또한 멜라니가 아파서 학교에 빠질 때마다 놓치게 된 진도를 따라갈 수 있도록 관련 자료를 보내달라고 요청하기도 했다. 아무리 그렇다 해도 핸드론 부인이 취한 이런 이점은 흔히 중산층 가정이 자신들에게 주어진 자원을 사용해 얻을 수 있다고 기대되는 이득에는 한참 못 미치는 수준이었다.[7]

피에르 부르디외가 지적했듯이 사회생활의 복합적인 성격은 여러 가지 미묘한 기술을 통해 사회 계층적 특권이 전파됨에 따라 생겨나는 결과물이다. 따라서 문화적 자원을 활용하려는 부모의 노력도 효용성 측면에서 차이가 있을 수 있다. 자녀의 생활에 얼마나 긴밀하게 개입하는지, 기관의 권위 있는 인물에게 응답을 얻기 위해 어느 정도의 불평 및 압력을 행사하는지 그리고 아이의 성격이나 자질 등 여러 요소가 각기 다르게 작용하기 때문이다. 교육의 세계에서 문화적 자원 활용이 실패하는 데에는 크게 세 가지 이유가 있다. 우선 중산층 엄마들이 학교의 정책을 따르기 위해 얼마나 많은 노력을 기울이는지 교직원들이 모르는 경우다. 물론 엄마들의 이런 노력을 모르는 교사들이 거기에 부응하는 대가를 돌려주지 않는다고 해서 교사들을 비난할 수는 없다. 반면 아이들의 경우, 부모가 기울이는 노력을 잘 알고 있을 뿐 아니라 그런 엄청난 희생에 눌려 부담을 느끼는 경우가 많다. 아이를 위해 좋은 의도로 한 행동이지만, 부모의 지나친 개입은 결국 자녀에게 부담을 줘서 도리어 학교에서 열심히 공부하고자 하는 의지를 꺾는 결과를 초래하기도 한다. 즉, 선생님들이 부모의 노력을 알아주지 않을 경우, 아이 역시 이를 인정하기는 하되 고마워하지 않아 결국 부모의 노력이 헛수고가 될 수도 있다는 뜻이다. 두 번째로, "도움 되는 행동"에 대해 교사들이 내세우는 비교적 융통성 없는 정의도 한 가지 이유가 될 수 있다. 이 경우 교사들은 자신이 정해놓은 '도움'이라는 범주에 속하지 않는 부모의 행동은 전부 무시하거나 인정하지 않는다. 그렇기 때문에 교사가 요청한 서류를 빠른 시일 안에 작성해 학교로 보내지 않는 부모는 사회적 계층에 관계없이 자기 의무에 태만한 부모로 여겨진다. 세 번째로, 비슷한 계급적 자원을 가진 부모라 해도 남들보다 그 자원을 더 효율적으로 활용하는 사람이 있다. 스테이시와 멜라니 모두 딸의 교육에 열성적인 엄마를 두었지만, 핸드론 부인보다는 마셜 부인이 자신에게 주어진 중산층이라는 자원을 더 잘 활용하는 것처럼 보였다.

비단 핸드론 부인뿐 아니라 많은 중산층 가정에서 자녀의 학교생활을 돕기 위해 많은 노력을 기울인다. 하지만 유독 핸드론 부인만은 자신의 계층에서 비롯된 이점을 제대로 누리지 못했다. 노동자 계층 및 빈곤층 부모 역시 이런 경험을 하곤 하는데, 여기에 대해서는 웬디 드라이버 및 빌리 야넬리의 사례를 통해 살펴볼 것이다.

10

교육 기관에 대한
양육 주도권 양도

●

웬디 드라이버의 사례

"난 아무 일에나 막 뛰어들었다가 내가 한 일이 잘못된 행동이었다는 이야기를 듣고 싶진 않아요." (드라이버 부인)

"이건 웬디가 해야 할 일이에요. 웬디는 '운전사(driver)'라는 쉬운 단어의 철자도 틀리는 아이입니다. 만일 제가 어머님이었다면 아이의 학교생활에 조금 더 신경을 썼을 겁니다."
(사친회 날 마련한 학부모 면담 때 웬디의 4학년 담임 티어 선생님이 드라이버 부인에게 한 말)

자녀 교육은 모든 부모의 관심사다. 자신의 자녀가 학교에서 좋은 성적을 받길 바라는 마음은 어느 계층의 부모나 마찬가지다. 하지만 이를 위해 자녀를 지원하는 방식에서는 중산층 가정의 부모와 노동자 계층 및 빈곤층 가정의 부모 사이에 차이가 있었다. 위에서 소개한 드라이버 부인의 말에서 알 수 있듯이 노동자 계층 및 빈곤층 가정의 부모는 자신이 학교와 관련한 일에서 '잘못'을 할까 걱정하는 모습을 보여주곤 했다. 중산층 가정의 부모와 달리 그들은 교사의 전문 지식을 한층 수동적인 태도로 받아들였다. 그들은 학교 측에 무언가를 요구하기보다는 학교의 방침을 수용했고 교사에게도 자녀 교육과 관련한 내용을 제안하는 경우가 드물었다. 노동자 계층 및 빈곤층 가정의 부모는 학교와 일정한 거리를 두고 별다른 소통을 하지 않았다. 오히려 소통과 참여를 바라는 것은 교사들이었다. 웬디의 4학년 담임 이야기에서 알 수 있듯이 교사들은 노동자 계층 및 빈곤층 가정의 부모가 조금 더 적극적인 태도로 자녀 교육에 관심을 가져주기를 희망했다. 요컨대 이들 계층의 부모에게도 집중 양육 방식을 기대하고 있었다.

교사에 대한 의존적 태도는 이 부모들의 본래 성격에서 비롯된 결과물이 아니다. 자녀에 대한 교사의 평가를 묵묵히 듣기만 하던 부모도 교문을 나서 통신사 직원이나 집주인, 지역 상인과 대화를 할 때에는 (교사 앞에서와는 다른) 적극적이고 활발한 태도로 자신이 원하는 바를 요구했다. 학교 관계자나 의사 등 특정 인물을 대할 때 보이는 노동자 계층 및 빈곤층 부모의 이러한 태도는 우선 그들이 이들 '전문가'에게 효과적으로 자기 생각을 설명하고 의견을 주장할 언어적 역량을 갖추고 있지 못하다는 데서 일부 그 원인을 찾을 수 있을 것이다. 이뿐 아니라 노동자 계층 및 빈곤층 가정의 부모에게 교육은 전문가에게 맡겨야 하는 것으로 인식된다는 점 역시 그들의 소극적이고 수동적인 태도를 형성하는 요인 중 하나였다. 다시 말해 그들은 자녀 교육과 관련한 모든 책임을 학교와 교사에게 위임했다.

마지막으로 교사를 대하는 노동자 계층 및 빈곤층 부모의 수동적 태도 이면에는 그들에 대한 반발심 또한 자리 잡고 있었다. 이들 가정의 어머니는 사친회에서 교사의 지적에 고개를 끄덕이긴 했지만 집으로 돌아와서는 (아이들이 듣고 있는 것도 개의치 않고) 오늘 만난 담임은 "공정하지 못하고 믿을 수 없는 비열한 사람"이라고 비난하곤 했다. 노동자 계층 및 빈곤층 가정의 부모는 특히 아이의 인성 교육과 관련한 학교의 방식에 불만을 표현했다. 우리가 관찰한 많은 노동자 계층 및 빈곤층 가정에서 부모는 친구가 자신을 괴롭히면 그 아이를 때려줘야 한다고 가르쳤다. 이는 분명 학교에서 교육하는 내용과 반대되는 행동이다. 그럼에도 일부 부모는 복수는 "선생님이 보지 않는 곳에서" 해야 한다는 조언을 하기도 했다. 심한 경우 이러한 학교 교육에 대한 저항은 적대감으로까지 발전하기도 한다. 부모의 불만은 학교 관계자의 개입이 학교 담장을 넘어 자신의 집 안까지 침범한다는 생각에서 비롯된 것이다. 웬디 드라이버의 어머니가 설명했듯이 이런 부모는 학교 관계자들이 "집 안으로 쳐들어와 아이들을 빼앗아갈"지도 모른다고 걱정한다. 부모가 보기에는 어처구니없는 요구일 수 있음에도 불구하고, 교육 당국의 요구에 응하는 것만이 당국이 가정에 개입하는 것을 막을 수 있는 방법이라고 생각할 뿐이다. 그렇지만 웬디네 부모 같은 이들의 양육 방식은 학교가 지향하는 '집중 양육' 방식과는 정반대이기 때문에 교육 당국은 이들 부모가 아이들의 학교 교육에 적극 참여하지 않는다고 공공연히 비난의 날을 세운다.

드라이버 가족

연구 대상 아동인 웬디 드라이버는 활기차고 다정한 10세 소녀다. 로어리치먼드 학교 4학년에 재학 중이다.[1] 벽돌로 지은 2층짜리 임대 주택에서 오빠 윌리와 이복 여동생 발레리, 엄마 데비 그리고 엄마의 남자 친구(발레리의 아빠) 맥 팔론과 함께 살고 있다. 가족은 고양이 스위티와 몬스터도 기른다.

웬디는 매우 마른 몸에 창백한 피부와 커다란 눈을 지니고 있으며 긴 금발 머리를 뒤로 쓸어 넘겨 색색의 머리띠로 고정하는 것을 좋아한다. 웬디는 친척을 비롯한 어른에게 잘 안기는데, 우리 연구원들이 방문할 때도 매번 환영 인사와 작별 인사로 우리를 꼭 안아주었다. 웬디는 2개월 된 동생 발레리의 이마와 볼에도 수시로 뽀뽀를 해주었고, 엄마가 방에 없을 때에는 발레리와 함께 놀아주기도 했다. 인터뷰에서 웬디는 자신을 이렇게 소개했다.

> 난 좋은 사람이에요. 나도 내가 좋아요. 근데 욕심쟁이는 아니에요. 돈도 많이 안 써요. 돈이 많이 생겨도 혼자 욕심 안 부리고 엄마랑 맥 아저씨랑 같이 맛있는 걸 먹으러 갈 거예요. 난 바비 인형을 가지고 노는 거랑 사촌들이랑 카드 게임 하는 걸 좋아해요. 자전거 타는 것도 좋아하고 롤러스케이트 타는 것도 좋아하고 수학도 좋아해요.

웬디는 작은 볼거리에도 큰 소리로 웃어대는 활발한 소녀다. 어느 봄날 저녁, 웬디는 창밖에서 번개가 번쩍이는 모습을 보고 폴짝폴짝 뛰며 소리쳤다. "우리 나가요! 나가서 저거 구경해요!" 그러곤 안전한 현관 처마 아래 숨어 번개를 바라보는 짜릿함을 즐겼다.

학교에서도 웬디는 적극적인 태도로 대장 노릇을 한다. 쉬는 시간이나 점심시간이면 친구들(모두 백인 여자아이)과 운동장에서 뛰놀거나 같은 반 남자 아이들에게 장난을 거는 등 다양한 놀이를 즐겼다. 하루는 웬디가 앞장서 남자 화장실 공격 작전을 지휘하기도 했다. 웬디는 여자 친구 2명에게 입구 쪽 화장실로 가서 문을 뻥 차라고 지시했다. "너희 둘이 가봐. 저쪽으로 돌아서." 웬디의 말에 두 소녀는 출동했고, 웬디를 비롯한 나머지 아이들은 반대쪽으로 가 몸을 반쯤 웅크리고 킬킬댔다. 웬디는 자기 의견을 펼칠 때에도 주눅 들지 않았다. 댄스 수업을 담당하는 올리언 선생님에 대한 웬디의 평가를 들어보자.

올해는 사촌 니콜이랑 같이 춤을 배워요. 선생님 이름은 올리언인데 되게 못됐어요. 매일 우리한테 소리만 질러대거든요. 어제도 나랑 니콜이 조금 실수했더니 곧바로 "발가락! 발가락을 봐!" 하고 소리를 지르는 거 있죠? 그 선생님이 제일 많이 하는 말은 아마 "똑바로 해!"일 거예요. 진짜 싫어요.

웬디의 부모는 웬디가 학교에 들어가기 전에 별거했고 그 후 2년 뒤 이혼했다. 그리고 아버지 드라이버 씨는 웬디가 2학년이던 어느 가을날 갑자기 세상을 떠났다. 드라이버 부인이 팔론 씨를 만난 것은 그로부터 약 1년 후 웬디가 2학년을 마칠 무렵이었다. 얼마 지나지 않아 둘은 동거를 시작했다.[2] 웬디는 엄마의 남자 친구 팔론 씨와 친근한 관계를 유지하고 있다. 하루는 캠프에 참가하고 돌아온 웬디가 팔론 씨에게 "맥 아저씨, 나 캠프에서 말도 탔어요" 하며 말을 걸었다. 그러자 팔론 씨도 "말? 당나귀가 아니고?" 하며 장난스럽게 웬디의 말을 받아주었다. 하지만 웬디가 아버지를 잊은 것은 아니다. 팔론 씨와 장난을 주고받은 그날 밤에도 웬디는 몇 해 전 아버지가 선물해준 인형을 꼭 껴안고 잠자리에 들었다.

12세인 오빠 윌리도 웬디 못지않게 활발하고 수다스럽다. 윌리는 사촌 집에 놀러가거나 자전거 타기 그리고 텔레비전 보기, 낚시나 사냥하기를 좋아한다. 윌리 역시 팔론 씨가 자신들에게 "잘해준다"는 점을 인정하고, 또 어디를 갈 때마다 아저씨가 운전을 해주는 걸 고맙게 생각했다. 하지만 웬디와 마찬가지로 돌아가신 아버지를 그리워했으며, 엄마의 새 남자 친구인 팔론 씨와 종종 부딪혔다. 팔론 씨는 생각이 잘못되었다거나 행동이 굼뜨다는 등 이런저런 이유로 윌리를 타박하곤 했다. 물론 월리와 팔론 씨가 즐거운 시간을 함께하는 경우도 있었다. 둘은 종종 가족들이 지켜보는 가운데 거실 바닥에서 레슬링 경기를 펼치기도 했다. 그럴 때면 둘 모두 (아무 말 없이 오직 거친 숨소리만 내며) 정말 진지하게 경기에 임했다.

월리는 대개 집 밖에서 (사촌이나 친구와) 놀곤 했지만 때론 집에서 웬디와 놀며 즐거운 시간을 보내기도 했다. 어느 여름날, 드라이버 부인과 팔론 씨가 모두 일을 나간 사이 웬디와 월리는 거실에 늘어져 텔레비전을 보며 평화로운 하루를 보냈다. 남매는 점심도 스스로 차려 먹었고, 자신이 건 전화 말고는 받지 말라거나(아이들은 다이얼 신호로 엄마의 전화인지 아닌지를 알 수 있었다) 예정에 없던 방문객에게는 문을 열어주지 말라는 등 엄마가 정해준 규칙도 잘 따랐다. 텔레비전을 보는 중간 남매는 이런저런 게임을 즐기기도 했다. 함께 모노폴리 게임을 하며 월리는 동생의 카드를 대신 읽어주기도 했다. 동생이 혼자서는 글을 잘 읽지 못한다는 것을 알고 있었기 때문이다. 종종 웬디는 (자기 빨래를 하며) 오빠의 빨래거리도 함께 챙겨주곤 한다. 드라이버 가족의 두 남매는 이처럼 우애가 깊었다. 종종 갈등을 빚긴 했지만 앞서 소개한 탈링거 가족의 형제나 마셜 자매와 비교하면 매우 온순했다. 남매 사이의 갈등이라고 해봐야 오빠가 여자 친구에게 '차였다'고 놀리거나 깜빡 잊고 그냥 내려온 자기 방의 불을 꺼달라는 월리의 부탁에 "오빠가 올라가서 꺼"라고 이야기하는 정도가 고작이었다.

웬디와 월리의 엄마 드라이버 부인은 큰 키에 체격이 건장했다. 짧은 금발 머리에 맑은 피부를 자랑했다. 32세지만 화장도 거의 하지 않아 얼핏 미소년 같은 인상을 주었다. 발목의 '심장에 박힌 큐피트 화살'을 비롯해 몸 곳곳에 문신을 새겼다. 빈티지한 청바지에 스웨트 셔츠나 티셔츠를 입고 운동화를 신는 편안한 차림을 좋아했다. 부인은 고등학교를 졸업한 직후부터 지금까지 14년간 비서로 일해왔다. 직장에서 전일 근무를 하는 부인의 연봉은 1만 5000~2만 5000달러 수준이고 주로 전화 응대나 컴퓨터 작업을 담당한다. 부인은 자신의 직업이 "싫다"고 했다. "돈만 아니면 이놈의 회사 때려치울 텐데"라는 말을 자주 했다.

드라이버 부인은 아이들 아빠와 이혼한 후 부모님 댁으로 들어가 (팔론 씨와 돈을 합쳐 집세를 마련할 수 있을 때까지) 5년간 얹혀살았다. 드라이버 씨는 이혼 후 아이들 양육비를 주지 않았고,[3] 부인은 부모님 집에 얹혀사는 대신 돈을 조금씩 드리기로 했기 때문에 원래 하던 일 외에도 주말에 식당 종업원으로 부업을 해야만 했다. 하지만 임신을 한 후에는 종업원 일을 그만둬야 했다. 이따금 식당에서 일할 사람이 없다며 하루만 도와달라는 부탁을 할 때만 제외하고는 일을 하지 않았다. 여가 시간에 드라이버 부인은 주로 토크쇼나 드라마를 보며 시간을 보낸다. 발레리의 낮잠 시간도 자신이 좋아하는 프로그램 방영 시간에 맞추려고 노력한다.

26세의 팔론 씨 역시 드라이버 부인과 마찬가지로 키가 크고 어깨가 넓으며 몸에는 타투를 몇 개 새겼다. 아직 젊은 나이지만 머리가 꽤 벗겨졌고 목소리는 매우 멋졌다. 고등학교를 졸업했고 지금은 장애인이나 노인을 수용하는 기관에서 바닥 청소나 관리 등을 도와주는 '도우미'로 있다. 근무 시간에는 유니폼(갈색 바지와 그에 어울리는 셔츠)을 입고 일한다. 올해로 도우미 8년 차인 그의 연봉은 2만 달러 수준이다. 격주로 주말 근무를 하며 때로는 공휴일에도 일을 한다.

드라이버 부인과 팔론 씨의 봉급을 합쳐도 가족을 부양하기에는 어려움이 많다. 그 때문에 이들 가족은 하루에도 몇 번씩 어떤 물건의 가격이 너무 비싸다거나 예산이 부족하다는, 혹은 가계부 작성 방법을 바꿔야겠다는 등 돈과 관련한 이야기를 하곤 했다. 웬디가 학교에서 현장 학습을 가기로 했다는 말을 하면, 드라이버 부인은 한숨부터 내쉰다. 각 학생당 2달러씩 내야 하는 그런 학교 행사조차도 부담이 되기 때문이다. 부인은 자신의 가족이 정부 보조금을 받기에는 충분히 가난하지 못하고, 그렇다고 여러 가지 필요한 비용을 충족할 만큼 부자이지도 못하다는 사실이 안타깝기만 하다.

뭐랄까, 아이들을 양육할 비용을 마련하기 위해 외부 기관에 도움을 청하면 죄다 "당신네 가족은 보조금을 받기엔 돈이 너무 많아요"라고 얘기하는 것 같아요. 대체 우리가 어딜 봐서 돈이 많다는 것인지 알 수가 없어요. 매일 근근이 살아가고 있는데 말이죠.

다음 월급날 직전이 되면 드라이버 부인과 팔론 씨의 지갑엔 "한 푼도 남아 있지 않은" 날이 많다. 웬디가 3학년에 올라갔을 때에는 드라이버 부인이 딸을 위해 가정교사를 고용한 적이 있었다. 가정교사의 봉급은 주당 20달러였는데, 부인은 이 비용을 충당하기 위해 직장까지 걸어 다니며 버스비를 아끼기도 했다. 팔론 씨 역시 자동차가 고장 나도 비용 때문에 수리를 나중으로 미루었다. 드라이버 가족은 아이들이 학교 갈 때 입을 옷이나 크리스마스 선물, 혹은 새로운 가구나 가사 용품 구입 등 일반적인 지출 외에 다른 곳에 돈을 쓰기 위해서는 몇 달 전부터 저축을 해야 했다. 부인과 팔론 씨에겐 은행 계좌도 없다. 가족 앞으로 날아오는 이런저런 명세서를 결제할 때에는 우편환을 이용한다. 드라이버 가족뿐 아니라 가까운 친족(드라이버 부인의 부모, 전남편 드라이버 씨의 부모 그리고 팔론 씨의 부모) 역시 경제적으로 어려움을 겪고 있다. 드라이버 부인의 아버지는 두 개의 일을 병행하고 있다. 하지만 드라이버 가족의 상황은 맥앨리스터나 캐럴 가족 같은 빈곤층 가정에 비하면 양호하다고 할 수 있다. 먹을 음식이 없어 고민하는 경우도 없고, 또 가게에 가서도 아이들이 특별히 원하는 것은 대체로 사주는 편이다. 크리스마스 등 특별한 날이 다가오면 부인은 웬디와 윌리에게 받고 싶은 선물이 있는지 물어보고, 꽤 비싼 물건이라도 되도록이면 사주려고 노력한다. (한 번은 100달러짜리 재킷을 사준 적이 있다.) 드라이버 부인은 가족 모임을 위해서도 봉급을 쪼개 돈을 모은다. 웬디의 영성체(Holy Communion) 행사 때에는 친척들을 초대해 점심 뷔페를 대접하기도 했다. 이날 쓴 돈은 무려 1500달러나 되었다.

드라이버 가족의 주변 환경

우리 연구원들의 방문이 시작되고 며칠 지나지 않아 웬디 가족은 이전 집에서 얼마 떨어지지 않은 곳으로 이사를 갔다. 지금까지 살던 곳보다 조금 작은 방 세 칸짜리 집이었다. 새 집은 도심의 백인 노동자 계층 거주 지구 안에 있었다. 좁은 도로 양옆으로는 드라이버네 집과 비슷한 집이 줄줄이 늘어섰다. 집들 사이의 간격이 너무 좁아 마치 기다란 한 채의 건물로 이어진 듯했다. 많은 집의 현관은 인도와 곧바로 이어졌고, 대부분 의자 두 개를 겨우 놓을 만큼 작았다. 잔디밭이 있는 집은 없었다. 밸런타인데이나 부활절, 핼러윈 등의 휴일에는 드라이버 가정을 포함해 많은 가정이 자신들의 집을 꾸몄다.[4] 이 지역에는 웬디나 윌리의 사촌을 포함해 또래 아이들도 여럿 살고 있었다. 웬디는 이웃 여자아이들과 함께 등교했고 방과 후나 주말에도 이 아이들과 어울려 놀았다.

비록 드라이버 일가의 집은 침실이 세 개나 딸려 있어 평균적인 노동자 계층 가족의 집보다는 규모가 컸지만, 그렇다 해도 중산층 가족의 집에 비할 바는 아니었다. 거실과 아이들 놀이방 그리고 부엌까지 갖춘 드라이버 씨네 집 1층 전체가 마셜 씨 가족의 거실 하나 넓이에 불과하니 말이다. 이 집의 월세는 650달러다. 집 안은 언제나 깔끔하다. 웬디와 윌리는 학교에서 돌아오면 곧바로 가방을 위층에 있는 각자의 방에 놓아두어야 하고 또 각자에게 주어진 집안일을 분담해야 했다. 드라이버 부인은 거실에 여러 개의 컵을 내놓고 쓰는 것도 싫어했다. 가족은 함께 있을 때면 주로 텔레비전을 보며 시간을 보낸다. 텔레비전은 드라이버 부인과 팔론 씨 커플의 방에 있는데, 주로 어른들은 의자에 그리고 아이들은 바닥에 앉아 텔레비전을 봤다. 방에는 가족사진이 걸려 있다.

웬디의 삶에서 인종적 다양성은 다양한 형태로 나타났다. 웬디가 다니는 로어리치먼드 공립 초등학교는 학생 절반가량이 흑인이고 교사나 학교 관계자 일부 역시 흑인이다. 하지만 쉬는 시간이나 점심시간 때 웬디와 어울리는 친구는 거의 모두 백인이었다. 마찬가지로 방과 후에도 웬디는 백인 친구하고만 어울렸다. 〔집에서 멀지 않은(차로 10분 거리) 곳에 대규모 흑인 빈곤층 거주 단지가 조성되어 있었다.〕 웬디가 관계를 맺는 그 밖의 주변 인물(친척, 가까운 이웃, 댄스 강습이나 성경 학교의 친구 등) 역시 모두 백인이었다. 주변 상점, 혹은 종종 엄마를 따라 가는 쇼핑몰에서도 직원이나 손님 중 흑인을 만나는 경우는 거의 없었다. 드라이버 부인은 자신의 전남편이 "흑인을 싫어하는 인종 차별주의자" 였다며 자신은 아이들의 아버지와 달리 윌리와 웬디에게 개방적인 사고를 심어주기 위해 노력한다고 말했다.

가족과 친척의 중요성

드라이버 가족에게 주변의 친척은 중요한 존재다. 웬디와 윌리의 삶은 친척과 긴밀하게 연관되어 있다. 남매에겐 동갑 혹은 동성(同性)의 사촌들이 있다. 웬디는 가장 친한 친구를 꼽을 때면 언제나 또래 사촌 로지와 레베카를 언급한다. 두 사촌은 모두 그리 멀지 않은 곳에 살고 있다. 웬디는 걸어갈 수 있는 거리에 사는 외조부모님 댁에도 매일 인사드리러 간다. 웬디는 외할머니와 외할아버지를 잘 따른다. 물론 외조부모 이외의 다른 친척과도 친하다. 우리 연구원들은 부활절 주일 아침, 웬디가 외할머니에게 전화를 걸어 〈그대는 나의 태양(You Are My Sunshine)〉을 불러주는 것을 보기도 했다. 외할머니 역시 종종 학교로 웬디를 마중 나가는 등 손녀딸에게 많은 애정을 쏟았다. 드라이버 부인은 아이들의 조부모와 증조부모가 방과 후 아이들을 돌보는 데 많은 도움을 준다고 말했다.

> 아들은 할아버지와 증조모님이 외할머니네 집에 데려다주는 편이고요, 웬디는 내가 일 끝나고 데리러 갈 때까지 우리 부모님하고 두 집 건너에 사시는 증조모님 댁에 맡기고 있어요. 그러니까 우리 아이들은 매일매일 할머니 할아버지들을 뵙고 가까이 지내는 거죠.

드라이버 부인은 "어머니와는 적어도 이틀에 한 번 전화 통화를 해요. 서로 안부를 묻고 이런저런 이야기를 하죠"라고 말했다. 드라이버 부인은 어머니의 50세 생일잔치에는 스트리퍼를 불렀고, 환갑 때는 전문 가수를 불러 파티를 열어드렸다. 드라이버 부인은 부모님뿐 아니라 형제들(드라이버 부인은 외동딸이다)과도 정기적으로 만나며, "여동생처럼 여기는" 사촌 한 명과도 자주 전화 통화를 하거나 얼굴을 본다.

외가 쪽 친척뿐 아니라 친가 쪽 친척 역시 윌리와 웬디의 삶과 가까운 거리를 유지하고 있다. 돌아가신 아빠의 형제들(삼촌들)과 누이 한명 그리고 부모님은 웬디와 윌리의 생일 파티나 그 밖의 중요한 가족 행사에 초대를 받고 참석한다. 팔론 씨의 가족 역시 두 아이들이 관계를 맺는 친척의 범주에 새로이 들어왔다. 팔론 씨의 경우 아버지와는 만나지 않고 대신 어머니와는 매일 이야기를 나눈다. 팔론 씨의 어머니는 종종 드라이버 가족의 집을 방문해 아이들, 특히 발레리를 돌봐준다. 팔론 씨는 누이들과도 정기적으로 만난다. 그중 한 명인 사라는 드라이버 가족의 집에서 바로 코너를 돌면 나오는 곳에 살고 있어 수시로 자기 아이들을 데리고 드라이버 가족을 방문한다. 다른 누이 한명은 현재 사우스캐롤라니아에 살고 있다. 그녀는 매주 팔론 씨에게 신문에서 오린 쿠폰 등을 보내준다.

다가올, 혹은 지난 가족 행사나 친척에게 있었던 일 등은 드라이버 가족에게 중요한 이야깃거리다. 이들 가족은 (2년 전에 있었던) 웬디의 첫영성체 행사 이야기를 요즘도 종종 하곤 했다. 또한 앞으로 있을 행사에 대해 이야기하는 것 역시 즐겼다.[5] 웬디의 경우 고모의 결혼식에 들러리로 참여하게 되었다는 사실에 한창 들떠 있었다. 웬디는 몇 번이고 자신이 결혼식에서 입을 핑크색 오프숄더 미니 실크 드레스와 거기에 맞춰 꾸밀 머리 스타일과 네일 아트에 관해 재잘댔다. 가족의 또 다른 대화 주제는 올여름에 있을 발레리의 세례였다. 드라이버 부인과 팔론 씨는 이 행사에 100여 명의 지인을 초대해 식사를 대접할 계획을 세우고 있었다.

사촌의 졸업 행사에 개릿이 참석하지 못하는 것에 별다른 신경을 쓰지 않던 탈링거 가족과 달리 드라이버 가족은 친척과 함께하는 행사를 매우 중시했다. 물론 여기엔 긍정적인 측면만 있는 게 아니다. 이들 가족이 관계를 맺고 있는 친척이 너무 많고, 이들 각자의 행사에 모두 신경을 쓰려면 스케줄에 차질이 빚어지는 것을 피할 수 없기 때문이다. 어느 날, 아침 식사 자리에서 팔론 씨는 이런 상황에 '미안함'을 느낀다고 말했다.

"결혼식이랑 첫영성체가 같은 날 잡혔어. 사촌의 결혼식이랑 조카 녀석의 영성체가 말이야. 어쩔 수 없이 선택은 해야겠지만 미안하게 됐는걸." 팔론 씨의 말에 드라이버 부인은 우리 연구원 쪽을 바라보며 덧붙였다. "그래도 사촌보단 형제의 일이 우선 아니겠어요?"

드라이버 부인과 팔론 씨는 종종 친척과 관련한 문제로 서로 갈등을 빚기도 했다. 이들 커플이 다투는 주된 원인은 세상을 떠난 드라이버 씨의 형제들이나 드라이버 부인의 남자 형제들이 아이들, 특히 월리에게 미치는 영향과 관련해서였다. 이 삼촌들은 그다지 바람직한 어른의 모습을 보여주지 않았기 때문이다. 어느 토요일, 팔론 씨는 월리를 혼내며 이렇게 소리치기도 했다. "너, 삼촌들처럼 되고 싶어? 직업도 없는 그런 변변찮은 놈들 말이야. 그런 어른이 되면 좋겠어?" '삼촌들'

과 관련한 우려는 드라이버 부인 역시 갖고 있었다. 어느 날 '스킨헤드'에 대한 텔레비전 토크 쇼를 보던 드라이버 부인은 이렇게 말했다.

"남의 일이 아니에요. 윌리도 이제 열세 살이잖아요. 몰래 어디 가서 질 나쁜 아이들과 어울릴까봐 걱정이에요." "윌리가 갱단에 가입할까봐 걱정하는 거예요?" 내 질문에 드라이버 부인은 "음, 그런 놈들 뒤꽁무니를 쫓아다닐 수는 있겠죠. 윌리는 착한 아이지만 이 동네엔 친구를 꼬드기는 못된 녀석들이 워낙 많거든요. 삼촌들한테서 보고 배우는 것도 있고요. 전에 결혼식에 갔을 때에도 막내 삼촌 페테이가 윌리한테 맥주를 권하는 것을 혼내줬어요" 하며 우려를 표했다.

일과의 구성

드라이버 부인은 면허가 없기 때문에 가족이 차를 타고 이동할 일이 있을 때면 운전은 언제나 팔론 씨 몫이었다. 어머니와 팔론 아저씨가 외출을 할 때면 윌리와 웬디 남매도 대개 동행한다. 드라이버 가족은 팔론 씨의 차를 타고 장을 보러 가거나 (예약해둔) 옷을 찾으러 K-마트에 가고 혹은 쇼핑몰 구경을 가거나 날씨가 좋지 않으면 친척 집을 방문하는 등 여러 가지 활동을 함께한다. 하지만 팔론 씨에게 주말 근무가 잡혀 있는 날은 상황이 많이 달라진다. 이런 날이면 드라이버 부인은 걸어서 장을 보러가곤 한다. 댄스 강습이나 종교 교육에 참여하는 웬디 역시 마찬가지다.

일반적으로 드라이버 가족의 아이들은 자율적인 삶을 살아간다. 케이티 브린들이나 해럴드 맥앨리스터와 마찬가지로 웬디와 윌리 남매 역시 사촌이나 친구들과 어울려 놀거나 텔레비전을 보고 게임을 한다. 또 가사 일을 돕거나 심부름을 하며 시간을 보낸다. 앞서 소개한 노동자 계층 및 빈곤층 가정에서처럼 드라이버 가족에서도 어른과 아이들 사이엔 명확한 경계가 있었다. 어른들이 대화를 나눌 때면 윌리와 웬디는 방 밖에서 놀라는 지시를 받았다. 남매도 이런 지시에 별다른 불만을 드러내지 않고 일어나 방을 나섰다. 또한 남매에겐 성별에 따른 경계 역시 명확했다. 드라이버 부인은 딸 웬디에게 한층 많은 행동의 제약을 줬다.

> 윌리가 친구 집에 간다던가, 아니면 원하는 어떤 곳을 가는 데 특별한 규칙 같은 건 없어요. 하지만 웬디는 밖에 나갈 때 내 목소리가 들리는 거리를 벗어나면 안 돼요. 여기엔 예외가 없어요. 한 블록 반 거리에 있는 가게에 가는 것도 안 돼요. 귀찮더라도 내가 손을 잡고 따라가는 게 마음 편하죠.[6]

학교 밖 활동에 참여하는 기회도 웬디에게만 주어졌다.[7] 이 아이는 우리가 관찰한 노동자 계층 및 빈곤층 가정의 아이들 중 상당히 바쁜 편에 속했다. 웬디는 매주 댄스 강습과 CCD 교육 그리고 학교 성가대 연습에 참여했다. 하지만 웬디가 이런 활동에 참여하는 목적은 또래 중산층 아이처럼 재능이나 사회성을 개발하고 친구를 사귀는 데 있지 않았다. 웬디가 춤 강습에서 무엇을 배울 수 있는지 묻는 질문에 대한 드라이버 부인의 대답은 간단했다.

> 우아함이죠. 배운 춤들을 다 기억하는 것도 장점 중 하나고요. 웬디는

도와주는 사람이 없는데도 그 춤을 다 기억해요.

CCD 교육에 관해서도 드라이버 부인은 교육을 통해 얻는 지적 자극을 강조하는 알렉산더 윌리엄스의 어머니와 다른 태도를 보였다. 부인이 웬디를 CCD 교육에 참여시키는 이유는 자신의 딸로 하여금 훗날 대모가 될 자격을 갖추게 하고, 또 "종교를 갖게" 하기 위해서였다. 부인은 이에 관해 다음과 같이 말했다.

CCD 교육을 통해 웬디는 성사(聖事)를 접할 수 있게 될 거예요. 제가 아이를 가톨릭 학교에 보낼 형편은 못 되지만 적어도 종교를 가질 수 있게는 해줘야 한다고 생각해요. 그래서 CCD에도 보내는 거고요.

학교 밖 활동이 제공하는 가치에 대한 드라이버 부인의 설명은 또래 자녀를 둔 탈링거 부인이나 윌리엄스 부인 같은 중산층 부인들의 설명만큼 세부적이고 논리적이진 않았다. 하지만 드라이버 부인의 대답에는 활기가 넘쳤다. 부인은 자신이 딸에게 제공하는 외부 활동을 통해 아이가 "길거리에서 뛰어노는 다른 애들"과 달라질 것이라고 생각했다. 드라이버 부인은 자신이 어렸을 때 얼마나 "다른 애들처럼 친구들과 마음껏 뛰어놀고 싶었는지" 털어놓았다. 그렇지만 부인의 부모님은 매우 엄격했다고 한다.

부모님은 절 밖에서 놀지 못하게 하셨죠. 남자 형제들은 그래도 괜찮았지만, 전 안 된다고 하셨어요. 그러니 선택은 딱 두 가지였죠. 집 안에 하릴없이 앉아 있던지, 이런저런 과외 활동에 참여하던지. 그래서 전

후자를 선택했고, 스스로 바쁘게 생활하려고 노력했어요. 그런 활동에 참여했기 때문에 친구도 사귈 수 있었고요.

어린 시절 부모님이 시키는 활동을 "시간 낭비"라 여겼던 드라이버 부인과 달리 웬디는 자신이 참여하는 활동을 긍정적으로 생각했다. 웬디는 "난 춤이 좋아요. 재밌거든요. 매일 새로운 걸 배워요"라며 댄스 강습에 즐거운 태도로 임했고 성가대에서 활동하는 시간도 즐거워했다. 반면 CCD에 대해서는 "지겹다"는 표현을 사용했다. 하지만 이에 관해 엄마나 팔론 아저씨에게 불평을 하지는 않았다. 또한 이런 활동은 웬디에게 절대적으로 중요하지도 않았다. 웬디를 포함한 드라이버 가족은 웬디의 학교 밖 활동에 좌우되는 삶을 살지 않았다. 어른은 웬디를 학교나 강습소에 데려다주는 일이 없고(때로 웬디가 투정을 부렸지만 그다지 심하지는 않았다), 또 웬디가 그곳에서 경험한 것들 역시 가족 간 대화에서 '중요한' 주제로 다루지 않았다. (이들에겐 가족 행사가 가장 중요한 이야깃거리였다.)

자녀에게 지시를 내리기 위한 실용적인 도구로서 언어

맥앨리스터 부부와 마찬가지로 드라이버 부인과 팔론 씨 역시 권위를 가지고 조용한 지시를 내리는 아동 양육 전략을 택했다. 어른은 아이들에게 무엇을 해야 할지 직접적으로 지시했고, 웬디와 윌리 역시 중산층 가정의 아이들과 다르게 어른의 지시를 별다른 저항 없이 따랐다.

"엄마, 스티커 붙여도 돼요?" "안 돼." 엄마의 대답에 웬디는 입을 다물었다.

드라이버 부인은 팔론 씨와 함께 주방에 앉아 있었다. "거실로 가라."
엄마의 말에 윌리는 아무 말 없이 자리에서 일어나 거실로 가더니 텔레
비전을 보았다.

팔론 씨는 피곤하거나 화가 났을 때 종종 아이들에게 큰 소리를 내
기도 했다. 또 오빠 윌리는 이따금씩 어른들에게 '반문'을 하기도 했
다. 하지만 대부분 이런 작은 저항은 한 번으로 끝난다.[8]

윌리가 엄마에게 의자에 앉아 있는 발레리를 안아줘도 되느냐고 물었
다. 하지만 엄마는 "안 돼!"라는 짧은 대답만 했을 뿐이다. 윌리는 다시
한 번 (투덜대는 투로) "왜요? 난 아기 안아주면 안 돼요?"라고 물었다.
"그럼 네가 낳아서 안아." 엄마의 말에 윌리는 아무 대꾸도 하지 않았다.

윌리는 때로 어른의 신경을 건드리는 경우도 있다. 물론 그 방식은
앞서 소개한 알렉산더 윌리엄스와 달랐다. 윌리가 엄마나 팔론 아저씨
에게 무언가를 논리적으로 설명하거나 이들의 말이 잘못되었다는 것
을 지적하는 경우는 없었다. 대신 윌리는 자기 요구를 조금 다른 방식
으로 바꿔 이야기하곤 했다.

밖에 나가서 놀아도 되느냐는 윌리의 물음에 팔론 씨는 "안 돼"라고 대
답했다. 그때 전화벨이 울리자 윌리는 전화를 받으러 뛰어갔다. 윌리가
수화기를 들기 직전 팔론 씨가 다시 한 번 "못 나간다" 하고 말했다. 통
화를 하던 윌리는 "잠깐만" 하며 수화기를 막고 팔론 씨를 불렀다. 팔

론 씨는 화가 치밀어 오르기 시작했다. 그는 큰 소리로 "내가 뭐라고 했어? 내가 뭐라 그랬냐고!" 하며 성을 냈다. 월리는 전화기 너머에 있는 상대방에게 "기다려봐"라고 한 번 더 속삭였다. 그사이 팔론 씨는 목소리를 조금 가라앉히고 다시 월리에게 물었다. "뭐라고 한 거야?" "친구가 집 앞까지 온다는데 현관 근처에서 놀면 안 돼요?" 월리의 대답이 다시금 팔론 씨의 화를 돋웠다. "내가 뭐라 그랬어! 아무도 못 와! 못 나간다고!"

전반적으로 드라이버 부인과 팔론 씨에게 언어는 삶을 풍요롭게 해주는 수단이라기보다 실용적인 도구로 사용되었다. 둘은 아이들이 어떤 문제에 관한 자기 생각을 자세히 설명하는 것을 긍정적으로 바라보지 않았다. 아들 알렉산더의 언어 개발을 위해 다양한 노력을 펼쳤던 중산층 가정의 윌리엄스 부부와 달리 드라이버 가족의 어른은 웬디와 월리가 새로운 정보를 자신들에게 설명하는 것을 장려하지도, 가르치지도 않았다. 한 예로 어느 날 CCD에서 돌아온 웬디가 가족에게 대죄(大罪)가 무엇인지 아느냐고 물었다. 드라이버 부인이 "우리 가족 중 CCD에서 공부하는 사람은 너뿐이니 우리한테도 얘기해주렴"이라고 말하자 웬디는 신이 나서 모두에게 그날 배운 내용을 설명해줬다. 가족 모두는 설명하는 웬디를 바라보았다. 하지만 이 설명에 다른 질문을 던지는 등 추가적인 반응을 보인 사람은 아무도 없었다. 그리고 웬디의 설명이 끝나자 다시 곧바로 텔레비전으로 시선을 돌렸다.

학교생활 개입

아들 알렉산더의 언어 개발을 위해 많은 노력을 기울이던 윌리엄스 부인과 달리 드라이버 부인은 위의 사례처럼 웬디가 먼저 새로 경험한 이야기를 할 때조차 이를 더욱 풍부하게 발전시켜나가도록 하는 도움을 주지 않았다. 하지만 드라이버 부인 역시 윌리엄스 부인과 마찬가지로 아이에게 많은 신경을 쏟고 또 핸드론 부인과 마찬가지로 딸의 성공을 바라는 부모였다. 드라이버 부인은 웬디의 학교생활에 많은 관심을 가졌다. 멜라니의 엄마처럼 아이가 학교에서 가져온 가정 통신문에 무관심하지 않았다. 부인은 웬디가 학교에서 무언가를 가져오면 곧바로 확인해 서명을 해줬고, 이를 딸에게 돌려주며 선생님께 잘 가져다드리라고 강조하는 것도 잊지 않았다.

드라이버 부인은 사인한 종이를 웬디에게 돌려주며 "내일 학교에 갖다 내는 거 잊지 마"라고 말했다. 그리고 나를 보며 "또 검사받을 게 있나봐요. 동의서를 가져왔기에 서명해줬죠" 하며 종이에 적힌 내용을 설명해줬다. 하지만 시험이 언제인지 묻는 내 질문에는 "언제인지는 몰라요. 결과가 나오면 알아서 분석까지 마쳐 가져다줄 거예요"라고 대답했다.

웬디는 철자법과 읽기 등 언어 관련 수업에서 미흡한 성적을 냈고 이번 시험 역시 이와 관련해 진행하는 것이었다. 드라이버 부인은 이러한 학교의 지원을 반겼다. 그러나 학교 측에 특별히 무언가를 요구하는 일은 없었다. 교사에게 자녀의 학업 활동에 대한 세세한 정보를 요구하고 또 그들에게 자녀의 외부 활동에 대한 정보를 제공하고 이해시키려 많은 노력을 기울이는 중산층 가정의 부모와 달리 드라이버 부인은 자신이 웬디의 학업 능력이 떨어진다는 사실을 알고 있다는 데 만족하고 있는 것처럼 보였다. 이와 같은 태도는 앞서 소개한 마셜 부인과 극명하게 대조적인 모습이다. 딸의 학교생활에 관해 진행한 현장 연구원과의 인터뷰에서 마셜 부인은 스테이시가 좋은 성적을 내는 과목과 어려워하는 과목을 매우 세부적으로 설명해주었다. 웬디의 경우 수학은 학년 수준을 잘 따라갔지만 읽기 과목은 지난 3년간 항상 하위권에 머물렀다. 하지만 연구 기간 동안 드라이버 부인에게서 이와 관련한 언급을 들은 적은 없었다. 부인의 설명은 모호했다.

> 우리 아이한테 문제가 조금 있어요. 특수 학급 선생님들이 와서 이런저런 것을 물어보고 간 적도 있지요. 웬디의 읽기 능력에 문제가 있다고는 하는데, 본인들도 정확히 뭐가 문제인지는 콕 집어내지 못했나봐요. 온갖 선생님이 이런저런 검사를 해보라고 얘기하시더군요. 그리고 결국엔 특수 교육에 참여하게 됐죠. 내가 알기론 하루에 수업을 두 개 정도 들을 겁니다. 난 선생님들이 설명하는 내용을 전부 다 이해하지는 못해요. 웬디가 글을 잘 읽지 못하는 건 사실이지만 기억력은 좋아요. 물론 모든 걸 다 기억하지는 못하지만요. 좀 헷갈려 하는 경우가 있거든요. 우리, 아니 선생님들은 이것저것 신경을 써주고 계세요. 그런데 아직까지는 한마디로 문제가 뭐라고 정의할 수 없나봐요.

웬디를 가르치는 교사들은 하나같이 드라이버 부인이 "아이에게 사랑과 지원을 베푼다"고 이야기했다. 그러나 그들은 부인이 웬디의 교육, 특히 뒤떨어지는 과목과 관련한 문제에 좀더 적극적으로 개입할 필요가 있다고 지적했다. 문제는 관점의 차이에 있었다. 드라이버 부인이 생각하는 적극적인 지원이란 교사들이 지적하거나 요청하는 부분에 대해 도움을 주는 것을 의미했기 때문이다.

> 선생님들이 하는 말은 무조건 새겨듣고 있어요. 한 번은 안과에 가봐야할 것 같다는 선생님 말을 듣고 웬디를 병원에 데려간 적도 있어요. 하지만 검사해보니 아무 문제도 없었어요.

또한 부인은 웬디의 숙제를 봐주고 읽기 연습을 도와주기도 한다.

> 웬디가 글을 읽으면 우리는 그 애 말에 귀를 기울이죠. 숙제를 할 때도 옆에서 지켜봐주고요. 대가족이 모여 살아 많은 관심을 못 받았던 저와 달리 웬디에겐 온 가족의 관심이 집중돼 있어요. 난 웬디를 돕는 데 가족 모두가 적극적이고, 또 이런 태도가 웬디한테 많은 도움이 될 거라고 생각해요. 그리고 요즘 듣고 있는 두 개의 (특수 교육) 수업도 마찬가지예요. 작년에 들은 건 말고요. 그 수업들 역시 많은 걸 가르쳐주고 있어요. 조금만 지나면 웬디도 나아질 거라고 생각해요.

하지만 드라이버 부인은 웬디가 겪고 있는 어려움의 원인이나 정도를 명확히 이해하고 있지는 못했다. 부인이 교사가 웬디의 문제와 해결책을 설명하기 위해 사용하는 용어(제한된 '어휘력'이나 미성숙한 '언어기술' 등)에 익숙하지 않다는 것 역시 중요한 이유 중 하나였다. 또한 부인은 학교 관계자들이 웬디 문제와 관련한 '세부 사항'을 처리해줄 것이라고 믿었다. ("모든 선생님은 좋은 분이에요. 웬디가 치르는 시험이나 검사에 많은 신경을 써주시죠.") 이런 믿음을 바탕으로 드라이버 부인은 아이의 상황을 판단하고 그와 관련한 정보를 공유하는 역할을 자신보다 많은 전문 지식을 가진 학교 관계자에게 의존했다.

웬디의 문제는 학교에서 잘 처리해줄 거예요. 혹시 나중에 선생님들의 힘만으로 해결하기 힘든 문제가 생긴다 해도 선생님들이 알아서 다른 곳에 부탁할 거라고 생각해요.

드라이버 부인은 걱정하지 않았다. '학교'가 웬디의 성적에 대해 걱정할 필요 없다고 말해줬기 때문이다.

성적표를 보니 읽기와 철자법에서만 F를 받았더라고요. 다른 과목들은 다 잘했고요. 선생님들도 걱정할 필요 없다고 했어요. 지금 특수 학급에서 공부를 하고 있으니까요. 거기서도 잘 따라가고 있다고 하셨으니, 웬디의 공부에 대해서는 별로 걱정하지 않아요.

드라이버 부인은 딸 웬디를 위해 최대한 지원해주고 싶지만 현재로서는 선생님에게 의지하는 것 말고는 별다른 방법을 알지 못한다.

뭐부터 시작해야 할지도 모르겠어요. 한 번은 라디오를 틀었더니 읽기를 어려워하는 아이들을 위한 프로그램이라며 이런저런 얘기를 하더라고요. 그래서 주변 사람들에게 이 프로그램에 대해 넌지시 얘기해봤더니 다들 "잠깐만, 그거 결국 너처럼 난독증 있는 아이를 가진 부모를 꼬드겨서 거금을 쓰게 하려고 그러는 거잖아"라고 대답하더군요. 그래서 전 어머니께 "아뇨. 애 성적표를 보고 정 안 되겠다 싶으면 전화를 해보려고요"라고 대답했어요.

그러나 만약 드라이버 부인이 로어리치먼드 학교에 만연한 관료주의에 대해 알았다면, 교사들의 전문 지식에 그와 같은 신뢰를 보이지 않았을 것이다. 대규모 도심 지구에 위치한 이들 학교에서 교사는 학생의 교육적 문제를 확인하고 해결하기 위해 수많은 행정 절차를 거쳐야 한다. 한 교사는 비공식 인터뷰에서 "우리 행정 구역에 있는 공무원은 그런 일을 귀찮아해요"라고 대답하기도 했다. 실제로 로어리치먼드 학교에서 학생을 특수 학급에 새로 넣기 위해서는 교육 계획서 두 장이 필요하며(각 서류는 교장과 상담 교사 그리고 부모의 동의를 받아야 한다), 또 이 서류가 통과되는 데 각각 60일이 걸린다. 그런데 한 학년은 180일이다. 즉, 배치 과정이 최소한 3분의 2의 수업 일수가 지난 뒤에야 마무리되는 것이다. 이런 구조 때문에 어떤 학생의 학업 성취에 문제가 있더라도 이 아이를 즉각 적절한 학급에 배치해 교육을 진행하는 데 실질적인 어려움이 따른다. 심사가 학기 첫날부터 시작되지 않는 이상 특수 학급 배정 절차를 해당 학년 내에 마무리할 수 없다는 얘기다. 웬디의 경우에는 봄부터 서류 심사를 시작했지만 승인을 받지 못해 4학년에 올라가 다시 절차를 밟아야 했다. 그 기간 동안은 대신 읽기 지도 교사의 도움을 받았다. 만약 개릿 탈링거가 다니는 소규모 교외 지구의 초등학교나 알렉산더 윌리엄스가 다니는 사립학교처럼 좀 더 풍부한 교육 자원과 예산을 갖추고 행정 절차에 얽매이지 않는 기관에서 교육을 받았다면, 웬디는 한층 신속하고 효율적인 관심과 지원을 받았을 것이다.

하지만 로어리치먼드 학교의 교육자들은 기관의 이러한 차이가 웬디에게서 지속적으로 발견되는 읽기 능력 문제에 중요한 역할을 한다고 생각하지 않았다. 대신 그들은 부모의 역할을 강조했다. 사친회에서 웬디의 4학년 담임 티어 선생님은 웬디가 수준 미달의 읽기 실력으로 4학년으로 진급했다는 데 불만을 표시했다. 그는 "제가 어머님이었다면 아이의 학교생활에 조금 더 신경을 썼을 겁니다"라며 자신을 비롯한 학교 관계자에게 아무런 요구도 하지 않는 드라이버 부인을 질책했다.

티어 선생님은 드라이버 부인에게 딸의 교육과 관련해 집중 양육 방식을 취해줄 것을 요구하고 있었다. 단순히 교육자들의 조언을 '따르는' 대신 교사들에게 관심을 가지고 무언가를 요구하는 그리고 문제가 있다면 이를 비평하는 역할을 기대하고 있었던 것이다. 티어 선생님은 드라이버 부인이 처음부터 이런 노력을 기울였다면 웬디의 읽기 능력에는 '애초부터' 문제가 없었을 것이라며 웬디가 현재 안고 있는 문제의 책임을 학교가 아닌 가정으로 돌렸다.

웬디를 도울 구체적인 방법에 대해 묻는 드라이버 부인에게 티어 선생님은 엄마가 아이의 언어 능력 개발을 '이끌어야' 한다고 강조했다.

우선 웬디가 읽기에 흥미를 느껴야 해요. 도서관 같은 델 데려가 흥미를 느낄 만한 책을 읽어주는 게 좋아요. 어느 정도 습관을 들이면 다음부턴 스스로 관심 있는 책을 찾아 집중하게 될 거예요. 누구나 충분히할 수 있는 일이잖아요? 웬디도 그 정도는 할 수 있는 똑똑한 아이고요.

학교의 읽기 지도 교사 존슨 선생님 역시 이와 유사한 견해를 보였다. 그 또한 웬디의 '읽기 능력 개발'을 위해서는 학교 밖의 지원이 중요하다는 생각이었다. 그는 무엇보다 부모의 노력을 강조했다.

우선 학교 밖에서의 도움이 필요할 것 같아요. 예를 들면 부모가 아이를 교육 프로그램 같은 데 등록시키는 거예요. 구세군에도 그런 프로그램이 있고, YMCA에도 있을 거예요. 이야기를 읽어주고 그 속에서 단어들을 뽑아 가르치다 보면 어휘력도 자연스레 개발할 수 있을 겁니다.

웬디가 읽기 능력 개발을 위해 노력할 필요가 있으며 여기에는 부모의 지원이 필요하다는 점에는 티어 선생님과 존슨 선생님 모두가 동의했지만, 웬디가 겪는 문제의 원인이나 이를 해결하기 위해 필요한 학교의 지원 방식에 대해서는 두 교사가 의견을 달리했다. 존슨 선생님은 웬디가 수학 과목에서는 학년 수준을 잘 따라가고 있다는 사실에 주목했다. 그의 견해는 웬디에게 읽기 '공포증'이 있으며 이것이 다른 학업적 어려움과 복합적으로 작용한다는 것이었다. 다시 말해 존슨 선생님이 지적하는 문제의 원인은 아이의 정서(아이의 사회성과 감정의 중복)에 있었다. 그는 웬디에게 5학년 때까지 기본적인 읽기 지도(일반적인 경우 읽기 연습은 유치원에서 시작해 초등학교 1학년 때까지 진행된다)를 반복적으로 시켜 "어휘력과 언어 능력을 개발할 수" 있도록 도움을 줄 계획이었다.

반면 티어 선생님이나 그린 선생님(웬디의 3학년 담임)은 웬디의 읽기 문제를 다르게 바라봤다. 그들은 웬디의 문제를 '공포증'으로 진단하는 대신 신경학적으로 접근했다. 존슨 선생님과 달리 티어 선생님은 웬디를 전일 특수 교육에 위탁해야 한다는 쪽이었다. 그는 또한 웬디가 4학년 과정을 다시 이수해야 한다고 말하기도 했다. 2학년 때부터 웬디를 맡았던 담임 교사들은 모두 웬디에게 일종의 학습 장애가 있을 거라는 결론을 내리고 여느 아이들과 다른 교육을 받아야 한다고 생각했다. 그러나 티어 선생님의 표현을 빌리면, 웬디는 어찌 된 일인지 지금껏 이를 잘 "피해온 듯"하다.

웬디가 지금까지 일반 학급에서 공부할 수 있었던 건 어떻게 보면 신기한 일입니다. 만일 웬디가 흑인이었다면? 진작 특수 학급에 배치됐을 겁니다. 1학년 신입생보다 읽기 능력이 떨어지는 4학년 학생이 있다면 뭔가 잘못된 것 아니겠어요? 물론 웬디는 예쁘고 착한 아이예요. 하지만 학업적인 문제에 관해서는 좀더 객관적일 필요가 있지 않을까요? 이건 모진 행동이 아닙니다.

드라이버 부인 역시 학교 측이 웬디의 학습 장애에 완벽하게 대처하지 못하고 있다는 사실을 어렴풋이나마 짐작하고 있는 듯했다. 봄에 열린 사친회에 참석한 드라이버 부인은 웬디의 4학년 유급 문제에 대해 교사들 사이에서조차 의견이 갈린다는 사실을 확인할 수 있었다.

담임(티어) 선생님과 면담 후 존슨 선생님과도 이야기를 나눴어요. 존슨 선생님은 웬디가 잘하고 있고 유급될 필요도 없다고 하셨죠. 지금 특수 학급 수업을 잘 따라오고 있고, 더군다나 읽기와 철자법 말고 수학이나 사회 같은 과목은 성적도 나쁘지 않다면서요. 하지만 다른 선생님(티어 선생의 이름을 직접 언급하지는 않았다)의 경우 웬디가 유급될 수도 있다고 말했어요. 같은 학교의 두 선생님 말이 전혀 다른 거죠.

웬디의 5학년 진급이 가능할 것 같으냐는 질문에 드라이버 부인은 "4학년을 한 번 더 다니는 게 좋을 것 같아요"라고 대답했다. 부인은 웬디에 대한 '학교'의 결정을 받아들이는 것처럼 보였다. 마셜 부인과 달리 드라이버 부인은 교사들에게 수시로 전화를 걸지도, 혹은 학교 활동에 관해 자신이 놓친 부분은 없는지 알아보거나 학교의 향후 결정에 자신의 의견을 개진하지도 않았다. 두 교사의 상반된 설명을 들은 드라이버 부인은 당황한 듯했고, 또 자신이 여기에 개입한다면 웬디를 위해 최선의 방법을 모색하는 교사들의 노력을 방해하는 것은 아닌지 걱정했다.[9]

교육자들의 결정에(그 결정이 자신의 생각에 반하더라도) 수동적으로 따르는 드라이버 부인의 태도는 웬디의 교육에 대한 무관심에서 비롯된 것은 아니다. 로어리치먼드 학교의 교사들은 드라이버 부인을 "아이를 사랑하고 관심을 보여주는" 그리고 "학교에 협조적인" 부모로 평가하고 있었다. 우리 연구원들 역시 부인이 아이를 한시도 곁에서 떼어놓지 않았으며, 웬디가 각종 학습 장애 관련 검사 때문에 부모의 서명이 필요한 문서를 까먹고 집에 가져오지 않았을 때는 이것들을 꼼꼼히 물어보고 챙기기도 했다고 증언했다. 그렇지만 학교에 직접 전화해 문서를 요구하지는 않았다. 그저 웬디가 문서를 찾아오기를 수동적으로 기다렸을 뿐이다.

이러한 부인의 태도가 온순하고 소극적인 성격에서 비롯된 것은 아니다. 부인은 자신을 "성급한" 사람이라고 소개했으며 실제로도 그런 모습을 종종 목격할 수 있었다. 부인은 통신사 직원이나 임대인 같은 인물들에게는 언제나 자신이 원하는 것을 당당히 요구했다. 예약한 시간에 통신선 점검 기사가 오지 않으면 업체에 전화를 걸어 서비스 담당자에게 항의했고, 집의 온수 파이프가 샐 때에는 곧바로 임대인에게 전화를 걸기도 했다. 전화를 받은 임대인은 문제를 확인해볼 테니 잠시 파이프를 잠가보라고 부탁했지만, 드라이버 부인은 집에 갓난아기를 포함한 자녀 셋이 있으니 절대 그럴 수 없다며 임대인에게 바로 집으로 와 문제를 해결해줄 것을 요구했다.

하지만 얼마 뒤 찾아온 임대인 역시 문제를 해결하지 못하자 결국 부인이 직접 팔을 걷고 나섰다. 현장 연구원의 기록을 살펴보자.

> 내가 수도꼭지를 한 번 틀어보자고 제안했을 때, 드라이버 부인은 이미 화가 머리끝까지 치밀어 오른 상태였다. 부인은 주방으로 가 싱크대의 수도꼭지를 끝까지 틀었다. "이것도 물이라고 나오는 거야? 이걸 봐요! 끝까지 돌렸는데 이 모양이에요!" 물은 평상시 꼭지를 반만 틀었을 때만큼 졸졸 흘러나왔다. "내가 직접 배관공을 불러야지 안 되겠어요. 비용은 그 집주인이란 인간한테 반드시 청구할 거예요."

하지만 이런 드라이버 부인의 태도는 교사들 앞에서 한없이 온순하게 바뀌었다. 부인이 다른 이들 앞에서처럼 적극적인 태도를 교사들에게 보인 적은 단 한 번 월리에게 문제가 발생했을 때뿐이다. 월리는 학교의 봄 축제에서 공연을 펼쳤다. 공연을 선보인 학생 그룹에서 월리는 몇 안 되는 백인 학생 중 하나였다. 공연장 안은 인파의 열기로 무더웠다. 공연 도중 월리가 어지러움을 느꼈는지 자리에 주저앉았다. 하지만 어떤 교사도 월리를 도우려 하지 않았다. 객석에 앉아 있던 드라이버 부인은 자리에서 일어나 사람들을 헤치고 앞으로 걸어가더니 아들을 부축해 공연장을 빠져나왔다. 몹시 화가 난 부인에게 예의를 차릴 겨를은 없었다. 이후에도 두고두고 가족들에게 이때 이야기를 했다. 몇 번을 이야기하면서도 분을 가라앉히지 못했다. 하지만 그날 이후 부인이 교사들 앞에서 이 이야기를 꺼낸 적은 없었다. 중산층 가정의 부모와 달리 부인은 학교에 관한 자신의 생각을 개인적으로만 간직했다.

이런 상황에서 알 수 있듯 교사들 앞에서 드라이버 부인이 취하는 공손한 태도는 소심한 성격에서 비롯된 것도, 또 부족한 모성애나 무관심에서 비롯된 것도 아니다. 마셜 부인이나 핸드론 부인이라면 화를 냈을 상황에서 드라이버 부인이 잠자코 있는 이유는 아마도 자신이 속한 사회 계층이나 그런 계층의 공통적인 세계관 및 경제적·교육적 자산에 기초하고 있을 확률이 더 크다. 드라이버 부인이 생각하는 자신의 역할은 중산층 엄마들이 자녀 교육에서 자기 책임이라고 여기는 것들과는 사뭇 달랐다. 부인은 학교 측이 만남(1년에 두 번 열리는 사친회 등)을 요청하는 경우에는 긍정적으로 응했지만, 자신이 주도적으로 이를 추진하는 경우는 없었다. 부인은 웬디의 학교생활을 아이의 독립적인 영역으로 생각했고, 여기에 부모인 자신이 개입하는 것은 특수한 상황에 한정되는 것이라고 여겼다. 마셜 부인처럼 딸의 학급 배치에 문제를 제기하지도 않았고 핸드론 부인처럼 학급 내의 일상적인 경험들에 대해 다른 부모들과 의논하지도 않았다. 웬디의 담임 교사에게 전화를 하거나 학교를 직접 찾아가 숙제와 관련한 문제를 이야기하지도 않았다. 부인은 교사들이 딸을 잘 가르쳐줄 것이고 딸 웬디는 이를 잘 배울 것이라고 생각하며 특별한 상황이 아니라면 부모인 자신이 별도로 개입할 필요는 없다고 생각했다. 또한 문제가 발생하면 웬디가 자신에게 말을 할 것이라고 (또 심각한 문제가 생기면 학교 측이 직접 연락을 할 것이라고)

믿었다.

자신과 학교 사이의 관계를 이런 방식으로 이해하는 엄마의 영향 때문에 웬디는 학교를 자신의 세계로 인식하고 있었다. 앞서 소개한 멜라니 핸드론과 달리 웬디가 학교에서 겪는 어려움은 집 안으로까지 이어지지 않았다. 학교에 먼저 연락을 취하지 않는 엄마로 인해 웬디는 자신의 공부와 관련한 일을 스스로 관리하기도 했다. 다시 말해, 웬디가 어떤 문제를 엄마에게 말하지 않는 한 드라이버 부인은 그 문제를 다른 어떤 경로를 통해서도 접할 수 없었다. 실제로 4학년 봄, 읽기 지도 교사인 존슨 선생님과 마찰이 있었을 때("그 선생님은 만날 소리만 질러대요. 나 말고 다른 애들한테도 마찬가지예요. 정말 무서워요.") 웬디는 아무런 제지 없이 2주일이나 그의 특별 지도 수업에 빠질 수 있었다. 아무에게도 말하지 않았기 때문이다.[10] 드라이버 부인이 이 문제를 알게 된 것은 한참 뒤(존슨 선생님의 입을 통해)의 일이다. 딸의 교육과 관련한 정보를 학교 관계자나 다른 학부모가 아닌 딸 웬디를 통해 전해 듣는 드라이버 부인은 종종 학교의 중요한 문제들을 접하지 못했다. 드라이버 가족에게 학교는 웬디만의 세계였다.

드라이버 부인의 계층적 배경과 관련한 교육적 · 경제적 자산은 교사를 비롯한 학교 관계자들을 대하는 부인의 태도에도 영향을 미쳤다. 고등학교만 졸업하고 하급 사무직 노동자로 일하는 부인이 가진 정보, 혹은 정보에 접근할 수 있는 역량은 대학을 졸업하고 관리자 직책을 맡고 있는 마셜 부인의 그것과는 큰 차이가 있었다. 마셜 부인은 교육자들이 사용하는 용어(예를 들면 티어 선생님이 얘기한 "사회성과 감정의 중복" 같은 용어)에도 익숙했고, 또한 자신에게는 딸을 학교 영재 프로그램에 등록시키기 위해 외부 기관에서 따로 지능 검사를 받을 권리가 있다는 사실도 잘 알았다. 반면 드라이버 부인의 경우, 학교에서 정해준 것 이외에 다른 것을 하는 것을 몹시 꺼려했다. 부인은 딸의 난독증을 개선하기 위해 사설 기관에 등록했다가 돈만 잔뜩 들고 효과는 없을지도 모른다고 걱정했다. 드라이버 부인은 마셜 부인에 비해 교육 용어를 이해하는 능력도 부족했다. 로어리치먼드 학교의 관계자들이 딸 웬디의 학습 문제 원인에 관해 이야기할 때도 그들의 설명을 제대로 이해하지 못했다. (웬디의 학습 단계와 관련해 학교 측이 정기적으로 보내는 가정통신문을 접하면 "이해를 못하겠어요"라며 불평하곤 했다.)

전문 용어를 이해하는 데 어려움을 겪는 드라이버 부인의 모습은 치과를 방문한 상황을 기록한 아래의 사례에서 잘 나타난다. 드라이버 부인은 아이들을 6개월마다 치과에 데려가 정기 검진을 받았다. 검진을 마친 마크 선생님은 진료실로 들어와 드라이버 부인에게 윌리와 웬디의 치아 상태를 설명해주었다.

"윌리는 충치가 두 개 있네요. '영구치'예요. 양치를 좀더 신경 써야겠어요. 뒤쪽까지 꼼꼼히 닦도록 잘 지도해주세요. 그리고 웬디도 이빨이 몇 군데 썩었어요. 엑스레이 좀 볼까요?" 마크 선생님이 테이블 위의 엑스레이를 가리켰다. "여기랑 여기 보이시죠?" 드라이버 부인은 엑스레이를 슬쩍 보더니 고개를 끄덕였다. "젖니에 있는 것이긴 하지만 이런 것들이 나중에 영구치로 옮아갈 수 있어 위험하거든요." 그때 드라이버 부인이 의사에게 물었다. "그럼 뽑아야 할까요?" "네. 젖니는 그리 단단히 박힌 게 아니니 하루에 다 뽑을 수 있을 겁니다." 충치 이야기를 듣는 드라이버 부인에게 불안하거나 화난 기색은 없었다.

드라이버 부인은 윌리와 웬디의 다음 치료 예약을 잡고 대기실에 앉아 아이들과 대화를 나누었다.

> 드라이버 부인은 윌리에게 "윌리, 넌 충치가 두 개 있어서 때워야 한대"라고 말한 다음 고개를 웬디 쪽으로 돌려 "넌 이빨 두 개를 뽑아야 한대"라고 덧붙였다. "나도 '충치'가 있는 거예요?" 웬디의 물음에 드라이버 부인은 "아니"라고 대답했다. 엄마의 말에 신이 난 웬디는 의기양양한 표정으로 오빠를 보며 "이 충치쟁이야! 난 충치 없는데, 부럽지?"라며 장난을 쳤다.[11]

드라이버 부인은 '충치'와 '이빨이 썩었다'는 용어가 같은 것이란 사실을 몰랐다. 약 열흘 뒤 가족끼리 웬디가 뽑게 될 이빨에 관한 이야기를 할 기회가 있었다. 웬디는 치과에서 뽑은 이를 가져와 요정이 가져갈 수 있도록 베개 밑에 놓아둘 수 없다는 사실을 알고는 실망했다(우리가 이를 뽑으면 지붕 위로 던지는 것과 비슷한 미신—옮긴이). 또 웬디가 이를 뽑아야만 하는 이유에 대해서도 의견이 분분했다. 팔론 씨는 웬디의 입속이 너무 좁아 이를 뽑아내 넓혀야 한다는 농담을 했다. 얼마 후, 치과에 다녀온 웬디는 그날 뽑은 작은 이 두 개를 들고 있었다. 두 치아 모두에 새카만 충치 자국이 있었지만, 가족 중 누구도 웬디에게 '충치'가 있었다는 사실을 몰랐으며 그저 '이가 썩었다'고만 생각했다.

전문 용어를 불완전하고 부정확하게 이해하는 모습은 우리가 관찰한 여러 노동자 계층 및 빈곤층 가정에서 일반적으로 나타나는 현상이었다. 이는 이들 계층 가정의 부모가 교사나 의사 같은 전문가의 설명과 지시를 수동적으로 따르게 하는 주요인 중 하나였다. 대부분의 노동자 계층 및 빈곤층 부모는 교사를 비롯한 학교 관계자들이 사용하는 용어에 익숙하지 않을 뿐 아니라 자녀의 일상적인 학교 활동에 개입하는 것은 부적절한 행동이라는 생각을 갖고 있기도 했다. 그들은 아이의 교육과 관련한 책임은 교사가 질 것이며, 아이에게 문제가 발생하면 학교 측에서 연락을 할 것이라고 생각했다. 하지만 학교에 대한 부모들의 이와 같은 수동적인 태도 이면에는 그들에 대한 적대감과 저항이 깔려 있다.

존중 속에 숨은 적대감?

노동자 계층 및 빈곤층 가정의 부모가 교사들과 견해를 달리하는 영역 중 하나는 훈육, 특히 물리적 체벌에 관한 것이었다. (이 문제는 다음 장에서 좀더 자세히 다룰 것이다.) 아이들을 훈육하는 데 언어를 통한 설득을 중시하는 교사의 눈에 부모가 행하는 체벌은 잘못된 지도 방식으로 비춰진다. 웬디의 어머니도 예외는 아니었다. 5학년 가을, 웬디는 같은 반 남학생과 다툰 적이 있었다. 이때 드라이버 부인과 팔론 씨는 스스로 남자아이와 맞서 싸워야 한다고 조언했다.

웬디의 새 선생님이 어떤 분인지 묻는 질문에 드라이버 부인은 "좋은 분이에요"라고 대답했다. 그러고는 주제를 바꿔 웬디와 같은 반에 있는 한 남학생 이야기를 꺼냈다. "그런데 뒷자리에 앉은 녀석이 자꾸 머리를 잡아당기나봐요." 부인은 자신이 한 말을 한 번 더 반복했다. "같은 반에 애 머리카락을 잡아당기는 남자애가 있나봐요. 그래서 그 애를 주먹으로 한 방 먹여주라고 조언했죠." 옆에 있던 팔론 씨도 거들었다.

"맞아요. 선생님이 안 볼 때 주먹으로 한 대 때리면 다 해결될 거라고
말해줬어요."[12]

노동자 계층이나 빈곤층 가정의 부모가 학교의 정책에 불만을 가지
고 있음에도 공개적으로 항의하지 않는 데에는 한층 복잡한 이유가 있
다. 학교는 아동 문제와 관련한 정부 정책을 대변하는 공식 기관이고,
이러한 권한에 기초해 그들은 특정 학생이 가정에서 위험한 상황에 처
해 있다고 판단될 경우 문제에 개입해 부모와 아이를 떼어놓을 수 있
기 때문이다. 이로 인해 학교와 부모 사이의 힘의 균형이 깨지고 결국
은 상호 간의 불신과 불만이 쌓이는 것이다.

하루는 방문 연구를 끝내고 귀가하려는 나에게 드라이버 부인이 말
을 건넸다. 양호 교사가 웬디의 부어오른 손목을 보고는 병원에 가보
라고 말했다는 것이다.[13] 드라이버 부인이 보기에 웬디의 상처는 걱정
할 만한 게 아니었다. 부인은 교사가 제멋대로 웬디에게 그런 말을 했
다고 설명했다.

"학교에서 뭔가를 시키면 어쩔 수 없이 해야만 해요. 그들 말을 듣지 않
았다간 언제 DHS에서 사람이 나와 아이들을 빼앗아갈지 모르거든요.
내가 보기엔 별것 아닌 문제지만, 일단 병원엘 데려갔죠. 뭐 의사 선생
님도 별문제 없다고 하더군요." 드라이버 부인의 설명을 듣던 팔론 씨
가 끼어들었다. "조금 삐긴 했대요."

드라이버 부인은 다음과 같이 설명했다.

학교에서 큰 카드를 보낸 거죠. 마치 "당신이 아무런 조치도 취하지 않으면 DHS에 보고하겠어. 그러면 DHS에서 당신 아이를 데려갈 거야"라고 적힌 카드요. 아이 엄마는 나인데 말이에요.

드라이버 부인은 보험 혜택을 받았지만 진료비는 여전히 비쌌고 절차 역시 번거로웠다.

총 420달러가 들었어요. 집에는 5시가 되어서야 돌아왔을 거예요. (그때 팔론 씨가 끼어들었다.) "엄마를 불러야 했지요." (드라이버 부인이 계속 설명했다). 발레리를 돌봐야 해서 이이 어머님께 부탁을 드렸거든요. 병원에서는 진료를 받은 시간보다 기다린 시간이 더 길었어요. (팔론 씨가 한 번 더 말을 잘랐다). "내가 말했잖아. '그냥 팔을 확 부러뜨려 곧장 응급실로 갈까?'라고." (남자 친구의 말에는 아무런 대꾸도 하지 않고 드라이버 부인이 말을 이었다.) 420달러나 내고 내가 이미 알고 있는 얘기만 듣고 왔어요.

더욱 심각한 문제는 '학교'에 과도한 권한을 부여한다는 데 있었다. 이를 이용해 그들이 행하는 방침은 때론 억지스럽기까지 하다. 학교의 양호 교사는 위에서 소개한 웬디의 사례처럼 별일 아닌 문제를 과장하기도 했지만, 반대로 진짜 위급한 문제는 알아차리지 못한 적도 있다. 한 번은 윌리가 학교에서 다른 아이들과 부딪친 적이 있었다. 양호실을 찾아간 윌리에게 교사는 "걱정할 것 없다"며 상처가 난 눈 부위에 '반창고' 하나만을 붙여주었다. 하지만 양호 교사의 처방은 잘못된 것이었고, 결국 상처가 더욱 깊어져 윌리는 스물여덟 바늘이나 꿰매야 했다. 이 사건을 통해 드라이버 부인이 내린 결론은 하나였다. "양호 교사는 믿을 수 없다. 그들은 별일 아닌 문제에 호들갑을 떨기만 할 뿐 정작 중요한 문제를 정확히 보지 못한다." 서로 다른 학교에 다니며 나이도, 성별도 다른 윌리와 웬디가 각자의 학교 양호 선생님과 관련해 경험한 일들 사이에 특별한 연관이 있을 리 없지만(설령 있더라도 우연에 의한 것이겠지만), 드라이버 부인은 두 사건을 한데 묶어 일반화했다. 이런 태도는 드라이버 부인뿐 아니라 다른 노동자 계층과 빈곤층 가정에서도 발견할 수 있었다. 그들은 담임 교사나 지도 교사, 사서, 교장 등 학교와 관련한 모든 인물을 단순히 '학교' 자체로 인식했다.

드라이버 부인은 별것도 아닌 일로 웬디와 병원에 다녀온 것이 불만이었지만 이것이 학교의 좀더 껄끄러운 개입을 피하는 방법이라는 사실을 알고 있기에 여기에 순응했을 뿐이다. 부인에게 병원에 감으로써 발생하는 금전적 손실과 불편은 "그들"이 "웬디를 빼앗아가는" 위험을 없애주는 일종의 보험으로 여겨졌다. 이러한 불안과 학교 기관에 대한 불신은 다른 노동자 계층 및 빈곤층 가정의 부모에게서도 목격되었다.

토의

웬디 드라이버(그리고 오빠 윌리 드라이버)의 일상은 우리가 지금껏 관찰해온 티렉 테일러나 케이티 브린들 그리고 해럴드 맥앨리스터와 유사한 패턴을 보여주었다. 드라이버 가족의 아이들에겐 많은 자유 시간이 주어졌고, 아이들은 그 시간을 사촌이나 친구들과 어울려 놀거나 텔레비전을 보며 또는 집안일을 돕거나 친척 어른 댁을 방문하며 보냈다.

부모는 아이들에게 직접적인 지시를 내리는 경우도 많았지만 일상의 많은 활동에 대해선 충분한 수준의 자율성을 보장했다. 이들 가족의 전반적인 아동 양육 방식은 자연적 성장을 통한 성취 전략을 따르고 있었다. 다른 노동자 계층이나 빈곤층 가정과 차이점이 있다면 웬디가 몇 개의 학교 밖 활동에 참여한다는 것을 꼽을 수 있을 것이다. 그러나 드라이버 부인이 이런 지원을 하는 목적은 중산층 가정의 부모와 차이가 있었다. 요컨대 웬디에게 삶에 필요한 경험을 제공해주기 위해서가 아니라 아이를 길거리에서 벗어나도록 하기 위해 다양한 활동에 참여시켰다. 그리고 웬디도 이러한 활동에 즐겁게 참여했지만 학교 밖 활동 때문에 자유 시간을 빼앗기거나 가족의 생활 리듬에 변화를 요구하는 경우는 없었다.

학교에서 웬디가 처한 상황에는 일부 문제가 있었다. 전국 수준의 학업 성취도로 볼 때 하위 25퍼센트에 속하는 로어리치먼드 학교이지만 이곳에서도 3학년이 될 때까지 글을 읽지 못하는 학생은 거의 없었기 때문이다. 이 점을 제외하면 웬디는 정상적인 학교생활을 했다. 다른 노동자 계층 및 빈곤층 가정의 부모와 마찬가지로 드라이버 부인 역시 자신이 자녀의 학교생활을 위해 필요한 도움을 주고 있다고 생각했다. 하지만 교사들이 생각하는 학부모 지원의 의미는 달랐다. 교사들은 집중 양육 전략을 지지하는 태도를 보여주었다. 그들은 자녀의 학교생활에 적극적이고 주도적으로 관심을 가져주는 학부모를 기대했지만, 반대로 (앞장에서 소개한 사례 중 노래 가사에 이의를 제기했던 캐플런 부부처럼) 지나치게 사소한 문제에 개입하는 부모의 태도에 고충을 토로하기도 했다. 티어 선생을 비롯한 교사들이 지적하는 부분은 드라이버 부인 같은 학부모의 의존적이고 수동적인 태도다. 그들이 원하는 것은 일면 모순적이다. 교사는 학부모가 적극적이고 책임감 있는 자세로 자녀의 학교생활을 지도해줄 것을 원하는 동시에 자신들이 진행하는 활동에 대해서는 공손하고 협조적으로 따라주길 기대했다. 다시 말해, 적극적으로 의견을 제기하되 교사의 의견을 존중할 줄도 아는 학부모의 지원을 원했다.

로어리치먼드 학교의 교육자들은 학교를 대하는 학부모의 접근법이나 자녀들에게 적용하는 양육 방식이 그들의 사회적 계층과 관련이 있다는 사실을 인정(혹은 인식)하지 못했다. 티어 선생님은 드라이버 부인이 "웬디의 학교생활에 더 많은 관심을 쏟고" 더욱 적극적인 자세로 딸에게 교육적 지도를 행해줄 것을 기대했다. 하지만 고등학교 졸업 학력의 노동자 계층인 드라이버 부인에겐 이런 노력에 필요한 교육적·사회적 역량이 부족했다. 특히 마셜 부인과 달리 드라이버 부인은 딸 웬디의 교육 문제에 관한 대화에 참여하기 어려울 것이다. '충치'라는 용어에도 익숙하지 않은 부인에게 '청각적 수용'이나 '언어 기술', '해석 능력' 등의 용어를 이해하거나 사용하길 기대하기는 어려운 일이다. 이런 언어적 역량 이외에도 부인에겐 웬디를 담당하는 교사들 사이에서 발생하는 시각차를 조정할 능력 역시 부족했다. 웬디가 겪는 교육적 문제에 대해서는 전문가들조차 대응 방식에 이견을 보였다. 그리고 이런 상황에서 드라이버 부인은 웬디의 학업과 관련해 최선의 결정을 내리는 역할을 해야 했다. 하지만 부인의 마음속에는 자신이 딸의 학업에 개입하는 것이 가치 있는 일이라는 믿음보다 그 과정에서 실수를 하지는 않을까 하는 걱정이 더 크게 자리 잡고 있었다. 요컨대 부인은 1년 뒤 다른 아이들을 맡을 교사들과 달리 웬디를 항상 곁에서 지켜줄 사람은 자신뿐이라는 사실을 깨닫지 못했다.

이와 달리 통신사 직원이나 집주인을 대하는 상황에서 드라이버 부인은 자기 주장을 확실히 밝혔다. 상대방의 태도에서 무엇이 잘못되었는지 지적하며 자기 생각을 정확히 설명했고 또 원하는 것이 있으면 당당히 요구했다. 하지만 학교 관계자들을 마주하면 그들이 지닌 전문 지식과 권위 앞에 주눅이 들었고, 따라서 자신의 평소 모습 같은 당당한 태도를 견지하지 못했다. 웬디의 학업 문제는 3학년 때부터 본격적으로 논의되기 시작했고 결국 4학년이 되자 특수 교육 지원 결정이 내려졌다. 그리고 4학년이 끝날 무렵에는 유급 문제가 논의되기도 했다. 이 모든 과정에서 드라이버 부인은 그저 걱정만 하며 '학교'가 내리는 결정을 기다릴 뿐이었다.

11

체벌과 공권력에 대한
두려움

•

리틀 빌리 야넬리의 사례

그날 상담 치료사가 내게 말하길 …… 자기는 정부에서 고용한 상담사인 만큼 내가 아이를 때리는 걸 알게 되면 주 정부에 보고할 수밖에 없다고 하더군요.
요즘은 빌리와의 관계에 조금씩 변화가 있어요. 저 역시 무슨 일이 있어도 아이를 때리지 않는 부모가 되고 싶지만, 가끔씩 빌리가 도저히 통제 불능이 될 때가 있죠. 그럴 땐 체벌이 필요하다는 생각이 들어요. (야넬리 부인)

미국의 건국 위인들이 어린 아이였을 때만 해도, 아이들을 체벌로 다스리는 것이 드물지 않은 일이었다. 그러나 20세기 말 그리고 21세기 초에 들어서면서, 아이에게 '적당한 선택권'을 주고 논리적 대화를 통해 기르는 것이 자녀 양육의 지배적 이데올로기로 자리 잡았다. 그 이전 시대와 비교할 때, 체벌을 통해 아이를 교육하는 것과 같은 권위적 양육 방식은 점차 사람들에게 외면을 받게 되었다.

그러나 전문가들의 이런 양육 기준 역시 무작위로 적용되는 것이 아니라 단계적으로 적용되는 경향이 있다. 예를 들어, 같은 폭력임에도 불구하고 아이에게 언어폭력(엄마가 아이에게 "더 이상 너를 자식으로 키우고 싶지 않다"는 말을 한 경우 등)을 저지르는 부모보다 벨트로 아이를 체벌하는 부모의 죄가 더 무거운 것으로 간주되며 아동 학대로 고소당할 확률도 더 높다. 주 정부 산하 단체라 할 수 있는 학교에서는 아이들에게 적용할 교육 기준을 선택한다. 그리고 학교 측의 이러한 행동은 학생과 학생 가족의 평안, 신뢰 그리고 학교생활에 중요한 영향을 미친다

'리틀 빌리' 야넬리와 빌리의 (법적으로 부부 관계가 아닌) 엄마 아빠는 좁은 골목에 작은 집들이 다닥다닥 붙어 있는 노동자 계층 백인 거주지에 살고 있다. 이들 가족의 집은 침실이 두 개 딸린 작은 벽돌집이다. 도로변에서 몇 발짝 떨어지지 않은 곳에 현관문이 있고, 그 문을 열고 들어가면 바로 작은 거실이 나온다. 거실 한쪽 벽을 가득 차지하고 있는 것은 스크린이 아주 큰 텔레비전이다. 야넬리 가족은 24시간 텔레비전을 켜놓고 생활한다. 소파와 1인용 안락의자, 2인용 안락의자, 커피 테이블이 빼곡히 들어찬 거실에는 여유 공간이 전혀 없다. 사실 두 사람이 나란히 서서 돌아다닐 수 없을 만큼 좁은 공간이다. (침실 두 개, 샤워실 하나, 작은 거실, 식당, 부엌 그리고 막 공사를 끝낸 지하실로 이루어진) 이 집에는 작은 정원이 하나 딸려 있는데, 여름이면 야넬리 씨(가족은 그를 '빅 빌리'라고 부른다)는 여기에서 토마토를 기른다. 거실을 비롯해 집 안 전체가 무척이나 깔끔하게 정돈되어 있는데, 현장 연구원이 이를 칭찬하자 야넬리 부인은 "이렇게 작은 집에서는 코트나 양말 한 짝만 아무 데나 뒹굴게 놔둬도 금세 지저분해져요"라고 대답했다. 리틀 빌리의 부모는 최근 이 집을 구입해 자기들 취향에 맞게 고쳤다. 야넬리 씨 혼자서 저녁 시간과 주말을 이용해 공사를 했다.

엄마인 린다 야넬리 씨는 36세이지만 실제 나이보다 젊어 보인다. 아마도 집에서 대부분 데님 컷오프(밑단을 빈티지하게 자른 청 반바지—옮긴이)와 면 티셔츠를 입고 있어서인 것 같았다. 야넬리 부인은 집 안에서

맨발로 지냈으며 갈색 머리는 포니테일 스타일로 묶고 다녔다. 야넬리 부인은 (신고하지 않은 노동자로) 시간당 12달러를 받고 교외에 위치한 집들을 청소한다. 청소 일은 몹시 고되다. 야넬리 부인은 동료들과 함께 4인 1조로 회사 관리인의 차를 타고 집집마다 돌아다니며 청소를 한다. 청소 일을 하려면 점심시간이 일정하지 않다. 예를 들어, 아홉 가구를 하루에 청소해야 하는 목요일에는 저녁 6시 전에는 집에 올 수 없다. 아빠인 야넬리 씨는 마른 체격에 말수가 적은 30대 후반의 남성으로, 집에 페인트를 칠해주는 일을 한다. 그 때문에 바지와 셔츠에는 언제나 페인트가 묻어 있다.[1] 열네 살 때부터 이 일을 해왔는데, 자신의 직업을 극도로 싫어한다. 특히 그의 말을 빌리면 "욕심 많고 바라는 것만 많은" 상사가 있는 새 직장으로 옮긴 뒤부터 더 심해졌다. 대개 아침 일찍 일어나 일터로 나가며, 오후 4시 30분쯤 퇴근한다. 항상 일에 지쳐 있긴 하지만 야넬리 씨는 아들을 무척 사랑한다. 그래서 아들이 야구 경기를 할 때면 자동차로 태워주기도 하고, 야구 코치를 돕거나 공을 똑바로 치라고 빌리를 훈계하기도 한다. (야넬리 씨는 "방망이를 휘둘러!"라고 소리치고는 이내 유감스럽다는 듯 고개를 가로저으며 "저 애는 공을 무서워해서 문제야"라고 말했다). 그는 또 아들과 카드 게임도 한다. 집 안을 가로지르며 애정 어린 손길로 아들의 머리카락을 헝클어뜨리기도 하는데, 이럴 때는 아들을 자신이 가장 좋아하는 별명인 "뮤크(Muke: mook의 다른 말. 랩록(rap-rock) 장르를 좋아하는 록 음악 팬을 지칭하는 속어—옮긴이)"라고 부른다. 하지만 야넬리 씨는 전통적인 가정 내 성 역할에 따라 아들의 직접적인 양육이나 학교 교육에는 관여하지 않는다. 그런 일은 '아내 소관'이라고 생각하기 때문이다. 야넬리 부인에게는 전남편과의 사이에서 낳은 아들 매니(21세)가 있다. 매니는 야넬리 씨 부부 집에 살면서 재택근무를 한다. (여자 친구네 집에서도 상당한 시간을 보낸다.) 매니가 일을 할 때면 집 안이 평화롭지만 그렇지 않을 때는 야넬리 씨와 종종 갈등을 일으키곤 한다.

야넬리 부부의 학력은 둘 다 고등학교 중퇴다. 그리고 두 사람 모두 건강 보험에 가입하지 않았기 때문에 누군가가 아프기라도 하면 병원비가 가계에 큰 부담이 된다.[2] 그러다 정말 아픈 환자가 생기면 결국 병원 응급실 신세를 지고, 야넬리 부부는 수백 달러의 의료비를 조금씩 갚아나간다. 이들 가정은 언제나 생활고에 시달리지만, 그래도 몇 년 전 야넬리 부인이 무직 상태였을 때보다는 훨씬 사정이 나아졌다. 야넬리 부인은 자신의 가족에게 신용 카드가 있다는 사실을 매우 자랑스러워했다. 그러나 부부에게는 아직 당좌예금 계좌가 없다. 그래서 모든 청구서는 우편환을 통해 지불한다. 부부 모두 '플레잉 더 넘버스 (playing the numbers)'라는 게임을 즐기며 종종 소액의 돈을 걸기도 하고, 지역 풋볼팀의 경기가 있을 때는 경기 결과에 베팅을 하기도 한다. 가끔씩 운이 좋으면 여윳돈을 벌 때도 있다. 실제로 부부는 이렇게 도박을 해서 딴 250달러로 주방에 놓을 새 가구를 구매하기도 했다.

야넬리 씨 부부는 모두 경제적으로 어려운 가정에서 자랐다. 예를 들어, 야넬리 부인의 가족은 경제적인 사정으로 자주 이사를 다녀야 했다. 부모는 부인이 아주 어렸을 때 이혼을 했고, 어머니(빌리의 외할머니)는 부인이 두 살 되던 해에 재혼했다. 부인이 "아빠"라고 부르며 자란 양아버지는 글씨를 읽거나 쓸 줄 모르는 공장 노동자였다. 한편, 친아버지는 부인이 열세 살 되던 해에 시 감옥에 수감되었다가 자살로 생을 마감했다. 부인은 이 일에 대해 아직도 의문을 품고 있었다.

아버지(부인의 친아버지―옮긴이)는 항상 우리랑 연락하고 지내셨어요. 종종 우리를 보러 직접 오기도 하셨고요. 언제나 좋은 아버지였죠. 그런데 서른세 살 되던 해에 감옥에서 목을 매달아 자살한 거예요. 이 일로 한동안 다들 말이 많았어요. 경찰이 한 짓이라는 얘기가 많았죠. 당시 경찰들에겐 수상쩍은 점이 한두 가지가 아니었고요. 아버진 절대로 자살할 분이 아니었어요. 그런 부류의 인간들하곤 달랐다고요. 자살하기 바로 전날만 해도 배를 한 척 사셨는걸요.

부인은 여러 가지 걱정을 많이 하는 편이다. 한 번은 절친한 친구의 세 살짜리 딸이 뇌종양에 걸려 세상을 떠났다. 그 일이 있고 수년 동안 부인은 리틀 빌리에게 무슨 일이 생길까 걱정하는 마음에 아이의 행동거지 하나하나를 일일이 간섭했다. (예를 들어 아들이 아버지와 함께 근처 강가에 낚시를 가는 것도 반대했다.) 아들에게 무슨 일이 생길까 걱정하는 마음 때문에 자신이 어린 빌리를 너무 오냐오냐 키운 것은 아닌지 그리고 그런 양육 방식 때문에 빌리가 학교에서 자꾸만 말썽을 일으키는 건 아닌지 우려했다.

이젠 아이의 말썽이 통제 불능인 지경에 이르렀어요. 과잉 행동 장애가 있는지까지는 잘 모르겠지만요. 지난 몇 년 동안 대체 뭐가 문제인지 알아내려고 부단히 애를 썼지만 헛수고였어요. 우리 부부는 아이에게 무척 잘 해주는 편이에요. 그런데 어느 날은 어쩌면 그게 문제였을 수도 있단 생각이 들더군요. 우리가 너무 잘 해주기만 해서 그런 게 아닐까 하고요. 빌리는 정말 짓궂은 구석이 있는 아이예요. 잘 해주면 해줄수록, 더 많이 사랑해주면 해줄수록 말이에요. 정말 짓궂은 구석이 있다고밖에는 어떻게 설명할 방법이 없네요. 그렇지만 남편과 나는 그 애를 죽을 만큼 사랑한답니다. 빌리는 이것저것 관심이 아주 많은 아이예요. 어디든 가보고 싶어 하고, 뭐든 해보고 싶어 하고, 끝이 있으면 유쾌한 아이이고, 운동도 좋아해요. 지금은 야구를 하고 있는데, 하키도 해보고 싶다고 하더군요. 보시다시피, 전 이런 엄마예요. 이렇게 얘기하다 보니, 아이에겐 아무런 문제도 없고 나만 나쁜 엄마가 된 것 같네요.

빌리는 올해 열 살 된 사내아이로 작고 통통한 체구에 반바지를 거의 뒤덮을 정도로 긴 티셔츠를 즐겨 입는다. 그러나 짧게 바짝 자른 금발 머리와 오른쪽 귓불에 한 단추형 귀걸이 때문에 스타일리시하다는 인상도 준다. 빌리에게도 학교생활은 쉽지 않은 듯했다. 빌리네 반 담임을 맡고 있는 티어 선생님의 장점에 대해 현장 연구원이 질문하자 빌리는 다음과 같이 대답했다.

장점은 그다지 없어요. 그래도 쉬는 시간을 길게 주시는 건 좋아요. 그러면 우리는 쉬는 시간에 산책을 해요. 사실 티어 선생님은 꽤 재밌는 분이긴 해요. 가끔은 선생님이 직접 지은 자작곡을 배우기도 하고요. '지도 랩(map rap: 지도에 있는 지명을 랩으로 만들어 아이들의 흥미 유발을 하는 듯함—옮긴이)' 같은 거요. 오히려 이렇게 재미있게 가르치는 수업에서 더 많은 걸 배울 수 있어요. 그리고 우리 교실엔 동물도 많아요. 엄청나게 큰 어항에 물고기를 아홉 마리 키우고요, 햄스터도 세 마리 길러요. 티어 선생님은 가끔 어려운 말을 쓰시는데요, '엄밀히'라거나 '장애물' 같은 단어를 쓰시더라고요. 가끔 그렇게 어려운 단어를 쓰세요.

그렇지만 빌리는 선생님에 대한 불만도 있었다.

선생님은 가끔 화가 나면 애들 머리카락이나 귀를 잡아당기고 이마에 꿀밤을 먹여요. 손가락으로 때리는 거지만 꽤 아파요. 그래서 선생님한 테 꿀밤을 맞은 애들은 전부 "아야!" 하고 소리를 질러요.

그렇다면 티어 선생님은 빌리를 어떻게 생각하고 있을까? 이 질문을 하자 빌리는 다음과 같이 대답했다.

선생님은 제가 똑똑하다고 생각해요. 저 혼자 착각하는 게 아니고요, 진짜로 선생님이 그렇게 말씀하셨어요. 그리고 또 제가 항상 숙제도 잘 해가는 학생이라고 하시겠죠. 제가 아주 착한 아이이고 성적도 잘 나온 다고 말이에요.

그렇지만 빌리는 자기 자신에 대한 좋지 않은 평가에 대해서도 알고 있었다.

선생님은, 아니 많은 사람들이 저보고 문제라고 그래요. 아마 선생님 도 저한테 문제가 있다고 하실 수 있어요. 아마 제가 집에서도 문제를 일으킨다고 생각하실 것 같아요.

빌리는 또 부모님과 '학교' 사이에 흐르는 팽팽한 긴장감에 대해서 도 모르지 않았다. 엄마가 교장 선생님을 아주 싫어하기 때문이다.
빌리네 집은 백인 거주 단지 안에 위치해 있지만, 몇 블록 떨어지지 않은 곳에 흑인들만 모여 사는 거주지가 시작되는 거리가 있다. 빌리가 다니는 로어리치먼드 학교 역시 학생 및 교직원 모두 인종적으로 다양한 사람이 모여 있는 기관이다. 예를 들어, 빌리의 3학년 담임 교사였던 그린 선생님을 비롯해 카운슬러인 프랭클린 선생님은 아프리카계 미국인이었지만, 4학년 담임인 티어 선생님이나 교장 선생님은 백인이다. 집에서도 빌리는 대개 (여자아이들을 포함해) 백인 친구들과 어울려 논다. 때때로 걸어서 몇 분 거리에 사는 같은 반 흑인 친구가 빌리네 집에 놀러오는 일도 있기는 하지만 말이다.

빌리의 아빠 야넬리 씨 역시 어린 시절부터 친하게 지낸 흑인 친구 '미치' 씨와 일주일에 수차례씩 어울린다. 야넬리 가족이 자주 가는 가게 역시 백인들이 다니는 곳이며, 빌리가 속한 야구 리그도 마찬가지다.

티렉 테일러나 케이티 브린들 그리고 다른 노동자 계층 및 빈곤층 자녀와 마찬가지로, 빌리의 일과 역시 몇 안 되는 이웃 아이들과 뛰어 노는 것으로 구성된다. 하지만 여름이면 빌리가 참여하는 유일한 체육 활동인 야구 때문에 온 가족이 갑자기 바빠진다. 저녁마다 연습을 하고 주말에는 경기에 나가야 하기 때문이다. 그러나 빌리는 이 야구팀 활동을 굉장히 좋아한다.

난 포수가 좋아요. 공을 잡을 때면, 가끔은 긴장도 되고요, 공을 굉장히 빨리 던지는 투수가 있을 때면 스트라이크 아웃이 걱정되기도 하지만요. 쾅, 쾅, 쾅! 내가 친 공이 외야로 날아갈 땐 정말 신 나요.

그러나 대부분의 경우 빌리는 야구장에서 경기를 하기보다는 동네 아이들과 함께 길거리에서 뛰어놀거나 (토요일 오후에 하는 요리 프로그램을 비롯해) 텔레비전을 보기도 하고, 외출하는 엄마를 따라 다니며 시간을 보내기도 한다. 티렉 테일러가 그랬듯이 빌리도 개릿 탈링거나 알렉산더 윌리엄스보다 훨씬 자율적으로 시간을 보냈다. 특히 빌리의 부모는 친척과 매우 가까운 관계를 유지했다. 리틀 빌리의 삼촌은 거의 매일 빌리네 집에 한 번씩 들렀고, 야넬리 부인 역시 어머니에게 매일 전화를 하는 편이다.

전 형제들과 매일 통화를 하는 편이에요. 특별히 할 말이 있어서는 아니에요. 그냥 "잘 지내?", "그냥 그렇지 뭐.", "조만간 얼굴이나 보자"는 식의 인사를 나누는 거죠. 우리 가족은 거의 매일같이 연락을 하며 지냅니다. 제가 통화 가능하다고 생각되는 시간이면 꼭 전화가 오죠. 어떻게 지내는지, 오늘 아침에 애는 학교에 잘 갔는지, 그런 걸 물어보죠. 이렇게 우리 가족은 매일 서로 연락하며 지내요.

가족이 있다는 것은 "언제나 기댈 수 있는 누군가가 있다는 것, 내가 어떤 삶을 살든 내 편이 돼줄 사람이 있다는 것을 의미하며, 그것이야말로 중요한 것"이라고 이들은 말한다.

그러나 야넬리 가족이라고 해서 모든 친척이 다 가깝게 지내는 것은 아니다. 예를 들어, 야넬리 씨는 동생 찰리와 함께 일하고 있는데, 마약 중독에 걸린 형 레이가 힘없는 노인처럼 쇼핑 카트를 밀고 가는 것을 보고는 찰리에게 5달러를 주며 형에게 가져다주라고 얘기했다. 그러나 본인이 직접 그 돈을 전해주지는 않았다.

학교에서 리틀 빌리는 B학점이라는 나쁘지 않은 성적을 받는 학생이지만, 과잉 행동 장애가 있다는 평가를 받고 있다. 빌리의 엄마는 아들을 "반대표 말썽꾸러기"라고 부른다. 빌리는 돌을 던지거나, 다른 아이들이 자리에 앉으려 할 때 뒤에서 의자를 빼버린다거나, 학우들과 싸우는 등 여러 가지 '튀는 행동'으로 벌을 받는다. 담임인 티어 선생님은 빌리를 다음과 같이 설명한다.

> 녀석은 '또라이'예요. 미안한 말이지만, 정말 그 말이 가장 어울려요. '또라이'가 어떤 의미인지 아시죠? 빌리는 한시도 가만히 있지 못하고 아무 데서나 헛바닥을 내밀고 혼자서 이상한 소릴 내는 아이예요.

티어 선생님은 또 빌리가 또래 아이들과 잘 어울리지 못하는 바람에 어려움을 겪기도 한다고 말했다. 학교의 카운슬러인 프랭클린 선생님 역시 이런 견해에 동의했다.

> 빌리는 똑똑한 아이입니다. 재능도 있고요. 그렇지만 언제나 그놈의 입이 방정이죠. 다른 아이들에게 해서는 안 될 말을 너무 자주 하거든요. 다른 애들의 엄마를 욕하는 식으로요. 빌리는 어떻게 하면 다른 사람을 화나게 도발할 수 있는지 알고 있어요. 정말이지 빌리의 행동 대부분은 그 나이 또래한테서 기대할 수 있는 행동이 아니에요. 행동하는 것만 봐서는 자기 또래보다 훨씬 어린애 같아요. 예닐곱 살 먹은 아이 같죠.

이런 행동 때문에 빌리의 선생님들은 일주일에 한 번은 학교 카운슬러와 면담할 것을 강력히 추천했다. 교사들은 또한 빌리의 가족 역시 상담을 받는 게 좋겠다고 생각했는데, 빌리의 아빠 야넬리 씨는 이를 말도 안 되는 처사라고 여겼다. 야넬리 부인 역시 빌리가 상담 받는 일에 할 수 없이 동의했듯이 가족 카운슬링에도 떠밀리듯 동의하게 될 것이라고 생각했다. "강요당하는 느낌이 들어요. 정말로요"라고 부인은 털어놓았다. 카운슬링 교사인 프랭클린 선생님 역시 부인의 이런 기분을 잘 알고 있었다.

부인께서는 아들 빌리가 단체 치료 상담에 참가하는 것을 극구 반대했어요. 부인을 설득하느라 우리도 꽤나 애를 먹었죠. 여느 부모님이 그러하듯 야넬리 부인 역시 아이에게 상담 치료를 받게 하는 것은 곧 아이에게 심각한 문제가 있음을 인정하는 것과 다름없다고 생각하는 듯합니다. 사실은 그런 게 아닌데 말이죠.

야넬리 부인은 여러 면에서 학교 측의 기준에 잘 따르는 학부모다. 예를 들어, 빌리의 부모는 아들이 공부를 소홀히 해서는 안 된다는 점에 동의했고, 야넬리 부인은 빌리가 숙제를 꼭 해가는지 확인했다. 가을 학기에 입을 옷을 살 때도 부인은 아들의 옷이 학교 규정에 어긋나지 않도록 주의를 기울였다. 또한 모든 사친회 모임에 빠지지 않고 참석했으며 문제가 생길 경우 학교 측에 직접 연락해 이를 해결하기도 했다. 그러나 개중에는 빌리의 부모가 도저히 인정할 수 없는 교칙도 있었다. 이를테면 야넬리 부부는 아들에게 누가 괴롭히거든 학교 교칙에 관계없이 참지 말고 싸워서 스스로를 방어할 수 있어야 한다고 가르쳤다. 빌리가 4학년 때는 빌리네 반에 있던 한 백인 학생이 빌리를 너무나 괴롭힌 나머지 야넬리 씨와 빌리의 삼촌이 직접 빌리에게 '싸우는 방법'을 알려주고는 다음 날 학교에 보내며 "꼭 그 애를 때리고 오라"고 당부하기도 했다. 이 일로 빌리가 정학 처분을 받았을 때도 빌리의 부모는 아들이 복수를 했다는 사실에 만족했을 뿐 학교 규칙을 위반했다는 사실엔 크게 개의치 않았다. 이 이야기를 전해 들은 로어 리치먼드의 카운슬러 프랭클린 선생님은 화를 감추지 못했다.

아이에게 잘못된 것을 가르치는 기분이 들었습니다. 폭력을 사용해도 괜찮다고 가르치는 꼴이죠. 그래서 내가 직접 부인께 말씀드렸어요. 그런 식의 가정교육은 아이에게 잘못된 생각을 심어줄 수 있다고요. 아들이 스스로를 지킬 수 있기를 바라는 마음이야 이해하지만, 싸움은 학교 규칙에 어긋난다고도 말씀드렸고요. 아이들 사이에 문제가 생기면 이를 해결해줄 어른이 많으니 폭력은 자제해야 한다는 것도 얘기했습니다. 마찬가지로 빌리 역시 자신이 다른 아이들에게 저지른 폭력에 책임을 져야 합니다.

프랭클린 선생님은 이런 태도를 견지하는 부모가 비단 야넬리 부인만은 아니겠지만 그렇다 해도 자녀에게 '싸워도 좋다고 허락하는 것'은 "사소한 잘못들에까지 면죄부를 쥐어주는 것"이라고 말했다. 선생님은 또한 야넬리 가족이 전통적인 성 역할에 따라 (수십 년 전에나 하던 방식으로) 아빠를 육아에서 완전히 배제하는 것에도 반대 주장을 폈다. 선생님이 생각하기엔 이런 가정 분위기(아빠가 빌리의 양육에 무관심한 분위기) 역시 문제 해결에 전혀 도움을 주지 못한다. "그런 가부장적 태도는 전혀 도움이 되지 않아요. 무엇보다도, 양육은 엄마 혼자 할 수 있는 게 아닙니다. 아빠가 참여하지 않을 경우 빌리가 더욱 엇나갈 수 있어요."

부모와 학교 사이의 간극, 즉 부모가 가정에서 채택하는 양육 방침과 학교가 내세우는 교육 방식의 차이는 이들 가족의 일상생활에서 꾸준히 나타났다. 웬디 드라이버의 부모와 마찬가지로 야넬리 부부 같은 노동자 계층 부모는 학교로부터 거리감과 불신, 소외, 위기감 등을 느끼는 것으로 나타났다. 이들 부부도 토요일 아침 복권을 판매하는 사람이나 우편환을 주는 사람, 식당 직원, 접수 담당자 같은 사람을 대할 때는 안정된 모습을 보였지만, 유독 학교 교직원들과의 관계에서는 불신을 드러냈다. 실제로 야넬리 부인은 학교를 싫어했고, 자신이 피해자라고 생각하는 듯했다.

아침에 아이의 가방을 열어보니 쪽지 한 장이 들어 있더군요. 거기엔 "내가 시키는 일을 안 했으니 널 죽여버릴 거야. 넌 죽었어. 네 엄마는 어떤 년이네, 네 아빠는 어떤 놈이네, 할머니는 어떠네" 하는 글이 적혀 있었어요. 정말 몸이 부들부들 떨리더군요. 아이가 등교하는 9시까지 기다릴 수조차 없었어요. 세상에 이게 말이 되느냐고 외쳤죠. 그런데 웃긴 건요, 빌리가 다른 애들을 괴롭히는 건 문제가 되면서, 다른 애들이 빌리에게 이런 짓을 하면 얘기가 달라진다는 거였어요. 화가 머리끝까지 나서는 당장 학교로 달려갔죠. 우리 아들에게 이런 짓을 하는 아이들은 대체 뭐냐고 따져 물었더니, 뭐라고 했는 줄 아세요? 그 애들이 빌리에게 그런 짓을 한 건 빌리가 자초한 일이라더군요. 한마디도 지지 않고 그렇게 말하더라고요.

그나마 학교에서 자신이 영향력을 발휘하고 있다고 느끼는 마셜 부인이나 핸드론 부인과 달리, 야넬리 부인은 학교 일에 대해서는 스스로 완전히 무력하다고 느꼈다.

현장 연구원: 학교에서 그런 대답을 들었을 때 어떤 생각이 들던가요?
야넬리 부인: 전 정말 학교라는 기관이 싫습니다. 치가 떨려요. 사실 전
우리 애를 가톨릭 학교에 보내고 싶었어요. 제 친구 중 하나도 빌리와
비슷한 성격을 가진 아들이 있는데, 가톨릭 학교에 간 후 완전히 달라졌
거든요. 그렇지만 남편은 가톨릭 신자가 아니고, 가톨릭 학교에서는 빌
리를 받아줄 수 없다고 하더군요. 전 매일 아이와 씨름을 하는 느낌이
에요. 그게 제 삶의 전부라고 할 정도로요. 직장에 나가서도 애가 무슨
문제를 일으키진 않나, 온통 마음이 콩밭에 가 있으니. 대체 어떻게 해
야 이 문제를 해결할 수 있을까요? 영원히 끝나지 않을 문제 같아요.

야넬리 부인은 상대적으로 낮은 자신의 사회적 위치를 절감하고 있
었다. 사친회 모임에서 빌리의 담임인 티어 선생님과 얘기를 나눈 후
부인은 다음과 같이 말했다.

선생님께 빌리의 머리카락을 잡아당긴 이유가 뭔지 여쭤보고 싶었어
요. 왜 아이의 책을 교실 반대쪽으로 집어던지고, 빌리가 그 책을 잡지
못하면 "넌 너무 느려"라고 말씀하셔야만 했는지요. 그렇지만 그런 것
에 대해 물어볼 수 없었어요. 전 별로 교육을 받지 못했고, 하고 싶은 말
을 적절한 단어를 사용해 전달할 수 없기 때문이에요. 그렇지만 단지
교육을 많이 받았다고 해서(이 대목에서 부인의 목소리가 작아졌다) 그 사
람들이 다 똑똑한 건 아니라고 생각해요.[3]

야넬리 씨도 부인의 말에 동의하며 '학교'에서 빌리를 문제아로만 낙인찍어놓고 불공평하게 대우한다고 불만을 표했다. 설령 야넬리 부부가 아들을 집중 양육 방식에 따라 길렀다 해도, 학교에서나 집에서나 문제점이 완전히 사라지지는 않았을 것이다. 그러나 이들 부부의 현재 양육 방식으로는 마셜 가족이나 다른 중산층 가정에 비해 교직원들과의 관계에서 더 깊은 거리감과 불신 그리고 어려움을 초래할 수밖에 없다. 야넬리 부인은 사친회 모임에서 자신이 '다루고 싶었던 대화 주제'에 대해 '충분한 어휘'를 알지 못한다고 생각했으며, 이에 대해 무력감과 제약을 느꼈다.

학교의 신고를 당할 것 같은 두려움

학교에 대해 갖는 부모의 이런 불편한 감정은 때때로 가정에서 빌리에게 가하는 체벌에 대한 학교 측의 간섭으로 인해 폭발하기도 한다. 평소 야넬리 부부는 자녀들에게 명령문을 자주 사용한다. "빌리, 하지 마라" 또는 "빌리, 그만해라"는 식으로 말이다. 그리고 그런 지시에 대해 이유를 설명하지 않는다. 설령 이유를 설명한다 해도 탈링거 씨 가족처럼 자세히 설명해주지 않았다. 즉 야넬리 부부는 아들을 앉혀놓고 좋은 말로 설명을 해주며 스스로 생각해보라고 말하는 타입의 부모가 아니었다. 부부가 아들에게 뭔가를 시키며 이유를 설명할 때도 아주 짧게 말했다. 게다가 (빌리의 양육을 거의 전적으로 책임지는) 야넬리 부인은 빌리가 말을 듣지 않을 때는 벨트로 체벌하는 것이 꽤 효과가 있다고 생각했다. 명령과 체벌이라는 매우 원초적인 양육 방식은 분명 현대 교육 기관에서 권장하는 방법은 아니다. 예를 들어 이른 5월 어느 수요일 저녁, 야넬리 부인은 아들의 숙제 때문에 말싸움을 벌이고 있었다. 빌리는 (텔레비전을 켜놓은 채) 초저녁부터 시작한 숙제를 8시가 되도록 끝내지 못했다.

> 엄마: 빌리, 얼른 숙제 좀 끝내라. 벌써 8시야. 엄마가 텔레비전 꺼도 되지? 너 지금 몇 번 풀고 있니? 몇 시에 숙제를 시작했는데?
>
> 빌리: 5시요.
>
> 엄마: 5시에 시작했으면 집중을 해서 6시에는 끝냈어야지. 빌리, 엄마가 얘기하는데 대답을 해야지. 지금 몇 번 하고 있어? (엄마는 화가 난 목소리가 역력하다.)

잠시 후, 리틀 빌리는 숙제를 다 끝내고 엄마와 현장 연구원과 함께 스크래블(scrabble) 게임을 시작했다. 그런데 이 게임이 또다시 화근이 되었다.

> 엄마: 이번만 하고 샤워해.
>
> 빌리: 지금 게임하고 있잖아요.
>
> 엄마: 아니, 샤워해야 해. 샤워하고 나서 게임해. (화난 엄마의 목소리가 점점 커진다.)

빌리는 숙제를 끝내고 엄마와 현장 연구원 한 명과 함께 스크래블 게임을 하던 중이었다. 게임이 채 끝나기 전, 야넬리 부인은 빌리에게 샤워하러 갈 시간이라고 말했다. 빌리는 엄마의 말을 무시했다. 수차례 빌리에게 샤워를 하라고 얘기하다가, 부인은 끝내 벨트를 꺼내왔다.

엄마: 빌리, 샤워해. 울고 떼써도 소용없어.

빌리: 게임 안 끝났잖아요.

엄마: 끝났어. 놀고 싶으면 숙제를 미리미리 해뒀어야지.

(빌리는 여전히 꼼짝도 하지 않는다.)

엄마: 얼른! 내일 할 일도 많은 애가 얼른 씻고 자야지!

(빌리는 움직이지 않는다.)

엄마는 다른 방에 가서 갈색 가죽 벨트를 가져왔다. 그러고는 빌리의 다리를 두 차례 때렸다. 빌리는 아빠와 현장 연구원 사이에 앉아 있었다. 아빠와 (아빠 친구인) 톰은 이 모습을 그냥 지켜보고만 있었다. 엄마는 빌리에게 다시 한 번 경고했다. "지금 당장 일어나. 내일 아침에 못 일어나겠다고 투정 부리지 말고 말이야. 지금 당장 엄마 말 들어." 빌리는 자리에서 일어나 위층으로 올라갔다.

이 일련의 훈육 과정에서 논리적 설득이 전혀 없었던 것은 아니다. 빌리에게 명령에 대한 최소한의 설명은 해주었기 때문이다. 그러나 부인은 근본적으로 명령문을 사용했다. ("빌리, 샤워해"라거나 "이제 게임 그만해"라는 식으로.) 무엇보다 아들이 말을 잘 듣지 않는다고 생각될 경우 부인은 체벌을 사용하는 것이 가장 편한 방법이라고 여겼다. 남편 야넬리 씨는 체벌에 가담하지 않고 옆에서 지켜보았지만, 부인의 행동에 아무런 제재도 하지 않음으로써 암묵적인 동의를 드러냈다. 실제로, 종종 빌리가 시킨 일을 제대로 하지 않으면 야넬리 씨 역시 빌리에게 들으라는 듯 "누구누구는 매 좀 맞아야겠는데!"라고 소리치곤 했다. 우리와 인터뷰에서, 야넬리 부인은 자신이 벨트를 다양한 상황에 사용한다고 얘기했다. 그리고 지난 2주일 동안, 일주일에 한 번꼴로 벨트를 사용해 체벌한 것 같다고 밝혔다. 우리 연구팀이 방문한 동안에도 부인은 벨트로 아이를 종종 때렸다. 적어도 일주일에 한 번은 벨트를 사용한 체벌이나 위협을 가하는 듯했다.[4] 일부 노동자 계층 가정에서는 체벌에 대한 기준이 좀더 명확한 경우도 있었다. 또한 우리 연구에 참여한 일부 노동자 계층 가정에서는 아예 체벌을 하지 않았다는 사실도 중요하다. 따라서 같은 사회 계층에 속한다 해도 체벌에 대한 기준은 가정마다 달랐다. 그렇지만 중산층 가정에서는 체벌이 아예 존재하지 않았다.[5]

2장에서 이야기했듯 학교라는 기관은 대체로 자신들이 정해놓은 특정한 문화적 관습만을 적절하다고 판단하는 경향이 있다. 반면 아이를 때리는 것 같은 훈육 방식은 시대와 장소를 가리지 않고 존재해왔음에도 불구하고 절대 있어서는 안 되는 일로 간주한다. 이 때문에 집중 양육 대신 자연적 성장을 추구하는 가정은 학교와의 관계에서 상당한 마찰을 빚는다. 야넬리 가족만 해도 학교를 위협적인 존재로 여겼다. 다시 말해 논리적 대화(집중 양육 방식의 한 가지 특징)를 이끌어내지 못하는 부모는 학교에서 문화적 자원이 없는 무능한 부모라는 평가를 받았다. 그리고 이런 기관의 평가 앞에서 부모는 스스로를 무력한 존재로 여기며 두려움을 느낄 수밖에 없다.

예를 들어, 야넬리 부인은 학교에서 자신을 주 정부에 신고할까봐 걱정했다. 빌리가 학교에서 보이는 과잉 행동 문제 때문에 교사들은 학교를 정기적으로 방문하는 상담 교사에게 빌리를 맡길 것을 강력히 권했다. 그러나 빌리의 엄마가 카운슬러 교사를 만나러 갔을 때, 이번 장맨 앞에서 기술했듯이 카운슬러는 야넬리 부인에게 만일 아동 학대의 징후가 보일 경우 자신은 부인을 주 정부에 신고할 수밖에 없다고 얘기했다. 이에 야넬리 부인은 위협을 당한 듯한 기분을 느낄 수밖에 없었다. 부인 스스로 "가끔씩 빌리가 도저히 통제 불능이 될 때가 있죠. 그럴 땐 체벌이 필요하다는 생각이 들어요"라고 고백했기 때문이다.

> 그래서 제가 상담 선생님께 물어봤죠. "만약 내가 빌리를 데리고 식료품점에 갔는데, 빌리가 식료품점 바닥에 드러누워 가게를 휘젓고 다녀서 내가 아이 머리카락을 잡고 끌어내면 그것도 아동 학대인가요?"라고요. 그리고 "빌리가 학교에서 엄마가 자기 머리카락을 잡아당겼다고 얘기하면 정부에서 사람들이 찾아와 나보고 아동을 학대했다고 비난하게 되나요?"라고도 물어봤고요. 전 정말 모르겠어요. 그저 가만히 앉아 두고 볼 수밖엔 없는 것 같아요. 그렇지만 가끔씩 빌리가 말을 안 들으면, 벨트를 들고 도망가는 아이를 쫓아갈 수밖에 없는 때도 있는걸요. 정말 그래요.

빌리의 양육에 대한 부모와 학교 간의 이러한 의견 차이는 가정에서도 크고 작은 갈등을 일으켰다. 5월 어느 날, (공식적인 연구 방문이 끝난 후) 내가 안부 인사차 빌리네 집에 들렀을 때 야넬리 부인은 매우 격앙되어 있었다. 며칠 전 부인이 여느 때처럼 벨트로 아이를 체벌하고 있는데, 빌리가 엄마의 체벌을 피하기 위해 팔을 들어 막다가 팔등에 벨트 자국 세 개가 선명하게 나버렸다는 것이다. 그 때문에 부인은 잔뜩 걱정을 하며 "애가 저 상태로 학교에 갔지 뭐예요"라고 말했다. 그러곤 그 일로 인해 자신이 신고를 당하면 어떻게 해야 하는지 걱정하며 주방에서 담배를 피우고 있었다.[6]

다시 말해, 논리 대신 체벌로 아이를 훈육한 야넬리 부인은 논리를 중시하는 학교라는 '환경'에 무력할 수밖에 없는 것이다. 만약 부인이 약 1세기 전에 살았다면, 벨트로 아이를 때려 교육하는 것이 큰 문제가 되진 않았을 것이다. 그러나 오늘날에는 이런 체벌이 최악의 결과를 불러올 수 있다. 빌리가 학교에서 몸에 난 상처를 선생님께 보이면 부인은 아동 학대로 체포될 것이고, 빌리는 보육 시설에 일시적 또는 영구적으로 맡겨질 수도 있다. 이런 일이 일어날 가능성이 얼마나 희박한지에 관계없이 야넬리 부인은 학교 측의 반응에 촉각을 곤두세우고 있었다.

이처럼 각기 다른 가정 환경은 자녀 교육이라는 측면에서 각기 다른 정도의 이점을 가져다준다. 빌리네 가족에서 알 수 있듯 노동자 계층 가족에게 문화적 자본의 부재는 결국 학교와의 끝없는 갈등과 그로 인한 불안감이라는 형태로 되돌아온다. 노동자 계층 및 빈곤층 가족과 학교 사이의 간극은 매우 중요하다. 이 둘 사이의 생각의 차이가 학교에 대한 신뢰나 편안한 감정을 조성하는 데 방해가 되기 때문이다. 그리고 학교에 대한 믿음과 안정된 마음가짐이야말로 학자들이 공통적으로 지적하듯 효율적이고 생산적인 '가정-학교' 관계를 위한 밑바탕임에 분명하다.[7]

지금까지의 사례 연구를 되돌아보며

마셜 가족이나 윌리엄스 가족 또는 탈링거 가족 같은 중산층 가정(이들보다 더 부유한 중산층 가족까지 포함해)은 학교 책임자 및 교직원과의 관계에서 상당한 자신감을 보여주었다. 이들 가족에겐 야넬리 부인처럼 학교에 대한 두려움이 없었다. 노동자 계층이나 빈곤층 부모에게서 관찰한 것과 같은, 권위 있는 책임자가 찾아와 자기 아이를 데려갈 것이라는 두려움을 중산층 가정에서는 단 한 번도, 그 어떤 인터뷰에서도 찾아볼 수 없었다. 일례로 다른 주에서 열린 축구 경기에 개릿을 태워다 주고 다시 데려오는 길에, 탈링거 부인은 자신을 비롯한 다른 몇몇 부모가 아이들끼리만 호텔에 남겨둔 채 비디오와 휴대전화를 쥐어주고는 한 블록 떨어진 식당에 밥을 먹으러 간 적이 있다고 말했다. 그러고는 미소를 지으며 가벼운 목소리로 "설마 저희를 신고하진 않으시겠죠!"라고 농담조로 이야기했다. 이런 이야기를 하는 탈링거 부인의 분위기는 야넬리 부인과 사뭇 달랐다. 탈링거 부인에게 아이들을 학대해 신고당하는 것은 현실감 없는 농담 같은 이야기였기 때문이다. 좀 더 정확히 얘기하면, 중산층 부모는 학교나 교직원이 자신에게 위협이 될 수 있다는 생각 자체를 하지 않았다. 그들은 또한 리틀 빌리의 부모와 달리 자신들이 무력한 위치에 있다고 여기지도 않았으며, 그 때문에 걱정하거나 두려워하는 모습도 보이지 않았다. 즉, 중산층 부모가 논리를 이용해 자녀를 훈육하는 데에는 보이지 않는 이점이 존재했다. 그것은 바로 집중 양육 방식과 논리를 통해 자녀를 양육함으로써 중산층 부모가 우리 사회의 지배적인 문화적 자산에 동조하고 있다는 사실이다. 그리고 이러한 동조는 그들로 하여금 학교 책임자를 대할 때 다른 계층 부모보다 훨씬 더 수월한 위치를 점할 수 있도록 해준다.

요약하면 이러한 집중 양육 방식 위주의 규칙은 전문가들이 양산해 내고 학교에서 적용되고 있다. 다시 말해, 사회복지사나 심리학자, 의사를 비롯해 여러 분야의 전문가들이 올바른 자녀 양육에 대한 기준을 제시하고 그들이 생각하기에 옳지 않은 양육 방식에 대해 경고하면 교사와 학교 운영자들은 그들의 관점을 그대로 수용한다.[8] 게다가 학교는 주 정부의 산하 단체이며, 따라서 학대당하거나 방치되는 아동이 있으면 이를 신고할 법적 의무가 있다. 어린 아이들의 경우 학교 출석은 의무 사항이므로, 아이 부모도 학교와의 교류를 피할 수 없다. 이는 곧 그들이 주 정부의 간접적 감시 아래 있음을 의미하기도 한다. 이런 맥락에서 볼 때, (전문가들이 내세우는 '좋은 양육'의 기준을 충실히 따를 확률이 높은) 중산층 가정은 다른 계층의 가정이 얻지 못하는 보이지 않는 혜택을 더 많이 누린다고 할 수 있다.

12

사회 계층의
힘과 한계

•

5학년 말이 되면, 아이들은 중학교에 다니게 된다는 두려움과 흥분 속에서 시간을 보낸다. 뜨거운 햇볕이 내리쬐는 7월이 되면 로어리치먼드와 스완 학교에서는 졸업식이 열린다. 로어리치먼드 학교에서 졸업식은 학생과 학생 가족의 열렬한 환호 속에서 이뤄진다. 부모들은 꽃다발이나 '졸업 축하해!' 같은 문구가 적힌 은색 풍선을 가지고 와 자녀를 축하해주며, 엄마들(특히 흑인 엄마들)은 결혼식이나 교회 행사 등 특별한 날에만 입는 잘 다린 정장을 입고 온다. 웬디 드라이버나 타라 캐럴 같은 몇몇 여학생은 프릴이 달린 드레스를 입고 왔지만 다른 많은 여학생은 프롬 드레스를 차려 입었다. 빌리 야넬리는 격식을 차린 재킷과 바지에 화이트 셔츠를 입고 넥타이를 맸다. 해럴드 맥앨리스터는 조금 편안한 모습이었다. 제대로 다리지 않은 날염 드레스 셔츠와 바지를 입었고 구두를 신었다. 학교에서는 남녀 학생들에게 각각 코르사주와 노란 카네이션 손목 장식을 나눠주었다. 부모와 조부모 그리고 형제자매들은 행사 장소인 카페테리움(cafeterium: 카페와 강당의 역할을 동시에 하는 공간—옮긴이)에서 주인공인 졸업생들 의자 주위에 둘러앉아 행사 일정표를 보며 대화를 나누었다. 모두의 얼굴엔 미소가 가득했다. 이윽고 엘가(Elgar)의 〈위풍당당 행진곡〉 선율에 맞춰 졸업생들의 행진이 시작되었다. 강단의 반대편 끝에서 아이들이 2명씩 천천히 입장했다. 해럴드 맥앨리스터 같은 몇몇 소년은 이 행진이 어색한지 뾰로통한 표정을 짓기도 했다. 하지만 그런 해럴드도 가족의 웃음소리가 들리자 밝은 미소로 화답하고는 장난기 어린 몸짓을 했다.

제인, 로리, 알렉시스가 입장하는 해럴드를 보고 웃음을 터뜨렸다. "하하, 해럴드다! 저기 걸어오네!" 누군가가 작게 휘파람을 불었다. "해럴드 녀석 꽤 멋진데!" 행진을 하던 해럴드도 가족을 확인하고는 미소를 지었다. 그러곤 짐짓 아무렇지도 않은 척 계속 걸었다.

공식적인 행사였지만 대체로 편안한 분위기였다. 오늘의 주인공인 학생들은 한껏 들뜬 모습으로 가족을 향해 환한 웃음을 지었다. 행진이 끝나고 각종 시상이 거행되었다. 몇몇 부모는 자신들의 자녀가 상을 받을 때마다 큰 소리로 아이 이름이나 "그래!", "멋지다!" 같은 감탄사를 외쳤다. 다른 몇몇 학부모는 자리에서 일어나 아이들에게 박수를 쳐주기도 했다.

하지만 이 기쁜 순간에도 학교에 대한 불신을 표출하는 학부모가 있었다. 문제를 일으켰다는 이유로 몇몇 학생이 행사에 참석할 수 없었기 때문이다. 빌리 야넬리의 부모는 객석 중간에 자랑스레 앉아 있었다. (둘은 모두 휴가를 내고 이번 행사에 참석했다.) 야넬리 씨는 내게 (빌리가 입장하기 직전) "전 이 학교가 마음에 듭니다"라고 말했지만, 실제로는 행사 내내 불편한 기색이 역력했다.

야넬리 씨는 행사가 진행되는 동안 내내 이런저런 불만을 드러냈다. 때론 혼잣말로, 또 때론 옆에 앉은 아내 야넬리 부인에게 불평을 했다. (부인은 남편의 불만을 대부분 무시했다.) 그는 한 남자 선생님이 연단에 오르는 것을 보며 "저 인간은 멍청이 같군. 저 바보 같은 꼬락서니 좀 봐"라고 혼잣말을 하기도 했다. 또 개회사를 하기 위해 마이크를 조정하는 교장 선생님을 보면서 "저러다 날 새겠네" 하며 그녀의 행동을 흉내 내기도 했다.

스완 학교의 행사는 이와 조금 다른 분위기에서 진행되었다. 개릿 탈링거나 멜라니 핸드론을 비롯한 많은 학생들은 편안한 미소를 짓고 있었다. 하지만 특별히 신이 난다거나 흥분한 모습은 아니었다. 부모들의 의상 역시 일상복(행사 때 입는 옷이 아니라 직장에서 입는 정장이나 치마와 재킷)에 가까웠다. 아이들 또한 마찬가지였다. 남학생은 깔끔하고 캐주얼한 폴로셔츠나 버튼다운 셔츠를 주로 입었고(넥타이를 한 아이는 소수였다), 여학생은 화려하지 않은 깔끔한 드레스로 멋을 냈다. 행사가 시작되고 개근상이나 수학 과목 우수상 등 이런저런 상장 수여식이 이어졌다. 부모들은 자신의 자녀가 상을 받을 때도 조용하고 예의 바른 태도로 축하해주었다. 자리에서 일어나지 않은 채 짧고 조용히 박수를 치며 그 모습을 사진으로 기록했다.

아이들의 미래에 대한 시각에서도 두 학교의 차이를 엿볼 수 있었다.

아이들의 희망찬 미래를 기대하는 스완 학교의 부모와 달리 로어리치먼드의 부모는 아이가 성장하면서 겪게 될 위험과 어려움을 걱정했다. 스완 학교의 졸업 행사에서 연주된 노래의 주제는 아이들 앞에 펼쳐진 밝은 미래와 수많은 기회 그리고 이것을 바라보는 기대를 한껏 담고 있었다. 반면 로어리치먼드 학교의 행사에서 연주된 두 곡의 노래는 절망과 질투 및 고통을 이겨내고 새로운 내일로 나아가는 과정 그리고 새롭게 찾아온 미래에 닥칠 모든 것들을 넘어서자는 내용을 담고 있었다. 로어리치먼드의 한 남성 교사는 중학교에 진학할 아이들에게 "누군가가 시비를 걸어도 절대 대응하지 말 것"을 당부하기도 했다. 스완 학교의 교사들이 학업 성취를 강조했다면, 로어리치먼드 학교의 교사들은 특정 행동 양식(싸움을 하지 않고 예의를 지키는 등 '좋은 시민'으로서의 자질)을 강조하는 데 많은 시간을 할애했다.

자녀가 앞으로 받게 될 교육에 대한 두 학교 부모들의 시각 역시 차이가 있었다. 예를 들어, 야넬리 부부는 아들 빌리가 주립대학에 입학하길 바랐지만 솔직히 큰 기대는 하지 않았다. 반면 중산층 가정의 부모들은 자녀가 대학에 진학할 것이라는 사실을 의심하지 않았다. 스테이시 마셜 같은 중산층 가정의 아이들은 친구와 어떤 대학을 가고 싶은지 종종 이야기를 나누곤 했다. 탈링거 가족의 경우에는 개릿의 축구 토너먼트에 참석하고 돌아오는 길에 아이비리그 대학들을 견학하기도 했다. 알렉산더 윌리엄스의 부모는 명문 사립대학에 다니는 사촌의 학비를 지원해주고 있었다. 중산층 가정에서 미래 교육과 관련한 고민은 '어떤' 대학을 갈지 정하는 것이었다. 이처럼 5학년 졸업식은 중산층 가정과 노동자 계층 및 빈곤층 가정의 부모와 아이들이 미래를 바라보는 서로 다른 시각을 확인할 수 있는 하나의 지표이기도 했다.

사회 계층의 힘

많은 미국인이 자신의 삶 속에서 사회 계층이라는 요인이 얼마나 중요한 역할을 하는지 제대로 인식하지 못한다. 그들은 미국 사회가 근본적으로 '열려' 있다고 믿는다. 사회를 개인들의 집합으로 여기며, 어떤 개인이건 열심히 일하고 충분히 노력한다면 그리고 재능이 있다면 사회에서 더 높은 위치로 올라설 수 있다고 믿는다. 간단히 말하면 '아메리칸드림'을 믿는다. 이런 관점에서 아이들은 모두 동등한 기회를 보장받는 존재로 인식된다. 그리고 인생에서 주어지는 기회의 차이는 개인의 열정과 재능 그리고 노력의 차이에 의해 발생한다고 생각한다. 부모의 사회적 위치가 자녀들의 삶의 경험과 결과물에 영향을 준다는 주장은 미국 사회에서 널리 받아들여지지 않는다. 개인의 삶과 관련한 책임을 모두 개인에게 돌리는 것이다.

일부 사회과학자들은 사회의 이러한 일반적 시각에 일부 동의하면서도 동시에 상당 부분 견해를 달리한다. 그들은 우선 부모의 교육 수준이나 직업, 소득 그리고 자녀 양육 방식 등의 구조적 특성에서 기인하는 불평등을 인정한다. 하지만 이러한 차이를 단순히 '정도'의 문제로만 바라본다. 그들은 아이들의 삶을 형성하는 기반을 엄마의 교육 수준이나 거주 지역의 소득 수준 등 개별적인 요소들에서 찾는다. 그러나 이런 서로 다른 요인은 매우 복잡하고 혼란스러운 형태로 얽혀 있다. 불평등에 관한 이와 같은 시각을 받아들이는 학자들은 특정 패턴 사이의 관계(엄마의 교육 수준과 아이의 어휘력, 또는 엄마의 교육 수준과 학교 활동에 대한 참여 정도 등)에 주목한다. 그러면서도 여러 집단 사이에 범주화된 차이, 즉 사회 계층이라는 형태로 인해 발생하는 차이가 있다는 사실을 인정하지 않는다(혹은 인정하지 못한다).

이 책은 위의 두 견해 모두에 의문을 제기한다. 나는 사회를 단순한 개인들의 집합체로 바라보는 대신 개인의 사회 구조적 위치가 그들의 삶에 미치는 영향력에 집중했다. 또한 나는 오랜 기간 이어진 유럽의 전통을 따르면서 미국 가정에서 발견할 수 있는 차이를 단순히 정도의 차이로 이해하는 시각에도 반대한다. 대신 나는 가정을 빈곤층, 노동자 계층, 중산층으로 분류하는 사회학적 분석에서 한층 큰 가치를 발견했고, 이것에 기초해 연구를 진행했다. 이런 범주화를 통해 가족 구성원의 행동 양식을 복합적인 측면에서 검토할 수 있을 것이라고 생각했다. 특정 가정의 그리고 그 가정을 구성하는 개인의 행동 양식은 그들이 속한 사회 계층과 밀접한 관련이 있다. 물론 이런 시각을 견지하는 사회과학자 사이에서도 분류 기준을 설정하는 문제에 대해 의견이 엇갈린다. 예를 들어, 어떤 학자는 중류층을 중상류층과 중하류층으로 좀더 세분화해야 한다고 주장하기도 한다. 그러나 이들 역시 인간의 행동에서 관찰한 차이점을 범주화하는 것이 각 개인의 특성을 침해하지 않으면서도 얼마든지 의미 있고 생산적인 결과를 낼 수 있다는 점에 동의한다. 바꿔 말하면 개개인의 일상생활의 복합성을 침해하지 않고도 서로 다른 개인에게서 발견되는 차이를 특정 범주에 맞춰 효과적으로 분류할 수 있다는 것이다. 나는 서로 다른 사회 계층에 속한 가족들의 삶을 여러 가지 측면에서 선택적으로 관찰함으로써 미국의 가정들을 한층 효율적이고 효과적으로 이해할 수 있을 것이라는 기대를 품고 이번 연구를 수행했다. 또한 개인의 태생적 배경인 부모의 사회 계층적 위치가 그 개인의 일상을 결정짓는 데 매우 중요한 역할을 한다는 믿음 역시 갖고 있었다. 비록 부모나 자녀 중 그 누구도 이러한 요인의 영향을 인식하지 못하더라도 말이다.

이러한 믿음을 바탕으로 나는 사회 계층의 역학이 자녀와 부모의 일상적 삶의 형태와 흐름에 어떤 방식으로 영향을 미치는지에 중점을 두고 연구를 진행했다. 계층적 위치는 시간 활용이나 언어 사용, 친척 관계 등 가족생활의 많은 부분에 상당한 영향을 미쳤다. 노동자 계층의 엄마와 중산층 계층의 엄마는 모두 자녀들에게 '세심한 주의'를 기울여야 한다고 생각하지만 이것에 접근하는 엄마들의 태도에는 상당한 차이가 있었다.[1] 나는 계층 간에 발생하는 이런 사고와 행동의 차이를 아동 양육과 관련한 일종의 '문화적 논리'로 정의했다. 부모와 자녀들은 사회 기관과 관계를 맺으며 자신들이 적용해온, 혹은 자신들에게 적용되어온 문화적 논리가 사회에서는 서로 다른 가치를 부여받는다는 사실을 확인한다. 사회 기관은 중산층 가정의 양육 전략에 좀더 많은 가치를 부여했다. 비록 가족 구성원은 인식하지 못하고 있지만, 그들이 가정에서 적용하는 문화적 논리는 사회 기관에서 이른바 표준이라고 일컫는 행동 양식과 많은 부분에서 맥을 같이하기 때문이다. 이어질 단락에서는 사회 계층과 무관하게 일어나는 가정 내 생활 양식에 관한 내용을 다룰 것이다. 그리고 사회 계층이라는 요인의 중요성을 강조하며 이러한 범주화가 이뤄지는 이유와 이를 가치 있게 활용하는, 혹은 극복하는 과정에 대해서도 설명할 것이다.

사회 계층의 한계

여러 가정을 관찰하면서 우리는 일상의 어떤 측면에서는 사회 계층에 따른 차이가 발생하지 않는다는 사실을 발견할 수 있었다. 모든 가정에서 웃음을 터뜨리고 감정을 공유하는 그리고 행복과 안락을 느끼는 순간을 목격할 수 있었다.[2] 해럴드 맥앨리스터는 손에서 떨어질 뻔한 핫도그를 우스꽝스러운 모습으로 움켜잡으며 엄마와 함께 웃음을 터뜨렸다. 윌리엄스 씨는 야구 경기를 마친 아들 알렉산더의 머리를 다정하게 쓰다듬으며 "멋졌어"라고 말했다. 핸드론 부인은 크리스마스 이브의 야외극을 훌륭히 마친 딸 멜라니를 꼭 껴안아주었고, 멜라니도 환한 미소로 엄마에게 화답했다. 어느 여름날, 야넬리 씨와 아들 빌리는 똑같은 자세로 다리를 꼬고 앉아 카드 게임을 즐기며 오후를 보냈다. 비록 활동의 종류나 성격 그리고 그 과정에서 사용하는 언어에는 차이가 있을지라도, 이러한 것이 모든 계층의 부모와 자식들에게 의미 있는 소통의 순간이라는 사실에는 의문의 여지가 없을 것이다.

우리가 관찰한 모든 가족은 선호하는 음식이나 텔레비전 프로그램, 장난감, 게임, 나들이 장소 등 그들만의 습관이 있었다. 이러한 행동 양식에는 각각 (특히 사회 계층에 따라) 차이가 있었지만, 이를 통해 아이들이 삶을 즐기고 가족 간 유대를 확인하는 방식에는 많은 부분에서 유사한 모습을 발견할 수 있었다. 또한 아동의 일상에서 많은 부분이 반복적인 활동(아침에 일어나 침대를 정리하고, 샤워를 한 뒤 옷을 입고, 머리를 다듬고, 아침을 먹고, 교과서와 준비물을 챙기는 등의 과정)으로 채워져 있다는 점 역시 모든 계층에서 발견한 공통된 특징이었다. 이러한 시간들이 한데 모여 가족의 하루를 그리고 일주일을 구성했다. 이렇게 짜여 있는 일상에 무료함을 느끼는 것 역시 어느 계층의 가족에게서나 발견할 수 있는 일반적 모습이었다. 자신들 앞에 놓인 삶의 비극에 영향을 받지 않는 가정도 물론 없었다. 요컨대 계층에 관계없이 어느 가족의 어떤 구성원이라도 언제 자동차 사고나 자살로 가족 곁을 떠날지 모른다. 개인의 성격 또한 사회 계층과는 무관한 특성이었다. 누가 조용하고 수줍음이 많은지, 어떤 사람이 활발하고 수다스러운지, 또는 누가 재치 있는 농담을 즐겨 하는지 분석해 그 사람의 사회 계층을 확인할 수는 없었다. 일상에서 발견할 수 있는 규칙과 질서를 준수하는 정도 역시 계층을 분류하는 기준으로 삼기에는 어려움이 있었다. 계층과 무관하게 어떤 집은 깨끗했지만 어떤 집은 엉망이었다. 한 중산층 가정은 우리가 방문 연구를 진행한 가정 중 더러운 순위로 1~2위를 다툴 정도였다. 밖에서 보기엔 영화에나 나올 법한 멋진 주택이었지만 집안, 특히 위층의 어지러운 모습은 우리를 당혹케 했다. 지금까지 소개했듯이 우리가 관찰한 모든 가족은 여러 세부적인 측면에서 계층에 기반을 둔 큰 차이점을 드러냈다. 하지만 몇 차례의 방문을 거치면서 우리 모두는 다음과 같은 사실을 깨달을 수 있었다. 즉 그들은 모두 서로에게 안락함과 안정감을 제공하는, 특별할 것 없는 진짜 가족이었다.

집중 양육과 자연적 성장을 통한 성취

이처럼 삶의 많은 영역에서 유사한 모습을 보여주는 미국 사회의 가정도 자녀의 일상을 구성하는 방식에서는 계층에 따라 큰 차이를 나타냈다. 우선 백인 및 흑인 중산층 가정 자녀의 일상은 집중 양육 방식에 따라 이루어졌다. 이들 가정에서 부모는 자녀가 재능이나 의견, 실력을 최대한 발휘할 수 있도록 적극 장려하고 또 평가해주었다. 그들은 자녀의 활동에 맞춰 스케줄을 조정하고 아이들을 가정 안팎에서 지켜봐주며 필요한 경우에는 언제든 아이들의 활동에 개입했다. 또 아이의 재능과 인지 능력, 사회적 기술, 논리적 추론 등을 계발하는 데 많은 노력을 기울였다. 반면 노동자 계층 및 빈곤층 가정에서 자녀의 능력 개발과 관련한 문제는 아이들 스스로에게 맡겨야 하는 자율적인 영역으로 인식되었다. 이들 가정의 부모는 아이들에게 집과 먹을거리 그리고 안전한 환경을 제공하는 것을 자신들의 역할이라고 여겼다. 나는 이러한 아동 양육의 문화적 논리에 '자연적 성장을 통한 성취'라는 이름을 붙였다. 집중 양육 전략과 마찬가지로 이것 역시 자녀를 돌보기 위한 지속적인 노력이 필요하다. 자연적 성장 과정에서 아동들이 마주치는 다양한 어려움을 해결해주는 부모의 역할이 필요하기 때문이다. 자연적 성장을 통한 성취 전략을 적용하는 부모는 일반적으로 자녀의 일상적 활동 반경을 집 안이나 주변으로 한정했다. 그리고 아이들은 부모가 설정해준, 이 비교적 한정된 공간에서 친구나 형제 및 친척과 자연스럽게 어울리며 하루를 보냈다. 그 속에서 아이들은 자신의 여가 시간과 관련해 한층 큰 자율성을 보장받았고, 자신들 스스로 주도하는 놀이를 즐길 기회 역시 더욱 많았다. 동시에 집 밖에서의 활동에 대한 책임 역시 좀더 많이 주어졌다. 중산층 가정의 또래 아이들과 달리 노동자 계층과 빈곤층 가정의 아이들은 어른 주도로 이뤄지는 활동에 익숙하지 않았다. 의사 표현(떼를 쓰는 등의 행동을 포함해)에 소극적이고 서툴다는 점 또한 논리적 대화나 협상을 중시하는 중산층 가정의 아이와 이들 계층 아이를 구별 짓는 특징 중 하나였다. 노동자 계층 및 빈곤층 가정에서는 어른과 아이 사이의 경계 역시 뚜렷했다. 이들 가정에서 어른은 언어를 교육보다는 의사 전달 목적으로 주로 사용했으며 아이들에게 일상적으로 지시를 내렸다. 노동자 계층과 빈곤층 가정의 부모는 공식적인 외부 기관을 대하는 상황에서 해당 전문가들에게 책임을 위임하는 경향이 있었다. 그들은 기관과 관련한 특정 문제에 참여하면서도 언제나 자신에게 그럴 능력이 있는지, 또 자신의 개입이 제대로된 효과를 이끌어낼 수 있는지 고민했다. 아이들 삶의 모습은 (삶에 필요한 자산의 안정적인 제공 등과 같은 측면에서) 노동자 계층 가정과 빈곤층 가정 사이에서도 큰 차이를 발견할 수 있었다. 그러나 흥미롭게도 양육과 관련해 두 계층의 문화적 논리 사이에는 별다른 차이가 발견되지 않았다. 그 때문에 우리는 문화적 연구의 분류 기준을 중산층과 나머지 두 계층으로 나누는 방식을 취했다.

어느 계층에서나 아동 양육은 자연스럽게 이루어졌다. 우리가 숨을 쉬듯이 부모들은 일상적으로 의식하지 못한 채 자녀를 돌봐주었다. 그들은 자신이 자녀를 특정 방향으로 이끌고 있다는 사실을 인식하지 못했다.[3] 예를 들어, 핸드론 가족과 탈링거 가족의 아이들에겐 자동차로 20분 거리 이내에 사촌들이 살고 있었다. 하지만 이들 가족의 아이들이 사촌과 왕래하는 것은 특별한 날에만 한정되었다. 이는 드라이버 가족이나 맥앨리스터 가족과 상반된 모습이었다. 우리가 방문 연구를 진행하는 동안 이들 가족은 일주일에 서너 번씩 서로 만나곤 했다. 윌리엄스 부부는 철저하게 집중 양육 전략을 따르면서도 자신들이 이러한 접근법을 시행하고 있다는 사실을 특별히 인식하지 못했다. 이들 부부는 아들 알렉산더가 여러 가지 문제에 왕성한 호기심을 갖는 모습을 보며 기뻐했지만, 아들의 이런 성격이 자신들이 적용한 논리적 대화법의 영향을 받은 것이라는 생각을 하지 않는 듯했다. 부부는 또한 자신들이 알렉산더에게 적절한 지시를 내리지 못하고 있다는 사실도 인식하지 못했다. 알렉산더가 사촌들과 별다른 관계를 맺지 않고 대부분의 시간을 또래 친구와 어울린다는 사실 역시 이들 가족에겐 고민거리나 논의 주제가 되지 못했다. 아들의 텔레비전 시청에 대한 윌리엄스 부인의 부정적 시각이나 알렉산더의 음악적 재능 개발을 위한 부부의 노력 등 이들 가족의 여러 가지 모습 역시 신중하게 선택했다거나 의도적으로 행하는 것이라고는 볼 수 없었다. 오히려 이들 가족의 관심은 전반적인 아동 양육 전략보다 세부적인 활동(야구 경기에 빠지고 학교 연극에 참가하는 등의 결정)에 집중되어 있었다.

이와 유사하게 자연적 성장을 통한 성취 전략을 적용하는 가정에서는 경제적 문제에 관한 고민과 논의가 끊임없이 반복되었다. 하지만 그들에게서 자신의 생활 방식을 집중 양육 전략을 적용하는 다른 가정과 비교하는 등의 모습은 발견할 수 없었다. 그들은 자녀에게 일상 활동에 관한 자율권을 부여하는 자신들의 태도를 '당연한' 것으로 받아들였다. 맥앨리스터 부인의 경우는 엄마로서 자신의 힘을 강조했다. 부인은 아이들에게 밥을 먹이고 입을 옷을 사주는 그리고 아이들을 곁에서 지켜보며 돌봐주고 때론 함께 놀아주기도 하는 자신의 모습을 이웃의 다른 엄마들(그들 중에는 마약 복용자도 있다)과 비교하며 자랑스럽게 여겼다. 요컨대 부인은 자신을 탈링거 부인이나 맥앨리스터 부인 같은 엄마들과 비교하지 않았다.

인종과 계층의 교차 지점

코넬 웨스트(Cornell West) 교수는 《문제는 인종이다(Race Matters)》에서 책의 표지 사진을 찍으러 가기 위해 택시를 잡던 경험을 소개했다. 그는 기다리고 또 기다렸다. 손을 흔들었지만 빈 택시 열 대가 그냥 지나쳤다. 멈춰 선 몇몇 택시는 웨스트 교수를 태우는 대신 그보다 늦게 온 비(非)흑인 승객을 태우고(심지어 교수가 보는 앞에서) 떠나버렸다. 그는 분노했지만 다른 방법이 없었다. 결국 지하철역으로 향한 그는 약속 시간에 늦고 말았다.[4] 웨스트 교수를 비롯한 중산층 흑인은 이처럼 종종 자신의 계층적 위치나 사회적 기술을 드러낼 기회조차 얻지 못하는 상황에 분노를 느끼곤 한다. 인종이 계층을 넘어서는 상황은 분명히 존재한다.[5]

우리가 연구를 진행한 흑인 중산층 가정의 아버지들 역시 이와 비슷한 경험을 이야기해주었다. 한 아버지는 어느 날 오후 고급 쇼핑센터에서 현금인출기를 향해 기분 좋게 걷고 있는 자신을 보더니 손에 들고 있던 지갑을 가슴팍에 숨기고는 공포에 질린 얼굴로 종종걸음을 치며 달아나던 한 백인 여성 이야기를 들려주기도 했다. 또한 이들 가정의 부모는 자녀 주위에서도 이러한 인종 문제가 발생하지는 않을까 항상 신경을 썼다. 그들의 우려는 매우 현실적인 것이었다. 실제로 (변호사의 아들) 알렉산더 윌리엄스는 한 1학년 아이에게서 "너네는 커봤자 청소부밖에 될 수 없어"라는 말을 듣기도 했다. 또 농구 캠프에서 수백 명의 학생 중 유일한 흑인이었던 편 마셜은 친구들과 즐겁게 농구를 하다가도 점심시간에는 함께 어울릴 친구를 찾는 데 어려움을 겪기도 했다. 흑인 중산층 부모는 자신의 자녀를 백인 세계에 편입시키면서도 동시에 그들이 특정 집단에서 유일한 흑인이 되는 것은 원치 않았다. 또한 이들 부모는 자녀가 자신의 인종적 기반에 대한 긍정적 이미지를 형성하도록 하는 데 노력을 기울였다. 이런 이유로 매주 일요일이면 흑인 중산층 침례교회의 예배에 참석해 아이들에게 같은 계층의 흑인과 어울릴 기회를 주곤 했다.

이처럼 인종이라는 요인은 아이들의 삶에 중요한 영향을 주었다. 하지만 그 정도는 내가 연구를 시작하기 전에 예상했던 것보다는 약했다. 이 책에서 집중적으로 다룬 영역(아이의 일과 구성, 부모의 가정 내 언어 사용 및 훈육, 가족의 사회적 관계 특성, 기관에 개입할 때 사용하는 전략 등)은 흑인과 백인 가정 모두에서 유사한, 혹은 동일한 형태로 나타났다.[6] 일상에서 인종이라는 요인이 미치는 영향은 아이들의 나이가 많을수록 커지는 경향을 보였다.[7] 대부분의 흑인은 연애나 결혼 역시 인종과 문화권이 같은 사람과 했다. 거주 지역 역시 소득보다는 인종 때문에 구분되는 경향이 컸다.[8] 미국의 흑인은 취업 면접같이 백인들과 관계를 맺는 과정에서도 여전히 종종 인종 차별을 경험했다. 하지만 초등학교 4학년 학생의 일상에서는 인종이라는 요인이 부모의 소득 수준만큼 큰 영향을 발휘하지는 않았다.[9] 중산층 가정의 아이들은 인종에 관계없이 부모의 막대한 관심을 받으며 자랐다. 이들 가정의 부모는 자신의 스케줄을 아이의 활동에 맞춰 조정했다. 그들에게 여가 시간이란 아이의 활동을 위해 투자하는 시간이었다. 가족의 바쁜 삶에는 인종이라는 문제가 개입할 틈이 거의 없었다. 소송 준비로 일주일 내내 야근을 한 윌리엄스 씨는 일요일에도 쉬지 못했다. 아들 알렉산더를 농구 연습장에 데려다주고 다시 집으로 돌아와 간단히 샤워를 마친 다음에는 학교 연극 공연장으로 가야 했기 때문이다. 충혈된 눈으로 이곳저곳 돌아다닌 탈링거 씨는 잠시 눈을 붙인 뒤 다시 일터로 향했다. 그리고 퇴근 후 다시 개릿의 축구 연습을 지켜보느라 아직 차가운 공기가 남아 있는 이른 봄의 운동장을 떠나지 못했다. 그가 바라는 단 한 가지는 빨리 훈련이 끝나서 잠시나마 보금자리로 돌아가 잠을 청하는 것뿐이었다.

형제자매와 옥신각신하고 부모와 말다툼을 하는 것 역시 중산층 가정의 자녀들에게만 나타나는 특징이었다. 노동자 계층이나 빈곤층 가정에서는 이런 행동을 용납하지 않았다. 이 역시 인종에 관계없이 발견할 수 있는 모습이었다.[10] 이번 연구를 통해 확인한 아이들의 일상 속 행동 양식을 결정짓는 아동 양육의 문화적 논리는 중산층(중상류층을 포함해)과 나머지 두 계층 사이에 확연한 차이를 드러냈다. 다시 말해, 중산층 흑인 소년 알렉산더 윌리엄스는 한층 열악한 환경에서 살아가는 흑인 소년 티렉 테일러나 해럴드 맥앨리스터보다는 같은 계층의 백인 소년 개릿 탈링거와 더욱 큰 유사성을 보여주었다.

무엇이 문제인가

집중 양육 방식과 자연적 성장을 통한 성취 방식 모두는 부모와 자식들에게 나름의 이익(과 부담)을 제공한다. 그러나 각 방식이 사회의 주요 기관에서 부여받는 가치에는 차이가 있었다. 이번 연구를 진행하며 우리는 일부 가정의 문화적 활동(특히 집중 양육과 관련해)이 다른 가정의 활동에 비해 그 가정의 아이들에게 한층 큰 가치를 안겨준다는 사실을 발견할 수 있었다.

집중 양육 방식과 자연적 성장을 통한 성취 방식은 일상의 구성과 관련해 각각 장단점을 지니고 있었다. 우선 집중 양육 방식을 적용하는 중산층 가정의 아이들에게는 자존감 개발이라는 가치를 제공했다. 요컨대 이 아이들에게는 체조나 축구, 여름 캠프 등 자신이 원하는 다양한 활동에 참여할 수 있는 기회가 주어졌다. 탈링거 씨의 표현처럼 이 아이들은 다양한 활동에 참여하며 그들의 부모 세대보다 더 좋은 교육을 받고 좀더 나은 역량을 개발했다. 또 난관을 극복하고 성공의 기쁨을 누리는 방법을 배웠다. 윌리엄스 씨가 말했듯이 중산층 가정의 아이들에게는 부모도 잘 알지 못하는 바로크와 고선주의 음악의 사이점을 배울 수 있는 기회가 주어졌다. 그들은 자신이 배운 기술과 역량을 다른 이들 앞에서 드러내는 데에도 익숙했다. 하지만 이런 모든 활동을 하려면 부모의 금전적 지원이 필요했다. 또한 이런 활동 때문에 가족의 스케줄이 엉켜버리는 경우도 많았다. 중산층 가정에서 온 가족이 저녁 식탁에 모여 앉는 것은 드문 일이었다. 탈링거 가족의 둘째와 셋째인 스펜서와 샘은 형의 훈련장을 따라다니고 또 훈련이 끝나기를 기다리는 데 많은 시간을 소비했다. 중산층 가정의 삶은 거의 매순간 정신없이 흘러갔으며 고요, 혹은 안정은 말 그대로 '한순간'에 끝나버리곤 했다. 중산층 부모, 특히 엄마들에게는 서로 상충되는 자녀의 활동 일정을 조정하는 역할이 주어졌다. 그들에겐 이것이 식사를 준비하거나 아이를 재우는 등의 기본적인 가사 노동보다 더 큰 과제로 여겨졌다. 아이들의 활동은 가족의 희생을 요구했다. (10세 전후 자녀를 둔) 중산층 가족의 모든 구성원은 언제나 지친 일상을 보냈다. 이처럼 집중 양육 방식은 많은 이득을 제공하지만 동시에 큰 희생을 감수해야 하는 활동이다.

노동자 계층과 빈곤층 가정에서 채택하는 아동 양육의 문화적 논리 역시 효용과 비용이 모두 공존했다. 노동자 계층과 빈곤층 가정의 아이들은 스스로 즐거움을 찾는 과정을 배웠다. 티렉 테일러와 이웃 친구들의 사례에서처럼 이들 가정의 아이들은 밖에서 뛰놀며 자율적으로 놀이를 찾거나 개발해서 즐겼다. 이 아이들이 지루한 일상에 대해 불평하는 경우는 없었다. 그들에겐 언제나 활력이 넘쳤다. 또래 중산층 아이들에게서 드러난 지친 기색도 발견할 수 없었다. 일부 노동자 계층과 빈곤층 가정의 아이들은 학교 밖 활동에 참여하기를 원하기도 했다. 우리가 관찰한 케이티 브린들이나 개릿 탈링거는 각각 발레와 축구팀에 참여하고 싶어 했다. 그러나 재정 부족과 교통수단 미비 등 때문에 아쉬운 마음을 안고 바람을 접는 경우가 많았다. 노동자 계층과 빈곤층 가정의 아이들은 가족이 겪고 있는 경제적 어려움을 인식하고 있었다. 생활 공간이 협소하기 때문에 사생활이 보장되지 않는 경우도 많았다. 이들 가정에서는 언제나 텔레비전을 켜놓고 아이들은 별다른 제약 없이 텔레비전을 시청할 수 있었다. (이런 모습은 1950년대 중산층 가정과 유사하다.) 이러한 상황 때문에 노동자 계층과 빈곤층 가정에서는 중산층 가정에 비해 모든 가족 구성원이 한데 모여 시간을 보내는 모습을 많이 목격할 수 있었다. 덕분에 가족, 특히 형제자매 간의 유대 역시 끈끈했다. 친밀한 유대 관계는 단순히 가족뿐만 아니라 친척 사이에서도 맺어졌다. 요컨대 노동자 계층과 빈곤층 가정의 아이들은 사촌과도 가까운 관계를 유지했다.

중산층 가정의 아이들과 노동자 계층 및 빈곤층 아이들에게 적용되는 서로 다른 두 가지 아동 양육 전략은 가정 내에서도 각기 장점과 단점을 드러냈다. 하지만 그 차이는 가정 외부의 사회 기관에서 한층 명백히 드러났다. 가장 핵심적인 차이는 노동자 계층이나 빈곤층 가정의 아이들에 비해 중산층 가정의 아이들이 외부 기관에서의 활동에 더욱 편안하고 자연스러운 자세로 임한다는 점일 것이다. 예를 들어, 해럴드와 그 애의 엄마는 윌리엄스 모자에 비해 의사와의 만남에 소극적으로 임하며 원활한 소통에 어려움을 겪었다. 평소 의사 표현을 할 줄 알아야 한다고 교육받은 알렉산더는 진료실에서도 궁금한 점을 어려움

없이 물어봤다. 이와 반대로 해럴드는 부모님을 비롯한 어른의 지시를 그대로 따르는 데 익숙한 아이였고, 의사를 만난 자리에서도 대화를 주도하기보다는 질문에 대답만 하는 모습을 보여주었다. 윌리엄스 부인과 달리 맥앨리스터 부인은 딸 알렉시스의 몸에 난 점에 관해 적절하게 설명하는 데 적극적이지 않았다. 윌리엄스 부인은 아들 알렉산더에게 의자에서 뛰지 말라는 등의 교육뿐 아니라 의사를 만났을 때 어떤 자세로 어떤 질문을 해야 할지 등도 역시 준비시켰다. 하지만 해럴드의 모습은 이와 달랐다. 해럴드에게서는 알렉산더를 비롯한 중산층 가정의 아이들과 같은 당당한 태도를 찾아볼 수 없었다. 의사에게 아이의 식습관을 설명하던 엄마의 태도와 마찬가지로 해럴드 역시 조심스럽고 긴장한 태도로 의사와 대화했다.

이런 모습은 학교와의 관계에서도 나타났다. 일부 노동자 계층과 빈곤층 가정의 부모는 교사와 친밀한 관계를 맺기도 했지만, 일반적으로는 중산층 부모보다 교사와 거리를 유지했다. 집 안에서는 활발하고 적극적인 맥앨리스터 부인이지만 학교에 가게 되면 어느새 소극적인 모습으로 변했다. 부인은 사친회에 참석해서도 아들의 교육적 경험에 대해 그다지 많은 정보를 얻지 못하고 돌아왔다.[11]

맥앨리스터 부인뿐 아니라 대부분의 노동자 계층과 빈곤층 가정의 학부모는 사친회 자리에서 긴장하고 소극적인 모습을 보여주었다. 4학년이 되도록 글을 잘 못 읽는 딸 웬디를 둔 드라이버 부인은 이 문제를 크게 걱정했지만 그렇다고 특별한 개입을 하지는 않았다. 부인은 자신이 딸의 문제에 "괜히 끼어들었다가 실수를 하지는 않을까" 걱정했다. 노동자 계층과 빈곤층 가정의 부모는 자녀의 교육 문제에 개입하는 경우에도 일종의 무력감을 느끼곤 했다. 야넬리 부인의 경우 복권 판매인 같은 서비스 제공자와는 편안하고 수다스러운 태도로 이야기를 나눴지만, '학교'와 관련한 일에서는 불안해하는 모습을 보여주었다. 부인은 학교 관계자를 불신했고 그들과의 관계에서 소외감과 무력감을 느꼈다.

노동자 계층과 빈곤층 가정의 부모는 자녀들에게 학교 규칙에 따를 것을 가르치면서도 때로는 여기에 저항하라는 말을 하기도 했다. 예를 들어, 야넬리 가족의 부모는 학교에서 폭력을 금지한다는 사실을 알면서도 아들 빌리에게 짜증나게 만드는 아이는 "한 방 먹여주라"고 가르치기도 했다. 드라이버 부인 역시 머리를 잡아당기면서 자기를 자꾸 괴롭히는 남자아이가 있지만 선생님이 아무 신경도 써주지 않는다는 딸 웬디의 불평에 "그런 놈은 직접 때려줘도 된다"고 말했다. 옆에 있던 부인의 남자 친구는 한술 더 떠서 "선생님이 안 볼 때 때려야 돼"라는 조언을 하기도 했다.[12]

우리는 연구를 진행하며 신뢰 수준의 차이나 제공하는 정보의 양과 질의 차이 때문에 지금 우리가 살고 있는 이 현대에서조차 개인이 취할 수 있는 이득이 달라진다는 사실을 알 수 있었다. 오늘날 교사들은 수동적 태도를 잘못된 양육 방식으로 치부하며 적극적 개입을 선호하기 때문이다.[13] 그런 이유로 중산층 가정의 부모나 자녀들은 자신이 기울이는 노력에 대해 충분한 보상을 받았다. 알렉산더 윌리엄스는 의사 선생님이 자기 문제를 한층 신중하게 검토하도록 하는 데 성공했으며, 마셜 가족의 두 딸은 (일반적 상황이었다면 어려웠을) 영재 학급에 들어갈 수 있었다.

가정 내에서 일상적으로 행하는 활동 역시 사회적 가치가 각기 다른 것으로 평가받았다. 아이들과 논리적으로 대화하는(두 살짜리 아이에게까지) 부모들의 태도는 지시를 내리는 것보다 교육적으로 더 큰 가치를 지닌 것으로 평가되었다. 또한 축구나 농구를 하며 시간을 보내는 것은 텔레비전을 시청하는 것보나 바람직한 습관으로 여겨졌다. 좀더 넓은 시각에서 보면 아동 양육의 문화적 논리 자체가 사회 속에서 확보하는 위상이 다르다는 평가도 가능할 것이다. 중산층 가정의 집중 양육 전략은 노동자 계층과 빈곤층 가정의 자연적 성장을 통한 성취 전략에 비해 더욱 용이하게 사회적 자산을 끌어 모을 가능성을 지니고 있다. 알렉산더 윌리엄스는 집 안에서도 부모와 표절 및 저작권에 관해, 또는 엑스맨의 등장인물에 관해 이야기를 나누며 자연스레 어휘력을 늘릴 수 있었다. 반대로 해럴드 맥앨리스터나 빌리 야넬리, 웬디 드라이버 같은 아이들은 일상 속에서 자신들에게 주어진 긴 여가 시간을 관리하거나 어른의 지도 없이 놀이를 즐기는 법 등을 배웠다. 이 역시 향후 아이들이 삶을 살아가는 데 유용한 가치를 제공해줄 기술임은 분명하지만, 대입 시험 같은 공식적인 평가 제도에서는 중산층 자녀들이 참여하는 학교 밖 활동만큼의 효용성은 없다.

물론 중산층 아이들이 반드시 공식적 평가 제도에서 유리할 것이라거나, 노동자 계층 및 빈곤층 아이들이 불리할 것이라는 생각은 추측에 불과하다. 우리 연구가 끝날 무렵에도 이 아이들은 아직 대입과는 거리가 먼 초등학생이었기 때문이다. 하지만 우리는 이러한 추측을 가능케 하는 이유를 여러 측면에서 발견할 수 있었다. 중산층 가정의 아이들에게는 다양한 활동에 참여하며 어른과 공식적이고 진지한 만남의 기회가 지속적으로 주어졌다. 아이들은 여기에 큰 불편을 느끼지 않았다. 축구나 농구, 야구 등 다양한 활동 속에서 아이들은 각 활동의 코치와 보조 코치, 운전기사 등 다양한 인물과 마주했다. 낯선 이들과의 이러한 관계는 사촌이나 삼촌, 이모와의 만남과는 다른 측면에서 아이들에게 업무와 관련한 대인관계 기술을 배울 기회를 제공했다. 예를 들어, 개릿 탈링거는 어린 시절부터 어른과 악수를 하며 눈을 마주치는 습관을 익혔고, 이는 향후 어른이 되어 취업 면접을 하는 등의 상황에서 유용한 자산이 될 것이다. (실제로 채용 담당자들은 눈을 마주치는 습관에 많은 점수를 부여하는 것으로 나타났다.) 맥앨리스터 가족의 구성원들은 애정을 가지고 서로를 대한다. 하지만 그들이 서로의 눈을 바라보고 대화를 나누는 경우는 거의 없었다. 즉, 그들 가족이 아이들에게 길러주는 가치, 혹은 장점은 취업 면접 상황에서 아무런 도움도 되지 않을 것이다. 중산층 가정의 아이들은 어린 나이부터 병원이나 학원 등 외부 기관에 자신들이 원하는 바를 적극적으로 알리는 데 익숙하다. 스테이시 마셜의 사례에서처럼 이 아이들은 기관이 자신과 자신의 요구에 관심을 가져줄 것을 기대했다. 반면 (선생님이 보지 않을 때) 괴롭히는 아이를 때려주라는 조언을 듣는 웬디 드라이버나 자신을 지키기 위해서는 물리적 힘을 써도 된다고 배우는 빌리 야넬리의 경우처럼(모두 학교 규칙에 반하는 행동이다) 노동자 계층과 빈곤층 가정의 부모는 자녀를 위해 사회 기관에 원하는 바를 요구하거나 그런 방법을 자녀들에게 직접 가르쳐주지 못했다. 사회 기관에 대해 이들 가족은 소극적이고 무력했다.

왜 그럴까? 원인 탐색[14]

앞서 간략히 언급했듯이 오늘날 일부 논평가는 아이들의 삶이 "과도한 스케줄에 시달리고 있다"고 비판한다. 그들은 모든 아이가 집 앞에서 친구들과 뛰어놀던 시절을 그리워한다. 그러나 이는 과거의 낭만에 불과하다. 사회 계층 사이에 중요한 차이가 있기는 하지만 미국 역사 내부분의 시기에 아동은 가족의 경제적 삶에서 주요 역할을 수행해왔다. 예를 들어, 식민지 시기 미국 가정의 남자아이들은 6~7세가 되면 부모 곁을 떠나 기술자의 견습생으로 생활하는 경우가 많았다. 이후 점차 산업화가 진행되면서 아이들의 작고 '섬세한 손가락'이 공장에서 널리 활용되기도 했다.[15] 아이들은 가정에서도 중요한 경제적 자산으로 여겨졌다. 1920년 노스다코타 주에서 발행한 어떤 논문에 따르면, 아이들은 주로 소를 몰거나 펜스 말뚝을 설치하기 위한 구멍을 파는 등의 노동을 분담했다. 이 논문은 아홉 살 난 소년의 일과를 다음과 같이 소개했다. "아이는 아침에 일어나면 불을 피우고 방 두 곳의 바닥을 쓴 다음 물과 연료를 나른다. 3.2킬로미터 떨어진 학교에 가기 전에는 가축(말 아홉 마리와 소 열두 마리)에게 먹이를 주고 장작을 팬다. 방과 후에는 설거지를 비롯한 집안일을 돕는다."[16] 아이들(주로 노동자 계층과 빈곤층 가정의 아이들)은 빨래나 "바느질, 자수, 꽃꽂이, 태그 부착" 같은 엄마의 비공식적 유급 노동을 돕기도 했으며, 집안의 맏이들은 어린 동생들을 돌보는 역할도 맡았다. 이 아이들에게도 여가 시간이 있었지만, 제한적인 수준이었다.

비비아나 젤라이저(Viviana Zelizer)는 19세기 후반에서 20세기 초반까지 볼 수 있었던 이러한 모습은 아동의 노동을 강조하던 사회 분위기 때문에 가능했다고 설명한다. 당시 부모들은 아이들이 "일하는 법"을 배우지 않을 경우 "부랑자나 도둑"으로 성장할 수도 있다고 걱정했다.[17] 젤라이저는 "당시의 아동 도서나 잡지에는 '노동, 의무, 원칙'의 가치를 강조하는 이야기가 많이 실려 있었다. 그들은 '게으른 어린 아이'

가 성장하면 악인이 된다고 묘사했다"[18]라고 설명했다. 그러나 1920년대가 되면서 아동의 경제 참여율은 급격히 감소했다. 아동 노동과 관련한 법안이 채택되고 아이들을 '경제적 관점'으로 보기보다 '정서'를 더욱 중시하는 새로운 시각이 자리 잡았기 때문이다.[19]

사회적 시각의 변화로 아이들은 자유로운 여가 시간을 보낼 수 있었다. 그러나 이러한 경향이 지속된 것은 전반적인 역사 속에서 상대적으로 짧은 시기에 불과했다. 제2차 세계대전 이후까지 아이들에겐 방과 후 오후 시간이나 주말에 친구들과 어울려 노는 자유가 주어졌다. 당시의 아이들은 지금의 아이들보다 나이가 든 후에 교회나 음악 레슨, 스카우트 등의 외부 활동에 참여했다. '아동 여가 활동의 기관화'와 집중 양육 방식이 보편화된 것은 최근 들어 나타난 현상이다.[20] 오늘날 부모 세대가 된 사람은 그들의 자녀와 같은 어린 시절을 보내지 않았다. 우리가 관찰한 아이들 88명의 부모는 모두 1950~1960년대 생이었다. 그리고 그중 어린 시절 바쁜 외부 활동 스케줄을 경험했다고 응답한 이는 한 명도 없었다. 우리의 연구에 참여한, 아니 대부분의 미국 중산층 부모도 자연적 성장을 통한 성취 전략에 기초한 아동기를 보낸 것이다.

역사적 변화, 특히 아동 여가 활동의 기관화와 '부모의 집중적인 관심'이라는 현상을 이해하기 위해 연구자들은 현대 사회의 영향('합리화'의 영향력 증대[21])에 주목한다. 조지 리처(George Ritzer)는 이러한 관점을 "맥도날드화(McDonaldization)"라는 용어로 설명하며 우리 사회가 효율성과 예측 및 조작, 측정 가능성을 강조하는 표준화된 방향으로 흘러가고 있다고 진단했다.[22] 리처의 설명에 따르면 패스트푸드의 원칙은 사회의 다른 영역, 즉 키즈스포츠 펀 & 피트니스 클럽(Kidsports Fun and Fintness Club), 킨더 케어(Kinder Care), 캠프그라운즈 오브 아메리카(Kampgrounds of America), 토이저러스(Toys 'R' Us) 등의 아동 관련 기업에까지 확대되고 있다.[23] 가족의 삶 역시 점점 더 합리적인 방향으로 흘러가고 있다.

공립학교나 법원부터 사회복지사, 정원사, 가정부, 양육 교사, 변호사, 의사, 텔레비전, 냉동식품, 배달 피자, 기성복, 일회용 기저귀까지 세상의 모든 것이 집 안으로 들어오고 있다. 더불어 이러한 기관이나 인물 및 상품은 그 자체뿐 아니라 그 속에 담긴 이데올로기까지 가정 속에 들여놓고 있다. 그들이 가져오는 논리는 비인간적이고 경쟁적이며 계약적이다. 또한 효율성과 수익, 사적 이익과 관련한 상품화의 논리다.[24]

금전적 여유는 있지만 직장에서 그 소득에 비례하는 바쁜 시간을 보내야 하는 부모는 아이들을 학교 밖 활동에 데려다줄 운전기사나 특별한 날 아이들에게 줄 선물을 골라줄 개인 장보기 담당자 또는 '배움 센터(Learning Center)'를 통해 아이들의 숙제나 예습, 복습을 도와줄 개인 교사를 고용하기도 한다. 아이들의 생일 파티를 꾸며주는 서비스(맥도날드의 특별 공간이나 과학박물관의 야간 개방, 전문 파티 코디네이터 등) 역시 가족 생활의 합리화를 보여주는 우리 사회의 단상으로 볼 수 있을 것이다.

어른들의 관리 아래 스케줄을 짜고 정해진 시간에 정해진 분량의 활동을 수행하는 외부 활동 확산은 아이들의 여가 생활에 이른바 '합리화'를 적용한 모습이다. 그러나 아이들의 시간이 자유로운 놀이 대신 외부 활동으로 채워지고 있다는 사실이 가족의 여가 시간에서 즐거움이 사라지고 있음을 의미하는 것은 아니다. 현대 가족 구성원은 축구팀이나 야구팀에서 활동하는 아이와 함께 시간을 보내며 즐거움을 느낀다. 핵심은 가족의 삶이 짧은 시간 동안 정형성과 예측 가능성을 띠는 방향으로 변화했다는 점이다. 이러한 변화를 초래한 요인으로는 어른의 감시 없이 아이들을 길거리로 내보내는 위험성에 대한 염려의 증가, 고용의 증대(어른이 집에 머무르는 시간을 줄인 요인) 그리고 출산율 저하와 교외화(주택 크기의 증대와 인구 밀도 감소를 가져온 요인)로 인한 '동네 친구'의 감소 등을 들 수 있을 것이다.[25]

가정에서의 논리적 대화를 통한 자녀 양육과 교육 기관에 대한 개입 역시 일종의 합리화 적용이라고 할 수 있으며, 이는 최근 연구 대상으로 떠오른 '과학적 양육(scientific motherhood)'의 사례라고도 할 수 있다. 그러나 나는 집중 양육 방식에 대한 선호가 증가하는 현상을 분석하려면 세계 경제에서 미국의 위상 변화와 그에 동반해 발생한 고소득 제조업 종사자의 감소 및 기피 서비스 관련 직종의 증가라는 요인을 복합적으로 고려해야 한다고 생각한다. 이러한 변화는 지금의 아이들이 성인이 되는 시기와 맞물려 절정에 달할 것이며, 그들이 누리게 될 삶의 표준은 현재 부모 세대에 비해 열악해질 것이다. 다시 말해 '좋은 직업'은 줄어들고 '안 좋은 직업'이 늘어나며 경쟁이 더욱 심화될 것이라는 얘기다. 원하는 직업을 얻기 위해 아이들에게 학업은 더욱 중요해지고 있으며, 이에 대한 중산층 부모의 염려 역시 증가하고 있다. 그런데 대학 입학 사정관이나 기업 면접관 같은 이른바 '기관의 문지기'들은 학교 밖 활동에 높은 가치를 부여한다. 그 때문에 부모는 아이들의 활동에서 단순한 흥미나 즐거움 이상을 이끌어내 자녀들이 더 좋은 기관에 '선택될' 가능성을 높여주기 위해 노력하고 있는 것이다.

이 모든 요인은 중산층이 새로운 자녀 양육 방식을 도입하는 데 기여하고 있다. 섀런 헤이즈(Sharon Hays)가 보여주듯 이 새로운 양육 방식은 여러 가지 방법으로 정당화된다.[26] 전문가들은 부모의 적극적인 개입과 지원으로 개발된 아동의 창의력이나 재능, 인지 능력 그리고 학업 성취도에 적극적인 지지를 보낸다. 그리고 반대로 기존의 아동 양육 논리인 자연적 성장을 통한 성취 방식은 상대적으로 소수만이 지지하고 있다. 이러한 분석이 옳다면 그리고 아동 양육의 문화적 레퍼토리에 변화가 일어나고 또 그것이 정립되어가고 있다면, 계층에 따른 아동 양육 전략의 차이가 발생하는 이유는 무엇일까? 왜 모든 부모가 자신의 자녀를 같은 방식으로 기르지 않는 것일까?

자원의 역할

계층에 따라 아동 양육 방식에 차이가 나는 요인으로는 첫째, 부모의 경제력 차이를 들 수 있다. 아이들의 활동을 지원하는 데에는 상당한 돈이 들어간다. 중산층 부모에게는 '별것 아닌', 혹은 '적당한' 등록 비용 25달러는 많은 노동자 계층의 부모 그리고 모든 빈곤층 부모에게 부담스러운 액수다. 그러나 등록 비용은 빙산의 일각에 불과하다. 대부분의 활동은 별도의 복장이 필요하다. 스테이시 마셜은 체조 수업을 위해 타이츠와 훈련용 웜업 슈트(warm-up suit)를 구입해야 했다. 이 아이는 또한 체육관을 오갈 때 필요한 물품을 담고 다닐 전용 가방과 집에서 사용할 평균대 역시 마련했다. 토너먼트 등의 특별한 일정에 참가하기 위해서는 한 번 더 등록 비용을 내야 했다. 아이들의 바쁜 스케줄에 따라 차를 타고 이곳저곳을 옮겨 다녀야 하기 때문에 외식 비용 역시 상대적으로 많이 들어갔다. 토너먼트가 다른 지역에서 진행될 경우에는 숙박비까지 지출해야 했다. 시즌 마무리 행사에서는 연회(宴會) 비용과 아이를 지도해준 선생님에게 줄 선물비도 들었다. 자동차 유지비나 주유비 또한 보이지 않는 비용이었다. 1994년 탈링거 가족이 개릿의 학교 밖 활동을 지원하기 위해 지출한 금액(위의 목록에서 자동차 수리비를 제외한 금액)은 총 4000달러 정도였다. 이는 탈링거 가족에게 일반적인 수준의 지출이었다.[27] 자녀의 학교 밖 활동을 지원하기 위해 부모는 이러한 비용을 감당할 만한 소득 수준뿐만 아니라 아이들을 데리고 다닐 개인 자가용도 있어야 하고 또한 활동 일정을 맞출 수 있도록 업무의 유연성도 확보해야 했다. 그리고 이러한 자원은 사회 전체적으로 봤을 때 불균등하게도 중산층에 집중되어 있다.

교육적 자산의 차이 역시 중요한 요인이다. 중산층 부모는 좀더 많은 교육을 받아 풍부한 어휘력과 지식을 쌓았다. 그리고 이러한 자산은 집중 양육, 특히 외부 기관에 대한 개입을 용이하게 했다. 앞서 소개했듯이 노동자 계층과 빈곤층 가정의 부모는 '파상풍 주사'나 '충치' 등 전문가들이 사용하는 용어를 이해하는 데 어려움을 겪었다. 중산층 가정의 부모가 쌓아온 교육적 배경은 그들이 학교 일에 개입하고 교사의 문제점을 지적할 수 있도록 하는 도구가 되기도 했다. 노동자 계층과 빈곤층 가정의 부모에게 교사는 사회적으로 우월한 인물로 여겨졌다. 반면 중산층 계층의 부모는 그들을 자신과 동등한, 혹은 지위가 낮은 인물로 대했다. 그러나 이들 부모는 교육자의 조언에 적극적으로 따랐다. 이를 통해 여타 계층의 부모에 비해 아동 양육 기준의 변화에 한층 민감하게 반응할 수 있었다.[28]

또한 부모의 직업과 일하는 조건(특히 업무의 복잡성 같은 요인)도 그들이 아동 양육과 관련해 특정한 시각을 형성하는 데 중요한 영향을 미쳤다.[29] 이번 연구에서 우리는 자녀를 바라보는 부모의 인식은 그들의 직업뿐 아니라 그들이 사회에서 경험하는 복합적인 내용에 의해 형성된다는 사실을 확인했다. 경제 활동에 많은 시간을 할애하는 중산층 가정의 부모는 거의 매순간 자신들의 업무 활동이 가져다주는 즐거움과 어려움을 의식하며 살아갔다.[30] 그들은 자녀의 유년기를 놀 수 있는 기회로 여기면서도 동시에 향후 자녀가 성인이 되어 자아실현 노력을 진행하는 과정에 도움을 줄 재능과 역량을 개발할 수 있는 시기로 여겼다. 탈링거 씨는 축구 경기를 "상황 판단력"과 "경쟁심"을 길러주는 활동이라고 표현하며, 아들 개릿이 스포츠 활동을 통해 이후 사회에 나갔을 때 도움이 될 역량을 기를 수 있길 기대했다. 마찬가지로 윌리엄스 부인은 알렉산더가 다른 아이들과 팀을 이뤄 목표를 달성하는 방법을 깨우치길 기대했다. 중산층 가정의 부모는 20세기 후반부터 미국 사회에서 심화되고 있는 '기회의 감소' 경향을 진지하게 고민하고 있었다. 그들은 자신의 미래와 훗날 아이들이 성장했을 때의 경제 상황을 걱정했다.[31] 그들은 아이에게 다양한 역량을 개발해주는 것이 미래의 불확실성을 조금이나마 해소하는 대안이 될 것이라고 믿었다.

반면 노동자 계층과 빈곤층 가정의 부모가 바라보는 사회의 모습과 그에 대한 고민은 중산층 가정의 부모와 차이가 있었다. 노동자 계층 부모의 고민은 사회에서 자신들이 할 일이 점점 더 줄어들고 이로 인해 경제적 어려움이 심화된다는 데 있었다. 그리고 빈곤층 가정에서는 사회적 지원의 문제와 심각한 경제적 궁핍 상태가 가장 큰 고민거리였다. 이러한 두 계층의 고민은 부모 자신뿐 아니라 자녀들에게도 영향을 미쳤다. 노동자 계층과 빈곤층 부모의 고민은 중산층 가정 부모의 고민보다 훨씬 기본적인 문제였다. 그들은 식비나 옷값 같은 기본적인 생활 문제를 그리고 마땅한 차편도 없는 상황에서 병원에 가야 하는 문제를 고민했다. 노동자 계층과 빈곤층 부모는 자신의 어린 시절을 어려웠던 시기라고 기억하면서도 동시에 현재 그들을 괴롭히는 위와 같은 문제에서는 자유로운 시기였다고 회상하곤 했다. 그들은 자녀가 조금 더 행복하고 안정적인 유년 시절을 보내길 바랐다. 삶의 난관은 어른이 되어서 경험해도 충분하다고 생각하기 때문이다. 요약하면, 노동자 계층과 빈곤층 가정의 부모는 자신들의 경험에 근거해 아동의 현재와 미래의 삶에 대한 개념을 형성했다. 아동 양육 전략의 형성에는 교육이라는 요인뿐 아니라 직업적·경제적 경험 역시 반영되고 있는 것이다.

중산층 가정 및 노동자 계층 그리고 빈곤층 가정 부모를 그들 나름의 양육 방식으로 이끈 것은 부모 자신의 개인적 경험과 더불어 경제적 능력, 종사하는 직업, 교육 수준 등의 사회적 자원이었다. 그렇지만 한 가족의 사회적 위치가 그 가족의 양육 방식을 결정짓는 것은 아니었다. 각 개인의 행동 동기와 사회생활의 불확정성은 피할 수 없는 필연적 요소이기 때문이다. 따라서 사회적 구조나 개인적 성취를 논할 때는 항상 개인의 '상대적 자율성'을 고려해야 한다.[32]

경제적·사회적 자산 이외의 다른 요인도 사회 계층에 따른 아동 양육 방식의 차이를 발생시키는 데 영향을 미쳤다. 이와 관련해 우리는 두 가지 가정을 해볼 수 있다. 어느 날, 노동자 계층이나 빈곤층 부모에게 중산층 가정의 부모와 같은 수준의 자산이 주어진다면, 아동 양육에 대한 그들의 문화적 논리 역시 변화하게 될까? 혹 부모의 자녀 양육 전략에 영향을 미치는 문화적 태도나 믿음 중 경제적·사회적 자산과 독립적으로 형성된 요인이 있을까? 안타깝게도 이번 연구에서 다룬 규모와 범위의 한계로 인해 이러한 질문에 명확한 답을 내리는 데에는 어려움이 있었다. 한편, 일부 노동자 계층 및 빈곤층 가정의 부모는 아이들에게 좀더 많은 학교 밖 활동 기회를 제공하기 위해 노력하고 또한 아이들의 이야기를 들어주거나 아이들의 학교생활에 좀더 적극적인 태도로 관심을 갖는 것이 부모로서 자신들이 해야 할 중요한 역할이라고 생각하기도 했다. 이런 부모들의 발목을 잡는 것은 경제적 자산의 부족이었다. 그러나 대부분의 부모는 아이들이 학교 밖 활동에 참여하는 것이 중요하다는 생각을 하지 않았다. 예를 들어, 테일러 부인은 티렉이 다시는 축구를 하고 싶다는 말을 꺼내지 않기를 '기도'했다. 부인은 스포츠 활동에 참여하는 것이 아이에게 특별한 도움이 된다고 생각하지 않았다.

다른 부모들은 이보다 더 자녀의 과외 활동에 대해 확신을 갖지 못했다. 예를 들어, 나와 연구 보조원들은 부모들과 인터뷰를 진행하며 그들에게 (이전에 관찰했던 열두 가정의 데이터 중에서) 두 아동의 실제 일상을 사례로 들려줬다. 그중 하나는 알렉산더 윌리엄스와 비슷한 스케줄이었다. 이 아이는 텔레비전 시청이 제한되었고 대신 책 읽기를 요구받았으며, 피아노 레슨(분석학적인 이유로 우리는 이 아이가 피아노 레슨을 싫어하지만 부모가 허락하지 않아 억지로 레슨을 받는다고 설명했다. 물론 알렉산더는 자신의 과외 활동을 억지로 하지는 않았다)을 비롯한 여러 가지 학교 밖 활동에 참여하고 있었다. 이 얘기를 들은 일부 노동자 계층과 빈곤층 가정의 부모는 그 사례가 너무 가혹하다고 생각했다.[33] 한 빈곤층 백인 엄마는 이렇게 불평했다.

> 제가 보기에, 음 …… 제가 보기에 그 애는 지금보다 자유 시간이 훨씬 더 필요한 것 같아요. 자기가 하는 일을 충분히 즐기지 못하는 것 같은데요? (가벼운 웃음) 부모님은 너무 엄격하고요. 전혀 아이다운 삶이 아니네요. (웃음)

그리고 설령 그런 종류의 스케줄이 나중에 아이가 어른이 됐을 때 직업적 측면에서 도움이 될 것이라고 인정한 어른들조차도 아이의 인생 자체에 대해서는 다음과 같은 반응을 보이며 상당히 걱정했다.

"안쓰러운 아이네요."

"너무 힘들겠어요."

"그 부모들은 지금 꼭두각시 피아니스트를 만들고 있는 겁니다. 순전히 돈 낭비죠. 아이에겐 오히려 독이 될 거예요. 친구 같은 건 하나도 못 사귈 거고요."

노동자 계층과 빈곤층 부모 중에도 의견이 엇갈렸다. 어떤 부모는 자녀에게 학교 밖 활동에 참여할 수 있는 기회를 주고 싶어 했지만 그렇지 않은 부모도 있었다. 그러나 부모의 경제적·사회적 자산에 변화가 있다 해도 그들이 현재와 다른 아동 양육 전략을 적용할 것이라고 판단되진 않았다. 우리가 관찰한 중산층 가정의 자녀 중 많은 아이의 부모는 계층 상승을 이루었다. 즉 그 아이들의 조부모 세대는 노동자 계층이거나 빈곤층인 경우가 많았다. 그리고 이 조부모 세대 중 일부는 자신의 자녀들이 아이들에게 적용하는 집중 양육 방식에 반대하는 모습을 보이기도 했다. 그들은 자신의 손자 손녀가 소화하는 바쁜 스케줄을 이해하지 못했으며, 자신들의 자녀가 아이들에게 명확한 지시를 내리지 않고 논리적으로 대화하는 모습을 불만스럽게 바라보았다. 또 이들 조부모 세대에게 자녀의 학교생활에 일일이 개입하는 엄마의 태도는 바람직하지 못한 것으로 여겨졌다. 규모의 한계 때문에 우리의 연구를 일반화하기에는 한계가 있지만 경제적·사회적 자산이 자녀 양육 방식을 좌우하는 핵심 요인이라는 증거를 곳곳에서 발견할 수 있었다. 부모 자신의 사회적 계급이 변화하면, 양육에 대해 갖는 그들의 생각이나 방식도 달라진다. 물질적·문화적 자산이 부모나 자녀의 선택에 미치는 영향은 이번 연구에서 선명하게 파악할 수 없는 부분이다. 이 두 요소는 가족의 일상생활과 매우 밀접하게 얽혀 있기 때문이다.

우리가 해야 할 일은?

사려 깊은 저서 《시민 의식의 값어치(The Price of Citizenship)》에서 역사학자 마이클 카츠(Michael Katz)는 지난 수년간 미국인들의 복지 개념이 점차 협소해지고 있다고 설명했다.[34] '복지'라는 단어를 들으면 대개 빈곤층을 도와주는 것이 전부라고 생각하는 사람이 많은 반면, 사회 보험 제도나 조세 정책에 대해서는 별로 신경을 쓰지 않는다는 것이다. 그러나 그 규모나 적용 범위로 볼 때 사회 보험 제도, 그중에서도 특히 사회 보장 제도와 노인 의료보험 제도(Medicare) 등에 들어가는 비용이 빈곤층 구제에 들어가는 비용을 훨씬 능가한다. 게다가 이런 제도야말로 노인 빈곤층 인구를 줄이는 데 매우 효과적인 장치다. 따라서 일반 미국 가정 사이에 존재하는 불평등을 해소하려면 주 정부가 이러한 사회 보장 제도를 이용해야 할 필요성은 매우 높아 보인다. 주 정부의 개입이야말로 아마도 이 책에서 설명한 사회적 불평등을 가장 직접적이고도 효과적으로 해소할 수 있는 방법일 것이다. 예를 들어, 서유럽 국가나 스웨덴에서 실행하는 것과 비슷한 아동 수당 제도를 실시할 경우 어린이 빈곤율을 낮추고 사회경제적 자본의 간극을 줄이는 데 일조할 수 있다.[35] 데이비드 캐런은 빈곤층 및 노동자 계층 가정을 위한 '사회 안전망'을 구축하는 게 도움이 될 것이라고 지적하며 다음과 같이 말했다.

> 빈곤층 및 노동자 계층 가정에 사회 안전망을 제공하는 것은 곧 그들의 자녀에게 더 많은 사회적 자본을 제공해주는 것과 같다. 그렇게 하면 이 아이들 역시 현재 누리지 못하는 다양한 활동을 할 수 있게 되면서 더 많은 기회를 접할 수 있다. 현재 빈곤층 아이들이 특정 활동에 참가하지 못하는 것은 비단 돈이 없어서뿐만 아니라, 부모들이 너무 바빠서이기도 하다. 만약 부모들이 (예를 들어, 노동 시간이 줄어들어 일을 덜 해도 되고) 좀 덜 바빠진다면, 빈곤층 및 노동자 계층 아이들 역시 중산층 아이들이 참여하는 활동을 할 수 있을지 모른다. 이러한 일을 가능케 하는 사회 안전망에는 보편적 의료 서비스 제공, 주 정부가 보조하는 양육 시설 그리고 최저 임금 보장 등이 포함된다.[36]

덧붙여 스완 학교 및 로어리치먼드 학교 근방의 학교 밖 활동 프로그램 관리자들과 인터뷰한 결과, 부유한 지역일수록 학교 밖 활동의 질도 더 높다는 사실을 알 수 있었다. 따라서 연방 정부 및 주 정부의 학교 밖 활동 지원금은 상당히 유용하게 쓰일 수 있을 것이다. 학교 밖 활동에 참여할 수 있는 쿠폰과 더불어 그런 활동(음악, 미술, 운동 수업 또는 여름 캠프 등)에 참여할 수 있도록 교통수단을 함께 제공하는 것도 한 방법이라고 할 수 있다. 문제는 주거 지역이 대부분 비교적 비슷한 사회 계층끼리 모여 형성되어 있다는 점이다. 각기 다른 사회 계층이 모여 사는 동네를 통합하면 분명 노동자 계층 및 빈곤층 아이들도 좀더 부유한 지역에 있는 좋은 시설을 이용할 수 있을 것이다. 그러나 이런 부의 재분배에 대한 정치적 합의를 이끌어내는 것은 쉽지 않은 일이다. 언제나 그랬듯 미국인은 개인주의적 접근을 통한 해결 방식을 선호할 것이다. 그러나 각 사회 계층마다 문제가 다르듯이 해결책도 다르다. 몇 가지 가능성을 검토해보자.

중산층 가정을 겨냥한 정책: 일상생활의 페이스 늦추기
일부 중산층 가정의 미친 듯이 바쁜 스케줄은 이미 각종 미디어에서 주요 주제로 다루고 있다. 그 결과, 점점 더 많은 전문가 집단 및 중산층 가정 역시 아이들의 생활에 과도한 스케줄을 끼워 넣지 않으려는 사회적 움직임에 참여하고 있다. 《학교 밖 활동에 시달리는 아이들(The Over-scheduled Child)》 같은 책에서도 오늘날의 아동이 통제할 수 없을 정도로 바쁜 생활에 시달리고 있다고 주장하며 다음과 같이 지적한다.

화요일 아침 6시 45분. 일곱 살 벨린다는 아직 꿈나라를 헤매고 있다. 등교 시간은 9시라 아직 멀었지만, 엄마는 보통 7시 30분이 되면 아이를 깨운다. 그러나 화요일은 얘기가 다르다. 화요일은 벨린다가 7시 30분까지 피아노 레슨을 가는 날이기 때문이다. 피아노 레슨을 마친 벨린다는 곧장 학교로 가서 3시까지 수업을 듣는다. 학교가 끝나면 벨린다를 돌봐주는 베이비시터가 아이를 체조 수업에 데려다준다. 체조 수업은 4시부터 6시 30분까지 진행된다. 화요일이 일주일 중 가장 바쁜 날이기는 하지만 다른 날도 여유롭다고 할 수는 없다. 성경 학교며 학교의 합창단 연습, 발레 연습 그리고 (벨린다가 가장 좋아하는) 승마 수업도 해야 하기 때문이다. "하루 일과를 마치고 오면 아이는 녹초가 되어 있어요"라고 벨린다의 엄마는 걱정한다. "애를 이토록 바쁘게 하는 것이 과연 옳은 일인지 잘 모르겠어요. 하지만 아이에게 내가 경험하지 못한 특권을 누리게 해주고 싶습니다."[37]

저자는 이런 살인적인 일정에 분개한다.

미국인들은 자신의 가정생활이 뭔가 잘못됐다고 생각하면서도 그 이유를 모른다. 또 아이들에게 지나친 짐을 지우고 있다는 사실을 어렴풋이 알고 있지만, 이를 적당히 끊어야 하는 시점을 알지 못한다. 매순간 뒤를 돌아볼 때마다 아이들을 올바로 양육하기 위해 해야 할 일 목록에 누군가가 새로운 항목을 추가하기 때문이다.[38]

이런 추세에 대한 저항이 확산되고 있다. 집단 차원에서는 미네소타 주 웨이자타 시에 기반을 둔 '가족생활을 우선하는 모임(Family Life First)' 같은 단체들이 과외 활동 코치나 기타 학교 밖 활동 기관에 압력을 넣어 아이 및 학부모가 가족생활을 우선할 수 있도록(예를 들어 일요일에는 스케줄을 아예 잡지 않거나 가족 휴가 때 활동에 빠지더라도 벌점을 부과하지 못하게 하는 등) 하고 있다. 뉴저지 주 리지우드 시에서는 시민들이 지역 차원에서 (자발적으로) '가족의 밤'을 정해 그날 하루만큼은 아이들의 모든 학교 밖 활동 일정(과 학교 숙제)을 하지 않기로 함으로써 전국적인 주목을 받았다. 아직 시작한 지 얼마 되지 않은 이러한 운동은 모두 아이들이 과도한 일정에 따라 생활하는 것은 말도 안 되는 행동이며, 이 과도한 일정 때문에 가족생활을 저당 잡히고 있다는 시각을 공유하고 있다.[39] 전문가들도 어린 아이들의 바쁜 일정에 대한 비난의 목소리를 높이며 아이들이 자율적인 시간을 좀더 가질 필요가 있다고 말한다.[40] 개인적인 차원에서도 부모가 아이들의 일상생활이 너무 바빠지지 않도록 통제할 필요가 있다는 견해가 지배적이다. 일부 부모는 자녀에게 한 번에 한 가지 활동만 하도록 제한하고 있다며 웹사이트에 자랑스레 글을 올리기도 한다.

부모의 교육 기관 개입에 대한 체계적인 비판은 아직까지 이루어지지 않고 있다. 실제로 많은 전문가들은 부모에게 학교생활에 활발히 참여하라고 장려한다. 그러나 논리적 대화를 통해 자녀를 상대하는 양육 방식에 대해서는 계속해서 의문을 제기하는 사람이 늘고 있다. 전문가 및 미디어 매체에서는 부모와 자녀 사이의 상하 관계를 완전히 저버림으로써 발생하는 문제를 지적한다. 전문가들은 《아이와 적절한 선 긋기, 부모의 책임(Parents in Charge: Setting Healthy, Loving Boundaries for You and Your Child)》 또는 《부모와 자녀의 경계 분명히 하기(I'll Be the Parent, You Be the Child)》 같은 책들을 내놓으며 때로는 부모가 아이에게 일방적 지시를 내리고 이에 복종하도록 하는 것도 필요하다고 주장한다. 이 책들은 손님이 와도 무례하게 행동하고, 가족과 함께하는 저녁 식사 자리에 멋대로 빠지고, 선물을 받아도 고맙다고 할 줄 모르는 아이들의 사례를 소개하고 있다. 책의 저자들은 이 아이들이 통제 불가능한 지경에 이르렀으며 무슨 일이든 어른의 도움에 의존하려 한다며 부모가 "받아줄 수 있는 투정의 한도를 정하고 결정을 내려야 한다"고 조언한다. 전문가들은 대개 개인적 차원의 해결책을 제시한다. 부모들은 각자 자신의 내면을 되돌아보고 자녀와의 관계에서 주도권을 되찾아야 하며, 아이에게 지시를 내릴 수 있는 결단력을 가지고 모든 일에 아이의 동의를 구해야 한다는 마음을 버려야 한다는 것이다.

역설적이게도 집단 차원에서 그리고 개인 차원에서 중산층 부모에게 권장하는 이 새로운 양육 방식은 다른 계층의 부모가 이미 적용하고 있는 자연적 성장 방식과 일맥상통한다. 자녀의 학교 밖 활동을 지원하느라 지치고 피곤한 중산층 부모의 경우, 양육에도 한도를 정해두는 것이 중요하다. 예를 들어 아이가 참여하는 학교 밖 활동의 수를 좀 줄이거나, 가족끼리 보내는 시간을 정해놓고 지키거나, 아이의 과외 활동보다 가족 활동을 더 중시하는 등 전반적으로 개인보다 가족이라는 집단을 우선시하는 것이 도움이 될 수 있다.

교육 기관이 내세우는 기준, 어디까지 따라야 할까:

노동자 계층 및 빈곤층 가정에 적합한 교육 방식에 대해

반면 노동자 계층 및 빈곤층 가정은 교육 기관에서 자녀가 학업을 통해 이점을 취할 수 있도록 해주는 것이 중요하다. 관련 프로그램들은 아이에게 책을 읽어주는 것, 어휘력을 향상시켜주는 것 그리고 "방학 동안 학업에 뒤처지지 않도록 하는 것"(중산층 아이들은 방학 동안 선행 학습을 통해 학습 역량이 향상되는 데 비해 노동자 계층 및 빈곤층 아이들은 학교에 나오지 않으면 공부한 내용을 잊어버리는 현상을 가리킨다) 등을 강조한다.[41] 여기서 우리는 교육 기관들이 내세우는 교육의 '기준'이 언제든 바뀔 수 있음을 기억해야 한다. (예를 들어 어느 해에는 발음 중심 어학 교육이 유행을 하는가 하면 다음 해에는 언어 그 자체가 중시되기도 하고, 컴퓨터 교육 열풍이 부는가 하면 얼마 지나지 않아 컴퓨터의 유해성을 재조명하기도 한다.) 아이들에게 계속해서 변화하는 교육 기관의 유행을 따라갈 수 있도록 필요한 지원을 해주는 것도 좋지만, 그럴 경우 사회 계층에 기반을 둔 어린이 양육 방식의 고질적인 문제는 개선되지 못한 채 그대로 남게 된다. 교사들이 문화적 행동 양식의 차이를 자각하고 '코드 스위칭[code switching: 말하는 도중 언어나 말투를 바꾸는 것. 여기서는 교육 기관이 주장하는 '집중 양육 방식'과 가정에서 사용하는 양육 방식이 다를 경우(특히 빈곤층 가정에서 자연적 성장 방식을 사용할 경우) 그 차이를 이해하고 교사가 그 둘 사이의 균형을 잡아주는 역할을 한다는 뜻—옮긴이)'을 할 수 있도록 정책을 개발하는 것도 한 방법이다. 그렇게 하면 교사 역시 집과 학교를 오가는 아이들에게 '코드 스위칭'을 하도록 가르칠 수 있을 것이다. 이러한 코드 스위칭의 예로는 노동자 계층 및 빈곤층 아동을 중산층 아이들이 누리는 '집중 양육 방식'으로 교육시켜 성공한 프로그램을 들 수 있다. 이런 프로그램은 실제로 고등학교나 '내게는 꿈이 있습니다(I Had a Dream: 마틴 루터 킹 목사의 연설 제목을 딴 교육 프로그램 이름—옮긴이)' 등의 교육 단체에 개입해 교사나 과외 지도 교사들이 중산층 부모(그리고 중산층 아이들의 과외 선생님)가 하는 방식으로 빈곤층 및 노동자 계층 아이들을 지도할 수 있도록 도와준다. 이를 통해 아이들의 학업 성적이 개선되고 정학당하는 횟수도 줄었으며, 불량한 행동을 하는 아이들도 사라졌고, 10대 청소년의 임신율도 줄어들었다. 물론 대학 진학률 역시 높아졌다. 이 프로그램의 혜택을 입은 학생의 고등학교 졸업률 역시 두 배나 증가했다.[42] 이 밖에도 교육 프로그램을 통해 이와 비슷한 긍정적 효과를 낼 수 있다.[43] 예를 들어, 일부 고등학교에서는 교사들이 저소득층 학생에게 대학교 캠퍼스를 구경시켜주기도 하고, 주요 과제물의 마감 날짜를 미리 언급해주고, 대학교 원서 작성을 도와주는 등 많은 노력을 기울인다. 기존의 프로그램과 더불어 '빅 브라더/빅 시스터(Big Brother/Big Sister)' 같은 단체의 노력은 저소득층 아이들의 학교생활을 크게 개선시켰다.[44] 즉 노동자 계층 및 빈곤층 아이들에게 중산층 아이들의 빽빽한 스케줄이나 부모의 엄격한 통제를 따라 하는 것은 큰 도움이 되지 않는다. 그보다는 소외 계층 자녀를 둔 부모를 설득해 아이와의 관계에서 체벌보다는 논리적 대화를 활용하고, 아이의 어휘력을 늘려주기 위해 노력하며, 아이의 학교생활에 좀더 적극적으로 개입하도록 하는 것이 학교에서 한층 나은 성적을 거두는 데 도움이 될 것이다.

아이의 일생과 사회 계급

새로운 가족 구성원의 탄생은 대개 기쁜 일로 여겨진다. 사람들은 조카나 질녀, 딸 또는 손자의 탄생을 축하하며 베이비 샤워(baby shower: 임신을 축하하며 육아 용품 등을 선물하는 파티—옮긴이)를 열기도 하고, 흥분을 감추지 못해 선물을 주거나 병원을 찾아 아이가 부모 중 누구를 닮았는지에 대해 얘기한다. 또 태어난 아기에게 각종 세례 및 종교 의식을 치러주기도 한다. 이 모든 의식은 새로 태어난 생명이 지닌 무한한 가능성과 장래성을 축복하기 위한 것이라고 할 수 있다.

개개인의 인생이 진행되는 과정 역시 각기 다르다. 한배에서 태어난 형제자매조차 유전적 형질 외에도 성격과 취향이 천차만별이다. 예를 들어, 마셜 가족의 편 마셜은 많은 시간을 농구를 하며 보내는 반면, 스테이시의 경우는 체조에 푹 빠져 있다. 개릿 탈링거는 과묵한 성격인 반면, 형제인 스펜서는 너무나 수다스러운 나머지 아빠마저도 "쟤는 절대 입을 안 다물어요"라고 말할 정도다. 또 멜라니의 오빠는 키가 크고 마른 체격인 반면, 멜라니는 키가 작고 통통한 체격이다. 이뿐만 아니라 가족 간에도 각자 경험한 양육 방식에서 차이가 난다. 가족 구성 역시 시간이 지남에 따라 변화하며 부모가 처한 상황이나 양육 방식도 끊임없이 변화한다. 형제들이 내리는 각자의 선택과 그 선택에 따라 나타난 결과에도 중요한 차이가 있다.

그러나 개인의 삶이 각기 다른 특성을 보여준다고 해서 그리고 아이들마다 각기 다른 즐거움을 가족에게 선사한다고 해서, 이 아이들이 속하는 사회 계층에 따라 불평등이 초래된다는 사실마저 잊어서는 안 될 것이다. 특정 사회 계층에 속한다는 것은 그에 수반하는 기회를 얻는 것과 직결되는 문제다. 탄생의 순간에는 모두 다 똑같이 축복을 받지만 SAT 같은 공식 시험에서 높은 점수를 받거나, 대학을 무사히 졸업거나, 전문직에 종사하거나, 안정된 직장을 갖는 일 등 모든 사람이 바라마지않는 목표를 달성할 가능성은 아이들마다 제각각이다. 슬프지만 이런 중요한 목표 중 상당수는 어떤 가정에서 태어나느냐에 따라 아이 자신의 노력과 상관없이 결정되곤 한다. 이는 부분적으로 특정한 문화적 관습을 다른 것보다 선호하는 교육 기관의 성향 때문이기도 하다. 그렇지만 계층 간 유동성이 아주 없는 것은 아니다. 개중에는 모든 사람의 예상을 뒤엎는 사례도 있는데, 특히 일부 이민자 집단이 그렇다. 사회적 계층만이 불평등의 절대적 원인인 것은 아니지만, 분명 그 때문에 불평등을 초래하는 경우도 없다고는 할 수 없다. 대부분의 미국인이 인정하려 하지 않는 이 '사회적 계층'은 곧 케이티 브린들이나 웬디 드라이버, 티렉 테일러 같은 아이들이 개릿 탈링거, 알렉산더 윌리엄스, 스테이시 마셜 같은 아이들만큼이나 서로 공통된 요소를 갖고 있음을 말해준다. 또한 성별의 차이가 다소 존재하기는 하지만, 같은 사회 계층에 속하는 남자아이와 여자아이 역시 어느 정도 공통점을 갖고 있다.[45]

미국인은 자신들이 계급으로 철저히 나뉜 사회에 살고 있다는 사실을 부인하려는 경향이 있다. 이것이 대부분의 미국인이 자신을 '중산층'으로 여기는 이유다. 사회 분화에 대해 물어보면 많은 사람이 곧바로 인종 문제에 대한 이야기를 꺼내지만, 정작 '사회 계층'이라는 단어는 대다수 미국인의 사전에는 없는 것과 다름없다.[46] 게다가 옛날과 달리 요즘은 빈곤을 퇴치해야 한다는 생각이나 사회 불평등을 줄여야 한다는 목소리마저 거의 사라지고 말았다.

　공공 기관의 기준으로 사회 계층 간의 차이를 바라보면 이러한 불평등을 이해하는 데 도움이 된다. 사회 기관이 내세우는 기준은 특정 계층 사람들에게 특권을 부여하며, 가정 내부의 문화적 패턴이 사회에서 어떤 식으로 발현되는지를 보여준다. 또 중산층이 노동자 계층이나 빈곤층보다 도덕적으로 우월하다는 믿음에 대해서도 다시금 생각하게 한다. 그리고 이러한 사회 구조 및 계층이라는 시각이야말로 빈곤에 대해 개개인에게 책임을 묻는 도덕적 태도보다 더 나으며 "복지 서비스를 받을 자격이 없는 빈곤층"[47]을 향한 날카로운 비판을 막을 수 있다. 이는 또한 인종이라는 기준보다 더 정확하다. 한 개인의 출신 가족이 처해 있는 사회적 위치는 그 개인이 인생에서 겪게 될 일이나 결과에 상당한 영향을 미친다. 그러나 우리의 사회 구조가 만들어내는 불평등은 보이지도 않고 아무도 주목하지 않는다. 어쩌면 사회 계층의 중요성에 대해 인식하고 이를 재조명하는 것이야말로 우리 사회 전체에 득이 되는 방향일지도 모른다. 그때서야 비로소 우리는 우리 사회에 만연한 사회적 불평등을 체계적으로 인정할 수 있을 것이기 때문이다.

부록 A

방법론: 현장 연구에서 발생하는 딜레마 해결하기

•

일반 가정의 '자연스러운 일상'을 연구하는 것은 매우 드문 일이다. 그 때문에 많은 이들이 연구 과정에 호기심을 가졌다. 지면이 부족한 관계로 자세한 설명은 생략하고, 부록 A에서는 연구 과정에서 맞닥뜨린 딜레마와 어려움에 대해 이야기해보려 한다.

연구 대상 선정하기

이 책의 핵심이라 할 수 있는 가족의 일상생활 관찰은 연구의 한 일면일 뿐이다. 가정 방문 외에 우리는 초등학교 수업 시간을 관찰하기도 했고, 수많은 학부모와 인터뷰를 하기도 했다. 이 연구는 1990년에 시작되었는데, 당시 나는 (한 흑인 여자 대학생의 도움을 받아) 중서부의 소규모(인구 약 2만 5000명) 대학 도시 로렌스빌에 있는 한 공립학교 3학년 학생 31명의 부모를 대상으로 인터뷰를 진행했다. 나머지 57명의 연구 대상 아동은 북동부 대도시 지역의 초등학교 학생 중에서 선택했다. 주요 연구 대상을 3학년 아동으로 선택한 이유는 일상생활을 하는 데 부모의 도움이 많이 필요하면서도 (그런 까닭에 사회 계층의 영향이 생활 속에 드러나면서도) 한편으론 자신의 여가 시간을 자율적으로 활용할 만큼 성숙한 아동이 연구 대상에 적합하다고 여겼기 때문이다. 또한 아직 또래 집단에서 사회적 압력을 강하게 받지 않는 아이들을 연구하고 싶기도 했다. 처음에 나는 아이들과 그 부모를 모두 인터뷰하고 싶었다. 그렇지만 평소에는 말이 많던 아이들도 녹음기 앞에서는 조용해지는 것을 보고는 아이들을 인터뷰하겠다는 생각을 접어야 했다.[1]

나는 로렌스빌에서의 경험을 통해 연구 대상에 백인과 흑인 아이들을 모두 포함시키고 부모의 교육 수준 및 직업에 따라 사회 계층을 나누어야겠다는 생각을 하게 되었다. 원래는 다양한 사회 계층에 속하는 백인 아동들만 연구하려 했으나, 내가 방문한 학교 학생들의 절반이 흑인인 것을 보고 마음을 바꾼 것이다. 게다가 당시에는 흑인 부모들이 강력한 보이콧을 하며 교육 지구의 유색 인종 아동에 대한 무관심에 항의하는 중이었다. 그런 측면에서 봤을 때, 부모가 학교 교육에 미치는 영향을 연구하면서 흑인 부모를 제외하는 것은 어불성설이었다. 부록 C의 표 C1을 참조하면 전체 실험 참가 아동(총 88명)의 인종 분포를 알 수 있다.

작은 규모의 연구 대상에서 사회적 계층 측정하기

실제 사회에서 어떻게 불평등을 측정할 것인지는 사회과학자들 역시 의견이 분분하다. 어떤 이들은 점진적인 방식을 통해 불평등의 척도를 유추하고자 한다. 이들은 특히 연구 대상의 직업, 교육 수준 그리고 소득에 따라 개인 및 가정의 계급을 결정한다. 그러나 각각의 직업 역시 여러 가지 측면에서 차이를 보인다. 일하는 사람이 얼마만큼의 자유를 누리는지부터 다른 사람에게 어느 정도까지 지시를 내릴 수 있는지, 임금은 어느 정도인지, 3D 업종인지 아닌지 그리고 그 직업이 사회적으로 어느 정도의 위신을 가지는지까지 전부 다르다. 그래서 나는 이러한 차이를 단계적인 방식으로 생각하지 않기로 했다.

또한 계층을 어떻게 개념화할 것인지(즉 마르크스의 이론을 따를지, 베버의 이론을 따를지)도 불분명하다.[2] 그러나 접근법에 상관없이 최근 사회 계층의 개념화 작업은 대개 많은 수의 사람을 연구해 경제적 계층의 점진적 분포를 나타내곤 한다. 그렇기에 이번 연구에서는 특정한 접근법만을 모방할 수 없었다. 가족의 삶을 집중적이고 현실적으로 그려내는 것이 목표인 나로서는 적은 수의 관찰 대상만을 연구할 수밖에 없었다. 얼마 되지 않는 사람들을 놓고 성별 및 인종에 따른 다양한 비교를 하다 보니 네오마르크스주의나 네오베버주의 방식으로 사회 계층을 나누는 것은 불가능할뿐더러 이치에 맞지 않는 것이기도 했다.

나는 관찰 대상의 직업 분포에 따라 연구 범주를 두 종류로 한정했다. 전체 인구 중 고용주이거나 자가 경영자인 사람은 얼마 되지 않기 때문에 연구 대상을 주로 산업체나 기업에 고용되어 일하는 부모들로 한정했다. 이제 문제는 이토록 다양한 직종 사이에서 어떻게 계층을 나눌 것인가 하는 점이었다. 이 문제에 대해 다양한 의견이 나왔지만, 직장에서 어느 정도 직위를 갖고 있는지와 "직업군에 요구되는 교육수준"을 가장 중점적으로 보기로 했다. 전자를 통해서는 직장에서 경영자 및 관리자로서 권위를 가진 사람과 그렇지 못한 사람을 가리고, 후자를 통해서는 교육 수준이 높아야만 가질 수 있는 직업과 비교적 교육 수준이 낮아도 가능한 직업을 가리기 위함이었다. 이러한 기준과 현실적으로 가능한 방법에 대한 평가를 바탕으로 나는 넓은 의미에서의 중산층과 노동자 계층을 구분 지을 나름의 척도를 마련했다. 그리고 연구에 참여한 부모가 자신이 하는 일이나 직장(실업자의 경우는 제외하고)의 생리 그리고 그 직장에서 자신이 차지하는 위치 등에 대해 이야기해준 것을 기초로 이들의 사회적 계급을 나누었다. 만약 한 가족 안에 각기 다른 사회 계층에 속하는 직업군을 가진 사람이 속해 있다면 (누가 더 높은 계급에 속하는 직업을 가졌는지에 관계없이) 그 가족을 둘 중 더 높은 사회 계층에 포함했다. (예를 들어 중산층에 속하는 직업을 가진 엄마와 노동자 계층에 속하는 직업을 가진 아빠가 있는 가정은 중산층으로 분류했다.)

그러나 로렌스빌의 학교에 다니는 학생 상당수가 일정한 소득 없이 정부 지원을 받는 가정 출신이라는 것을 깨닫고 이러한 분류 기준을 조정해야만 했다. 정부 지원을 받는 학생을 제외하고 연구를 진행하면 결국 그 연구 자체가 내 임의로 정한 범위에만 국한될 것이기 때문이다. 결과적으로 나는 부모가 무직 상태에 있는 빈곤층 가족도 연구 대상에 포함했다. 이들은 애초의 사회 계급 분류에 포함하지 않은 계층이었다. 이렇게 해서, 결국에는 중산층과 노동자 계층 그리고 빈곤층이라는 세 가지 사회 계급을 놓고 연구를 진행했다(자세한 분류 기준은 표 C1 참조).

이러한 사회적 계급 분류는 계급 내부에 엄연히 존재하는 다양성을 감추기도 한다. 흑인 가정인 윌리엄스 가족과 백인 가정인 탈링거 가족은 둘 다 수입이 매우 높다. (두 가정 모두 연봉이 17만 5000달러 이상이다.) 물론 같은 중산층에 속하는 가족 중에도 수입의 차이가 있었다. 하지만 적어도 내가 연구한 제한된 수의 중산층 가족은 (상대적으로 수입이 많은 중산층 가정까지 포함해) 하나같이 비슷한 양육 방식을 채택하고 있었다. 게다가 수입의 차이 외에는 중산층이라는 계층을 더 세분할 만한 다른 요소도 없었다. 그래서 이 계층을 '중산층'이라는 하나의 계급으로 묶어 총칭하기로 했다.

이와는 조금 다른 맥락에서, 표 C3은 사회 계층의 차이가 가족 구조의 차이와 깊은 연관이 있으며 둘 사이의 이러한 관련성이 전국적으로 나타나는 현상임을 보여준다.[3] 즉 인종에 관계없이 우리가 집중 연구 대상으로 선정한 모든 중산층 아이들은 자신을 낳아준 생물학적 양친과 함께 살고 있었다. 반면 빈곤층 아이들은 인종에 관계없이 자신을 낳아준 아버지를 종종 얼굴만 보며 지낼 뿐 함께 사는 경우가 없었다. 노동자 계층 가정에서는 아버지가 함께 사는 경우도 있고 그렇지 않은 경우도 있었다. 우리는 이 패턴을 통해 혹시 집중 양육 방식이 결혼해 함께 사는 부모의 존재와 관계가 있는지 의문을 갖게 되었다. 우리의 좁은 실험 대상 범위로는 이 질문에 확실한 답을 내리기 어렵다. 그렇지만 우리는 가족 구성이 자녀 양육의 문화적 논리에 영향을 미칠 수는 있어도 그것을 결정지을 만큼 중요한 요소는 아니라는 잠정적인 결론을 내렸다. 예를 들어, 연구 대상으로 선정한 36개 가구 중에서 중산층 세 가구는 편부모 가정이었지만, 이들 역시 다른 중산층 가정처럼 집중 양육 방식을 채택하고 있었다. 그렇지만 이 편부모 가정의 부모는 인터뷰에서 혼자 자녀를 기르면 아이들을 원하는 만큼 많은 학교 밖 활동에 등록시키기 어렵다고 털어놓았다. 미국 전역을 대상으로 조사한 자료를 봐도, 양친과 함께 사는 아이들이 편부모 가정에서 자라는 아이들보다 평균적으로 더 많은 학교 밖 활동에 참여하고 있는 것으로 나타났다.[4]

학교 선정하기

이상적인 연구 대상은 학교와 주거 지역이 복합적인 인종 및 사회 계층으로 이루어진 상태일 것이다. 그렇지만 대부분의 미국 아이들은 인종적으로 그리고 인종보다 덜 하기는 하지만 계층적으로 나뉜 환경에서 살고 있으며, 다니는 학교도 자연스레 인종 및 사회 계층에 따라 나뉜다.[5] 나는 결국 인종적으로는 상당히 복합적이지만 계층적으로는 비슷한 아이들이 다니는 학교를 선정해야 했다.[6] 기본적인 연구 조건을 충족하는 학교 몇 곳을 추려낸 다음, 비공식적 채널을 통해 그 교육 지구의 고위 행정 담당자를 만났다. 이들은 내가 추려낸 학교 중 연구 대상으로 삼을 만한 곳을 최종적으로 골라주었다. 또한 나를 관련 학교 교장들과 연결해주기도 했다. 로어리치먼드 공립 초등학교와 스완 공립 초등학교(이 책에 등장하는 대부분의 대상 아동이 다니는 학교)에 대한 자세한 설명은 2장을 참조하기 바란다.

1993년 12월부터 이듬해 6월까지 나는 적어도 주 2회 또는 그 이상 로어리치먼드 학교 3학년 학생들의 수업 시간을 관찰했다. 1994년 4월부터는 스완 학교 3학년 교실에서도 마찬가지로 관찰을 시작했다. 같은 해 9월부터 12월까지는 연구 보조원 한 명이 스완 학교에서 4학년으로 진급한 학생들을 계속해서 관찰했다. 그리고 나는 대상 아동 모두가 4학년으로 진급할 무렵 두 학교를 다시금 방문했다. 대상 아동들이 5학년이 되던 해에는 나와 연구 보조원 모두가 아이들의 졸업식에 참석했다.

내가 방문했을 때, 로어리치먼드 학교의 3학년 담임 교사인 그린 선생님은 나와 연구 보조원으로 참석한 흑인 학부생 한 명을 반갑게 맞아주며 학급 아이들에게 우리를 소개해주었다. 수업을 참관하는 동안 그저 앉아서 지켜만 보는 경우도 있었지만, 때로는 아이들의 미술 작업이나 컴퓨터 수업을 도와주기도 하고, 아이들을 학교 여기저기로 데려다주기도 했다. 밸런타인데이 때 쿠키를 구워간 것을 포함해 종종 아이들과 나눠 먹을 음식을 가져가기도 했다.[7] 그런 과정을 통해 다양한 아이들과 친해질 수 있었다. 나중에는 내가 학교에 가면 달려와 안기는 여자아이들도 있을 정도였다. 아이들과의 유대 관계를 형성한 다음에는 부모들을 인터뷰할 차례였다.

담임 교사가 알려준 정보를 바탕으로 아이들을 인종 및 사회 계층별로 대략 분류한 후, 연구 대상을 '몇 배수'로 선택했다. 그리고 부모들에게 내가 아이들의 여가 시간 활용에 대한 책을 쓰고 있으며 자녀를 양육하는 데 따른 부모의 노력에 대해서도 연구하고 있다는 내용의 편지를 보냈다. (주소는 학교 측에서 제공해주었다.) 로어리치먼드 학교 학생들의 경우는 3학년이 끝날 무렵 (그리고 스완 학교 학생들의 경우는 4학년 가을 학기를 시작할 무렵) 인터뷰를 요청하는 편지를 각 가정으로 보냈다.[8] 그 후 나는 인터뷰에 동의한 모든 부모에게 전화를 걸어 내 연구에 대해 설명하고 적당한 날짜를 잡았다.

인터뷰를 요청받은 두 학교의 학부모 중 한 명의 엄마만이 내 요청을 단번에 거절했다. (몇몇 아버지들은 망설이다 결국에는 거절했다.) 그리고 인터뷰에 동의한 두세 쌍의 부부 역시 스케줄이 맞지 않아 결국에는 만나지 못했다. 그런 경우를 제외하면 인터뷰 응답률은 90퍼센트를 상회했다. 그럼에도 불구하고 나는 여전히 내가 확보한 연구 샘플이 부족하다고 생각했다. 이 연구에 참여한 가정은 인종적으로는 충분히 다양했지만, 중산층 흑인 가정과 빈곤층 백인 가정의 수가 부족했다. 결국 나는 스완 학교의 3학년 학생들도 연구 대상에 포함하고 광고지 및 비공식 루트를 통해 연구 대상 가정을 모집한다는 공고를 냈다.[9] 부모들과의 인터뷰는 대부분 1993~1994년 사이에 이루어졌지만, 그중 일부는 1997년에 가서야 완전히 인터뷰를 마칠 수 있었다. 교직원이나 아이들과 관련 있는 다른 어른들과의 인터뷰도 약 60여 차례에 걸쳐 진행했다. 예를 들어 (로렌스빌을 포함해) 각 학교의 3~4학년 담임 선생들도 인터뷰에 참여했고, 다른 교직원〔읽기 지도 교사, 음악 및 미술 교사, 양호 교사, 스쿨버스 운전사, 학생들의 안전 지킴이(쉬는 시간, 등교 시간 등에 운동장이나 복도에서 아이들이 다치거나 사고를 치지 않도록 감독하는 교사—옮긴이)〕 및 아이들의 여가 활동 프로그램 책임자도 인터뷰에 응했다. 이러한 인터뷰는 가능한 한 집중 연구 대상 아동들에게 초점을 맞추었다. (연구를 진행한 순서는 부록 C의 표 C9에 나타나 있다.)

연구 대상 가족 모집하기

수업 참관이나 부모와의 인터뷰는 가정 방문 대상을 선정하기 위해 반드시 필요한 절차였다. 그린 선생님이 담임으로 있는 로어리치먼드 학교의 3학년 학급에서 우리는 집중 연구 대상 아동 12명 중 7명을 선정할 수 있었다(브린들, 테일러, 어윈, 드라이버, 캐럴, 야넬리, 맥앨리스터). 스완 학교의 4학년 학급에서도 2명의 학생을 선정했다(탈링거, 핸드론). 집중 연구 대상 가정을 선정하는 일은 철저하고 복잡한 계산을 바탕으로 이루어졌다. 부모들과의 인터뷰를 통해 각 사회 계층에 속하는 가정의 특성이나 그 가정에서 일어나는 일(특히 아이들이 몇 개의 학교 밖 활동에 참여하는지, 친척과 얼마나 가깝게 지내는지 그리고 학교와 얼마나 친밀한 관계를 유지하는지 등)을 파악할 수 있었다. 우리는 최대한 비슷한 특징을 대표적으로 나타낼 수 있는 가정을 관찰 대상으로 정하려 했다. 그렇기 때문에 부모가 학교 일에 지나치게 능동적이거나 지극히 소극적인 가정은 대상에서 제외했다. 중산층 가정의 경우 의도적으로 편부모 가정은 집중 관찰 대상에서 제외했다. 이 모든 경우를 다 제외한 결과, 각 사회 계층별로 서너 가족만 남게 되었다.[10]

대상 가족 선정 마지막 단계에서, 우리는 이들을 성별과 인종 및 계층별로 균등하게 맞추고 싶었다. 또 인종이나 사회 계층에 관계없이 비슷한 특징을 가진 아이들을 연구에 포함하기 위해 노력했다. 예를 들어, 대상 아동 중 일부는 사회 계층에 상관없이 교회 활동에 참여하거나 친척들과 가까이 살고, 학교 밖 활동에 참여한다는 공통점을 갖고 있었다. 즉 연구팀과 나는 선택한 대상 아동들이 최대한 잘 '섞이도록' 했다. 이렇게 함으로써 부모의 학교생활 개입 같은 변수가 아이들의 행동 패턴에 영향을 미칠 확률을 최대한 줄일 수 있었다.

나는 또한 '이례적인 경우'도 연구에 포함하고 싶었다. 특히 중산층이면서도 아무런 학교 밖 활동에 참여하지 않는 아이의 사례를 꼭 포함하고 싶었다. 하지만 인터뷰한 중산층 가정 중 그런 아이는 단 한 명도 발견할 수 없었다. 스완 학교의 선생님이나 학부모 역시 마땅하게 생각나는 학생이 없다고 했다. 그렇지만 자녀 양육 방식이나 거주지에 관해서는 다소 이례적인 사례가 몇몇 있었다. 예를 들면 중산층적인 특징을 지녔으면서도 노동자 계층이나 빈곤층 거주 지역에 살고 있는 가족이 그러했다. 두 가정이 이런 경우에 포함되었는데, 그중 어윈 가족은 종교적 신앙심이 매우 깊은 다인종 가구(엄마는 백인이고, 아빠는 흑인이다)로서 교육 수준과 소득이 중산층과 노동자 계층의 중간 정도이며 노동자 계층 거주 지역에 살고 있었다. 어윈 가족은 자녀 양육을 거의 대부분 자연적 성장에 맡겨지만, 가끔씩 집중 양육의 특성을 보여주기도 했다. 그릴리 가정도 이례적인 경우였다. 남편(아이의 친아빠) 없이 흑인 남자 친구와 함께 살며 아이를 키우는 그릴리 부인은 중산층 가정에서 나고 자랐다. 그러나 마약 중독이 너무 심각해진 나머지 아이들의 양육권을 일시적으로 박탈당하는 지경에 이르기도 했다. 연구를 진행할 당시, 그릴리 가족은 빈곤선보다 훨씬 낮은 생활수준을 유지했으며 주로 노동자 계층 백인들이 모여 사는 마을에 거주했다. 비교적 유복한 어린 시절을 보냈음에도 불구하고, 그릴리 부인의 자녀 양육 방식은 자신이 현재 속한 사회적 계급인 빈곤층의 방식에 훨씬 가까웠다. 다시 말해, 그릴리 부인은 자연적 성장 방식을 통해 아이들을 기르고 있었다. 이 두 가지 이례적인 사례를 통해 어느 곳에 사느냐보다 어떤 사회 계층에 속하는지가 더 중요하다는 추측이 가능하지만, 이 문제를 확실히 풀기 위해서는 좀더 큰 규모의 연구 대상 집단이 필요할 듯하다.

나를 비롯해 연구 보조원들이 맨 처음 추려낸 집중 연구 대상 열두 가정 중에서 아홉 가정이 조사에 응했다. 백인 중산층 두 가정과 노동자 계층 네 가정 그리고 빈곤층 세 가정이었다.[11] 요컨대 흑인 중산층 가정이 빠지게 된 것이다. 스완 학교의 (흑인) 중산층 엄마들은 사생활 침해를 이유로 내 요청을 거절했다. 스완 학교와 로어리치먼드 학교를 벗어난 곳에서 연구 대상을 찾는 것은 꽤나 조심스러운 일이었다. 하지만 선택의 여지가 없었다. 결국 나는 한 지인의 자녀들이 다니고 있는, 인종 분포가 균등한 한 사립학교로 고개를 돌렸다. 그리고 그곳에서 윌리엄스 씨 가족과 연락이 닿았다. 1995년 봄 무렵에는 연구 대상 가정을 거의 다 확보해 빈곤층 백인 남자아이와 중산층 흑인 여자아이의 사례만 구하면 되었다. 우선 빈곤층 백인 남자아이의 사례를 찾기 위해, 나는 다시금 로어리치먼드 학교를 찾아갔다. 그리고 지역의 한 사회복지 단체 관리인(내가 갖고 있는 전화번호부에서 이름이 지워지는 바람에 애석하게도 실명을 밝히지 못하게 되었다)을 통해 그릴리 가족을 소개받는 행운을 잡았다.[12] 중산층 흑인 여자아이의 사례를 찾을 때는 좀더 넓은 범위의 개인적 인맥을 통해야 했다. 다양한 모색 끝에 나는 우리 연구 대상에 적합한 가정을 찾을 수 있었다. 이렇게 찾아낸 스테이시 마셜 (10세)은 나이는 적합했지만 학업적으로는 5학년을 마치고 (가을에 열한 살이 되면) 6학년으로 진급할 예정이었다. 인종과 사회 계층 조건만 충족한다면 아이의 학년에는 융통성을 발휘해도 괜찮겠다고 생각한 우리는 마셜 가족을 집중 연구 대상에 포함하기로 했다.[13] 이렇게 해서 열두 가정 중 아홉 가정은 로어리치먼드 및 스완 학교를 통해 그리고 나머지 세 가정은 다른 출처를 통해 최종적으로 선정할 수 있었다. 우리의 연구가 가족의 사생활을 침해할 가능성이 다분하다는 점을 고려할 때, 요청받은 가족 중 63퍼센트가 연구에 동의했다는 것은 매우 고무적이었다. (총 열아홉 가정에 연구를 요청했고 그중 열두 가정이 여기에 응했다.)

　연구 대상 가족을 선정하고 섭외하는 과정은 무척이나 힘들었다. 몇몇 사람은 아예 현장 연구 자체가 불가능할지도 모른다는 얘기까지 했다. 그들은 내게 일반 가정에서는, 특히 아는 사람을 통하지 않고 학교를 통해 소개받은 가정의 경우는 절대로 연구에 응하지 않을 것이라고 말했다. 대부분의 경우 나는 연구를 원하는 가족에게 먼저 편지를 쓰고, 그런 다음 전화로 연락하는 방식을 취했다. 부모들과 통화하기 전에는 괜히 긴장해서 발을 구르기도 하고 심장이 두근거리기도 했다. 설령 전화 통화를 무사히 마쳤다 해도, 서면으로 동의서를 받기 위해 가족을 처음 만나는 순간이나 가정 방문 날짜를 정하는 일이 내내 두렵기만 했다. 그렇지만 나는 최대한 편안하고 가벼운 기분으로 연구 대상 가족들과 대화하려고 애썼다. 또한 텔레비전 드라마와 달리 실제 가족생활은 매우 어려운 일이며, 아이를 기르는 것 역시 상당한 노력이 필요한 일이라고 그들을 설득했다. 연구 보조원들은 물론 나 역시 가족끼리 소리를 지르거나 정리되지 않은 지저분한 방에 익숙하다고 말하는 것도 빼놓지 않았다. 나는 특히 우리가 원하는 것은 실질적인 가족의 일상생활 모습을 담는 것이며, 나 자신이 성장하며 겪었던 일이나 형제자매와 다툰 일에 대해서도 먼저 스스럼없이 이야기해주었다.

물론 모든 가족이 내 얘기를 수긍한 것은 아니다. 몇몇은 내 요청을 거절하며 "아무리 생각해봐도 우린 누구에게 보여줄 만큼 완벽한 가정이 아닌 것 같아요"라고 말했다. 우리 연구에 응한 가족의 경우 (연구가 끝날 무렵 우리와의 인터뷰에서) 연구팀에게 "도움을 주고" 싶어 응했으며, 우리가 방문하는 동안 끼치게 될 불편에 대한 보상으로 제시한 350달러의 보상금 덕분에 더 쉽게 결단을 내릴 수 있었다고 고백했다.[14] 우리가 제시한 350달러가 대부분 가족의 연구 참여 결정에 상당한 영향을 미쳤을 거라고 생각하지만, 모든 가족이 그런 것은 아니었다. 실제로 정부 보조금을 받는 두 가족은 우리의 연구 참여 요청을 거절했다. 내 나름대로 생각한 바로는 특히 노동자 계층이나 빈곤층 가족의 경우 아이들이 우리 연구팀의 든든한 아군이 되었던 것 같다. 인터뷰 단계에서 아이들은 이미 (수업 참관을 통해) 나에 대해 알고 있었고, 나를 좋아하는 모습을 보여줌으로써 학부모로 하여금 우리 연구에 쉽게 협조할 수 있도록 해준 것 같다.[15] 게다가 우리는 집중 연구 대상 가족을 모집하기 전에 이미 부모들과 안면을 익혀놓은 터였다. 학부모와 인터뷰

약속을 잡고 연구를 진행하는 과정에서 수차례 그들과 만나거나 연락을 취했기 때문이다. 부모들과의 인터뷰는 대부분 내가 집으로 직접 찾아가는 형태로 90~120분 동안 진행되었다. 인터뷰에 응해준 것에 대한 감사의 표시로 우리는 각 가정을 방문할 때 파이를 하나씩 사가지고 갔으며 추후에 다시 고맙다는 인사를 담은 편지를 보냈다. 또 엄마와 아빠를 따로 인터뷰했기 때문에 아버지를 인터뷰한 가정에도 위의 과정을 그대로 반복했다.[16]

연구에 응한 가족 중에서도 특히 엄마들은 유별날 정도로 자신의 역할에 충실하려 했다. 약물 복용 문제도 일으키지 않았고, 대부분 아이를 '학대'하거나 잘 돌봐주지 않았다는 죄목으로 신고당할 것에 대해 걱정하지도 않았다. 비록 일부 가족(특히 브린들 가족)은 다른 사람들보다 해결해야 할 문제를 더 많이 안고 있긴 했지만, 어찌 됐든 우리가 학교에서 만났던 대부분의 가정과 같은 범주에 속했다. 그렇지만 우리 연구에서처럼 대상을 인위적으로 선정한 샘플에서 얻은 결과를 더 넓은 범위의 사람들에게 일반화할 수는 없다.

연구원

할 수만 있다면 그렇게 했겠지만, 모든 현장 연구 및 인터뷰를 나 혼자 수행하기란 불가능했다. 나 역시 누군가의 도움을 받아야만 했다. 첫해에는 백인 여학생 3명과 흑인 여학생 한 명이 내 연구를 도와주었다. 이 학생들은 나를 도와 연구에 참여한 88쌍의 부모를 인터뷰하고 대상 가족의 절반 이상(브린들, 캐럴, 드라이버, 핸드론, 어윈, 탈링거 그리고 야넬리 가족)에 대한 현장 관찰 및 연구에 참여했다. 아이들의 학기가 끝날 무럽 이 학생들은 연구팀을 떠났고, 나는 대학원 학생 중 흑인 남성과 흑인 여성을 각각 한 명씩 연구 보조원으로 고용했다. 이들은 1994년 여름 테일러 가족과 맥앨리스터 가족 그리고 윌리엄스 가족을 관찰했다. 1995년 여름에는 대학원 학생 4명이 나를 도와주었다. 인류학을 공부하는 흑인 여성 하나와 사회학을 전공하는 백인 여성 둘(그중 한 명은 지난여름에도 이 프로젝트에 참여했었다) 그리고 심리학을 전공하는 백인 남성 하나였다. 이 연구 보조원들은 그릴리 가족과 마셜 가족을 관찰했으며 윌리엄스 가족에 대한 현장 연구도 마무리해주었다(표 C9 참조).

민족지학 연구에서는 자명한 일이지만, 우리 연구원들의 개인적 인생사 역시 연구를 시작하게 된 계기와 이 연구에서 관찰한 것에 영향을 미쳤을 것이다. 연구 당시, 우리 중 슬하에 자녀를 둔 연구원은 한 명도 없었다. 솔직히 말해, 내 자신이 이 연구를 시작한 이유 중 하나도 가족이라는 제도가 내부적으로 어떻게 작동하는지 알고 싶어서였다. 어렸을 때 나는 언제나 '평범한' 가족을 갖고 싶었다. 내 부모님의 비정상적인, 어찌 보면 특이하다고 할 만한 특징을 감수해온 나는 각 대상 가족이 지닌 다양한 특징에도 어려움 없이 적응할 수 있었다.[17] 비록 '평범한' 가족에 대한 환상은 사라진 지 오래였지만, 내 어릴 적 경험들이 이 연구를 진행하는 데 적지 않은 영향을 미친 것은 사실이다. 부모님은 우리 형제들에게 독서에 대한 흥미와 유머 감각, 자유로운 성정 그리고 인내심을 물려주었다. 이런 자질이 없었다면 현장 연구 대상 가족을 모집하기 위해 그토록 끈기 있게 도전하지 못했을 것이다. 연구를 진행하면서 나는 내 어린 시절의 모습을 매우 분명하게 볼 수 있었다. 이를테면 나는 가족끼리 고함을 치거나, 술을 마시거나, 감정적으로 혼란을 겪거나, 체벌을 사용해 아이를 교육하는 가족을 대할 때 더 편안한 감정을 느꼈다. 가정마다 각기 다른 가족 간 상호 작용 방식에 편안하게 적응할 수 있었던 것은 연구를 진행하는 데 상당한 이점이 아닐 수 없었다.

연구 보조원들에게도 마찬가지로 개인적 경험이 중요하게 작용했다. 예를 들어, 현장 연구 내용을 기록한 그들의 자료를 읽으며 나는 연구원 각자의 어린 시절 양육 방식에 따라 중요하다고 여기는 부분이 서로 다르다는 사실을 엿볼 수 있었다. 중산층에서 자란 현장 연구원의 경우, 부모가 자녀를 "때리겠다"고 위협하는 모습을 보면 분개했다. 그러나 노동자 계층 출신 현장 연구원의 경우는 그런 모습엔 별로 신경을 쓰지 않은 반면, 중산층 아이들의 버릇없는 행동에 놀라움을 금치 못했다. 징징거리며 떼를 쓰는 네 살배기 중산층 아이와 20분 동안 자동차를 타고 이동하는 동안 이 현장 연구원은 두통과 울분이 끓어오르는 것을 느꼈다. ("애를 그렇게 오냐오냐 키우다니, 그 엄마 등짝을 한 대 때리며 정신 차리라고 말해주고 싶더군요. ……애가 위아래를 모르잖아요"라고 그 연구원은 말했다.) 그리고 시간이 지남에 따라 현장 연구원들은 연구원 나름대로 자신이 "가장 좋아하는" 가족이 생겼으며, 연구에 참여한 가족 역시 자신들과 가장 잘 맞는 연구원에 대한 선호가 생겨났다.

그러나 전반적으로 봤을 때, 각기 다른 연구원들이라 해도 관찰 사항에 대한 기록은 비슷했다. 아마도 각자의 성장 배경을 막론하고 모든 연구원에게 '충격적으로' 다가온 일들이 있었기 때문일 것이라고 짐작한다. 따라서 나는 이 모든 연구원들의 관찰 내용을 하나로 통합하는 데 특히 주의를 기울여야 했다. 이를 위해 우리는 주 1회 전체 미팅을 가졌고, 특히 직접 가족을 방문해 현장 연구를 하는 연구팀의 경우는 그들끼리 주 1회 미팅을 따로 가졌다. 나 역시 현장 방문 후에는 연구 보조원들과 장시간 통화하며 의견을 주고받았다. 그리고 연구 기록에 주로 어떤 것을 중점적으로 적을지에 대해서도 대화를 나누곤 했다.

현장 연구원들은 이 연구 주제가 매우 이례적이며 흥미롭다고 생각하는 듯했다. 나와 마찬가지로 이들 역시 다양한 가족과 친해져가는 과정을 즐겼다. 현장 연구는 그러나 두 가지 사이에서 균형을 잡는 일이기도 했다. 한편으로는 정확한 관찰자의 면모를 유지하면서 다른 한편으론 중립을 지켜야 했다. 이때는 사소한 요령들이 도움을 주었다. 예를 들어, 어린 아기를 기르는 가정(브린들, 드라이버, 맥앨리스터, 야넬리 가정)을 방문할 때면 가족들은 종종 나에게 아기를 좀 안아달라고 부탁했다. 나 개인적으로도 아기 돌보는 것을 좋아하지만 그렇게 함으로써 그 가족의 일상생활에 자연스레 동화할 수 있다는 장점이 있었다. 다른 현장 연구원들 역시 아이와 함께 농구를 하거나 음악에 대한 이야기를 나누며 가까워졌다. 그렇지만 현장 연구를 하다 보면 어쩔 수 없이 스스로를 억눌러야 할 때도 있다. 예를 들어, 나는 일부 부모들의 정치적 의견에 반대하고 싶었지만 꾹 참았다. 가족들이 내가 좋아하지 않는 음식을 주더라도 전혀 싫은 티를 내지 않으려고 노력했다. 연구 보조원들도 이 점에서는 마찬가지였다.

연구팀 전원이 우리의 현장 연구가 상당한 감정적 노동이라는 점에 동의했다. 연구를 도와준 대학원 학생 한 명은 현장 연구 과정을 다음과 같이 묘사했다.

아침엔 맥앨리스터 가정을, 오후엔 탈링거 가정을 방문했던 날이 생각납니다. 아주 힘든 날이었어요. 두통이 매우 심한 데다 며칠째 정신이 없었거든요. 그러다 문득 사회 계층이라는 게 얼마나 양분되어 있는지 깨달았습니다. 지금 이 순간에도 가난한 사람들과 안락한 사람들은 같은 세계에 살며 서로를 무시하고(혹은 볼 기회가 없거나), 너무도 다른 인생을 살고 있다는 생각이 들었거든요. 그럼에도 우리는 이 차이를 보지 못하죠.[18]

가정 방문

모든 가정 방문은 1994~1995년에 이루어졌다. 그러는 동안 우리는 집을 방문할 때 그리고 방문을 마치고 떠날 때 취하는 절차를 익히게 되었다. 가족의 동의를 구하기 전에 우리는 보통 수차례에 걸쳐 전화 통화를 하거나 직접 만났다. 그리고 나면 만날 시간을 정하고 연구 동의서에 서명을 받기 위해 다시 한 번 만났다. 방문 일정을 정하는 모임에는 나와 현장 연구원 2명이 동행했다. 방문할 때 우리는 달력 두 개(하나는 연구팀이 참고할 달력, 하나는 방문 가정에서 냉장고에 붙여놓고 쓸 수 있도록 자석이 달린 달력)와 케이크를 사가지고 갔다.

이 만남에서 우리는 서로 비는 시간을 확인하고 방문 날짜를 정한 다음(방문은 대개 한 번에 2~3시간가량 소요됐다) 언제 어떤 연구팀이 방문할지 결정했다. 일정을 정할 때는 되도록 다양한 시간대에 방문할 수 있도록 해 가정에서 일어나는 많은 상황(등교 준비나 오후 또는 저녁 시간에 숙제하는 모습, 저녁 식사 시간, 토요일 아침 활동, 교회 활동, 친척 방문, 병원 방문, 가족 모임, 학교 밖 활동 그리고 이런저런 집안일 등)을 관찰할 수 있도록 했다.[19] 여기에 덧붙여, 각 가정에서 하룻밤씩 자며 관찰하는 시간도 마련했다. 가정 방문은 대부분 아이가 하교하는 시간에 맞춰 집에 도착하고, 저녁 식사 시간까지 함께 어울리다 떠나는 방식으로 진행했다.

그렇지 않을 경우에는 현장 연구원이 아침 6시 30분에 도착해 아이의 등교 과정을 지켜보거나, 학교에서 아이를 만나 가족의 오후 및 저녁 일정을 함께 따라다니며 관찰하기도 했다. 방문할 때에는, 특히 가족들과 상당히 친해진 뒤부터는 대개 테이프 녹음기를 가져갔다.

대부분의 가족은 자신들을 관찰하게 해달라는 우리의 요구를 특별하게 여겼다. 이에 대해서는 탈링거 씨가 연구에 참여한 가족들의 생각을 대변해주었다. 현장 연구원 한 사람이 우리의 연구가 상당히 "이례적"이라고 설명하자 탈링거 씨도 동의하며 다음과 같이 말했다.

> "알아요. 맞는 말입니다. 이런 연구는 굉장히 이례적일 수밖에요. 관찰 당하는 데 동의한 우리도 상당히 특이하지만, 우리를 관찰하게 해달라고 요구한 사람들만큼 특이하진 않겠죠."

처음 몇 번은 방문할 때마다 굉장히 어색했다. 현장 연구원을 포함해 모든 사람이 뭘 해야 할지 모르는 것처럼 보였다. 당연한 말이겠지만, 가족들은 우리와 친해지는 게 먼저라고 생각하는 것 같았다. 특히 우리가 방문하면 처음 몇 분 동안은 오는 길에 어려움은 없었는지, 마실 게 필요하진 않은지 물어보았다. 그러나 아이들의 경우에는 언제나 뭔가를 하고 있거나 하고 싶어 했기 때문에, 우리 연구원은 종종 아이들과 함께 바닥에 앉아 텔레비전을 보기도 하고 밖에 나가 공놀이를 하기도 했다. 그리고 아이들이 부모와 함께 외출할 때면 차를 타고 동행하기도 했다. 이런 과정을 반복하며 가족들은 점차 우리에게 익숙해졌다. 우리는 방문 셋째 날과 열 번째 날에 특히 가족들과의 관계에서 장벽이 허물어지는 것을 느꼈다. 특히 아이들이 어려서 오랜 시간 동안 '예의'를 지키는 것이 쉽지 않았다. 연구를 진행함에 따라 가족들이 점차 자신의 일상생활 리듬을 되찾아가는 것을 느낄 수 있었다. 우리 연구의 가장 중요한 목표 중 하나는 각기 다른 가정이 일상생활을 영위하는 모습을 관찰하는 것이었다. 사회 계층이나 인종에 따라 가정마다 우리와 친해지는 정도나 시간에 특별한 차이가 있다는 생각은 들지 않았다.

아이들의 경우는 대체로 우리의 방문을 반기는 기색이었지만 그 정도는 계층에 따라 달랐다. 평상시 어른의 관심을 거의 받지 못하는 빈곤층 및 노동자 계층 아이들은 우리의 방문을 진심으로 반기는 듯했다. 우리 연구팀이 방문하는 날이면 아이들, 그중에서도 특히 여자아이들은 우리에게 조금 더 있다 가라고 조르는 일이 빈번했다. 어윈 씨네 딸은 우리와의 인터뷰에서 "새로운 사람과 만나는 게 좋았어요"라고 얘기하기도 했다. 리틀 빌리 야넬리도 집에 현장 연구원이 와 있는 게 "기분 좋았다"고 말했다. 같은 질문을 받은 해럴드 맥앨리스터도 수줍게 웃으며 "방문이 좋았다"고 고백했다. 반면 어른들의 관심을 받는 데 익숙한 중산층 아이들은 비교적 심드렁한 태도였다.[20]

그렇지만 연구를 진행함에 따라 모든 아이가 우리의 방문에 적응하기 시작했다. 전반적으로 아이들과 단순히 '어울려 놀기 위한' 방문이나 운동 활동 동행, 교회 동행 등은 가족 외출만큼이나 수월해졌다. 이에 비해 비교적 드문 병원 내원이나 방문 가정에서 하룻밤 보내기 등은 다른 일들보다 수월하게 진행되지 않았다.

첫 연구 대상 가족들과의 경험을 통해 우리는 연구를 마치는 데도 요령이 필요하다는 사실을 깨달았다. 대상 가족들을 떠나는 일 또한 그들과 처음 관계를 시작하는 일만큼이나 어려웠던 것이다. 그래서 우리는 피자 파티로 가족들에게 감사 및 작별 인사를 고하기로 했다. 특히 노동자 계층이나 빈곤층 가정에서는 피자를 먹을 수 있는 기회가 별로 없어 아이들은 이 파티를 무척이나 기뻐하며 진심으로 고대하는 듯했다. 반면 중산층 아이들의 경우(이 아이들의 부모는 피자를 너무 자주 주문한 나머지 한 아빠는 지역의 피자 가게 전화번호를 전부 외울 정도였다) 피자는 특별한 간식이라 할 수 없고 작별 파티를 그다지 기뻐하는 것 같지도 않았다.

공식적인 연구를 마친 후에도 우리는 가족들과 지속적으로 연락을 취했다. 특히 아이들이 의사를 만나기 위해 내원할 때나 특별 리사이틀을 할 때는 '마무리 차원에서' 연구 외 방문을 몇 차례 하기도 했다. 연구를 끝내고 처음 한두 해 동안 나는 대부분의 연구 대상 가정을 가끔씩 잠시나마 들르곤 했다. (모든 가족은 아니지만, 우리 연구에 참여한 대부분의 가족은 우리에게 "언제든" 방문해도 환영이라고 얘기했다.) 또 이들과 지속적으로 연락하며 지냈다. (그렇지만 이 책의 초본을 가족들에게 보여주지는 않았다. 물론 책이 정식으로 출판될 경우 한 부씩 각 가정에 보내줄 생각이지만 말이다.) 아이들이 4학년이 된 후에는 해마다 성탄절이면 크리스마스카드를 보냈다. 카드와 함께 5달러짜리 지폐도 하나씩 넣었다. 나는 이 아이들이 청년기에 접어들 무렵 다시금 인터뷰해볼 생각이다.

딜레마

연구 과정에서 내가 맞닥뜨린 방법론적 딜레마에 대해서만 해도 책 한 권은 족히 쓸 수 있을 것이다. 그렇지만 여기에서는 가족들이 이 연구를 이해한 정도의 차이와 '관찰'과 '개입'의 문제점에 대해서만 다뤄

보기로 하자.

연구팀에 대한 이해: 우리는 우리의 연구에 대해 아이들에게 설명하는 것은 부모 몫으로 남겨두었다. 그런데 마치 연극의 극중극(劇中劇)처럼 이 과정에서도 부모의 집중 양육 방식 또는 자연적 성장에 의한 성취 방식이 작용했다. 중산층 가정에서는 우리의 연구를 아이들 발달 과정의 일부로 받아들이고, 이를 피아노 레슨이나 축구 연습과 별다를 것 없는 하나의 '활동'이라고 소개했다. 중산층 가정의 부모는 자녀들이 연구와 관련한 결정을 내리는 데 주도적 역할을 하도록 허락하거나, 심지어 스스로 결정을 내리도록 장려하기도 했다. 반면 노동자 계층 및 빈곤층 가정 부모는 자녀의 의견에 큰 비중을 두지 않았다. 그저 부모들끼리 결정을 내린 후 자녀에게 일방적으로 연구에 참여하게 되었다고 알렸을 뿐이다. 개중에는 우리가 연구 일정을 잡기 위해 방문한 날까지 연구에 참여하기로 했다는 사실을 아이들에게 알리지 않은 부모도 있었다. 예를 들어 우리가 맥앨리스터 씨 집에 도착했을 때, 연구 동의서에 직접 서명한 맥앨리스터 부인은 우리의 연구에 대해 아들에게 다음과 같이 설명했다.

> "내일 어떤 분이 오셔서 널 인터뷰하실 거야. 다른 데 가지 말고 집에 있어. 아저씨 바람맞히지 말고!" 해럴드는 아무런 질문도 하지 않고 묵묵히 엄마 말에 따랐다.

연구 보조원들과 나는 각 사회 계층에 속하는 가족이 우리의 연구에 대해 이해하는 정도의 차이가 극명하다는 것을 깨닫고, 이에 대한 도덕적인 우려를 하지 않을 수 없었다. 많은 노동자 계층 및 빈곤층 가정은 우리가 누구인지 그리고 우리의 연구가 무엇에 대한 것인지 부분적으로만 이해했다. 일례로 연구 막바지에 드라이버 부인과 인터뷰를 마친 나는 녹음기를 챙겨 들며 학생들을 가르치러 가야 한다고 말했다. 그러자 부인은 매우 놀란 듯한 모습으로 눈썹을 치켜 올리며 "학생들을 가르치세요? 몇 학년 선생님이신데요?" 하고 물었다. 드라이버 부인은 내가 템플 대학에 근무한다는 사실을 알고 있었으며, 내가 그 대학의 부교수라는 사실을 명시한 수많은 동의서에 서명했음에도 불구하고 내 직업에 대한 분명한 이해를 하지 못하고 있었다. 반면 중산층 부모들은 내가 하는 일에 대해 매우 구체적인 질문을 던졌다. 그들 자신도 지금 이 책과 비슷한 전공 서적을 읽으며 대학에 다녔기 때문이다. 중산층 부모들은 내가 템플 대학에서 어떤 과목을 가르치는지 그리고 그 지역의 다른 대학들은 어떤지 등에 대해 묻기도 했다. 즉 참여 가족들과 연구에 대해 많은 이야기를 나누었음에도 불구하고 노동자 계층 및 빈곤층 가정의 우리 연구에 대한 이해는 무척 제한적이었다. 이러한 계층적 특징은 다른 민족지학 연구들에서도 발견되는 현상이다.[21]

개입의 문제: 문제는 우리 연구원이 '올바른 양육'에 대한 자신의 가치관과 충돌하는 상황에 맞닥뜨렸을 때 발생했다. (위에서도 언급했듯이) 연구팀의 구성원 역시 올바른 자녀 양육에 대해 서로 다른 생각을 가지고 있었기 때문이다. 많은 이들이 그렇듯 우리 역시 머리로는 자녀 양육이 시대적 가치관에 따라 변화하는 것이며 굳이 중산층 가정의 양육 방식이 더 나은 것이라고 규정할 필요는 없다는 것을 충분히 인식하고 있었다. 그렇지만 실제로 양육에 대한 가치관이 다른 가족과 한

공간에서 가깝게 생활하는 것은 머리로만 이해할 수는 없는 사뭇 다른 경험이었다. (어떤 측면에서 보면, 이는 교통사고나 심장 마비 발생 가능성에 대해 알고 있는 것과 실제로 그 사건을 목격하는 것의 차이와 비슷할지도 모른다.) 더 큰 문제는 내가 이 연구를 총괄하는 사람으로서 한편으로는 연구 보조원들을 이끌면서 다른 한편으로는 연구 보조원들 자신이 도덕적·윤리적으로 옳다고 생각하는 것을 연구에 적용할 수 있는 자율성을 보장해주어야 한다는 점이었다. 이런 딜레마는 연구를 진행하는 동안 계속 문제가 되었다. 내 생각엔 그때나 지금이나 이런 문제에 대해 이렇다 할 해결책은 없는 것 같다. 이런 딜레마에 직면할 때마다 '진퇴양난'에 빠진 듯한 기분이 들었기 때문이다.

나는 특히 우리 연구팀이 대상 가족들을 대할 때 최대한 예의를 갖추어야 한다는 생각을 갖고 있었다. 그들은 자신이 직접 꾸린 가정에서 스스로 최선이라 생각하는 방법으로 아이들을 기르고 있을 것이기 때문이다. 따라서 나나 연구팀 일원 누구라도 그런 방법을 인위적으로 바꾸려고 해서는 안 된다고 생각했다. 나는 이를 도덕적인 문제로 판단했고, 우리 연구의 '기본 전제'로 삼았다.

두 가지 요소가 가족생활 개입에 대한 내 판단을 결정지었다. 나는 연구 대상 가족들이 나나 연구 보조원을 대할 때 편안한 감정을 느꼈으면 했다. 따라서 가족들에 대한 비판은 그런 관계를 쌓는 데 위협이 될 뿐 전혀 도움이 되지 않을 터였다. 마찬가지로 각 가정의 생활 방식에 개입하는 것 역시 가족들의 자연스러운 일상생활 관찰이라는 연구의 궁극적 목표에 어긋나는 행동이었다. 더욱이 연구 보조원이 거실에 떡하니 버티고 앉아 있는 것이 '자연스러운' 상황이라고 하기 어려운 판국에 다른 방해 요소까지 끼워 넣고 싶지는 않았다. 우리는 최대한 우리 연구가 가족들의 일상생활을 방해하지 않는 데 초점을 맞추었다.

나를 비롯해 우리 연구 보조원들이 철통같이 지킨 제1원칙은 긴박한 위급 상황이나 심각한 폭력이 오가는 상황이 아닌 이상 가족생활에 '개입'하지 않고 그들과 자연스레 '어울려야' 한다는 것이었다. 나는 여기에 한 가지를 덧붙였다. 연구 보조원 중 누구도 스스로 불편하다고 여기는 행동을 하지 말아야 한다는 것이었다. 현장에 나가 있는 동안 최종 결정은 연구 보조원이 스스로 내리도록 했다.

그렇지만 아무리 가족들의 생활 방식을 존중하겠다는 결심으로 무장했어도 관찰 과정은 결코 수월하지 않았다. 예를 들어, 한 가정에서 형제들 사이의 경쟁이 매우 심각해지는 것을 본 어느 현장 연구원은 "그 상황에 개입해 아이를 강제로 제자리에 앉히고 싶은 유혹을 참기가 무척 힘들었다"고 기록했다. 또한 일부 부모가 아이를 대하는 방식을 지켜보는 것도 매우 어려웠다. 대체로 드문 일이긴 했지만, 브린들 가족의 경우에는 이런 불편한 순간이 거의 지속적으로 일어났다. 브린들 가족은 엄청난 경제적·심리적 스트레스를 겪고 있었고, 나는 연구 보조원 중 한 명을 보내기보다는 내가 직접 이 가정을 방문하는 것이 더 낫겠다고 판단했다.[22]

그렇지만 다른 현장 연구원이 케이티 브린들의 가정을 방문하면서 갈등이 일어난 적도 세 번 정도 있었다. 짧은 방문 시간 동안임에도(케이티가 학교를 마치고 돌아온 오후 1시 45분부터 4시 20분 사이) 연구 보조원은 브린들 가정에서 일어나는 감정 소모적인 사건들을 관찰할 수 있었다. 케이티는 습관적으로 자신의 이마를 때리며 자학했고, 케이티의 이모는 자신이 어렸을 적 아버지에게 벨트로 너무 심하게 맞은 나머지 피를 흘리기까지 했다는 이야기를 했다. 당시 브린들 가족을 방문한 현장 연구원은 자신의 느낌을 다음과 같이 정리했다.

> 그 집에 가는 것이 정말 싫었다. 그곳에서는 내가 생각하는 것을 절대로 표현할 수 없다고 느꼈기 때문이다. 예를 들어 메리가 내게 케이티를 어떻게 때리는 것이 좋겠느냐고 물었을 때, 나는 그저 고개를 끄덕일 수밖에 없었다. 그 자리에 앉아서 케이티가 자학하는 모습을, 멜멜이 전기 플러그에 손가락을 집어넣는 모습을, 씨씨가 케이티에게 고함지르는 모습을 바라볼 수밖에 없었다. 으으윽.

다행히 브린들 가족의 이런 일상은 이례적인 사례에 속했다. 대부분의 경우 가정 방문은 수월하게 진행되었고, 브린들 가족의 경우도 가끔은 편안하고 즐거운 순간이 있었다. 우리는 특히 아이들과 어울려 농구를 하거나 텔레비전을 보고, 함께 자동차를 타고, 바닥에 누워 이야기하면서 즐거운 시간을 보냈다. 기이한 운명의 장난인지, 우리의 첫 현장 연구 대상은 브린들 가족이었다. 브린들 가족 이후의 가족들을 관찰하는 것은 처음 우리가 생각했던 것보다 훨씬 더 편안했다.

자료에서 책으로

그러나 가족들을 방문하는 것으로 모든 일이 끝난 것은 아니다. 어떤 면에서 보면, 오히려 그때부터가 진정한 시작이었을 것이다.[23] 현장 연구가 무척이나 강렬한 경험이었기 때문에 (그리고 당시 내 개인적인 생활의 변화 때문에) 연구를 마친 나는 그동안 내가 관찰한 것을 고찰해보는 시간을 갖기로 했다. 그동안 수집한 현장 연구원들의 기록을 읽고, 다시 읽고, 또 한 번 더 읽으며 분석했다. (각 가정마다 시간 순으로 정리해놓은 기록들이 있었다.) 88쌍의 학부모를 인터뷰한 자료는 컴퓨터에 저장해두었다.[24] 집중 연구 대상으로 삼은 열두 가정에 대해서는 전통적인 방식을 사용했다. 이를테면 현장 연구 기록을 검토하고, 관련 서적을 읽고, 다른 이들에게 자문을 구하고, 연구 기록을 다시금 재검토했다. 단편적인 정보 조각에 불과한 것들을 이어서 하나의 일관된 개념으로 만들기 위해 노력했다. 전체적으로 일관된 주장을 확보한 후, 여기에 부합하지 않는 증거들도 찾으려고 애썼다. 책을 쓰는 과정에서 처음엔 각 장을 특정 주제별로 분류해 모든 현장 연구 대상 가족을 예시로 삼는 방법을 생각했지만, 알리 R. 혹실드의 책 《교대 근무(The Second Shift)》를 읽고 생각을 바꾸었다. 요컨대 각 가정당 한 장씩을 할애해 이들의 삶을 좀더 생생하게 묘사하고 싶었다.[25] 나는 아이들이 어떻게 여가 시간을 보내는지 그리고 가족과 교육 기관 사이의 관계는 어떤지에 대한 관심 때문에 이 연구를 시작했다. 이 책에는 이러한 주제들이 잘 녹아 있다. 특히 자녀 양육에서 언어의 역할, 각 가정마다 다른 친척 관계의 중요성, 집중 양육 방식과 자연적 성장 방식 비교 그리고 일상생활 속에서 사회적 계층으로 인해 맞닥뜨려야 하는 한계 등이 바로 그것이다.

이 연구를 통해 깨달은 것 중 가장 중요한 점은 무엇이냐고 물어보는 사람이 더러 있다. 그러면 나는 연구에 참여한 각기 다른 특징을 지닌 여러 가족이 시간이 지남에 따라 낯설고 불편한 이들에서 친숙하고 편안한 이들로 다가온 것이라고 얘기한다. 실제로 나는 그 가정들에서 마치 집에 있는 것처럼 편안함을 느꼈다. 여기에 덧붙여, 나는 부모들이 자녀를 기르기 위해 얼마나 많은 노력을 쏟고 있으며, 매일매일 살아가기 위해 얼마나 애를 쓰는지 깨닫고 놀라지 않을 수 없었다. 아이들이 일상생활 속에서 느끼는 즐거움과 절망의 깊이 그리고 이 아이들이 성장하는 동안 헤쳐 나가야 할 문제의 높이 역시 나를 놀라게 했다. 해럴드 맥앨리스터에 비하면 개릿 탈링거는 상대적으로 풍부한 경제적 자원을 누리는 것이 분명하다. 그렇지만 개릿 역시 자신이 인생에서 중요하다고 여기는 것들 중 적지 않은 부분을 포기한 채 살고 있었으며, 경제적으로 가난한 환경에서 자라는 맥앨리스터 역시 개릿이 지니지 못한 이점을 누리는 경우도 있었다. 그 어떤 어른이나 아이도 순탄하기만 한 인생을 살지는 못한다. 우리 모두는 자신 몫의 고통과 절망을 안고 있으며, 마찬가지로 나름대로의 즐거움과 보상도 즐기고 있다. 물론 특정 계층의 삶이 다른 계층의 삶보다 조금 편리할 때도 있는 것은 사실이다. 그런 측면에서 볼 때 사회적 계층은 한 개인의 일생에서 매우 중요한 요소라 할 수 있다.

부록 B

이론적 배경: 피에르 부르디외의 작업에 대한 이해

•

피에르 부르디외의 작업은 사회 계층적 위치의 영향력을 확인하는 데 필요한 구조적 배경을 제공해준다. 그의 모델은 갈등과 변화 그리고 구조적 불평등에 관심을 두고 있으며, 또한 구조와 기관 사이의 유동성을 강조한다.[1] 부르디외는 서로 다른 사회적 위치에 놓인 개인은 서로 다른 방식과 형태로 사회화된다고 주장한다.[2] 이런 사회화는 아이들에게 (훗날 성인이 되어서까지) 무엇이 편안하고 자연스러운 행동인지에 대한 기준이 된다. 부르디외는 이를 '습관(habitus)'이라는 용어로 정의했다. 또한 이와 같은 배경적 경험은 개인이 이전 세대에게서 물려받아 사회 속의 다양한 기관〔현장(field)〕을 마주하는 상황에서 이용하는 자산〔자본(capital)〕의 양과 형태를 형성하기도 한다.[3]

부르디외는 언제나 힘, 특히 한정된 자산을 확보하는 과정에서 우위를 점한 집단이 지니는 힘에 주목해왔다. 그는 무엇이 높은 가치의 활동을 구성하는지 그리고 왜 특정 사회 활동이 다른 활동에 비해 사회적으로 높은 가치를 부여받는지 이해하기 위해 개인의 힘이라는 요인에 관심을 기울였다. 부르디외는 사회 구조를 이끄는 지배 및 불평등의 패턴에 주목한다. 또한 개인이 자신과 자녀들의 사회적 위치를 유지 혹은 향상시키기 위해 사용하는 전략의 중요성을 강조한다. 어떤 사회에서나 이러한 특권의 세습은 "제대로 인식되지 않고 있다". 사회를 살아가는 개인은 그 사회 내에서 자신의 위치를 정당한 것으로 받아들인다. 개인이 누리고 있는 사회적 지위나 특권 그리고 이른바 '사회적 보상'은 자신의 지능이나 재능 또는 노력 같은 역량을 통해 자기 스스로 '획득한' 것이라고 여겨진다. 그러나 부르디외는 이러한 시각에 의문을 제기하며 문화적 자산이 어떻게 습득되고 또 일상에 어떤 영향력을 발휘하는지 설명한다. 그는 개인의 사회적 위치는 자신의 노력이나 재능의 결과물이 아니라고 역설한다. 특히 사회 특권층에 속한 개인이 획득하는 이득은 그들의 문화적 경험을 기초로 형성된 내적 요소의 결과물이 아니라는 점을 강조한다. 또한 가정 내에서 이뤄지는 문화적 훈련이 사회의 주요 기관들에서 서로 다른 가치를 부여받는 이유를 특권층 가정에서의 표준적인 아동 양육 전략이 사회 기관들이 강조하는 가치와 많은 부분에서 맥락을 같이하기 때문이라고 설명한다.

독자들이 이 책을 더 쉽게 접할 수 있도록 나는 부르디외가 사용한 전문 용어의 사용을 최대한 자제했다. 그렇다 해도 직관적인 서술 방식을 채택한 이 책 곳곳에는 부르디외의 이론적 모델이 실증적으로 적용되어 있다. 예를 들어 부르디외는《구별 짓기: 성향 평가에 대한 사회적 비판(Distinction: A Social Critique on the Judgement of Taste)》 등의 책을 통해 습관이라는 요인이 개인의 사회적 삶의 다양한 영역에 영향력을 행사하는 내재적 기질로 작용한다는 사실을 명확히 밝혔다.[4] 부르디외는 음식이나 가구, 음악, 화장법, 책, 영화 등에 대한 개인적 선호를 이러한 습관의 영역에 포함했다. 이에 비해 우리는 이 책을 집필하며 좀더 좁은 영역에 집중했다. 우리가 관심을 가진 일차적인 영역은 아동의 여가 시간 구성, 가정 내 언어 사용 그리고 아동의 활동에 대한 어른들의 개입 등이었다. 이 책에서 논의한 이런 요소들은 한데 결합되어 아이들이 새로운 무언가를 배워나가는 성향 또는 습관을 구성한다. 집중 양육과 자연적 성장을 통한 성취는 이 책에서 논의한 가족들 습관의 또 다른 측면이다.[5]

부르디외는 또한 기관과의 상호 작용 과정에서 발견할 수 있는 미묘한 계층적 차이에도 주목했다. 그는 각 개인은 서로 다른 자산이나 사회적 네트워크 그리고 문화적 결과물을 보유하고 있으며 모든 상황에서 이러한 자산 모두를 활용하는 것은 아니라고 강조한다. 사회적 삶의 복잡성과 유동성을 다룬다는 측면에서 그의 이론은 빈곤 문화 모델 같은 여타 사회 불평등 모델에 비해 설득력을 지닌다.[6]

부르디외는 (길고 복잡한) 전문 용어들을 사용해 자신의 이론을 구축했다. 그의 이론에서 중심적인 개념은 위에서 언급한 습관과 현장, 자본 세 가지이다. 부르디외는 그중 습관의 개념으로 문화와 사회 그리고 자신의 미래를 대하는 개인의 성향을 강조한다. 이는 선천적으로 주어진 특성이 아니라 가정 내 교육을 통해 형성된 결과물이다. 부르디외는 습관의 차이 때문에 서로 다른 개인은 문화적 기술이나 사회적 관계 및 교육 활동 등의 문화적 자산을 갖추는 데 차이가 나타나고, 또한 이를 통해 사회 속에서 서로 다른 형태의 가치(자본 등)를 부여받게 된다고 강조한다. 그는 습관이 형성되는 시기 역시 강조한다. 습관은 성인기에도 형성될 수 있지만, 이 경우 그 습관은 아동기에 습득하는 것만큼 자연스럽고 편안하게 체득하지 못한다.

현장 역시 중요한 개념이다. 이 개념은 '시장'이나 '사회 기관' 같은 용어들에서 포착할 수 있는 역학을 아우르는 역할을 한다. 데이비드 슈워츠가 지적했듯이 부르디외는 현장의 개념에서 한층 넓은 무언가를 이끌어내려 했다. 슈워츠는 "부르디외는 '현장'이라는 이미지를 '기관'이라는 개념보다 우위에 두었다. 여기에는 두 가지 이유가 있다. 우선 부르디외는 기관이 합의를 제시하는 사회적 삶의 대립적 특성을 강조하고자 했다. 다음으로, 그 내부 활동이 확실히 제도화되어 있지 않으며 그 사이의 경계도 명확하지 않은 사회적 개념들도 포함하려 했다"[7]고 지적했다.

부르디외는 사회의 핵심적인 공간에서 이루어지는 계층화를 강조했다. 그에 따르면 어떤 집단은 사회 공간에서 받아들여지지만 다른 어떤 집단은 여기에서 배제된다. (일부 집단은 여기에 소속되는 것을 스스로 거부하기도 한다.) 그는 이런 모습을 카드 게임에 비유했다. 사회의 여러 현장은 각 집단에 그들이 설정한 '게임의 규칙'을 동등하게 적용하지만, 게임에 임하는 각 사회 집단이 보유한 자본에는 차이가 있다는 것이 이 비유의 핵심이다. 부르디외는 분배된 카드의 교환과 게임에 참여하는 선수들이 갖춘 기술에 주목했다.[8] 그는 게임의 전개는 임의적 측면을 지니고 있으며 또한 승자의 자리는 제한되어 있다는 것을 강조한다. 예를 들면, 특정 전략을 적용하는 모든 부모가 자녀의 학업 성취도 향상이라는 게임의 목표를 동일한 수준으로 달성하는 것은 아니다. 사회에서 높은 가치를 부여받는 위치는 제한되어 있다. 그런데 점점 더 많은 이들이 이 자리를 차지하기 위해 동일한 전략을 적용하려 한다면 그 전략이 지니는 사회적 가치는 훼손될 것이고, 이는 이후 다른 분류 메커니즘에 의해 대체될 것이다. 이런 측면에서 부르디외가 제시하는 모델은 불평등을 사회 집단의 영속적 특성으로 인식한다. 그러나 한편으로 부르디외는 상호 작용을 통해 발생하는 결과물은 불확실성을 띤다는 것을 강조한다. 특정 전략을 적용한다고 해서 언제나 동일한 결과물로 이어지는 것은 아니다. 또한 그는 유사한 자산을 지닌 개인 사이에서도 이를 활용하는 기술에서 차이가 발생할 수 있다는 점 역시 강조한다.

전반적으로 부르디외의 작업은 구조적 불평등의 역학 모델을 제시한다. 이는 연구자들에게 문화적·사회적 재생산의 '순간'을 포착할 수 있도록 해준다. 이러한 순간들의 특성을 이해하기 위해 연구자들은 자본이 위치하는 '맥락'과 이를 활용하기 위해 개인들이 적용하는 노력과 기술을 그리고 이러한 자산의 활용에 대한 기관의 반응 등을 살펴볼 필요가 있다. 아쉽게도 부르디외의 실증적 작업은 자본 소유와 그 자본의 발현 사이의 차이에는 충분한 관심을 기울이지 않고 있다.[9] 또한 그는 기관 내에서 '문지기'나 의사 결정권자 역할을 하는 개인들의 중요성도 간과했다. 예를 들어, 나는 이 책을 통해 부모가 어떻게 가정 내에서 서로 다른 습관을 자녀들에게 전달하고 이러한 습관이 특정 기관과의 관계 형성 과정에서 어떤 문화적 자본으로 작용하는지 그리고 (그 발현 방식에 따라) 이 문화적 자본이 어떻게 교육적 가치를 창출하는지(혹은 창출하지 못하는지)를 보여주려 했다. 마셜 부인은 자신의 딸에게 권위를 가진 어른을 대하는 방법을 비롯한 각종 문화적·사회적 기술을 가르쳤다. 또 이러한 기술(습관)과 자신의 문화적 자본을 활용해 딸 스테이시가 영재 프로그램에서 탈락한 상황에 대응했다. 문화적 자본의 신속한 활용을 통해 딸에게 영재 프로그램 참여 기회(이는 훗날 스테이시에게 좀더 나은 기회를 얻는 토양을 형성할 것이다)를 비롯한 여러 가지 가치를 제공한 것이다. 마셜 부인은 딸의 일상과 관련한 기관에 개입하는 습관과 역량을 통해 이러한 결과물을 창출해낼 수 있었다.

부모와 기관 담당자 사이의 이 같은 상호 작용 순간은 계층화 과정의 핵심이며 향후 지속적인 연구가 필요한 영역이다. 부르디외는 개인이 기관과의 상호 작용 과정에서 자신의 계층에 기초한 문화적 자본을 끌어들이는 방법을 실증적으로 보여주지 않았다. 각각의 부모들은 기관과의 상호 작용 과정을 조정하는 데 동일한 능력을 보여주지 못했다. 마찬가지로 그들은 전문가에게 자신이 원하는 바를 알리는 과정에서도 서로 다른 역량을 보여주었다.

결론적으로 말하면, 우리는 사회적으로 우위를 확보한 계층의 부모가 그들 자녀의 성장 과정에 실질적인 가치를 제공하기 위해 수행하는 일상적 노력이 한데 결합되어 창출하는 영향력을 이해해야 하며 이 책 역시 이러한 노력의 일환이라고 할 수 있다.

부록 C

보충 자료

•

표 C1 계층 및 인종에 따른 연구 대상 아동 분류

사회 계층	백인	흑인	합계
중산층[1]	멜라니 핸드론, 개릿 탈링거 등 (전체 샘플 합계=18)	스테이시 마셜, 알렉산더 윌리엄스 등 (전체 샘플 합계=18)	(전체 샘플 합계=36)
노동자 계층[2]	웬디 드라이버, 빌리 야넬리 등 (전체 샘플 합계=14)	티렉 테일러, 제시카 어윈[4] 등 (전체 샘플 합계=12)	(전체 샘플 합계=26)
빈곤층[3]	케이티 브린들, 칼 그릴리 등 (전체 샘플 합계=12)	타라 캐럴 등 (전체 샘플 합계=14)	(전체 샘플 합계=26)
합계	(전체 샘플 합계=44)	(전체 샘플 합계=44)	(전체 샘플 합계=88)

1. 중산층 아동은 부모 중 한 명 이상이 주요 관리직으로 재직 중이거나 고급 교육 과정(대학 등)을 이수해야만 가능한 직장에서 근무하는 가정의 아동을 지칭한다.
2. 노동자 계층 아동은 부모 중 누구도 주요 관리 직책을 맡고 있지 않은 가정 그리고 부모 중 적어도 한 명이 고급 교육 과정을 이수하지 못하고 큰 권위를 갖지 못한 일반 노동자 가정의 아동을 지칭한다. 하위 화이트칼라 노동자 가정의 자녀 역시 이 범주에 속한다.
3. 빈곤층 아동은 부모에게 안정적인 직업이 없으며 공공 부조에 의지하는 가정의 아동을 지칭한다.
4. 혼혈 아동: 흑인 아버지와 백인 어머니 사이에서 태어났다.

연구 대상 학교의 계층 및 인구학적 특성

	로어리치먼드	스완
총 인구	8,170명	12,579명
총 가구 수	11,122가구	4,464가구
총 가족 수	6,794가족	3,290가족
평균 가계 소득	37,095달러	60,773달러
평균 주택 가치	75,289달러	160,651달러
평균 임대료	487달러	611달러
백분율에 따른 구성 요소(%)		
인종[1]		
백인	89.2	92.2
흑인	8.1	5.5
아시아 인종/태평양 제도 출신	1.6	0.9
히스패닉[2]	0.5	1.0
기타	0.5	0.4
학력[3]		
고졸 이하	27.6	15.2
고졸	33.5	21.7
대학교 중퇴/학사 학위 이하	16.4	19.9
학사 학위	13.5	24.9
대학원	9.0	18.3
실업률[4](%)		
남성		
실업 인구	7.7	1.9
비경제 활동 인구	26.1	14.4
여성		
실업 인구	6.1	2.3
비경제 활동 인구	42.2	54.3
합계		
실업 인구	6.9	2.1
비경제 활동 인구	34.9	39.1
주택 소유 형태		
소유	67.9	84.5
임대	32.1	15.5
공공 부조 지원 대상 인구[5]	5.9	2.2

출처: 1990년 인구주택총조사
1. 반올림 오차로 인해 총합이 100퍼센트가 아닐 수도 있다.
2. 백인 히스패닉만을 포함한다. 그 밖의 경우는 인종적 특성에 따라 분류했다.
3. 25세 이상 인구를 대상으로 조사했다.
4. 16세 이상 인구를 대상으로 조사했다. 고용과 실업 및 노동 참여에 대해서는 인구조사국의 기준을 따랐다.
5. 가구 기준 비율.

표 C3 사회 계층 및 인종에 따른 가족 구조

	부모가 법적 부부 관계이며 재혼하지 않은 가정		재혼 가정 또는 부모가 사실혼 관계인 가정[1]		편부모 가정[2]		조부모/법적 보호인과 함께 사는 가정	
	흑인	백인	흑인	백인	흑인	백인	흑인	백인
중산층	알렉산더 윌리엄스, 스타(이)시 마셜 등 (전체 샘플 합계) =13	멜라니 핸드론, 개릿 털링거 등 (전체 샘플 합계) =17	(전체 샘플 합계) =2	(전체 샘플 합계) =1	(전체 샘플 합계) =3	(전체 샘플 합계) =0	(전체 샘플 합계) =0	(전체 샘플 합계) =0
노동자 계층	제시카 어빈슨(흑인 아버지/백인 어머니) 빌리 야넬리(백인)[3] (흑인 가정 샘플 합계=6) (백인 가정 샘플 합계=6) (다문화 가정 샘플 합계=1)	(전체 샘플 합계) =3	(전체 샘플 합계) =0	웬디 드라이버[4] (전체 샘플 합계) =1	티렉 테일러 (어머니)[5] (전체 샘플 합계) =3	(전체 샘플 합계) =5	(전체 샘플 합계) =2	(전체 샘플 합계) =2
빈곤층	(전체 샘플 합계) =0	(전체 샘플 합계) =3	해럴드 맥앨리스터[6] (전체 샘플 합계) =1	칼 그렉리[4] (전체 샘플 합계) =1	(전체 샘플 합계) =11	케이티 브린들 (어머니) (전체 샘플 합계) =8	타라 캐럴(할머니)[7] (전체 샘플 합계) =2	(전체 샘플 합계) =0

1. 재혼 가정 또는 사실혼 관계인 가정: 편부모 가정 및 두 부모 가정을 모두 포함해, 부모가 재혼 관계이거나 재혼 관계이거나 연인 관계인 다른 동거인이 함께 살고 있는 경우.
2. 아이들의 주요 보호자는 굵은 글씨 안에 표시.
3. 빌리 야넬리의 부모는 법적으로 결혼한 부부 상태가 아님. 어머니는 이전 남편과의 사이에서 아이가 하나 더 있음.
4. 어머니와 동거 관계인 남자 친구.
5. 부모가 별거 상태이며, 정기적으로 아버지를 보러감.
6. 아버지와 정기적으로 만남.
7. 어머니와 정기적으로 만남. 아버지와는 거의 왕래가 없음.

사회 계층 및 인종과 아동의 성별에 따른 학교 밖 활동 참여도[1]

	중산층	노동자 계층	빈곤층
전체 아동			
학교 밖 활동	4.9	2.5	1.5
자료에서 누락된 활동[2]	2.5	3.0	2.0
합계	36	26	26
흑인			
학교 밖 활동	5.2	2.8	1.6
자료에서 누락된 활동	2.0	3.8	2.9
합계	18	12	14
백인			
학교 밖 활동	4.6	2.3	1.4
자료에서 누락된 활동	2.9	2.3	0.9
합계	18	14	12
여자아이			
학교 밖 활동	4.7	2.6	1.5
자료에서 누락된 활동	1.5	2.3	2.0
합계	18	11	15
남자아이			
학교 밖 활동	5.1	2.5	1.5
자료에서 누락된 활동	3.4	3.5	1.9
합계	18	15	11

1. 학교 밖 활동에는 브라우니단이나 컵 스카우트, 음악 레슨, 팀 스포츠(축구, 아동 야구 리그 등), 개인 스포츠(체조, 가라테 등), 매트 운동(매트를 깔아놓고 그 위에서 앞구르기, 뒤구르기, 제비넘기 등을 하는 유연성 개발 운동—옮긴이), 춤 레슨(발레, 탭 댄스 등), 종교 수업, 합창단, 미술 수업 그리고 정식 등록 절차를 요구하는 놀이 활동 등을 포함한다.
2. 모든 응답자에게 참여하는 활동 전부에 대해 물어본 것은 아니다. (물론 각 응답자에게 자녀가 이미 언급한 것 말고 다른 활동에 참여하는지 질문하기는 했다.)

표 C5 남자아이들이 학교 수업 외에 참여하는 활동

	어른의 지도를 받는 학교 밖 활동	자율적인 활동
중산층		
개릿 탈링거 (백인)	축구팀 원정 축구팀 야구팀 농구팀(여름) 수영팀 피아노 색소폰(학교 프로그램)	형제들과 마당에서 놀기 텔레비전 보기 컴퓨터 게임 친구들과 밤새워 놀기
알렉산더 윌리엄스 (흑인)	축구팀 야구팀 합창단 교회 성가대 주일 학교 피아노(스즈키 교습) 학교 연극 기타(학교 프로그램)	텔레비전 시청 제한 친구 2명과 밖에서 놀기(비정기적) 학교 친구 집 방문하기
노동자 계층		
빌리 야넬리 (백인)	야구팀	텔레비전 보기 친척 집 방문하기 자전거 타기 길에서 놀기 이웃 아이들과 어울리기
티렉 테일러 (흑인)	축구팀 여름 성경 학교 주일 학교(간헐적으로 참여)	텔레비전 보기 길에서 놀기 이웃 남자아이들과 자전거 타기 친척 집 방문하기 수영장 가기
빈곤층		
칼 그릴리 (백인)	수영장 가기 이웃의 친구와 강아지 산책시키기	텔레비전 보기 닌텐도 게임 형제와 놀기
해럴드 맥앨리스터 (흑인)	이웃집에서 성경 공부(비정기적) 성경 캠프(일주일)	친척 집 방문하기 이웃 아이들과 공놀이하기 텔레비전 보기 비디오 보기

표 C6 **여자아이들이 학교 수업 외에 참여하는 활동**

	어른의 지도를 받는 학교 밖 활동	자율적인 활동
중산층		
멜라니 핸드론 (백인)	걸스카우트 피아노 주일 학교 교회 교회 야외극 바이올린(학교 프로그램) 소프트볼팀	텔레비전 시청 제한 이웃 아이들과 집 밖에서 놀기 엄마와 쿠키 굽기 수영(팀 활동 아님) 음악 듣기
스테이시 마셜 (흑인)	체조 레슨 체조팀 교회 주일 학교 어린이 합창단	텔레비전 보기 집 밖에서 놀기 학교 친구 집 방문하기 자전거 타기
노동자 계층		
웬디 드라이버(백인)	CCD 댄스 레슨 학교 합창단	텔레비전 보기 친척 집 방문하기 집안일 돕기 자전거 타기 길에서 놀기 사촌들과 어울리기
제시카 어윈 (흑인 아버지/ 백인 어머니)	교회 주일 학교 토요 미술 학교 학교 밴드	텔레비전 시청 제한 독서 이웃 아이들과 집 밖에서 놀기 친척 집 방문하기
빈곤층		
케이티 브린들 (백인)	학교 합창단 금요일 저녁에 열리는 교회 그룹 활동(이따금씩 참여)	텔레비전 보기 친척 집 방문하기 바비 인형 가지고 놀기 자전거 타기 이웃 아이들과 놀기
타라 캐럴 (흑인)	교회 주일 학교	텔레비전 보기 친척 집 방문하기 인형 가지고 놀기 닌텐도 게임 이웃 아이들과 놀기

표 C7 교사의 도움을 요청한 계층별 비율[1]

	중산층	노동자 계층
교사의 도움을 요청한 계층별 비율	34.4%	15.8%
N	32	19

1. 각 아동의 주요 보호자가 제공한 정보에 기초해 산출함. 빈곤층을 수치에서 제외한 이유는 대부분의 백인 빈곤층 가정을 연구 대상 학군 외에서 섭외해야 했기 때문이다. 우리는 이 아이들이 재학 중인 학교에 대해 충분한 정보를 얻을 수 없었고, 따라서 이들에게 (다른 아동에게 던진 것과 같은) 학교 경험과 관련한 질문을 하는 것은 적절하지 않다고 여겼다. 이 연구에는 중산층 가정 36가구와 노동자 계층 가정 26가구가 포함되었다. 백분율 밑에 기재한 숫자는 누락된 자료를 가리킨다.

표 C8 전문가와 관계를 맺고 있는 계층별 비율[1]

	중산층	노동자 계층	빈곤층
교사	93.5%	47.6%	33.3%
심리학자	48.4%	19.0%	8.7%
변호사	67.7%	35.0%	13.6%
의사	70.4%	15.0%	18.2%
N	27–31	20–21	22–24

1. 각 아동의 주요 보호자가 제공한 정보에 기초해 산출함. 이 연구는 36곳의 중산층 가정과 26곳의 노동자 계층 가정 그리고 26곳의 빈곤층 가정을 관찰했다. 백분율 밑에 기재한 숫자는 누락된 자료를 가리킨다.

표 C9 **데이터 수집 과정 개관**

1989~1990년	로렌스빌(중서부에 위치, 인구 2만 5000명 수준)의 3학년 두 학급 관찰. 아동 31명(흑인과 백인 비율 각각 50퍼센트)의 부모나 후견인들과 심층 인터뷰. 하루에 한 백인 중산층 가정 방문. 아동 관련 전문가들과 인터뷰, 미국계 흑인 대학원생들의 도움을 받아 1차 연구 마무리.
1992~1993년	스펜서 재단의 보조금 승인. 도심 지구에 있는 공립 로어리치먼드 학교의 3학년 학급을 대상으로 연구(북동부에 위치한 이 학교의 학생 구성은 백인 노동자 계층 자녀와 흑인 빈곤층 가정 자녀가 주를 이룬다). 관찰 연구는 라루와 흑인 대학원생 한 명이 그린 선생의 학급을 대상으로 수행(12월에서 이듬해 6월까지). 소규모 외곽 지역에 있는 공립 스완 학교의 3학년 학급을 대상으로 연구(학교의 학생 구성은 백인 중산층 가정 자녀가 주를 이뤘고 일부 노동자 계층 자녀와 흑인 자녀도 재학했다(흑인 중산층 가정 아동의 비율은 10퍼센트 정도)). 관찰 연구는 드콜리 선생의 학급을 대상으로 라루가 수행(4월에서 6월). 문헌 작업과 일반적인 프로젝트 관리를 위해 반일제 연구 보조원 한 명 모집(현장 연구에는 참여하지 않음). 1993년 봄: 현장 연구를 지원할 연구 보조원을 모집하기로 결정.
1993~1994년	연구 보조원 5명 모집(백인 여성 4명, 흑인 여성 1명). 1992~1993년 연구에 함께했던 기존 연구 보조원이 중서부로 이사를 가게 되어 팀을 떠났지만, 이후 다시 합류해 고문 겸 컨설턴트로 활동을 시작함. 1개월 동안 연구 보조원 훈련 진행. 연구 보조원 한 명이 스완 학교를 방문해 네틀스 선생의 4학년 학급을 관찰. 로어리치먼드 학교의 4학년 학급(티어 선생, 번스테인 선생, 스탠턴 선생의 학급)을 비정기적으로 방문. 라루와 연구 보조원들이 로어리치먼드와 스완 학교의 재학생 가구 40곳(흑인 가정과 백인 가정 각 20가구)을 선정해 부모 및 후견인을 대상으로 심층 인터뷰를 진행(대상 가정은 대부분 관찰 연구를 진행한 학급에서 선정). 11월: 집중 방문 연구 대상 가정 12곳 선정. 12월: 연구 보조원 한 명이 그만둠. 12월/1월: 캐럴, 브린들, 핸드론 가족 연구 종료. 2~3시간 일정으로 12~14회의 연구를 진행하도록 계획 수립(연구는 가정 내에서뿐 아니라 병원이나 교회 등 외부 현장에서도 진행되었다). 대상 아동과 형제자매·부모·후견인을 대상으로 인터뷰 계획 수립. 1월: 방문 계획을 1개월 단위로 설정하고 그 횟수를 20회로 늘려 좀 더 적절한 빈도로 관찰과 인터뷰를 진행할 수 있도록 함. 2월~5월: 드라이버, 어윈, 야넬리 가족 연구 종료. 탈링거 가족 연구 시작. 6월: 연구 보조원 해체(한 명은 졸업 후 뉴욕으로 거처를 옮겼으며 다른 한 명은 로스앤젤레스로 이사. 2명은 종합 시험 때문에 연구 참여 포기).
1994년 여름	연구 보조원 2명 신규 모집(백인 여성 1명, 흑인 남성 1명). 탈링거 가족 연구 종료. 맥앨리스터, 테일러 가족 연구 시작 및 종료. 윌리엄스 가족 연구 시작.
1995년 여름	연구 보조원 한 명 복귀(백인 여성, 흑인 남성 연구원이 보스턴으로 이사 감). 연구 보조원 3명 신규 모집(백인 여성 1명, 백인 남성 1명, 흑인 여성 1명). 윌리엄스 가족 연구 종료. 마셜, 그릴리 가족 연구 시작 및 종료.

1996년 여름	현장 노트 검토 및 데이터 분석. 인터뷰 기록 문서화. 데이터를 바탕으로 보고서 작성.
1997년 봄/여름	몇몇 곳에서 연구 결과물 공개. 피드백 수렴. 교정 작업 시작. 인터뷰를 위해 17가정(흑인 중산층 및 백인 빈곤층 가정 위주)을 추가로 모집 (총 샘플 가정 88곳).
1998년 여름	데이터 분석 및 보고서 작성. 교정 작업 계속. 저술 작업 시작.
1999년 봄/여름/가을	책의 첫 번째 챕터 초고 작성. 학교에서 가을 학기 저술 활동을 위한 연구 보조금 받음. 당분간 교단에 서지 않고 연구에만 전념할 수 있게 됨.
2000년	5개 챕터 초고 완성. 검토 작업 시작.
2001년	초고 교정. 분량을 반으로 줄이고 5개 챕터 추가. 원고 완성, 2차 검토.
2002년	교정 완료.

주

•

01 집중 양육과 자연적 성장을 통한 성취

1. 사회 집단을 설명하는 용어를 선택하는 과정에도 많은 고민이 따랐다. 특정 용어를 통해 그 집단에 대한 부정적 편견을 강화할 위험이 있기 때문이다. 나는 기존 용어를 사용해 특정 인종 또는 민족을 지칭하는 것은 어떤 식으로든 문제를 초래할 수 있음을 깨달았다. 내가 방문한 흑인 가족은 하나같이 자신들을 '흑인'으로 지칭하는 데 거리낌이 없었다. 우리 독자 중 일부는 '흑인'을 반드시 대문자로 써야 한다고 주장했고(소문자 black은 '검정색'이라는 형용사로 피부 빛깔을 강조하는 어감—한국말로는 '깜둥이'—이라면 대문자 Black은 하나의 집단으로서 고유명사라는 어감이 강함—옮긴이), 비록 '백인(white)'이라는 단어는 군이 대문자로 쓰는 일이 거의 없음에도 불구하고 나는 이들의 의견에 일리가 있다고 생각했다. 요약하면, 이 책에서는 '흑인', '미국계 흑인', '아프리카계 미국인' 그리고 '백인'이라는 용어를 번갈아가며 사용했다. 여기서 '백인'이란 비히스패닉계 백인 하위 그룹을 지칭한다.

2. 일부 독자들은 '자연적 성장을 통한 성취'라는 표현이 부모가 아동 양육에 쏟는 노력을 충분히 드러내지 못할 것 같다는 우려를 표하기도 했다. 그들은 또 정작 노동자 계층과 빈곤층 가정의 부모 스스로는 자신이 자녀를 돌보는 과정을 설명할 때 '자연적 성장' 같은 용어를 사용하지 않는다는 지적을 하기도 했다. 이는 분명 신중히 고려해야 할 문제다. 본문(특히 케이티 브린들의 사례를 다룬 5장)에서 강조했듯 자신의 자녀를 돌보는 부모, 특히 엄마의 노력은 어느 계층의 가정에서나 중요한 과제다. 하지만 빈곤층과 노동자 계층의 엄마들에겐 자녀를 돌볼 경제적 자원이 상대적으로 넉넉하지 않았다. 우리는 자녀 양육이라는 과제를

바라보는 그들의 시각이 중산층 가정 부모와 다소 다르다는 것을 알았다. 노동자 계층 및 빈곤층 부모는 아이들의 여가 시간을 관리하는 것은 자기 일이 아니라고 여겼으며, 또한 자녀의 학교생활에 적극 개입하는 모습 역시 보여주지 않았다. 대신 이 부모들은 아이의 일상생활을 돌봐주고 아이들에게 생활 속에서 지켜야 할 규칙과 규율을 가르쳐주었다. 그리고 아이들은 부모가 정해준 이 울타리 안에서 자율적으로 일상을 꾸려나갔다. 이런 측면에서 나는 그들의 아동 양육 방식에 '자연적 성장을 통한 성취'라는 이름을 붙였다.

3. 나는 아동 양육 전략을 일상의 구성과 흐름 그리고 '습관' 모두를 포함하는 개념으로 정의했다. 그리고 그 형태를 집중 양육 전략과 자연적 성장을 통한 성취 전략 두 개로 나누었다. 이 책을 통해 나는 아동 양육 전략이라는 개념과 동시에 사회화라는 개념 역시 다루었다. 많은 사회학자들은 이 개념이 아동을 능동적 주체가 아닌 수동적 대상으로 바라보고, 아동과 부모 사이의 관계를 쌍방향적이고 역동적으로 해석하는 대신 일방적 관계로 정의한다는 이유로 비판을 제기하기도 한다. 이런 태도를 취하는 이론가로는 《아동기 사회학(Sociology of Childhood)》을 저술한 윌리엄 코사로(William Corsaro)나 《성 역할(Gender Play)》의 저자 배리 손 그리고 'The Life Course as Development Theory'를 제창한 글렌 엘더(Glen Elder) 등이 있다. 그들의 비판에도 불구하고 나는 이 개념을 사회적 과정에 대한 좀 더 정교한 이해를 가능케 하는 방향으로 새롭게 해석할 수 있다는 주장에 지지를 보낸다. 아동 양육과 사회화라는 두 개념은 유사한 성격을 띠는 다른 용어들에 비해 현상을 좀 더 간결하게 설명할 수 있도록 해준다. 이것이 내가 이들 용어를 사용하는 이유다.

4. 전문가들의 역할에 관한 논의는 Eliot Freidson, *Professional Powers*; Magali Sarfatti Larson, *The Rise of Professionalism* 그리고 오랜 시간이 지났음에도 그 가치를 높게 평가받는 Amitai Etzioni, *The Semi-Professionals and Their Organizations* 등을 통해 확인할 수 있다. 물론 전문가들이 주지하는 표준적 규범이란 어느 시기에나 이견과 변화의 가능성을 갖고 있다. 즉 아무런 저항이나 의견 충돌이 발생하지 않는 이론이란 존재하지 않는다. 그러나 아이와 대화를 나누고 글을 읽어주는 그리고 아이의 건강을 지켜주기 위해 적극적인 예방 노력을 펼치는 것과 같은 가장 일반적인 지원은 언제나 중요한 부모의 역할이라는 데 의견의 일치를 보이고 있다.

5. 섀런 헤이즈는 1996년 출간한 저서 《모성의 문화적 모순(The Cultural Contradictions

of Motherhood)》을 통해 중산층 가정과 노동자 계층 가정의 어머니들이 보여주는 자녀 양육과 관련한 태도를 연구한 바 있다. 그녀는 자신이 관찰한 어머니들 사이에 "적극적인 어머니의 역할"에 대한 공통된 인식이 존재한다는 것을 확인할 수 있었다. 그러나 아이를 처벌하는 문제와 관련해서는 연구 대상인 어머니들 사이에 인식의 차이가 존재했다. (아이에게 문제점을 논리적으로 지적하고 설명하는 태도를 보여준 중산층 어머니들과 달리 노동자 계층의 어머니들은 물리적 체벌을 시행했다.) 이와 달리 내 연구의 초점은 태도보다 행동 양식에 좀더 집중되어 있다. 만일 내가 태도라는 영역에 좀더 집중했다면, 계층에 따라 발견되는 차이는 좀더 줄어들었을 것이다. 예를 들어 모든 어머니는 자신이 아이의 성장과 성공을 지원하는 좋은 엄마가 되기를 바랐다. 그러나 자신이 생각하는 좋은 엄마 역할을 수행하기 위해 그들이 보여준 행동 양식에는 상당한 차이가 있었다.

6. Urie Bronfenbrenner, "Socialization and Social Class through Time and Space" 참조.

7. Katherine Newman, *Declining Fortune*; Donald Barlett and James B. Steele, *America: What Went Wrong?*; Michael Hout and Claud Fischer, "A Century of Inequality" 참조.

8. 일부 독자들은 '자연적'이라는 용어의 반대 개념으로 '비정상적'이라는 말을 떠올리며 우려를 표할지도 모르겠다. 하지만 이러한 연상 작용은 이 책에서 사용한 '자연적 성장'이라는 용어에는 적용되지 않는다. 대신 독자들은 이 표현과 대응하는 개념으로 '문명, 인위, 전략, 형성' 등의 개념을 떠올리는 것이 좀더 적합할 것이다. 아동 양육과 관련해 양립되는 두 이데올로기는 어디까지나 체험적 도구로서 절대적 진리라고 할 수 없으며, 많은 사회학자 역시 사회적 존재란 특정한 사회적 맥락에 따라 다르게 형성될 수 있음을 인정한다. 실제로 바람직한 가족생활의 양상은 시대에 따라 매우 다양한 형태로 변화해왔다. Philippe Aries, *Centuries of Childhood*; Herbert Gutman, *The Black Family in Slavery and Freedom, 1750~1925*; Nancy Scheper-Hughes, *Death without Weeping* 참조.

9. Elijah Anderson, *Code of the Street* (특히 2장) 참조.

10. 피에르 부르디외의 작업에 대한 좀더 확장된 논의는 부록 B를 통해 확인할 수 있다. David Swartz, *Culture and Power* 참조.

11. 내 연구는 엘리트 가정이나 부유층 가정, 혹은 반대 영역에 있는 홈리스(homeless) 가정 등 미국 사회에 존재하는 모든 형태의 가정을 포괄해 진행하지 않았으며,

포함 계층에 대해서도 선별적으로 관찰했다. 그래서 이번 연구가 아동 양육과 관련한 모든 형태의 문화적 논리를 다룬다고 확신할 수는 없다. 하지만 국가 규모의 전략적 연구를 통해 수집한 데이터는 내가 관찰한 패턴의 신뢰성을 어느 정도 지지한다. 부모의 사회 계층과 자녀의 시간 사용에서 발견할 수 있는 차이는 특히 다음에서 여실히 드러난다. Sandra Hofferth and John Sandberg, "Changes in American Children's Time, 1981~1997". 자녀와의 관계에서 발견할 수 있는 언어 사용 습관은 국가 규모의 여론 조사로는 파악하기 어려웠지만 부모들이 적용하는 아동 양육 방식의 가치 차이는 멜빈 콘(Melvin Kohn)과 카르미 스쿨러(Carmi Schooler)의 연구, 특히 《직업과 성격(Work and Personality)》 등을 통해 확인할 수 있었다. 부모들의 욕망에 관한 측면에서는 "Trends in Parental Socialization Values" 같은 듀언 앨윈(Duane Alwin)의 연구가 우리 연구의 결과물과 많은 부분에서 맥을 같이했다. 사회 계층에 따라 자녀의 교육 문제에 관여하는 부모의 행동이 어떻게 달라지는지 보여주는 광범위한 연구도 있다. U.S. Department of Education, *The Condition of Education, 2001*, p. 175 참조.

12. 앞서 언급했듯 이 책에서 사용한 통계는 1993~1995년에 수집된 데이터에 기초한다. 다른 언급이 없으면, 1994~1995년 지불한 돈은 모두 달러화이다. 여기서 제시한 수치는 Everett Ladd, *Thinking about America*, pp. 21~22에서 인용했다.

13. 이 문구는 1993년 치른 민주당 리더십 회의 당시 빌 클린턴 대통령이 연설한 내용의 일부다. Jennifer Hochschild, *Facing Up to the American Dream*, p. 18에서 인용했다.

14. Paul Kingston, *The Classless Society*, p. 2.

15. 방법론을 설명한 부록 A에서 세부적으로 다룬 것처럼 가족 구조는 계층적 위치와 밀접한 연관이 있다. 우리가 관찰한 모든 백인/흑인 중산층 가정의 아이들은 자신의 생물학적 부모와 함께 살고 있었다. 반면 빈곤층 가정 아이들의 경우 일부는 친부와 정기적으로 관계를 맺고 있기도 했지만 친부와 함께 살고 있는 아이는 한 명도 없었다. 노동자 계층의 경우는 다른 두 계층의 중간 지점에 해당했다. 이런 패턴에 누군가는 다음과 같은 의문을 제기할 수도 있을 것이다. 집중 양육 전략은 부모의 존재와 어떤 연관을 갖고 있는가? 하지만 샘플 규모의 제약 때문에 이와 같은 물음에 확답을 하는 것은 한계가 있을 것으로 보인다.

16. 부록 A에서 설명했듯이 집중 연구 대상 아동 12명 중에서 3명은 학교 이외의 곳에서 선발한 아이들이다.

17. Arlie Hochschild, *The Second Shift*.

18. 여기서 나는 흑인계 미국인뿐 아니라 백인계 미국인 사이에서도 여러 갈래로 나뉘는 관점의 차이에 대해 생각해보지 않을 수 없다. "백인의 관점"이라는 표현도 부정확해 보인다. 우리가 살아가는 계층화된 사회에서 백인이 자신들의 피부색으로 인해 조금의 혜택도 입고 있지 않다면 그 주장은 잘못된 것이다. 백인은 분명 상당한 혜택을 누리고 있다. 주택 융자를 받거나 취업할 때, 인종적으로 뒤섞인 거주 지역에서 백인 가족이 살던 집이 더 높은 가격을 받는다는 점에서, 이들은 분명 인종에서 비롯된 혜택을 받고 있다. 심지어 길거리에서 택시를 잡는 데도 백인이 유리한 경우가 많다. 문제는 우리 사회에서 어느 정도의 인종 차별이 벌어지고 있는가에 있지 않다. 오히려 진짜 문제는 한 사회의 지배적 인종 집단에 속한다는 것이 일상생활 속에서 인종이 미치는 영향을 연구하는 나 같은 이들로 하여금 눈앞에서 일어나는 일의 중요한 측면을 "보거나" "이해하는 데" 방해를 주지 않는가 하는 점이다. Douglas Massy and Nancy Danton, *American Apartheid*; Kathleen Neckerman and Joleen Krischenmann, "Hiring Strategies, Racial Bias, and Inner-City Workers"; Elijah Anderson, *Streetwise* 참조. 또한 '피부색이 하얗다는 것'과 백인이 그들의 특권적 위치를 통해 획득하는 가치 역시 여러 글에서 다루고 있다. Phil Cohen, "Laboring under Whiteness" 참조.

19. Julia Wrigley, "Do Young Children Need Intellectual Stimulation?"; Linda A. Pollock, *Forgotten Children* 참조.

20. 부록 A에서 자세히 설명했듯이 우리가 연구한 일부 가족(윌리엄스 가족 등)은 중상류층에 속했다. 그렇지만 샘플 규모의 협소성과 인종적·문화적 집단을 구체적으로 비교하고자 했던 내 바람 때문에 연구에 제한이 있었던 것은 사실이다. 그 결과 이 연구에서는 중산층과 중상류층을 엄격하게 구분하지 않았다. 그러나 실제로도 우리가 중산층으로 분류한 서른여섯 가정에서 중산층과 중상류층 사이에 명확한 차이가 발견되지 않은 것은 사실이다. 내가 이 책을 저술하며 두 집단 모두를 통틀어 중산층 범주로 분류한 것은 이런 이유 때문이다.

02 사회 구조와 일상생활

1. William Kornblum, *Sociology: The Central Questions*, p. 72.

2. "Institutions, Institutional Effects, and Institutionalism" 145쪽에서 로널드 L. 제퍼

슨(Ronald L. Jefferson)은 기관을 "특정한 지위나 자산을 확보한 사회적 체계 또는 패턴, 다시 말해 재생산되는 과정에서 사회적 프로세스의 활성화를 독자적으로 진행하며 스스로의 생존을 책임지는 사회적 패턴이다"라고 정의했다.

3. C. Wright Mills, *The Sociological Imagination*, p. 161.

4. 로어리치먼드 학교의 교사들은 교육의 일환으로 지역 거주 단지에서 방과 후 과외 학교 프로그램을 진행하기도 했다. 하지만 이는 공식적으로 학교의 지원을 받는 활동은 아니었다.

5. 이 책에 실린 인용문 대부분은 인터뷰나 방문 연구 상황을 녹음한 자료를 다시 기록한 것이다. 때로는 민족지학적 연구 방법론에 기초해 연구 보조원이나 내가 직접 현장에서 기록한 내용을 옮겨오기도 했다. 이 경우 인용 부호는 우리가 대화 내용을 정확히 기억하고 있는 경우에 한정해 사용했다. 그 때문에 일부 대화 내용은 인용 부호 없이 표시하기도 했다. (난 노트를 가지고 다니지 않았고, 연구원들에게도 가족과 함께하는 현장에서는 기록을 작성하지 말도록 지시했다. 그보다는 연구원들에게 대상 가족과 '어울릴' 것을 요구했다.) 인용문 편집 작업에서 분석적 중요성이 없다고 판단될 경우에는 '음'이나 '그러니까', '뭐' 같은 허언이나 더듬거리는 발음 등은 가독성을 배려해 삭제했다. '……' 표시는 생략한 부분(이나 일부 문장의 재배열)을 의미한다. 마지막으로 우리 연구 보조원과 나는 기록 작성 과정에서 각자의 방식으로 가족을 지칭하기도 했다. (탈링거 씨의 경우 연구 보조원에 따라 누구는 '미스터 T', 또 다른 누구는 '돈(Don)' 등으로 기록했다.) 나는 기록에만 치우쳐 다듬는 대신 그 속에 담긴 다양성을 존중하기 위해 애썼다.

기록에서 사용한 괄호는 대명사로 표현한 인물의 이름을 다시 기입하거나 저술 과정에서 코멘트를 삽입하는 등 내용을 명확하게 하기 위해 내가 삽입한 것이다. 부모들이 제공한 코멘트는 기록 작성 당시 미리 반영했다.

6. 예를 들어, 한 3학년 학생은 철자 시험에서 선생님을 죽여버리고 싶다는 문장을 써낸 적이 있다. 이 예외적인 사건으로 인해 그 학생은 오랜 시간 선생님과 상담을 해야 했다.

7. 1990년의 인구주택총조사에 따르면 스완 학교 학군의 주택 평균 가격은 16만 500달러 수준이었던 데 반해 로어리치먼드 주변 지역의 주택 평균 가격은 7만 5000달러 수준이었다. 이는 일반적인 도심 지역의 주택 가격과 유사한 수준이었으며, 이런 경향은 현재까지 이어지고 있다.

8. 학교 밖 활동에 봉사자로 참여하는 부모는 대체로 유사한 불만 사항을 털어놓았다. 예를 들어, 아이의 컵 스카우트 활동을 지켜보던 한 아버지는 많은 부모가 "아이를 기관에 던져놓고는 나 몰라라 하며 자기 볼일을 보러 가버린다"며 불평하기도 했다.

9. 학교생활에서도 차이점이 발견되었다. 로어리치먼드 학교에서는 스완 학교에 비해 규율과 질서를 더욱 강조했다. 예를 들어, 로어리치먼드에서는 학생들을 줄세우는 데 많은 시간과 교사의 노력이 필요했다. (모든 학생을 한 줄로 세우는 스완 학교와 달리 로어리치먼드 학교에서는 남학생과 여학생을 분리했다.) 교사들이 운동장에서 뛰노는 아이들에게 소리를 지르거나 아이들 사이에 싸움이 벌어지는 모습 역시 스완 학교보다는 로어리치먼드 학교에서 더욱 많이 목격할 수 있었다. 비록 이런 차이를 보이긴 했지만, 두 학교의 교사 모두 아이들에게 진정으로 필요한 문화적 레퍼토리가 무엇인지에 대해서는 같은 의견을 보여주었다. 이런 측면에서, 교사들은 자기 자녀를 가르칠 때는 물론 학생을 가르치는 데도 재능, 특히 논리적 추론 능력 개발을 위한 집중 양육 전략이 더 효과적이라고 믿었다.

10. Jean Anyon, *Ghetto Schooling, and Jonathon Kozol, Savage Inequalities*; U.S. Department of Education, *The Condition of Education, 2001* 참조.

11. 시간이 지나면서 이러한 믿음을 어떻게 개발하고 전달하는지 그리고 여기에 어떤 반론이 제기되고 어떤 변화 과정을 겪게 되었는지 설명하는 것은 우리가 다룰 수 있는 범위를 넘어선 영역이다. 그러나 전문가들이 지지하는 표준이 다양한 요인에 의해 형성되어왔다는 것은 명백한 사실이다. 예를 들어, 교사들에게 영향을 미치는 요인으로는 직업 훈련(교사 실습 프로그램 등), 전국교원연합의 간행물, 지구 단위의 교육 훈련 및 자료 그리고 동료 교사나 학교 운영진에게서 듣는 비공식적인 이야기 등이 있었다.

12. Shirley Brice Heath, *Ways with Words* 참조.

13. Joyce Epstein and Mavis G. Sanders, "Connecting Home, School, and Community"; Annette Lareau, *Home Advantage* 참조.

14. 이 책에서 사용한 모든 통계는 예외적으로 명시한 경우를 제외하면 전부 1993년에서 1995년(주로 1995년) 사이에 수집한 데이터를 바탕으로 얻은 것이다. William Kornblum, *Sociology: The Central Questions*, p. 159 참조.

15. 아동기의 빈곤은 건강이나 표준화한 시험의 성적, 학업 성취도 그리고 감정적

만족감 같은 삶의 결과물에 부정적 영향을 미치는 것으로 확인되었다. Greg J. Duncan and Jeanne Brooks-Gunn, *Consequence of Growing Up Poor* 참조. 미국을 비롯한 산업화 국가들의 빈곤율에 대한 전반적인 통계는 Rainwater and Smeeding, "Doing Poorly"를 통해 확인 가능하다.

16. Greg J. Duncan and Jeanne Brooks-Gunn, *Consequence of Growing Up Poor* 참조. 1997년의 연구 통계에 따르면, 빈곤층에 속한 아동의 비율은 전체의 20퍼센트 수준이었다. 세부적으로는 백인 아동의 16퍼센트, 흑인 아동의 37퍼센트가 빈곤층에 속해 있었으며, 특히 6세 미만 흑인 아동의 경우 빈곤율이 40퍼센트에 달했다. Lawrence Mishel and Jared Bernstein and John Schmitt, *The State of Working America 1998~1999*, p. 281 참조.

17. 예를 들어 1989~1997년 사이에 소득 상위 20퍼센트 계층의 자산은 9퍼센트 증가했으며 하위 10퍼센트의 경우는 도리어 6퍼센트 감소했다. Mishel et al., *The State of Working America*, p. 264; Michael Hout and Claude S. Fisher, "A Century of Inequality" 참조.

18. Dalton Conley, *Being Black, Living in the Red*; Melvin Oliver and Thomas Shapiro, *Black Wealth/White Wealth* 참조.

19. 고등학교 중퇴율은 1995년 기준으로 백인 9퍼센트, 흑인 12퍼센트를 기록했다. 그리고 이 수치는 1990년대 말에 이르러 백인의 경우 약간의 감소세를, 흑인의 경우 약간의 증가 추세를 보였다. U.S. Department of Education, *The Condition of Education, 2001*, p. 142 참조.

20. 1995년 학사 학위를 취득한 25~29세 인구는 전체의 28퍼센트 수준이었다. 이 수치는 2000년 들어 33퍼센트까지 증가했다. 고등학교 졸업 인구 중 이후 학위 취득에 성공한 비율은 인종 간에 큰 격차가 있었다. 백인의 경우 해당 수치는 1995년 31퍼센트에서 2001년 36퍼센트로 증가한 반면, 흑인 고등학교 졸업자 중 학위 취득자의 비율은 1995년에는 18퍼센트 수준이었고, 2001년이 되어서도 21퍼센트로 3퍼센트 증가하는 데 그쳤다. 전체 성인 인구(25~64세) 기준으로는 24퍼센트가 학위를 보유했다. U.S. Department of Education, *Condition of Education 1995*, pp. 245~249; *Condition of Education 2001*, pp. 142, 150~151.

21. Dalton Conley, *Being Black, Living in the Red*; U.S. Department of Education, *The Condition of Education, 2001* 참조.

22. Derek Bok and William G. Bowen, *The Shape of the River* 참조.

23. Donald Barlett and James B. Steele, *America: What Went Wrong?*; Arne Kalleberg and Barbara F. Reskin and Ken Hudson, "Bad Jobs in America" 참조.

24. 예를 들어, 고등학교 중퇴 학력의 아이들 중 51퍼센트만이 빨강, 노랑, 파랑, 초록 등의 색 이름을 제대로 알고 있는 반면, 고졸은 78퍼센트, 대학을 조금이라도 다닌 경우 92퍼센트, 대졸자의 경우 95퍼센트로 그 수치가 높아졌다. 한편 영어의 모든 알파벳에 대해서는 각각 9퍼센트, 19퍼센트, 29퍼센트, 42퍼센트가 알고 있는 것으로 나타났다. U.S. Department of Education, *Condition of Education 1995*, p. 182 참조.

25. U.S. Department of Education, *The Condition of Education, 1995*; Entwhistle et al., *Children, School, and Inequality* 참조. 동일한 교육을 받은 상황에서 백인 아이들은 흑인 아이들에 비해 한층 높은 학업 성취도를 기록했다. Christopher Jencks and Meredith Phillips, *The Black-White Test Score Gap* 참조.

26. 1995년 고등학교 졸업생의 대학 진학률은 61퍼센트였다. 고등학교 중퇴 부모 자녀들의 경우 대학 진학률은 27퍼센트에 그쳤으며, 고졸 부모를 둔 자녀는 47퍼센트 그리고 대졸 부모를 둔 아이들의 대학 진학률은 88퍼센트에 달했다. U.S. Department of Education, *Condition of Education 2001*, p. 147 참조.

27. (사적인 대화에서) 폴 킹스턴이 설명한 바에 따르면, 부모의 교육 수준과 직업 수준은 많은 부분에서 독립성을 띠었다. 이런 요인과 관련해서는 지위의 하향 이동이 이뤄지는 모습도 상당히 목격되었다. 또한 같은 가정에서 자라난 형제자매 사이에서도 삶의 모습에 많은 차이가 발생하곤 했다. 이런 상황 속에서 자녀의 교육적 성취와 삶의 결과물 창출에 가장 큰 영향력을 행사하는 요인은 부모의 사회 계층이었다. Paul Kingston, *The Classless Society*; Christopher Jencks et al., *Inequality* and *Who Gets Ahead?* 참조.

28. 킹스턴은 불평등의 존재를 부인하지 않았다. "분명 거대한 불평등은 존재하며 미국인은 이를 인식하고 있다." 하지만 그는 자신의 저서 《계급 없는 사회》를 통해 (가족의 생활 방식이나 아동 양육 전략 등에서 드러나는) 문화적 습관은 경제적 지위와 관련이 없다는 주장을 견지했다. "내 주장은 동일한 경제적 위치에 놓인 집단(일반적으로 '계층'이라는 이름으로 범주화하는 집단)이 뚜렷하게 삶을 결정짓는 경험을 공유하지 않는다는 것이다"(1쪽).

29. Jan Pakulski and Malcolm Waters, *The Death of Class*, p. 4 참조.

30. 예를 들면 이런 전통에 관해서는 Paul Willis, *Learning to Labour*; Basil Bernstein,

Class, Codes, and Control 참조.

31. 사람들이 대부분 자신을 중산층으로 생각하고 있는 것은 사실이다. 그렇다 해도 우리 사회에는 뚜렷한 계층에 대한 의식이 존재하지 않는다.

32. 내가 부르디외에게 진 빚은 상당하다. 나는 특히 그가 관심을 가졌던 혜택의 전달이라는 개념에서 많은 영감을 받을 수 있었다. 어떤 이들은 사회적 재생산에 관한 그의 모델을 지나치게 결정론적이라는 이유로 비판하지만, 좀더 정밀하게 검토해보면 그의 이론적 아이디어가 얼마나 많은 삶의 여정에 존재하는 비결정성을 설명하고 있는지 확인할 수 있을 것이다. (부르디외의 모델에 관한 명쾌한 설명은 Marlis Buchman, *The Script of Life* 참조.) 그러나 나는 한 가지 핵심적인 측면에 대해서는 부르디외와 견해를 달리한다. 엘리엇 웨이닝거가 "Class and Causation in Bourdieu"에서 강조했듯이 부르디외는 계층 구조의 점진성(범주화와 차이를 보이는 개념이다)을 강조한다. 또한 부르디외는 특정 사회 계층 내부의 분할에도 많은 관심을 쏟았다. 그러나 나는 공간(과 샘플 규모) 문제로 인해 이 개념을 연구할 수 없었다.

1부 일상생활 속 활동

03 빽빽한 일정으로 이루어진 집중 양육 방식

1. 부모의 교육 수준과 자녀의 학교 밖 활동 사이의 관계는 국가적 연구를 통해서도 확인되었다. Sandra L. Hofferth and John F. Sandberg, "Changes in American Children's Time, 1981~1997"; Elliot Weininger and Annette Lareau, "Children's Participation in Organized Activity and the Gender Dynamic of the 'Time Bind'" 참조. 외부 기관을 통해 진행되는 아이들의 여가 활동은 과거에도 많은 연구에서 다루었다. Janet Lever, "Sex Differences in the Complexity of Children's Play"; Elliot Madrich et al., *The Serious Business of Growing Up*; Gary Alan Fine, *With the Boys* 참조.

2. 데이비드 M. 핼브핑거(David M. Halbfinger)의 "Our Town"에 따르면 부모들은 하키 활동 하나를 지원하는 데에만 연간 약 6000달러를 투자하고 있는 것으로 조사되었다.

3. 많은 미국 가정들과 마찬가지로 탈링거 가족 역시 부채를 보유하고 있었으며 또한

저축에 제약을 받았다. 탈링거 가족(그리고 야넬리, 드라이버, 그릴리 가족)의 경제적 상황에 관한 좀더 세부적인 논의는 Patricia Berhau, "Class and the Experience of Consumers" 참조.

4. Gai Ingham Berlage, "Are Children's Competitive Team Sports Teaching Cooperate Value?"에 따르면 아들에게 하키팀이나 축구팀 참여를 장려하는 아버지들은 이 활동이 아들에게 '팀워크'와 '자존감'을 길러준다는 믿음을 갖고 있다. 그러나 이러한 활동의 실질적 영향은 명확히 밝혀진 바 없다. 하지만 대학 운동선수들을 연구한 제임스 슐먼(James Shulman)과 윌리엄 보웬(William Bowen)의 《인생 게임(The Game of Life)》으로 체육 활동에 장기적으로 참여하면 위에서 언급한 역량을 키우는 데 도움이 된다는 사실이 밝혀졌다.

5. Melvin Kohn and Carmi Schooler, *Work and Personality* 참조.

6. 이런 상황을 인식해서인지 인터카운티 축구팀 조직자들은 등록 과정에서 팀원에게 개인 스케줄을 조정할 때 이 활동을 가장 우선적으로 여겨줄 것을 요구했다.

7. 탈링거 씨는 가벼운 체벌은 필요하다고 생각했지만 실제로는 (특히 샘에게는) 이를 위협의 용도로만 사용했다. 집중 양육 방식에서 논리적 대화가 지닌 역할에 관한 좀더 자세한 설명은 6장 참조.

04 자녀의 페이스에 맞추는 교육 방식

1. 엘리야 앤더슨은 예절(특히 아이들이 어른을 대하는 과정에서)의 중요성을 강조했다. Elijah Anderson, *Code of the Street* 참조.

2. 우리는 중산층 흑인 아이들이 이런 용어를 사용하는 경우를 발견하지 못했다. 대신 그들은 어른의 이름을 직접 불렀다. 마찬가지로 노동자 계층이나 빈곤층 가정의 백인 아이들에게서도 이와 같은 방식으로 어른에게 예의를 갖추는 모습은 발견할 수 없었다. 이는 인종에 기초한 노동자 계층과 빈곤층의 차이를 확인시켜준다.

3. 4년간의 별거 기간 중 테일러 씨와 부인은 단 한 번 재결합을 시도한 적이 있었다. 그들은 18개월을 함께 보냈지만 이후 다시 별거했다.

4. 우리의 연구를 진행하는 동안 티렉과 매일같이 어울리는 친한 친구는 모두 흑인이었다. 그러나 테일러 부인은 인터뷰를 통해 티렉에게 좋은 백인 친구도 3명 있다고 말했다.

5. 티렉이 다시 활동에 참여하기를 원하는지는 불분명했다. 중요한 사실은 엄마인

테일러 부인은 티렉이 재등록을 원하지 않길 '바랐다'는 데 있다. 중산층 가정의 부모와 달리 테일러 부인은 아이에게 학교 밖 활동 참여를 권유하지 않았다. 아이를 특정 활동에 참여시키기 전 이를 미리 검토하는 부모의 핵심적인 역할에 관한 논의는 Dennis R. Howard and Robert Madrigal, "Who Makes the Decision: The Parent or the Child?" 참조.

05 아이들을 위한 아이들만의 놀이

1. C. Wright Mills, *The Sociological Imagination*.
2. 브린들 가족은 과거 자주 이사를 다녔지만(10학년까지만 학교를 다닌 제나는 열아홉 번이나 전학을 했다) 현재 살고 있는 곳에서는 2년 넘게 거주하고 있었다. 케이티는 4년간 한 번도 전학을 가지 않았다.
3. 범인은 잡히지 않았지만 브린들 부인은 전에 살았던 곳의 한 이웃 주민을 의심했다. 그녀가 의심하는 인물은 케이티 친구의 아버지였다.
4. 정신분열증을 앓고 있는 존은 일을 할 수 없다. 라이언은 문맹이지만 직장에는 다녔다.
5. 비슷한 경제 상황에 처한 흑인 가족과 달리 브린들 가족은 다양한 경제 계층의 가정이 공존하는 지역에 거주하고 있다. 매시와 덴턴은《미국의 인종차별 분리(American Apartheid)》에서 빈곤층 백인 가정은 흑인 가정이 경험하는 심각한 분리와 차별에서 한층 자유롭다는 사실을 보여주었다.
6. 가족에게 필요한 식료품을 구입하기 위해 빈곤층 가정의 어머니들이 수행하는 노력에 관한 담론은 Marjorie DeVault, *Feeding the Family*(특히 '공급(provisioning)' 장) 참조.
7. 이처럼 직접적인 수준은 아니지만 브린들 부인은 케이티에게도 애정 어린 표현을 종종 한다. 예를 들어 케이티가 집을 떠나(대부분 할머니 댁에 가는 경우) 자신에게 전화를 걸면, 브린들 부인은 따뜻한 어조로 딸에게 "사랑한다", "나도 많이 보고 싶어" 등의 말을 건네곤 한다. 모녀는 전화를 끊는 방식도 미리 약속해 놓았다. "서로 전화를 먼저 끊기 싫어하는" 모녀는 "좋아, 하나, 둘, 셋"이라고 말하며 동시에 수화기를 내려놓는다.
8. 중산층 가정의 부모는 자녀의 특별한 요청이 없는 한 아이들을 계속 지켜보았다. 또한 이들 가정에서 아이들에게 잠시만 기다려달라고 요구하는 부모는 있어도 아이의 요청을 무시하는 경우는 거의 없었다.

9. 케이티도 울면서 떼를 쓸 때는 어른들의 관심을 끄는 데 성공한다. "케이티는 자기 얼굴을 때리면서 우는 척해요. 굉장히 설득력 있게 자기 머리를 헝클어뜨리며 미친 듯이 흥분하죠. 그러다가 소파 위에 몸을 던지고는 더 큰 소리로 웁니다." 이렇게 행동하면 어른들의 관심을 이끌어낼 수는 있지만, 그렇다고 케이티의 연극적 재능을 알아봐주는 종류의 관심은 아니다. 라이언은 "얘는 이게 일이에요. 특히 손으로 머리를 헝클어뜨리는 저 동작이요"라고 말하기까지 했다. 할머니 역시 "맞아요. 진짜 저게 일이라니까요" 하며 동의했다. (반면 존 삼촌은 여전히 어떤 애정도 보여주지 않았다.) 아이들보다 어른을 적절한 대화 상대로 삼는 관점에 대해 살펴보려면 Shirley Brice Heath, *Ways with Words* 참조.

10. 이들 가정에서 텔레비전은 거의 언제나 켜져 있었다. 그들은 이런 일을 특별히 대수롭게 여기지 않았다. 이런 상황에서 에이미가 한 행동은 할머니의 주의를 끄는 데 목적이 있었다. 할머니는 에이미의 그런 행동을 무례하다고 생각하지 않았다.

11. 난 아무도 아이들을 봐주지 않는다는 사실에 놀랐다. 나는 이따금씩 고개를 돌려 아이들이 무얼 하는지 살펴보곤 했다.

12. 부인은 케이티에게 생일날 받은 용돈으로 옷에 어울리는 어두운 색 신발을 사는 게 어떠냐고 제안했다.

13. 브린들 가족은 특히나 더 자기들의 자녀 양육 방식이 공공 기관의 기준에 어긋난다는 이유 때문에 주 정부 공무원이 가족 일에 개입할까봐 걱정했다. 부록 A에서 설명했듯이 현장 연구원과 나는 다른 가족들보다 특히 브린들 가족을 방문할 때 더 많은 어려움을 느끼곤 했다.

2부 언어 사용

1. Shirley Brice Heath, *Ways with Words*.

06 자녀 개발

1. 부록 A에서 설명했듯이 알렉산더는 우리가 수업 참관을 한 스완 학교나 로어리치먼드 학교 학생이 아니다. 우리는 한 지인을 통해 그녀의 딸이 다니는 사립학교를 소개받았고, 자녀가 4학년에 재학 중인 흑인 가정의 명단을 구할 수 있었다. 나는 먼저 윌리엄스 가족에게 편지를 보냈고, 몇 차례의 만남 후에 (그리고

내 예전 저서들과 이력서를 보고 싶다는 가족들의 요구를 들어준 후에야) 윌리엄스 가족은 연구에 참여하기로 동의했다. 알렉산더는 우리가 수업을 참관했던 학교에 다니는 학생이 아니기 때문에 이 가족의 사례 연구에서는 학교 수업 참관에서 얻은 자료나 사친회 관련 내용이 빠져 있다.

2. 우리는 부모와 자식 간의 대화만이 학업적 성공을 이룰 수 있는 유일한 방법이라고 주장하려는 게 아니다. 부모와 자식 간의 언어적 교육이 상대적으로 제한되어 있는 이민자 집단 내에서도 학업적 성취가 뛰어난 학생의 사례를 많이 찾아볼 수 있기 때문이다. 하지만 그런 경우라 해도, 이민자 집단 출신이라는 사회적 꼬리표가 여전히 아이들의 교육에 영향을 미친다(이 점에 대해서는 Alejandro Portes and Dag MacLeod, "Educational Progress of Children of Immigrants" 참조). 게다가 중산층 아동 중에도 분명 학습 장애를 가진 아이들이 있으며, 학업 성취를 위한 동기도 서로 다르고, 그 밖에 학교 공부를 방해하는 여러 가지 요소에 맞닥뜨릴 수 있다. 따라서 가정에서의 논리적 대화가 반드시 학업적 성공으로 이어진다는 보장은 없다. 우리가 하고 싶은 말은 부모와 자식 간의 대화가 적어도 자녀의 학교 공부에 하나의 이점으로 작용할 수 있다는 얘기다. 아이들의 가정적 배경과 독해 실력 및 적성 검사 점수의 관련성에 대한 연구 결과 역시 이를 증명한다. Betty Hart and Todd Risley, *Meaningful Differences* 참조.

3. Betty Hart and Todd Risley, *Meaningful Differences*; Shirley Brice Heath, *Ways with Words* 참조. 또한 Jonathan B. Imber, "Doctor No Longer Knows Best" 참조.

4. 물론 모든 어른이 이런 요구에 응한 것은 아니다. 아이들 역시 각자의 성정에 따라 사교성이나 적극성에서 차이를 보였다.

5. 스즈키 교습법은 상당한 연습량을 요구한다. 아이들은 네 살부터 교습을 시작해 하루에 한 시간 이상씩 음악을 들어야 한다. 아이는 물론 부모도 매일 아이의 연습을 봐주어야 하며 모든 레슨에 빠지지 않고 참석해야 한다.

6. Basil Bernstein, *Class, Codes, and Control*.

7. 크리스티나는 이에 대해 "코치님들이 젊은 분인 건 좋아요. 그렇지만 아이들을 제대로 코치해주지 못하고 계신 건 사실이에요. 저기, 저 코치님을 보세요. 사이드라인에 서서 팀원들에게 지시를 내리고 계신 거요"라고 말했다. 테리 역시 화난 목소리로 "저 코치들은 전략이란 게 뭔지도 모르는 사람들 같아요. 좀 보세요!! 자기네 팀이 지고 있는데 벤치에 앉아 웃고만 있잖아요"라고 덧붙였다. 후반전에 접어들며 알렉산더의 팀이 이기지 못할 것은 더욱 분명해졌다. 알렉산더

의 부모, 그중에서도 특히 아버지는 눈에 띄게 풀이 죽은 모습이었다.

8. 현장 연구원은 알렉산더의 지식 수준에 놀라지 않을 수 없었다. 그는 자신의 현장 연구 기록에 다음과 같이 썼다. "(알렉산더가 저작권에 대한 이야기를 꺼낸 후 이어진 대화에) 더 이상 귀를 기울일 수가 없었다. 이렇게 어린 아이가 저작권법을 이해하고 있다는 사실에 매우 놀랐을 뿐이다."

9. Jennifer Hochschild, *Facing Up to the American Dream*의 연구 결과 참조.

10. 이 인터뷰를 진행할 무렵에는 이미 윌리엄스 가족에 대한 관찰을 끝낸 상태였으며, 알렉산더는 5학년으로 진급해 있었다.

11. 흑인 중산층 성인들이 공공연한 인종 차별에 어떻게 대응하는지에 대해서는 Joe Feagin and Melvin P. Sikes, *Living with Racism* 참조.

12. 윌리엄스 부인 역시 방금 일어난 일에 대해 신경을 쓰는 모습이었지만, 아들에게 1500달러와 1만 5000달러의 차이를 강조함으로써 일어난 사건을 인종과 관련된 문제가 아닌 자녀를 교육하는 계기로 전환시켰음을 알 수 있다.

13. 윌리엄스 부인은 한 번도 왜 자신이 신용카드를 사용하려 하지 않는지 그 이유에 대해 현장 연구원에게 조금의 내색도 하지 않았다. 그만큼 자신의 사생활 문제에 민감한 것이다. 우리는 윌리엄스 가정이 집 밖으로 외출할 때에도 수차례 동행했다. 그러나 다른 가족들의 경우 주말에 하는 일을 거리낌 없이 다 보여준 반면, 윌리엄스 부인은 그냥 가족들이 그 주말에 "멀리 가 있을 것"이며 따라서 연구원에게는 "방문이 어려울 것 같다"고만 얘기했다. 즉, 윌리엄스 가족은 다른 가족이라면 거리낌 없이 대화를 나눴을 개인적인 일들에 대해서도 잘 털어놓지 않았다. 우리 연구원들은 연구 자체가 사생활을 침해할 수 있는 성질의 것임을 알기에 최대한 가족들이 원하는 것을 존중해주려 했다. 그래서 우리의 연구와 관련해 아주 중요한 사항이 아닌 이상 가족들에게 사소한 것을 캐묻지 않았다. 그렇기 때문에 왜 부인이 신용카드를 사용하지 않으려 하는지 정확히 알 수는 없었다.

14. 연구 기간 동안 나 역시 이 가게에 종종 들렀으며, 수표로 값을 지불하곤 했다. 좀더 나이 많은 한 가게 여직원은 백인이며 중년 여성인 내가 내민 수표를 수상쩍게 바라보며 "예전에도 수표로 결제하신 적이 있나요?"라고 물어보곤 했다. 그렇지만 그 직원을 비롯해 다른 어떤 직원도 내 수표를 거절한 적은 없었다. 그리고 가게 어디에도 수표를 받지 않는다는 안내문 역시 붙어 있지 않았다.

15. 모든 부모가 다 의료 전문가에게 정확한 정보를 신속하게 얘기해줄 수 있었던

것은 아니다. 특히 노동자 계층 및 빈곤층 부모의 경우 의료 전문인에 대한 무언의 저항이나 도전적인 태도를 드러내는 일이 잦았다.

16. 모든 의사가 아이들과 적극적으로 대화를 나누는 것은 아니다. 그렇지만 비교적 아이와의 교감을 적게 하는 의사가 있다 해도, 윌리엄스 부인을 포함해 대다수 엄마들은 나서서 의사에게 질문을 하고 아이와의 대화를 유도했다.

17. 자동차 쇼에서 알렉산더는 현장 연구원에게 자신이 가장 좋아하는 세 가지 종류의 자동차에 대해 얘기했고 윌리엄스 씨는 이를 기억하고 있었다.

18. 이 모습에 대해 현장 연구원은 다음과 같이 기록했다. "알렉산더 일가는 분명 사랑이 넘치는 가정이다. 특히 빈곤층 가정에서 볼 수 있는 공격적인 애정과는 아주 다르다." 그러나 현장 연구원은 이들의 애정 표현에 반대하는 태도를 보였다. "알렉산더네 가족이 하나로 뭉치는 모습은 보기 좋았다. 그렇지만 …… 발달 단계적 측면에서 봤을 때 적절하다고 할 수는 없었다. 윌리엄스 부부는 아들을 대하면서 어떤 때는 제 나이보다 훨씬 어른스러울 것을 요구하고, 어떤 때는 훨씬 어린 아이처럼 대했기 때문이다."

19. 많은 심리학자들 역시 자녀와 부모의 역할 관계가 혼란스러울 경우 아이에게 안 좋은 영향을 줄 수 있다고 지적한다. Paul Kropp, *I'll Be the Parent, You Be the Child*; Dana Chidekel, *Parents in Charge* 참조.

07 언어는 사회생활을 위한 매개체

1. 예를 들어, 아버지의 날이 끼어 있는 주말에 해럴드는 혼자 버스를 타고 할머니 댁까지 찾아갔다. 그리고 할머니의 도움을 받아가며 아빠를 위해 아침상을 차렸다.

2. 맥앨리스터 가정은 루크라는 이름의 독일 셰퍼드 한 마리도 키웠는데, 항상 앞뜰에 있는 나무에 묶여 있었다. 가족은 루크를 집 안에 들이지 않았다. 그냥 집 밖을 오갈 때마다 루크를 쓰다듬기도 하고 말을 걸기도 하는 식이었다. 루크는 맥앨리스터 가정이 사는 블록을 통틀어 유일한 개였다.

3. 연구를 마친 후, 복지와 관련한 주요 법안이 통과되면서 빈곤층 가정에 대한 공공 보조 기준이 대폭 바뀌었다.

4. 다른 학자들 역시 빈곤층 가정의 경제 상황에 대해 비슷한 이야기를 한 바 있다. Kathy Edin and Laura Lein, *Making Ends Meet*; Susan Holloway et al., *Through My Own Eyes* 참조.

5. 우리와의 인터뷰에서, 해럴드의 엄마는 해럴드가 운동팀에 들어가고 싶어 하지

만 지금 사는 동네에서는 운동팀을 찾을 수 없으며, 그렇다고 운동팀이 있는 동네까지 가기 위해 버스를 타고 45분이나 걸리는 거리를 왕래할 생각은 없다고 말했다. 우리가 알기로는 공영 주택 단지 근처에도 풋볼팀이 하나 있었지만, 부인은 이것에 대해 모르는 듯했다. 또 이 팀에 참가하기 위해서는 많은 비용을 내야 했다. 등록 비용 외에도 기금 모금에 참석해야 하고 풋볼팀 연습 및 경기를 하려면 버스비도 필요하기 때문이다.

6. 공영 주택지에 차를 타고 들어오는 백인은 대개 주택지 거주자들에게서 길고 적대적인 눈총을 받았다. (차를 타고 들어오는 것 자체가 외부인임을 나타내는 표식이었다. 이 공영 주택지에 사는 주민들은 대개 자가용을 소유하고 있지 않기 때문이다.) 그렇지만 이러한 적개심도 상황에 따라 다르게 적용되었다. 연구를 끝낸 뒤, 나는 맥앨리스터 가족과 함께 큰 규모의 가족 행사에 참여했는데, 200여 명이 넘는 참가자 중 백인은 나를 포함해 2명뿐이었지만 나를 노려보는 이는 하나도 없었다. (아마도 백인 마약상이나 보건사회복지부 직원이 가족 행사에 참여할 일은 없다고 생각했기 때문이겠지만 말이다.)

7. Douglas Massey and Nancy Denton, *American Apartheid*.

8. 놀라운 점은 그녀가 흑인 남성 현장 연구원에 대해서만 걱정했을 뿐 백인 여자 현장 연구원이나 백인 중년 여성인 나에 대해서는 크게 걱정하지 않았다는 점이다. 아마도 백인 여자보다는 흑인 남자가 공영 주택지 안에서 위험에 처할 확률이 더 크다고 판단한 듯했다.

9. Betty Hart and Todd Risley, *Meaningful Differences* 참조. 42명의 아이들을 대상으로 진행한 언어 사용 관련 연구에서 두 사람은 다음과 같은 사실을 밝혀냈다. "전문직 부모를 둔 세 살배기 아이들은 공공 보조를 받는 부모를 둔 같은 또래 아이들보다 어휘력이 풍부하며 시간당 더 많은 말을 하는 것으로 알려졌다."

10. 아래에서도 설명하겠지만, 해럴드도 또래들과 얘기할 때는 훨씬 자세하고 구체적인 어휘를 사용해 대화를 나눴다.

11. 이는 언어 사용 및 사회 계층과 관련한 주제 중 하나로, 바실 번스테인의 고전적인 저서들, 특히 《계급, 규범 그리고 통제(Class, Codes, and Control)》를 참조하기 바란다.

12. 윌리엄스 부인과 달리 맥앨리스터 부인은 이런 일을 아들을 위한 교육의 기회로 활용하지 못했다.

13. 나는 이 논쟁이 상당히 소모적이라고 생각했다. 루나코는 맥앨리스터 부인이

저녁때 요리를 하지 않을 것이라고 말한 것을 처음부터 듣지 못했기 때문이다. 또 어린 아이가 배를 곯은 채 잠자리에 들어야 한다는 사실도 받아들이기 어려 웠다. 그렇지만 연구 원칙을 지키기 위해 개인적 의견이나 우려는 조금도 드러 내지 않았다. 또 민감한 문제에 대해 연구 대상 가족을 도덕적으로 평가하려 한 다는 인상을 주고 싶지 않아 부인의 주장을 뒷받침해줄 논리적 근거가 무엇이 냐고 물어보지도 않았다. 그렇지만 아마도 당시 집에는 감자 칩과 오렌지 주스 를 제외하면 음식이 거의 없었을 것이며, 이 가족의 경제적 사정을 고려했을 때 설령 음식이 있었다 해도 다른 때 먹어야 했을 것이라고 짐작한다.

14. 앞서 언급한 사례에서 맥앨리스터 부인은 욕을 사용하는 알렉시스를 꾸짖으면 서도 은연중 집 밖에서는 사용해도 괜찮다는 뉘앙스를 비쳤음을 주목할 필요가 있다. (그녀는 "집 안에서는 절대 그런 말 쓰지 마라"고 경고했다.)

15. 우리 현장 연구원 중 하나는 이에 대해 다음과 같이 설명했다. "농구에서 '발목 을 맞추겠다'는 표현은 낮은 높이에서 드리블하는 것을 의미하는 공격적인 표 현이다(발목 높이에서 드리블을 한다는 뜻이므로). 이처럼 낮은 높이에서는 공 을 컨트롤하고 드리블하기가 매우 어렵다. 이 표현은 또한 공격수가 빠르고 신 속하게 방향을 바꾸는 것을 지칭하기도 한다. 이 경우 수비수는 급격하게 돌아 서다 발목 부상을 당하는 일이 흔하다." 상당한 농구 실력을 지닌 현장 연구원 은 해럴드의 경기를 보며 "해럴드가 나보다 낫다"고 평가하기도 했다.

16. "황소[bull: 본문에 쓰인 '멍청이(bol)'와 발음이 유사함—옮긴이)"와 발음이 비 슷한 이 단어는 대개 '기량이 뛰어난 선수'를 의미하지만 여기서는 비꼬는 의미 로 사용되었다. 그러나 엘리야 앤더슨이 《거리의 규칙(Code of the Street)》에서 말했듯이 이 단어는 '친구'를 의미하기도 한다(81쪽). 적어도 우리가 관찰한 바 에 따르면, 해럴드는 친구들에게 '정색하고' 욕설을 사용하는 경우는 없었다. Janice Hale-Benson, Black Children 참조.

17. 현장 연구원이 자신의 기록에도 적었듯 이 사건은 실제로 목적을 달성하는 것 보다 그 목표를 달성하기 위해 어떤 노력을 하고, 어떤 성과를 냈는지가 더 중 요하다는 것을 보여준다.

18. 우리 현장 연구원 중 한 명인 케이틀린은 다음과 같이 적었다. "나는 이해할 수 있다는 눈빛을 보내며 그녀의 어깨를 가볍게 토닥였다." 특히 아이들의 격앙된 모습 때문에 케이틀린은 싸움을 지켜보기가 힘들었다고 말했다.

19. 비록 맥앨리스터 부인이 질과 싸울 때 몽둥이를 들긴 했지만 때리지는 않았다.

그러나 며칠 후 내가 방문했을 때, 부인은 만일 현장 연구원이 그 자리에 없었다면 질을 때렸을 것이라고 얘기했다.

20. 다음 날 아침 또 다른 현장 연구원 한 명이 맥앨리스터 가족을 방문했다. 그는 자신의 연구 기록에 맥앨리스터 부인이 토로한 근심을 적어놓았다.

제인: (미소를 지으며) 케이틀린 눈에는 내가 미친 사람처럼 보였겠죠, 알아요. (나는 애써 이 말을 못 들은 체했다.) 저와 제 동생이 한바탕 하는 모습을 봤으니 겁을 먹을 만도 해요. 그렇지만 질을 쫓아내지 않으면 안 됐어요. 그 애가 우리한테 끼치는 민폐가 이젠 지긋지긋해요. 집에서 마약을 하질 않나. ……질과 싸운 후 걔가 가져온 쓰레기들도 전부 다 집 밖에 내다버렸어요. 그걸 본 케이틀린의 표정은 꼭 이랬고요. (부인은 겁에 질려 몸이 굳은 채 눈을 휘둥그레 뜬 케이틀린을 흉내 냈다.) 연구원에게 그런 모습을 보이게 된 건 유감이에요. (부인은 다시금 웃었다.) 틀림없이 나 때문에 겁을 먹었을 거예요. (부인은 웃음을 지으며 고개를 설레설레 저었다.) 애들도 그냥 서서 우리 싸움을 보고만 있었거든요. 나는 애들한테 케이틀린을 밖에 데리고 나가라고 눈치를 줬습니다. 애들한테 깨진 유리를 비롯해 이런저런 것들을 내다버리라고 시켰는데, 글쎄 케이틀린까지 나서서 유리 조각을 줍지 뭐예요. 그래서 "케이틀린, 당신은 안 해도 돼요!"라고 말해줬죠.

21. 연구를 시작한 이래 현장 연구원 중 누구도 이 집 아이들이 녹색이나 황색 채소를 먹는 걸 보지 못했다. 의사와 면담한 후에야 이들 가족의 식탁에 시금치 통조림 및 얌이 올라오기 시작했다.

22. Carol Heimer and Lisa Staffen, *For the Sake of the Children*.

23. 이론적으로는 집중 양육 방식, 그중에서도 특히 논리적 대화가 아이들에게 친척과의 유대 관계를 돈독히 해야 한다는 의무감을 일깨워주는 데 도움이 될 수 있다. 그렇지만 이런 가능성을 상쇄하는 요인들이 존재한다. 집중 양육 방식은 개인의 선택과 여가 활동을 중시하기 때문에 가족 구성원을 가족의 굴레에서 끌어내 더 넓은 외부 세계로 이끈다. 이 때문에 가족은 함께 '어울릴' 시간이 줄어들게 된다. 서로 일정이 충돌하는 경우도 당연히 증가한다. 또 집중 양육 방식에서는 아이들의 의견을 존중하는 특성이 있기 때문에, 가족 모임에 참석한 아이들이 억지로 참석하게 된 것을 불평하는 경우도 많다. 아이들은 가족보다

친구들과 시간을 보내고 싶어 하기 때문이다. 반면 자연적 성장을 지향하는 가정에서는 아이들에게 개인적 선택권을 별로 주지 않는다.

24. Anderson, *Code of the Street*.

25. 가족끼리 서로를 돌봐주는 것에도 한계가 있다. 맥앨리스터 부인이 마약 중독자인 여동생 질을 집에서 쫓아낸 것을 봐도 알 수 있다. 그렇지만 부인의 이런 결정은 아이들에게 "집이 아닌 가정을 만들어주어야 할" 의무가 있는 엄마로서 내린 것이었다. 엄마로서의 의무가 쌍둥이 자매로서의 의무보다 앞선 것이다. 인종에 관계없이 중산층 가정에서는 가족 구성원 사이의 '의무감'이 상대적으로 약했는데, 아마도 집에 함께 머무르는 시간이 적기 때문인 것 같았다. 그러나 다음 장에 등장하는 흑인 중산층 여자아이 스테이시 마셜의 경우 친척과의 관계에 소원한 것은 물론 자매 관계 역시 매우 좋지 않았다.

3부 가정생활과 공공 기관

08 사회 속에서의 집중 양육

1. 부모의 학교 교육 개입에 대한 비슷한 결과를 보고 싶다면 Elizabeth Useem, "Student Selection into Course Sequences in Mathematics; Annette Lareau, *Home Advantage*; U.S. Department of Education, *The Condition of Education, 2001* 참조. 그러나 John Diamond, "Beyond Social Class"도 참조할 필요가 있다.

2. 여름 방학 동안 자매는 외할머니 댁에서 일주일을 보내기로 했지만, 며칠이 채 지나지 않아 부모에게 전화를 걸어 집에 데려다달라고 보챘다. 할머니 할아버지와 함께하는 생활에는 제약이 많다는 것을 깨달은 것이다.

3. 현장 연구원은 충격을 받았다. 그녀의 기준에서 볼 때 스테이시가 한 말은 "보통 아이들 같았으면 부모에게 혼쭐이 나고도 남았을 이야기"였기 때문이다.

4. 물론 반대로 아이들이 문제에 직면해 무력해지고 부모에게 기대려는 모습만을 보일 수도 있다.

5. 부록 A에서도 설명했듯이 스테이시는 스완 학교의 학생이 아니며 다른 교육 지구에 있는 학교를 다녔다. 스완 학교의 영재 프로그램에 등록하려면 아이큐가 125 이상이어야 하지만(개릿 탈링거는 여기에 조금 못 미쳐 등록하지 못했다), 스테이시의 학교에서는 그 기준이 130으로 좀더 높았다.

6. 코치에게 어떻게 얘기할 것인지 묻자, 마셜 부인은 우선 문제를 간접적으로 언급
   해보겠다고 대답했다.

   아이가 점심시간에 잘 어울리지 못하는 게 걱정이에요. 선생님께 우선은 "별다
   른 문제는 없나요?"라고 물어보겠어요. "편은 잘 지내죠?" 하고요. 그런 다음
   "우리 애, 편 아시죠? 그 애가 혼자 밥을 먹는다기에 걱정이 되어서요"라거나
   "아이에게 도움을 주는 즐거운 경험이 되길 바라요"라고 운을 띄울 생각이죠.

7. 피에르 부르디외의 말을 빌리면, 마셜 가족 역시 아이들의 문화적 역량을 길러주기
   위해 '현장'을 바라보고 있는 셈이다. ('현장'의 개념에 대해서는 부록 B 참조.)

09 빗나간 집중 양육 방식

1. 실제로 핸드론 부인은 우리에게 다음과 같이 이야기했다. "첫 주에는 아이를 직
   접 반까지 데려다줘야 했어요. 내가 내리기 전에는 차에서 안 내리겠다고 하지
   뭐예요." 부인의 말에 따르면, 멜라니는 울고 있었던 것은 아니다. "하지만 분명
   겁먹은 듯한 눈치였어요. 나한테 '교실까지 데려다주면 안 돼요?'라고 묻더군
   요. 그 후로 일주일 정도 지나고 나서야 자신감이 생겼는지 학교 앞에 내려주면
   혼자 가겠다고 얘기했어요."

2. 가을에 핸드론 부인을 인터뷰할 당시, 부인은 지난 2주간 다른 엄마들과 학교 일
   에 대해 여덟 차례 이상 가벼운 대화를 나누었다고 얘기했다. 대화는 대개 짧은
   시간에 이루어졌다. 일테면 멜라니의 학교 밖 활동(걸스카우트, 미팅, 교회 활동
   등)이나 학교 수업 시작 전 또는 끝나기 전 자투리 시간에 대화를 나누었다.

3. 엄마들 사이의 이런 네트워크는 예전부터 존재했다. 요컨대 핸드론 부인이 직접
   만든 것은 아니다. 그녀는 그냥 기존 네트워크에 편승해 정보를 공유할 뿐이다.

4. 핸드론 부인은 멜라니보다 나이 많은 두 아들의 숙제는 별로 도와주지 않는다.
   해리는 대개 숙제를 잘 안 하는 편이고, 자연히 성적도 나쁘다. 엄마는 이 점에
   대해 실망하기는 하지만 아들들, 특히 해리의 경우 스스로 숙제할 필요성을 깨달
   아야 한다고 생각하기 때문에 도와주지 않는다.

5. 가정에서 관찰한 내용은 사적인 정보이기 때문에 교사들에게는 우리가 관찰한
   내용을 말하지 않았다.

6. 핸드론 가정에서도 부모와 자녀 간의 '협상'이 빈번히 일어났다. 토요일 아침,

토미가 주스를 만들겠다고 했을 때도 마찬가지다. 핸드론 부인은 아들에게 압착기를 사용하라고 얘기했다.

이에 대해 토미는 "전기 압착기 써도 돼요?" 하고 물었다. "아니, 이걸 쓰렴." 핸드론 부인이 대답했다. 그러자 토미는 "왜 전기 압착기를 쓰면 안 돼요?" 하고 되물었다. "나와 있는 걸 쓰려무나" 하고 부인이 대꾸했다. 그러자 토미는 당돌하게도 "엄마랑 싸우려는 건 아니지만, 전기 압착기도 여기 나와 있는데요?"라고 말했다. 그러자 핸드론 부인은 "아마 누가 사용하고 안 넣어놨나보구나. 좋아, 대신 다 쓰고 설거지해서 엎어놔야 해"라고 대답했다. 그러나 핸드론 부인은 아들의 얘기를 전부 받아주느라 조금 지친 모습이었다.

7. 핸드론 부인이 마셜 부인보다 더 적은 계층적 자원을 보유하고 있음에 주목하자. 핸드론 부인은 상대적으로 교육 수준도 낮고, 비서라는 직업은 다른 직업에 비해 높은 권위를 지니고 있지 않다. 핸드론 씨의 경우 더 많은 계층적 자원을 지니고 있었지만 멜라니의 학교 교육에는 거의 개입하지 않았다. 따라서 핸드론 부인이 계층적 자원을 제대로 활용하지 못하는 것은 어쩌면 상대적으로 제한된 그녀 자신의 자원과 관계가 있을지도 모른다. 마찬가지로 계층적 자원은 풍부하지만 부모나 아이가 정신 질환을 앓고 있거나 약물 남용 문제를 안고 있는 가정도 있었다. 요컨대 내가 말하고자 하는 바는 계층적 우위를 점하고 있다 해서 누구나 다 그 이득을 잘 활용하는 것은 아니라는 것이다.

10 교육 기관에 대한 양육 주도권 양도

1. 우리가 처음 드라이버 일가를 방문했을 때 웬디는 아홉 살이었다. 그렇지만 연구를 진행하는 사이 열 살이 되었다.
2. 관찰을 시작할 무렵, 드라이버 부인과 팔론 씨 그리고 아이들은 함께 산 지 이제 막 1년이 안 된 참이었다. 부인과 팔론 씨는 결국 결혼식을 올렸다. (당시 발레리는 약 두 살이었다.)
3. 아버지가 돌아가신 후, 웬디와 윌리는 사회 보장 대상자가 되었고 현재 그 혜택을 받고 있다.
4. 시카고에 있는 비슷한 거주 지역에 대한 연구는 Maria Kafalas, *Working-Class Heroes* 참조.

5. 드라이버 일가를 찾은 현장 연구원들은 방문한 두 시간 동안 가족이나 친척에 대한 언급을 적어도 스물다섯 번 이상은 듣는다고 얘기하곤 했다.

6. 다른 가족도 마찬가지지만, 사회 계층에 상관없이 드라이버 일가도 월리보다 웬디의 외모에 더 많은 관심을 가졌다. 어른들은 물론이고 웬디 자신도 옷이나 머리 스타일, 신발 사이즈 그리고 전체적인 외모를 아름답게 가꾸어야 한다고 인식했다.

7. 월리는 하키팀에 관심을 보였지만, 하키를 하는 데 필요한 장비 값과 활동비가 너무 비쌌다. 드라이버 부인은 "아이들이 아무런 걱정 없이 즐겁게 운동할 수 있는 프로그램"이 있었으면 좋겠다고 털어놓았다.

8. 마지막 인터뷰에서, 드라이버 부인은 월리가 (우리가 방문한 동안에는) 평소와 다르게 행동하는 경향이 있었다며 불평했다. 평소에는 그러지 않다가도 "조르거나", "안 된다는 말을 듣지 않고 계속 요구했던" 것이다. 하지만 연구를 끝낸 후 우리가 방문하지 않는 상황에서도 부모의 인내심을 시험하는 경우가 많아졌다.

9. 결국 학교 교사들은 웬디를 유급시켜야 한다고 결정했고, 교장 선생님 역시 이를 허락했다. 그러나 학기 마지막 날, 티어 선생님은 좀더 높은 자리에 있는 교육 지구 공무원이 (티어 선생님이 알 수 없는 이유로) 웬디의 유급을 허락하지 않을 것이라는 사실을 알게 되었다. 그래서 웬디는 5학년으로 진급하는 대신 로어리치먼드 학교의 특수 교육반에 들어가 13명의 다른 아이들과 함께 교육을 받기로 했다. 그제야 티어 선생님은 웬디가 "마땅히 받아야 할 관심을 받게 될 것"이라며 교육 당국의 결정에 대한 화를 누그러뜨렸다.

10. 그러나 존슨 선생님의 설명은 조금 달랐다. "작은 문제가 있었습니다. 아이에게 큰 소리를 한 번 쳤더니 그다음 날부터 오지를 않더군요. ……숙제를 내줬는데 엄마도 어떻게 하는지 모른다 해서 못했다고 하더라고요." 그가 내준 숙제는 '흑인 역사의 달(2월)'을 맞아 유명 인물들의 이름과 직업을 연결 짓는 것이었다. 존슨 선생님은 웬디가 숙제를 안 해놓고 핑계를 대는 거라고 생각했다. "제가 보기엔 말이 안 되는 핑계였습니다. 그래서 좀 화가 나서 '네 어머니가 고등학교만 졸업했어도 이걸 모른다는 건 말이 안 되는 거야'라고 얘기했죠. 제 말은 안 했으면 그냥 솔직히 안 했다고 말을 하라는 거였습니다. 안 한 건 그냥 안 한 겁니다. 차라리 그게 엄마 핑계를 대는 것보다는 낫다고 생각합니다. 그런데 그게 아이를 화나게 만들었죠." 웬디의 담임인 티어 선생님(존슨 선생님과는 사이가 좋지 않다)은 존슨 선생님의 시간표가 변경됐으니 조만간 웬디도 다시 나

올 거라고 얘기했다.

11. 나는 현장 연구 기록에 "이 일 때문에 깜짝 놀라지 않을 수 없었다"라고 썼다. 그러나 연구의 목표는 가족들이 교육 기관과 어떻게 관계를 맺어가는지에 대해 최대한 많이 알아내는 것이므로 내 자신의 생각을 밝히는 것은 자제했다.

12. 팔론 씨 가족은 상당수가 체벌의 효과를 믿는 편이다. 팔론 씨의 여동생 사르를 예로 들면, 어느 날 오후 학교에서 웬디를 데리고 돌아오는 길에 웬디가 학교에서 자신을 때린 아이에 대해 불평하자 "스스로 싸울 줄 알아야지!"라고 훈계했다.

13. 우리는 이번 방문에 동행하지 않았다. 의사를 내원하는 경우 건강 검진이나 캠프 전 검진처럼 사전에 미리 예약한 방문이 아닌 이상 동행하기 어려웠다.

11 체벌과 공권력에 대한 두려움

1. 야넬리 씨는 수년간 사회 보장 혜택을 받지 못한 채 일해왔지만 최근 직종을 바꾸면서 임금이 줄어들었고, 세금을 내게 된 대신 사회 보장 혜택 대상자로 선정되었다.

2. 그러나 응급실에 있던 한 직원이 아동들에게 보험 서비스를 지급하는 주 정부 프로그램이 있다고 야넬리 부인에게 알려주었고, 그 덕분에 빌리는 현재 의료보험 카드를 보유하게 되었다.

3. 이 사친회는 가을에 열렸다. 내가 야넬리 부인을 인터뷰한 후였지만, 아직 부인이 집중 연구 대상 가족이 되는 것에 동의하기 전이었다. 이 사친회에서 티어 선생님은 부인에게 매우 직설적으로 빌리가 심리적인 문제가 있는 아이 같다고 얘기했다. (말을 요령 있게 잘하는 편이라고 할 수 없는 티어 선생님은 빌리가 현장 학습 도중 진흙이 가득한 언덕에서 뒹굴었던 일에 대해 말하며 "멍청하고 둔한 애들이라도 언덕에서 뒹굴진 않지요"라고 말하기까지 했다.) 사친회 후 야넬리 부인은 많은 스트레스를 받은 듯했다. 내가 건넨 연구 동의서에서 내 전화번호를 찾아낸 부인은 그날 저녁 바로 나에게 전화를 걸어 이 문제를 의논했다. 부인이 보기에 빌리의 학교 성적은 훌륭했다. 부인은 왜 티어 선생님이 사친회에서 빌리의 성적에 대해서는 언급하지 않은 채 심리적으로 문제가 있는 아이라고만 얘기했는지 알 수 없다고 했다. 이 대화를 비롯해 부인과 나눈 대화에서 내가 놀랐던 점은 분명 교직원들의 잘못된 언행을 분명하게 느끼고 있음에도 불구하고 부인이 그 상황을 해결하기 위해 적극적인 행동을 취하지 않았다는 것이다. 게다가 교사들보다 자기 자신의 무능을 탓하는 모습까지 보였다. 그날 저녁의 전

화 통화에서, 야넬리 부인은 "나도 잘 모르겠어요. 왜 학교 관계자한테 계속 이런 취급을 당하면서도 가만히 있는지"라고 하소연했다.

4. 중산층 가정에서 논리적 대화가 차지하는 중요성을 고려할 때, 자녀와 나누는 논리적 대화의 단점 역시 꼭 고려해야 할 것이다. 중산층 가정의 경우는 부모가 고집 세고 자기주장이 강한 다섯 살짜리 아이와 논리적 대화를 나누려다 에너지를 다 소모해 결국 목적 자체를 달성하지 못할 수도 있다.

5. 다른 연구 결과를 살펴보면, 교육 수준이 낮은 부모일수록 체벌을 사용할 확률이 높으며 자녀가 아들일 경우 더욱 그렇다. Ronald L. Simons et al., "Intergenerational Transmission of Harsh Parenting" 참조.

6. 우리가 알기로는, 로어리치먼드 학교의 그 누구도 다음 날 이 사실을 알아채지 못했다.

7. 여기에 대해서는 조이스 엡스테인의 저서 및 제임스 콜먼(James Coleman)의 연구를 참고하기 바란다.

8. Jacques Donzelot, *The Policing of Families* 참조.

12 사회 계층의 힘과 한계

1. Sharon Hays, *The Cultural Contradictions of Motherhood* 참조.

2. 일부 학자들은 행복이 나이나 성별, 인종, 물질적 부와 크게 관련이 없다고 주장하기도 한다. David G. Meyers and Ed Diener, "Who Is Happy?" 참조.

3. 중산층 부모 자신도 일정이 굉장히 빡빡하다는 사실을 알고 있었으며, 시간이 없다는 얘기도 자주 했다. 개중에는 자신들의 어린 시절과 현재 자녀의 학교 밖 활동을 비교하며 자신이 어릴 적에는 이렇지 않았다고 말하는 사람도 있었다. 그러나 자신의 가정에서 이루어지는 논리적 대화를 통한 교육 방식이나 학교생활 개입에 대해서는 특별히 자각하고 있는 것 같지 않았다. 그리고 중산층 부모나 노동자 계층 및 빈곤층 부모 모두 인종에 따라 양육 방식이 조금씩 차이가 난다는 사실도 모르는 듯했다. 요컨대 대부분의 부모는 자신의 양육 방식을 그냥 당연한 것으로만 여겼다.

4. Cornell West, *Race Matters*.

5. Jennifer Hochschild, *Facing Up to the American Dream*; Ellis Cose, *The Rage of a Privileged Class*; Beverly Daniel Tatum, *Why Are the Black Kids Sitting Together in the Cafeteria?*; Elizabeth Higginbotham, *Too Much to Ask* 참조.

6. 하지만 일부 문맥에서는 사회언어학적 용어의 차이(백인들만 사용하는 특수한 어휘 등)가 발견되기도 했다. 이와 관련한 좀더 포괄적인 논의는 Mary Patillo-McCoy, *Black Picket Fences*; Douglas Massey and Nancy Denton, *American Apartheid* 참조. 나는 인종적 분리가 이뤄진 학교에 대한 연구 역시 진행하지 않았다. Eric A. Hanushek et al., "New Evidence about Brown v. Board of Education" 참조.

7. Ellis Cose, *The Rage of a Privileged Class*; Mary Waters, *Black Identities* 참조.

8. Douglas Massey and Nancy Denton, *American Aparthied* 참조.

9. 이 연구에서 드러난 것은 상대적으로 어린 나이에 인종적 문제를 인식하는 아이들의 모습을 보여준 다른 연구들과 양립될 수 있다. 여자아이들은 동일 인종의 친구와 주로 어울리는 모습을 보여주었다. (반대로 남자아이들은 인종과 무관하게 함께 어울려 놀았다.) 인종이라는 요인은 분명 아이들의 삶에 영향을 미치고 있지만, 그 방식은 사회 계층이라는 요인이 미치는 영향만큼 구체적이지 않았다. 취학 전 아동들의 삶에서 발견할 수 있는 인종적 특성에 관한 담론은 Debra Van Ausdale and Joe Feagin, "Using Racial and Ethnic Concepts" 참조.

10. 대부분의 중산층 및 노동자 계층 부모는 자녀들을 대할 때 논리적 대화를 사용한다고 얘기한다. 좀더 넓은 범위의 문화적 레퍼토리 역시 논리적 대화의 중요성을 강조하고 있으므로, 부모들이 계층을 막론하고 자신이 논리적 대화를 시도한다고 생각하는 것도 무리는 아니다. 실제로 많은 노동자 계층 및 빈곤층 부모는 체벌이 "최후의 수단"일 뿐이라고 주장한다. 그러나 수많은 연구 결과는 교육 수준이 높은 엄마일수록 체벌보다는 논리적 대화를 더 중시한다고 결론짓는다. Cheryl Blueston and Catherine S. Tamis-LeMonda, "Correlates of Parenting Styles in Predominantly Working-and Middle-Class African American Mothers" 참조.

11. 물론 중산층 부모 역시 일부는 사친회와 관련해 불안해하는 모습을 보여주었다. 그러나 전반적으로 이들 계층의 부모는 사친회 자리에서 노동자 계층과 빈곤층 가정의 부모에 비해 많은 말을 했고, 좀더 비판적이고 날카로운 질문을 던졌다.

12. 노동자 계층과 빈곤층 가정의 아이들은 종종 학교의 규칙에 거부감을 드러내거나 저항했지만, 중산층 아이들처럼 교사에게 자신의 개별적 요구를 알리려는 노력을 하지는 않았다. 노동자 계층과 빈곤층 아이들은 교사와 대면하는 상황에서 교사의 지시에 순응했다. 이따금씩 요청하는 것이라곤 교사가 이전에 제

공해주었던 경험, 곧 어떤 이야기를 다시 읽어달라든가, 영화를 보고 싶다든가, 혹은 컴퓨터실에 가고 싶다든가 하는 등으로 한정되었다. 이러한 상호 작용 과정에서 형성되는 어른과 아이 사이의 경계는 중산층보다 견고하고 명확했다.

13. Carol Heimer and Lisa Staffen, *For the Sake of the Children*.

14. 이 부분에 대한 논의는 추측에 근거해 기술할 수밖에 없었다. 우리가 연구한 모든 계층의 부모는 자신들이 적용하고 있는 아동 양육 전략을 당연한 삶의 일부로 받아들였고, 그 때문에 이런 행동 양식의 근저에 있는 이유를 명확히 설명하는 데 한계가 있었기 때문이다.

15. 1870~1900년 서부에서는 10~13세 아동의 3분의 1이 직물 공장에서 노동을 했다. Viviana Zelizer, *Pricing and Priceless Child*(특히 2장) 참조.

16. Zelizer, *Pricing and Priceless Child*, p. 78에서 인용.

17. Zelizer, *Pricing and Priceless Child*, p. 67.

18. Zelizer, *Pricing and Priceless Child*, p. 59.

19. Zelizer, *Pricing and Priceless Child*, p. 97.

20. William Corsaro, *Sociology of Childhood*.

21. 랜달 콜린스가 설명했듯이 막스 웨버는 '합리화'라는 용어에 다양한 의미를 부여했다. 그중 이번 연구에서 차용한 의미는 다음과 같다. "웨버는 서로 다른 유형의 기관을 비교하며 합리화라는 개념을 이끌어냈다. 관료주의는 행정 기관의 합리화된 형태이며 세습제에서 발견할 수 있는 비합리적 요소와는 반대되는 영역이다. 이것의 핵심은 예측 가능성과 규칙성에 있다. 합리성은 명시된 규율, 다시 말해 문서에 기초해 형성된다." Randall Collins, *Max Weber: A Skeleton Key*, pp. 63, 78 참조.

22. 조지 리처는 효율성의 중요성 역시 강조했다. George Ritzer, *The Mcdonaldization of Society* 참조.

23. Ritzer, *The Mcdonaldization of Society*, p. 3 참조.

24. Sharon Hays, *The Cultural Contradictions of Motherhood*, p. 11 참조.

25. 안전에 관한 담론은 Mark Warr and Christopher G. Ellison, "Rethinking Social Reactions to Crime" 참조. 업무와 가족 사이의 관계 변화에 관한 담론은 Rosanna Hertz and Nancy L. Marshall, *Working Families* 및 인구 통계 연구 참조. 아이와 함께 시간을 보내는 모습에 대한 설명은 Suzanne Bianchi, "Maternal Employment and Time with Children" 참조. 교외화에 관한 담론은 Kenneth T. Jackson,

Crabgrass Frontier 참조.

26. Hays, *Cultural Contradictions of Motherhood*.

27. 2002년 자녀를 한 개의 스포츠 활동에 참여시키는 데 소요되는 비용은 연간 5000달러 수준이었다. 아이스하키의 경우 스케이트 구입 및 교체 비용 100달러(연 평균 2회), 글러브 구입 비용 60달러, 리그 등록 비용 2700달러 등이 소요되었다. David M. Halbfinger, "Our Town: A Hockey Parent's Life" 참조.

28. Urie Bronfenbrenner, "Socialization and Social Class through Time and Space" 참조.

29. Melvin Kohn and Carmi Schooler, *Work and Personality* 참조.

30. 중산층 가정들이 아무런 문제 없는 삶을 사는 것은 아니다. 여기에서 강조하는 것은 중산층 가정의 부모들이 좀더 다양한 직업적 경험을 가지고 있다는 사실이다. 그들이 쌓아온 교육적 경험 역시 그들에게 좀더 큰 경제적 보상을 안겨주는 직업에 대한 접근 가능성을 넓혀주었다.

31. Katherine Newman, *Declining Fortunes*; Donald L. Barlett and James B. Steele, *America: What Went Wrong?* 참조.

32. Erik Olin Wright, *Class, Crisis, and the State*, 1장 참조.

33. 우리가 인터뷰를 진행한 중산층 부모들 역시 모두가 이런 모습을 바람직하다고 바라본 것은 아니다. 많은 부모들이 아이가 원치 않는 피아노 레슨을 강요하는 이 부모의 태도를 잘못된 행동이라 평가했다. 그러나 노동자 계층이나 빈곤층 부모를 인터뷰할 때와 달리 이들 계층의 부모를 대상으로 한 인터뷰에서는 '노출'의 중요성을 강조하는 모습을 자주 발견할 수 있었던 것 역시 사실이다.

34. Michael Katz, *The Price of Citizenship*.

35. Mishel et al., *The State of Working America*, p. 289 참조.

36. 데이비드 캐런이 2002년 6월 7일 저자에게 쓴 편지. Jody Heymann, *The Widening Gap* 참조.

37. Alvin Rosenfield and Nicole Wise, *The Over-Scheduled Child*, pp. 1~2 참조.

38. Rosenfield and Wise, *The Over-Scheduled Child*, pp. 1~2 참조.

39. Maria Newman, "Time Out! (for Overextended Families): A Town Takes a Rare Break from the Frenzy of Hyperscheduling" 참조.

40. 예를 들어 Dana Chidekel, *Parents in Charge*, pp. 94~95. "우리에서 자라 생득적인 사냥 재능을 잊고 지내는 야생동물처럼 아이들 역시 제때에 스스로 문제

를 해결하고 여가 시간을 보내는 능력을 기르지 못하면 어른이 되어서도 남들에게 의지하는 경향이 있다."

41. 이 주제에 대해서는 Doris Entwistle and Karl Alexander, *Children, Schools, and Inequality* 참조.

42. 프로그램에 대해 좀더 자세히 알고 싶다면 다음의 연재기사를 참조하라. Dale Mezzacappa, "Ten Years of Learning, Living, Loving", in *Philadelphia Inquirer*. 프로그램은 전반적으로 (특수 교육 과정 학생보다는) 정규 교육 과정을 밟는 학생이 들었을 때 가장 효과가 좋았고, 여학생보다는 남학생에게 효과가 있었다.

43. 예를 들어 시카고에서 주로 열린 '내게는 꿈이 있습니다' 프로그램의 참가자 72퍼센트가 고등학교를 졸업한 반면, 대조군 학생들은 35퍼센트만이 고등학교를 졸업했다. 또 1993년 뉴저지 주 패터슨 시에서 실시한 프로그램에서는 참가자의 60퍼센트가 고등학교를 졸업한 반면, 대조군 학생들은 33퍼센트만 졸업하기도 했다. 이 프로그램들은 대개 학생이 3학년일 때부터 학교생활에 개입하기 시작한다. ('세이 예스(Say Yes)' 프로그램의 경우는 6학년부터.〕 '내게는 꿈이 있습니다' 재단의 웹사이트를 방문하면 재단의 자체적인 통계는 물론 이 단체에 대한 외부 연구 단체들의 평가도 확인할 수 있다. http://www.ihad.org 참조. (2002년 12월 12일 방문.)

44. Hugh Mehan, et al., *Constructing School Success* 참조. '빅 브라더/빅 시스터' 같은 프로그램의 평가 및 Joseph Tierney et al., "Making a Difference" 참조.

45. 《성 역할》에서 배리 손이 지적했듯 성별의 중요성은 상황에 따라 달랐다. 손의 말처럼 우리가 관찰한 아이들도 같은 성별끼리 어울려 노는 모습을 보였다. 해럴드 맥앨리스터, 티렉 테일러, 웬디 드라이버 그리고 제시카 어윈은 하나같이 이웃 아이와 어울려 놀 때 같은 성별끼리 모였다. 그렇지만 주변에 비슷한 또래 친구들이 별로 없는 경우 빌리 야넬리나 개릿 탈링거 같은 남자아이들은 여자아이들과 함께 놀기도 했다. 케이티 브린들은 남자 및 여자 아이 모두와 어울려 놀았다. 여기에 덧붙여 아이들, 그중에서도 특히 칼 그릴리는 자신보다 어린 형제자매들과 많은 시간을 함께 보내는 것으로 나타났다. 아동기 사회성 발달에서 성별이 차지하는 역할에 대해서는 Eleanor Maccoby, *The Two Sexes*에 상세히 나와 있다.

46. David Halle, *America's Working Man*.

47. Michael Katz, *The Undeserving Poor*.

부록 A

1. 돌이켜보면, 아이들과의 인터뷰를 포기한 것은 큰 실수였다. 그렇지만 집중 연구 대상으로 선정한 아이들과는 연구가 끝날 무렵 한 번씩 '마지막 인터뷰'를 했다.

2. 에릭 올린 라이트의 저작들, 그중에서도 특히 John Hall, *Reworking Class*에 실 린 수필을 참조하기 바란다. 또한 Robert Erickson and John Goldthorpe, *The Constant Flux* 참조. 골드소르프와 라이트의 의견 차이를 감안하더라도(후자의 경우 자신의 이론에서 자본주의 계층이라는 개념을 강조한다), 이 둘이 노동자 카테고리를 분류하는 데 비슷한 기준(노동자가 지닌 기술 및 신용, 권위 등)을 적 용하고 있음을 알 수 있다. 이 논의에 대해서는 엘리엇 웨이닝거에게 감사를 전 한다.

3. Frances Goldscheide and Linda Waite, *New Families, No Families?* 참조.

4. Elliot Weininger and Annette Lareau, "Children's Participation in Organized Activities and the Gender Dynamics of the 'Time Bind'" 참조.

5. Douglas Massey and Nancy Denton, *American Apartheid* 참조.

6. 지금 생각해봐도 분명 어쩔 수 없는 선택이었다고 생각하지만, 그럼에도 단점 역 시 존재했다. 이렇게 계층적으로 나눠진 학교를 대상으로 연구하다 보면, 중산층 이 대부분인 거주 지역에 사는 빈곤층 및 노동자 계층 가족이 빈곤층 및 노동자 계층 거주 지역에 살았을 때도 똑같은 자녀 양육 방식을 도입했을지 알 수 없기 때문이다. 게다가 집중적인 현장 연구 방식 때문에 실험 대상 규모가 작아진 상 태에서는 더더욱 그러했다.

7. 덧붙여 각 학교에도 100달러씩 기부금을 냈다. 로어리치먼드 학교에서는 교장 선생님이 이 돈을 그린 선생님에게 전달했고, 스완 학교에서는 사친회에 전달해 주었다.

8. 인터뷰를 시작한 것은 로어리치먼드 학교부터였지만, 인터뷰 대상자를 선택하 고 모집하는 데에는 두 학교 모두 같은 방법을 사용했다. 물론 두 학교의 부모에 게 보낸 편지의 내용은 조금 달랐다. 로어리치먼드 학교의 학부형에게 보내는 편지에는 내가 찍은 그들 자녀의 3학년 때 사진을 동봉했다.

9. 사회 복지 사무실 및 다른 프로그램 덕분에 백인 빈곤층 가구 열 가정을 섭외할 수 있었다. 나는 그들에게 인터뷰를 한 번 할 때마다 25달러를 지급했다. 다른 가 족들에게는 인터뷰를 대가로 돈을 지불하지 않았다.

10. 인터뷰를 진행하면서 우리의 요구에 응할 것 같은 인상을 받은 가족에게만 집중 연구를 요청하고 싶은 유혹을 참아야 했다. 대신 다양한 조건에 부합하는 가족을 고르게 선별하자는 애초의 우선순위를 지켰다.

11. 백인 노동자 계층 한 가족과 정부 보조금을 받고 있는 흑인 빈곤층 두 가정이 연구 대상이 되는 것을 거부했다. 백인 가정의 엄마는 "우린 완벽한 가족이 아니에요"라며 거절했다. 흑인 빈곤층 가정 중 하나는 보조금 수혜 기록을 살펴보고 싶다는 우리의 청을 거부했고, 나도 그 후로는 더 이상 요구하지 않았다. 또 다른 흑인 가정은 처음에는 동의했지만 며칠 지나지 않아 다시 거부 의사를 밝혔다. 엄마의 일정이 너무 자주 바뀌고 가족 내의 약물 복용이 문제 될 소지가 있었기 때문이다.

12. 어떤 면에서 보면 그릴리 일가는 전형적인 빈곤층 가정과 좀 달랐다. 예를 들어, 이들 가족은 자가용을 보유하고 있었다. 그렇지만 빈곤층 가정으로 분류하는 데 필요한 대부분의 기준을 충족했다. (예를 들어 무상 의료를 비롯해 다양한 종류의 공공 보조를 받고 있었다.) 이들 가족 역시 로어리치먼드 주변에 살고 있었다. 하지만 학군이 다른 곳에 집이 있었기 때문에 아이는 다른 학교에 가야 했다.

13. 그렇지만 이 결정은 결국 문제가 있는 것으로 판명 났다. 학교 성적에 따라 큰 차이가 생겨날 수도 있었던 것이다. 스테이시는 다른 관찰 대상 아동들보다 훨씬 더 사춘기 소녀에 가까운 모습을 보였다.

14. 이 돈은 대개 3주간의 집중 방문을 전부 끝낸 뒤 (현금으로) 일시불로 지급했다. 연구원들의 방문이 가족의 생활에 초래한 불편을 보상한다는 의미 외에도, 우리에게 식사를 대접하거나 할 때 쓴 비용까지 계산한 것이었다. 각 가정마다 수입에 따라 우리가 준 돈의 액수가 차지하는 의미는 달랐을 테지만 말이다.

15. 수업에 참관한 아이들과 친해졌지만 그에 따르는 단점도 있었다. 이를테면 일부 노동자 계층 및 빈곤층 아이들은 내가 교육청에서 파견된 사람이라고 착각하기도 했다. 나는 이 때문에 아이들이 나를 불신하게 되지는 않을까 걱정했다. 부모들에게는 관찰을 통해 얻은 모든 개인 정보는 비밀에 부칠 것이라고 얘기했다. 또한 내가 대학에서 근무하고 있으며 교육청과는 아무런 관계가 없음을 거듭 강조해야 했다.

16. 아버지들과의 인터뷰에서 생길 수 있는 문제에 대해서는 Annette Lareau, "My Wife Can Tell Me Who I know" 참조.

17. 내 부모님은 서로 깊이 사랑했지만 동시에 불만을 달고 살았다. 부부 간에 고함을 치는 일도 많았다. 물론 그 밖에 다른 특이한 점들도 많았다. 아버지는 강사로 수년간 일했지만, 무직 상태일 때도 있었다. 그래서 교직에 있던 엄마 혼자 자녀 넷과 전체 가족을 경제적으로 책임져야 했다. 우리 가족이 특이했던 것은 이뿐만이 아니다. 부모님 모두 무신론자였다. 어머니는 뱃사람만큼이나 욕을 잘했으며, 아버지는 자동차를 사면 항상 고장이 나서 고치느라고 애를 먹었다.

18. 나 역시 비슷한 감정을 기록한 적이 있다. "하루에 두 가정을 방문하는 것은 너무 힘들다. 몸도 지치지만 기록도 두 배로 해야 하고, 가정마다 각기 다른 특징 때문에 머리가 빙글빙글 돌 지경이다. ……〔그렇지만 연구 자체가 각 가정의 특징을 비교하는 것인 만큼〕 서로 다른 두 가정(어쩌면 세 가족을 방문해야 할지도 모른다)을 하루에 방문하는 것은 꼭 필요한 일이다."

19. 관찰 대상 아동 모두가 병원을 방문하는 것을 관찰할 수 있었던 것은 아니다. 중산층 아이들의 경우는 4명 모두(탈링거, 윌리엄스, 마셜, 핸드론), 노동자 계층 아이들의 경우는 4명 중 3명(드라이버, 테일러, 야넬리. 어윈은 관찰하지 못함), 빈곤층 아이들의 경우는 4명 중 2명(그릴리, 맥앨리스터. 캐럴과 브린들은 관찰하지 못함)의 병원 방문에 동행했다. 요컨대 전체 대상 아동 12명 중 9명하고만 병원에 동행했다. 그리고 동행한 경우에는 항상 녹음기로 대화를 녹음했다. 사친회 모임의 경우도 12명 중 9명(즉 그릴리, 마셜, 윌리엄스를 제외한 모든 아이들)과 동행했다. 사친회 모임 역시 녹음했다. 또 열두 가정 중에서 아홉 가정에서만 하룻밤을 보내며 관찰했다(캐럴, 테일러, 윌리엄스 가정은 제외).

20. 알렉산더 윌리엄스는 예외였다. 알렉산더는 분명 중상위층 가정에 속했지만, 다른 중산층 아이들보다 훨씬 더 연구에 참여하게 된 것을 기뻐했으며 현장 연구원과 함께 시간을 보내는 것 역시 좋아했다.

21. Guadalupe Valdes, *Con Respeto* 참조.

22. 이 연구의 총괄자로서 나는 대학원 학생이 감정적으로 너무 힘들어 못하겠다고 포기한 일에 대해서는 직접 나서서 맡는 것이 내 임무라고 생각했다.

23. 이 책을 쓰면서 지적 재산권 문제가 상당히 큰 문제로 다가왔다. 나는 연구 보조원들에게도 연구를 할 때 데이터를 사용하라고 권장했으며, 컨퍼런스에서 몇몇 학생과 함께 논문을 발표하기도 했다. 그렇지만 책 원고를 작성하는 것이 매우 어려웠기 때문에 공동 저술을 하면 문제를 한층 악화시킬 것 같았다. 또 데이터를 수집하는 과정 자체도 매우 중요하지만, 그것은 연구의 일부일 뿐 전부

일 수 없다는 생각도 들었다. 나는 이미 로렌스빌 현장 연구라는 프로젝트를 이끌어본 경험이 있었다. 그 경험을 통해 나는 연구 보조원들의 역할에 대한 감사를 (책의 전반부에서) 언급하고, 그들 각자에게 개인적인 감사의 인사를 건네는 것이 책의 공동 저자로 그들의 이름을 싣는 것보다 낫다고 판단했다.

24. Folio Views for Windows 4.2, Open Market, Inc.

25. Arlie Hochschild, *The Second Shift* 참조.

부록 B

1. 요약과 분석은 David Swartz, *Culture and Power*; Pierre Bourdieu, "Cultural Reproduction and Social Reproduction", *Outline of the Theory of Practice*, *Distinction*; Bourdieu and Wacquant, *An Invitation to Reflexive Sociology* 참조. 또 Marlis Buchman, *The Script of Life*, pp. 31~38에서 부르디외의 모델을 명확히 요약했다.

2. Bourdieu, *Outline of the Theory of Practice*.

3. Rogers Brubaker, "Rethinking Classical Theory"; Craig Calhoun et al., *Bourdieu: Critical Perspectives* 참조.

4. 그는 습관을 "(직접적인 학습 과정에서 발생하는 제약을 넘어서는) 내재적 학습을 구조적·보편적으로 적용할 수 있게 해주는 일반적이고 전달 가능한 배열"이라고 정의했다. *Distinction*, pp. 170, 172~173 참조.

5. 《구별 짓기》에서 부르디외는 아동 양육 전략 자체가 아닌 문화적 소비와 취향의 영역에 집중하며 습관에 관한 논의를 진행했다. 그러면서도 그는 습관이라는 영역의 개별 요소 사이에는 공통의 원칙이 있다는 사실을 강조했다. 예를 들어, 음식을 먹는 습관은 아동 양육과 떼어놓을 수 없는 문제이다. 바꿔 말하면 습관이란 이처럼 서로 다른 영역에서 발견되는 개인의 선호를 연결하는 원칙이라고 이해할 수 있다. 또한 부르디외는 계층에 따른 습관의 차이에 관해서도 논의를 진행했다. 그에 따르면 모든 개인의 습관이 완벽하게 개별적인 것은 아니다. 습관은 분명 계층적 영향을 받으며 형성된다. 그러나 물론 습관이 전적으로 계층의 영향을 받아 형성된다는 것 역시 적절치 않다.

동일 계층의 개인이 지닌 습관은 상동성(homology)의 관계 아래에서 한데 묶인다. 즉 집단 각자가 공유하는 사회적 재생산 양식이 그곳에 속한 개인의 삶에 공통적 특성을 형성하는 것이다. 각각의 개인이 형성하고 있는 배열 구조는 계층 기반 구조의 변형이라고 할 수 있다. 이를 통해 개인은 계층과 계층의 궤적 안에서 자신의 단일성을 확보하고 표현하게 된다. 하나의 습관에서 창출된 모든 모습을 지칭하는 개념인 '개인적 스타일'은 그가 살아가는 특정 시기나 그가 속한 계층의 특성을 반영하는 변형체 그 이상은 아니다. (Pierre Bourdieu, *The Logic of Practice*, p. 60.)

6. 사회과학자를 비롯한 집단들은 부르디외 모델의 특정 요소, 특히 문화적 자본의 개념에만 집중한다. 부르디외가 강조한 또 다른 주요 개념인 '현장'은 상대적으로 적은 관심을 받고 있다는 뜻이다. 그 결과 부르디외의 모델이 제공하는 '복시(double vision)'—현장과 개인 활동에 대한 연구를 통해 확보할 수 있는 삶과 사회 구조에 대한 동시적 집중—개념에 관한 실증적 연구는 종종 간과되고 있는 실정이다.

7. Swartz, *Culture and Power*, p. 120.

8. Bourdieu, "Marriage Strategies as Strategies of Social Reproduction"; *Outline of the Theory of Practice* 참조.

9. Annette Lareau and Erin McNamara Horvat, "Moments of Social Inclusion and Exclusion".

옮긴이의 글

•

이 책을 관통하는 해석의 키워드를 찾는다면 '범주화'와 '실증'을 꼽을 수 있을 것이다. 안네트 라루는 미국 가정을 계층과 인종이라는 기준으로 범주화한 뒤, 그들의 삶 속으로 직접 뛰어들었다. 미국 사회에서 이와 같은 범주화는 민감한 문제다. 라루 역시 이 점을 인식하고 인정하지만 동시에 우리에게 이것을 다른 관점에서 바라볼 것을 제안한다. 그녀의 설명은 두 갈래로 나뉜다. 우선 우리는 사회적 가치가 시대에 따라 변화하는 상대적 요인이라는 것을 이해해야 한다. 그녀는 오늘날의 부모 세대는 '자연적 성장을 통한 성취'의 문화적 논리 아래 성장해왔음을 지적하며 '집중 양육 전략'은 현시대에서 우위를 보이는 아동 양육의 문화적 논리일 뿐이라고 강조한다. 여기에서 두 번째 해석의 관점이 제기된다. 사회 구성원, 특히 경제적·문화적 주도권을 가지고 있는 부모 세대는 말 그대로 사회를 구성하는 일부분인 동시에 사회의 논리와 가치를 결정하는 주체다. 예를 들어 오늘날의 사회에서 자녀의 집중 양육 전략이 좀더 가치 있는 양식으로 인정받는 이유는 이를 적용하는 계층이 사회에서 주도적 위치를 차지하고 있기 때문인 것이다. 아이들은 출생과 동시에 이러한 배경 속에 놓이게 되고 그 안에서 자연스레 성장한다. 라루는 자신의 역할을 여기까지로 한정 짓는다. 저자 자신은 연구 기간의 한계로 인해 아이들이 성장해 사회로 편입하는 모습을 관찰할 수 없었다고 말하지만, 그 시점을 직접 관찰하지 않더라도 우리는 이 아이들이 어떤 모습으로 성장할지 어느 정도 직관을 가지고 생각해볼 수 있을 것이다. 물론 아이들이 우리의 예상과 완벽하게 일치하는 사회 구조적 위치 속에 편입되는 것은 물론 아닐 것이다. 사회가 부여하는 가치는 시대적인 것이며, 부모의 자녀 양육을 위한 노력은 이른바 '기회'의 문제이기 때문이다.

저자 스스로도 언급했듯 이 책은 피에르 부르디외의 이론적 모델을 실증적으로 적용한 연구서다. 아이들과 가족의 삶을 애정 어린 시각으로 담아낸 그녀의 문체는 이 책을 단순한 연구 서적 이상의 멋진 작품으로 만들기에 충분했다. 안네트 라루는 일상생활에서 관찰할 수 있는 양식들의 기저에 깔린 사회 구조적 논리(혹은 구성원들의 믿음)를 예리한 시각으로 포착하고, 범주화된 모든 사회 계층은 나름의 가치를 지니고 있다고 강조한다. 누군가는 저자의 연구가 사회적 편견을 강화할 위험이 있다고 지적하지만, 이런 측면에서 보면 이 편견이라는 표현 자체를 재고해보는 것이 옳을 것이다. 시대에 따른 상대적 강조는 있을지언정 서로 다른 계층의 가정에서 이끌어낸 서로 다른 가치는 말 그대로 '가치' 있는 것이기 때문이다.

이에 관한 라루의 설명은 표면적인 영역에 그치지 않는다. 그녀는 중산층 가정의 아이들이 사회 기관에서 좀더 많은 가치를 부여받는 이유를 단순히 부모의 적극적인 물리적 지원을 통해 이뤄지는 학교 밖 활동에서 습득하는 여러 가지 기술에 한정 짓지 않는다. 기관의 전문가는 아이들에게 단순히 기술을 제공하는 인물이 아니라 '기관에서 가치를 인정받는 행동 양식'을 훈련할 수 있도록 해주는 역할까지 수행한다. 다시 말해, 아이들은 미리 사회를 경험하며 처음 만나는 이와 당당하게 눈을 마주치며 악수를 나누고 그에게 자신의 생각과 요구를 논리적으로 설명하는 기술을 습득하는 것이다. 물론 이러한 가치를 전달하는 데 가장 핵심적인 역할을 하는 것은 아이들의 부모다. 중산층 가정의 부모는 자신의 자녀에게 이러한 경험의 기회를 제공해줄 뿐만 아니라 본인들 스스로 이런 역량을 훈련시키는 주체가 되기도 한다.

계층과 무관한 공통적 특성을 강조하는 데서도 라루는 부드러운 어조를 구사한다. 그녀는 자녀에게 좀더 나은 삶의 기회를 제공하고자 하는 부모의 마음이나, 자녀가 어린 시절만큼은 현재 부모가 겪고 있는 고단한 일상에 얽매이지 않고 좀더 자유로운 삶을 살게끔 해주고자 하는 마음은 모두 사랑이라는 공통된 동기에서 비롯된 것이며 그 정도에는 절대 우위가 존재할 수 없다고 말한다. 이런 측면에서 보면 그녀의 연구는 특정 계층에 대한 편견을 강화하는 것이라기보다 오히려 그 누구보다 자녀의 행복을 바라지만 그것을 위해 현시대에 적절하다고 평가받는 양육 논리를 적용하지 않는 노동자 계층과 빈곤층 가정의 부모를 위한 변호라고 하는 것이 한층 적합할 수도 있을 것이다.

라루의 해석은 단순히 1990년대 미국 사회라는 배경을 넘어 오늘날의 우리 사회에도 많은 것을 시사한다. 행동 양식의 공통점에 관해 이야기하는 것이 아니다. 그녀가 연구를 진행한 시대의 미국 사회와 오늘날의 한국 사회는 많은 부분에서 커다란 차이가 있다. 우리 사회에서 계층이나 인종에 따른 거주 공간 구별은 미국에서만큼 확연히 드러나지 않고, 자녀 양육 전략에서도 극명한 차이를 확인할 수 있다. 핵심은 그 기저에 깔린 부모들의 믿음에 있다. 라루의 연구는 실증적 방법론을 이야기하며 '어떤' 양육 전략과 행동 양식이 '어떤' 결과를 가져오는지 설명하는 데 그치지 않고 부모들이 '왜' 그러한 모습을 보여주는지 이해하려 노력한다. 이러한 접근법 때문에 그녀의 연구는 시대적·지역적 보편성이라는 가치를 확보할 수 있는 것이다.

또한 이 책을 번역하면서 옮긴이는 '미국도 우리나라와 마찬가지로 과외 활동을 많이 하는구나'라는 생각과 함께 중요한 차이점도 하나 발견했다. 미국은 과외 활동을 중산층 이상에서만 적극 실행하고 있을 뿐 그 이하 계층에서는 필요하다는 생각조차 하지 않고 있는 데 반해 우리나라는 과외 활동에 대한 열의가 전 계층에 고르게 분포한다. 비록 과외 활동의 내용에서는 차이가 있지만(미국은 체육 활동 위주, 우리나라는 학습 위주) 이런 현상을 라루는 어떻게 생각할까? 우리나라 사람들의 계층 상승 욕구가 미국 사람들보다 더 강한 것일까? 독자들도 이 책을 읽고 이 같은 질문에 한 번 답해보길 권한다.

참고문헌

•

Alwin, Duane F. 1984. "Trends in Parental Socialization Values." *American Journal of Sociology* 90 (2): 359-82.

Anderson, Elijah. 1990. *Streetwise*. Chicago: University of Chicago Press.

_____. 1999. *Code of the Street: Decency, Violence, and the Moral Life of the Inner City*. New York: W. W. Norton.

Anyon, Jean. 1997. *Ghetto Schooling: A Political Economy of Urban Educational Reform*. New York: Teachers College Press.

Arendell, Terry. 2000. "Soccer Moms and the New Care Work." Working paper. Center for Working Families, University of California, Berkeley.

Aries, Philippe. 1962. *Centuries of Childhood: A Social History of the Family*. New York: Basic Books.

Averill, Patricia M., and Thomas G. Power. 1995. "Parental Attitudes and Children's Experiences in Soccer." *International Journal of Behavioral Development* 18 (2): 263-76.

Barlett, Donald L., and James B. Steele. 1992. *America: What Went Wrong?* Kansas City: Andrews and McMeel.

Bellah, Robert N., Richard Madsen, William M. Sullivan, Ann Swidler, and Steven M. Tipton. 1996. *Habits of the Heart*. 2d ed. Berkeley: University of California Press.

Belluck, Pam. 2000. "Parents Try to Reclaim Their Children's Time." In *New York Times* on the Web. http://www.nytimes.com/library/national/061300familypractices.html, accessed 12 December 2002.

Berhau, Patricia. 2000. "Class and the Experiences of Consumers: A Study in the Practices of Acquisition." Ph.D. diss., Temple University.

Berlage, Gai Ingham. 1982. "Are Children's Competitive Team Sports Teaching Corporate Values?" *ARENA Review* 6 (1): 15-21.

Bernstein, Basil. 1971. *Class, Codes, and Control: Theoretical Studies Towards a Sociology of Language.* New York: Schocken.

Best, Joel. 1993. *Threatened Children.* Chicago: University of Chicago Press.

Bianchi, Suzanne M. 2000. "Maternal Employment and Time with Children." *Demography* 37 (4): 401-14.

Bianchi, Suzanne M., and John Robinson. 1997. "What Did You Do Today?" *Journal of Marriage and the Family* 59: 332-44.

Bluestone, Cheryl, and Catherine S. Tamis-LeMonda. 1999. "Correlates of Parenting Styles in Predominantly Working- and Middle-Class African American Mothers." *Journal of Marriage and the Family* 61 (November): 881-93.

Bok, Derek, and William G. Bowen. 1998. *The Shape of the River: Long-Term Consequences of Considering Race in College and University Admissions.* Princeton: Princeton University Press.

Bourdieu, Pierre. 1976. "Marriage Strategies as Strategies of Social Reproduction." pp. 117-44 in *Family and Society,* edited by R. Forster and O. Ranum. Baltimore: Johns Hopkins University Press.

_____. 1977a. "Cultural Reproduction and Social Reproduction." pp. 487-511 in *Power and Ideology in Education,* edited by J. Karabel and A. H. Halsey. New York: Oxford University Press.

_____. 1977b. *Outline of the Theory of Practice.* Cambridge: Cambridge University Press.

_____. 1984. *Distinction: A Social Critique of the Judgment of Taste.* Cambridge, Mass.: Harvard University Press.

_____. 1990. *The Logic of Practice.* Stanford: Stanford University Press.

Bourdieu, Pierre, and Jean-Claude Passeron. 1990 [1970]. *Reproduction in Education, Society, and Culture.* Trans. Richard Nice. London: Sage.

Bourdieu, Pierre, and Loïc J. D. Wacquant. 1992. *An Invitation to Reflexive Sociology*. Chicago: University of Chicago Press.

Bronfenbrenner, Urie. 1966. "Socialization and Social Class through Time and Space." pp. 362-77 in *Class, Status, and Power*, edited by R. Bendix and S. M. Lipset. New York: The Free Press.

Brubaker, Rogers. 1985. "Rethinking Classical Theory: The Sociological Vision of Pierre Bourdieu." *Theory and Society* 14 (6): 745-75.

Buchmann, Marlis. 1989. *The Script of Life in Modern Society: Entry into Adulthood in a Changing World*. Chicago: University of Chicago Press.

Calhoun, Craig, Edward LiPuma, and Moishe Postone, eds. 1993. *Bourdieu: Critical Perspectives*. Chicago: The University of Chicago Press.

Caplow, Theodore, Howard M. Bahe, Bruce A. Chadwick, Rubin Hill, and Margaret Holmes Williamson. 1982. *Middletown Families: Fifty Years of Change and Continuity*. Toronto: Bantam.

Chidekel, Dana. 2002. *Parents in Charge*. New York: Simon & Schuster.

Cicourel, Aaron, and John Kitsuse. 1963. *The Educational Decision-Makers*. Indianapolis: Bobbs-Merrill.

Cochran, Moncrieff, Mary Lamer, David Riley, Lars Gunnarsson, and Charles R. Henderson Jr. 1990. *Extending Families: The Social Networks of Parents and Their Children*. Cambridge: Cambridge University Press.

Cohen. Phil. 1997. "Laboring under Whiteness." pp. 244-82 in *Displacing Whiteness*, edited by Ruth Frankenberg. Durham, N.C.: Duke University Press.

Coleman, James S. 1987. "Families and Schools." *Educational Researcher* 16 (6), 32-38.

_____. 1988. "Social Capital in the Creation of Human Capital." *American Journal of Sociology* 94 (Supplement 95): S94-S120.

Collins, Randall. 1979. *The Credential Society*. New York: Academic Press.

_____. 1986. *Max Webe: A Skeleton Key*. Beverly Hills: Sage.

_____. 2000. "Situational Stratification." *Sociological Theory* 18 (1): 17-43.

Conley, Dalton. 1999. *Being Black, Living in the Red: Race, Wealth, and Social Policy in America*. Berkeley, Calif.: University of California Press.

Corsaro, William A. 1997. *The Sociology of Childhood.* Thousand Oaks, Calif.: Pine Forge.

Cose, Ellis. 1993. *The Rage of a Privileged Class.* New York: HarperColiins.

Daley, Kerry J., ed. 2001. *Minding the Time in Family Experience: Emerging Perspectives and Issues. Contemporary Perspectives in Family Research*, edited by Felix M. Berardo, vol. 3. New York: JAI.

Deater-Deckard, Kirby, Kenneth A. Dodge, John E. Bates, and Gregory S. Petit. 1996. "Physical Discipline among African American and European American Mothers: Links to Children's Externalizing Behaviors." *Developmental Psychology* 32 (6): 1065-72.

DeVault, Marjorie L. 1991. *Feeding the Family: The Social Organization of Caring as Gendered Work.* Chicago: University of Chicago Press.

Diamond, John. 2000. "Beyond Social Class: Cultural Resources and Educational Participation among Low-Income Black Parents." *Berkeley Journal of Sociology* 44: 15-54.

Doherty, William 2002. "Frequently Asked Questions." In Family Life 1st. www. familylife1st.org/faq.html, accessed 12 December 2002.

Donzelot, Jacques. 1979. *The Policing of Families.* New York: Pantheon.

Duncan, Greg J., and Jeanne Brooks-Gunn, eds. 1997. *Consequences of Growing Up Poor.* New York: Russell Sage Foundation.

Edin, Kathryn, and Laura Lein. 1997. *Making Ends Meet: How Single Mothers Survive Welfare and Low-Wage Work.* New York: Russell Sage Foundation.

Elder, Glen H., Jr. 1998. "The Life Course as Developmem Theory." *Child Development* 69 (1): 1-12.

Entwisle, Doris R., Karl L. Alexander, and Linda Steffel Olson. 1997. *Children, Schools, and Inequality.* Boulder: Westview.

Epstein, Joyce L., and Mavis G. Sanders. 2000. "Connecting Home, School, and Community: New Directions for Social Research." pp. 285-306 in *Handbook of the Sociology of Education*, edited by Maureen T. Hallinan. New York: Kluwer Academic/Plenum.

Erickson, Robert, and John H. Goldthorpe. 1993. *The Constant Flux.* Oxford:

Clarendon.

Etzioni, Amitai, ed. 1969. *The Semi-Professions and Their Organizations: Teachers, Nurses, Social Workers.* New York: The Free Press.

Family Life 1st 'familylife1st@wayzata.k12.mn.us'. 2002. "History." In Family Life 1st. www.familylife1st.org/history.html, accessed 12 December 2002.

Feagin, Joe, and Melvin P. Sikes. 1994. *Living with Racism: The Black Middle-Class Experience.* Boston: Beacon.

Fine, Gary Alan. 1987. *With the Boys: Little League Baseball and Preadolescent Culture.* Chicago: Universiry of Chicago Press.

Fischer, Claude S. 1982. *To Dwell among Friends: Personal Networks in Town and City.* Chicago: University of Chicago Press.

Freidson, Eliot. 1986. *Professional Powers: A Study of the Institutionalization of Formal Knowledge.* Chicago: University of Chicago Press.

Furstenberg, Frank E., Jr., and Andrew J. Cherlin. 1991. *Divided Families: What Happens to Children When Parents Part.* Cambridge: Harvard University Press.

Furstenberg, Frank E., Jr., Thomas D. Cook, Jacquelynne Eccles, Glen H. Elder Jr., and Arnold Sameroff. 1999. *Managing to Make It: Urban Families and Adolescent Success.* Chicago: University of Chicago Press.

Galinsky, Ellen. 1999. *Ask the Children: What America's Children Really Think about Working Parents.* New York: William Morrow.

Gardner, Howard, and Thomas Hatch. 1989. "Multiple Intelligences Go to School." *Educational Researcher* 18 (8): 4-10.

Garey, Anita Ilta. 1999. *Weaving Work and Motherhood.* Philadelphia: Temple University Press.

Goldenberg, Claude N. 1987. "Low-Income Hispanic Parents' Contribucions to Their First-Grade Children's Word-Recognition Skills." *Anthropology & Education Quarterly* 18 (3): 149-79.

Goldscheider, Frances K., and Linda J. Waite. 1991. *New Famihes, No Families? The Transformation of the American Home.* Berkeley: University of California Press.

Gordon, Linda. 1989. *Heroes of Their Own Lives: The Politics and History of*

Family Violence. New York: Penguin.

Grusky, David, and Jesper Sorenson. 1998. "Can Class Analysis Be Salvaged?" *American Journal of Sociology* 103 (5): 1187-234.

Gutman, Herbert G. 1976. *The Black Family in Slavery and Freedom, 1750-1925.* New York: Vintage.

Halbfinger, David M. 2002. "Our Town: A Hockey Parent's Life: Time, Money, and Yes, Frustration." *New York Times,* January 12, page 29.

Hale-Benson, Janice E. 1982. *Black Children: Their Roots, Culture, and Learning Style.* Rev. ed. Baltimore: Johns Hopkins University Press.

Hall, John R., ed. 1997. *Reworking Class.* Ithaca: Cornell University Press.

Halle, David. 1984. *America's Working Man: Work, Home, and Politics Among Blue-Collar Property Owners.* Chicago: University of Chicago Press.

_____. 1993. *Inside Culture.* Chicago: University of Chicago Press.

Handel, Gerald. 1988. "Socialization and the Social Self." pp. 3-10 in *Childhood Socialization,* edited by Gerald Handel. New York: Aldine de Gruyter.

Hanushck, Eric A, John F. Kain, and Steven G. Rivkin. 2002. "New Evidence about Brown v. Board of Education: The Complex Effects of School Racial Composition on Achievement." Working paper 8741. National Bureau of Economic Research. http://www.nber.org/papers/w8741, accessed 12 December 2002.

Hart, Betty, and Todd Ie Risley. 1995. *Meaningful Differences in the Everyday Experiences of Young American Children.* Baltimore: Paul H. Brookes.

Hays, Sharon. 1996. *The Cultural Contradictions of Motherhood.* New Haven: Yale University Press.

Heath, Shirley Brice. 1983. *Ways with Words: Language, Life, and Work in Communities and Classrooms.* Cambridge: Cambridge Universiry Press.

Heimer, Carol A., and Lisa R. Staffen. 1998. *For the Sake of the Children.* Chicago: University of Chicago Press.

Hertz, Rosanna, and Nancy L. Marshall, cds. 2001. *Working Families.* Berkeley: University of California Press.

Hess, Robert D., and Gerald Handel. 1974. *Family Worlds.* Chicago: University of Chicago Press.

Heymann, Jody. 2001. *The Widening Gap: Why America's Working families Are in Jeopardy and What Can Be Done about It.* New York: Basic Books.

Higginbotham, Elizabeth. 2001. *Too Much to Ask.* Chapel Hill: University of North Carolina Press.

Hochschild, Arlie Russell. 1989. *The Second Shift.* New York: Viking.

_____. 1997. *The Time Bind: When Work Becomes Home and Home Becomes Work.* New York: Metropolitan Books.

Hochschild, Jennifer L. 1995. *Facing Up to the American Dream: Race, Class, and the Soul of the Nation.* Princeton, N.J.: Princeton University Press.

Hofferth, Sandra L. 1999. "Family Reading to Young Children." Unpuhlished manuscript. Ann Arbor, Michigan. http://www.ethno.isr.umich.edu/06papers.html, accessed 12 December 2002.

Hofferth, Sandra L., and John Sandberg. 2001. "Changes in American Children's Time, 1981-1997." In *Children at the Millennium: Where Have We Come From, Where Are We Going?* edited by Sandra L. Hofferth and Timothy J. Owens. Vol. 6 of Advances in Life Course Research. Oxford: JAI.

_____. 2001. "How American Children Spend Their Time." *Journal of Marriage and the Family* 63 (4): 295-308.

Hoggart, Richard. 1957. *The Uses of Literacy.* Boston: Beacon.

Holloway, Susan D., Bruce Fuller, Marylee F. Rambaud, and Costanza Eggers-Pierola. 1997. *Through My Own Eyes: Single Mothers and the Cultures of Poverty.* Cambridge: Harvard University Press.

Hout, Michael. 1988. "More Universalism, Less Structural Mobility: The American Occupational Structure in the 1980s." *American Journal of Sociology* 93 (3): 1358-400.

Hout, Michael, and Claude S. Fischer. 2002. "A Century of Inequality: Family Income, Wealth, and Consumption, 1900-2000." Paper presenccd at the Conference on Education, Human Capital, and Social Inequality, Economy, Justice, and Society Program, University of California, Davis, May 3-4.

Howard, Dennis R., and Robert Madrigal. 1990. "Who Makes the Decision: The Parent or the Child? The Perceived Influence of Parents and Children on the

Purchase of Recreational Services." *Journal of Leisure Research*, 22 (2): 244-58.

"I Have a Dream" Foundation. 2002. www.ihad.org, accessed 12 December 2002.

Imber, Jonathan B. 1991. "Doctor No Longer Knows Best." pp. 298-317 in *America at Century's End*, edited by Alan Wolfe. Berkeley: University of California Press.

Jackson, Kenneth T. 1985. *Crabgrass Frontier: The Suburbanization of the United States*. New York: Oxford University Press.

Jacobs, Jerry A., and Kathleen Gerson. 1998. "Who Are the Overworked Americans?" *Review of Social Economy* 56 (4): 442-59.

———. Forthcoming. *The Time Divide*. Cambridge, Mass.: Harvard University Press.

James, Michael S. 2002. "Fast-Track Kids." *ABCNews.com*, March 15. http://more.abcnews.go.com/sections/us/dailynews/childhood020315.hrml, accessed 12 December 2002.

Jencks, Christopher, M. Smith, H. Leland, M. J. Bane, D. Cohen, H. Gintis, B. Heyns, and S. Michelson. 1972. *Inequality: A Reassessment of the Effect of Family and Schooling in America*. New York: Basic Books.

Jencks, Christopher, Susan Bartlett, Mary Corcoran, James Cruse, David Eaglesfield, Gregory Jackson, Kent McClelland, Peter Mueser, Michael Olneck, Joseph Schwartz, Sherry Ward, and Jill Williams. 1979. *Who Gets Ahead? The Determinants of Economic Success in America*. New York: Basic Books.

Jencks, Christopher, and Meredith Phillips, eds. 1998. *The Black-White Test Score Gap*. Washington, D.C.: Brookings Institution.

Jepperson, Ronald L. 1991. "Institutions, Institutional Effects, and Institutionalism." pp. 143-63 in *The New Institutionalism in Organizational Analysis*, edited by Walter W. Powell and Paul J. DiMaggio. Chicago: Universiry of Chicago Press.

Kalleberg, Arne L., Barbara F. Reskin, and Ken Hudson. 2000. "Bad Jobs in America: Standard and Nonstandard Employment Relations and Job Quality in the United States." *American Sociological Review* 65 (2): 256-78.

Karen, David. 2002. Personal communication to the author, June 7.

Katz, Michael B. 1989. *The Undeserving Poor: From the War on Poverty to the War on Welfare*. New York: Pantheon.

———. 2001. *The Price of Citizenship*. New York: Metropolitan Books.

Kefalas, Maria. 2003. *Working-Class Heroes*. Berkeley: University of California Press.

Kingston, Paul W. 2000. *The Classless Society*. Stanford: Stanford University Press.

Kohn, Melvin L. 1977. *Class and Conformity*. 2d ed. Chicago: The Universiry of Chicago Press.

Kohn, Melvin L., and Carmi Schooler, eds. 1983. *Work and Personality: An Inquiry into the Impact of Social Stratification*. Norwood, N.J.: Ablex.

Kohn, Melvin L., and Kazimierz M. Slomczynski. 1990. *Social Structure and Self-Direction: A Comparative Analysis of the United States and Poland*. Cambridge: Basil Blackwell.

Kornblum, William. 1998. *Sociology: The Central Questions*. Belmont, Calif.: International Thomson.

Kozol, Jonathon. 1992. *Savage Inequalities: Children in America's Schools*. New York: HarperCollins.

Kropp, Paul. 2001. *I'll Be the Parent, You Be the Child*. New York: Fisher.

Ladd, Everett. 1993. "Thinking about America." *The Public Perspective* 4 (5): 19-34.

Lamborn, Susie D., et al. 1991. "Patterns of Competence and Adjustment among Adolescents from Authoritative, Authoritarian, Indulgent, and Neglectful Families." *Child Development* 62: 1049-65.

Lamont, Michele. 1992. *Money, Morals, and Manners*. Chicago: University of Chicago Press.

_____. 2000. *The Dignity of Working Men: Morality and the Boundaries of Race, Class, and Immigration*. Cambridge: Harvard University Press.

Lamont, Michele, and Annette Lareau. 1988. "Cultural Capital." *Sociological Theory* 6: 158-68.

Lamont, Michelle, and Virag Molnar. 2002. "The Study of Boundaries across the Social Sciences." *Annual Review of Sociology* 28, 167-195.

Lareau, Annette. 2000a. *Home Advantage*. 2d ed. Lanham, Md: Rowman and Littlefield.

_____. 2000b. "My Wife Can Tell Me Who I Know, Methodological and Conceptual Problems in Studying Fathers." *Qualitative Sociology* 23 (4): 407-33.

_____. 2002. Studying Families: A Realistic Account. Unpublished manuscript, Temple University.

Lareau, Annette, and Erin McNamara Horvat. 1999. "Moments of Social Inclusion and Exclusion: Race, Class and Cultural Capital in Family-School Relationships." *Sociology of Education* 72: 37-53.

Lareau, Annette, and Jeffrey Shultz, eds. 1996. *Journeys through Ethnography: Realistic Accounts of Fieldwork.* Boulder: Westview.

Larson, Magali Sarfatti. 1977. *The Rise of Professionalism: A Sociological Analysis.* Berkeley: University of California Press.

Larson, Reed W., and Suman Verma. 1999. "How Children and Adolescents Spend Time across the World: Work, Play, and Developmental Opportunities." *Psychological Bulletin* 125 (6): 701-36.

Lever, Janet. 1988. "Sex Differences in the Complexity of Children's Games." pp. 325-44 in *Childhood Socialization*, edited by Gerald Handel. New York: Aldine de Gruyter.

Louv, Richard. 1988. *Childhood's Future.* New York: Doubleday.

Lucas, Samuel Roundfield. 1999. *Tracking Inequality: Stratification and Mobility in American High Schools.* New York: Teachers College Press.

Lynd, Robert S., and Helen Merrell Lynd. 1929. *Middletown.* New York: Harcourt Brace Jovanovich.

_____. 1965. *Middletown in Transition: A Study in Cultural Conflicts.* New York: Harcourt Brace Jovanovich.

Maccoby, Eleanor E. 1998. *The Two Sexes: Growing up Apart, Coming Together.* Cambridge: Harvard University Press.

MacLeod, Jay. 1995. *Ain't No Making It: Aspirations and Attainment in a Low-Income Neighborhood.* Boulder, Colo: Westview.

Massey, Douglas, and Nancy Denton. 1993. *American Apartheid.* Cambridge: Harvard University Press.

Mayer, Susan E. 1997. *What Money Can't Buy: Family Income and Children's Life Chances.* Chicago: University of Chicago Press.

McLaughlin, Milbrey W., Merita A. Irby, and Juliet Langman. 1994. *Urban Sanctuaries: Neighborhood Organizations in the Lives and Futures of Inner-City Youth.* San Francisco: Jossey-Bass.

Medrich, Elliot, Judith A. Roizen, Victor Rubin, and Stuart Buckley. 1982. *The Serious Business of Growing Up*. Berkeley: University of California Press.

Mehan, Hugh, Lea Hubbard, Irene Villanueva, and Angela Lintz. 1996. *Constructing School Success: The Consequences of Untracking Low-Achieving Students*. Cambridge: Cambridge University Press.

Menaghan, Elizabeth G. 1991. "Work Experiences and Family Interaction Processes: The Long Reach of the Job?" *Annual Review of Sociology* 17: 419-44.

Meyers, David G., and Ed Diener. 1995. "Who Is Happy?" *Psychological Science* 6 (1): 10-19.

Mezzacappa, Dale. 1997. "Ten Years of Learning, Living, Loving: The 'Say Yes to Education' Program Celebrates Success Srories on Its Anniversary." *Philadelphia Inquirer*, July 28, A1, A28.

Mills, C. Wright. 1959. *The Sociological Imagination*. Oxford: Oxford University Press.

Mishel, Lawrence, Jared Bernstein, and John Schmitt. 1999. *The State of Working America 1998-99*. Ithaca: Cornell University Press.

Morgan, William R., Duane F. Alwin, and Larry J. Griffin. 1979. "Social Origins, Parental Values, and the Transmission of Inequality." *American Journal of Sociology* 85 (1): 156-66.

Neckerman, Kathleen, and Joleen Kirschenmann. 1991. "Hiring Strategies, Racial Bias, and Inner-City Workers." *Social Problems* 38 (November): 433-47.

Newman, Katherine S. 1993. *Declining Fortunes: The Withering of the American Dream*. New York: Basic Books.

Newman, Maria. 2002. "Time Out! (for Overextended Families): A Town Takes a Rare Break from the Frenzy of Hyperscheduling." *New York Times*, March 27.

Oliver, Melvin L., and Thomas M. Shapiro. 1997. *Black Wealth/White Wealth: A New Perspective on Racial Inequality*. New York: Routledge.

Pakulski, Jan, and Malcolm Waters. 1996. *The Death of Class*. London: Sage.

Patillo-McCoy, Mary. 2000. *Black Picket Fences: Privilege and Peril among the Black Middle Class*. Chicago: University of Chicago Press.

Pollock, Linda A. 1983. *Forgotten Children: Parent-Child Relations from 1500 to 1900*. Cambridge: Cambridge University Press.

Portes, Alejandro. 1998. "Social Capital: Its Origins and Applications in Modern Sociology." *Annual Review of Sociology* 24: 1-24.

Portes, Alejandro, and Dag MacLeod. 1996. "Educational Progress of Children of Immigrants: The Roles of Class, Ethnicity, and School Context." *Sociology of Education* 69 (4): 255-75.

Putnam, Robert D. 2000. *Bowling Alone: The Collapse and Revival of American Community.* New York: Simon & Schuster.

Rainwater, Lee, and Timothy M. Smeeding. 1995. "Doing Poorly: The Real Income of American Children in a Comparative Perspective." Available online at http://www.lisproject.org/publications/liswps/127.pdf, accessed 12 Decemher 2002.

Ritzer, George. 2000. *The McDonaldization of Society.* Thousand Oaks, Calif.: Pine Forge.

Robinson, John P., and Geoffrey Godbey. 1997. *Time for Life.* University Park: Pennsylvania State University Press.

Rosenfeld, Alvin, and Nicole Wise. 2000, *The Over-Scheduled Child.* New York: St. Marrin's.

Rubin, Lillian B. 1976. *Worlds of Pain: Life in the Working-Class Family.* New York: Basic Books.

_____. 1994. *Families on the Faultline.* New York: HarperCollins.

Rubinowitz, Leonard S., and James E. Rosenbaum. 2000. *Crossing the Class and Color Lines: From Public Housing to White Suburbia.* Chicago: University of Chicago Press.

Sandberg, John F., and Sandra L. Hofferth. 2001. "Changes in Children's Time with Parents, U.S. 1981-1997." *Demography* 38 (3): 423-36.

Scheper-Hughes, Nancy. 1992. *Death without Weeping: The Violence of Everyday Life in Brazil.* Berkeley: University of California Press.

Sewell, William H., and Robert M. Hauser. 1980. "The Wisconsin Longitudinal Study of Social and Psychological Factors in Aspirations and Achievements." *Research in Sociology of Education and Socialization* 1: 59-99.

Shehan, Constance L., ed. 1999. *Through the Eyes of the Child: Revisioning Children as Active Agents of Family Life.* Vol. 1 of Contemporary Perspectives on Family

Life, edited hy Felix M. Berardo. Stamford, Conn.: JAI.

Shen, Fern. 2002. "'Toys? But I'm 10 Now!'." *Washington Post*, February 17. http://washingtonpost.com/ac2/wp-dyn/A19671-2002Feb16, accessed 12 December 2002.

Shorter, Edward. 1977. *The Making of The Modern Family*. New York: Basic Books.

Shulman, James L., and William G. Bowen. 2001. *The Game of Life: College Sports and Educational Values*. Princeton, N.J.: Princeton University Press.

Sibley, David. 1995 , "Families and Domestic Routines: Constructing the Boundaries of Childhood." pp. 123-37 in *Mapping the Subject: Geographies of Cultural Transformation*, edited by Steve and Nigel Thrift Pile. New York: Routledge.

Simons, Ronald L., Les B. Whitbeck, Rand D. Conger, and Wu Chyi-In. 1991. "Intergenerational Transmission of Harsh Parenting." *Developmental Psychology* 27 (1): 159-71.

Skolnick, Arlene. 1991. *Embattled Paradise: The American Family in an Age of Uncertainty*. New York: Basic Books.

Smetana, Judith, and Susan Chuang. 2001. "Middle-Class African American Parents' Conceptions of Parenting in Early Adolescence." *Journal of Research on Adolescence* 11 (2): 177-98.

Smith, Dorothy E. 1987. *The Everyday World as Problematic: A Feminist Sociology*. Boston: Northeastern University Press.

Steinberg, Laurence, Susie D. Lamborn, Sanford M. Dornbusch, and Nancy Darling. 1992. "Impact of Parenting Practices on Adolescent Achievement." *Child Development* 63 (5): 1266-81.

Swartz, David. 1997. *Culture and Power: The Sociology of Pierre Bourdieu*. Chicago: University of Chicago Press.

Tatum, Beverly Daniel. 1997. *Why Are All the Black Kids Sitting Together in the Cafeteria? And Other Conversations about Race*. New York: Basic Books.

Thompson, Shona M. 1999. *Mother's Taxi*. Albany: State University of New York Press.

Thorne, Barrie. 1993. *Gender Play: Girls and Boys in School*. New Brunswick, N.J.: Rutgers University Press.

_____. 2001. "Growing Up in Oakland." Presentation at ASA Annual Meeting. Anaheim, Calif., August 2001.

Thornton, Arland. 1992. "The Influence of the Parental Family on the Attitudes and Behavior of Children." pp. 247-66 in *The Changing American Family: Sociological and Demographic Perspectives*, edited by Scott J. South and Stewart E. Tolnay. Boulder: Westview.

Tierney, Joseph P., Jean Baldwin Grossman, with Nancy L. Resch. 1995. *Making a Difference: An Impact Study of Big Brothers/Big Sisters*. Philadelphia: Public/ Private Ventures. http://www.ppv.org/pdffiles/madipdf, accessed 12 December 2002.

U.S. Department of Education. 1995. *The Condition of Education, 1995*. Washington, D.C.: National Center for Educational Statistics.

_____. 2001. *The Condition of Education, 2001*. Washington, D.C.: National Center for Educational Statistics.

Useem, Elizabeth L. 1991. "Student Selection into Course Sequences in Mathematics: The Impact of Parental Involvement and School Policies." *Journal of Research on Adolescence* 1 (3): 231-50.

Valdes, Guadalupe. 1996. *Con Respeto: Bridging the Distances between Culturally Diverse Families and Schools*. New York: Teachers College Press.

Van Ausdale, Debra, and Joe Feagin. 1996. "Using Racial and Ethnic Concepts: The Critical Case of Very Young Children." *American Sociological Review* 61 (5): 779-93.

Vanneman, Reeve, and Lynn Weber Cannon. 1987. *The American Perception of Class*. Philadelphia: Temple University Press.

Wacquant, Loïc J. D. 1998. "Negative Social Capital: State Breakdown and Social Destitution in America's Urban Core." *Neth. J. of Housing and the Built Environment* 13 (1): 25-40.

Waksler, Frances. 1991. *Studying the Social Worlds of Children*. Bristol: Falmer.

Walker, Karen. 1995. "'Always There for Me': Friendship Patterns and Expectations among Middle- and Working-Class Men and Women." *Sociological Forum* 10 (2): 273-96.

Waller, Maureen R. Forthcoming. *Fragile Families and Fathers*. Ithaca, N.Y.: Cornell University Press.

Warr, Mark, and Christopher G. Ellison. 2000. "Rethinking Social Reactions to Crime." *American Journal of Sociology* 106 (3): 551-78.

Waters, Mary C. 1999. *Black Identities*. New York: Russell Sage Foundation.

Weininger, Elliot B. 2002. "Class and Causation in Bourdieu." pp. 49-114 in *Current Perspectives in Social Theory*, vol. 21., edited by Jennifer M. Lehmann. Oxford: Elsevier.

Weininger, Elliot, and Annette Lareau. 2002. "Children's Participation in Organized Activities and the Gender Dynamics of the 'Time Bind'." Paper read at American Sociological Association Annual Meeting, Chicago, Ill., August.

Wells, Amy Stuart, and Robert L. Crain. 1997. *Stepping over the Color Line: African American Students in White Suburban Schools*. New Haven: Yale University Press.

Wesr, Cornell. 1993. *Race Matters*. Boston: Beacon.

Willis, Paul E. 1977. *Learning to Labour: How Working Class Kids Get Working Class Jobs*. Farnborough, England: Saxon House.

Wright, Erik Olin. 1978. *Class, Crisis, and the State*. London: New Left Books.

_____. 1991. "The Conceptual Status of Class Structure in Class Analysis." pp. 17-38 in *Bringing Class Back In*, edited by Scott G. McNall, Rhonda F. Levine, and Rick Fantasia. Boulder: Westview.

_____. 1997. "Rethinking, Once Again, the Concept of Class Structure." pp. 41-72 in *Reworking Class*, edited by John R. Hall. Ithaca: Cornell University Press.

Wrigley, Julia. 1989. "Do Young Children Need Intellectual Stimulation? Experts' Advice to Parents, 1900-1985." *History of Education Quarterly* 29 (1): 41-75.

_____. 1995. *Other People's Children*. New York: Basic Books.

Zelizer, Viviana A. 1985. *Pricing the Priceless Child: The Changing Social Value of Children*. New York: Basic Books.

찾아보기

•